TEORIA DOS CRIMES OMISSIVOS

Juarez Tavares

Teoria dos crimes omissivos

Prefácio de Winfried Hassemer

Marcial Pons

MADRI | BARCELONA | BUENOS AIRES | SÃO PAULO

Teoria dos crimes omissivos
Juarez Tavares

Prefácio
Winfried Hassemer

Capa
Nacho Pons

Produção
Ida Gouveia / HBLYZ / Oficina das Letras®

CIP-Brasil. Catalogação na Publicação
Sindicato Nacional dos Editores de Livros, RJ

T23t

Tavares, Juarez

Teoria dos crimes omissivos / Juarez Tavares. 1.ed. – São Paulo : Marcial Pons, 2018.

Inclui bibliografia
ISBN 978-85-66722-55-0
1. Direito penal. I. Título.

18-46987 CDU-343(81)

Av. Brigadeiro Faria Lima, 1461, Torre Sul, 17/8, Jardim Paulistano
CEP 01452-002 São Paulo-SP
☎ +55 (11) 3192.3733
www.marcialpons.com.br

Impresso no Brasil

Aos meus alunos.

NOTA PRÉVIA

Este trabalho tem como objetivo discutir as questões relativas à natureza, à estrutura e à punibilidade dos delitos omissivos. Em face disso, procura-se analisar a omissão como categoria empírica, como categoria ontológica, categoria racional, categoria normativa e como manifestação de deveres de organização. Com essa análise, inaugura-se uma primeira parte do trabalho, na qual se passa a dialogar com os fundamentos da omissão como modalidade de ação, como entidade equivalente à ação ou como conduta equiparável ou correspondente à ação. Uma vez assentadas as bases de uma equiparação entre ação e omissão, traçam-se também os fundamentos das normas mandamentais diante da teoria do agir comunicativo e suas implicações no âmbito da interpretação dos preceitos legais, com vistas a elucidar sobre o conteúdo do ato omissivo e seus elementos essenciais diante das questões relacionadas à sua legitimidade. Numa segunda parte, são tratados os componentes dogmáticos dos delitos omissivos próprios e impróprios, suas características diferenciadoras e seus elementos típicos. A análise do tipo dos delitos omissivos se desdobra ainda em sua relação com a antijuridicidade e com a culpabilidade. Ainda que constitua uma questão quase que insolúvel, são trabalhados também os postulados da causalidade do ato omissivo, principalmente por força da regra estampada no art. 13 do Código Penal que deles não prescinde.

O método empregado na confecção dos temas e de sua discussão corresponde ao modelo construtivista de Holzkamp, que se destina a avaliar a argumentação científica e suas conclusões com base no princípio da realização, pelo qual se procede a uma integração entre o panorama linguístico (e normativo) e a realidade empírica, de modo a demonstrar a necessidade de uma constante renovação das teses deontológicas em face do contexto e de sua tematização. O núcleo principal do trabalho reside na delimitação dos deveres de atuar e dos elementos constitutivos da ação devida, para o efeito de evitar sua extensão e seu emprego em detrimento da pessoa humana diante dos princípios fundamentais da ordem jurídica democrática. Uma democracia verdadeira não pode conviver com a estrutura de deveres de obediência, um resquício do Estado despótico em detrimento da autonomia do sujeito.

Nesta oportunidade, quero agradecer especialmente ao amigo, mestre e eminente professor doutor WINFRIED HASSEMER, catedrático da Universidade de Frankfurt am Main, pelos preciosos conselhos para a confecção da obra, bem como pela infinita possibilidade que me proporcionou de pesquisar na seleta biblioteca do Instituto de Filosofia e de Ciências Criminais dessa universidade. Agradeço-lhe mais pela gentileza de escrever um generoso e percuciente prefácio a este livro, que me fortalece e induz a seguir adiante pelo mesmo caminho de pesquisa. Agradecimentos vão igualmente para o caro amigo, professor doutor CORNELIUS PRITTWITZ, catedrático da Universidade de Frankfurt am Main, pelo convite para proferir uma conferência e participar de uma discussão específica sobre o tema no famoso *Dienstagsseminar* de sua universidade, que trouxe relevantes contribuições para a solução de muitos problemas relacionados à omissão.

Quero agradecer também às minhas assessoras Luciana Cunha Cesar e Suzana Palma e ainda ao amigo, doutorando, Tiago Joffily pela ajuda inestimável na correção do texto.

Rio de Janeiro/Brasília, outubro de 2011.

JUAREZ TAVARES

PREFÁCIO[1]

1. O OBJETO

Na dogmática penal alemã, e também na dogmática penal internacional, quase não há instituto tão controvertido quanto a análise teórica e o manejo prático da omissão. E quase não há instituto cuja diferenciação e configuração sistemática sejam tão pouco creditadas ao trabalho do legislador e, sim, marcantemente, à jurisprudência e, antes de tudo, à ciência. No Código Penal alemão, o legislador limitou-se a transcrever, no § 13,[2] os critérios e elementos da omissão punível que haviam sido, anteriormente, desenvolvidos pela ciência e pela jurisprudência. Um raro acontecimento.

Isso tem seus motivos:

- A dogmática e o correto tratamento da omissão punível penetram profundamente na nossa experiência cotidiana normativa e dissimulam-se também nessa experiência. Estão menos à disposição da ciência do que outras instituições de controle social e juízos de direito penal;

- Os crimes omissivos exigem – também por esse motivo – conceituação mais precisa e eficaz do que outros ramos do direito penal. Em relação a esses, estamos mais raramente de acordo sobre o correto resultado de sua avaliação do que sobre sua correta denominação e seu adequado posicionamento no sistema do direito penal;

- Assim, o interesse principal reside na criação de um Código Penal mais claro e determinado possível, o que corresponde à tarefa de um direito

---

1. Tradução de Fernanda Lara Tórtima.
2. N.T. (Nota da tradutora): § 13: Comissão por omissão. Quem se omite de impedir um resultado, pertencente ao tipo de uma lei penal, só é punível, segundo este código, se for juridicamente responsável para que o resultado não ocorra, e quando a omissão da realização do tipo legal corresponder a uma ação.

penal do Estado de direito, mais ainda no que diz com a justiça penal e a ciência do direito penal. Por isso, há sobre esse tema excelentes pesquisas científicas, não somente no interesse da ciência, mas também dos cidadãos.

Os questionamentos, que, normalmente, se apresentam em relação à punibilidade da omissão, são, a um só tempo, simples e bem profundos. Fazendo-se uma pergunta no plano do senso comum: por que deve ser punido um sujeito, que nada de mal tenha feito, mas que, no entanto, permita que se realizem a perversidade do mundo e os seus perigos para pessoas e animais, e deixe alguém morrer de fome ou de sede? Deve o direito nos obrigar a prestar socorro de modo permanente e nos punir quando seguimos nosso caminho de forma particular e individual? Não seria isso um pré-moderno e autoritário direito penal de controle, que não dá sossego às pessoas, em franca oposição a um ordenamento jurídico liberal e humano?

O direito penal moderno responderia que isso é assim, porque, atualmente, não mais vivemos e sentimos de forma particular e individual. Não queremos conviver – é bem verdade que por razões morais – tanto com aquele que, estando em condições de evitar o afogamento de uma pessoa, permanece impassível e a vê morrer, quanto com aquela mãe ou aquele pai que simplesmente deixa seu filho morrer de fome. Precisamente, existem situações nas quais o *nada fazer* (Nichtstun) tem a mesma relevância normativa do que a ação que viola um bem jurídico, como no caso do homicídio. Mas isso – assim, delimitaria o direito penal moderno – não vale para qualquer omissão; algo, por exemplo, como uma especial proximidade entre autor e vítima, como aquela entre pais e filhos, ou uma especial vulnerabilidade da vítima, deve ser pressuposto de uma punibilidade.

No entanto, em relação a isso, poderá afirmar o senso comum, o que está de acordo com o direito penal moderno, que, em comparação à responsabilidade pelo agir ativo, a responsabilidade pela omissão deve ser limitada e reduzida. E, a partir desse acordo, inserem-se, imediatamente, o direito penal moderno e o senso comum no centro dos problemas, que, nessa grande monografia, JUAREZ TAVARES enfrenta, tanto pela via tradicional da dogmática do direito penal quanto exprimindo-os de uma nova maneira.

Menciono apenas alguns dos problemas que há muito esperam por uma solução ou, pelo menos, por uma resposta adequada. Menciono apenas alguns dos que são bem observados por JUAREZ TAVARES. Devemos entender a omissão como uma ação ou como o seu oposto? aquele que causa um dano ao patrimônio de outra pessoa por meio de informações falsas ou fraudulentas faz algo diferente, sob o ponto de vista do direito penal, do que aquele que não adverte a vítima acerca do advento de um dano ao seu patrimônio? Quando se trata de ação, perguntamos, racionalmente, acerca da causação de uma violação a bem jurídico; quando se trata de omissão, é essa pergunta, de antemão, sem sentido. Segue-se daí o seguinte: há um equivalente funcional para a causalidade que limite a responsabilidade pela omissão de forma tão coerente como ocorre na ação? que situações especiais fundamentam a responsabilidade penal também na omissão? proximidade social, parentesco, promessa privada de ajuda posterior, contratos, outros tipos específicos de comunicação social? como decidimos acerca de formas mistas, a exemplo da destruição de um equipamento de salvamento? como podemos entender e regulamentar, por meio de conceitos precisos, que, em termos normativos, a destruição comissiva normalmente não corresponda à omissão do salvamento de um bem jurídico?

2. O LIVRO

Este é um trabalho à altura dos padrões internacionais e adequado ao tempo.

Ele caracteriza-se por um estupendo domínio da literatura apropriada e – ainda mais – pela completude da discussão e dos questionamentos, raramente alcançada. Isso diz respeito não somente ao emprego da literatura científica internacional, mas ainda aos inúmeros casos nos quais as formas de lesão por omissão se manifestam. Neste trabalho, o leitor é orientado, em alto nível, acerca de todas as questões atualmente propostas na dogmática e na práxis dos crimes omissivos. Chama-se sempre a atenção do leitor para a fundamentação jurídico-filosófica e científico-social da responsabilidade penal da omissão, sem a qual, atualmente, o conhecimento dos institutos, aqui tratados, não pode mais ser compreendido.

Quero destacar especialmente duas qualidades desta monografia, que raramente são encontradas, mesmo em tratados atuais e exigentes: a solidez da discussão científica do direito penal e os seus resultados para os fundamentos científicos da nossa matéria, bem como o desenvolvimento de construções e modelos de dogmática penal em questionamento com uma política criminal científica. A presença de tais qualidades não seria natural ou obrigatória. No entanto, ambas se aproximam desse tema e enriquecem extraordinariamente a fundamentação científica. De qualquer forma, para os especialistas, é evidente que – quer se queira, quer não – a moral cotidiana é decisiva para a análise da punibilidade da omissão: afinal, somente uma determinada proximidade e uma determinada comunicação entre autor e vítima são aptas a equiparar, normativamente, a lesão pela omissão à lesão pelo atuar comissivo. Quando se compreende isso, está-se a um pequeno passo de uma reflexão filosófica e sociológica, como se faz neste livro.

Igualmente, está claro que uma equiparação e uma diferenciação sustentável e convincente, sob o aspecto político-criminal, da lesão por ação e por omissão é extraordinariamente difícil. Isso se manifesta não somente na conceituação extremamente vaga que sempre caracterizou as respectivas normas penais. Que a discussão jurídico-penal, da forma como ela é exemplarmente apresentada neste livro, também cuide desse problema, consiste assim, portanto, também no interesse dessa discussão: sua aceitação por uma determinada ordem jurídica do Estado de direito e por uma sociedade convencida da relevância da Constituição.

Cabe perguntar, então: esse livro respondeu a antigos questionamentos tradicionalmente feitos em relação à punibilidade da omissão de forma tão inovadora, a ponto de os ter resolvido, permitindo que nós, na dogmática penal internacional, deixemos de cuidar deles e passemos a cuidar de novos problemas? Creio que não, pois, a questão sobre por que e como a pessoa humana, por causa de um simples *nada fazer* (Nichtstun), merece receber uma pena estatal, pertence àquelas perguntas eternas de uma ciência exigente do direito penal e, assim, deve permanecer. De qualquer forma, fora do âmbito de uma rigorosa ciência natural, resolvem-se questões científicas, não somente através de boas respostas científicas, como as que são dadas neste livro. Quando são boas, despertam elas ainda novos questionamentos científicos; em nossa ciência isso significa "progresso".

E eu, também, não quero esperar por isso. A questão acerca da punibilidade pela omissão não é proposta, discutida e respondida cientificamente somente para que o legislador e a justiça penal encontrem um caminho bem fundamentado e construído, de modo a que possam tomar boas decisões na legislação penal e em julgamentos penais. Ela é, igualmente, analisada, porque as respostas dadas pela ciência a essa questão viabilizam o conhecimento acerca de nós mesmos e de nossa vida. Além de concretas decisões sobre questões de direito penal, aprendemos a descobrir as artimanhas a respeito de como, diariamente, julgamos, valoramos e fundamentamos, e como o entendimento normativo de uma sociedade funciona. Isso também pode ser o resultado da boa ciência. E esse resultado é precioso.

Encontrei neste livro tais preciosidades em abundância.

Frankfurt am Main, agosto de 2011.

WINFRIED HASSEMER
Dr. Dr. h. c. mult.
Professor Catedrático da Universidade de Frankfurt am Main.
Ex-Vice-Presidente da Corte Constitucional da Alemanha

GELEITWORT

zu

JUAREZ TAVARES, Unterlassungsdelikte

Stand: 27.8.11

I. DER GEGENSTAND

In der deutschen und auch in der internationalen Strafrechtsdogmatik gibt es kaum ein Institut, das wissenschaftlich so umstritten wäre wie die theoretische Analyse und praktische Behandlung des Unterlassens. Und es gibt kaum ein Institut, das seine Ausdifferenzierung und seine systematische Gestaltung so wenig der Arbeit des Gesetzgebers und so nachdrücklich der Rechtsprechung und vor allem der Wissenschaft verdankt. Im deutschen StGB hat sich der Gesetzgeber darauf beschränkt, die Kriterien und Merkmale des strafbaren Unterlassens in § 13 abzuschreiben, die zuvor von Wissenschaft und Rechtsprechung entwickelt worden waren. Eine seltene Konstellation.

Das hat seine Gründe:

- Die Dogmatik und die gerechte Behandlung des strafbaren Unterlassens reichen tief in unsere normative Alltagserfahrung hinein und verbergen sich auch in dieser Erfahrung, sie liegen weniger auf der wissenschaftlichen Hand als andere Institutionen sozialer Kontrolle und strafrechtlicher Beurteilung;

- Unterlassungsverbrechen entziehen sich – wohl aus diesem Grunde – präziser Begrifflichkeit erfolgreicher als andere Teile des Strafrechts, bei ihnen sind wir uns seltsamerweise eher über das gerechte Ergebnis ihrer Beurteilung einig als über ihre richtige Benennung und angemessene Lozierung im System des Strafrechts;

• deshalb liegt der Hauptanteil bei der Herstellung eines möglichst klaren und bestimmten Strafgesetzbuchs, wie es die Aufgabe eines rechtsstaatlichen Strafrechts ist, immer noch bei der Strafjustiz und der Strafrechtswissenschaft, und deshalb liegen hier hervorragende wissenschaftliche Untersuchungen nicht nur im Interesse der Wissenschaft, sondern auch der Bürger.

Die Fragen, die sich bei der Strafbarkeit der Unterlassung typischerweise stellen, sind zugleich ganz einfach und ganz tiefgründig.

Warum, so kann man auf der Ebene einer alltäglichen, naiven Moral fragen, warum soll ein Mensch dafür bestraft werden, dass er nichts Böses getan hat, dass vielmehr die Schlechtigkeit der Welt und ihre Gefährlichkeit für Mensch und Tier sich gewissermaßen von selbst realisiert und einen Menschen hat verhungern oder ertrinken lassen? Ist das Strafrecht denn dazu da, uns alle zu einer permanenten Rettungsassistenz zu verpflichten und uns zu bestrafen, wenn wir privat und individuell unserer Wege gehen? Ist das nicht ein vormodernes, ein autoritäres Kontrollstrafrecht, das den Menschen nicht in Ruhe lassen will – das pure Gegenteil einer menschenfreundlichen, liberalen Rechtsordnung?

Darum ist das so, so würde das moderne Strafrecht antworten, weil wir heute nicht mehr privat und individuell leben und empfinden. Mit demjenigen, der imstande wäre, den Ertrinkenden zu retten, und ihm ungerührt beim Sterben zusieht, möchten wir – und zwar aus moralischen Gründen – ebenso wenig zusammenleben wie mit der Mutter oder dem Vater, die ihr Kind einfach verhungern lassen. Es gibt eben Situationen, in denen das Nichtstun normativ genauso schwer wiegt wie das Handeln, welches ein Rechtsgut verletzt, wie etwa das Totschlagen. Aber, so würde das moderne Strafrecht einschränken, das gilt nicht für jedes Unterlassen; irgend so etwas wie eine besondere Nähe zwischen Täter und Opfer, wie etwa die zwischen Eltern und Kind, oder eine besondere Verletzlichkeit des Opfers muss wohl Voraussetzung einer Strafbarkeit sein.

Dem wird die naive Moral zustimmen können, und so einigen sich beide auf eine strafrechtliche Haftung beim Unterlassen, die aber gegenüber der strafrechtlichen Haftung beim aktiven Tun begrenzt und reduziert sein muss. Und mit dieser Einigung stecken sie sofort mitten in den Problemen, die Juarez Tavares in dieser großen Monographie sowohl auf den traditionellen Wegen der Strafrechtsdogmatik verfolgt als auch auf eine neue Weise durchbuchstabiert. Ich nenne nur einige Probleme, die schon lange auf eine Lösung oder wenigstens auf eine angemessene Antwort warten. Ich nenne nur einige, die von Juarez Tavares gründlich traktiert werden:

Müssen wir das Unterlassen als Handlung verstehen oder als deren Gegenteil; tut derjenige, der einem anderen, etwa durch betrügerische Fehlinformation, einen Vermögensschaden zufügt, strafrechtlich etwas anderes als derjenige, der das Opfer vor einem Vermögensschaden nicht warnt? Beim Handeln fragen wir vernünftigerweise immer nach der Verursachung einer Rechtsgutsverletzung; beim Unterlassen ist diese Frage von vorneherein sinnlos; was folgt daraus, gibt es ein funktionales Äquivalent für Kausalität, um die Haftung beim Unterlassen so konsequent zu beschränken wie beim Handeln? Welche besonderen Situationen begründen eine strafrechtliche Haftung auch für Unterkassen: soziale Nähe, Verwandtschaft, private Zusage späterer Hilfe, Verträge, bestimmt andere Typen sozialer Kommunikation? Wie entscheiden wir Mischformen, etwa das aktive Zerstören einer rettenden Apparatur? Wie können wir durch präzise Begriffe einfangen und regeln, dass das aktive Zerstören im Normalfall hinter dem Unterlassen der Rettung eines Rechtsguts normativ zurückbleibt?

II. DAS BUCH

Das ist eine Arbeit auf der Höhe der internationalen Standards und auf der Höhe der Zeit.

Sie zeichnet sich aus durch eine stupende Beherrschung der einschlägigen Literatur und – mehr noch – durch eine sonst kaum erreichte Vollständigkeit der Diskussionen und Fragestellungen; das betrifft nicht nur die Verarbeitung der internationalen wissenschaftlichen Literatur, sondern auch die zahlreichen Konstellationen, in denen sich die Formen einer Verletzung durch Unterlassen manifestieren: Hier wird der Leser auf höchstem Niveau orientiert über alle Fragen, die sich in der Dogmatik und der Praxis der Unterlassungsdelikte heute stellen, und er wird immer wieder auf die rechtsphilosophischen und sozialwissenschaftlichen Hintergründe einer strafrechtlichen Haftung für Unterlassen aufmerksam gemacht, ohne deren Kenntnis das hier behandelte Institut heutzutage nicht mehr hinreichend verstanden werden kann.

Zwei besondere Vorzüge dieser Monographie möchte ich besonders hervorheben; man findet sie auch in aktuellen und anspruchsvollen strafrechtlichen Traktaten eher selten: die tiefe Fundierung der strafrechtswissenschaftlichen Diskussion und ihrer Ergebnisse in den Grundlagenwissenschaften unseres Fachs und die Weiterführung strafrechtsdogmatischer Konstruktionen und Modelle in Fragestellungen einer wissenschaftlichen Kriminalpolitik. Beides ist nicht zwingend und auch nicht selbstverständlich; beides legt sich aber gerade bei diesem Gegenstand nahe und bereichert die wissenschaftliche Begründung außerordentlich:

Jedenfalls für den Kundigen lässt sich mit Händen greifen, dass über die Strafbarkeit des Unterlassens – ob man das will und ob man es wahrnimmt oder nicht – letztlich auch mithilfe alltäglicher Moralen entschieden wird: Nur eine bestimmte Nähe und eine bestimmte Kommunikation von Täter und Opfer reichen am Ende hin, um die Verletzung durch Unterlassen einer Verletzung durch aktives Tun normativ gleichzustellen. Wenn man das begreift, ist es nur noch ein kleiner Schritt zu einer philosophischen und soziologischen Reflexion, wie sie in diesem Buch angestellt werden.

Und klar ist auch, dass eine kriminalpolitisch überzeugende und haltbare Parallelisierung und Unterscheidung von aktivem Verletzen und Unterlassen außerordentlich schwierig ist. Das zeigt sich nicht zuletzt in der außerordentlich vagen Begrifflichkeit, welche die entsprechenden Strafnormen seit je her charakterisiert. Dass sich die strafrechtswissenschaftliche Diskussion, wie sie in diesem Buch musterhaft geführt wird, auch dieses Problems annimmt, liegt deshalb auch im Interesse dieser Diskussion selbst: ihrer Akzeptanz durch eine rechtsstaatlich bestimmte Rechtsordnung und durch eine von der Verfassung überzeugte Gesellschaft.

Hat dieses Buch nun also die alten Fragen, die sich mit der Strafbarkeit des Unterlassens traditionell stellen, auf eine neue Weise so beantwortet, dass sie sich so gründlich erledigt haben, dass wir ihnen in der internationalen Strafrechtsdogmatik den Rücken zukehren und uns neuen Problemen zuwenden können?

Ich glaube es nicht; denn die Frage, ob, warum und wie Menschen wegen puren Nichtstuns staatliche Strafe verdient haben, gehört zu den ewigen Fragen jeglicher anspruchsvollen Strafrechtswissenschaft, und so dürfte das auch bleiben: Jedenfalls außerhalb der strengen Naturwissenschaften erledigen sich wissenschaftliche Fragen nicht allein durch gute wissenschaftliche Antworten, wie sie in diesem Buch gegeben werden. Viel eher regen sie, wenn sie wirklich gut sind, neue wissenschaftliche Fragen an; genau das bedeutet in unserer Wissenschaft «Fortschritt».

Und ich möchte es auch nicht hoffen. Die Frage einer Strafbarkeit wegen Unterlassens wird in der Wissenschaft ja nicht nur deshalb gestellt, diskutiert und beantwortet, damit Gesetzgeber und Strafjustiz einen wohlbegründeten und gut ausgebauten Weg finden, um konkrete Entscheidungen in Strafgesetzen und Strafurteilen zu erlassen. Sie wird auch deshalb traktiert, weil die Antworten, welche die Wissenschaft auf diese Frage gibt, jenseits konkreter Entscheidungen strafrechtlicher Fragen einen Einblick in uns selber und in unser Leben gestatten kann: Wir lernen, uns selber auf die Schliche zu kommen, wie wir alltäglich urteilen, werten und begründen, wie die normative Verständigung einer Gesellschaft funktioniert; auch das kann ein Ergebnis guter Wissenschaft sein, und dieses Ergebnis ist kostbar.

Ich habe in diesem Buch eine Fülle solcher Kostbarkeiten gefunden.

Frankfurt am Main, im August 2011.

WINFRIED HASSEMER

ÍNDICE GERAL

CAPÍTULO 8

CAPÍTULO 9

SEGUNDA PARTE

Primeira Parte

OS PRINCÍPIOS FUNDAMENTAIS

CAPÍTULO 1
A PROBLEMÁTICA DOS DELITOS OMISSIVOS

I. OS PONTOS CENTRAIS DA CONTROVÉRSIA

Ao tratar da oposição entre ideias falsas e verdadeiras, LEIBNIZ já indicava, em 1684, a necessidade de se proceder à diferenciação das formas e dos critérios do conhecimento, pelos quais se poderia separar o que é claro do obscuro, o que é transparente do nebuloso, o que é adequado do inadequado, o que é intuitivo do simbólico. Depois de percorrer todos estes aspectos, concluía que o conhecimento correto seria aquele, igualmente, adequado e intuitivo.[1] Apesar de esses argumentos de LEIBNIZ terem sido destinados, primitivamente, às considerações sobre lógica e metafísica, são ainda sugestivos como ponde-

---

1. LEIBNIZ, Gottfried Wilhelm. *Fünf Schriften zur Logik und Metaphysik,* 1966, p. 9 e ss. Neste escrito, dizia LEIBNIZ que uma ideia será *obscura* quando não for suficiente para reconhecer um objeto já descrito; ao contrário, seria *clara* quando pudesse reconhecer aquilo que havia sido descrito. Por sua vez, um conceito será *transparente* quando servir para distinguir as coisas de conformidade com as suas características ou como resultado de uma investigação; seria, em contrapartida, *nebuloso* ou confuso quando não fosse capaz de dar especificidade às características de uma coisa, que a pudessem separar das demais. Além disso, um conhecimento claro e transparente será *adequado* quando conduzir a análise do objeto até suas últimas consequências; apesar de ser claro e transparente, seria *inadequado* se não pudesse utilizar as características de um objeto para complementar de modo definitivo sua análise. Finalmente, o conhecimento será *intuitivo* quando, em conceitos compostos de vários segmentos, retratar ou, pelo menos, puder retratar todas as características desses segmentos; seria *simbólico*, se conservasse essas características apenas como ideia e não como explicação para a sua origem. Por outro lado, como consequência dessa análise, distinguia LEIBNIZ entre *definição nominal* e *definição real* de um objeto. Enquanto a primeira se encarregaria de traçar suas características, de modo a distingui-lo de outros, a segunda cumpriria a tarefa de demonstrar sua possibilidade. Ainda que a definição nominal seja útil, é insuficiente para o conhecimento correto do objeto. Para tanto, será necessário valer-se de dados suplementares para afirmar que esse objeto é, também, possível. Assim, uma ideia será *verdadeira* se seu conceito for possível, ou *falsa* se seu conceito encerrar uma contradição.

rações acerca do que se pode e, consequentemente, do que se deve tomar como válido em uma investigação científica. Da mesma forma como ocorre com o conhecimento em geral, o estudo dos crimes omissivos também envolve questões relativas ao adequado e ao inadequado, ao simbólico e ao intuitivo.

Com efeito, ao percorrer os caminhos da produção legal, pode-se ver como os crimes omissivos apresentam, na sociedade contemporânea, uma incidência cada vez maior. Em face de inúmeras variáveis, o legislador os usa sem qualquer parcimônia, mesclando seus argumentos em torno de uma política criminal voltada para o abstrato e o incomensurável, principalmente para satisfazer objetivos administrativos pouco esclarecidos e sedimentar campanhas impressionistas. Pela própria natureza dessa política criminal imediatista e voltada para efeitos espetaculares, os crimes omissivos ainda não puderam se distanciar do simbólico e do inadequado. Na verdade, a dogmática penal não pôde, até agora, dar uma solução definitiva a três séries de problemas fundamentais que cercam esses delitos, relacionados à sua natureza, à sua estrutura e à sua punibilidade. A solução dessas três séries de questões vincula os delitos omissivos não apenas à dogmática penal, mas também ao poder normativo e interventor do Estado e, por seu turno, à ordem social nacional, à sociedade globalizada e, principalmente, aos preceitos de garantia que envolvem a formação social efetivamente democrática e humanista.

II. CRISE DOS DELITOS OMISSIVOS?

Geralmente, quando se aborda um tema que esteja submetido a grandes controvérsias, costuma-se dizer que esse tema está em crise. Isso se deu, primeiramente, com a adoção do conceito de ação, que gerou, a partir de determinado momento, inúmeros problemas e desencontros, de certo modo com a introdução no direito penal da teoria finalista e com as modificações procedidas pela teoria social de ação e pelas teorias funcionais. Em um segundo momento, passou-se a falar de crise da tipicidade, ao serem discutidas as propostas da teoria dos elementos negativos do tipo, as quais vieram a gerar, inclusive, uma formulação bipartida para o fato punível, como ação típica e culpável, com influência marcante no pensamento jurídico-penal da América Latina. Acrescente-se a tensão entre causalidade e critérios de imputação. Também se falou e ainda se fala de crise da culpabilidade, que se viu despertar com a adoção da teoria normativa, a partir da contribuição de FRANK e sua crítica acerca da tautologia do discurso tradicional,[2] e, mais tarde, com

---

2. FRANK, Reinhard. *Über den Aufbau des Schuldbegriffs*, 1907, p. 6: «Auf die Frage: wann ist der Mensch für sein Verhalten strafrechtlich haftbar? antwortet die Wissenschaft: wenn sein Verhalten ein schuldhaftes ist. Auf die weitere Frage: wann ist sein Verhalten schuldhaft? erhalten wir von v. Liszt die Auskunft: wenn der Mensch dafür verantwortlich ist. Das ist ein offenbarer Zirkel» (À pergunta: quando uma pessoa é punível pelo seu comportamento? responde a ciência: quando sua conduta for culpável. À pergunta subsequente: quando sua

o finalismo, que acabou esvaziando o seu primitivo conceito, ao retirar-lhe o dolo e a culpa, e com os funcionalistas, que querem, no fundo, eliminar o juízo de censura baseado no poder agir de outro modo e substituí-lo por um juízo de incompatibilidade para com a ordem jurídica. Ainda se poderia falar da crise na relação entre culpabilidade e pena, até agora não superada no âmbito de sua individualização em face das contradições entre as perspectivas preventivas e os fundamentos retributivistas. Não deixa de expressar também uma crise a conturbada relação entre dogmática penal e prática judicial, que percorrem caminhos contraditórios, ora exigindo pureza de conceitos, ora os confundindo em face da necessidade de enfrentar uma questão concreta e pugnar por uma solução imediata, ampliando ou restringindo a punibilidade.

Em todos esses momentos, aos quais se atribui o anátema de crise, a discussão não apenas se iniciou, como ainda continua, o que está a indicar que toda a teoria do delito sempre esteve em crise, desde que se apresente como o produto de controvérsias e juízos de valor, nem sempre compreendidos dentro de um consenso. O mesmo se dá com os delitos omissivos, que apresentam questões quase que insolúveis, independentemente das teorias e das propostas metodológicas para elucidá-las.

Ao analisar-se a crise dos delitos omissivos, conviria fixar, de antemão, o conceito de crise. Geralmente, entende-se por *crise*, segundo uma antiga terminologia médica, o momento extremo de manifestação de uma enfermidade, a partir do qual podem ser esperados dois desideratos: a cura ou a fatalidade.[3] Essa expressão se tem estendido a outras disciplinas, que a trabalham conforme os respectivos métodos e finalidades. Assim, no âmbito da psicologia, poder-se-ia falar de *crise de identidade*, *crise da adolescência*, de *crise vegetativa*, *crise estática* ou *crise sincopática*, consoante os momentos e as características em que o fenômeno se manifesta na conduta humana.

No direito, costuma-se falar de crise quando subsiste um conflito entre normas ou um encontro de princípios. Isso pode ocorrer quando uma determinada norma já não esteja em condições de regulamentar o fato que, originariamente, lhe servia de substrato, ou quando o fato não possa ser regulado por falta de uma previsão legal, ou quando a interpretação acerca de como se deva proceder quanto à aplicação da norma em relação ao fato se tenha desvinculado de sua primitiva estrutura, ou quando um instituto não possa ser interpretado de um modo coerente, conforme os princípios superiores da ordem jurídica, ou, finalmente, quando os princípios em confronto não possam ceder, um em benefício do outro, por serem de igual hierarquia. Estas são as formas mais

---

conduta é culpável? colhe-se a resposta de Von Liszt: quando a pessoa for por ela responsável. Trata-se de um círculo vicioso).

3. Peters, Uwe Henrik. *Lexikon Psychiatrie, Psychotherapie, Medizinische, Psychologie*, 2000, p. 315.

comuns das crises jurídicas. Entretanto, parece que quando se fala de crise não se deve ficar limitado a esses aspectos puramente normativos, que dizem respeito mais à validade ou à eficácia da norma. Em um sentido que leve em conta também as relações de legitimidade das normas e sua vinculação a um estado de preservação da pessoa e de sua liberdade, poder-se-ia falar, então, de crise, *quando se constatasse que um determinado instituto já não estaria apto a servir de suporte ou de proteção aos seus direitos fundamentais.*

Entendida dessa forma a expressão *crise*, poder-se-ia dizer que os delitos omissivos estão em crise, não de eficácia, mas em crise de validade e de legitimidade. Isso se manifesta, entretanto, como o resultado de uma longa sedimentação que se procede, histórica e gradativamente, acerca de sua compreensão, inserção e tratamento no âmbito jurídico. Para analisar esse momento de crise, poder-se-á partir de dois importantes conjuntos. Primeiramente, a partir do conjunto centrado na identificação da conduta que deva servir de base à incriminação. Depois, do conjunto das expectativas que se desenvolvem sobre essa conduta, em função das perspectivas do poder.

1. A expansão dos delitos omissivos

Afirmou-se, inicialmente, que os delitos omissivos padecem também dos mesmos problemas relacionados à lógica e à metafísica, os quais vão se refletir nas indagações acerca de sua natureza, sua estrutura e sua punibilidade, e cujo tratamento teórico ainda se encontra em discussão, daí o sentido de crise que os envolve, crise essa que não foi solucionada pelos vários critérios propostos para equacioná-la. Se a crise diz respeito à antinomia entre os preceitos jurídicos incriminadores e a proteção de direitos da pessoa, sua repercussão na dogmática penal só pode ser representada pelas divergências quanto ao discurso legitimador. Parece, assim, que o grande problema, talvez o problema mais agudo dessa discussão, resida no fato de que todas as controvérsias dos delitos omissivos sempre estiveram situadas em torno do significado da omissão como conduta punível, daí ser relevante verificar como isso se processa no âmbito da evolução desses delitos. Pode-se adiantar que, tanto em sua manifestação doutrinária quanto legislativa, os delitos omissivos se desenvolvem, primeiramente, sobre a base de uma equiparação entre ação e omissão e não, imediatamente, sobre a delimitação do dever de impedir o resultado. A questão jurídica, portanto, que está na base do panorama de crise se situa em determinar como se procede, primeiramente, à unificação e, depois, à diferenciação entre *ação* e *omissão*. Esta é a tarefa inicial e decisiva, porque está ligada à própria natureza dos delitos omissivos e também aos fundamentos de uma racionalidade em torno de sua justificação. Afinal de contas, essa foi a preocupação de toda a doutrina do direito penal, desde que se formaram os sistemas da *teoria do delito*.[4] Deve-se repetir que essa questão afeta, também, a própria punibilidade desses delitos, porquanto não se pode pensar nessa punibilidade sem dar uma solução definitiva a como identificar a conduta que se pretende punir.

Tendo em vista a rudimentariedade de sua incidência prática, o delito omissivo ficou, durante muito tempo, desligado da dogmática. Lançando os olhos sobre a evolução do conceito analítico de delito, pode-se constatar que a omissão não passava, inicialmente, de modalidade secundária de ação.[5] Acolhida a norma incriminadora como manifestação direta da proibição, importante era a identificação da ação positiva, da qual deveria resultar a omissão. Ainda que concebido, legislativamente, em algumas hipóteses como delito autônomo desde o século XIV,[6] seu grande passo dogmático só começa a se manifestar sob um regulamento próprio a partir do século XIX, quando se manifesta a necessidade de uma regra geral da omissão e, em face da diversidade normativa, se procede à distinção entre delitos que resultam da violação da proibição e delitos sedimentados sobre a infração de um comando.[7] Anteriormente, o problema se achava limitado ao exame de casos concretos, relativos aos delitos de homicídio, infanticídio, omissão de socorro ou omissão de comunicação de crime, ou a delitos funcionais subordinados normalmente a

---

4. Nesse sentido, também, Ordeig, Enrique Gimbernat. «La distinción entre delitos propios y delitos impropios de omisión», *Revista Peruana de Ciencias Penales*, 13, p. 74, 2003.

5. Como informa Nelson Hungria (*Comentários ao Código Penal*, Rio de Janeiro, 1958, vol. V, n. 106), no direito romano, só excepcionalmente se admitia, para os militares e os escravos, o dever jurídico de evitar um delito contra outrem, vigorando, como regra geral, o princípio de que o crime só poderia resultar de uma norma proibitiva. Em adendo a esse entendimento, assegura Wilhelm Schwarz (*Die Kausalität bei den sogenannten Begehungsdelikten durch Unterlassung*, Breslau: Schletter, 1929, p. 3), que nem no direito romano, nem no direito canônico perdurava uma regra comum para essa modalidade de infração, orientando-se a tipificação por fatores isolados. No direito romano, por exemplo, se entendia constituir delito o fato de o soldado não defender seu superior frente a ataques do inimigo, e, no direito canônico, da mesma forma respondia pelo crime de agressão quem não houvesse impedido o ataque a seu companheiro: *qui enim non repellit a socio injuriam, si potest, tam est in vitio, quam ille, qui facit* (C. 7 C 23. 9. 3).

6. As Ordenações Filipinas de 1603, seguindo a tradição anterior, contemplam, ainda que rudimentarmente, nos títulos XII, 6; XIII, 5; LXII, 4, 5 e 6, alguns delitos omissivos, em sua maioria vinculados a deveres de denunciar fatos à autoridade pública.

7. Já no século XVIII, entretanto, pode-se talvez atribuir a C. G. Winkler a primeira monografia específica sobre o tema, intitulada *De crimine omissionis*, Leipzig, 1776, na qual se destacam tanto os delitos omissivos impróprios quanto os próprios, com inúmeras citações de casos, como o do juiz que, ilicitamente, não pronuncia sentença condenatória, ou do enfermeiro que deixa morrer de fome e sede seus doentes. Segundo Otto Clemens (*Die Unterlassungsdelikte im deutschen Strafrecht von Feuerbach bis zum Reichstrafgesetzbuch*, 1912/1977, p. 8), ao contrário de Winkler, que não diferenciava entre delitos omissivos próprios e impróprios; o primeiro a fazê-lo fora C. Westphal, em sua obra *Kriminalrecht*, Leipzig, 1785, com o seguinte desfecho: «Delitos são cometidos também por omissão...» «As omissões pressupõem, exatamente, de qualquer modo, deveres especiais, que incidem sobre o sujeito, de impedir aquilo que constitua o resultado».

deveres especiais de seus sujeitos.[8] Desde essa época, no entanto, se sucedem pronunciamentos acerca da menor ou igual gravidade de tais delitos diante daqueles realizados por comissão,[9] quer dizer, a previsão de uma omissão, como ação delituosa, não despertava unicamente um interesse no âmbito da teoria do delito, mas de sua punibilidade.

No plano legislativo, é preciso ressaltar que o Código brasileiro de 1830 (art. 2.º, § 1.º), independentemente da tipificação, já acolhia genericamente a omissão como modalidade de conduta punível, ao enunciar seu conceito de delito como «toda ação ou omissão voluntária contrária à lei penal».[10] Anos antes, o famoso Código Penal bávaro de 1813, de autoria de FEUERBACH, havia por sua vez consignado, expressamente, que «quem realizar uma ação ou omissão proibida, à qual a lei comine determinada consequência danosa, deve submeter-se a essa consequência punitiva» (art. 1.º). Estes contributos legislativos têm, entretanto, seus antecedentes no Codex Juris Bavaciri Criminalis de 1751, na Constitutio Criminalis Theresiana de 1768 e no Allgemeines Landrecht para os Estados Prussianos de 1794, os quais já previam que os delitos poderiam ser cometidos por ação e por omissão.[11] Igualmente, o projeto de Edward LIVINGSTON de Código Penal para a Luisiana de 1826 contemplava uma definição de delito como «atos e omissões proibidos pela lei positiva e

---

8. MEZGER, Edmund. *Tratado de derecho penal,* trad. Rodriguez Muñoz, Madrid, 1955, vol. I, p. 19, nota 1.

9. Antes disso, são conhecidas as duas posições antagônicas: de um lado, os práticos italianos e os renascentistas, respectivamente, FARINACIUS e THEODORICUS, que, por não reconhecerem uma perfeita equiparação entre omissão e ação, propugnavam por uma punição menor para os delitos omissivos; de outro, VON BÖHMER e seus seguidores, como ENGAU e KOCH, exigiam punição igual. Parece, todavia, que o pensamento de FARINACIUS e THEODORICUS se tornara dominante no século XVIII, principalmente por força da dissertação de WESTPHAL, já em 1760, relativa à participação criminosa, e cujo ensinamento se refletira em seu *Kriminalrecht* e nos autores subsequentes. Sobre isso, ver Otto CLEMENS, *Die Unterlassungsdelikte im deutschen Strafrecht von Feuerbach bis zum Reichsstrafgesetzbuch,* 1912/1977, p. 7 e ss.

10. Os comentaristas brasileiros do Código Imperial de 1830, entretanto, apesar da previsão de inúmeros delitos omissivos próprios, confundiam a omissão com a negligência, cf. Vicente Alves de Paula PESSOA, *Código Criminal do Império do Brasil,* 1885, p. 14, nota 3b. Para *Heitor Costa Júnior*, que procedeu a um exame exaustivo e percuciente da doutrina penal brasileira do período imperial, apenas duas obras, praticamente, se dedicaram com maior vigor ao tema: a de João Vieira de ARAÚJO e, em destaque, a de Tobias Barreto (*A teoria da omissão no pensamento jurídico-penal de Tobias Barreto*, 1979, p. 178 e ss.).

11. O *Codex Juris Bavarici Criminalis,* no seu § 3, dispunha, expressamente: «Haverá crime quando se faz ou se omite alguma coisa contra a lei, e certamente ou por dolo, malus e perigoso, ou por culpa acentuada, que independentemente de se confundir, algumas vezes, com aquela da lei civil, está submetida à pena criminal.» Já, por seu turno, a *Constitutio Criminalis Theresiana* consignava no seu § 1: «Haverá crime quando alguém, consciente e volitivamente, realize aquilo que a lei proíbe, ou omita aquilo que a lei determine». E o *Allgemeines Landrecht*, com menor técnica, admitia no § 8 que o delito pudesse também ser constituído de uma «omissão daquilo que a lei exija de alguém».

submetidos a uma pena», bem como já previa uma modalidade própria de delito de homicídio cometido por omissão.[12]

Apesar desses precedentes, que dão a entender que a omissão poderia constituir, juntamente com a ação, uma forma de conduta, a adoção de uma regra geral da omissão não decorre, entretanto, de imposição legislativa ou de uma exegese meramente declarativa, mas é fruto da evolução que se processa na teoria do delito, como forma de justificação do poder punitivo. O discurso dogmático só poderia alcançar seus objetivos sedimentadores da ordem, se pudesse estabelecer um denominador comum para todas as formas de manifestação do delito. Com isso poderia reduzir complexidades e também demonstrar a existência de um fundo de verdade nas normas incriminadoras. O processo de justificação, por isso mesmo, deve se apresentar de modo racional, às vezes, endossando, outras vezes, corrigindo os defeitos da legislação.

Inicialmente, pensou-se, como ocorreu com FEUERBACH, que o denominador comum entre ação e omissão deveria ser encontrado no conceito de antijuridicidade. Tanto a ação quanto a omissão constituiriam, assim, formas de violação da lei. No entanto, com uma diferença substancial: na omissão, deveria preexistir um dever de agir decorrente de uma lei ou de um contrato.[13] Em face da violação do dever de agir, que só subsistiria na omissão e não na ação, tornava-se impossível a unidade natural entre ação e omissão; tal unidade só poderia se dar no plano normativo, no âmbito da contrariedade ao direito. A omissão estaria, como a ação, caracterizada como uma infração violadora de direito subjetivo. Essa será a fórmula mágica de justificação para sua inserção no âmbito jurídico. É interessante observar que essa assertiva de FEUERBACH conduz, ademais, a outros desdobramentos. Se a omissão não tem correspondência natural com a ação, mas o legislador ainda assim a

12. Arts. 75 e 484. Parece que o projeto LIVINGSTON reflete, no particular, ainda que com técnica superior, os preceitos do *common law*. Assim, por exemplo, William BLACKSTONE (*Commentaires on the laws of England,* 1769/1984, vol. IV, p. 5), já contemplava uma definição de delito como: «um ato cometido, ou omitido, em violação a uma lei pública, que o proíba ou o determine». Ao contrário de LIVINGSTON, porém, BLACKSTONE não pôde compreender um homicídio por omissão, conforme os deveres especiais do sujeito, embora previsse inúmeros delitos omissivos próprios, principalmente, quanto à alta traição, ou a fatos que ofendessem o rei ou relativos ao cumprimento de deveres funcionais (p. 74, 130 e 140), muitos dos quais se confundiam, inclusive, com sua forma culposa. Embora orientado, em parte, por ideias do *common law*, o projeto de Código Penal peruano de 1828, de autoria de Manuel de Vidaurre, que contém inclusive normas inovadoras de delimitação do poder de punir, não chega a enunciar um conceito de delito que contemple também a omissão; mas prevê alguns delitos omissivos próprios, geralmente, contra o Estado (título 1, lei 3), funcionais (título 2, leis 1, 2; título 3, lei 6), praticados por particular contra a administração pública (título 4, lei 1), ou contra o fisco (título 8, lei 3). O projeto, na verdade, diversamente do Código Criminal brasileiro de 1830 e do projeto LIVINGSTON, se estrutura em duas partes bem distintas: a primeira, dedicada ao processo penal e deveres importantes; a segunda, na qual se preveem os delitos e as penas.

13. FEUERBACH, Anselm Ritter von. *Lehrbuch des gemeinen in Deutschland gültigen peinlichen Rechts,* 1840, p. 49.

mantém como infração penal, isso tem que se refletir no âmbito de sua punibilidade. O fato de o legislador pretender, normativamente, unificar ação e omissão como espécies de infrações, embora no plano natural não subsista essa unidade, não implica que ambas devam ter o mesmo tratamento penal. Não desnatura a união normativa o fato de se admitir que a punibilidade da omissão deva ser menor do que da ação. Vale, neste aspecto, para FEUERBACH, quanto à compreensão da relação entre lei e ciência jurídica, aquilo que lhe foi observado por NAUCKE, de que, aqui, se procede à distinção de dois dados bem específicos: de um lado, o objeto ou a matéria-prima do delito, que pode ser a ação ou a omissão; de outro lado, a sua forma de punição, que, uma vez não esclarecida previamente pelo legislador, deve comportar uma interpretação diferenciada por parte da dogmática.[14] A dogmática, portanto, não deve ser apenas uma técnica exegética, mas um instrumento de criação do direito, de modo a retificar, no plano argumentativo, o que o legislador havia normativamente consignado em detrimento da liberdade individual.

FEUERBACH teve sempre o mérito de temperar as regras estritas das normas com os dados empíricos da realidade. Esse é um mérito indiscutível, ainda hoje válido para coibir os arbítrios funcionais. Ao lado das concepções de FEUERBACH, no entanto, começam a ser sentidas algumas abordagens puramente normativistas, pelas quais se delineia uma decisiva estruturação da norma penal e a consideração de que há, na conduta punível, não apenas uma contrariedade ao que o direito proíbe, mas também uma desatenção ao que esse determina.[15] Com essa bipolaridade atribuída à conduta punível de ser, ao mesmo tempo, passível de proibição ou determinação, criam-se, então, as condições normativas para a distinção entre delitos omissivos próprios e impróprios. Apesar disso, essa consideração normativa não pôde servir de modelo de união entre ação e omissão. Ação e omissão continuavam a ser tratadas como objetos independentes. Para superar esse tratamento dicotômico, foi preciso proceder-se a uma alteração de paradigmas. Não bastava, então, a assertiva de que tanto na ação quanto na omissão haveria uma contrariedade ao direito, como queria FEUERBACH, ou que a norma penal comportasse proibições e comandos, como sugeriam SPANGENBERG e LUDEN; era preciso que se encontrasse para ambas um elemento que as pudesse unir, também, naturalisticamente. Esse elemento, como se verá mais adiante, deverá ser a causalidade, mas para tanto era preciso que se adiantassem alguns pressupostos que pudessem envolver sistematicamente a ação e a omissão, e isso não seria possível apenas com a contemplação da natureza das normas penais.

---

14. NAUCKE, Wolfgang. «Einführung», in FEUERBACH, Johann Anselm. *Über Philosophie und Empirie in ihrem Verhältnisse zur positiven Rechtswissenschaft,* 2002, p. XII.

15. Essas considerações começam a despertar atenção em Ernst SPANGENBERG («Über Unterlassungsverbrechen und deren Strafbarkeit», *Neues Archiv des Criminalrechts*, tomo IV, 1820, p. 527 e ss.) e, principalmente, em Heinrich LUDEN (*Abhandlungen aus dem gemein deutschen Strafrechts*, tomo II, Über den Tatbestand des Verbrechens, 1840, p. 219).

Justamente em face da ausência desses pressupostos, que só serão construídos por uma teoria própria da imputação, é que Feuerbach não chegou a compreender a causalidade como uma entidade autônoma dentro do conceito de delito. A causalidade para ele, bem ao estilo kantiano, era subentendida. Ainda que distinguisse entre a ação causal e aquela que resultava do acaso, não alcançava com isso a formulação de um modelo de união.[16] A contribuição mais decisiva para essa união só começa a ser delineada com o enriquecimento do conceito de conduta por Berner em 1843. Assentado esse conceito como elemento básico do processo de imputação, consoante os postulados do sistema hegeliano da manifestação de vontade, pôde-se proceder à separação entre ação e punição, com reflexos significativos também na culpabilidade, como culpabilidade de vontade.[17] Por força disso, assinalava Berner consistir a ação em uma vontade devinda em ato. Já que a ação seria sempre uma manifestação da vontade, todos os delitos seriam dolosos, e o delito culposo só poderia ser distinguido do delito omissivo na forma de um erro evitável de atenção.[18] A partir dessa contribuição, foi-se intensificando, cada vez mais, a unificação entre ação e omissão. Mas o ponto crucial dessa evolução só vem a ser traçado mais tarde, com o conceito de tipo, formulado por Beling. O conceito de tipo, além de qualificações normativas, produz outros efeitos, entre os quais, o de superar as proposições da doutrina anterior, que se mostrava incapaz de diferenciá-lo da noção de conduta, e de engendrar, ademais, a consecução de um conceito geral de ação, baseado no dogma causal.[19] Sem um conceito de tipo, que o incorporasse em sua pureza, seria inviável um conceito de ação. Uma vez construído o conceito de tipo, daí para frente todos os demais conceitos de ação passaram a repartir a preocupação de incluir, entre suas modalidades, a própria omissão.

Está claro que, se o conceito de omissão, em seus momentos de construção, decorre do conceito de ação e este só adquire relevância com o conceito de tipo, é por demais consequente que reflita, também, os mesmos elementos de crise que aquele conceito possa gerar: decidir se se trata de um dado do ser, ou de um dado normativo, se está construído a partir de uma estrutura empírica, ou se se basta como uma relação proposicional. A crise dos delitos omissivos, portanto, não pode ser outra senão a crise da própria teoria do delito. Mas essa crise é também dogmática, não apenas uma crise no âmbito da validade e da legitimidade dessa forma do fato punível. Isso porque uma crise de legitimidade irá necessariamente se refletir em um momento de instabilidade dogmática.

---

16. Clemens, Otto. *Die Unterlassungsdelikte im deutschen Strafrecht von Feuerbach bis zum Reichsstrafgsetzbuch,* 1912/1977, p. 11.

17. Berner, Albert Friedrich. *Grundlinien der Kriminalistischen Imputationslehre,* 1843, p. 39 e ss.; Idem, *Lehrbuch des deutschen Strafrechts*, 1874, p. 160; Roxin, Claus. *Strafrecht*, AT, I, 4.ª ed., 2006, p. 240.

18. Berner, Albert Friedrich. *Lehrbuch des deutschen Strafrechts,* 1874, p. 161 e 172.

19. Roxin, Claus. *Strafrecht*, AT, I, 4.ª ed., 2006, p. 241.

2. A importância dos delitos omissivos

Independentemente da crise que sempre produziram na dogmática penal, os delitos omissivos se expandiram. Poder-se-ia pensar, à primeira vista, que essa expansão fosse motivada exclusivamente por uma política criminal calcada em argumentos práticos, de modo a transferir para a legislação os fatos que fossem se realizando na vida em comum e que, por deficiência teórica, ainda não estivessem tipificados. Observando-se melhor as razões que conduzem ao aumento dos delitos omissivos, pode-se verificar que os argumentos passam da ordem prática para a ordem ideológica. Normalmente, tem-se reconhecido à ciência um certo grau de autonomia quanto aos seus enunciados, o que lhe fornece um postulado de seriedade e de imparcialidade. Isso não impede, todavia, de se proceder à sua avaliação, também, sob os seus pressupostos práticos e ideológicos. Ao verificar com maior rigor como se deu a evolução da ciência moderna, pode-se constatar que quase todos seus enunciados nasceram, em conjunto, de várias ordens de necessidade: da necessidade prática de encontrar solução aos problemas que afligiam determinada sociedade; da necessidade teórica de definir como esses enunciados deveriam ser propostos; da necessidade política de ajustar o trabalho científico às suas finalidades, a ponto de comprometê-lo, teórica e praticamente, como instrumento de poder. Todos esses componentes se entrelaçam, também, na atividade da ciência jurídica, daí se poder dizer que seus conceitos somente poderão ser compreendidos, se colocados como objetos de discussão não apenas do direito penal, mas da política criminal e de seus pressupostos.[20]

Ainda que comporte exceções, por exemplo, aquelas que decorrem das assertivas de Spangenberg e Luden,[21] que preveem delitos omissivos impróprios, a omissão, até receber a influência dos postulados hegelianos e do positivismo no direito penal, exprimia-se na forma de delitos omissivos próprios.[22] O enunciado dominante na ordem jurídica daquela época era de

---

20. É significativa a informação de Robert Merton (*Social theory and social structure,* 1968, p. 661), de como se produziu, na Inglaterra do século XVII, a evolução da física newtoniana a partir dos interesses políticos do Império Britânico em torno do progresso de sua marinha. Entende-se, inclusive, que Newton não teria conseguido formular a sua teoria gravitacional, não fossem seus estudos no observatório de Greenwich, direcionados, justamente, à marinha britânica. Também, nesse sentido, mediante uma análise da história da ciência, Hessen, Boris. *The social and economic roots of Newton's Principia, Science at the cross roads,* 1931, p. 177; Sombart, Werner, *Der moderne Kapitalismus*, 1921, p. 466.

21. Luden, Heinrich. *Abhandlungen aus dem gemein deutschen Strafrechts*, tomo II, Über den Tatbestand des Verbrechens, 1840, p. 219; Spangenberg, Ernst. *Über Unterlassungsverbrechen und derer Strafbarkeit*, 1820, p. 527 e ss.

22. Como informa Richard Honig (*Die Entwicklungslinie des Unterlassungsdelikts vom römischen bis zum gemeinen Recht, Festgabe für Richard Schmidt,* I, 1932/1979, 1979, p. 7 e ss.) já no direito romano, previam-se delitos omissivos próprios (geralmente atribuídos a funcionários ou particulares, mas em associação com a algum dever estatal, como a deserção do serviço militar) e até alguns impróprios, que, na verdade, poderiam ser confundidos com

que o delito constituiria um fato puramente jurídico. O importante não era a conduta em si mesma, mas sua configuração normativa. Esse modo de pensar correspondia ao modelo do Estado contratual, que tinha como preocupação delinear, em confronto com o Estado feudal, os contornos da proibição, com o objetivo de preservar os direitos da pessoa e a sua liberdade econômica.[23] Era natural, então, que a omissão devesse estar prevista na lei, como forma de proibição. Não desnatura essa assertiva o fato de SPANGENBERG já prever delitos omissivos impróprios ou de FEUERBACH, seguindo seus passos, eleger o contrato como fonte do dever de agir.

Como derivação do modelo de Estado e como instrumento primordial do negócio jurídico privado, o contrato era, na verdade, o fundamento da ordem jurídica, elaborado a partir da consideração de disciplinar, em seus polos, a atuação livre das pessoas quanto à decisão acerca de seu objeto, quer dizer, a chamada liberdade de contratar.[24] Em face dessa estrutura contratual, em que se assegura às partes a igualdade de decidir acerca do objeto ou da obrigação a ser cumprida, a lesão a uma norma jurídica, tanto no âmbito civil quanto penal, implicaria também uma lesão ao respectivo direito subjetivo quanto a essa decisão.[25] Daí não ser estranho que FEUERBACH viesse a compreender o delito como uma lesão de direito subjetivo e não como produção de um determinado

---

os delitos culposos. Esta confusão é até mais nítida no caso referido no *Velho Testamento* e citado por Joerg BRAMMSEN (*Die Entstehungsvoraussetzung der Garantenpflicht,* 1986, p. 236), do dono de um boi que não o cuida com precaução e, por isso, se torna responsável pela morte de alguém que aquele causara. Ainda que HONIG queira consignar a ACCURSIUS (1182-1221) a primazia de haver – com sua frase «maius delictum est in faciendo quam in omittendo» – inaugurado a doutrina da omissão em geral, tanto própria quanto imprópria, parece, ao contrário, que ACCURSIUS só quis se ocupar de uma forma de participação por omissão e não, certamente, de delitos omissivos em geral. Essa regra de ACCURSIUS, que é repetida mais tarde por Julius CLARUS (1525-1575), jamais fundamentou a criação de delitos omissivos impróprios, apenas era situada como uma forma de constatação de que esses, em alguns casos isolados, existiam.

23. ALBRECHT, Peter-Alexis. *Kriminologie,* 2.ª ed., 2002, p. 22; NAUCKE, Wolfgang. *Strafrecht, eine Einführung*, 10.ª ed., 2002, p. 33.

24. Outro não era, inclusive, o pensamento iluminista, em geral. Assim, para KANT, o conceito de direito decorreria dos princípios da razão prática, sem comportar, em si mesmo, qualquer elemento empírico. O que interessava, na verdade, era a relação prática de uma pessoa para com outra, no sentido de uma voluntariedade recíproca, a qual, por sua vez, não dependia de seus fins, mas da forma pela qual essa relação se manifestava, de modo a ser retratada, simplesmente, como livre (EISLER, Rudolf. *Kant Lexikon,* 2002, p. 455).

25. Não é outra a conclusão a que se chega da abordagem de KANT de que o direito «é a limitação da liberdade de cada um sob a condição de concordância quanto à liberdade de outrem, à medida que isso seja possível segundo uma lei geral; o direito público é o conteúdo das leis externas que tornam possível essa concordância universal» («Über den Gemeinspruch: Das mag in der Theorie richtig sein, taugt aber nicht für die Praxis, 1793», 1977, p. 86). Da limitação da liberdade nasce, também, para cada um, o dever de respeito à liberdade do outro. O delito se forma unicamente quando esse dever é violado e, assim, consequentemente, violado o direito subjetivo do outro.

resultado. O postulado dominante era de que a responsabilidade do sujeito por sua conduta não deveria decorrer do resultado que essa conduta pudesse, em concreto, produzir, senão, simplesmente, de sua contrariedade a uma norma que a disciplinasse.[26] É preciso ressaltar, no entanto, que a lesão jurídica não era medida simplesmente pela grandeza da contrariedade ao dever, nem pela imoralidade da conduta, como se poderia imaginar com a eliminação do resultado, mas, sim, pela capacidade lesiva da conduta em face da constituição do direito subjetivo.[27] Vê-se, então, que a asserção da conduta em face de sua contrariedade a uma norma não impedia FEUERBACH de fazer uma ponderação empírica acerca de suas condições, como conduta capaz de lesar o direito subjetivo. Essa parece ser a medida pela qual se poderão eliminar da regulação jurídica as incriminações de mera imoralidade e sustentar um direito estatal laico.

A verdadeira ascensão dos delitos omissivos impróprios só começa a marcar presença quando se passa a substituir a lesão ao direito subjetivo, gradativamente, pela responsabilidade decorrente do resultado produzido. Em lugar da lesão ao direito subjetivo, insere-se na estrutura do delito a lesão de bem jurídico. Essa mudança de estrutura pode parecer como se fora uma evolução natural da dogmática, mas, na verdade, ela deriva de uma alteração de rumos no âmbito da política criminal. Os preceitos da liberdade de contratar, que serviam de base para eliminar os resquícios do Estado feudal e assegurar a livre concorrência, cedem terreno para os fins próprios da produção industrial. Da mesma forma, a pena que tinha uma natureza puramente compensatória – valia como restauração do direito – se vincula a um fim preventivo. Diante desse quadro, era compreensível que o direito penal se transformasse para admitir, primeiramente, uma nítida separação entre ação e resultado e, depois, que esse resultado, que correspondia a uma lesão de bem jurídico, também pudesse ser produzido por omissão. Isso conduz ao fortalecimento das bases normativas para justificar a responsabilidade pelo resultado e, consequentemente, ao incremento dos delitos que incorporam violações de proibições e deveres.[28]

---

26. Assim era a conclusão de KANT, para quem o resultado não passaria de uma consequência contingente da ação e que, portanto, não poderia influenciar seu julgamento. Este só deveria ser pronunciado em face da própria razão, a qual, entretanto, também não seria capaz por si só de assegurar a correção dos comportamentos. O importante, no fundo, seria o dever de obediência à lei. Ver, quanto a isso, HEIDBRINK, Ludger, *Kritik der Verantwortung*, 2003, p. 64.

27. Sobre isso, com profundidade, GRECO, Luís. *Lebendiges und Totes in Feuerbachs Straftheorie*, 2009, p. 66.

28. A formulação de um conceito de ação por BERNER, segundo os postulados hegelianos, é bem característica da fase de transição entre a concepção kantiana, de que se vale FEUERBACH, e a mudança de perspectivas da política criminal do século XIX. HEGEL apontava como defeito da concepção kantiana, justamente, o fato de que nessa não se dava atenção para os casos concretos, dos quais deveriam nascer os respectivos deveres. Com essa crítica, poder-se-ia, então, admitir que a omissão não teria seu fundamento unicamente no descumprimento de

Como decorrência dessa reformulação de perspectivas da política criminal e, por extensão, do direito penal, os códigos penais do século XIX e a respectiva dogmática penal começam a tratar, a princípio, timidamente e, depois, em larga escala, dos delitos omissivos impróprios. Assim, por exemplo, o Código austríaco de 1852 já previa, expressamente, nos seus §§ 87 e 139, o cometimento por omissão de resultados materialmente lesivos, o que já se havia indicado, antes disso, no projeto de Código Penal para a Prússia de 1830 (§ 263).[29] Na literatura jurídico-penal, por sua parte, ainda no silêncio dos códigos, se multiplicam as dissensões quanto à produção de resultados por omissão, desde as obras de LUDEN em 1840, de KRUG em 1855 e de GLASER em 1858. É bastante significativo observar, para se entender o panorama da política criminal, que a diferenciação dos delitos omissivos próprios e impróprios implica, também, uma reorientação da estrutura normativa. Ao lado das normas mandamentais, que disciplinariam os delitos omissivos próprios, subsistiria uma norma proibitiva, que poderia ser violada tanto por ação quanto por omissão.[30] Com isso se abre o caminho para individualizar a responsabilidade em função de contextos específicos nos quais o sujeito se deveria encontrar. Vale dizer que a responsabilidade penal já não mais depende exclusivamente da atuação do Estado, que configura o dever de agir, mas do próprio sujeito que não realiza a ação devida. Parece, assim, que a individualização da responsabilidade penal, que tantos frutos gerou no positivismo, encontra seu filão básico na compreensão dogmática da omissão.

Ainda que se reconheçam delitos omissivos nos códigos do século XIX e que a doutrina se tenha debruçado, com afinco, na sua regulamentação, seu maior incremento se dá, porém, por força de três momentos essenciais da evolução política do século XX: a instituição do Estado social, a falência do modelo social e a globalização. Desses três momentos defluem, distintamente, três modelos de atuação no âmbito da política criminal e, por consequência, do direito penal.

Com o Estado social, as tarefas decisivas do poder devem ser dirigidas à satisfação de todas as necessidades individuais, mediante projetos públicos de proteção e engajamento. Primeiramente, com a adoção dos planos de seguridade social, a partir da política americana do *new deal* em 1935, do *beveridge-plan* inglês em 1942 e da *securité sociale* francesa, levada a efeito

---

deveres gerais, mas de deveres específicos, resultantes do contexto no qual se situaria o sujeito (HEGEL, George Wilhelm Friedrich. *Phänomenologie des Geistes*, 1970, p. 448, tomo 3).

29. O § 263 do projeto de Código prussiano talvez seja o primeiro a disciplinar, de maneira clara, a possibilidade de cometimento por omissão de um resultado lesivo, só produzido, normalmente, por ação: «Quem, dolosamente, por ação ou por omissão, tenha ofendido o corpo ou a saúde de outrem... será punido por lesão corporal grave nas hipóteses disciplinadas nas disposições seguintes (§ 264/265).»

30. Nesse sentido, já naquela época, LUDEN, Heinrich. *Abhandlungen aus dem gemeinen teutschen Strafrechte: Ueber den Tatbestand der Verbrechen*, 1840, p. 219.

em 1945; no Brasil, com a política previdenciária estabelecida em 1930,[31] e, na Alemanha, com todos os planos de pós-guerra.[32] Depois, com o objetivo político de assegurar a todos os cidadãos as condições mínimas de existência, com a adoção do salário justo e a intervenção do Estado no domínio econômico.[33]

Por força dessa forma de intervenção estatal se produz, também, uma alteração na estrutura da norma penal: em lugar de preceitos puramente proibitivos, revigora-se seu conteúdo mandamental. Elucidativos dessa mudança de estrutura são os textos das leis que definem os crimes contra a economia popular no Brasil, primeiro, o Decreto-lei 869/1938, depois, a Lei 1.521/1951. Nestas leis, estão inseridos dispositivos de proteção às condições mínimas de subsistência do povo e o acesso aos gêneros de primeira necessidade. Para efetivar essa tarefa, ali estão previstos delitos omissivos próprios, que são criados, exclusivamente, segundo aquele interesse de proteção, e cujo tipo principal dispõe acerca da negativa, por parte de fornecedor, da prestação de serviços essenciais (art. 2.º da Lei 1.521/1951). Sem levar em conta a elaboração dos tipos, cuja tarefa será deixada para mais tarde, o que se extrai dessas disposições é que o Estado social não se satisfaz apenas a traçar os limites do proibido e do permitido, mas quer, substancialmente, engajar o prestador de serviços na atividade econômica nacional orientada pelos princípios de justiça social. Essa é a tarefa que o Estado social busca despertar em todos por meio de uma norma mandamental e, em certos casos, mediante a ameaça da sanção penal. Esse modelo de política criminal corresponde a um modelo populista de atuação estatal, que se justifica por elementos simbólicos, incluídos como objetos de comandos jurídicos, e por incriminações correspondentes. O elemento simbólico é representado pela economia

---

31. O plano previdenciário brasileiro foi implantado gradativamente a começar do setor público e de alguns segmentos determinados de trabalhadores desde 1888 com o Decreto 9.912-A, passando pelo Decreto 4.682, de 24/01/1923 e demais diplomas legais, muito antes, assim, do que as potências europeias. Mas a seguridade social só começou a despertar atenção com a criação do Ministério do Trabalho, Indústria e Comércio, em 1930, que tinha como atribuição orientar e supervisionar não apenas a previdência, como também as caixas de aposentadorias e pensões.

32. Stolleis, Michael. *Geschichte des Sozialrechts in Deutschland,* 2003, p. 209 e ss.

33. Os direitos relativos ao salário justo, à garantia ao mínimo de subsistência, assim como à proteção da infância e de maternidade constam, expressamente, da Declaração de Direitos das Nações Unidas, de 1948 (arts. 22 e 25). Esses direitos já constavam das Constituições brasileiras de 1934 e 1946, respectivamente, quanto à primeira, nos arts. 115, 116, 117, 121 e 138, e, quanto à segunda, nos arts. 145, 146, 150, 157, 167, 169 e 171, nas quais se buscava organizar a ordem econômica segundo os princípios de justiça social e assegurar o salário mínimo, o repouso remunerado, a assistência médica e sanitária, o amparo à maternidade, aos desempregados e desvalidos, o ensino público e gratuito e a previdência social pública. Não obstante esses programas assistenciais e de proteção terem sido executados sempre com deficiência, sua previsão constitucional corresponde aos prenúncios do Estado social, também, na América Latina, na esteira da Constituição mexicana de 1917.

popular, bem jurídico inapreensível empiricamente, mas com força indutiva suficiente para a conquista do consenso dos eleitores, o qual sedimenta, por seu turno, uma série de incriminações por condutas omissivas, todas capturadas em um laboratório de ideais políticos calcados na fidelidade à estrutura econômica dominante. Não há a mínima pretensão de analisar o populismo e suas consequências para o desenvolvimento do país; o que se pretende é demonstrar como e por que sua política criminal incrementa a constituição de infrações omissivas. E o faz em face da necessidade de ajustar a norma aos objetivos da política econômica. Esse modelo perdura, essencialmente, até o último decênio do século XX, quando a economia brasileira se vê envolvida pela política neoliberal.

A falência do Estado social, por sua vez, veio a produzir outra perspectiva dogmática, não apenas no Brasil. Como os planos políticos, em geral, não correspondem mais aos atos de sua implementação, por força de uma impossibilidade econômica desencadeada por diversos fatores, entre os quais, por exemplo, nos países centrais, o imenso gasto com material bélico como instrumento potencializador da chamada «guerra fria», toda a atividade estatal interna é conduzida no sentido de um descomprometimento diante das pretensões sociais materiais. A política estatal, assim, em vez de se orientar sobre objetos empíricos, que, em certa medida, existiam no populismo, passa a ser coordenada, quase que estritamente, em função de elementos simbólicos. Está claro que, se o Estado não pode controlar a criminalidade por meio de ações materiais que busquem o bem-estar de todos, o recurso será o uso cada vez mais frequente de instrumentos formais que contenham, em si mesmos, uma força de eficácia sem a necessidade de demonstração empírica efetiva. Como consequência da desagregação do Estado social, passa a se solidificar uma legislação sobre deveres de organização, sem se tomar em conta se tais deveres podem ou não ser cumpridos e se são ou não compatíveis e adequados aos fins de política criminal que o Estado quer perseguir. Atendendo a essa demanda política, elabora-se, então, o respectivo arsenal teórico que lhe corresponde. É a vez das construções funcionais do delito, como aquelas mais radicais, traçadas por Jakobs ou aquelas normativo-sistêmicas, levadas a efeito por Otto. O mesmo processo se amplia com a globalização, só que, agora, sob influência direta de um modelo econômico e político hegemônico, imposto pelos países mais desenvolvidos àqueles da chamada periferia, com uma consequência bem determinada: reger ou até mesmo substituir a legislação nacional pelos preceitos regulamentares das grandes empresas. Como os Estados ainda mantêm alguma soberania, formam-se, com isso, dois planos legislativos e, respectivamente, dois modelos distintos de política criminal dentro de um mesmo contexto: a) uma política criminal destinada aos inimigos declarados do poder, controlada através de medidas repressivas rigorosas (o chamado direito penal do inimigo); b) uma política criminal fortalecida sobre os deveres de organização, tanto no âmbito externo quanto interno, estendida, inclusive, a setores que antes só eram atendidos pelo direito civil, pelo direito administrativo ou pelo direito tributário. Intensificados por este último modelo, multiplicam-se os delitos omissivos, próprios e impróprios. A criação, portanto, de delitos omissivos e sua intensa utilização nas leis penais mais recentes não são produtos de uma tomada de consciência do legislador em torno de necessidades sociais emergentes, como poderá parecer e como querem fazer parecer os meios de comunicação de massa, no sentido de se obter, com isso, um estado de paz social. Sua adoção é uma consequência da falência do Estado social e sua substituição pelos conglomerados, cujas estruturas passam a servir de modelo para todos os demais setores sociais e econômicos, inclusive para as próprias pessoas individuais, essas cada vez mais dependentes do poder de controle das agências e da disponibilidade e arbitrariedade dos prestadores de serviço. Significativa é a subordinação do indivíduo aos planos de fidelidade dessas empresas, que bem retratam sua extensão desmedida às atividades e decisões de todos. Ao introduzir-se o plano de fidelidade, desde os setores mais importantes até os pequenos negócios, se induz o indivíduo a, simbolicamente, se subordinar a suas regras e controles. O plano de fidelidade, que serve de base aos deveres de organização, também constitui o filão simbólico a fundamentar, em outros termos, as infrações por omissão. O símbolo da fidelidade, que sempre animou as bases da administração pública e de seus intérpretes, ainda que sem qualquer componente empírico de sustentação – compare-se a doutrina nacional, por exemplo, quando busca identificar os bens jurídicos nos delitos funcionais, todos orientados pela fidelidade à administração pública –, sedimenta ideologicamente as pretensões criminalizadoras, erigindo, assim, a omissão como o modelo básico de conduta punível. Vê-se, pois, que a construção de um modelo de delito, a partir de um delito omissivo, que se anuncia como a grande conquista da moderna ciência penal funcionalista, não é um ato politicamente avalorado ou cientificamente neutro. Independentemente dos bons ou maus propósitos da doutrina, a mudança de rumos teóricos no âmbito do delito e a substituição gradativa do modelo comissivo pelo modelo omissivo correspondem ao sedimento ideológico conduzido pelo domínio das corporações.

Se, em seus momentos iniciais, a vinculação dos delitos omissivos à perspectiva do conceito de ação fê-lo padecer das mesmas consequências de crise dos respectivos modelos daquele conceito, agora, com a simbolização da fidelidade nos conglomerados e sua extensão aos comportamentos individuais, essa crise teórica ainda mais se acentua como subordinação ao político e ao ideológico, correspondentemente, às crises do Estado social e da globalização. Ao desumanizar-se o sentido da ordem jurídica, pela eliminação do sujeito de suas relações, mais ainda se intensifica a insubsistência de todos os modelos teóricos dos delitos omissivos, sob a égide dos deveres de organização.

III. OS PROBLEMAS PRÁTICOS DOS DELITOS OMISSIVOS

Esse estado de crise gera, por seu turno, ao lado das perplexidades teóricas, que estão a despertar especulações cada vez mais complexas, também problemas práticos, que devem ser solucionados pelo julgador em face da legislação vigente e dos princípios constitucionais. Não se trata, especificamente, de discutir casos concretos e propor-lhes alternativas. Os problemas práticos que devem ser enfrentados como pressupostos para a elaboração de uma teoria dos delitos omissivos dizem respeito aos fundamentos pelos quais se pode extrair uma conclusão plausível acerca de sua demonstração empírica.

Ao disciplinar acerca da capacidade das pessoas de se verem responsáveis pelos delitos que praticaram, BLACKSTONE já salientava, em 1769, relativamente aos preceitos do *common law*, que um ato só poderia ser passível de punição quando possibilitasse seu conhecimento empírico pelos tribunais.[34] Com isso, queria preservar o princípio de que o delito deveria constituir, de qualquer modo, um ato capaz de se caracterizar como danoso ou vicioso. E isso, evidentemente, não poderia ser obtido, a não ser por meio da demonstração empírica de sua existência. Independentemente do sistema jurídico que se adote, codificado ou baseado nos precedentes judiciais, o certo é que a ponderação de BLACKSTONE constitui um indeclinável princípio prático de política criminal.

No âmbito dos delitos omissivos, a exigência de que a omissão seja passível de demonstração empírica, como ato danoso ou vicioso, implica, pelos menos, três consequências: a) a omissão deve ser apreciada em face de seu conteúdo material e não como conduta puramente simbólica ou normativa; b) sua estrutura deve ser construída de modo a permitir que o omitente possa opor a contraprova de sua inocuidade; c) sua punição depende, substancialmente, de sua estrutura e se torna ilegítima quando não corresponda a um ato danoso ou perigoso ao bem jurídico.

Essas consequências, uma vez assentadas como condições de legitimidade da incriminação da conduta omissiva, devem contornar, todavia, três séries de dificuldades. A primeira diz respeito aos delitos omissivos próprios. A segunda decorre da caracterização dos deveres de garantidor. A terceira se refere à cláusula de correspondência.

Normalmente, os delitos omissivos próprios, como são criados com exclusividade por uma norma penal, não suscitam, à primeira vista, a análise material de seu conteúdo, salvo daquelas condições que configuram a chamada situação típica. Isso poderia implicar contradição com aquelas exigências antes enunciadas. Não obstante essa sua característica puramente normativa,

---

34. BLACKSTONE, Willian. *Commentaries on the Laws of England,* 1969/1984, vol. 4, p. 21.

os delitos omissivos próprios, no entanto, não valem como simples forma de desobediência legal. Ao contrário, todos esses delitos se configuram ou na forma de delitos de dano, ou de perigo. Assim se passa, por exemplo, com o delito de omissão de socorro (art. 135 do Código Penal), que, situado entre os crimes de periclitação da vida ou da saúde, se torna qualificado quando tenha provocado lesão grave ou morte. Isso significa que o legislador, ao tipificar essa modalidade de omissão, não o fez unicamente com base na mera infração normativa, sob o pressuposto de perigo ou de lesão ao bem jurídico, consoante um projeto concreto de política criminal.[35] Ainda que essa característica de estarem vinculados ao perigo ou à lesão ao bem jurídico e não à mera infração normativa constitua uma das condições de legitimidade dos delitos omissivos próprios, não é, porém, suficiente, para justificar por si mesma sua punibilidade e dar por encerrados os problemas práticos daí decorrentes.

Conforme as exigências práticas antes expostas, deve-se agregar, ainda, que a estrutura típica desses delitos seja construída de modo a possibilitar ao afetado, no caso, o omitente, a contraprova de que sua omissão não tenha provocado dano ou perigo de dano ao bem jurídico (na hipótese dos delitos de dano ou de perigo concreto), ou que não o pudesse, com probabilidade nos limites da certeza, efetivamente provocar (na hipótese dos delitos de perigo abstrato). A dogmática penal tem sempre desdenhado as exigências práticas do procedimento penal e sua influência sobre a elaboração normativa ou a interpretação da lei, como ainda tem apenas se ocupado de juízos de valor incidentes, eles mesmos, sobre um objeto já de por si normativamente valorado. Só muito recentemente, por exemplo, vem-se aplicando o princípio *in dubio pro reo*, que era uma regra incidente sobre objetos empíricos, na interpretação penal controvertida ou que possa provocar duas ou mais soluções divergentes, isso como corolário dos princípios de presunção de inocência e de intervenção mínima. Vê-se, assim, que se os juízos de ponderação efetuados sobre objetos empíricos incidem também, eles mesmos, sobre objetos normativos, é necessário que os puros juízos normativos também sejam submetidos a uma contraprova empírica. Assim, a construção de um tipo de delito deverá ser declarada ilegítima sempre que, tanto na formação da proibição ou do comando jurídicos quanto na sua concretização judicial, possa suscitar dúvidas quanto ao seu objeto, ao seu alcance e à forma de ofensa ao bem jurídico. A solidificação desses elementos na formação típica é fundamental para possibilitar ao imputado a formulação de um juízo de refutação, sem o qual estariam deslegitimadas a proibição e a determinação de condutas.

---

35. Igualmente, o correspondente delito de omissão de prestação de auxílio (§ 323c) do Código alemão pressupõe uma situação de perigo concreto para o bem jurídico, decorrente de acidente, condição geral de perigo comum extensível a um número indeterminado de pessoas e de alta gravidade ou de uma situação de necessidade, entendida como a irrupção de um acontecimento que esteja na iminência de produzir dano (Tröndle-Fischer, *Strafgesetzbuch und Nebengesetze*, 2003, p. 2078 e ss.).

Portanto, a questão de possibilitar a demonstração de que, materialmente, não se deram as condições estipuladas para a incidência da pena criminal, não é questão apenas prática, mas está inserida nos pressupostos da norma penal como decorrência obrigatória do direito constitucional à ampla defesa e ao contraditório (Constituição, art. 5.º, LV).[36]

Já no que toca aos deveres de garantidor, a primeira grande discussão está em se determinar, praticamente, sua fonte e seus limites. Se as condições pessoais de vinculação entre o omitente e a vítima ou entre o omitente e a fonte produtora do perigo implicam a geração de um dever de impedir o resultado, a responsabilidade pelo fato ocorrido só pode se dar sob dois pressupostos: a) da mais precisa identificação dessas condições; b) da efetiva demonstração de que o agente era capaz de realizar a ação necessária a evitar o resultado, conforme suas características típicas. Como, ademais, a responsabilidade, nessa hipótese, deve estar associada, primeiramente, ao dever de impedir o resultado e, depois, à capacidade de sua evitação, a precisa e incontroversa identificação das condições de garantidor constitui o pressuposto principal, sem o qual não pode subsistir a incriminação. Diante dessa exigência, torna-se obsoleta a questão prática de determinar se a identificação dessas condições se deve fazer, exclusivamente, por uma norma, ou por meio de uma livre interpretação de seus substratos materiais. Uma vez que se afirme a necessidade de uma identificação, está claro que a legitimidade da inserção dessas condições como elementos da tipificação da conduta só se pode dar por meio de uma norma legal.

Finalmente, a cláusula de correspondência, pela qual se assinala a equiparação entre ação e omissão imprópria, só pode valer sob dois pressupostos: a) assente que o resultado, nas mesmas hipóteses, seria evitado, com probabilidade nos limites da certeza, pela realização da ação mandada; b) comporte uma contraprova de que esse mesmo resultado, igualmente com probabilidade nos limites da certeza, teria ocorrido da mesma forma caso o sujeito atuasse ou se omitisse. O primeiro decorre do princípio constitucional da presunção de inocência, pois é inadmissível que se afirme a imputação de um resultado a alguém sem que se demonstre, empiricamente, as bases de sustentação dessa imputação. O segundo é, ainda, uma resultante do já referido princípio da ampla defesa e do contraditório.

O princípio da presunção de inocência, no direito brasileiro, possui uma particularidade, que, normalmente, não é salientada pela dogmática penal. Vale esse princípio não apenas como presunção de não-culpabilidade, de que os fatos submetidos ao procedimento penal não possam ser avaliados, anteci-

---

36. Constituição, art. 5.º, LV – «aos litigantes, em processo judicial ou administrativo, e aos acusados em geral são assegurados o contraditório e a ampla defesa, com os meios e recursos a ela inerentes».

padamente, contra o réu, mas, também, como exigência de que essa avaliação não implique uma conclusão errônea quanto ao processo de imputação. Uma vez que se conclua, erroneamente, na sentença condenatória, inclusive naquela transitada em julgado, que o processo de imputação fora correto, quando na realidade ali não se tenha demonstrado a vinculação do réu para com o fato, de que sua conduta efetivamente tenha produzido o resultado, ou causado perigo ou lesão ao bem jurídico, é sempre possível a revisão dessa condenação, em face de que a própria Constituição assegura, em qualquer caso, a indenização por erro judiciário. Assim, para se compreender, em toda sua extensão, o princípio da presunção de inocência, não basta a referência ao inciso LVII do art. 5.º da Constituição, mas, também, como seu complemento, ao inciso LXXV.

Todas essas condições, impostas como pressupostos ou limites dos delitos omissivos, valem, adequadas às respectivas particularidades, tanto para a omissão própria quanto para a imprópria, pois tanto dizem respeito à sua natureza, à sua estrutura e à sua punibilidade, quanto às exigências práticas de sua implementação.

CAPÍTULO 2
OS FUNDAMENTOS CATEGORIAIS DA OMISSÃO

I. A NATUREZA DA OMISSÃO

1. Panorama geral

Normalmente, pode-se entender a omissão como a não realização de uma ação determinada. Isso a caracteriza como uma forma de conduta vinculada a um dever.[1] Delito omissivo seria aquele cuja tipicidade estaria estruturada em função de uma norma mandamental, que pode derivar da própria configuração da conduta punível no âmbito do direito penal (delitos omissivos próprios) ou ser extraída de preceitos de outros ramos do direito, de cláusulas contratuais ou de situações fáticas complementares às normas proibitivas existentes (delitos omissivos impróprios). A violação dessa norma mandamental, ou determinativa, constituiria, assim, em linhas gerais, o núcleo do tipo desse delito. Essa é, originariamente, a visão que se tem da omissão como conduta punível.

Como o pensamento humano, sobretudo nas sociedades complexas e organizadas, está impregnado de normas e de regras, é natural que se compreenda a omissão em função desses preceitos normativos, os quais, por serem mais imediatos, conduzem, à primeira vista, a uma direta apreensão de sua tipicidade. Assim, para se saber se determinada conduta constitui ou não delito, quer na forma ativa quer na forma omissiva, é comum passar os olhos pelo Código Penal e daí extrair, em cada caso, se tal ou qual comportamento está ali configurado. Igualmente, para concluir se determinado delito admite

---

1. Essa é a visão mais disseminada. Ver, a título de exemplo, OTTO, Harro. *Grundkurs Strafrecht, Allgemeine Strafrechtslehre,* 7.ª ed., 2004, p. 156. Contra essa visão simplificada se põe, contudo, Claus ROXIN (*Strafrecht*, AT, tomo II, 2003, p. 627), para o qual, nos delitos omissivos, devem ser encaradas algumas questões básicas, que são prévias à indagação acerca dos deveres de agir, como a causalidade, a autoria e a correspondência entre ação e omissão.

a participação por omissão, a atitude mais corrente da doutrina é invocar os preceitos do concurso de pessoas, quase sempre sob a ótica causal da teoria da condição e sua combinação com as regras que disciplinam o dever de agir. Esse é o modelo metodológico comum da interpretação jurídica, que corresponde ao método exegético já vigorante nos práticos medievais. Apesar dessa aparente simplicidade do processo de cognição jurídica, ainda hoje utilizado e que, em primeiro momento, pode ser até importante, radicam por trás disso muitas incertezas e controvérsias, que superam, em larga escala, essa forma de apreensão imediata do fenômeno jurídico, principalmente quando os preceitos da norma mandamental não se apresentam de modo tão claro e incontroverso.

A primeira dessas incertezas decorre de outra indagação, que poderia parecer um pouco ingênua, mas que constitui um dos pontos fundamentais da discussão em torno dos delitos omissivos: afinal, a omissão, como tal, só tem existência no direito, na forma como lhe assevera a legislação?[2] Ou pode ela existir fora do direito, independentemente da legislação que a disciplina?[3] Uma vez respondida, de um modo ou de outro, essa indagação, poderiam ser formulados outros questionamentos, geradores de seguidas controvérsias. Se, por exemplo, se entender que a omissão tem existência fora do direito, caberá indagar como o direito a disciplina, sob quê condições e com quê elementos. Se, ao revés, a omissão for considerada como um instituto puramente jurídico, sem correspondência com a realidade fenomênica, sob quê condições e com quê legitimidade o direito a poderia criar e disciplinar.

Portanto, as controvérsias relativas à natureza da omissão não podem ser resolvidas por um simples passar de olhos no Código Penal. Além de essa forma de investigar o fenômeno jurídico ser absolutamente incerta, é também incompatível com um Estado democrático, que deve submeter toda a matéria jurídica ao crivo da discussão em torno de sua legitimidade, de sua necessidade, de sua conveniência, de sua oportunidade, de suas consequências e de seus elementos. O exame da legitimidade conduz a situar o tema sob a perspectiva do Estado democrático de direito e dos preceitos fundamentais de garantia do indivíduo. A necessidade, a conveniência, a oportunidade e as consequências valorizam a discussão em torno dos aspectos político-criminais

---

2. Assim, por exemplo: Eser, Albin. *Juristischer Studienkurs, Strafrecht II,* 1980, p. 46; Gallas, Wilhelm. *Studien zum Unterlassungsdelikt,* 1989, p. 39 e ss.; Otto, Harro. *Grundkurs Strafrecht,* AS, 2000, p. 156; Radbruch, Gustav. *Der Handlungsbegriff in seiner Bedeutung für das Strafrechtssystem,* 1967, p. 131 e ss.; Schönke-Schröder-Stree. *Strafgesetzbuch,* 27.ª ed., 2006, p. 214.

3. Assim, por exemplo: Kaufmann, Armin. *Die Dogmatik der Unterlassungsdelikte,* 1959, p. 59 e ss.; Von Bubnoff, Eckhart. *Die Entwicklung des strafrechtlichen Handlungsbegriffes von Feuerbach bis Liszt unter besonderer Berücksichtigung der Hegelschule,* 1966, p. 149; Roxin, Claus. *Strafrecht,* AT, II, 2003, p. 628; Welzel, Hans. *Das Deutsche Strafrecht,* 11.ª ed., 1969, p. 200.

relacionados aos princípios da intervenção mínima e da proporcionalidade. O aprofundamento acerca dos elementos que devem compor as normas mandamentais, expressos nas categorias da tipicidade, antijuridicidade e culpabilidade, é essencial em face do princípio da legalidade e de seus corolários.[4]

Por outro lado, ainda no âmbito da natureza da omissão, as indagações não podem ser formuladas dicotomicamente, se ela constitui um fato jurídico ou extrajurídico, e daí dar-se por findada a controvérsia. Ao contrário, ao lado da matéria jurídica e da matéria extrajurídica, mais propriamente no âmbito extrajurídico, podem ser abertos outros campos de discussão. Uma vez que se diga que a omissão tem existência fora do direito, então se deve esclarecer se ela é própria do *ser*, de elementos gerais que caracterizam tudo o que existe, independentemente das respectivas entidades,[5] ou se ela decorre da inserção do homem num mundo social e organizado.[6] Mesmo nesta última hipótese, surge ainda uma outra questão: a omissão deve ser tratada sob a perspectiva de um homem isolado, ainda que tomado concretamente? Ou só se pode falar de omissão no âmbito social? Mas neste último caso, há também ponderações importantes acerca de como se organiza o mundo social e de que forma essa organização pode impor deveres, dos quais resultam omissões de ações. Todas essas controvérsias dizem respeito à natureza da omissão, que não é, como se pode perceber, apenas um *quid juris*, mas indagações que se desenvolvem para além das fronteiras da ciência jurídica.

Cabe asseverar, ademais, que a resposta à natureza da omissão está também associada a outras questões, que não dizem respeito apenas a essa

---

4. Esses objetos de discussão decorrem, diretamente, assim, dos princípios do Estado de Direito. Além dos princípios acima citados, é também relevante, porque vinculado ao princípio da legalidade, o princípio da determinação, pelo qual toda pessoa tem o direito de poder reconhecer, com absoluta precisão, as normas proibitivas e mandamentais que se dirigem à sua conduta, bem como de por à prova todos os argumentos do Estado em torno de suas próprias ações e finalidades. Ver, para tanto, Stein-Frank. *Staatsrecht*, 18.ª ed., 2002, p. 149 e ss.; Ipsen, Jörn. *Staatsrecht II, Grundrechte*, 2010, p. 248. Igualmente, Gustav Radbruch (*Der Mensch im Recht*, 1957, p. 117 e ss.) já considerava substancial a ponderação entre o que estaria inserido na lei, como proibição ou comando, e aquilo que corresponderia aos direitos elementares do indivíduo com vistas à edificação de um Estado justo e adequado às respectivas finalidades, que não são outras que a realização das potencialidades da pessoa.

5. Um dos pontos tormentosos da filosofia tem sido, justamente, o conceito de *ser*. Pelo menos três acepções do *ser* podem ser invocadas para sua identificação, respectivamente, como categoria, como conceito geral e como conceito aparente, correspondentes às formulações de Kant, de Heidegger e da moderna filosofia analítica. Além dessas três posturas, há inúmeras outras variantes sobre seu conceito; todas parecem situá-lo em relação ao processo de conhecimento, aos pressupostos da existência ou como condição de valor. Para a filosofia analítica, a partir do neopositivismo do Círculo de Viena, a discussão em torno do *ser* perde todo o sentido, por se constituir, então, em um problema aparente, já que encerra um dado cientificamente indemonstrável e, assim, uma expressão metafísica sem significado (Carnap, Rudolf. *Scheinprobleme in der Philosophie und andere metaphysikkritische Schriften*, 2004, p. 87).

6. Essa é, de fato, a grande contribuição da filosofia moderna, a partir da psicologia. V. Tugendhat, Ernst. *Selbstbewußtsein und Selbstbestimmung*, 1979, p. 245.

natureza, mas sim à sua estrutura e à sua punibilidade, e que devem ser colocadas, desde logo, como pressupostos para a solução de todas as suas controvérsias. Estas questões podem ser assim formuladas: é possível equiparar-se a omissão à ação? A omissão pode ser considerada uma ação? Existe uma omissão por si mesma, sem referência a uma ação? Ou só existe omissão de uma ação? Independentemente da solução da tipicidade, para fins de política criminal, é possível atribuir-se igual natureza à ação e à omissão? Ou a cada uma delas deve corresponder um tratamento penal diversificado? É legítima a tipificação da omissão, caso não corresponda a uma ação?

A formulação dessas indagações é importante para a tipificação da omissão e indica que o seu tratamento deve estar vinculado não mais exclusivamente à sua natureza, mas também à sua estrutura e à sua punibilidade. Isso implica considerar que a investigação da omissão não se constitui de um processo isolado, mas de um conjunto de processos interativos, no qual todos esses problemas se vejam tratados, ao mesmo tempo, em seus contornos específicos e em suas dependências. Assim, a decisão acerca de sua natureza não pode ser obtida tão só de uma investigação quanto à sua origem ou aos fundamentos pelos quais ela se forma, mas sob a análise, também, de como ela se apresenta na realidade fenomênica, como se constitui em objeto sensível e apreensível e, afinal, como adquire sentido e finalidade para os efeitos de ser reprovada pela ordem jurídica.

Não obstante a doutrina se ter debruçado, com afinco, sobre todas essas questões, principalmente sobre a relação e a equivalência da omissão e da ação, na verdade, ainda não foram superadas suas principais divergências. O que se observa é a imprecisão dos fundamentos utilizados para dirimi-las. Ora a matéria é tratada sob perspectiva inteiramente normativa, ora sob o panorama de elementos empíricos. Quando tratada normativamente, parece excluir-se a questão do campo extrajurídico; quando enunciada sob baluartes empíricos, alguns sedimentos precisam ser esclarecidos, até porque, nesse momento, se abrem as portas para infinitas refutações. Partindo, justamente, dos pontos controvertidos, podem-se traçar alguns parâmetros metodológicos para essa discussão.

2. A questão do método

Kant faz uma importante observação de que só se pode chamar de método o procedimento orientado por princípios. Em face disso, distingue entre o método dogmático e o método céptico, que, em certa medida, correspondem, respectivamente, aos pensamentos racionais e empíricos.[7] Essa abordagem é bastante interessante e já mostra que a inserção dos postulados metodológicos está sempre submetida a um duplo enquadramento: a um juízo sintético *a*

---

7. Kant, Immanuel. «Kritik der reinen Vernunft», 1977, p. 884.

priori, de um lado, e a um juízo decorrente da experiência, de outro. Apesar de sua clarividência, não se acolhe, porém, essa diferenciação. A metodologia empregada no estudo da omissão segue, em linhas gerais, uma posição crítica, que o próprio Kant qualifica como a «única ainda aberta». Nessa metodologia crítica, toma-se como ponto de partida a proposição construtivista de Holzkamp, no sentido da adoção do *princípio de realização*, pelo qual a realidade é acolhida na teoria de modo ativo e não como simples contemplação. Para se definirem, portanto, as modalidades de ação postas à disposição do indivíduo e, assim, capazes de ser objeto de uma especulação científica, é preciso entender que a conduta está na dependência de como o indivíduo se situa diante de sua própria existência e sua participação no processo social de produção e reprodução.[8] O conceito de conduta, portanto, deve tomar o indivíduo dentro do contexto e não como pessoa abstrata ou isolada de seu mundo. Igualmente, o mundo contextual só pode ser aquele em que o indivíduo atua como entidade produtiva e reprodutiva, o qual lhe assinala os objetos de orientação empírica e o sentido normativo que lhe corresponde. Esse sentido normativo confere, por seu turno, às proposições jurídicas os limites de sua extensão. À vista disso, são acolhidos também os incentivos de uma teoria crítica, que forneça ao normativo os elementos de sua própria contestação. Desse modo, o método se complementa de duas formas: de um momento de introjeção dos elementos configurados no mundo vital e comunicativo à concepção teórica formulada, e de um momento de avaliação crítica daqueles elementos, vindo, novamente, a recair essa avaliação crítica sobre si mesma e, consequentemente, proporcionando uma constante revisão da concepção teórica. Nisso se promove a configuração ativa sobre o objeto. Portanto, o método não pode ser exclusivamente racional ou normativo, nem exclusivamente empírico. O empírico será relevante à medida que se incorpore em um processo de comunicação e, assim, se apresente como uma demonstração da vida de relação do homem e de seu meio, a qual constituirá a matéria fática da norma. Ademais, essa matéria fática está condicionada às delimitações que a própria norma traça, mediante um procedimento crítico em face dos preceitos de garantia, os quais possibilitam, por sua vez, que do confronto entre a norma e os elementos empíricos comunicativos se proceda a uma revisão da norma, como instrumento de defesa da pessoa humana e de sua liberdade.

Aplicando-se essa metodologia à omissão, tem-se que, embora seu estudo deva ser levado a cabo dentro de um processo de interação, sua análise, porém, deve ser efetuada em etapas para possibilitar uma apreensão mais particularizada de todos os argumentos, considerações, elementos e sentido que lhe possam ser agregados. Portanto, os primeiros parâmetros devem dizer respeito à discussão em torno de sua natureza, seguindo-se aqueles relativos à sua estrutura e, finalmente, à sua punibilidade. A análise da natureza da

8. Holzkamp, Klaus. *Grundlegung der Psychologie,* 1983, p. 235.

omissão, muitas vezes tomada como mera especulação teórica, tem como consequência a formulação de parâmetros pelos quais se possa sustentar ou seu tratamento unitário, como forma autônoma de conduta, ou sua subordinação, como forma secundária, a um conceito abrangente de ação, ou sua consideração como objeto equiparado à ação.

Atendendo a essas particularidades e à metodologia derivada das propostas de HOLZKAMP, pode-se elencar os fundamentos da omissão, quanto à sua natureza, em cinco grupos, os quais a retratam: a) como categoria empírica; b) como categoria do ser; c) como argumento racional; d) como categoria normativa; e) como categoria organizativa. Cada um desses grupos se compõe de proposições e elementos que buscam sustentar uma certa categorização da omissão dentro da própria vida do homem e do contexto de seu comportamento em geral.

3. As concepções

A) A categoria empírica

A caracterização empírica de um objeto tem como fundamento a orientação baseada na teoria e na prática das ciências naturais, pela qual, em oposição ao racionalismo, o conhecimento das coisas se faz por meio da experiência. Como categoria empírica,[9] a omissão é vista como uma forma material ou materializável de ação. Geralmente, a doutrina segue, aqui, dois caminhos: primeiro, encara a omissão, propriamente, em função da produção de efeitos,

---

9. Geralmente, atribui-se a KANT a atual denotação da categoria empírica, como o processo de conhecimento resultante da observação e não de ideias *a priori*. Assim diz ele: «O empirista jamais permitirá, então, que se considere qualquer época da natureza como sendo absolutamente a primeira ou que se admita, por fim, qualquer limite para sua visão no âmbito da natureza, ou que se passe pelos objetos naturais, que ele pode analisar pela observação e pela matemática e determinar sinteticamente na intuição (o extenso) (...) também não admitirá que se tome, como fundamentada na própria natureza, uma faculdade capaz de agir independentemente das leis naturais (liberdade) (...)» («Kritik der reinen Vernunft», 1977, p. 497). Inicialmente, poderiam ser caracterizadas duas formas de empirismo: o empirismo puro ou clássico e sua variação, denominada sensualismo, de um lado, e o positivismo lógico, de outro. Pelo empirismo clássico, todo conhecimento deriva da experiência; o sensualismo, ainda mais radical, exprime que todo conhecimento advém da percepção pelos sentidos ou, mais propriamente, da observação. LOCKE procurava distinguir duas formas de experiência: a externa e a interna. A primeira (externa) era alcançada pelos sentidos; a segunda (interna), pela percepção de si mesmo (*Versuch über die menschlichen Verstand,* 1795, p. 189 e ss.). Já modernamente, a apreciação empírica dos fenômenos passa pela estrutura do método do positivismo lógico, que quer fundá-lo em, pelo menos, dois princípios: a) a adoção de proposições lógico-sintáticas da linguagem científica, ao lado das proposições científicas havidas pela experiência; b) a adoção da lógica formal como meio do programa teórico das ciências. Ver, sobre isso, criticamente, FEYERABEND, Paul. «How to Be a Good Empirist. A Plea for Tolerance in Matters Epistemogical», in CURD, Martin; COVER, J. A. (org.). *Philosophy of Science,* 1998, p. 922; fundamentalmente, SCHLICK, Moritz. *Allgemeine Erkenntnislehre,* 1918.

isto é, em lugar da violação de um dever de agir, o que se afigura como relevante é sua relação material com determinado resultado; segundo, caracteriza a omissão consoante sua manifestação no mundo exterior em termos de movimento corpóreo. Ambas as concepções são produto da influência do positivismo mecanicista, dominante nas ciências no século XIX. Dá-se o nome de positivismo mecanicista à forma de explicação dos fenômenos com base na teoria de *Newton*, em termos de matéria em movimento.[10] Essa concepção se reflete no direito penal, vindo a dar lugar, justamente, à teoria da ação causal como o movimento corpóreo que produz modificações no mundo exterior. Pode-se dizer que essa conceituação da ação é tipicamente mecanicista, porque se contenta apenas com a relação material entre meio e resultado, sem se importar com outras circunstâncias que podem nela interferir, como os fins ou motivos do agir, a avaliação normativa do processo de produção do evento e as relações vitais dos agentes.

Incorporando de modo explícito a concepção mecanicista, Von Liszt funda a omissão, em geral, no não impedimento voluntário de um resultado e, pois, na não execução de um movimento corpóreo para fazê-lo.[11] Embora com posicionamento um pouco diverso, porque prescinde explicitamente da existência de um resultado, como coroamento final da inatividade, também Beling é bastante claro ao afirmar que «o critério jurídico para determinar se alguma coisa constitui uma omissão não pode se fixar na pura omissão, mas sim no movimento corporal voluntário».[12] Essa era a doutrina dominante. Como, porém, a relação material entre omissão e resultado apresentava problemas, a doutrina, para caracterizá-la como ação, em função do resultado ou de sua exteriorização material, se valeu de vários recursos, principalmente, do conceito de ação antecedente, de ação interferente, de condição negativa, de causalidade natural, da retração de músculos motores ou do resultado como efeito jurídico.

A grande dificuldade dessa concepção não reside, propriamente, na sua tentativa de buscar uma causalidade na omissão ou de criar, hipoteticamente, um movimento corpóreo que lhe correspondesse, mas no fato de compreendê-la como um acontecimento natural e, assim, empiricamente demonstrável.[13] Embora a causalidade possa ser contestada como relação física ou natural entre um acontecimento antecedente, representado por um não fazer, e outro

---

10. Ver, sobre isso, Audi, Robert (org.). *The Cambridge Dictionary of Philosophy,* 1999, p. 550.

11. Von Liszt, Franz. *Lehrbuch des deutschen Strafrechts*, 20.ª ed., 1914, p. 137.

12. Beling, Ernst. *Die Lehre vom Verbrechen,* 1906, p. 16.

13. Beling acreditava que a inatividade absoluta poderia corresponder a um determinado conteúdo jurídico-penal, de modo que pudesse «ser marcada» como criminosa e, da mesma forma que a ação em sentido estrito, necessitasse de uma execução (*Die Lehre vom Verbrechen,* 1906, p. 16).

consequente, expresso por uma alteração no mundo exterior, ou se possa também refutar o movimento corpóreo na inatividade, na verdade, em face de vários artifícios, inclusive daqueles que retratam a relação causal como uma relação apenas lógica,[14] a omissão, como dado empírico, não terá relevância, uma vez ser insustentável a sua existência tão só como um não fazer, sem qualquer referência a uma ação determinada. Uma vez que a omissão dependa, portanto, de uma ação, que deveria ter sido praticada, mas não o foi, não pode ser tratada como uma forma de ação.[15]

Essa contradição lógica já fora percebida por RADBRUCH, que assinalava, primeiramente, contestando sua base causal, que *de um nada, nada poderia resultar*, nem mesmo se poderia cogitar de uma causalidade subjetiva entre a vontade de omitir-se de realizar um movimento corpóreo e a não realização desse movimento;[16] ademais, retratando-a na forma de categoria, argumenta que a ação e a omissão pertenceriam a duas categorias distintas, representadas, graficamente, por um A (ação) e Não A (omissão); como seus elementos não se corresponderiam, isso igualmente impediria que ambas pudessem estar subordinadas a um conceito superior de conduta.[17] A investida de RADBRUCH

---

14. Por exemplo, a causalidade explicada na forma da teoria da equivalência das condições.

15. BELING mesmo mostra-se contraditório quanto a esse ponto. Em certa medida, diz «não constituir qualquer erro situar a omissão sob o conceito de ação em sentido amplo» (*Die Lehre vom Verbrechen*, 1906, p. 14). Mas admite também que «a teoria dos delitos omissivos nada tem a ver com a teoria dos delitos comissivos» (p. 16), o que conduz à conclusão de que o tratamento da omissão junto com a ação sob um denominador comum só poderia valer em função de um momento subjetivo, ou seja, na forma como a vontade se expressa no mundo exterior, positiva ou negativamente. Essa postura vai desencadear uma ampla discussão de como tratar esse momento subjetivo, ou como uma forma de subjetivação da atividade e, então, em contradição com os próprios enunciados empíricos, ou como uma manifestação objetiva da vontade, daí no sentido hegeliano de conduta.

16. RADBRUCH, Gustav. *Der Handlungsbegriff in seiner Bedeutung für das Strafrechtssystem*, 1967, p. 132: «Dass Kausalität zwischen dem Ausbleiben einer Körperbewegung und einem positiven Ereignis nicht vorliegen kann, haben andere zur Genüge nachgewiesen; ich habe ihren Argumenten nichts hinzufügen. Unbeachtet pflegt dagegen zu bleiben, dass auch zwischen dem Willen eine Körperbewegung zu unterlassen, und dem Unterbleiben dieser Körperbewegung ein Kausalzusammenhang nicht angenommen werden kann. Und doch folgt dies aus dem gleichen Prämissen wie jenes. Wie aus nichts nichts werden kann, kann auch nichts zu nichte werden. Die Kausalität verknüpft Veränderung mit Veränderung, der Nichteintritt einer Veränderung kann also Wirkung ebensowenig wie Ursache sein.» (Outros já provaram suficientemente que não pode haver causalidade entre a ausência de um movimento corporal e um evento positivo; não tenho nada a acrescentar aos seus argumentos. Mas não se deu atenção a que entre a vontade de se omitir de um movimento corporal e a não realização desse movimento corporal não se pode admitir uma relação causal. E isso decorre das mesmas premissas anteriores. Como do nada, nada pode provir, nada pode se transformar em nada. A causalidade vincula alteração com alteração; a não ocorrência de uma alteração, portanto, tampouco pode ser efeito ou causa.)

17. Idem, ibidem, 1967, p. 140: «So aber lassen sich, so wahr man nicht Position und Negation, a und non-a einen Oberbegriff bringen kann, auch Handlung und Unterlassung nicht unter einen solchen zusammenbiegen, er nenne sich nun Handlung im weiteren Sinne, menschliches Verhalten oder, wie immer sonst!». (Assim, porém, se verdadeiramente não se podem situar,

contra as tentativas de reificação da omissão sintetiza todo o debate que irá se travar posteriormente, quando se busca solucionar o impasse da causalidade em face de um critério lógico-determinista ou probabilístico de sua explicação. Pode-se dizer, também, que a inserção de um critério probabilístico acerca da produção do resultado, uma vez não contada a ação salvadora do sujeito, independentemente do cepticismo de RADBRUCH, induz outra série de questões e põe à prova a própria exigência normativa do atuar, principalmente quando as condições materiais sejam desfavoráveis ao possível sucesso do empreendimento devido. Muito embora sejam contestáveis as bases empíricas da omissão, até consoante as observações de RADBRUCH, pela incongruência entre seu conteúdo obrigacional e a ausência de uma manifestação material sensível, os elementos empíricos podem, assim, ser invocados como elementos limitadores do próprio dever de agir. Mas, então, já não se estará tratando da omissão como conduta, senão de uma avaliação crítica de suas bases normativas. Novamente, portanto, fica sem solução a proposta de se caracterizar a omissão como categoria empírica.

B) A categoria do ser

Como categoria do ser, a omissão deve ser entendida, ao lado da ação, como uma forma de manifestação essencial da própria pessoa. Assim, em vez de se tratar a omissão como uma modalidade de ação, deve-se compreendê-la como uma entidade autônoma, que se projeta no mundo dentro da estrutura geral do comportamento. A questão de se contemplar a omissão como categoria do ser implica buscar-lhe elementos próprios, sem subordinação, primeiramente, ao plano causal e, depois, aos fundamentos de qualquer outra forma de conduta. A proposição será, assim, a de superar tanto a base empírica quanto os fundamentos puramente normativos da omissão.

Aqueles que, como WELZEL, veem a omissão sob essa perspectiva, mas de qualquer modo sob o jugo do modelo de uma conduta final, acabam trabalhando com critérios fictícios, ao pretenderem incorporar-lhe um elemento essencial que, na verdade, não existe, e ao qual denominam de *finalidade potencial*. Faz-se, pois, de uma expectativa, um elemento essencial que se incorpora à omissão para dar-lhe existência.

O grande problema de se buscar a natureza da omissão dentro das categorias do *ser* reside, justamente, em enfrentar duas dificuldades, até hoje insuperáveis: delimitar, com precisão, o conceito e a extensão do *ser*, e decidir de que elementos ele se compõe.

---

sob um conceito superior, posição e negação, A e Não A, também ação e omissão não se deixam sintetizar sob tal conceito, não importa que se denomine de ação em sentido amplo, conduta humana ou qualquer outra.)

Já se fez anteriormente uma rápida referência às dificuldades acerca da configuração do que se possa entender por *ser*.[18] Mas convém voltar novamente ao tema, agora sob outras perspectivas. Mesmo para aqueles que admitem essa categoria do pensamento não há unicidade quanto ao seu conceito, características e extensão. Segundo as várias proposições da filosofia, pode-se emprestar à expressão *ser* três significados: a) como conceito fundamental do discurso afirmativo; b) como fundamento de existência de objetos e fatos; c) como fundamento ou conceituação da correção das coisas, da verdade e da virtude.[19]

Conforme o primeiro significado (como conceito fundamental do discurso), o *ser* estaria vinculado ao processo de cognição, que se desenvolveria em torno de seu enunciado, como conceito básico, e dele obteria tanto sua legitimidade quanto validade e correção. Pelo segundo significado (como fundamento de existência das coisas), o *ser* também possibilitaria o processo de cognição, não mais como enunciado básico ou paradigma essencial de sua construção, mas como sedimentação de que o objeto do conhecimento tem existência e, portanto, pode ser apreendido. O terceiro significado (como fundamento de correção) indica que o *ser* constitui um dado essencial não apenas da existência de objetos, mas, principalmente, da justificação desses objetos dentro de uma construção ética.

Portanto, os três significados emprestados à categoria do *ser* o tomam como fundamento puramente cognitivo ou o envolvem dentro da existência ou da vida moral, o que implica considerá-lo, por um lado, dentro do próprio processo de conhecimento (quer como enunciado primário, quer como condição e apreensão dos objetos) ou, por outro lado, como pressuposto de uma elaboração normativa. Está claro que, tomado como pressuposto da virtude, o *ser* não pode ser identificado com a elaboração normativa. Esta apenas é justificável à medida que atenda aos enunciados daquele.

Não obstante essas manifestações diversificadas do *ser*, pode-se verificar que na história da filosofia se desenvolvem, nitidamente, duas orientações básicas quanto à sua compreensão. Para uns, o *ser* se confundiria com o próprio pensamento e daí, então, representaria a essência ou os dados conceituais dos objetos: estaria situado dentro do puro processo de cognição.[20] Para

---

18. Ver nota 5, deste capítulo, à p. 49.

19. MITTELSTRASS, Jürgen *et alii*. *Enzyklopädie Philosophie und Wissenschaftstheorie*, 1995, p. 748.

20. Nessa linha, por exemplo, os pré-socráticos, especialmente PARMÊNIDES, para quem o pensamento como tal não pode prescindir do que «é»: «Pois, aquilo que não é não pode nem ser pensado, nem expressado» (G. S. KIRK; J. E. RAVEN; M. SCHOFIELD. *Die vorsokratischen Philosophen*, trad. alemã de Karlheinz Hülser, 2001, p. 269); PARMENIDES, *Über das Sein*, 1981, p. 35. Entre os pós-socráticos, PLATÃO fazia ver que os objetos cumpriam o papel de preencher o *ser*, vendo neste a entidade eterna, inalterável e correta.

outros, o *ser* indicaria uma relação linguística entre os objetos e sua conceituação, ou essência,[21] passando a representar um dado real, ainda que não se confundisse com os objetos, quer dizer, se integraria como condição de legitimidade ou validade. Esses dois modos de ver o *ser* se infiltraram no pensamento posterior, dando lugar ora a um, ora a outro dos conceitos. Assim, por exemplo, via ARISTÓTELES no *ser* tanto uma função predicativa, à qual se poderia atribuir certa qualidade a um objeto, quanto o puro pensar, na perspectiva de uma atuação reflexiva do *eu*.[22] Dando sequência à função predicativa, a escolástica vislumbrara no *ser* o processo causal de constituição dos objetos. Por isso mesmo, o *ser* poderia ser tomado tanto como processo de produção do bem quanto do mal. Tendo em vista essas características e seguindo, em parte, ARISTÓTELES, Thomas de AQUINO distingue entre *ser* (ato) e *essência* (potência), atribuindo a esta última a função de princípio limitador daquele, como potência de sua realidade e atualidade.[23]

Da mesma forma, KANT toma o *ser* como condição da possibilidade (potência) do pensamento e do discurso e como processo causal de constituição do ente. Assim, o *ser*, ao se posicionar na condição de cópula, não só possibilita a relação entre o objeto e o sujeito, como vem a servir de meio de produção daquele. Porque se o que existe (ente) for acolhido, simplesmente, por meio de uma categoria, não poderá ser diferenciado daquilo que se considere como possível. Tomado fora da experiência, o ente não se torna impossível, mas falece em face de sua justificação teórica. Ao *ser* seria cometida, portanto, a função de justificação do conceito, que por ele faz atualizar o objeto na forma de sua apresentação. «Se penso em uma coisa» – diz KANT – «isto significa que lhe atribuo a existência, mas não as condições mínimas para que exista».[24]

---

21. Essa era a posição dos sofistas.

22. ARISTOTELES. *Physik*, 1995, 2. 185b5; *Metaphysik*, 1995, 2 1003 a33; 7 1017 a7-b9; 8107 a35-38. Descritivamente, sobre outras perspectivas do conceito aristotélico de *ser*, ver Eduardo C. B. BITTAR. *Curso de filosofia aristotélica*, 2003, p. 919 e ss.

23. AQUINO, Thomas de. *Opuscula Philosophica*, 1954, p. 21-58.

24. EISLER, Rudolf. *Kant Lexikon*, 2002, p. 490; KANT, Immanuel. «Kritik der reinen Vernunft», 1977, p. 111, tomo 2; enfatizando o significado de que o *ser* só teria sentido em função dos elementos próprios do conhecimento, diz KANT em conhecida frase, sempre repetida: «O *ser* não é, evidentemente, nenhum predicado real, isto é, o que se acrescenta ao conceito de uma coisa. É ele simplesmente a posição de uma coisa ou de certas disposições dela mesma. Na linguagem lógica, é apenas a cópula de um juízo. A frase *Deus é onipotente* compreende dois conceitos que seus objetos possuem: Deus e onipotência; a cópula "*é*" ainda não é um predicado, mas somente aquilo que o predicado conduz, respectivamente, ao sujeito» («Kritik der reinen Vernunft», 1977, p. 503, tomo 2). Idem, «Der enzig möglich Beweisgrund zu einer des Daseins Gottes», *Werke in zwölf Banden*, tomo II, p. 632, onde aborda o *ser* como posição de um objeto: «O conceito de posição ou situação é totalmente simples e, sobretudo, o mesmo que o *ser*. Caso alguma coisa possa ser disposta em termos de uma relação, ou melhor, quando possa ser simplesmente pensada a relação (*respectus logicus*) de uma coisa como característica do objeto, se trata, pois, do *ser*, que é a posição desta relação e não o conceito de vinculação em

Esse tratamento do *ser* como ato e potência, realidade causal e possibilidade do pensamento e do discurso, vai-se refletir também na concepção de HEIDEGGER, para quem, por exemplo, apesar de o *ser* constituir o único que, sobretudo, existe,[25] pode passar, porém, sua compreensão por dois binômios: o *ser no mundo* (DASEIN), que acaba se confundindo com o próprio homem ou a existência, e o *ser das coisas* (Vorhandensein), que tem como substrato a potencialidade de *estar à mão* (Zuhandensein). Esta potencialidade de estar à mão é que dá sentido ao *ser* e, portanto, o faz não apenas o único, mas também o que se apresenta como o mais determinado.[26] Tendo em vista essa compreensão do *ser* como *ser no mundo* (DASEIN), tudo aquilo que existe depende de mim. Assim, o espaço percorrido pela ação não é apreensível independentemente de mim, como um dado objetivo e autônomo, mas como a distância das coisas entre si e mim. Da mesma forma, o tempo não é a relação entre o espaço percorrido e a respectiva velocidade do objeto, mas a diferente relação comigo, em face de meu obrar. Não obstante essa vinculação do ser e das coisas do mundo à medida humana representar uma tentativa de superação do teológico, é difícil compreender como se procede à diferenciação entre três categorias essenciais: o ser, a existência e o ente. A diferenciação dessas três categorias irá implicar a compreensão que se poderá ter em relação à ação e à omissão.[27] Para se entender a postura de HEIDEGGER em relação a um

---

um juízo. Quando simplesmente não é assentada esta relação, mas instituída a coisa para ou por si mesma, então, não se trata do *ser,* mas do *ente.*»

25. HEIDEGGER, Martin. *Einführung in die Metaphysik,* 1976, p. 60: «Das Sein, was jedem beliebigen Seienden zukommt und sich so in das Geläufigste verstreut, ist das Einzigartigste, was es überhaupt gibt.» (O *ser* que corresponde ao *ente* qualquer e que se dissemina no mais corrente é o mais individualizado que existe.)

26. Idem, ibidem, 1976, p. 60: «Alles Andere und Sonstige, alles und jegliches Seiende kann noch, auch wenn es einzig ist, mit anderem verglichen werden. Durch diese Vergleichsmöglichkeit wächst seine Bestimmbarkeit. Es steht auf Grund dieser in einer vielfachen Unbestimmtheit. Das Sein dagegen kann mit nichts sonst verglichen werden. Das andere zu ihm ist nur das Nichts. Und da gibt es nichts zu vergleichen. Wenn so das Sein das Einzigartigste und Bestimmteste darstellt, dann kann auch das Wort "sein" nicht leer bleiben (...). Dagegen ist "sein" in solcher Weise nicht sinnlos» (Qualquer outro e os demais, todo e qualquer ente, ainda que individualizado, pode ser comparado com o outro. Sob essa possibilidade de comparação cresce sua determinabilidade. No fundo, subiste uma multifacética indeterminação. Mas o *ser* não pode ser comparado a nada. Se o *ser* corresponder à mais extrema individualidade e à mais extrema determinabilidade, então, a palavra *ser* não se esvaziará (...). Ao revés, o *ser,* assim, adquire sentido).

27. Relativamente à diferença entre *ser* e *ente,* assim se manifesta HEIDEGGER: «A existência é um ente, que não se dá apenas por causa de outro ente. Ela é, ao revés, onticamente caracterizada, porque, em relação ao ser, se refere a este ente, em seu ser. A essa constituição do ser da existência se liga, porém, o fato de que na relação entre seu ser e aquele ser há uma relação de ser. Dizendo, além disso: a existência é entendida, de algum modo ou expressão, pelo seu ser. O ente se qualifica porque está aberto propriamente pelo e com seu ser. O entendimento do ser é propriamente uma determinação do ser da existência. A caracterização do ente reside em que ele é ontológico.» (*Sein und Zeit,* 1979, p. 12). Mais adiante, acrescenta: «À existência pertence essencialmente o ser no mundo. O entendimento do ser inserido na existência se refere, origina-

conceito ontológico de ação, é preciso, primeiro, considerar que para ele o *ser* constituiria o «conceito geral», autossuficiente e indefinível, de modo que em todo conhecimento, proposição ou conduta fosse sempre posto como questão prévia; com isso, em determinado momento, o conhecimento do *ser* passa a constituir o resultado de si mesmo. Um conceito ontológico de conduta, assim, seria inapreensível quando os pressupostos desse conceito fossem autogerados. Isso pode ser visto nas articulações procedidas pela ciência penal em torno do conceito de ação em geral, logo após as investidas contra as concepções empíricas procedidas pelos negadores de uma fórmula infalível da causalidade.

Buscando superar, em parte, essa dificuldade em torno da não apreensão dos pressupostos do conceito de ação, em face das características da autossuficiência do próprio conceito, WELZEL pretende partir da consideração de que o *ser* vale à medida que se veja incorporado à consciência como um *projeto sensível* ou modelo de ação. Esse projeto, todavia, não constitui um elemento da ação, mas o repositório de dados sobre o conteúdo do dever, pelos quais o homem procura esclarecer o sentido do *ser no mundo* e interpretar os fins de sua conduta, segundo suas interpretações de valor.[28]

A postura de WELZEL, como se poderá ver, se aproxima bastante daquela articulada por HEIDEGGER. Com efeito, ao tratar dos elementos da conduta, HEIDEGGER dá a entender que se o *ser* é um *ser no mundo* e se o espaço é a distância das coisas entre si e para mim, toda ação deve ser compreendida no seu sentido subjetivo, como uma projeção de meu próprio desejo. O espaço que se percorre é um espaço que só tem sentido se estiver orientado para aquilo que eu mesmo projetei. Esse pensamento é familiar a WELZEL, que entende, também, que tanto a ação quanto a omissão estariam constituídas do elemento essencial da finalidade, *mas com uma diferença*: enquanto na ação a finalidade seria real, na omissão seria potencial. A relação entre ação e omissão se representa, assim, como a relação entre A e Não A.[29] À primeira vista, pareceria que WELZEL estaria seguindo os postulados de RADBRUCH. Mas, para RADBRUCH, a afirmação de que a relação entre ação e omissão se daria no esquema de A e Não A está orientada no sentido de uma crítica ao pensamento empírico ou simplesmente mecanicista, com consequências negativistas, o que não ocorre com WELZEL, que quer fornecer um enunciado positivo à omissão. Para WELZEL, enquanto a ação se orienta, materialmente, no sentido do alcance do fim, a omissão se reduz ao domínio potencial dessa finalidade. Esse raciocínio, como não poderia deixar de acontecer, conduz a uma subjetivação da conduta,

---

riamente, à compreensão de alguma coisa como mundo e compreensão do ser do ente, que se faz acessível dentro do mundo.» (*Sein und Zeit,* 1979, p. 13).

28. WELZEL, Hans. *Naturrecht und materiale Gerechtigkeit,* 1957, p. 238.

29. Idem. *Das Deutsche Strafrecht,* 11.ª ed., 1969, p. 200.

tal como ocorria com HEIDEGGER, a ponto de perder os respectivos parâmetros objetivos do dolo, o qual se resume na consciência e não na vontade do ato.[30]

Compreender-se a omissão como categoria do *ser* implica falsear uma das proposições fundamentais da ciência da modernidade, que é a de possibilitar que essa concepção seja submetida à prova de sua veracidade. Está claro que não é incorreto conceituar-se desigualmente a ação e a omissão, tendo em vista suas características próprias. Dizer-se, entretanto, que a omissão se antepõe à ação na relação entre A e Não A e afirmar-se que essa relação corresponde às características do *ser* e não está orientada, assim, à dicotomia entre os seus substratos empíricos e normativos, significa admitir que todos os seus elementos devam ser tratados desigualmente em relação àqueles elementos da ação, o que implica a adoção, portanto, do *princípio da inversão*. Como a questão da natureza da omissão não está desvinculada daquelas relativas à sua estrutura e à sua punibilidade, a adoção do *princípio da inversão*, neste caso, poderá gerar consequências perigosas, de deixar de lado, quanto aos delitos omissivos, todos os preceitos de garantia exigidos para os delitos comissivos: os pressupostos empíricos inseridos no respectivo processo de imputação. Isso implica, como efeito imediato, excluir dos delitos omissivos os dados positivos que devem fundamentar a tipicidade e o injusto, principalmente aqueles que se referem aos preceitos constitucionais.[31] Por conseguinte, ao invés de formular pressupostos limitadores da imputação, a concepção ontológica a amplia e abre caminho para a constituição de um modelo funcional radicalizado de delito, pela substituição do crime comissivo pelo crime omissivo. No fundo, essa seria uma sequência natural do sistema finalista, em termos de coerência, e que só não ocorreu porque WELZEL, em boa hora, não desprezou a causalidade como elemento essencial da ação. Como as características ontológicas derivam de puro processo de cognição subjetiva, o sistema permite que qualquer conduta possa comportar uma modalidade omissiva, bastando que se invertam as bases de sua conceituação, ao assinalar-lhe uma finalidade potencial em lugar de uma finalidade real.

---

30. WELZEL, Hans. *Das Deutsche Strafrecht*, 11.ª ed., 1969, p. 201: «Como a característica constitutiva da omissão é o domínio potencial da finalidade, não se exige para a omissão um ato volitivo atual; para ela basta um ato volitivo potencial: quem se esquece de realizar uma ação, que poderia ter realizado, caso tivesse se esforçado mais para fazê-lo, se omite dessa ação». Esses argumentos correspondem, em linhas gerais, aos de Martin HEIDEGGER (*Brief über den Humanismus*, 1967, p. 145): «Man kennt das Handeln nur als das Bewirken einer Wirkung. Deren Wirklichkeit wird geschätzt nach ihrem Nutzen. Aber das Wesen des Handelns ist das Vollbringen. Vollbringen heißt: etwas in die Fülle seines Wesens entfalten, in diese hervorgeleiten, producere.» (Conhece-se o agir apenas como o produzir de um efeito. Sua realidade é avaliada segundo sua utilidade. Mas a essência do agir é o realizar. Realizar significa: desdobrar alguma coisa na plenitude de sua essência, nela se exaurir, se produzir.)

31. Também crítico quanto a esse ponto, mas sob o aspecto político-criminal, ROXIN, Claus. *Strafrecht*, AT, II, 2003, p. 628.

Não socorre essa postulação a proposta de SCHÜNEMANN no sentido de retratar a omissão como objeto dependente, dentro de uma categoria ontológica negativa, ao considerá-la como um *nada ôntico*,[32] e com isso pretender, mediante um raciocínio inverso, caracterizá-la como algo positivo. Como bem assinala BIRNBACHER, também a ação, em geral, deve ser tomada como objeto dependente, porque está sempre condicionada à presença, pelo menos hipotética, de um sujeito sem o qual não seria possível sua existência. Por outro lado, ainda aduz que essa caracterização de dependência não é suficiente para justificar que dela possa resultar sua consideração como algo positivo e, pois, como equiparável à ação.[33]

C) O argumento racional

Como argumento racional, a omissão também pode ser compreendida em uma fase pré-típica, porque não deriva diretamente de uma norma legal, mas de preceitos relacionados à exteriorização da vontade, ao mundo anímico ou à convivência.

O conceito de «racional» é, porém, bastante ambíguo. KANT, mesmo, confessa seu embaraço para apresentar uma definição de razão, vindo a caracterizá-la sob dois aspectos: um formal, como a capacidade de inferência mediata e, outro, material, como produtor de conceitos.[34] Atendendo, ademais, à necessidade de unificar esses aspectos, KANT dá o nome de razão à *faculdade dos princípios*, entendendo por princípios a forma de conhecimento pelo qual o particular se insere no universal, justamente, por meio de conceitos.[35] Se o entendimento poderia se definido, assim, como «a faculdade de unificar as regras», a razão deveria ser compreendida como a «faculdade de unificar as regras do entendimento por meio de princípios».[36]

Há, portanto, para KANT uma diferenciação entre regras, que afetam o entendimento e são unificadas por este, e princípios, que se destinam a unificar o próprio entendimento em torno de conceitos. Por isso, compreende KANT como função a «unidade da ação em ordenar diversas manifestações em uma representação comum»,[37] isto é, se a razão desempenha um papel determinante na orientação do pensamento, no sentido de submetê-lo a princípios e regras, pelos quais se possa chegar ao conceito dos objetos, é ela o instrumento correto para assinalar também as características da conduta e, assim, situá-la como unidade de entendimento. A ação, como objeto, está submetida, pois, a uma

---

32. SCHÜNEMANN, Bernd. *Grund und Grenzen der unechten Unterlassungsdelikte,* 1971, p. 13.
33. BIRNBACHER, Dieter. *Tun und Unterlassen,*1995, p. 52.
34. KANT, Immanuel. «Kritik der reinen Vernunft», 1977, p. 299.
35. Idem, ibidem, 1977, p. 300.
36. Idem, ibidem, 1977, p. 359.
37. Idem, ibidem, 1977, p. 114; EILER, Rudolf. *Kant Lexikon,* 2002, p. 172.

conceituação racional, que torna possível sua apreensão dentro da unidade de entendimento, mas não como simples objeto singularizado, senão distribuído conforme suas categorias ou pressupostos. Se, em termos racionais, tanto a ação quanto a omissão podem ser compreendidas sob a forma de unidade, esta não pode se dispersar para fora das respectivas categorias às quais se deve incorporar. A razão, assim, unifica e, ao mesmo tempo, classifica os objetos do entendimento em categorias. Vale dizer que, nesta forma de entendimento, a ação, como unidade, só poderá ter existência se incorporada à categoria que lhe corresponda: à causalidade. A causalidade, entretanto, não se confunde com o processo empírico de demonstração de que determinado efeito fora produzido por determinada condição. Ao contrário, a causalidade, como categoria, constitui apenas um pressuposto da experiência, quer dizer, dela não decorre, apenas a possibilita. Esse é o significado da causalidade dentro de um juízo sintético *a priori*.[38]

Por outro lado, o modelo racional não pode se desvincular, na sua formulação, de sua relação deontológica. Assim, para se compreender a omissão dentro da unidade racional da ação, não basta situá-la na categoria da causalidade. Mais do que isso, a sua inserção na causalidade só se torna logicamente admissível à medida que possibilite o julgamento quanto à sua correção (imperativos categóricos) e quanto aos seus motivos (a boa vontade).[39] Seguindo esta orientação, entende Naucke que o «ponto de gravidade das considerações acerca de qual sistema se deva adotar está necessariamente associado à questão de qual conceito de ação e, em complemento, de qual conceito de culpabilidade se deva ter como correto»,[40] o que significa que situar a omissão no âmbito da causalidade só se torna racional quando se possa sobre ela formular, em complemento, um juízo sobre sua correção e seus motivos, isto é, um juízo de culpabilidade. Nesse sentido, não se trata de buscar na omissão um elemento que dependa de uma investigação empírica, mas de estabelecer alguns paradigmas *a priori*, aos quais deveria sujeitar-se para poder ser considerada como apta a estar associada ao cumprimento de um dever universal.

Ainda que sem filiação kantiana, não se afasta dessa condição, de tomar a omissão como categoria racional, a proposição de Puppe de buscar-lhe um denominador comum com a ação, seu *genus proximum*, a partir de sua inserção como objeto de uma cadeia de proposições, mais especialmente, ao considerá-la como uma *relação de fato*, ou seja, um *dado*.[41] Se a omissão corresponde a

---

38. Eiler, Rudolf. *Kant Lexikon*, 2002, p. 296.

39. Birnbacher, Dieter. *Analytische Einführung in die Ethik*, 2003, p. 134.

40. Naucke, Wolfgang. *Strafrecht, Eine Einführung*, 10.ª ed., 2002, p. 265.

41. Puppe, Ingeborg. *Alternativkommentar zum StGB*, 1998, p. 50; idem, *Strafrecht, Allgemeiner Teil im Spiegel der Rechtsprechung*, 2002, p. 71: «Uma vez renunciado o conceito inútil da energia, pode-se dizer que todo fato, portanto, toda relação de fato verdadeira, que possa ser descrita em uma sentença, pode constituir uma causa».

uma relação de fato, pareceria que a proposta de PUPPE longe estaria de ser uma proposta racionalista; mais próxima estaria de um sistema empírico. Entretanto, refletindo melhor sobre sua concepção, pode-se ver que uma *relação de fato*, no sentido da teoria analítica, pressupõe sempre, para sua existência, que esteja subordinada a um determinado juízo predicativo, sem o que não poderá ser tratada como *dado*. Se está subordinado a um juízo predicativo, o *dado* só será verdadeiro se corresponder a esse juízo. O juízo predicativo nada mais é do que um princípio racional que valida o dado e torna-lhe possível o entendimento, no sentido kantiano de unidade. Entretanto, o juízo só será, por sua vez, verdadeiro, se o *dado* for, também, verdadeiro.[42] Inaugura-se, com isso, portanto, uma cadeia tautológica: a omissão, para ser considerada como ação, pressupõe uma proposição que expresse uma relação causal; causa, por sua vez, será aquilo que possa ser exprimido em uma proposição; a proposição será verdadeira se o dado (objeto) sobre o qual se assenta for também verdadeiro; a omissão será uma ação, se efetivamente puder ser exprimida por uma proposição, e essa conclusão será verdadeira se a proposição também o for. Tudo gira, assim, em torno de uma linguagem, que se inicia e termina com os mesmos elementos.

Apesar das atrações que poderá despertar um fundamento racional para a omissão, que possibilitaria seu tratamento unitário com a ação, parece que as controvérsias persistem. É difícil entender-se que a omissão possua uma base causal, ainda que só quanto à possibilidade de gerar efeitos materiais e não quanto à sua efetiva atuação no mundo concreto, e, mais ainda, que essa base causal dependa de um juízo racional prático sobre a possibilidade de ser objeto de uma valoração própria, consoante um dever pré-jurídico de atuar. Como se pode considerar essa relação necessária entre causalidade e culpabilidade, de modo que a primeira fique na dependência do juízo que se formula na última? Isso parece pressupor um juízo de pré-compreensão: estabelece-se a necessidade de conhecimento antecipado de como se deva julgar (valor) e daí, então, se conclui acerca da natureza do objeto a ser julgado. Ou será que deva valer o contrário? São indagações que ficam sem resposta.

Afirmar-se, ademais, que a omissão constituiria uma *relação de fato,* ou um *dado*, desperta, também, a confirmação acerca de sua realidade. Afinal, esse dado vale como fato real, ou apenas como objeto de uma proposição? Subsiste um dado fora da linguagem? Ou é unicamente um dado predicativo? Dizer-se que a omissão é um dado pressupõe, está claro, que esteja subordinada a parâmetros pré-configurados, mas isso implica uma série de outras indagações, cujas respostas são insuficientes, inclusive, para solucionar a questão. São estes parâmetros elementos de um discurso racional? Ou são

---

42. TUGENDHAT, Ernst. «Tarkis semantische Definition der Wahrheit und ihre Stellung innerhalb der Geschichte des Wahrheitsproblems im logischen Positivismus», in *Wahrheitstheorien*, coord. Gunnar Skirbekk, 1977, p. 194.

elencados em termos normativos? Uma vez tomados como discurso racional, não resta outra alternativa, a não ser voltar a incluí-la no plano causal, aliás, como faz PUPPE, ao considerar que na omissão há tanto uma causalidade lógica quanto empírica.[43]

Deve-se dizer, porém, que, em si mesmo, esse método tautológico pode ser transformado em método crítico, desde que se liberte da consideração de que sempre, em qualquer caso, a compreensão da realidade pressupõe um juízo prévio acerca das condições valorativas do objeto. Portanto, é bem possível trabalhar-se a realidade fenomênica sob um aspecto racional, se a própria razão estabelecer enunciados de validade da realidade empírica, com vistas a resguardar o principal protagonista do processo de conhecimento, que é homem. Com isso, a vida de relação e o processo comunicativo integrante da socialização e da afirmação de identidade do que constitua o humano passará de objeto cognitivo a objeto criador, a pincelar os contornos do que seja racional. A grande dúvida que persiste na apreensão da omissão como categoria racional é menos, assim, quanto ao conceito de razão e muito mais quanto às suas implicações para o *status* de liberdade, que deve ser reconhecido ao ser humano, como um fundamento anterior à criação dos respectivos deveres, dos quais possam resultar as expectativas do seu agir. Um argumento racional, assim, está na dependência do conceito de pessoa e não apenas da unidade dos dados objetivos.

D) A categoria normativa

Como categoria normativa, a omissão não poderá existir fora do direito. Vale dizer, só poderá ser compreendida em função da existência de um dever estabelecido em uma norma legal ou regulamentar, que imponha coativamente, em determinadas circunstâncias, a realização de uma certa ação. Essa consideração esteve sempre em evidência no âmbito da corrente neokantiana, que compreendia a relação natural como uma criação engendrada por processos linguísticos de conhecimento, ou juízos normativos. Inicialmente, pode-se dizer, com CASSIRER, que o mundo das relações não impregnaria o conhecimento como se constituísse apenas uma inserção de dados em um papel em branco, mas seria gerado pelo próprio processo de conhecimento, manifestado por meio de proposições linguísticas traduzidas em discursos normativamente sedimentados.[44]

---

43. PUPPE, Ingeborg. *Alternativkommentar*, 1998, p. 81.

44. CASSIRER, Ernst. *Symbol, Technik und Sprache*, 1995, p. 126: «Die Sprache tritt nicht in eine Welt der fertigen gegenständlichen Anschauung ein, um hier zu den gegebenen und klar gegeneiander abgegrenzten Einzeldingen nur noch ihre Namen als äußerliche und willkürliche Zeichen hinzufügen – sondern sie ist selbst ein Mittel der Gegenständsbildung, ja sie ist im gewissen Sinne das Mittel, das wichtigste und vorzüglichste Instrument für die Gewinnung und den Aufbau einer reinen Gegenstandswelt» (A linguagem não se introduz em um mundo

Como informa KOLLER, a característica principal de uma categoria normativa, que corresponde, em certa medida, às diversas formas do positivismo jurídico, reside em que sua validade não depende do reconhecimento dos destinatários da norma mandamental, mas exclusivamente de sua criação e vigência por força de ato de autoridade.[45]

Uma vez que a omissão, ainda que também para os partidários das concepções ontológica e racional, esteja sempre subordinada à imposição de um dever de agir, ou para dar assistência (por exemplo, no crime de omissão de socorro) ou para impedir o resultado (por exemplo, nos casos em que o sujeito mantenha com a vítima uma relação de proteção), sua inserção como categoria normativa atende, à primeira vista, ao propósito de equiparar-se à ação. É que, partindo de uma consideração normativa, sem limitações prévias, será possível conceber-se a omissão e a ação como unidade. Para tanto, basta que o legislador as discipline como subordinadas a um dever jurídico destinado a dar proteção ao bem jurídico.

Entretanto, esta aparente tranquilidade teórica se desvanece à medida que sejam enfrentadas algumas questões que, também aqui, são relevantes. A primeira questão diz respeito a se determinar se essa realidade normativa da omissão é suficiente para equipará-la à ação. A segunda questão, se isso é adequado a limitar-lhe o alcance. A terceira questão, se a aferição da omissão como simples realidade normativa pode ser justificada em face de um direito penal de garantia. A contestação a essas três indagações, ainda que sob forte influência político-criminal, constitui o cerne de todas as indagações acerca das controvérsias que aqui são colocadas.

Não parece muito claro que uma simples vinculação legislativa para a omissão seja suficiente para equipará-la à ação, até porque a subordinação de ambas ao mesmo fundamento de violação de dever não deve corresponder às perspectivas de um Estado de intervenção mínima. Ademais, nem sempre sua previsão legal é adequada a limitar-lhe o alcance. Por outro lado, é necessário estabelecer que espécie de norma se torna legítima para impor um dever de agir, em face da restrição constitucional de que somente em virtude de lei isso se torna possível (CF, art. 5.º, II).

Em face desses pressupostos especulativos, é difícil a elucidação dessas três questões. Em relação à primeira, apesar da segurança que aparentemente pode oferecer, ao escapar das eternas e infindáveis discussões em torno do

---

de concepções acabadas em torno de objetos, a fim de, aqui, emprestar às coisas existentes e claramente distintas entre si apenas seu nome como signo exterior e arbitrário – ao contrário, ela mesma é um meio de formação de objetos; sim, ela é, em determinado sentido, o meio, o instrumento mais importante e preferencial para alcançar e construir um autêntico mundo objetivo.)

45. KOLLER, Peter *Theorie des Rechts. Eine Einführung*, 1997, p. 141.

ser ou do *racional*, da simples vinculação normativa da omissão não se pode deduzir, automaticamente, que esteja equiparada à ação, nem que isso implique maior delimitação do poder de punir. Muitas vezes, o contrário parece mais evidente. Uma vez que não haja elementos determinativos da conduta omissiva para caracterizá-la como tal, o legislador poderia fazê-lo segundo sua própria conveniência, o que certamente conduzirá à desconsideração de elementos fáticos essenciais, que não podem ser deixados de lado em um Estado democrático, principalmente em se tratando de criminalização de condutas. Afinal, é possível conceber-se como unidade aquilo que, na realidade, implica uma diversidade? Se o dever de agir, além disso, for constituído como fonte de unificação de ação e omissão, será preciso atribuir ao ato comissivo uma valoração obrigacional, o que não lhe corresponde: o ato comissivo é proibido ou permitido, nada tem a ver com o dever de impedir o resultado. Quem mate outrem, dolosamente, viola a proibição de não matar, jamais a determinação de evitar a morte, salvo para os esquemas funcionais que querem compor a formação social a partir de um estado normativo de subordinação do sujeito a um regime de fidelidade ao poder.

Por outra parte, com relação à segunda questão, não há também unanimidade de que somente a lei estrita impõe deveres. Há, na legislação em geral, uma infinita sequência de normas que impõem condutas, sem que tenham sido votadas no Parlamento, por exemplo, as normas tributárias e todas aquelas que estão inseridas nas medidas provisórias, editadas a cada passo pelo Poder Executivo e que produzem efeitos diretos no exercício da liberdade pessoal, antes que cheguem a ser rechaçadas pelo Poder Legislativo ou declaradas inconstitucionais pelo Poder Judiciário. Não se está falando, aqui, de normas estritamente penais, mas de normas impositivas de deveres, com repercussão penal, as quais, pelas suas características de disciplinarem matéria muito especializada, ficam de fora do conhecimento de todos os seus possíveis destinatários, produzindo instabilidade nas relações jurídicas e na orientação de comportamentos. As incertezas quanto à delimitação do que possa constituir a omissão e quanto às normas que possam impor deveres de assistência ou de impedir resultados danosos ou perigosos põem em dúvida a estabilidade de uma concepção puramente jurídica da omissão, sem qualquer parâmetro e sem qualquer pressuposto. Com isso se pode também responder negativamente à terceira questão proposta: o simples fato de que a omissão seja aferida por lei, vindo a constituir, assim, puro elemento de uma realidade normativa, não implica concluir que a imposição de deveres esteja justificada e que sua violação dê lugar à sua punibilidade.

Mesmo no plano dogmático, uma concepção puramente normativa da omissão esbarra na dificuldade de serem aferidas, no caso concreto, as exatas delimitações do juízo de culpabilidade, principalmente no que toca à consciência do comando ou determinação de conduta, no chamado *erro de manda-*

mento. Afinal, o omitente deve conhecer o dever de agir, como dever jurídico, em seus exatos limites e pressupostos, o que lhe exigiria um conhecimento especializado? Ou se lhe deve apenas exigir que o perceba na esfera do leigo? Se a omissão só tem existência no âmbito normativo, exigir-lhe apenas que o conhecimento do comando se situe na esfera do leigo parece implicar uma presunção de culpabilidade: afirma-se que o sujeito estaria em condições de sentir o apelo normativo e, assim, motivar sua conduta de conformidade com isso, uma vez que seja membro da comunidade na qual o comando fora efetivado. Ocorre que o comando não fora efetivado na comunidade, mas como ato legislativo, o que, então, exige um conhecimento especializado de seu conteúdo. A chamada valoração paralela na esfera do leigo é, na verdade, um argumento retórico destinado a instrumentalizar o poder punitivo em face de dificuldades na interpretação dos fatos. Ainda que empregada no âmbito mais restrito do erro, conduz, já por princípio, a possibilitar o enfraquecimento da exigência de demonstração empírica dos fatos em favor de um puro decisionismo, orientado conforme os postulados ideológicos do julgador. Em face, assim, da impossibilidade de se produzir um reconhecimento fático da própria norma impositiva do dever de agir e, consequentemente, caracterizadora da omissão, está criada a própria estrutura de um direito penal simbólico, que, em última análise, corresponde ao próprio conceito de homem formulado por CASSIRER.[46]

O normativismo determina não apenas as características da atividade como tal, mas a própria ética social. Segundo a proposição de RICKERT, que buscava superar a transcendência de uma concepção ética por meio de uma visão neokantista aproximada do positivismo, um determinado comportamento será exigido ou não, conforme tenha o reconhecimento de uma norma, o que afeta, inclusive, o próprio conteúdo da liberdade pessoal.[47]

---

46. CASSIRER, Ernst. «An Essay on Man», *Gesammelte Werke*, 23, 2006, p. 31: «The great thinkers who have defined man as an animal rationale were not empiricists, nor did they ever intend to give an empirical account of human nature. By this definition they were expressing rather a fundamental moral imperative. Reason is very inadequate term with which to comprehend the forms of man's cultural life in all their richness and variety. But all these forms are symbolic forms. Hence, instead of defining man as an animal rationale we should define him as an animal symbolicum». (Os grandes pensadores que definiram o homem como um animal racional não eram empiristas, nem tentaram, alguma vez, proceder a uma descrição empírica da natureza humana. Nesta definição, eles estavam expressando, em vez disso, um imperativo moral fundamental. A razão é um termo muito inadequado para compreender a forma da vida cultural humana em toda sua riqueza e variedade. Mas todas essas formas são formas simbólicas. Portanto, em vez de definir o homem como um animal racional, deve-se defini-lo como um animal simbólico.)

47. RICKERT, Heinrich. *Vom System der Werte, in Philosophische Aufsätze*, 1999, p. 91: «Ohne Anerkennung einer Norm gibt es keine Freiheit mehr im Sinne der Autonomie, also keine soziale Sittlichkeit.» (Sem o reconhecimento de uma norma não há mais liberdade no sentido da autonomia, portanto, também, nenhuma ética social.)

E) A categoria organizativa

Como categoria organizativa, a omissão passa a ser compreendida em função de deveres de organização, e não mais em função de uma norma legal que imponha deveres, mas sim pela simples condição de se inserir em contexto no qual determinados papéis sejam assinalados e pelos quais algumas entidades, no caso, as pessoas, por eles se tornem responsáveis. Essa subordinação da omissão a deveres de organização é bastante própria da sociedade globalizada e do sentido privatístico emprestado aos enunciados normativos.[48]

Ainda que válidas para o âmbito do direito civil, parece que as assertivas da organização se apresentam, também, insuficientes para dar à omissão contornos dogmáticos precisos dentro da unidade com a ação e individualizar a respectiva responsabilidade. Estruturar-se a ordem jurídica sobre deveres de organização reproduz, ainda que sob contornos mais requintados, os princípios do Estado despótico. Tomada como subsistema organizativo, a pessoa perde a individualidade e passa a compor uma engrenagem de um grande aparelho. Em consequência, perde, também, sua liberdade, que, em vez de ser vista sob a perspectiva de sua própria realização, se limita dentro de contornos de atividades regulamentadas e definidoras de funções. Em face disso, a relevância ou não da omissão e sua condição como forma de conduta estão, de certa forma, vinculadas a um sistema utilitarista e, como se verá, a um complexo de valores, que se impõe ao Estado sem consideração com as estritas garantias dos seus destinatários.[49]

Está claro que conceber-se a omissão fora do direito, como se faz sob essa concepção, poderia auxiliar na aferição dos seus pressupostos típicos, mas subordiná-la a um sistema organizativo tampouco contribui para dar a esses pressupostos os elementos definidores e delimitadores dentro de um Estado de garantia. Pelo contrário, a partir dessa natureza da omissão, podem ser incriminadas condutas que não impliquem um interesse direto nem da pessoa nem da comunidade, apenas dos grupos dominantes.

---

48. Para exposição e análise desses deveres em face de um funcionalismo radical, v. GOENAGA, Javier Camilo Sessano. «Responsabilidad por organización y responsabilidad institucional», *Revista Electrónica de Ciencia Penal y Criminología*, n. 08/03, 2006.

49. Não deixa de constituir uma faceta dessa forma de organização do poder público a exigência, inserida no art. 102, § 3.º, da Constituição Federal, de demonstração, por parte do recorrente ao STF, de que o tema constitucional tratado no recurso implique uma repercussão geral. Isso significa que, em termos de controle de constitucionalidade, o Tribunal só se pronuncia quando entenda que sua decisão possa ser estendida a todos. Deixa-se de lado, portanto, a natureza do ato em favor da utilidade da decisão. Esta é uma prova explícita de que a ordem jurídica brasileira não está centrada em elementos lógico-reais, pelo menos no que toca à competência da Corte Suprema, que se orienta muito mais por um juízo de conveniência do que, propriamente, por um conteúdo material. Esta não é uma questão para ser discutida neste trabalho, mas enseja a consideração de que o caráter organizativo emprestado à omissão deve ser debatido com profundidade para evitar que a utilidade prevaleça sobre direitos fundamentais da pessoa.

No plano dogmático, ainda se torna complicado trabalhar-se com tal critério. Como será possível demonstrar que a ação e a omissão possuem uma natureza comum em deveres de organização? Afinal, a ação também está subordinada a deveres? Mas a que deveres? Se o critério da unidade organizativa é apenas empregado como simples referência, de nada vale em termos de substância e, então, se poderia muito bem dispensá-lo. Se o critério da unidade organizativa vale em algum sentido substancial, então, deve desempenhar alguma função jurídica. Mas como pode desempenhar uma função jurídica um critério que não é jurídico, mas organizacional? Se desempenha alguma função, esta parece que se resume em apenas justificar a edificação de uma vida assentada em regras sociais *modelares*, segundo os parâmetros da sociedade industrial ou pós-industrial. Isso, no fundo, produz duas consequências: a) passa a caracterizar a tarefa da tipificação como mera homologação daquilo que já está previamente assentado em outras normas e a revigorar, no direito penal, seu caráter meramente sancionador; b) subordina a tarefa de interpretação não mais aos princípios da ordem jurídica, mas aos interesses da organização e, portanto, aos desígnios privados.

À medida que os deveres de organização se fixem como os parâmetros a serem atendidos em todos os sentidos, também se alargam, descomensuradamente, as situações que fundamentam a posição de garantidor. Como se poderia edificar, por exemplo, o tipo dos delitos omissivos culposos, a partir de uma consideração *modelar*, sem levar em conta os pressupostos da imputação, segundo regras que se afastem dessa consideração? Igualmente, como se poderia edificar uma culpabilidade pela liberdade de vontade, se esta vontade está subordinada a funções e não a apelos da ordem jurídica? Pelo menos, essas duas questões são fundamentais para serem respondidas e elucidadas e parece que, a partir da natureza organizativa da omissão, isso não se torna possível, a não ser descaracterizando os pressupostos liberais do direito penal. Voltar-se-á a tratar no capítulo seguinte, de modo mais particularizado, dos deveres de organização.

II. A ESTRUTURA

A preocupação de superar as controvérsias em torno da natureza dos delitos omissivos vai-se refletir, também, na questão de sua estrutura. Se a omissão, por um lado, pode comportar uma variada formulação quanto à sua origem, por outro, deve estar situada normativamente, porquanto, no mundo moderno de direitos e garantias, se tornaria absolutamente impensável que se pudesse tratar alguma espécie de delito sem estabelecer, previamente, as condições para a sua tipificação. Por isso, ao se comporem as estruturas dos delitos omissivos a partir da elaboração dos respectivos tipos penais, começam a emergir, igualmente, outras questões, que dizem respeito aos pressupostos aos quais se deve atrelar essa tarefa de criminalização.

Poderia a omissão ser tipificada tão só com uma rigorosa previsão legal de sua incidência? Ou seria necessário que essa tipificação estivesse subordinada a determinados pressupostos? Essas são as duas outras grandes questões que se colocam ao se pretender analisar a estrutura dos delitos omissivos e as quais já despontavam no âmago das indagações acerca de sua natureza.

Quando a omissão se vê envolvida no processo de tipificação, todos os fatores relativos à sua estrutura passam a comportar não apenas uma discussão puramente normativa, mas, principalmente, sobre aqueles pontos, ainda que sob outro enfoque, que dizem respeito também à sua natureza e punibilidade.

A doutrina penal tradicional sempre se contentou com o formal cumprimento do princípio da legalidade. Para dotar de legitimidade a incriminação, bastaria que a omissão viesse contemplada na lei, como tal, quando se tratasse de *omissão própria*. Quanto se tratasse de *omissão imprópria*, exigia-se apenas que se pudesse retirar de uma cláusula geral a correspondente cópula entre ação e omissão e, bem assim, que se afirmasse a determinado sujeito uma certa qualidade da qual lhe resultaria um dever jurídico de impedir o resultado. Portanto, para a omissão própria, que independe da qualidade do sujeito, bastaria sua previsão legal; para a omissão imprópria, que não estaria tipificada, bastaria que houvesse a tipificação de uma ação e que, mediante certa manobra normativa, se pudesse equiparar essa ação a uma omissão, precisamente ao se conferir ao sujeito da conduta uma posição dentro da ordem jurídica, pela qual se lhe atribuiria o dever de agir para impedir o resultado, que normalmente só poderia ter sido causado por ação.[50]

Parece, entretanto, que essa solução é muito simplista, porque, primeiramente, não esclarece por que se previu na lei essa forma de omissão, caracterizando-a como criminosa (omissão própria). Em segundo lugar, igualmente não explica com que elementos se deve contar para essa tipificação. Por derradeiro, não justifica como se pode equiparar, normativamente, uma ação e uma omissão, nem como se pode juridicamente admitir que determinado sujeito e não outro esteja obrigado a uma conduta, sem que haja uma lei que o determine. Quer dizer, então, que com esse método, a tipificação da omissão fica sendo uma tarefa mecânica, cujas origens se perdem nos escaninhos e bastidores dos parlamentos, cabendo ao jurista apenas a tarefa de decifrar as palavras da lei para ajustá-las ao caso a ser submetido a juízo.

Ocorre que ainda que se adote para a omissão uma teoria puramente normativa, as controvérsias continuam a se acentuar. Para a tipificação da omissão, não basta, assim, que se diga que a não realização de uma ação, tal e qual, constitui delito. Seria preciso esclarecer melhor como isso se dá, de modo que alguns parâmetros devam ser fixados. Está claro que nem toda

---

50. Assim, Otto, Harro. *Grundkurs Strafrecht*, AS, 2004, p. 159.

omissão deve ser palco de uma tipificação, o que, desde logo, suscita a ideia de que para essa tarefa seria imprescindível, pelo menos, que se pudesse atribuir a essa omissão uma certa relevância, que não pode se confundir com a vontade do legislador, mas que comporte uma análise a partir de sua natureza e das relações sociais que a engendram.

Por seu turno, em muitas constituições, como a brasileira, constam preceitos limitadores da legislação incriminadora, mas, ao mesmo tempo, outros que obrigam a elaboração dessa mesma legislação. Como devem ser tratados esses casos, nos quais, de um lado, a Constituição limita e, de outro, amplia a tipificação? Na Constituição brasileira, estabelece-se que a ordem jurídica se baseia na proteção à dignidade da pessoa humana (art. 1.º, III), bem como que, nas relações interestatais, se deva dar primazia à proteção dos direitos humanos (art. 4.º, II), implicando que as regras jurídicas devam estar subordinadas ao primado da pessoa e não dos projetos estatais. Mas, também, a própria Constituição manda, de certa forma, que sejam criminalizadas algumas condutas omissivas, ao dispor que, com relação aos crimes de tortura, tráfico ilícito de entorpecentes, terrorismo e os definidos como hediondos, responderão não apenas aqueles que os executarem, mas também os que, podendo evitá-los, não os impedirem (art. 5.º, XLIII). Daí já se pode ver que a própria Constituição trabalha com critérios controversos: de um lado, protege; de outro, criminaliza, isto é, de um lado, elege a pessoa como centro de sua preocupação, de outro, a reduz a objeto de um projeto de segurança pública ou de política criminal. Qual das regras, por fim, deve prevalecer em um Estado democrático?[51]

Ademais, nem toda tipificação vem explicitada de modo muito claro, o que sugere a questão acerca dos elementos que devam ser agregados à omissão, como seu complemento para esclarecer o conteúdo da norma mandamental. Uma omissão, simplesmente, não pode ser tipificada sem um objeto e sem a identificação das circunstâncias que a cercam. Uma omissão por omissão se torna incompreensível.[52] Mas que objetos podem ser adequados a uma conduta omissiva? E que circunstâncias a comportam? Essas são indagações comuns no processo de elaboração dos tipos penais e nas manifestações doutrinárias.

---

51. Para uma crítica à solução criminalizadora por imposição constitucional, ver Paschoal, Janaína Conceição. *Constituição, criminalização e direito penal mínimo,* 2003, p. 69 e ss.; também, Bechara, Ana Elisa Deliberatore Silva. *Da teoria do bem jurídico como critério de legitimidade do direito penal*, 2010, p. 127 e ss.

52. Welzel, Hans. *Das Deutsche Strafrecht,* 1969, p. 200: «Por certo que a omissão deve, necessariamente, referir-se a uma ação: não há omissão em si mesma, mas apenas omissão de uma determinada ação. A omissão, portanto, não é uma pura negação, mas um conceito-limite: é a omissão de uma ação possível ao autor, que, pois, está submetida ao poder de fato final (à potencial finalidade da pessoa)».

Em outros setores, há que se decidir, ainda, se os pressupostos legais seriam os mesmos daqueles estabelecidos pela organização social para uma vida proveitosa. Que a sociedade vive organizadamente, todos sabem. Agora, estabelecer até que ponto essa organização vincula a tipificação já constitui uma questão de alta relevância. Mesmo para aqueles que veem na omissão apenas uma criação normativa, a organização social e seus paralelos devem ser importantes como formas de limitação do poder de legislar. Mas como será possível tratar a omissão como violação de uma norma de organização social? Ademais, em muitos casos, a organização social pode exigir que determinada forma de conduta fique de fora da tipificação, porque socialmente não lhe empresta relevância, ainda que no plano moral isso se mostre diferente. Por exemplo, o pai que não impede que sua filha perca a virgindade em sua própria casa, ainda quando adolescente, socialmente não será responsabilizado pela omissão, ainda que moralmente possa ser reprovado por tal liberalidade, e um persecutor radical pensasse em imputar-lhe um delito de corrupção de menores ou mesmo um delito de proxenetismo, praticados por omissão. Que influência teria essa conformidade social da conduta sobre o processo de identificação de uma modalidade de comportamento omissivo? Essas são indagações que interessam diretamente à dogmática dos delitos omissivos e não podem ficar de fora da discussão em torno de sua estrutura, de seus pressupostos e seus elementos.

O entrelaçamento dos aspectos normativos com os dados relativos à sua natureza e às razões de sua criminalização conduz a elevar a discussão sobre a estrutura da omissão em três planos: a) da edificação dos pressupostos de seus elementos; b) da limitação desses elementos pelos pressupostos constitucionais; c) da inserção dos pressupostos de garantia. Estes parecem constituir os aspectos essenciais a serem tratados pela dogmática dos delitos omissivos e devem informar todas as elaborações doutrinárias que pretendam trabalhar sobre as condições de sua validade e legitimidade.

Indagando-se acerca dos pressupostos de seus elementos, pode-se chegar à discussão se, efetivamente, será admissível construir-se a estrutura de um delito omissivo unicamente sob argumentos normativos. Por outra parte, ao serem traçados os limites constitucionais desses elementos, pode-se proceder, em seguida, a uma discussão acerca da validade dessa estrutura em face de preceitos superiores da ordem jurídica, que não se deixam reduzir, exclusivamente, a indagações dogmáticas. Finalmente, ao fazer-se a inserção na formação dessa estrutura das condições de garantia que devem ser extraídas do sistema jurídico em geral e de suas perspectivas dentro de uma ordem democrática e humanista, pode-se ultimar a tarefa acerca da discussão de sua legitimidade. Todas essas discussões, como se pode ver, estão associadas também à natureza da omissão e à sua punibilidade, não apenas à sua estrutura; são temas que influem diretamente em sua confrontação com a ordem jurídica em sua totalidade, sob o plano de legitimidade da própria incriminação.

III. A PUNIBILIDADE

No que toca à punibilidade, as controvérsias se devem situar, inicialmente, na questão básica que está por detrás de todas as indagações: a de estabelecer os pressupostos e as condições para tratar a omissão como uma ação, de modo que se possa, com isso, fundamentar um processo de imputação. Depois, na questão relativa à legitimidade da punição de uma inatividade, pela qual não se pode extrair a convicção de certeza de que, com a ação devida, teria sido evitado o resultado.

Vê-se, então, que a questão da legitimidade de uma incriminação não deve depender unicamente de como se devam estruturar os delitos omissivos, mas também de como se deve fundamentar a sua punibilidade, de como se deve articular um processo de imputação que seja adequado à ação e à omissão e de como se pode obter a segurança necessária em caso de condenação, no sentido de que esse processo de imputação seja suficiente para responsabilizar o sujeito em face da não realização da ação mandada. Está claro, no entanto, que não se pode discutir a questão de legitimidade da incriminação da omissão sob o pressuposto da validade do próprio processo de imputação ou da própria punibilidade, senão trabalhando a imputação e a punibilidade em sentido negativo, sem qualquer vinculação a juízos de manutenção ou preservação da ordem jurídica vigente. O fato principal é verificar como essa ordem jurídica impõe os critérios de imputação e a consequente punibilidade da conduta e buscar uma delimitação em seus elementos e extensão, a partir do conteúdo das normas e regras.

A punibilidade da omissão, portanto, deve deixar de constituir apenas uma questão de política criminal, que possa ser preenchida conforme a manifestação do legislador, segundo seus interesses imediatos, e não deve ficar reduzida à discussão acerca da necessidade da pena ou de sua finalidade, nem ainda em função da perspectiva de conservação da estabilidade normativa, que poderia ser alcançada com a sua imposição. Ao contrário disso, a punibilidade da omissão está condicionada a alguns pressupostos: deve enfrentar, primeiramente, a questão da admissibilidade de um tratamento unitário da ação e da omissão, tal como sucede quando da discussão de sua natureza e de sua estrutura; depois, deve-se dedicar a decifrar, em termos de um procedimento garantista, como a ordem jurídica responsabiliza o sujeito por essa omissão. Uma vez que não sejam passíveis de determinação essas duas séries de pressupostos, não será factível, em termos empíricos e normativos, a conclusão acerca de sua punibilidade.

Geralmente, mesmo em face dos delitos comissivos, a doutrina trabalha a punibilidade como um dado à parte da teoria do delito, ou como sua consequência – assim, a doutrina tradicional desde a escola clássica – ou como um fator condicionante do processo de estabilização normativa – assim, os funcionalistas.

Na escola clássica, a punibilidade estaria condicionada à expectativa do próprio Estado, que deveria se ocupar da punição em face da existência de violação de uma lei por ele emitida. Isso, inclusive, não muda até nossos dias. Nesta visão, a estrutura do delito constituiria apenas um dado sobre o qual se alicerça o motivo (a violação da lei) para engendrar essa punibilidade. Sobre esta estrutura, não deveria interferir a qualidade da punibilidade. Se a punibilidade fosse exagerada, isso seria questão de política criminal, em nada relacionada à construção do respectivo tipo de delito. Portanto, delito e punibilidade se situavam em planos distintos.

No caso do funcionalismo, como o dado relevante não é, propriamente, o dano causado, mas, da mesma forma da escola clássica italiana, a infração à norma, a punibilidade só adquire foros de importância como instrumento de recuperação dessa norma, com vistas a preencher um outro efeito político criminal, que é o de assegurar a todos a confiança na ordem jurídica e, *a fortiore*, o exercício das respectivas expectativas. Sob esse enfoque, a punibilidade, embora concebida fora da teoria do delito, só guardaria relação com a tipicidade, se condicionasse o processo de imputação à sua própria finalidade. O processo de imputação não valeria por si mesmo, mas à medida que se ajustasse aos fins da pena.

Em uma formulação democrática do delito, no âmbito de um Estado de direito, tanto a estrutura do injusto quanto a punibilidade não podem ser tratadas em compartimentos estanques. O tratamento conjunto da estrutura do injusto e das finalidades da pena fornece à construção da punibilidade os elementos que lhe faltavam para seu próprio questionamento, não mais em função de política criminal, tomada como restauração da lei ou como asseguramento de expectativas, mas em face de sua validade e legitimidade. Mas convém observar que a estrutura do injusto e seu tratamento em conjunto com a punibilidade não implica sua subordinação às finalidades da pena. Ao revés, a punibilidade só será válida e legítima se puder se adequar aos pressupostos da estrutura do delito. Em contrapartida, se a punibilidade tem como seu pressuposto o injusto e a culpabilidade, isso induz a considerar também uma reformulação da estrutura do delito, que só poderá ser válida e legítima se seus elementos forem suficientes para delimitar essa punibilidade. Essa relação entre estrutura do delito e punibilidade deve ser feita, portanto, com vistas a delimitar o poder de punir e não para ampliá-lo. Isso vale tanto para os delitos comissivos quanto omissivos. Como nestes últimos, porém, a questão da estrutura não é, por si só, subsistente a qualquer formulação, mas está na dependência de uma indagação que deve transcender os princípios dogmáticos, maior será a importância dessa relação recíproca. Somente por meio de uma análise conjunta entre estrutura e punibilidade será possível alcançar o conteúdo dos delitos omissivos e discutir acerca de sua validade e legitimidade. Esta preocupação há tempos afeta todas as teorias que buscam fundamentar os pressupostos, os elementos e os limites da individualização da pena. Portanto, não é simplesmente uma questão dogmática abstrata, é uma ponderação teórica que irá se refletir em atos judiciais concretos, com repercussão direta sobre a vida e a liberdade dos destinatários da norma.[53]

NAUCKE já havia consignado essa interdependência das concepções teóricas acerca dos elementos do delito e os atos concretos de imposição de pena, ressaltando a necessidade de uma vinculação expressa entre o que se elabore e o que se decida no caso concreto. Isso porque o conceito de culpabilidade, por exemplo, estará sempre na dependência de como se manifesta a finalidade do sistema penal. Tratando-se de se conferir à pena uma natureza retributiva ou preventiva (geral negativa ou positiva, especial negativa ou positiva), variam, consequentemente, os próprios fundamentos e a extensão do juízo de culpabilidade.[54] Uma tal construção da argumentação jurídica revigora

---

53. Não é objetivo aqui discutir as questões da individualização da pena, mas convém observar uma alteração de rumos da doutrina sobre esse tema. Praticamente, duas teorias sempre disputaram a hegemonia quanto aos elementos para essa individualização: a *teoria da pena pontual* e a *teoria do espaço livre*, que se ocupavam, respectivamente, de trabalhar a culpabilidade sob os aspectos retributivistas ou preventivos, mas que, no fundo, implicavam levar em conta, em desfavor do condenado, elementos vinculados à sua personalidade e outros elementos de prevenção especial, situados fora do injusto e da própria culpabilidade. Não se afastou disso a *teoria valorativa*, que buscava sedimentar a individualização exclusivamente na culpabilidade, mas que ampliava esse conceito para nele incluir elementos nitidamente de prevenção especial. Mais recentemente, porém, por força da chamada *teoria da proporcionalidade*, proposta por SCHÜNEMANN e HÖRNLE, a fixação do *quantum* de pena a ser aplicada deve estar vinculada à gravidade do resultado produzido no ato injusto. Seguindo essa corrente na interpretação do art. 59 do Código Penal, uma vez imposta a pena em atenção à gravidade do resultado, que fundamentaria, assim, a culpabilidade, todos os demais fatores só poderiam ser usados em favor do condenado. Essa teoria procurar romper com as concepções tradicionais que animam a individualização, mas parece esbarrar em uma dificuldade insuperável, que é a subordinação do *quantum* da pena à gravidade do delito, matéria que está afeta basicamente à estrutura das normas incriminadoras, fundadas na tipicidade. De duas, uma: ou juiz valora duas vezes o fato (na tipicidade e na individualização) e, então, haveria, *bis in idem*, ou já na tipicidade estabelece os parâmetros definitivos da individualização, o que pode conduzir, conforme a eleição desses parâmetros, a tipos de autor. Com mais informações sobre isso, ROXIN, Claus. *Fundamentos político-criminales del derecho penal*, 2008, p. 141; STRENG, Franz. *Nomos Kommentar*, 2.ª ed., 2005, p. 1423; TAVARES, Juarez. «Culpabilidade e individualização da pena», *Cem anos de reprovação*, 2011, p. 121 e ss.

54. NAUCKE, Wolfgang. *Strafrecht. Eine Einführung*, 9.ª ed., 2000, p. 260: «Es ist zu vermuten, dass zwischen Straftheorie und Strafsystem ein enger Zusammenhang besteht. Es wäre geradezu unverständlich, wenn dies nicht so wäre. Aber im Einzelheiten weiss man darüber schon wenig. In der genauen Beachtung der Tatbestandsmäßissigkeit z. B. steckt sicherlich eine informierende generalpräventive Zielsetzung; die genaue Beachtung der Tatbestandsmäßigkeit begrenzt aber zugleich Vergeltung und Prävention» (Deve-se supor que subsista uma estreita relação entre teorias da pena e sistema penal. Seria absolutamente inconcebível se assim não fosse. Mas em seus pormenores sabe-se muito pouco sobre isso. Na exata consideração da tipicidade, por exemplo, situa-se certamente a fixação de uma finalidade informadora de prevenção geral; a exata consideração da tipicidade limita, porém, igualmente a retribuição e a prevenção.). Idem, 2000, p. 229: «In der wissenschaftliche Diskussion werden gegenwärtig

a decisão acerca da validade da própria incriminação e seus efeitos sobre os direitos de seus destinatários. Ao se determinar, por exemplo, o fundamento do juízo de culpabilidade, como juízo positivo e não como juízo de refutação, estar-se-á também alicerçando e legitimando o sistema penal.

IV. A REDUÇÃO DO OBJETO

Até agora foram passadas em revista, ainda que em linhas gerais, as principais dificuldades no tratamento dos delitos omissivos, no que toca à natureza, à estrutura e à punibilidade. Na exposição dessas dificuldades e das questões que se foram acumulando durante a discussão dos temas, foi possível sentir que tanto nas indagações relativas à natureza da omissão quanto de sua estrutura e da justificação de sua punição, um dos pontos nevrálgicos daquela discussão foi encontrar um fundamento que a pudesse vincular à ação ou, conforme o sentido de sua natureza, que a pudesse submeter a um conceito superior de conduta. O que resulta dessa discussão, em um primeiro momento, é a constatação acerca da incapacidade das teorias que buscam centralizar sua atenção na natureza da omissão, como é o caso do finalismo, ao tentar proceder a uma perfeita delimitação dos elementos que possam justificar a responsabilidade de alguém por se haver omitido de uma determinada ação.

Caso se tenha em vista apenas a questão de sua natureza como categoria do ser, tal como a tratou o finalismo, será impossível obter-se, definitivamente, uma conclusão acerca de sua estrutura e punibilidade. Se a omissão, conforme a análise de sua categorização, viria desde o princípio separada da ação, porque subordinada a elementos potenciais e não reais, sua estrutura e punibilidade não dependeriam de qualquer procedimento de verificação, porque ambas seriam, então, apenas consequências necessárias de sua consideração como categoria do ser. Nos delitos omissivos impróprios, principalmente, tomar-se a omissão tão só como categoria do ser não é suficiente para justificar sua punibilidade. Nesses delitos, a punibilidade não decorre de uma operação que identifique a omissão, em seus elementos essenciais, a partir da violação a uma norma determinativa, mas sim em função de uma norma proibitiva (por exemplo, no delito de homicídio por omissão: a mãe deixa de amamentar o filho recém-nascido e este morre). A punibilidade da omissão, nesse caso, depende de sua inserção em uma estrutura sistemática que nada tem a ver com sua natureza originária. A tarefa jurídica não pode se reduzir apenas a discussões em torno de uma finalidade potencial e nada mais.

Ao contrário, o cerne da discussão envolve dois problemas básicos: a) verificar como a omissão pode ser tomada como ação; b) estabelecer os pres-

---

unter dem Titel *Schuld und Prävention* besonders intensiv die Folgerung für den Schuldbegriff aus der General- und Spezialpräventionyehorie untersucht (...).» (Na discussão científica, sob o título «culpa e prevenção», é atualmente investigado o conceito de culpabilidade sob as teorias de prevenção geral e especial.)

supostos que devem ser preenchidos para que alguém possa ser responsável pelo resultado produzido. Esses aspectos têm alguma relevância, por vários motivos. Um primeiro motivo, porque a ação constitui uma forma básica de comportamento humano, admitida por todos sem discrepâncias. Ao caracterizar a omissão como ação e sendo esta a forma básica de atividade, no sentido de um conceito superior de conduta, como, aliás, propunha Beling a partir do conceito de causa ou de movimento corpóreo, se passa a tratá-la, igualmente, como uma forma primária de comportamento. Um segundo motivo, porque no processo de estruturação dos elementos da ação, o qual está associado a dados positivos, a discussão pode ser traçada sobre proposições que se refiram a objetos sensíveis e empiricamente apreensíveis. Um terceiro motivo, porque a investigação acerca da legitimidade da punição de uma conduta pode ser encetada de um modo que admita uma contraprova, correspondente tanto a aspectos normativos quanto naturalísticos ou racionais. Poder-se-ia ainda agregar um outro motivo, que seria o sentido comum, pelo qual a ação lesiva a bens jurídicos ou interesses sempre constituiu uma forma mais grave de comportamento do que a omissão, mas pode-se deixar esse motivo de lado, reservando-lhe uma discussão quando se tratar do injusto e da culpabilidade dos delitos omissivos, até porque, ao caracterizar a omissão como ação, o que a doutrina pretende é justamente legitimar a mesma punibilidade para ambas. Atendendo, assim, a estas motivações, a opção metodológica no tratamento da omissão deverá ser no sentido de, então, eliminar-se da investigação a análise de sua natureza, como tal, e passar a proceder à discussão de suas controvérsias e relações com a ação. Com isso, não se estará em contradição com o método proposto por Holzkamp, de proceder a uma revisão crítica sob o princípio da realização. O que se faz é deixar de lado a indagação acerca da natureza da omissão, porque, como já visto anteriormente, essa discussão é, praticamente, interminável e não apresenta um resultado prático que possa surtir efeito na delimitação do poder de punir. Afinal, para que serve definir a omissão como entidade empírica, ontológica, racional, organizativa ou normativa? Tais categorias só terão importância à medida que possam interferir negativamente (como limites) nos processos de criminalização, imputação e punição. Atendendo a esses propósitos, pode-se partir de que o ponto central da discussão não está, assim, na definição da natureza da omissão. O ponto central da discussão, pelo qual se podem estabelecer seus pressupostos delimitativos, está na relação entre omissão e ação. O caminho agora proposto será, então, o de preparar as bases para esses pressupostos delimitativos, examinando a forma de tratamento da omissão, conforme sua evolução doutrinária: como ação ou como entidade equiparada ou correspondente à ação. Ainda que, analiticamente, se possam diferenciar essas três formas de tratamento da omissão, no fundo todas elas se equivalem se contrastadas com os respectivos modelos de imputação. Tomar-se a omissão como forma equiparada de ação implica tratá-la como se constituísse uma ação; do mesmo modo, ao buscar-se uma correspondência da omissão à ação se estará sedimentando sua equiparação. A diferença entre essas categorias é muito sutil. Pode-se admitir que a omissão será tratada em unidade com a ação, quando ambas não apresentem divergências; possuam, portanto, um ponto de apoio comum que as caracterize de modo uniforme. A omissão será equiparada à ação, quando dela se diferencie, mas essa diferença possa ser contornada por outros elementos comuns que justifiquem sua unidade. Por fim, conforme os critérios adotados na equiparação, chega-se à fórmula simbólica de correspondência. Isso ocorre quando a fórmula de equiparação prescinda da análise de elementos comuns e resulte de outros elementos que lhe sejam agregados. É relevante adentrar na discussão desses elementos diferenciadores, porque, com isso, se estará preenchendo a proposição de LEIBNIZ de que o conhecimento adequado será aquele que possibilite conduzir a análise do respectivo objeto em toda a sua extensão.[55]

---

55. LEIBNIZ, Gottfried Wilhelm. *Fünf Schriften zur Logik und Metaphysik*, 1966, p. 11: «Wenn aber alles, was ein deutliches Wissen eingeht, wiederum deutlich erkannt wird, wenn also die Analyse bis ans Ende durchgeführt wird, so ist ein Erkenntniss adäquat» (Quando, pois, tudo o que disser respeito a um claro saber possa ser novamente conhecido com nitidez; quando, portanto, a análise possa ser conduzida até o fim, então, haverá um conhecimento adequado.)

CAPÍTULO 3
A OMISSÃO COMO AÇÃO

I. PANORAMA GERAL

Tratar-se a omissão como ação significa partir de que ambas se encontram em unidade. Essa unidade implicaria reconhecer que ação e omissão não diferem, são apenas modos de aparecimento da conduta, ou melhor, a omissão não possui elementos próprios, senão os mesmos elementos que assinalam o conceito de ação.[1] Sob este panorama, poder-se-ia dizer que a omissão constituiria uma forma de ação. A questão estará, assim, resumida em dois pontos: a) em se verificar se isso é possível; b) em se investigar acerca dos critérios e elementos que possam justificar essa unidade. Além disso, ao unificar-se a omissão à ação surge outra questão, a de se saber o porquê dessa unificação. Se a omissão constitui uma forma de conduta, não teria sentido unificá-la à ação, poder-se-ia edificá-la como tal por seus próprios elementos. A unificação da omissão à ação passa, porém, por alguns parâmetros. Como se verá, essa unificação não está apenas vinculada a uma especulação dogmática, faz parte de um modelo de imputação e, pois, de punibilidade. A dificuldade não está, simplesmente, na busca de elementos próprios da omissão, mas, principalmente, na validação de elementos comuns da ação e da omissão, pelos quais se possa legitimar o processo de imputação. Para superar esse primeiro impasse, poder-se-ia pensar na unidade entre ação e omissão por força de um dado legislativo, quer dizer, ao tipificar a omissão, o legislador a trataria com a mesma qualidade de uma ação, sem precisar de outros elementos, senão daqueles contidos na norma. Para tanto, bastaria que o legislador conferisse

---

1. Considerando a omissão como forma de ação, fora do direito, a partir de uma visão antropológica, KURZ, Wolfram. «Sinnerfahrung im Zwischenfeld von Aktivität und Passivität. Überlegungen zum Phänomen des "Zwischen"», in KICK, Hermes Andreas *et alii* (orgs.). *Handeln und Unterlassen*, 2003, p. 93.

um dever geral de assistência a qualquer um que se encontrasse nas condições definidas no tipo legal, como ocorre no delito de omissão de socorro (art. 135) e, então, previsse que a não realização de uma ação determinada seria penalmente relevante. Isso decorreria precisamente de uma visão puramente de autoridade, bem própria do positivismo. Por força do poder legitimante que lhe é conferido, o legislador pretenderia construir o conceito de omissão e sua implementação prática sob a perspectiva de uma conduta juridicamente relevante. Com já visto no segundo capítulo, essa postura se tem desenvolvido para justificar a expansão dos delitos omissivos e tem provocado um momento de crise, praticamente, insuperável em um Estado de direito.

A pretensa unificação por meio legislativo começa a se complicar quando se passa a perseguir a omissão em delitos que não foram tipificados, previamente, como omissivos, mas como comissivos. Neste caso, o legislador não inclui, normativamente, a ação e a omissão no mesmo sistema jurídico, mas, invertendo os parâmetros da norma, a estende a situações outras não anteriormente previstas, quer dizer, a formas de conduta que não foram tipicamente antecedidas por uma descrição legal. Para tanto, como não dispõe dos mesmos elementos empíricos que caracterizam a ação, o legislador se vale de um recurso que está alheio às condições objetivas do próprio comportamento: amplia o tipo com base na qualidade do sujeito, sem se importar com a possibilidade de demonstrar que esse comportamento é eficaz para a produção do dano ou do perigo disposto na lei. Elege, assim, alguns sujeitos, devido às suas relações para com a proteção do bem jurídico, como garantidores e, com isso, passa a entender que a omissão que lhe seja atribuível, tal como a ação, constitui uma forma de conduta punível. Com tal procedimento, o legislador começa a criar para a omissão um sistema de imputação que se desgarra de seus fundamentos tradicionais. Vem a contemplar a omissão não como uma forma de conduta, perfeitamente identificada em seus elementos objetivos essenciais, mas como objeto de uma proposição vinculada ao próprio sistema de valores no qual ele se insere. Essa individualização do processo de constituição da omissão não deixa de ser uma consequência dos postulados criminológicos positivistas, que querem sedimentar no sujeito e em suas relações nitidamente pessoais, sem o seu prévio consenso ou sua participação, todo o arcabouço de responsabilidade encetada na elaboração normativa. Isto se torna nítido, principalmente, em face da ampliação que se verifica no tipo sobre as qualidades do sujeito, o qual, então, vem a desempenhar um papel fundamental na validade da norma. A norma não se destina a caracterizar uma conduta como indesejável, em virtude dos danos ou perigos que possa engendrar para o bem jurídico. O que a norma faz é tomar como seu objeto um dado que só adquire relevância por força de uma valoração procedida sobre uma relação pessoal que o poder punitivo quer disciplinar por meio da ameaça de pena. Uma vez criada a estrutura da omissão, com base nesse juízo de valor e, respectivamente, de sua punibilidade, sem qualquer correspondência com os dados naturalísticos, mas segundo perspectivas puramente político-criminais, começam a proliferar os desacertos do sistema e, consequentemente, a ser posta em dúvida a legitimidade de sua punição. As dificuldades na identificação do objeto da norma forçam a busca de elementos comuns entre ação e omissão, de modo a tomar a omissão como ação e, assim, como conduta. Essa tarefa não é executada em torno de especulações puramente dogmáticas, é forçada em função de problemas práticos, que se desenvolvem dentro de um jogo tautológico: a omissão constitui ação porque se quer, com isso, a punição de certas irregularidades cometidas nas relações pessoais (o médico não ministra medicamentos ao seu paciente, por exemplo); ao mesmo tempo, a finalidade punitiva engendra um juízo de valor sobre a infração de deveres pessoais e faz resultar disso a omissão como forma de ação. Esse procedimento, como se nota, não apresenta um objeto empiricamente comprovável, é fruto de simples argumentação circular. Está claro que só pode gerar problemas quando se pretenda, por meio disso, a punição do sujeito como se tivesse praticado o fato por ação. A invocação da ação, assim, como elemento orientador da sedimentação da omissão, como conduta punível, vai além de uma fundamentação teórica ou dogmática, insere-se no contexto do processo para sua legitimação. Não basta conferir-se, agora, ao legislador um poder de autoridade para anunciar condutas puníveis omissivas, é preciso que o faça com maior clareza e transparência, de modo a transmitir a todos a expectativa de que a norma mandamental encerra os mesmos elementos tangíveis das normas proibitivas. Vigora, aqui, o mesmo fundamento ideológico da norma jurídica do Estado nacional, sedimentado no apelo à proteção do chamado "interesse geral". À medida que, portanto, o poder punitivo quer ampliar seu âmbito de atuação para alcançar determinados sujeitos ou regulamentar, sob a ameaça de pena, certas relações, deve valer-se de argumentos convincentes, que compõem todos os pressupostos de um Estado que pretende estar legitimado.

Vistos especificamente no âmbito penal, os problemas gerados na justificativa da punibilidade da omissão correspondem às variações que se verificam no âmbito de seus fundamentos naturalísticos, normativos e organizativos, dos quais depende o processo de imputação. Os argumentos expedidos conforme estes fundamentos podem ser dispostos em três séries de critérios: a) critérios não normativos, pelos quais a punibilidade decorreria do fato de que a omissão, assim como a ação, seria atribuível ao seu causador, sob aspectos empíricos, ontológicos ou racionais; b) critérios normativos, pelos quais se poderia, juridicamente, afirmar e, consequentemente, legitimar a omissão como ação e, daí, atribuir-se normativamente a alguém a responsabilidade pela não realização da ação, por força da quebra do dever de agir; c) critérios organizativos, pelos quais a responsabilidade pela omissão estaria fundamentada em deveres impostos no âmbito de empresas, associações ou sociedades, bem assim, por projeção, a determinados grupos de pessoas que exerçam atividades regulamentadas, tendo como consequência considerar a omissão como uma forma funcional de ação.

II. OS CRITÉRIOS NATURALÍSTICOS OU NÃO NORMATIVOS

Pelos critérios naturalísticos ou não normativos, a omissão é tratada como ação, porque teria com esta elementos comuns sedimentados empírica, ontológica ou racionalmente. Poder-se-ia contestar a inclusão dos elementos ontológicos e racionais junto com elementos empíricos em uma mesma categoria. Melhor seria designar-lhes uma chave própria que os compusesse segundo suas características não empíricas. Na verdade, os critérios naturalísticos, tomados em sentido estrito, devem englobar apenas os dados empíricos. Mas, à medida que se promova uma contraposição ao normativo, parece que será possível proceder-se à unificação desses elementos sob a denominação naturalística ou, simplesmente, não normativa, tendo em vista sua característica de se situarem fora do âmbito estritamente jurídico. Os elementos ontológicos dizem respeito às categorias lógico-objetivas que estão presentes na configuração da conduta com a inserção do conceito de finalidade real e de finalidade potencial. Por seu turno, os elementos racionais transcendem à estrutura normativa e exigem uma conformação de seu conteúdo a princípios universais. Nesse contexto, o normativo fica isolado de uma perspectiva material, daí sua oposição tanto ao empírico quanto ao ontológico e ao racional.

Os elementos empíricos, ontológicos e racionais partem de uma base comum, que não diz respeito diretamente à sua origem, mas, sim, ao processo de imputação: uma vez que a ação fosse passível de punição, porque imputável a alguém, a omissão também o seria. Esse tratamento da omissão como ação é, porém, insustentável em vários pontos. Se a omissão, em qualquer de suas formas, está sempre associada a um dever, que constitui um dado normativo e do qual não se pode afastar, como se poderia justificar, naturalisticamente, seu tratamento unitário com a ação, a qual, em princípio, prescindiria de qualquer elemento de valor, como da violação de um dever? Para contornar esse problema, os critérios naturalísticos ou não normativos trabalham com cinco ordens de possibilidades: a) omissão e ação teriam em comum o fato de que ambas seriam obra de uma pessoa humana;[2] b) omissão e ação estariam subordinadas ao mesmo procedimento causal;[3] c) omissão e ação teriam, essencialmente, o elemento comum da finalidade;[4] d) omissão e ação estariam vinculadas ao mesmo sujeito capaz;[5] e) ação e omissão teriam o elemento

---

2. Assim, Kühl, Kristian. *Strafrecht*, AT, 5.ª ed., 2005, p. 12 e ss.
3. Assim, Beling, Ernst. *Die Lehre vom Verbrechen*, 1906, p. 15.
4. Welzel, Hans. *Das Deutsche Strafrecht*, 1969, p. 200.
5. Assim, Kaufmann, Armin. *Die Dogmatik der Unterlassungsdelikte*, 1959, p. 85; Mir, José Cerezo. «O finalismo, hoje», trad. Luiz Regis Prado, *Revista Brasileira de Ciências Criminais*, 12, p. 43, 1995.

comum da voluntariedade.[6] Embora esses argumentos contenham algumas verdades, ainda parecem insubsistentes para embasar a unidade dogmática e, consequentemente, a punibilidade para omissão e ação.

a) Apesar de ser correta a afirmação de que omissão e ação seriam obra de uma pessoa, esta simples circunstância não poderia explicar, nem justificar seu tratamento unitário. Se, ao contrário da ação, que vale pela simples causalidade, a omissão está sempre subordinada a um dever, como se poderá dispensar esse dado do dever para a sua punibilidade? O fato de uma pessoa haver se omitido nada significa, se esta omissão não estiver vinculada a um dever de agir referente à não realização de uma ação determinada; um simples omitir-se por omitir-se é irrelevante. À medida que se agregue à omissão, como seu elemento essencial, a violação de um dever – e isto se dá em todos os delitos omissivos – cai por terra o denominador comum centrado na identidade do agente, pois este fato não elucida se, efetivamente, este mesmo agente atuou ou deveria ter atuado. Haveria, é certo, uma contradição lógica, ao se buscar para ambas – ação e omissão – um denominador comum que não poderia cumprir com a tarefa de identificar, por si mesmo, o objeto que quer unificar.

b) Por sua vez, a controvérsia não será contornada pelo emprego dos critérios causais. Ainda que o critério da causalidade pudesse justificar, em termos de unidade, o tratamento da omissão, como forma de ação, no âmbito de sua punibilidade em virtude do princípio *a cada resultado igual, uma punibilidade igual*, isto se torna muito problemático em face da instabilidade do conceito de causalidade e de suas formas de demonstração. Como se poderia justificar que a omissão pudesse causar um resultado da mesma forma que uma ação – como sugere o art. 13, segunda parte, do Código Penal brasileiro – quando o processo de produção desse resultado não pudesse ser empiricamente demonstrado? Se a causalidade tem sua marca de originalidade no fato de que sempre possa ser posta à prova durante todo o processo de sua execução,[7] como se poderá disso prescindir na omissão e trabalhar-se, então, como se o processo de causação pudesse ser construído idealmente, sem qualquer possibilidade de contraprova? Esta é uma questão insolúvel da suposta causalidade da omissão e, aliás, de toda a causalidade baseada na conhecida teoria da equivalência das condições, que é uma teoria contrafática. Por outro

---

6. Assim, DALL'ORA, Alberto. *Condotta ommissiva e condotta permanente nella teoria generale del reato*, 1950, p. 11 e ss.; também, em certo sentido, Leopold ZIMMERL (*Zur Lehre vom Tatbestand*, 1928, p. 18), que pretendia unificar os conceitos de ação e omissão sob o critério da comum manifestação da vontade: na ação, para produzir o evento; na omissão, para não evitá-lo.

7. Esta é a conclusão inevitável da adoção da lei da causalidade. Sobre as implicações da exigência da demonstração da causalidade, como fenômeno empírico, e as suas dificuldades nas ciências sociais, ver SCHNELL, Rainer. «Kausalität», *Wörterbuch der Soziologie*, coords. Günter Endruweit e Gisela Trommsdorff, 2002, p. 270.

lado, é insustentável a assertiva levada a efeito por Beling de que, na omissão, o que vale não é propriamente a relação de causa e efeito, mas o movimento corpóreo, isto é, o processo causal em si mesmo,[8] pois jamais será possível empiricamente demonstrar que, na omissão, subsiste tal movimento.

Ao contrário do que sugere o Código Penal, o que se observa no âmbito da causalidade é a tendência, cada vez mais crescente, de negar-se causalidade à omissão. As tentativas de Beling, com sua conhecida e divulgada teoria da retração dos músculos para evitar a ação,[9] constam do acervo do museu de antiguidades e já não podem mais ser aplicadas em um direito penal de garantias, no qual se busca uma demonstração efetiva e clara do processo de imputação do resultado e não de um processo biológico de formação de movimentos. A esse ponto nem chegam as modernas investigações neurológicas, que estão muito mais preocupadas em se defrontar com a questão da liberdade de vontade e não, propriamente, em determinar se a omissão constitui ou não uma forma de ação ou se estaria subordinada a um denominador comum.

c) Por seu turno, o reconhecimento de uma finalidade comum para a omissão e a ação tampouco é demonstrável, nem empírica nem ontologicamente. Está claro que no plano empírico será possível assegurar-se uma finalidade, a partir do sentido empreendido pela conduta, como o faz Searle.[10] No plano empírico, porém, trabalha-se com juízos aléticos (de necessidade ou possibilidade), quer dizer, ou a finalidade existe ou não existe, sem lugar a meias ou parciais finalidades. No plano ontológico, ou a finalidade constitui um elemento do mundo do ser e, assim, condição essencial de sua apreensão – como tal, deve ser real, pois, caso contrário, não seria essencial – ou se subtrai ao mundo do ser e, então, não é essencial. No plano ontológico, em que o relevante não é a relação de possibilidade ou impossibilidade, mas o que é essencial ou não essencial, a finalidade não pode ser potencial, não pode ser tomada como simples expectativa. Uma simples expectativa jamais seria essencial a um objeto ou a uma relação. A relação entre o essencial e seu objeto não se confunde, é bom que se diga, com a relação entre a intuição e os objetos empíricos sobre os quais se debruça. Isto pertence ao âmbito dos juízos aléticos, porque dizem respeito a qualidades que só interessam à existência dos fenômenos, por exemplo, à relação de causalidade entre dois acontecimentos.[11] No âmbito ontológico, que não engloba circunstâncias

---

8. Beling, Ernst. *Die Lehre vom Verbrechen*, 1906, p. 15.

9. Idem, ibidem, 1906, p. 15: «Das Unterlassen ist Zurückhaltung der motorischen Nerven; der Wille beherrscht die Nerven hier gerade so wie bei der Körpererregung: er strebt der Innervation und der Muskelkonzentration entgegen.» (A omissão é a retração dos nervos motores; a vontade domina, aqui, os nervos da mesma forma como na estimulação corporal: ela busca se opor à inervação e à concentração muscular.)

10. Searle, John. *Mentes, cerebros y ciencia,* 1994, p. 69.

11. Aqui não se está tomando a intuição no sentido de Charles Peirce, subordinada, integrativamente, a outros entendimentos ou processos racionais, mas no sentido kantiano, de

empíricas, o objeto pode ser até mesmo ideal, sem que se descaracterize sua realidade, mas precisa estar determinado, senão perde sua qualidade essencial. É claro que a realidade, neste caso, pode se referir tanto a uma circunstância efetivamente concreta quanto, simplesmente, conceitual, o que não pode é ficar na dependência de um juízo de possibilidade. No mundo das essências, como não há demonstração empírica de nada, é normal que se trabalhe com objetos ideais ou com simples conceitos. Mas os conceitos, como objetos ideais, têm que estar vinculados também a elementos racionais pelos quais se possa afirmar, no sentido de LEIBNIZ, sua adequação, ou seja, a compreensão de todas suas particularidades. Se se trata, então, de entidade conceitual, quem garante que a finalidade está presente, por exemplo, em todas as ações, ou que possa refletir todas suas características? Essa assertiva é puramente imaginária, é fruto de mera suposição. Está claro que, na perspectiva de um enunciado, se pode até mesmo traçar uma definição de ação ideal. No plano das ideias, tudo é de formulação livre. A formação livre, por seu turno, ainda que admissível, não conduz por si mesma à formação das essências. Um elemento essencial é um elemento necessário, imprescindível do próprio objeto e, assim, de seu conceito. Se é essencial, é também real. Daí ser inconsequente trabalhar-se no âmbito das essências com objetos possíveis ou aparentes, isto é, com uma finalidade potencial e não real.[12]

d) Igualmente insustentável é a pretensão de querer fazer da omissão e da ação, simplesmente, o produto de um agente capaz. O procedimento se inicia, primeiramente, com juízos aléticos, dos quais resulta a afirmação de existência ou possibilidade da conduta, segundo subsista uma capacidade para agir. Em seguida, são conferidas a essa conduta características essenciais, que não decorrem de uma demonstração empírica de seus dados e nem da capacidade do agente, mas de transformações estruturais *a priori*, que são acolhidas como essenciais em virtude da existência de um dever, ao qual estão vinculadas. Uma coisa é a capacidade agir, outra é o dever de agir. A capacidade de agir, sem o prévio dever de agir, só vale para comportamentos que impliquem uma manifestação material positiva na realidade e não para condutas esperadas.

---

um procedimento racional vinculado à apreensão da realidade e de seus objetos, ou com o significado que lhe dá a ciência moderna como um meio inicial de apreciação do objeto, mas sujeito, de qualquer modo, a uma validação experimental (BORTZ-DÖRING, *Forschungsmethoden und Evaluation für Human- und Sozialwissenschaflter,* 3.ª ed., 2001, p. 37).

12. ULFIG, Alexander. *Lexikon der philosophischen Begriffe,* 1997, p. 475. HUSSERL, Edmund. *Die phänomenologische Methode, Ausgewählte Texte,* tomo 1, 1985, p. 98 e ss., concebe, por sua parte, uma essência que decorre, justamente, da generalização de um fenômeno empírico, que se transforma, por meio de uma variação, em uma estrutura *a priori*, invariável, que é consignada a todos os demais fenômenos. Ainda que tomada como estrutura *a priori*, essa essência, no entanto, corresponderia a uma realidade e não a uma simples expectativa ou possibilidade de realidade.

Para condutas esperadas, subsiste sempre um prévio dever legitimador da correspondente expectativa.

A capacidade de agir não pode se situar, assim, no mesmo plano da capacidade de se omitir, porque, para a omissão, a capacidade não é de se omitir, mas de realizar a ação mandada, e para esta não basta a capacidade de fato, senão uma capacidade jurídica que é extraída do sistema de deveres impostos ao sujeito. Essa consideração tem sérias consequências, inclusive, no âmbito dos fundamentos da ilicitude ou da culpabilidade. Se a capacidade de agir é a mesma da capacidade de se omitir, regressa-se, então, ao antigo postulado despótico de subsumir tudo a uma imposição e de iludir a capacidade jurídica a partir de uma conceituação que sequer se aproxima das reais condições dos sujeitos.

A pretensão de unificar a capacidade de agir e de se omitir corresponde a uma postulação tipicamente ocidental. Por força do movimento autocrático que esteve presente no período anterior à formação do Estado nacional, como reflexo do sistema de vassalagem, opera-se uma dissolução da individualidade e se cobra da capacidade individual, consoante sua submersão nas estruturas de classe, uma *estandardização*, pela qual tudo lhe pode ser exigido.[13] A unidade dos elementos que compõem a capacidade individual para efeitos produtivos e, ao mesmo tempo, obrigacionais faz parte do processo de unificação do próprio direito, como instrumento coativo de pacificação em proveito da unidade de costumes.[14] A unidade na capacidade do sujeito vai se ampliar ainda mais na sociedade industrial, que irá trabalhar com este conceito para fundar seu referencial voluntarista como base de seus negócios: a hipotética liberdade de contratar se consolida, então, como capacidade de agir e de se omitir. Sob esta perspectiva, pode-se ver de modo mais nítido como a unificação da ação e da omissão, tendo por base a capacidade do sujeito, faz parte também dos arcabouços ideológicos de uma formação social para justificar sua política criminal por meio de uma elaboração jurídica.

e) Por sua parte, a referência a que a ação e a omissão constituiriam formas de conduta voluntária, embora tenha servido de modelo de união, não está isenta de reparos. Há muitos aspectos controvertidos nessa proposta, que

---

13. Como informa Jacques Le Goff (*A civilização do ocidente medieval*, trad. José Rivair de Macedo, 2002, p. 282): «É significativo que durante tanto tempo o indivíduo medieval não tenha existido em sua singularidade física. Nem na literatura e nem na arte os personagens são descritos ou pintados com suas particularidades. Cada um se reduzia ao tipo físico correspondente à sua condição, à sua categoria social.»

14. Le Goff, Jacques. *A civilização do ocidente medieval*, 2002, p. 328: «Com efeito, o que fundamenta o direito e a prática feudais é o costume. Os juristas o definem como *um uso jurídico nascido da repetição de atos públicos e pacíficos que durante um longo lapso de tempo não recebem nenhuma contestação.* Nessa definição clássica de François Olivier-Martin, uma palavra causa perplexidade: *pacífico*, porque o costume não é senão o direito estabelecido por uma força que soube calar suficientemente por muito tempo as contestações.»

envolvem a problemática do dolo e da culpa. Pode-se dizer, de antemão, que não importa se a omissão fora devida à culpa consciente ou à culpa inconsciente. A discussão é ampla, mas, ainda na culpa inconsciente, poder-se-ia admitir uma atuação ou omissão voluntária.[15] A questão está em que a simples característica de voluntariedade não é capaz de produzir a integração entre a ação e a omissão, quando esta apresenta como elemento essencial, não especialmente a vontade, mas a violação a um dever. Invocar-se a voluntariedade como fundamento unificador da ação e da omissão parece resultar de um equívoco acerca da conceituação de vontade, primeiramente, como elemento psicológico vinculado à produção causal, que decorre da proposição de HUME no sentido de uma força interna que se relaciona ao movimento corporal;[16] depois, como finalidade racional desenvolvida pela filosofia grega e incorporada pelo criticismo kantiano.[17]

Tanto em um, tanto em outro caso, não há possibilidade de se reconhecer unidade da omissão à ação, como já demonstrado quando da análise da categoria empírica e dos argumentos racionais. A vontade na ação não pode ser a mesma para a omissão, porque seus objetos de referência são diversos. Na ação, a vontade tem como fundamento o domínio sobre a causalidade; na omissão, o ponto de referência é o descumprimento de um dever de agir. Só isso já bastaria para desprestigiá-la como elemento unificador. Por outro lado, é imprópria também a assertiva de HARE, de situar a questão da vontade sob o crivo de uma argumentação ética, no sentido de que a omissão de ação seria produto de um juízo de *fraqueza moral*, porque, para isso, se terá de pressupor também um dever de agir, como elemento suplementar da voluntariedade.[18] É oportuno salientar, como o faz ZILLMER, que o conceito de vontade só passou a ter relevância, em termos científicos, inclusive ao direito, a partir da construção da sociedade industrial burguesa. Da mesma forma em que descaracterizava o sujeito de sua individualidade para situá-lo simplesmente como entidade produtiva, como visto no item anterior, o discurso legitimante, com base na liberdade de contratação, sempre procurou entronizar a pessoa como a entidade capaz de também se exprimir de modo consciente e assumir voluntariamente os compromissos aos quais se agregara.[19]

---

15. Em sentido contrário, Werner MAIHOFER (*Der Handlungsbegriff im Verbrechenssystem*, 1953, p. 20) e Wilhelm GALLAS (*Beiträge zur Verbrechenslehre*, 1968, p. 26) entendem que faltaria omissão voluntária na negligência inconsciente, daí se oporem à solução de DALL'ORA.

16. HUME, David. *Investigação sobre o entendimento humano*, trad. José Oscar de Almeida Marques, 1998, p. 90: «Pode-se dizer que a todo instante estamos conscientes de um poder interno, quando sentimos que, pelo simples comando de nossa vontade, podemos mover os órgãos do próprio corpo ou direcionar as faculdades de nosso espírito.»

17. GIEDRYS, Richard. «Wille», in SANDKÜHLER, Hans Jörg (org.). *Enzyklopädie Philosophie*, 1999, p. 1754.

18. HARE, Richard Mervyn. *Freedom and Reason*, 1963, p. 68.

19. ZILLMER, Heiner. «Wille», in GRUBITZSCH, Siegfried; WEBER, Klaus (org.). *Psychologische Grundbegriffe. Ein Handbuch*, 1998, p. 686.

III. O CRITÉRIO NORMATIVO

O problema da unidade também não será resolvido adequadamente com as propostas de se fazer tanto da omissão quanto da ação um objeto subordinado a deveres. Se, por um lado, se pode superar, dogmática e normativamente, a questão dos critérios da identificação entre ação e omissão, por outro lado, implica uma inversão nas pautas de política criminal, que se comporão, daí para frente, de questões relativas a normas mandamentais e não mais a normas de proibição. Mas até que ponto pode um Estado democrático admitir um dever de obediência coletiva a suas normas, na forma de uma relação obrigacional privada? Parece que, em um Estado democrático, o que se deve fazer é assegurar a convivência, mas não a subserviência.

Não interessa, aqui, proceder-se a uma reavaliação de toda a estrutura normativa do direito, em geral, mas convém observar que a questão da superioridade dos critérios normativos tem sua origem, propriamente, na formulação kelseniana de encontrar um elemento neutro para caracterizar a ordem jurídica. Partindo da análise de uma teoria pura do direito, pode-se ver, inicialmente, como KELSEN dispõe sobre o sentido configurador de uma norma, de modo a subordinar a própria realidade ao seu procedimento identificador. Assim, dizia, por exemplo, KELSEN: "O juízo de que uma conduta humana, situada no tempo e no espaço, constitui um ato lícito ou ilícito é o resultado de uma interpretação específica, normativa. Mas, também na constatação de que ele constitui um acontecimento natural, há que ser considerada apenas uma interpretação normativa, nomeadamente, a causal. A norma que confere ao ato o significado de lícito ou ilícito é ela própria produzida por um ato jurídico, que novamente adquire seu significado jurídico de outra norma".[20] Portanto, a própria causalidade, acolhida como acontecimento natural e, assim, necessário para identificar o ato em seus elementos naturais, está também subordinada a uma interpretação normativa. Pode-se reconhecer que este grau de neutralidade no trato de elementos naturais é um recurso válido para orientar uma democratização do juízo que dele se faça, mas, como assinala HOFFMANN, não resolve questões básicas na aplicação do direito, entre as quais aquelas que sempre estão presentes quando se pretenda estabelecer a racionalização de critérios para solucionar problemas empíricos, porque, no fundo, a decisão fica sempre a cargo do juiz, que a irá proceder de conformidade com suas representações e valores.[21] Independentemente, assim, de acolher-se um argumento normativo para legitimar a omissão como forma de ação, será sempre necessário promover-se sua avaliação em face de seu desdobramento na prática. Essa praticidade não se confunde com sua utilidade; o argumento pode ser útil, mas absolutamente ilegítimo, quando ficar subordinado ao puro decisio-

---

20. KELSEN, Hans. *Reine Rechtslehre,* reimpressão, 2000, p. 3 e ss.

21. HOFFMANN, Hasso. *Einführung in die Rechts- und Staatsphilosophie,* 2003, p. 16.

nismo judicial por força de submeter sempre o empírico ao normativo. Em sequência a essa subordinação do empírico ao normativo, conduz-se KELSEN, inclusive, a uma concepção determinista da ordem jurídica, de tal modo que as normas de conduta conteriam, em si mesmas, unicamente comandos, de cuja compreensão resultariam as proibições.[22] Diversamente do que poderia parecer, o legislador não tem o condão de alterar os fundamentos da realidade empírica. O brocardo, sempre manejado na prática judiciária, de que o direito pode transformar o redondo em quadrado, o vermelho no amarelo, o dia em noite corresponde a uma fantasia, que só serve para legitimar o Estado autoritário. A norma pode exercer grande influência na alteração do mundo empírico, mas apenas como condição de uma atuação humana sobre seus objetos, jamais por meio de juízos predicativos abstratos. O redondo continuará sendo redondo, assim como o vermelho será sempre vermelho e o dia não se confundirá com a noite. Nesse aspecto, parece ter razão a assertiva de WELZEL, aliás, na linha da tradição kantiana, de que as categorias objetivas não podem ser alteradas por ato normativo.

IV. OS DEVERES DE ORGANIZAÇÃO

1. O sentido dos deveres de organização

Finalmente, tem-se fortalecido, no direito moderno, o tratamento da omissão sob o aspecto de sua projeção em face de deveres de organização. A matéria, inicialmente, é fruto de uma consideração de direito privado, principalmente por força da criação jurisprudencial no âmbito de empresas.[23] Uma vez que a empresa ou uma associação esteja organizada conforme determinados parâmetros de funcionalidade, ou de administração, todos os atos de seus empregados ou mandatários, em regra, deverão ser também de respon-

---

22. KELSEN, Hans. *Teoria geral das normas,* trad. José Florentino Duarte, 1986, p. 121: «Toda proibição pode ser descrita como uma imposição. A proibição: "Não se deve furtar" é uma imposição. A proibição: "Não se deve furtar" é igual à imposição: "Deve-se omitir furto". Assim, imposição pode ser descrita como proibição (...).» «Toda proibição de uma determinada conduta é a imposição da omissão dessa conduta, toda imposição de uma determinada conduta é a proibição da omissão dessa conduta.»

23. Segundo Thomas BRANDES (*Die Haftung für Organisationspflichtverletzung,* 1993, p. 17), a primeira decisão acerca dos princípios dos deveres de organização, como fundamento para uma responsabilidade civil, fora proferida pelo *Reichsgericht* em 1916 (*RGZ* 89, 136, 137). Por esta decisão, o Tribunal reconheceu a responsabilidade do município pela omissão de um de seus órgãos especializados na preservação da segurança do tráfego, que deixara esta tarefa a cargo de um mestre de obras. O fundamento da decisão se estriba em que o órgão público, em face de deveres de organização, é responsável pelos danos que a inabilidade desse mestre de obras causara, na medida em que fora ele elevado à condição de seu representante, por um de seus órgãos, ainda que isto, no plano jurídico, constituísse uma usurpação de autoridade.

sabilidade da própria empresa ou associação, à medida que se incluam entre aqueles que se referem aos deveres de organização.[24]

No direito civil, propriamente, a responsabilidade por deveres de organização pode decorrer do contrato, de normas legais gerais (por exemplo, art. 1.016 do Código Civil brasileiro;[25] §§ 823, primeira e segunda parte, e 831 do Código Civil alemão),[26] de normas relativas à responsabilidade administrativa (por exemplo, art. 37, § 6.º, da Constituição brasileira) ou de normais legais específicas que imponham deveres especiais relativos a determinadas profissões (como médicos, mantenedores de hospitais, fabricantes de produtos químicos ou farmacêuticos, empregados de estradas de ferro ou transporte aéreo) ou atividades (supervisão de uma obra, do tráfego de veículos ou controle ambiental).

Como, no direito privado, os bens em conflito são, normalmente, disponíveis, pode-se, perfeitamente, pensar em uma responsabilidade por deveres de organização, que não decorrem diretamente da norma, mas do sistema no qual a atividade se insere. No direito penal, porém, estes fundamentos esbarram no princípio de que a imputação não se faz exclusivamente porque determinado órgão ou pessoa tenha descumprido deveres que sejam inerentes ao seu exercício profissional e, assim, ao sistema organizativo ao qual se filiam. Ao contrário, a responsabilidade penal e, consequentemente, a punibilidade devem estar assentadas no fato de que o dano causado possa ser atribuído ao agente como *obra sua*, que se constitua em uma *opção do agente*.[27] Está claro

---

24. Hassold, Gerhard. «Die Lehre vom Organisationsverschulden», *JuS*, 1982, p. 545; Krebs-Dylla-Krebs, «Deliktische Eigenhaftung von Organen für Organisationsverschulden», *DB*, 1990, p. 1271; Reuter, Dieter. *Münchner Kommentar zum BGB*, 4.ª ed., tomo 1, 2001, comentário ao § 31, número de margem 6.

25. «Art. 1.016. Os administradores respondem solidariamente perante a sociedade e os terceiros prejudicados, por culpa no desempenho de suas funções.»

26. A norma do § 823 do BGB não é explícita quanto a esta forma de responsabilidade. Assim é sua redação original: Primeira parte – «Quem, dolosa ou culposamente, causar dano à vida, à integridade corporal, à liberdade, ao patrimônio ou a um outro direito de outrem, atuando ilicitamente, é obrigado a repará-lo»; Segunda Parte – À mesma obrigação está sujeito aquele que tenha violado uma lei protetora do direito de outrem. Se, de conformidade com o conteúdo da lei, também for possível sua violação sem culpa, a obrigação de indenizar só se dará no caso de se haver atuado com culpa.» Por sua vez, o § 831 trata da responsabilidade por desempenho de função: Primeira Parte – «Quem encomenda a terceiro a execução de uma tarefa, é obrigado a reparar o dano que este terceiro tenha causado, ilicitamente, a outrem na execução dessa atividade. O dever de indenizar não ocorre se o dono do negócio na escolha do referido terceiro, ou na promoção da execução da atividade, ou no fornecimento de material tiver observado o devido cuidado, ou se o dano vier a decorrer independentemente da obediência àquele cuidado. Segunda Parte – À mesma obrigação está sujeito aquele que se tiver comprometido com o dono do negócio, mediante contrato, a assumir os encargos referidos nas disposições precedentes.»

27. O STF acolheu, mais recentemente, essa assertiva, conforme consignado em voto-vista do Min. Cezar Peluso no *Habeas Corpus* 83.301-2/RS (relator Min. Marco Aurélio): «O caso põe em expressiva evidência a instrumentalidade do processo penal relativamente ao direito penal

que isto não será relevante no plano civil ou administrativo, quando determinado órgão se veja responsabilizado por ação de terceiro, que não integra seus quadros de funcionários, mas cuja ação tenha causado dano a outrem, porque aquele órgão se havia omitido de fiscalizar ou, mesmo, deixado de realizar a conduta que fora por este último praticada.

Quando se fala de responsabilidade por infração a deveres de organização, está-se tratando, normalmente, de fatos que se desenvolvem no âmbito das estruturas de entidades e não da produção individual de dano ou de perigo. Em face disso, torna-se relevante decifrar as repercussões que se devem refletir no direito penal e, portanto, na punibilidade das omissões decorrentes da descentralização administrativa dessas entidades. Como a responsabilidade penal se baseia na decisão individual de provocar determinado efeito ou de, simplesmente, realizar uma certa atividade, da qual aquele efeito poderia derivar, torna-se duvidosa a transposição para esse campo daquelas regras típicas da organização de entidades, as quais não consideram esse efeito como produto de uma pessoa, mas como consequência de uma falha do sistema.

Antes de questionar, todavia, acerca da possibilidade da transferência das regras de organização ao direito penal, convém esclarecer, desde logo, que nem toda organização conduz à geração de deveres gerais, próprios dessa organização, nem, ademais, leva a gerar deveres e responsabilidades por atos de seus prepostos. Recorda, com propriedade, MATUSCHE-BECKMANN, que uma pessoa individual pode, em si mesma, estruturar-se organizativamente, por exemplo, para pagar suas contas sempre no dia do respectivo vencimento, sem que com isso signifique que esteja sujeita à responsabilidade pelo só efeito dessa sua organização. Para tanto, propõe que a expressão *deveres de organização* seja própria de entidades, que possam preencher, pelos menos, três condições: a) a de se dedicarem à realização de determinados fins mediante uma divisão de trabalho, operada com um número grande de empregados ou colaboradores; b) a de desenvolverem atividades mediante o emprego de meios técnicos e não, simplesmente, por ofícios manuais; c) a de subordinarem essas atividades a um determinado planejamento.[28] Ao lado dessas características, poder-se-ia acrescentar, como o faz BOSCH, a subordinação a um sistema de informações sobre o planejamento das atividades e o modo concreto de executá-las.[29]

Vê-se, pois, que essas características das organizações as fazem distanciar-se, em suas atividades sociais, da conduta individual, daí a dificuldade de se fazerem operar com relação a esta última os mesmos critérios de responsabilidade que podem ser reservados àquelas. Uma vez subsistentes aquelas

---

material: a responsabilidade penal pessoal e subjetiva postula denúncia que atribua a autor determinado a prática de atos concretos como obras suas, por aderência psicológica (dolosa ou culposa).»

28. MATUSCHE-BECKMANN, Annemarie. *Das Organisationsverschulden*, 2001, p. 9.

29. BOSCH, Nikolaus. *Organisationsverschulden in Unternehmen,* 2002, p. 21.

condições qualificadoras de uma entidade organizada, ainda não se pode afirmar que delas resultem deveres impositivos de organização, vinculantes a todos os seus integrantes, senão apenas àqueles que estejam diretamente associados à atividade especificamente imposta.

2. As dificuldades dos critérios de organização

O primeiro grande desafio a ser enfrentado pelo critério baseado nos deveres de organização está em definir, com precisão, o que, afinal, constitua uma organização. Esta indagação é sempre formulada como uma questão prévia, porque as características das organizações nem sempre foram bem interpretadas pela ciência, nem pela legislação, que praticamente se omitiu de disciplíná-las, deixando-as a cargo da jurisprudência.

As dificuldades começam com o próprio significado da expressão *organização*. Poder-se-ia pensar, inicialmente, a organização como *ordem*, mas o sentido dado a esta última expressão não se coaduna com os princípios que caracterizam aquela. A expressão *ordem* corresponde mais ao significado de unidade, dentro de uma realidade causal. Assim, por exemplo, poder-se-ia falar, na antiga filosofia grega, de uma ordem cósmica, no sentido de uma harmonia, em contraposição ao caos, ou de uma ordem divina, no sentido de uma produção indefectível de tudo quanto existe, segundo a filosofia escolástica, ou de uma ordem natural, no sentido de leis que disciplinam a relação entre os objetos, tal como nos postulados das ciências naturais, ou, finalmente, de uma ordem jurídica, no sentido da unidade de normas legais, princípios e sistemas.[30]

O conceito de *organização,* segundo Büschges, não tem suas origens no conceito de ordem, mas em dados da linguagem corrente e implica, pelo menos, duas formulações: uma *dinâmica* e uma *estática*. A primeira compreende a *organização* dentro de seu aspecto procedimental, no sentido de um instrumento de realização de efeitos; a segunda a situa no seu aspecto estrutural e subordinado ao resultado já concretizado daquele processo de produção.[31]

Atendendo a essas duas orientações, Abraham e Büschges agregam ao conceito de *organização* as seguintes características: a) ter sido fundada por pessoas determinadas; b) perseguir fins específicos; c) distinguir seus membros, segundo a divisão de trabalho; d) estar estruturada hierarquicamente conforme planos de produção; e) dispor de recursos relativamente duradouros; f) configurar-se como uma entidade coletiva, cujo organismo disponha do poder de controle e de decisão quanto à cooperação necessária dos atores na

30. Ulfig, Alexander. *Lexikon der philosophischen Begriffe,* 1997, p. 299.

31. Büschges, Günter. «Organisationssoziologie», *Wörterbuch der Soziologie*, coord. por Günter Endruweit e Gisela Trommsdorff, 2.ª ed., 2002, p. 392.

consecução dos próprios fins organizativos e à qual se possa atribuir, como pessoa jurídica, responsabilidade por atividades ou, pelo menos, pelos resultados produzidos.[32]

Diante desta complexa definição, pode-se notar que o sentido dado à organização deve corresponder, justamente, ou a um processo de produção, quer dizer, a um conjunto de pessoas reunidas para consecução de um fim, conforme planos previamente elaborados e edificados sob uma divisão hierárquica de trabalho, ou a uma estrutura, que se apresente como responsável por obra já realizada. Embora essas sejam, de fato, as características, por exemplo, de uma empresa como pessoa jurídica de direito privado, ou uma associação civil, fica difícil compreender e justificar como essa estrutura e os deveres daí decorrentes possam servir de modelo para a punibilidade da omissão, como forma de ação. Afinal, com que base se pode concluir que dessa estrutura nascem deveres que são vinculantes a todos os membros da sociedade, ainda que não pertençam a essa estrutura? Esta é uma questão insolúvel, a não ser mediante a privatização de todo o setor público e a modelação de uma sociedade organizada segundo as empresas, com absoluta eliminação da própria atividade livre e individual.

Ademais, como se pode justificar, dogmaticamente, a imputação pessoal por atos individuais, que fundamentam a culpabilidade, quando esses atos individuais não existem, são apenas símbolos operativos de uma estrutura empresarial? Habermas, inclusive, tem demonstrado que só podem ser sujeitos imputáveis de uma ação aqueles que puderem orientá-la, intersubjetivamente, no sentido de pretensões de validade reconhecidas, o que significa que uma conduta se exprime não apenas como uma exteriorização relacionada a alguma coisa no mundo objetivo, mas também a alguma coisa no mundo social e subjetivo.[33]

Atendendo justamente a esta consideração de Habermas, chega-se, também, a outra questão, que talvez seja a mais importante, porque independe dos efeitos dos critérios organizativos. Essa questão diz respeito à discrepância entre tal formulação e a realidade. Ainda que não se credite substância a uma estrutura ontológica, sedimentada nas características primárias do *ser*, ou a um juízo racional prévio a qualquer experiência, como pressuposto de validade de qualquer conduta, o fato é que a realidade social não corresponde inteiramente aos modelos empresariais, estruturados de conformidade com os deveres de organização. Isto talvez possa ocorrer em alguns setores da atividade econômica, nos quais possam viger leis que dizem respeito não apenas a preferências pessoais, mas, principalmente, ao valor de uso ou de consumo dos bens postos

---

32. Abraham, Martin; Büschges, Günter. *Einführung in die Organisationssoziologie*, 2.ª ed., 1997, p. 52.

33. Habermas, Jürgen. *Theorie des kommunikativen Handelns*, 1981, p. 34 e ss., tomo 1.

em circulação. Contudo, para atividades que estejam vinculadas diretamente ao lado emocional das pessoas e que não se ajustem a deveres de organização, mas a nítidas decisões individuais ou a relações interpessoais, falece por completo o sentido organizacional, que tem, no fundo, uma semelhança com a antiga organização industrial centralizada na fábrica. Por exemplo, nos delitos contra a pessoa, ou naqueles praticados no âmbito familiar, ou nas relações amorosas, ou nos envolvimentos em matéria sexual, ou mesmo nos delitos patrimoniais individuais, a analogia com a estrutura empresarial, qualquer que seja a sua fórmula, contém, pelo menos, dois defeitos: a) quer unificar situações desiguais sem a presença de um *tertium comparationis*; b) quer dar efeitos iguais a situações desiguais, tratando-as, simbolicamente, como iguais. À medida que a atividade prática não corresponda à estrutura organizacional, não há o elemento comparativo; como as estruturas organizacionais não se ajustam à realidade das situações individuais de conflito, sua identidade é mera projeção ideológica. Como se pode, assim, legitimar a punibilidade de uma conduta tendo por base um dado que, na realidade empírica, não existe, que é apenas pressuposto pelo Estado? Esta é outra das questões insolúveis, ao serem aplicados à omissão os fundamentos dos deveres de organização.

Sob uma perspectiva própria acerca desses deveres de organização, Jakobs quer enriquecer-lhes os contornos, agregando-lhes um dado novo, relativo à distribuição dos papéis de que são acometidos todos os que estão incluídos em um processo de imputação. Para tanto, parte da ideia de que as ações em geral estão subordinadas, com relação à responsabilidade de seus autores, às condições dos chamados círculos de organização. Estes círculos de organização podem ser definidos tanto em função de ações, quanto de meios fáticos de desenvolvimento, pelos quais se estruturam os chamados *deveres do tráfego*, entendidos como deveres acerca da segurança frente a perigos de objetos ou de empreendimentos. Estes círculos de organização podem ser definidos, ainda, sobre ações precedentes e omissões posteriores, de modo que os efeitos potenciais dessas ações precedentes venham a determinar o âmbito da capacidade organizativa, configurando-se, então, os deveres decorrentes da ingerência. O tratamento unitário da ação e da omissão, portanto, estaria subordinado à forma como os círculos de organização seriam definidos.[34]

O problema está, porém, em como caracterizar esses círculos organizativos. Afinal, o que vem a ser um círculo organizativo? Em que medida se pode dizer que um círculo organizativo fundamenta um dever de impedir o resultado? Inicialmente, percebe-se que Jakobs, diversamente dos autores que trabalham com deveres típicos de organização, quer compor um sistema no qual a pessoa humana constituiria, por si mesma, uma forma de organização. Mas, por outro lado, verifica-se que essa estruturação foge do esquema sistê-

34. Jakobs, Günther. *Strafrecht*, AT, 1993, p. 782.

mico. Ao procurar uma solução para a questão de como um círculo organizativo poderá fundamentar um dever de garantidor, quando da consideração dos chamados deveres do tráfego, ela se fixa apenas em características definitórias, que não reduzem as complexidades de tal consideração.[35] Para contornar as dificuldades que sua estrutura engendra, Jakobs acaba salientando que os deveres do tráfego estão vinculados à preocupação de evitar que um círculo organizativo se manifeste exteriormente por meio da produção de danos.[36] Como a produção de dano é que assinala, então, as características desse círculo organizativo em face dos deveres de proteção, chega-se à conclusão de que o importante não é, propriamente, a relação sistêmica entre essa organização e as infrações que ali se manifestem no sentido de sua instabilidade, mas as lesões que devem ser evitadas.[37] Com isso, apenas mudando de argumentação, continua a trabalhar com o critério da causalidade, o que transforma sua análise em uma questão meramente terminológica, em que substitui a pessoa humana por uma subcategoria e passa a trabalhar, no fundo, sob o esquema da velha finalidade potencial. A omissão constituiria uma forma de potencialidade de dano, simbolicamente associada a uma organização individual.

V. RESUMO

Os argumentos traçados para justificar um tratamento unitário da omissão e da ação, em matéria de sua punibilidade, esbarram em dificuldades insuperáveis, que estão pondo em cheque toda a sua construção dogmática. Em primeiro lugar, são insubsistentes os critérios utilizados para essa unificação, porque são incapazes de fornecer um denominador comum que possa embasar essas duas modalidades de comportamento, abrangendo todos os seus elementos e desdobramentos. Em segundo lugar, esses critérios apresentam-se insuficientes e até mesmo contraditórios em suas formulações. Isto

---

35. Uma das características básicas da teoria sistêmica, à qual Jakobs quer se filiar, reside justamente na solução das questões relacionadas aos códigos do lícito e do ilícito mediante a eliminação das complexidades. O próprio sistema, portanto, deve reduzir as complexidades em relação ao ambiente e em relação a si mesmo. Assim, expressamente, Niklas Luhmann (*Einführung in die Systemtheorie*, 3.ª ed., 2006, p. 168): «In der Diskussion wurde daraus die Formel, dass das System Komplexität reduzieren muss, und dies einerseits in Bezug auf die Umwelt und andererseits im Bezug auf sich selbst, wenn es in sich selbst Planungsinstanzen oder Rationalitätsagenturen schaffen will.» (Na discussão resultou a fórmula de que o sistema deve reduzir complexidade e isso, de um lado, em relação ao ambiente e, de outro lado, em relação a si mesmo, se quiser criar em si mesmo instâncias de planificação ou agências de racionalidade.)

36. Jakobs, Günther. *Strafrecht*, AT, 1993, p. 802: «Os deveres do tráfego, como aqueles da ingerência, dirigem-se, primeiramente (mas não apenas) à *segurança* de uma fonte de perigo, ou seja, o sujeito deve zelar para que seu círculo organizativo não produza efeitos exteriores danosos. O fundamento dos deveres é, pois, a competência do organizador em face da organização interna, com a exclusão da competência das pessoas ameaçadas em seus bens.»

37. Idem, ibidem, 2.ª ed., 1993, p. 802 e ss.

porque ou se reduzem a movimentos tautológicos, como se dá com os critérios normativos, ou se limitam a invocar elementos empíricos dentro de um quadro normativo, como se verifica com os critérios naturalísticos, ou assentam uma categoria lógico-objetiva que não corresponde a uma essência do objeto, ou transcendem a investigação empírica no sentido de um conceito universal sem cuidar da base singular que dá sentido à conduta, ou abandonam a estrutura empírica e normativa e passam a trabalhar apenas sob um plano simbólico de responsabilidade como forma de organização, o que descaracteriza a conduta como produto de uma pessoa determinada. Igualmente, com isso, transmuda-se a omissão, a qual deixa de constituir uma forma de comportamento imputável para ser o próprio efeito de um processo de imputação. Se o que passa a valer não é mais o comportamento como tal, mas a vinculação do sujeito a uma organização, não se está mais tratando de conduta, está-se tratando simplesmente de atribuição de responsabilidade. Essas incertezas conduzem a discussão a um estágio de perplexidades e indagações insuperáveis, que, à primeira vista, põem em cheque os fundamentos de legitimidade da edificação da omissão como forma de conduta punível.

CAPÍTULO 4
A EQUIPARAÇÃO ENTRE AÇÃO E OMISSÃO

Quando se tratou da natureza da omissão, consignou-se que, conforme os diversos entendimentos sobre essa questão, seu enfoque com a ação sempre constituiu, de um modo ou de outro, não apenas uma preocupação prática, como também a pedra central de todos os procedimentos destinados a caracterizá-la na sua essência. Estes procedimentos, por seu turno, como dizem respeito, ainda, a objetos sensíveis do direito penal, estão vinculados diretamente, também, à questão de sua legitimidade. Afinal, como pode o direito penal caracterizar como delituosa uma conduta cuja natureza não é passível de consenso? Esta indagação está sempre presente nas discussões jurídicas e está a demonstrar que a solução quanto à natureza da omissão não poderia ser obtida isoladamente, mas em conjunto com a sua estrutura normativa e com os pressupostos de sua punibilidade. Se a incriminação de uma conduta, para efeitos de sua legitimação, deve preencher alguns pressupostos empíricos, que demonstrem que sua execução cause ou possa causar dano ou perigo ao bem jurídico, a questão de uma omissão como ação, mas sem vinculação com elementos materiais, começa a perder sentido também por esse aspecto. Uma vez insubsistentes, assim, os critérios de identificação da omissão à ação, como espécie de conduta punível, a doutrina passa a trabalhar também com a possibilidade de se edificarem elementos pelos quais se poderia obter sua equiparação à ação. Parece que, à primeira vista, se estaria insistindo no mesmo tema, de que a omissão tratada como ação viria a ser, na verdade, uma forma de equiparação com essa mesma ação. Há, porém, quanto a isso, algumas marcantes diferenças. Quando a omissão é tratada como ação, guarda com essa elementos comuns no sentido de constituir uma mesma categoria. Ação e omissão seriam, assim, modos de aparecimento da conduta e não condutas distintas; essa era, inclusive, a proposição de WELZEL, que teria por base o suposto elemento comum da finalidade. Poder-se-ia dizer, também, que a omissão seria uma forma de ação. Quando, porém, a omissão é equiparada à ação, o ponto de partida é outro. Aqui, considera-se que a omissão é diversa da ação, mas, para efeito de legitimar sua punibilidade, estará sujeita às suas mesmas consequências em face de critérios que as possam justificar. Esses critérios, como não pretendem emprestar à omissão uma relevância como modalidade autônoma de conduta ou como forma de ação, não se ocupam dos elementos relacionados à sua natureza; estribam-se na sua estrutura e na sua punibilidade. A relação entre omissão e ação não se opera, portanto, em torno de elementos que extrapolem o conteúdo próprio da norma penal. A equiparação ou, como se queira, o tratamento comum da omissão e da ação se dá dentro do processo de imputação, que, por seu turno, só pode ser avaliado como elemento da própria estrutura normativa. Como se verá mais adiante, a doutrina tem seguido nesse tema caminhos muitos tortuosos, por força, aliás, dos problemas que surgem no âmbito do processo de imputação com base no conceito de conduta. O processo de imputação é um recurso jurídico pelo qual se opera a tentativa de legitimação do poder punitivo. Como todo procedimento legitimador, o processo de imputação tem particularidades manifestas e latentes, daí não poder ser tratado apenas com base em elementos empíricos, como seria, assim, o conceito causal de ação, mas também em face de elementos normativos que o sedimentem. Por isso, ao tratar da omissão, aflora a necessidade de se esclarecer acerca de sua estrutura e punibilidade, as quais justificariam sua equiparação à ação. A equiparação não se dá, portanto, porque a doutrina assim a considera como produto de uma evolução científica, mas, sim, porque pretende legitimar a atuação estatal quanto à sua criminalização e punição. Aqui, mais uma vez, se comprova que não existe uma ciência absolutamente neutra ou descomprometida. A doutrina, pretensamente científica, está disposta a servir de instrumento legitimante da punição.

A partir da estrutura normativa e dos pressupostos de sua punibilidade, pode-se dizer que a equiparação entre ação e omissão se processa de dois modos: a) em função da atribuição de elementos materiais da ação; b) tomando a omissão em sua relação simbólica com a ação. O primeiro modo corresponde ao modelo básico de conduta desenvolvido no século XIX como segmento de uma projeção da vontade, por um lado, e da causalidade empírica, por outro. O segundo modo funda-se na elaboração normativa, pela qual se alteram os dados da realidade e se cria outro conceito de causalidade, fruto de puro raciocínio lógico e capaz de justificar o processo de imputação independentemente de uma demonstração empírica de seus elementos, de modo a fazer com que a omissão corresponda a uma ação. Ambos os modos não constituem, no entanto, proposições antagônicas. O procedimento de equiparação da omissão à ação passa, necessariamente, por concessões empíricas e normativas.

I. OS ELEMENTOS DE EQUIPARAÇÃO

A equiparação material da omissão à ação é produto da evolução que se processa na teoria do delito, primeiramente, sob a influência hegeliana e, mais tarde, sob o dogma causal. Antes disso, a omissão não estava subordinada a um sistema e, quase sempre, era confundida com os delitos culposos,[1] ou só considerada na forma de omissão própria.[2] Portanto, não era relevante, nesse momento, discutir os pressupostos para a sua equiparação à ação. A doutrina penal estava muito mais interessada em justificar a punibilidade de uma conduta do que tratar de seus elementos estruturais. Mesmo Feuerbach, que pode ser considerado como o grande precursor da moderna teoria do delito, admitia a punibilidade de qualquer delito na sua forma omissiva, desde que subsistente, para tanto, a respectiva base normativa.[3] Não obstante o desprezo em relação aos elementos que poderiam equiparar materialmente a omissão à ação, os estudos de Feuerbach contêm, todavia, um suporte interessante e, assim, podem ser tomados como os primeiros indícios dessa configuração, justamente ao subordinarem a omissão, tal como qualquer modalidade de conduta, à violação de um direito subjetivo. Uma vez que toda forma de conduta, quer ativa ou passiva, implique a violação de um direito subjetivo, pode-se concluir, então, que a omissão se equipara à ação no âmbito de sua ilicitude. Aqui estão contidos os indícios de um tratamento da omissão como forma materialmente equiparada à ação, pois não se trata de buscar um elemento comum em sua própria natureza, de modo a fazer com que a omissão e a ação sejam idênticas, senão de lhes conferir um tratamento equivalente, à medida que em ambas subsista uma mesma forma de ilicitude.

A adoção da tese da omissão, tendo por base um elemento objetivo de equiparação à ação, inicia-se, portanto, por um momento normativo centrado na antijuridicidade. Isso era compreensível, porque, diante da inexistência de um conceito prévio de ação e do conceito purificado de tipo, todo o delito estava estruturado em torno da violação normativa. Pode-se ver essa mesma metodologia em Carrara, que conceituava o delito, essencialmente, como infração à lei do Estado.[4] A antijuridicidade vai deixando de ser importante,

---

1. São inúmeros os casos em que a omissão é equiparada à ação. Assim, por exemplo, Carpzov entendia como omissivo o fato de não se haver costurado o cordão umbilical, ou de se permitir que o pai alcoolizado se deitasse junto de seu filho e o sufocasse. Por outro lado, Böhmer admitia a omissão como forma causal de um resultado danoso, por exemplo, do médico que não atendia seus pacientes (Clemens, Otto. *Die Unterlassungsdelikte im deutschen Strafrecht von Feuerbach bis zum Reichsstrafgesetzbuch,* 1912, p. 7).

2. Assim, Westphal, E. C. *De consortibus et auditoribus criminum,* 1760, conforme Clemens, Otto. *Die Unterlassungsdelikte im deutschen Strafrecht von Feuerbach bis zum Reichsstrafgesetzbuch,* 1912, p. 8.

3. Feuerbach, Anselm Ritter von. *Lehrbuch des gemeinen in Deutschland gültigen peinlichen Rechts,* atualizado por C. J. A. Mittermaier, 1840, p. 49.

4. Carrara, Francesco. *Programa do curso de direito criminal,* trad. brasileira de José Luiz Franceschini e Prestes Barra, 1956, p. 47.

entretanto, quando se substituem as bases de justificação das infrações, precisamente, quando a ação, como tal, passa a constituir o fundamento da indagação jurídica e, pois, a base de todo o sistema de imputação.

Não é fácil encontrar, apenas através da análise de sua natureza, o verdadeiro filão que faz desencadear o conceito de ação como fundamento do sistema de imputação. Como já foi visto, isto não se deve, exclusivamente, às indagações da matéria penal, mas às perspectivas de política criminal, nem sempre claras e manifestas. O conceito de ação é importante na medida em que concentra em seus elementos toda a estrutura da teoria do delito, que, desde então, se delineia como projeção desse conceito em torno das categorias que caracterizam uma conduta como criminosa. Pode-se dizer que o conceito de ação fora desenvolvido sob a forma de uma indagação política, no sentido de justificar a punibilidade de uma conduta em função do resultado que produzisse. Mas, apesar disso, pôde sugerir que os desdobramentos da interpretação jurídica não se projetassem para fora de uma realidade objetiva. Ainda hoje, inclusive, a manutenção de um conceito de ação só vale mesmo sob este aspecto, de garantia e limitação em torno de indagações que possam ser, empiricamente, refutadas.

1. A formulação do conceito de ação

Não há uma indicação precisa dos primeiros movimentos acerca da formulação de um conceito de ação. Poder-se-ia invocar, aqui, a filosofia aristotélica ou a filosofia escolástica, que trabalharam a conduta em face de seus postulados éticos, e cujos estudos vieram a influenciar sobremaneira o direito penal contemporâneo, como ocorreu com o finalismo. Parece, todavia, em face dos propósitos assinalados ao processo de imputação penal, que a elaboração desse conceito começa a ter relevância a partir da filosofia hegeliana. Isso, é evidente, não descarta o papel fundamentador conferido ao tipo, que alicerça esse processo de imputação.

A concepção hegeliana confere à ação e à omissão a característica de conduta voluntária. «O que deve valer como meu fato – dizia Hegel – deve ter sido por mim querido. Esta unidade de ambos, daquilo que é minha vontade e do que se produz, constitui a primeira generalidade da vontade em si mesma refletida». Ainda prossegue: «A segunda é aquela do conceito de que a vontade subjetiva em mim constitui uma vontade especial e se diferencia, pois, da vontade geral no sentido de uma vontade objetiva». E por fim: «A terceira é a generalidade na determinação da manifestação de que minha atividade tem uma relação para com a vontade de outrem».[5] De conformidade com esta ideia, a conduta como objeto de um juízo moral se manifesta, portanto,

---

5. Hegel, Georg Wilhelm Friedrich. *Vorlesungen über Rechtsphilosophie*, 4.º vol., 1974, p. 309.

em três segmentos: a) como unidade entre o querido e o produzido; b) como especificação do que se quis e c) como relação para com a vontade de outrem. O primeiro segmento caracterizaria a conduta em sua própria natureza, sem se importar se derivada de uma ação positiva ou negativa, pois se tanto o que se pensa quanto o que se produz constitui um só corpo, não importa como se deu essa produção, apenas que reflita uma vontade. O segundo segmento indicaria a sua necessária diferenciação para com a vontade em si mesma, o que possibilitaria sua inclusão como objeto de um juízo de se efetivamente o que se produziu está ou não de acordo com o que se quis. Já o terceiro segmento possibilitaria que o fato especificado se pusesse em julgamento sob a perspectiva de uma generalidade ou universalidade, de uma conexão entre indivíduos, de modo que a vontade do outro também pudesse ser exprimida como um «direito de estar aí».[6]

Essa relação entre o singular e o geral gera efeitos, também, nos fundamentos da norma jurídica. Um fato será, assim, permitido quando, em harmonia com o princípio da livre manifestação da vontade, corresponda à união de pensamentos do sujeito e de outros. Será, por sua vez, proibido, quando não seja compatível com a liberdade de manifestação de vontade de outros sujeitos. Um fato mandado será, por fim, o fazer, cuja omissão seja proibida. Nesse sentido, como faz notar Quante, não subsiste para Hegel diferenças entre normas proibitivas e mandamentais. Todas as normas são proibitivas, o que tem como consequência que o omitir-se constitui um fazer.[7] A proposição inicial de Hegel, portanto, parece conduzir à unidade entre omissão e ação. Apesar disso, porém, ao enfatizar que, no fundo, todas as normas são proibitivas, seu raciocínio se volta a inaugurar um processo de equiparação, isto é, na medida em que não existe uma norma mandamental, cria-se um fundamento pelo qual se possa extrair, por equiparação ao fazer, uma concepção de omissão. Está aqui presente a primeira formulação de uma equiparação da omissão à ação, com a particularidade de que a omissão, nesse caso, não está subordinada a um comando, mas resulta da caracterização da ação. A abertura promovida por Hegel vai possibilitar que os juristas que lhe seguem o pensamento tenham em mãos um elemento relevante para proceder à diferenciação entre ação e omissão e trabalhar essa última sob os pressupostos punitivos daquela.

Seguindo, assim, esse raciocínio no âmbito do direito penal, compreendia Berner como ação a intermediação da vontade para com o fato: o movimento exteriorizado dessa vontade. Importante não era a produção causal do acontecimento nem este acontecimento em si mesmo, mas sim a manifestação da vontade no mundo exterior; começa a despontar como relevante o conceito de

---

6. Hegel, Georg Wilhelm Friedrich. *Vorlesungen über Rechtsphilosophie*, 4.º vol., 1974, p. 310.

7. Quante, Michael. *Hegels Begriff der Handlung,* 1993, p. 46.

imputação, embutido no próprio conceito de ação. Com o conceito de imputação, pode-se, então, fazer a referência do fato à vontade e possibilitar seu julgamento. O conceito de imputação, por outro lado, não vale por si mesmo, como ocorre com algumas formas de funcionalismo, mas por força do conceito de ação. Uma vez eliminada a ação, eliminar-se-á a imputação. Não obstante o conceito de ação estar orientado como manifestação positiva da vontade, BERNER admitia, também, a existência de delitos omissivos, mas na forma de uma ação negativa. «O não-querer a determinação – dizia BERNER – é também fundamentalmente uma vontade. A não execução do que é determinado é também um fato. E quando este fato se verifique em consequência de uma vontade negativa, então é ele, também, uma intermediação entre vontade e fato, portanto, uma ação».[8] A vontade, em lugar de fundar a omissão como conduta autônoma, promove sua equiparação com a ação, quando seja tomada negativamente. A omissão se equipara à ação quando estiver submetida a uma vontade negativa, compreendida também como manifestação de uma vontade positiva.

Ainda dentro de uma linha hegeliana de pensamento, mas com a particularidade de proceder à unificação do conceito de ação sob os atributos conjuntos da ilicitude e da culpabilidade, orientava-se KÖSTLIN no sentido de ver a ação, também, como manifestação da vontade. Tendo em vista a circunstância de que não existe ação antijurídica que não seja também culpável, tudo o que se passa na culpabilidade deve ter uma ligação com a lei objetiva. A culpabilidade, por isso, não constitui, simplesmente, a violação de um dever, mas, sim, uma forma de vinculação à lei objetiva. Se tudo o que é ilícito é culpável, a tarefa de equiparação da omissão à ação é simplificada: basta que possa ser tida como antijurídica e culpável a partir da manifestação objetiva de vontade.[9]

A formulação de um conceito de ação, que compreenda nele mesmo a omissão, tal como o faz BERNER, fornece à teoria do delito o pressuposto que faltava para ali se fazer desenvolver mais amplamente e complementar o conceito de causalidade. Em termos de política criminal, é interessante assinalar como o pensamento hegeliano evolui dentro de uma perspectiva já vinculada à produção de bens. Embora o delito para HEGEL constituísse a lesão de direito como tal,[10] a inserção do resultado na própria manifestação de vontade não deve ser entendida, simplesmente, de uma forma abstrata. Como ele mesmo diz, isso se dá, também, como desdobramento de considerar a vontade tanto em seu aspecto de concreção, como vontade especificada, quanto como vontade geral, em função de outrem. À medida que a vontade

---

8. BERNER, Albert Friedrich. *Lehrbuch des deutschen Strafrechts*, 7.ª ed., 1874, p. 11.

9. KÖSTLIN, Christian Reinhold. *Neue Revision der Grundbegriffe des Kriminalrechts*, 1845/1970, p. 639 e ss.

10. HEGEL, Georg Wilhelm Friedrich. *Vorlesung über Rechtsphilosophie*, 1974, p. 270.

especificada viola o direito de outrem de também manifestá-la, irá corresponder, por seu turno, à violação da vontade geral de produzir o resultado. Isto tem como consequência, quando se trate de uma lesão patrimonial, de se acolher o patrimônio, neste caso, não apenas como bem individual, mas como generalidade ou universalidade, como valor que se afirma em face de seu próprio poder de uso.[11]

Em formulação posterior, mas seguindo uma linha hegeliana, Hellmuth MAYER concebe a ação como «o esforço da vontade contrária ao direito» e por omissão, em contrapartida, a «fraqueza da vontade, a qual não emprega a força para satisfazer às exigências da vontade geral».[12] Em um primeiro momento, pode-se ver que Hellmuth MAYER pretende indicar que entre ação e omissão subsiste uma diferença. Tendo em vista, ademais, os elementos dos juízos de antijuridicidade e culpabilidade e o propósito dogmático de encontrar a brecha pela qual se poderá operar a inserção da omissão, enfatiza, porém, que a inatividade corporal deve ser compreendida, em sentido jurídico, como uma verdadeira ação. Isto se dá, particularmente, nos delitos omissivos impróprios, quando esta omissão exija o mesmo esforço volitivo energético de oposição ao direito quanto a comissão.[13] A compreensão da omissão como forma equiparada de ação, tal como procura ressaltar Hellmuth MAYER, em relação aos delitos omissivos impróprios, não deriva, como se pode ver, de uma acepção empírica, mas como consequência de uma objetivação da vontade no sujeito, em função de sua relação para com a vontade geral expressa na norma.

Pode-se observar, na verdade, uma correspondência entre as concepções de Hellmuth MAYER e BERNER, ambos hegelianos, ao fundamentarem, igualmente, o conceito de ação e, também, o de omissão com base na projeção da vontade. Há, porém, entre ambos algumas diferenças. Enquanto BERNER pondera acerca da necessidade de uma comprovação empírica da manifestação de vontade, como meio de impedir a referência a uma ordem jurídica baseada em perspectivas puramente subjetivas, Hellmuth MAYER quer prescindir dessa demonstração, satisfazendo-se, no plano conceitual, apenas com dados valo-

---

11. HEGEL, Georg Wilhelm Friedrich. *Vorlesung über Rechtsphilosophie,* 1974, p. 203: «Na segunda determinação, verifica-se, ainda, uma outra diferença, relativa à dissensão entre generalidade e individualidade. Quando perguntamos como a generalidade existe, como está presente, subdivide-se ela em dupla generalidade. A primeira generalidade se dá na forma de exteriorização. Aqui, as coisas, seu valor e sua substância se diferenciam segundo o aspecto de se colocarem em uso. A segunda generalidade não está presente como coisa exteriorizada. Corresponde a mim, à minha generalidade, como atividade, como talento, como historicidade, como proficiência. Como produtor possuo um patrimônio por meio de minha generalidade. Então me torno generalidade. O uso, portanto, é por um lado consumo e, por outro, produtor. Uso minha proficiência, sou assim produtor. Na generalidade se encontram, pois, estes dois aspectos, valor da coisa e eu mesmo, minha historicidade, minha atividade.»

12. MAYER, Hellmuth. *Strafrecht,* AT, 1967, p. 113.

13. Idem, ibidem, 1967, p. 113.

rativos, que indicariam constituir o delito, também, uma lesão insuportável da ordem moral.[14] Como consequência, dando um desenvolvimento próprio à sua origem hegeliana, passa a compreender a ação, ainda, como uma exteriorização da personalidade do sujeito e, na sua objetivação, uma parte de sua conduta de vida.[15] À medida que, como diz, «não se torna possível a diferenciação entre o injusto objetivo e a imputação subjetiva (culpa)»,[16] o conceito de omissão não pode ser discutido segundo uma base empírica, mas em conformidade com o conceito de delito em geral. Isto significa que a omissão deve ter o mesmo tratamento da ação, ainda que com ela não se confunda, em função justamente da necessidade de se fundamentar a responsabilidade do omitente a partir de sua conduta de vida. Este pensamento, ainda que exprimido tardiamente, estava de acordo com a política criminal da época em que se produziu, que via, no delito, além de uma infração normativa ou uma lesão de interesses, uma verdadeira oposição ao sentimento de fidelidade ao regime, ao nacional-socialismo.[17] Coincidentemente, esse é o mesmo pensamento que embasa toda a concepção mezgeriana de culpabilidade.

Mesmo sem filiação expressa a uma concepção hegeliana, também MERKEL propugna por uma equiparação da omissão à ação a partir de um enfoque sobre a natureza da norma. Em primeiro lugar, considera que, embora os delitos omissivos decorram da violação de uma norma determinativa, essa determinação se encerra em uma proibição, respectivamente, daquelas ações pelas quais se torne impossível o preenchimento da determinação ou da coação estatal para o seu cumprimento.[18] Em segundo lugar, entende, com relação aos delitos omissivos impróprios, que a imputação se faz sob os mesmos pressupostos dos delitos comissivos: a realização do resultado está na dependência da vontade do sujeito e de sua conduta contrária ao dever.[19]

2. A formulação da causalidade

Independentemente da concepção hegeliana no direito penal, que pretende incrementar um conceito de ação autônomo em relação à estrutura da antijuridicidade, ainda que não o consiga, conforme se pôde ver da concepção de Hellmuth MAYER, outro fator material de equiparação da omissão à ação, a

---

14. MAYER, Hellmuth. *Strafrecht*, AT, 1967, p. 50: «O conteúdo de desvalor do delito subsiste em dois sentidos: o delito constitui uma lesão de bem jurídico, mas, além disso, uma insuportável lesão da ordem moral».

15. Idem, ibidem, 1967, p. 60-61: «Também a conduta de vida total, ou uma parte dela, pode ser considerada como fato delituoso».

16. Idem, ibidem, 1967, p. 103.

17. Sobre o pensamento contraditório de Hellmuth MAYER, ver WILLSCH, Natalie. *Hellmuth Mayer (1895-1980). Vom Verteidiger im Hitler-Prozess 1924 zum liberal-konservativen Strafrechtswissenschaftler*, 2008, p. 170 e ss.

18. MERKEL, Adolf. *Die Lehre von Verbrechen und Strafe*, 1912, p. 52.

19. Idem, ibidem, 1912, p. 116.

causalidade, já começa a despontar no século XIX, como elemento integrante do fato punível. Isto por força da influência que se fazia sentir dos postulados das ciências naturais e, como já se disse, da alteração de rumos da política criminal, mais alertada em função dos resultados do que, propriamente, da infração normativa.

Sob a perspectiva causal, seus partidários propunham considerar a omissão como uma forma equiparada de ação, o que não poderia ser de outro modo, uma vez que a causalidade sempre fora tratada sob o enfoque de um processo positivo de produção de efeitos. Isto se dá sob duas maneiras. A primeira deflui da importância, a partir de LUDEN, dos delitos omissivos impróprios. Em decorrência disso e atendendo a uma classificação proposta por SCHWARZ, segue-se a formulação, respectivamente, das teorias do *agir de outro modo*, da *ação antecedente*, da *causalidade subjetiva*, da *interferência* e da *causalidade jurídica*, que se orientam a contemplar a omissão sob a perspectiva da ingerência. A segunda se desenvolve com a exacerbação e extensão do *conceito natural de causalidade*.[20] Essas teorias foram formuladas, praticamente, no século XIX, mas seus enunciados ainda se fazem sentir em autores contemporâneos. O ponto de encontro comum entre os autores passados e os doutrinadores modernos radica na compreensão de ambos quanto à estrutura jurídica coincidente da sociedade industrial. Não se pode esquecer que a falência ou a perda de hegemonia da sociedade industrial não implica, imediatamente, a eliminação de sua própria ideologia. A formação social contemporânea não é apenas sedimentada em função do capital financeiro e especulativo, que desempenha o papel de seu elemento controlador, mas tem suas bases também na produção material de bens, a qual está, de certo modo, municiada por atos causais. O enunciado causal, portanto, não é, mais uma vez, uma simples obra científica, é também um elemento importante na coesão da formação social capitalista contemporânea. Ao mesmo tempo em que alicerça, sob plano superior, a estrutura da produção econômica, estende-se a todos os demais setores da vida pública e privada. A concepção positivista de ciência, que tão intensamente influenciou a teoria jurídica moderna em torno da causalidade, corresponde, em certo sentido, aos enunciados que devem ser extraídos da ideologia dominante na sociedade industrial, ainda que não se possa dizer que suas teorias decorram diretamente de sua estrutura. Já acentuava *Marx* que as concepções, as ideias, as formulações intelectuais em geral sempre refletem as alterações que se verificam ao longo da própria vida social material, mas isso não implica que essas mesmas ideias ou reflexões constituam um produto direto da estrutura econômica da respectiva sociedade. Mais do que isso, a produção intelectual – a consciência – «é, pois, já de antemão, um produto

---

20. SCHWARZ, Wilhelm. *Die Kausalität bei den sogenannten Begehungsdelikten durch Unterlassung*, 1929, p. 8.

social e assim será enquanto os homens existirem».[21] Ao lado da produção de bens, que orienta a atividade capitalista industrial com vistas ao desenvolvimento do mercado e, consequentemente, da instituição do valor de troca desses produtos, subsiste a intermediação das relações que se processam no âmbito dessa produção, acentuadas pela divisão social do trabalho e conduzidas em torno dos antagonismos de classe. É justamente em função da divisão social do trabalho, em trabalho material e trabalho intelectual, que se realizam as condições propícias à elaboração doutrinária, a qual, por isso mesmo, estará sempre vinculada – a favor ou contra – à orientação objetiva imprimida pelas relações de produção e pela própria produção.[22] A elaboração doutrinária, portanto, não é simplesmente uma consequência da produção material de bens, é uma forma particular de produção condicionada pelas relações sociais e pode, por isso mesmo, chegar a uma elaboração própria, relativamente autônoma.

Caso não se admita uma certa autonomia nessa forma de produção intelectual e se passe a considerá-la como consequência direta da estrutura econômica, cai-se, inexoravelmente, em um positivismo determinista e se descarta também a possibilidade de uma mudança social. A possibilidade, então, de uma mudança social, por um lado, impulsionada por alteração nas relações de produção e, por outro, instigada pela doutrina libertária, que, por sua autonomia, pode mesmo se opor à ideologia dominante, constitui a manifestação mais eloquente das contradições sociais. Ademais, como as explicações dos fenômenos estão na dependência de como a sociedade se organiza e como seus membros se relacionam para poderem viver, o perfil dessas explicações está em função dessas relações. Se as relações estão sedimentadas em torno da produção de bens, este será igualmente o perfil de sua explicação. A causalidade, assim, como elaboração refinada dos elementos que compõem a atividade humana, seria, ao mesmo tempo, a explicação de uma forma de produção e, também, a justificativa das relações de produção e da própria divisão social do trabalho.

Convém observar, ademais, que a causalidade produtora de bens só pode ser acolhida em sua forma positiva, como ação e não como omissão. A produção capitalista, em princípio, quer ações e frutos materialmente apreen-

---

21. Marx, Karl. «Die deutsche Ideologie», *Frühschriften*, 1971, p. 357.

22. Idem, ibidem, 1971, p. 358: «(...) Com isso se desenvolve a divisão do trabalho, que originariamente não era senão a divisão do trabalho nas tarefas de gênero, então, divisão do trabalho que, por força das condições naturais (por exemplo, da capacidade corporal), produz, por si mesmo ou por *crescimento natural*, necessidades, acasos etc. etc. A divisão do trabalho só adquire verdadeiramente a forma de uma divisão a partir do momento em que se sucede a divisão entre trabalho material e trabalho intelectual. A partir desse momento é que realmente a consciência *pode* se imaginar, diversamente da consciência acerca da práxis constituída, como representativa de alguma coisa real, sem representar alguma coisa real – a partir desse momento, a consciência se torna capaz de se emancipar do mundo e se transformar no sentido da elaboração de uma *teoria pura*, de teologia, de filosofia, de moral etc.».

síveis. Mas, por outro lado, interessa sobretudo à sociedade industrial que a produção não seja suspensa, porque isso induzirá uma quebra no sistema. A omissão, então, passa a ser também relevante, mas só o será quando possa ser tomada como uma forma equiparada de ação. Em torno desses pressupostos é que se desenvolvem, enfim, as teorias da causalidade.

A) A teoria do agir de outro modo

Para LUDEN, não se pode pensar juridicamente em um não fazer ou não atuar. Ainda quando se fale na vida normal de inatividade, isto soa, juridicamente, como fazer e como ação, pois não se pode atribuir a alguém a responsabilidade por um fato, a não ser que esse fato derive de sua atividade, de uma ação. Assim, tanto nos delitos comissivos quanto nos delitos omissivos subsiste uma ação, que se executou justamente no lugar daquela que, segundo a determinação legal, deveria ter sido realizada.[23] Portanto, como salienta SCHWARZ, será autor, neste caso, aquele que incorpore, na sua vontade e na sua ação, a causalidade suficiente a produzir o delito como seu efeito. Se ele pôs ou não em movimento as forças da natureza, ou se as utilizou para a sua finalidade, é indiferente. Importante é que ele, ao ter-se omitido, tenha realizado uma ação positiva diversa daquela que devesse realizar, sendo, pois, esta ação positiva a causa única do delito.[24] Nessas circunstâncias, se a ação positiva é a causa única do delito, a omissão nada produz; a responsabilidade pelo resultado em face de uma inatividade só pode resultar de um processo de equiparação.

Modernamente, este posicionamento vem sendo, também, adotado por GROSS, que lhe quer dar um fundamento de imputação: o sujeito será responsabilizado pela omissão, à medida que tenha realizado uma ação diversa daquela que deveria ter praticado. Com isso, pretende GROSS afirmar que a omissão se equipara a uma ação, sem se dar conta de que o sujeito não está sendo responsabilizado pela ação que efetuou, mas pela omissão de outra atividade.[25] Essa é uma contradição insolúvel da teoria da ação diversa, na qual a causalidade desempenha apenas um papel justificador de responsabilidade, mas não o próprio fundamento da imputação pela omissão.

B) A teoria da ação precedente

Já os partidários da ação antecedente enunciam que a causalidade da omissão não se afirma com a prática de uma ação diversa, mas se dá em momento anterior à própria inatividade. Por haver, anteriormente, efetuado

---

23. LUDEN, Heinrich. *Abhandlungen aus dem gemein deutschen Strafrechts*, tomo II, Über den Tatbestand des Verbrechens, 1840, p. 221.

24. SCHWARZ, Wilhem. *Die Kausalität bei den sogenannten Begehungsdelikten durch Unterlassung*, 1929, p. 10.

25. GROSS, Hyman. *A theory of criminal justice*, 1979, p. 64.

uma ação capaz de produzir o resultado e não haver impedido seu desdobramento, o omitente causa o delito. Nasce, então, a chamada teoria da *ingerência*, pela qual, em oposição a LUDEN, se busca demonstrar que só seria possível uma causalidade na omissão caso se fizesse uma ligação direta entre a ação antecedente e o resultado, o que só se daria se a ação antecedente já contivesse em si mesma a potencialidade de produzi-lo.[26] Trabalhar-se, simplesmente, com a ação diversa não basta, porque, então, se estaria reconhecendo como omissão algo que é juridicamente indiferente.[27]

Diante da variedade com que se pode apresentar a ação precedente, busca GLASER, por sua parte, fundamentar essa teoria tanto na realização dessa ação, tomada com a qualidade de uma ação perigosa, quanto na assunção de um dever jurídico pelo agente no sentido de evitar o resultado. Neste último caso, não se trata de uma ação física, mas do não impedimento de um resultado em face de um dever de fazê-lo. Como o não impedir o resultado implicaria um simples não fazer, procura GLASER contornar a dificuldade, entendendo que o que, na verdade, ocorre é uma modalidade especial de erro quanto ao resultado, por parte do lesado, o qual é levado a esta situação em face da confiança que deposita no omitente.[28] Justamente porque se trata de um erro, a causalidade assume, então, a forma de uma causalidade psíquica e não física, mas de qualquer modo tendo por base a ação precedente.[29]

Segue também MERKEL o mesmo raciocínio da ingerência. Uma vez que a ação implica não apenas uma especificação da vontade, em termos causais, mas uma interferência no âmbito de outrem, como sua exteriorização em face da vontade geral, está claro que a omissão só será relevante à medida que, tal como se dá na comissão, o omitente faça depender de sua ação a integridade do interesse alheio. Isto se dará quando ele mesmo tenha gerado o perigo para o interesse de outrem, ou quando tenha assumido a incumbência de protegê-lo.[30] Diferentemente de seus contemporâneos e, justamente, em função de sua postura de que a responsabilidade por uma conduta só subsiste quando implique uma intervenção na esfera de liberdade de outrem, neste aspecto, portanto, seguindo uma veia hegeliana, assevera MERKEL que não basta a simples causalidade para que a omissão seja equiparada à ação. Será preciso, também, que o resultado tenha sido previsível ao tempo em que a ação precedente tenha sido praticada. Com isso, queria MERKEL eliminar a incongruência

---

26. Sobre as origens deste pensamento, a partir de STÜBEL, ver Jürgen WELP, *Vorangegangenes Tun als Grundlage einer Handlungsäquivalenz der Unterlassung,* 1968, p. 29.

27. Assim, por exemplo, KRUG, August Otto *Abhandlungen aus dem Strafrechte*, Leipzig, 1855, p. 37; TEMME, Jodocus D. H. *Lehrbuch des Preußischen Strafrechts,* 1853, p. 262; GLASER, Julius. *Abhandlungen aus dem österreichischen Strafrecht,* 2.º tomo, 1858, p. 299.

28. GLASER, Julius. *Abhandlungen aus dem österreichischen Strafrecht,* 2.º tomo, 1858, p. 316.

29. Idem, ibidem, 2.º tomo, 1858, p. 313.

30. MERKEL, Adolf. *Lehrbuch des deutschen Strafrechts,* 1889, p. 113.

do chamado *dolo subsequente,* que não havia sido suficientemente superada por LUDEN ou por STÜBEL.[31] Exigindo a demonstração de que o resultado fora previsível, MERKEL não descarta, porém, a assertiva de que a omissão se equipare a uma ação. Dentro dessa linha e para ser coerente com seu sistema, faz da omissão objeto não só do injusto, mas também da culpabilidade.[32]

C) A teoria da causalidade subjetiva

Em desdobramento dessa assertiva, mas sem levar em conta a ação precedente, leciona FINGER que, embora a omissão não possa estar vinculada a uma ação causal física, daí não se deve inferir a inexistência de causalidade. Aqui, a causalidade assumiria outra forma, precisamente, a do erro quanto à não ocorrência do resultado. A omissão não significa a ausência de uma ação, mas a ausência da representação acerca do que se realiza. Assim, o erro de que fala FINGER constitui um fundamento positivo, do qual é gerado, causalmente, o resultado.[33]

Sob outros fundamentos, postula também GEYER que a omissão possa ser causa de um resultado, à medida que constitua uma atuação psíquica a produzi-lo.[34] Neste caso, a equiparação da omissão à ação não se daria no âmbito da causalidade física, mas da representação e vontade do sujeito. Diferentemente, contudo, da posição hegeliana, que via em qualquer forma de conduta uma projeção da vontade e nela incluía o resultado, procede GEYER à sua diferenciação, como vontade que motiva o ato e como vontade que desencadeia o resultado. Neste último caso, como se dá com a omissão, a vontade adere ao processo causal e, assim, se torna concludente em relação ao seu efeito.[35]

Modernamente, a teoria da causalidade subjetiva é reabilitada por TRAPP, que busca identificar a omissão com a resolução volitiva, pela qual o sujeito decide não fazer aquilo que poderia ter feito. A causalidade se reduz, então, à força da vontade. Embora muito próximo da formulação hegeliana, TRAPP considera, porém, que o que assinala a característica da omissão não é a projeção da vontade, mas sim a redução do não agir a um momento volitivo.[36] De conformidade com isso, se, para se omitir, o sujeito precisa querer,

---

31. Entre nós, com essa crítica à questão do dolo subsequente, COSTA JÚNIOR, Heitor. *A teoria da omissão no pensamento jurídico penal de Tobias Barreto,* 1979, p. 192.

32. MERKEL, Adolf. *Lehrbuch des deutschen Strafrechts,* 1889, p. 116.

33. FINGER, August. *Lehrbuch des deutschen Strafrechts,* 1904, p. 285.

34. GEYER, August. *Grundriss zu Vorlesung über gemeines deutsches Strafrecht,* 1884, p. 124. Também nesse mesmo sentido, ALDOSSER, Carl. «Inwiefern können durch Unterlassungen strafbare Handlungen begangen werde?», *Preisschrift,* München, 1882, p. 81 e ss.

35. Idem, ibidem, 1884, p. 124.

36. TRAPP, Rainer W. *Nicht-klassischer Utilitarismus. Eine Theorie der Gerechtigkeit,* 1988, p. 417.

porquanto somente o próprio querer poderá implicar uma causalidade, seria inconcebível uma omissão culposa.

D) A teoria da interferência

Já no que toca à teoria da interferência, assinala VON BURI, um de seus corifeus, possuir a omissão, como tal, independentemente da ação precedente produtora do perigo, uma base causal própria, que se projeta em torno de dois segmentos. Em um primeiro segmento, reconhece a todo ser vivo não apenas o poder de produzir efeitos, mas, ao mesmo tempo, uma força tomada no sentido de uma vontade de evitar que, como consequência de sua atividade, esses efeitos se traduzam em lesão de um interesse juridicamente protegido. Em um segundo segmento, salienta a existência, também, de uma força adversa, que anula aquela vontade de evitar o resultado. Nessa força adversa residiria a causalidade do ato omissivo, como ação interferente sobre aquela primeira que se projetava, normalmente, a impedir o resultado.[37]

Na mesma esteira da teoria de interferência de VON BURI, põe-se, também, BINDING, para quem os delitos omissivos deveriam ser diferenciados em dois grupos. No primeiro, enquadrar-se-iam aquelas atividades normalmente inofensivas ou, de por si, não criminosas, que desencadeiam o perigo da produção do resultado. No segundo, situam-se aquelas atividades que devem ser praticadas em função de deveres de ofício para impedir que o resultado ocorra.

Com relação ao primeiro grupo, entende BINDING que a omissão constitui uma forma de causalidade e, assim, uma verdadeira ação, quando o sujeito tiver efetivamente realizado a conduta precedente causadora do perigo, ou quando tiver desenvolvido uma ação pela qual a ocorrência do resultado seria facilitada em face da anulação das condições que o poderiam impedir.[38] Para dar uma visão mais concreta desta forma de causalidade, poder-se-ia valer de três exemplos formulados por SCHWARZ: isso se daria, assim, quando o sujeito tivesse provocado diretamente o perigo de afogamento, ou quando conduzido o guarda-vidas para fora do posto de observação ou quando o próprio guarda-vidas tivesse abandonado seu posto,[39] situações nas quais se verifica a presença do perigo para a produção do resultado e nas quais a omissão se traduz numa interferência, primeiramente, quanto ao desdobramento da ocorrência do resultado como efeito da própria ação antecedente do sujeito e, depois, quanto à sua não evitação.

---

37. BURI, Maximilian von. *Die Causalitaet und ihre strafrechtliche Beziehung,* 1885, Anexo a *Gerichtssall,* 37, p. 14. Seguindo esse pensamento, JANKA, Karl. *Das österreichische Strafrecht,* 3.ª ed., 1894, p. 67.

38. BINDING, Karl. *Die Normen und ihre Übertretung,* II, 1965, p. 224 e ss.

39. SCHWARZ, Wilhelm. *Die Kausalität bei den sogennanten Begehungsdelikten durch Unterlassung,* 1929, p. 44, notas 60. 61 e 62.

Já no que toca ao segundo grupo, uma vez que se trata de situações nas quais incide um dever especial de evitar o resultado, a causalidade decorreria de uma combinação de situações: uma, sem culpa e outra, de culpa subsequente. Na situação sem culpa, o perigo aparece sem que o sujeito o tenha, de qualquer modo, provocado; na situação com culpa, o sujeito deixa de exercer sua ação para evitar que o perigo se concretize no resultado. Como esta última hipótese conduziria, simplesmente, à omissão pura e não a uma ação, BINDING contorna a dificuldade, fazendo consignar que, neste caso, o resultado decorre da própria continuidade da ação, como aquela que rompe o equilíbrio em face das condições negativas do resultado.[40]

Uma postura subjetiva das teorias da interferência foi defendida, por sua vez, por FISCHER, que compreende, então, a causalidade como uma própria evitação da ação que impediria o resultado. Para tanto, reconhecia FISCHER no sujeito tanto uma vontade de evitar o resultado, quanto uma capacidade para fazê-lo. Na medida em que o sujeito não tenha exercitado nem essa vontade nem a capacidade de evitar o resultado, acaba por causá-lo. Aqui, a causalidade se desenvolve dentro de um processo interno de coação: a coação que impede o exercício da ação que evitaria o resultado.[41] Para chegar a este ponto, pondera, no entanto, FISCHER que os delitos omissivos se traduzem, inicialmente, «na possibilidade de um resultado por meio do cancelamento de uma situação, que, caso fosse mantida, o teria evitado». Entretanto, diz que «essa forma de causação – o impedimento de um obstáculo ao resultado – existe também nos delitos comissivos, ainda que rara» e não é um dado significativo. A particularidade que possibilita identificar a omissão como forma de ação não é inferida, pois, da causalidade objetiva, mas do fato de que a «situação evitada subsiste na constituição pessoal do autor», da qual dependeria como «atuação por meio de um acontecimento interno». Como acontecimento interno, a causalidade estaria, assim, vinculada não apenas à vontade de não evitar o resultado, mas também à capacidade pessoal de fazê-lo. Ainda que, neste caso, a causalidade dependa de uma circunstância interna, reconhece FISCHER, por outro lado, que a identidade entre ação e omissão conduz a considerar que, para a produção do resultado, o ato volitivo tanto pode ser interno quanto externo. A unidade do externo se dá, justamente, na qualidade de ser um ato volitivo e provir de um agente capaz de realizá-lo. O autor, então, «possui, originariamente, a vontade e a capacidade de evitar o resultado, mas cancela uma dessas suas características, por meio de qualquer ato volitivo – interno ou externo – e fornece, pois, ao resultado, anteriormente impossível, as condições de sua ocorrência».[42]

---

40. BINDING, Karl. *Die Normen und ihre Übertretung*, II, 1965, p. 509.

41. FISCHER, Paul. «Das kausale Element im sogennanten Begehungsdelikt durch Unterlassung», *ZStW* 23, 1903, p. 460 e ss.

42. FISCHER, Paul «Das kausale Element im sogennanten Begehungsdelikt durch Unterlassung», *ZStW* 23, 1903, p. 507-508.

E) A teoria da causalidade adequada

Em face das dificuldades apresentadas pelas teorias da ação precedente e da interferência, pondera Von Bar que a causalidade, na omissão, não pode ser apreciada em termos de uma produção natural de efeitos, mas sim de uma consideração normativa. Ao adotar uma causalidade própria no direito, não se afasta Von Bar, entretanto, dos postulados naturalísticos já levados em consideração pelo empirismo inglês. Isto não implica, assim, que a omissão se diferencie da ação em virtude de um critério valorativo. A causalidade, na omissão, continua sendo acolhida como uma causalidade da ação. O que, na verdade, se altera é o conceito de causalidade. Nesse sentido, afirma Von Bar, seguindo os passos de Hume, que uma conduta é, «no sentido jurídico, causa de um acontecimento, à medida que possa ser associada a este acontecimento, como uma condição através da qual ele regularmente se produz». Mediante a inversão deste conceito se pode chegar, então, à causalidade na omissão. Se causa é a condição que regularmente produz o resultado, da mesma forma, uma ação que impeça, também, regularmente, esse resultado pode ser considerada uma condição de sua não ocorrência. Nesse sentido, como a omissão se apresenta como a negação da ação que impede o resultado, poderá ser tomada, também, como sua causa, à medida que essa ação que se deveria realizar, mas não se realizou, conduzisse, regularmente, ao seu impedimento. Ainda que esse raciocínio possa ser adequado a uma causalidade jurídica, pondera, no entanto, Von Bar que a sua aceitação deve se subordinar a duas circunstâncias: a) que a subsistência da ação seja de tal ordem, que todos os participantes por ela esperam e b) que a sua proficiência para impedir o resultado corresponda ao juízo de que, com a sua execução, o resultado teria sido evitado segundo as regras do direito vigente.[43] O raciocínio empreendido por Von Bar é uma tentativa de combinar aspectos da realidade empírica, a partir da conclusão da causalidade na ação, com uma fórmula hipotética, empiricamente precária, de que a não produção de um efeito implica, no fundo, sua realização, desde que pese sobre as relações contextuais um juízo de regularidade. Está claro que falta a esse processo de imputação um conteúdo material ou uma referência, ainda que subjetiva, a dados próprios da conduta, que poderiam levar à elaboração de um conceito de omissão fundado na realidade fenomênica. Por isso mesmo se diz que se trata de uma forma normativa de compreensão da causalidade e não de uma explicação nitidamente nomológica de seus elementos. Ao contemplar a causalidade fora do âmbito empírico – diversamente, então, das teorias antecedentes –, busca Von Bar promover o processo de equiparação da omissão à ação por meio de um instrumento simbólico. A causalidade, desde que desprovida de elementos empíricos e trabalhada, exclusivamente, sob o aspecto normativo, só serve mesmo de uma proposição

---

43. Bar, Carl Ludwig von. *Die Lehre vom Causalzusammenhange im Rechte, besonders im Strafrechte,* 1871, p. 11 e ss.

lógica de legitimação da imputação. Nesse mesmo sentido se manifestam também KOHLER,[44] ROHLAND[45] e TRAEGER. Este último assevera, ainda, que a «omissão é causal quando seja antijurídica», o que a transforma, por isso mesmo, em uma condição do resultado como ação.[46]

Uma particular forma de causalidade normativa é, ainda, procedida por SAUER, para quem a equiparação da omissão à ação constitui uma conclusão incontestável do que chama de «monadologia jurídica». Por esta deve-se entender a formulação normativa que decorre dos mais elementares fundamentos da experiência jurídica.[47] De acordo, assim, com essa experiência jurídica, a constatação de que uma determinada condição produz, regularmente, certo resultado vale para caracterizar a causalidade tanto na ação quanto na omissão, nesta última, porém, sob o pressuposto de que a execução da ação, que o sujeito não realizou, também não o teria, regularmente, produzido.[48] Aqui, portanto, não se trabalha com a causalidade adequada em função da evitabilidade do resultado, mas com os efeitos que a ação juridicamente determinada produziria. Se sobre os efeitos se pudesse formular um juízo positivo, pelo qual se concluiria que eles, regularmente, se teriam produzido com a ação mandada, não se poderia falar de causalidade da omissão, porquanto a ação mandada não teria qualquer sentido em face de sua determinação normativa. Justamente a subordinação da condição adequada ao sentido da norma é que preencheria o fundamento da causalidade na omissão e justificaria o argumento de sua imputação ao sujeito.

F) A teoria da suposta causalidade natural

Os partidários da teoria da causalidade natural, entre os quais, especialmente, LANDSBERG, consideram que a omissão constitui um nada, o que implicaria, aparentemente, sua oposição à ação. Mas, ao contrário disso, afirmam ser possível extrair uma causalidade desse nada e, assim, proceder-se à equiparação da omissão à ação. Para tanto, buscam fixar, inicialmente, a diferenciação entre produção e causação de um evento. A produção só poderia ser desencadeada por uma ação positiva, mas a causação comportaria também a omissão. Uma vez que, para a teoria da equivalência dos antecedentes, qualquer condição pode ser considerada causa de um resultado, entende LANDSBERG que a omissão será, também, causa desse resultado, se este sem aquela não se teria realizado. A omissão, desta forma, como modalidade equivalente de ação

44. KOHLER, Joseph. *Studien aus dem Strafrecht,* tomo 1, 1890, p. 45.
45. ROHLAND, Woldemar von. *Die Kausallehre des Strafrechts,* 1903, p. 55.
46. TRAEGER, Ludwig. *Das Problem der Unterlassungsdelikte im Straf- und Zivilrecht,* 1913, p. 61.
47. SAUER, Wilhelm. «Strafrechtliche Probleme in monadologischer Behandlung», *Gerichtssaal* 100, p. 171 e ss.
48. SAUER, Wilhelm. *Grundlagen des Strafrechts,* 1921, p. 453 e ss.

causal viria a constituir um acontecimento (condição) sem o qual o resultado não teria ocorrido. LANDSBERG se empenha em demonstrar o conteúdo natural de sua teoria, mas esta se convola em uma teoria lógica da causalidade, que bem pode ser incluída naquelas da causalidade normativa.[49] Para contornar essa questão, busca LANDSBERG também o caminho de sedimentar sua teoria em um dado empírico do sujeito. Por este raciocínio, a causalidade na omissão poderia ser representada também em função do próprio poder de agir do sujeito, que lhe emprestaria, assim, um componente material e não apenas simbólico. Apesar de todos seus esforços, LANDSBERG não pode convencer: o poder de agir é apenas uma condição para se exigir do sujeito que atue atendendo ao comando legal; isso não tem, todavia, qualquer relação com a causalidade do evento. A imputação não resulta da causalidade, mas de um elemento normativo que, simbolicamente, tem em conta uma aparência de causalidade, à medida que sirva para legitimar a imposição do dever de agir.

Também defende uma causalidade natural para omissão WACHENFELD, ao enfatizar não existirem diferenças entre a ação de empreender e a ação de acolher o fruto do empreendimento. Em qualquer caso, o sujeito exerce sobre o acontecimento seu domínio, desenvolvendo, assim, uma cadeia causal equivalente. No primeiro caso, o sujeito provoca o desenrolar dessa cadeia; no segundo, apenas dela se aproveita. Particularizando a hipótese para o âmbito dos delitos patrimoniais, argumenta que uma pessoa viola o patrimônio de outrem não apenas quando subtrai a coisa, como também quando esta mesma coisa, por força da natureza, é integrada indevidamente à sua posse e não é restituída ao respectivo dono.[50] Ao não restituir a coisa ou não impedir que essa se associe à sua posse, o sujeito está também exercendo seu domínio sobre a violação patrimonial, assim como se daria, normalmente, com o ato da subtração.

Essa característica da causalidade realçada sobre a base do domínio do agente vem encontrar eco, ainda, em outros autores, entre os quais KRÜCKMANN. Seguindo a exposição de SCHWARZ, que analisa com particularidades sua teoria, para KRÜCKMANN o domínio exercido pelo agente sobre o fato se estende tanto sobre a produção do evento quanto sobre o seu impedimento. Desde que o sujeito detenha o domínio da ocorrência do evento, quer produzindo-o diretamente, quer não impedindo que ocorra, desempenha uma atividade causal.[51] É óbvio que o domínio pode se estender tanto à produção de

49. LANDSBERG, Ernst. *Die sogennante Kommissivdelikte durch Unterlassung im deutschen Strafrecht,* 1890, p. 97 e ss.

50. WACHENFELD, Friedrich. *Lehrbuch des deutschen Strafrechts,* 1914, p. 92.

51. SCHWARZ, Wilhem. *Die Kausalität bei den sogenannten Begehungsdelikten durch Unterlassung,* 1912, p. 78; KRÜCKMANN, Paul. «Verschuldensaufrechnung, Gefährdungsaufrechung und Deliktsfähigkeit», *Jheringsjahrbuch* 55, p. 240, 1909.

um evento quanto a impedir que forças naturais o produzam. Isso, porém, não transforma essa relação em uma cadeia causal.

Sob outros fundamentos, mas com a mesma conclusão, inclui-se, igualmente, Max Ernst Mayer entre os partidários da teoria da causalidade natural. Em primeiro lugar, traça uma diferenciação entre o fazer e o omitir. Ambos – o fazer e omitir – integram uma categoria maior, que ele denomina de ação; a omissão constitui, portanto, uma modalidade de ação. Muito embora não se confunda com a comissão, a omissão também não pode prescindir da determinação de sua causalidade. Entretanto, para se chegar a essa assertiva é preciso proceder-se ainda a outra diferenciação: entre omissão e simples não atividade. Omissão seria somente a não atividade incorporada na vontade do agente. Enquanto a simples não atividade nada pode causar, a omissão constitui uma condição causal. Esta condição, por seu turno, é causa do resultado, quando o sujeito a inclui na sua vontade e projeta para si mesmo o fato de não realizar a ação (fazer) para impedir o resultado.[52] A argumentação de Max Ernst Mayer é bastante nítida, mas não pode se afastar de sua origem neokantiana, pela qual será possível reconhecer-se uma causalidade sem manifestação de vontade. Claro que isso é possível; a causalidade pode ser acolhida sem referência à vontade. Mas, para Max Ernst Mayer, a causalidade do omitir reside justamente na vontade de não impedir o resultado, o que complica o processo de imputação. Se a omissão tem seu ponto de apoio para se equiparar ao fazer e, assim, integrar-se como forma de ação, na vontade de não impedir o evento, não pode prescindir de uma manifestação exterior dessa vontade. Ao caracterizar-se a omissão como forma de ação sem manifestação de vontade e, ao mesmo tempo, afirmar-se que sua equiparação ao fazer se dá por meio da causalidade resultante de um ato de vontade, a imputação é compreendida como puro processo simbólico: a causalidade deriva da vontade, mas esta não pode ser manifestada, porque isso só ocorre no fazer e não no omitir, mas ainda haverá imputação porque toda vontade está relacionada a um evento, pelo qual o sujeito se deve responsabilizar caso não o impeça.

Uma forma particular de conceber a causalidade na omissão é proposta por Kissin. Como ponto de partida para sua elucubração, afirma que tanto a omissão quanto a ação têm um mesmo fundamento, o qual deve ser caracterizado como a produção causal de um evento, sob a condição de que o agente era capaz tanto de produzi-lo quanto de evitá-lo. Reativa-se, aqui, a velha tese de Landsberg sobre o domínio do sujeito. Em consequência disso, Kissin não vê diferenças substanciais na causalidade da ação e da omissão. Em ambas, subsiste a mesma forma de causalidade. As diferenças existentes são apenas circunstanciais: na ação, o resultado depende, preponderantemente, de sua execução; na omissão, sempre depende, também, da interferência de outras

52. Mayer, Max Ernst. *Der allgemeine Teil des deutschen Strafrechts,* 1915, p. 108.

condições.[53] Apesar disso, assevera que esta característica não é importante para propor uma diferenciação entre ação e omissão, porquanto, também na ação, como o demonstram as ciências naturais, incidem, para a produção do fato, outras condições, além da atividade do sujeito. O fundamento da omissão reside no fato de o sujeito participar da cadeia causal que produz o resultado, na qualidade de um de seus anéis, justamente em face de sua capacidade de impedi-lo. Para tanto, porém, será preciso que, no momento da possibilidade de atuação do sujeito, estejam presentes, também, as condições que, direta ou indiretamente, produzam o evento.[54] A busca de elementos empíricos por Kissin é frustrante, porque se funda, essencialmente, na capacidade do sujeito de atuar. Mas a capacidade do sujeito não é suficiente, em termos causais, para afirmar que um não fazer se equipara a um fazer. O não fazer só terá relevância se estiver associado a uma norma; prescindir-se da norma em favor da capacidade de agir implica retratar o sujeito fora da ordem jurídica, também em função de elementos simbólicos que lhe são atribuídos.

II. O RETORNO AO CONCEITO MATERIAL DE AÇÃO

A improcedência de se encontrar, na causalidade, um elemento de equiparação da omissão à ação conduz a doutrina a repensar a questão do conceito de conduta a partir de suas relações com a ordem jurídica. A necessidade de uma formulação de ação que leve em conta seus elementos objetivos e concretos, dentro de uma realidade fenomênica e, ao mesmo tempo, sob a égide do direito, não é, por sua parte, um simples jogo de palavras ou uma simples indagação estéril. Se o processo de imputação deve ser fundado em afirmações concludentes sobre a realidade dos fatos e a responsabilidade do sujeito, surge imediatamente a questão de se determinar se a prova da existência da atividade deve preceder à tipicidade, ou somente executada dentro de seus limites. Esta indagação é importante porque a partir dela se poderá determinar, com exatidão, o objeto sobre o qual a proibição ou o comando se deve dirigir. Portanto, quando se fala da ação como acontecimento material, não se está exercitando o óbvio, mas, sim, estabelecendo os pressupostos sobre os quais o direito penal deve se fundar. Parece, à primeira vista, que ninguém nega que a ação possua um dado fenomênico, que se fundamenta como objeto da atuação jurídica. O problema reside, no entanto, em se determinar de que forma se pode identificar esse dado fenomênico e que grau de relevância ele apresenta, também, como dado jurídico. Conforme os diversos enfoques sobre esses dois parâmetros, as acepções variam, desde uma compreensão causal até, por último, sua inteira submissão a um significado normativo.

---

53. Kissin, Siegfried. *Die Rechtspflicht zum Handeln bei den Unterlassungsdelikten*, 1933-1977: 37.

54. Idem, ibidem, 1933-1977, p. 38.

1. As variações hegelianas

Desde que se propôs a formular um conceito de ação, BERNER já assentava, como pressuposto, que estava tratando de um acontecimento material. São, aliás, conclusivas suas palavras nesse sentido: «Uma vez que o sujeito tenha encontrado um meio através do qual possa atuar sobre o objeto, encontramo-nos no ponto de falar da própria ação delituosa».[55] Ainda que BERNER se filie à postulação hegeliana de ação, como uma interferência da vontade sobre o fato, isto não descarta sua natureza objetiva.

O próprio HEGEL não se afastou dessa objetividade, ao falar da projeção material da vontade. Em sua conferência proferida no semestre de inverno de 1824 na Universidade de Berlin, além de ressaltar constituir a ação uma intermediação entre o subjetivo e o objetivo, procura demonstrar como o subjetivo se transforma em objetivo. «Quando temos uma finalidade» – diz HEGEL – «ela (a vontade) é subjetiva. Mas nós agora a transformamos em objetiva, pois temos diante de nós um mundo, um objeto, um material, sobre o qual queremos executá-la. Isso é sobretudo objetivo. O subjetivo e o objetivo são, assim, separáveis, cada qual em seu domínio, negativo. Minha finalidade é carente, por isso deve ser preenchida, ela é negativa. Nós a preenchemos porque sabemos que lhe falta algo». «... Quando preencho a finalidade» – continua – «isto implica a negação da negação, negação da carência dessa finalidade. Esta carência, então, é eliminada e a carência negada constitui a finalidade objetivada».[56] Está claro, então, que, constituindo a ação uma forma de intermediação entre o fim proposto e a vontade, de modo que sua execução venha a representar a objetivação desse fim, se tem que a ação não é uma entidade imaginária ou fictícia, nem muito menos uma simples vontade ou modo de ser, mas um objeto real, que se move materialmente e é capaz de ser empiricamente apreendido.

Com base no que HEGEL escreveu sobre dolo e culpa no primeiro parágrafo do capítulo sobre a moralidade, leciona QUANTE, que se dedicou a discutir, especificamente, o seu conceito de conduta, que uma ação, como tal, deve ser interpretada em função de constituir, também, um acontecimento, um efeito. Assim, ainda que se possa dizer que essa ação seja tão só uma exteriorização da vontade, sua «explicação e imputação não podem ser apreendidas, porém, como puro contexto intencional, porque se referem, também, a seus próprios efeitos».[57]

Precisamente em face disso foi possível a BERNER desenvolver uma teoria própria da imputação, também, com base na demonstração de uma corres-

---

55. BERNER, Albert Friedrich. *Lehrbuch des deutschen Strafrechts,* 7.ª ed., 1874, p. 160.

56. HEGEL, Georg Wilhelm Friedrich. *Vorlesungen über Rechtsphilosophie,* tomo 4, 1974, p. 123.

57. QUANTE, Michael. *Hegels Begriff der Handlung,* 1993, p. 144.

pondência objetiva entre o acontecimento e a vontade do sujeito e chegar à conclusão de que faltará, sempre, esta imputação «quando o sujeito não for além do simples ideário acerca do delito e sua vontade não se manifestar no mundo exterior».[58] O fenômeno é tratado sob dois parâmetros: da vontade, como seu dado subjetivo, e de sua exteriorização, como intermediação para com o resultado. Como a vontade, por si só, é indemonstrável, a relevância recai sobre o segundo parâmetro, isto é, sobre a intermediação para com o resultado. Em virtude, no entanto, da própria estrutura desse pensamento, é difícil estabelecer de que forma esta intermediação se tornaria apreensível.

2. As propostas alternativas

Aos não hegelianos, que trabalham substancialmente sobre a base de um sistema causal, a condição da materialidade da ação está ancorada na sua própria formulação. Quanto a tomar a ação como realidade objetiva, estão de acordo todos os autores que trabalham, de uma forma ou outra, sob o pressuposto de que, para o direito penal, se torna absolutamente necessário demonstrar que determinado sujeito fora, com sua conduta, o causador do resultado juridicamente proibido.

Inclusive para os que adotam uma concepção normativista de conduta, à qual somente assinalam, como relevantes, características negativas, com o sentido de delimitarem o âmbito de incidência dos juízos acerca do injusto e da culpabilidade, a ação, como tal, apresenta-se, de qualquer modo, como um acontecimento real. Radbruch, por exemplo, apesar de sua inconclusão quanto aos elementos que compõem a ação e sua assertiva de que o importante será fixar de que modo «a relação entre vontade e fato se ajusta à estrutura da antijuridicidade, da culpabilidade e da punibilidade», jamais deixou de consignar-lhe um conteúdo empírico, ao expressar como fato «um movimento corpóreo em conexão causal com o resultado».[59] Modernamente, ainda que não se lance como protagonista de um causalismo manifesto, mas, de qualquer modo, recusando-se a emprestar ao conceito de ação a relevância que lhe foi dada pela doutrina no início dos anos cinquenta do século XX, preleciona Kühl que, visto positivamente, «deve o conceito de ação assegurar que um objeto idôneo subsista como objeto de avaliação jurídico-penal, antes que essa avaliação se inicie». Assim, embora a comprovação de sua subsistência possa ser efetuada no âmbito da tipicidade, «será melhor procedê-la em uma etapa de demonstração prévia»,[60] antes da análise do injusto. Com esse posicionamento, estima Kühl que o conceito de omissão terá que ser extraído de

---

58. Berner, Albert Friedrich. *Lehrbuch des deutschen Strafrechts*, 7.ª ed., 1874, p. 162.

59. Radbruch, Gustav. *Der Handlungsbegriff in seiner Bedeutung für das Strafrechtssystem*, 1967, p. 74, 75.

60. Kühl, Kristian. *Strafrecht*, AT, 5.ª ed., 2005, p. 10.

elementos não normativos, como se a infração dos deveres de agir que condiciona a relevância da omissão pudesse ser enfrentada independentemente de um juízo de valor. Apesar disso, fica sem esclarecimento como se deva obter a demonstração dessa infração, sem uma avaliação normativa.

Mesmo prescindindo de uma etapa prévia de comprovação da subsistência da ação, outros partidários da concepção puramente normativista, como Otto, não deixam de consignar a necessidade de uma demonstração de que o sujeito, por meio de uma atividade concreta, tivera a possibilidade de influir na produção causal do evento. Se, por um lado, com esta assertiva se confunde o conceito de ação com o próprio sentido da imputação, por outro, se insere nesse processo uma referência a uma atividade concreta em função de sua projeção causal.[61] Novamente, o velho esquema causal continua a persistir como uma pedra de toque do sistema.

Igualmente, aos que se filiam ao conceito final de ação, desde Welzel até seus seguidores atuais, não se descarta a necessidade de uma demonstração de que o fim perseguido pelo agente tenha que estar vinculado à execução material da atividade, isto é, ao controle concreto dos meios causais adequados a alcançá-lo, também, como etapa prévia ao exame da tipicidade.[62] Isso independentemente da criação artificial da finalidade potencial, que prescinde de qualquer demonstração, uma vez que, por não possuir uma realidade, não pode ser objeto de juízos aléticos. Justamente neste ponto, como se verá mais adiante, é que reside a contradição do conceito final de ação, que perde seu caráter de coerência científica, ao propor como elementos da conduta características que lhe são estranhas, tanto ao seu sentido material quanto essencial.

Todas as características materiais da conduta estão, ainda, presentes nas formulações funcionais de Roxin. Ao enunciar o conceito de ação como «exteriorização da personalidade», no sentido de que a «ação é, em primeiro lugar, tudo o que possa ser atribuído a uma pessoa como centro de atuação psicoespiritual», não deixa de consignar que disso deverá, necessariamente, ser inferida a afirmação de que somente será ação aquilo que se projeta materialmente no mundo exterior.[63]

O mesmo se pode dizer do enunciado de Jakobs, não obstante sua complicada exposição com base em critérios normativos puros que aí são inseridos. Se a ação, para Jakobs, é entendida como a «causação evitável do resultado»,[64] está claro que constitui um acontecimento material, apreensível objetivamente. Não importa que este conceito tenha como ponto de referência

---

61. Otto, Harro. *Grundkurs Strafrecht*, AS, 2004, p. 51.

62. Ebert, Udo. *Strafrecht*, AT, 3.ª ed., 2001, p. 24; Stratenwerth, Günter; Kuhlen, Lothar. *Strafrecht*, AT, 6.ª ed., 2011, p. 57 e ss.; Welzel, Hans. *Deutsches Strafrecht*, 1969, p. 33.

63. Roxin, Claus. *Strafrecht*, AT, 4.ª ed., 2006, p. 256.

64. Jakobs, Günther. «El concepto jurídico-penal de acción», trad. Manuel Cancio Meliá, *Estudios de derecho penal*, 1997, p. 112.

o não reconhecimento, por parte do sujeito, da vigência da norma, de modo que a característica da evitabilidade não decorra do rumo dos sucessos causais, mas da sua vinculação ao âmbito normativo de motivação, de que o resultado teria sido evitado caso o sujeito tivesse um motivo dominante para fazê-lo. O enunciado só se tornará válido à medida que essa motivação defeituosa se manifestar exteriormente. Caso contrário, não há que se cogitar de ação.

O que se torna mais difícil é encontrar um substrato de realidade fenomênica nos puros conceitos negativos de conduta, tais como os formulados por HERZBERG e BEHRENDT, com base no critério da evitabilidade. Poder-se-ia incluir aí, também, a proposta de KAHRS, mas este não se exime de avaliar a ação conforme a produção causal de um efeito, apenas se limita a estabelecer, como critério de imputação, a condição de que esse efeito não tivesse sido evitado pelo autor, embora fosse por ele evitável.[65]

HERZBERG, em contrapartida, vai mais longe. Inicialmente, especula sobre a possibilidade de encontrar um conceito de ação que se ajuste a todas as formas de delito. Diante dessa perspectiva, passa a desenvolver um estudo particularizado dos delitos por ação e chega à conclusão de que todos eles devem adaptar-se à estrutura dos delitos omissivos impróprios. Com isso, entende que, em função da estrutura normativa, não existe, na verdade, norma proibitiva, todas as normas são mandamentais,[66] ao estilo do que, muito antes, havia consignado KELSEN, como derivação de seu caráter preceptivo.[67] Assim, se, no delito de homicídio, praticado por ação, o dado significativo não é a violação da norma proibitiva de matar, mas o não atendimento da imposição do ato de impedir a morte, chega-se à conclusão de que todo o substrato material da ação deve ser deixado de lado para a sua configuração, porque o que assinala a característica da ação não é o comportamento em si mesmo, mas a posição de garantidor na qual se encontra situado o sujeito. Basta, então, que se constate que determinado autor se encontre em posição de garantidor para concluir que não cumpriu o mandamento legal de evitar a morte, quando essa ocorra. Uma vez que, nos delitos comissivos, a posição de garantidor decorre da própria estrutura da norma, sem identificação específica do sujeito, se torna extremamente difícil caracterizar empiricamente uma conduta. Tudo se resume à generalidade de uma prescrição legal. Se a ação se confina aos estritos limites do não cumprimento de uma determinação legal, não há necessidade de que, efetivamente, se deva proceder a qualquer investigação empírica de que aquele ato existiu. Para tornar materializável tal conceito, só há uma alternativa: regressar ao antigo pressuposto do agir de outro modo, como proposto

---

65. KAHRS, Hans Jürgen. *Das Vermeidbarkeitsprinzip und die condicio-sine-qua non-Formel im Strafrecht,* 1968, p. 36.
66. HERZBERG, Rolf Dietrich. *Die Unterlassung im Strafrecht und das Garantenprinzip*, 1972, p. 439.
67. KELSEN, Hans. *Teoria geral das normas,* trad. José Florentino Duarte, 1986, p. 171.

por LUDEN, ou da ação antecedente, como indicado por GLASER. Mas assim não procede HERZBERG, daí gerar a observação de STRATENWERTH-KUHLEN de que com o «homicídio tomado como a não evitação do próprio fato, como a diferença evitável do resultado, torna o delito um produto de pura abstração».[68]

Isto tampouco muda em relação a BEHRENDT, independentemente da busca de um fundamento psicanalítico para justificar o conceito de ação. BEHRENDT pretende ver na ação a não evitação de uma situação típica evitável, em face de uma tendência interna de destrutividade do sujeito.[69] Este fundamento psicológico, todavia, não é empiricamente apreensível. Afinal, como se chega à consideração de que um sujeito possui a tendência interna no sentido de uma destrutividade? Ao propor que a ação constitua a omissão de uma orientação contrária à tendência interna do sujeito no sentido de destrutividade, dá a entender, à primeira vista, que essa ação estaria consignada como manifestação da personalidade. Contudo, depois se verifica que essa referência à tendência destrutiva, mais do que fundamento psicológico, só tem importância em termos normativos, porque subordinada à avaliação jurídica. Assim, desde que um fato esteja juridicamente justificado, por exemplo, porque praticado em legítima defesa, inexistiria ação, em face da inexistência da correspondente tendência interna destrutiva.[70] Nesse caso, como o fato era inevitável, não se poderia dizer que a ação manifestasse, em sentido negativo, uma tendência destrutiva. Se o que vale, no fundo, é a avaliação jurídica e não o fundamento psicológico, não há necessidade de sua referência, que funciona apenas como pressuposto argumentativo e não como fundamento de existência de uma conduta.

III. AVALIAÇÃO CRÍTICA

A retomada do conceito de ação não trouxe novas luzes sobre a matéria. O processo de equiparação da omissão à ação não pode ser justificado por elementos empíricos atribuídos à ação ou pela mudança de rumos da dogmática, ao consignar o delito omissivo como o modelo básico de delito. Na primeira vertente, falece aos novos enunciados um fator determinante capaz de descobrir, no comportamento omissivo, um conteúdo material que possa ser associado à ação, sem prescindir da violação de um dever imposto pela norma. Se as tentativas de admitir uma causalidade na omissão se mostraram todas infrutíferas, por conduzirem a proposições simbólicas, quer a trabalhem sob aspecto empírico, quer sob aspecto normativo, da mesma forma, o enunciado de um conceito material de ação se torna insuficiente para contemplar, nele mesmo, a omissão ou fornecer elementos que promovam sua equiparação à ação. Se,

---

68. STRATENWERTH, Günter; KUHLEN, Lothar. *Strafrecht*, AT, 6.ª ed., 2011, p. 59.

69. BEHRENDT, Hans-Joachim. *Die Unterlassung im Strafrecht. Entwurf eines negativen Handlungsbegriffs auf psychoanalytischer Grundlage*, 1979, p. 132.

70. Idem, ibidem, 1979, p. 106.

por um lado, a tese hegeliana da objetivação do subjetivo impressiona, porque lança as bases de uma delimitação da responsabilidade fora do exclusivo decisionismo, reduz, por outro, toda a questão a um puro componente volitivo, que não é próprio a refletir a complexa relação entre o omitir e a norma mandamental, a qual tem como pressuposto a sedimentação da representação e da vontade, não como atos puros, mas subordinados à compreensão do enunciado normativo. Radbruch, por seu turno, além de ponderar por uma diferenciação substancial entre o fazer e o omitir, sem chegar a uma conclusão definitiva acerca dos elementos que justificariam o processo de imputação pela omissão, retoma o antigo postulado causal do movimento corpóreo, o que macula sua rebeldia em face das incongruências da causalidade. Já Kühl chega a trabalhar uma proposta um pouco mais densa, ao propor que o conceito de conduta se deva ajustar aos parâmetros da ordem jurídica, mas, ao fazê-lo como etapa prévia à tipicidade, abre caminho a que, novamente, se pretenda lastrear os fundamentos para a equiparação da omissão à ação no elemento subjetivo, tal como, aliás, sugere sua filiação kantiana. De outro modo, também regressaria a um conteúdo causal, que, ao menos aparentemente, pretende desconstituir. A adoção de elementos funcionais tampouco foi suficiente para contornar o problema. Reduzir-se tudo à evitabilidade do resultado evitável, como o faz Jakobs, seguido de perto por Otto, Kahrs e Herzberg, como medida extrema, apenas inverte o plano da questão, sem resolvê-la. Fórmulas abrangentes e mais compreensíveis, como a de Roxin, podem abarcar igualmente a ação e a omissão – como exteriorização da personalidade –, mas não justificam a imputação pela omissão em face da imposição de deveres genéricos e específicos que a fazem se contrapor à ação.

Uma vez que não se encontre um elemento material de justificação de uma equiparação da omissão à ação, parece mais adequado fixarem-se alguns pontos essenciais dessa relação: a) ação e omissão diferem entre si, mas são obra de um sujeito capaz de agir; b) a condição do sujeito é relevante, mas insuficiente para levar a omissão a ter o mesmo tratamento penal da ação; c) uma conduta omissiva só existe juridicamente se resultar da violação de um dever normativo de agir; d) uma conduta omissiva deve possibilitar uma análise empírica de seu contexto para poder delimitar o dever de agir; d) nem toda violação de um dever de agir deve implicar uma conduta omissiva. Essas assertivas são constitutivas de uma compreensão da omissão dentro de uma ordem jurídica democrática e devem servir de orientação também para a discussão em torno da relação entre omissão e ação. Todas elas estão subordinadas ainda à decisão acerca dos elementos que devem ser levados em conta no processo de imputação. Uma vez descartada a possibilidade de uma equiparação entre ação e omissão, parece que o caminho a ser seguido deve se ocupar de dois questionamentos: a) se é ainda possível tratar unitariamente a ação e a omissão; b) como se processam os elementos desse tratamento unitário.

CAPÍTULO 5
A OMISSÃO COMO CORRESPONDENTE DA AÇÃO

I. A ORIGEM DO PROBLEMA

A inconsistência da demonstração de uma base causal para a omissão, tanto em termos naturalísticos quanto normativos, deu lugar a que, em determinado momento, o Tribunal do Reich fundamentasse a punibilidade dos delitos omissivos sobre a base de uma correspondência analógica para com aqueles praticados por comissão. Este pensamento reflete os fundamentos assentados em antigas decisões do Tribunal da Prússia, que, desde 1853, vinha procedendo a uma equiparação entre ação e omissão.[1] Longe de questionar as bases causais das doutrinas que buscavam retratar a omissão como uma forma de ação, a jurisprudência, porém, tomou como ponto de apoio de suas decisões a identificação entre causalidade e antijuridicidade.[2]

A superação das dificuldades de uma base causal para a omissão por intermédio do conceito de antijuridicidade implica um retorno aos antigos argumentos de Feuerbach, mas demonstra, por outra parte, que toda a problemática, que em torno dela se desenvolve, não pode ser solucionada exclusivamente pela adoção de uma fórmula empírica ou a partir da elucidação de sua natureza. Em se tratando, particularmente, dos delitos omissivos impróprios, que não possuem uma previsão legal, através da qual se estabeleçam, com nitidez, os contornos da atividade proibida ou mandada, a questão relativa à natureza da omissão sempre esteve associada àquela correspondente à sua punibilidade e, consequentemente, com efeito atrativo, à sua estrutura. E foi, precisamente, com este sentido, de tornar punível a omissão imprópria, que

---

1. Clemens, Otto. *Die Unterlassungsdelikte im deutschen Strafrecht von Feuerbach bis zum Reichsstrafgesetzbuch,* 1912, p. 44.
2. Schwarz, Wilhelm. *Die Kausalität bei den sogenannten Begehungsdelikten durch Unterlassung,* 1929, p. 89.

o Tribunal Superior da Prússia, inicialmente, e, depois, o Tribunal do Reich teceram seus argumentos para trabalhar a omissão em correspondência à ação, até porque infrutíferas todas as tentativas de caracterizá-la dentro de uma forma secundária de exteriorização causal. Trabalhar-se a omissão como entidade correspondente à ação implica reconhecer que ambas se encontram em patamares diferentes, mas necessitam de um processo de equiparação como fundamento de sua imputação. Diversamente, assim, dos critérios de equiparação discutidos no capítulo anterior, quase todos centrados na demonstração de que, na omissão, haveria uma causalidade ou um elemento comum com a ação, o que justificaria, pois, sua equiparação por submissão ao empírico, aqui se busca enfatizar que, apesar das diferenças, a omissão não pode ser tratada separadamente da ação. O tratamento da omissão a partir do conceito de ação, por meio de um processo analógico de equiparação, corresponde não apenas a um interesse dogmático, mas preferencialmente a uma finalidade prática de política criminal.

Na verdade, a preocupação em sedimentar a omissão em uma fórmula correspondente à ação, quer com base na causalidade, quer na antijuridicidade, sempre teve, como objetivo, solidificar a justificação de sua punibilidade, quando incerta e falível sua definição legal.

Esse aspecto da relação intercorrente da natureza da omissão, da estrutura dos delitos omissivos e da sua punibilidade conduz, entretanto, a outras considerações. Primeiramente, a verificar acerca da necessidade de se equiparar a omissão à ação. Uma vez resolvida essa questão, a se proceder a uma limitação dessa equiparação. A primeira consideração será aqui tratada. A segunda, quando da crítica aos critérios de equiparação.

II. A CORRESPONDÊNCIA NA ANTIJURIDICIDADE

A primeira proposta de equiparação entre omissão e ação é tomada, como se disse, a partir de duas considerações, respectivamente, de que inexiste causalidade entre o não agir e o resultado ocorrido e de que a omissão só adquire consistência em virtude de sua contrariedade ao direito, isto é, a partir de sua antijuridicidade.

Como intérprete desse pensamento, pondera TRAEGER que «como a causação de um resultado danoso, por meio de uma ação positiva, só pode se fazer penal ou civilmente responsável quando essa causação for proibida pelo direito, assim, também, o não impedimento do resultado evitável só poderá fundamentar uma responsabilidade quando o impedimento do resultado danoso tenha sido ordenado pelo direito, quando o direito exija uma atividade para afastar o resultado».[3] Como se verá mais adiante, essa postura de inserir

---

3. TRAEGER, Ludwig. *Das Problem der Unterlassungsdelikte im Straf- und Zivilrecht,* 1913, p. 66.

a problemática da omissão no âmbito da antijuridicidade e não mais, simplesmente, em uma fase antecedente ou na própria tipicidade fora também cogitada por BELING, em relação à omissão imprópria, por força de seu conceito descritivo de tipo.

Essa consideração de que a antijuridicidade constituiria o fundamento para justificar o mesmo tratamento da omissão e da ação tem, como consequência, o fato de lhe buscar uma base estritamente jurídica, sem levar em conta ponderações de ordem moral ou social. Assim, acentua TRAEGER que «tampouco a mais forte violação de um simples dever moral – seja por ação ou por omissão – poderá fundar uma responsabilidade jurídica. Proibição e comando devem partir, portanto, do direito».[4]

A vinculação da problemática da omissão ao âmbito da antijuridicidade reflete dois aspectos da doutrina penal. Primeiro, indica a sensibilidade de seus proponentes para com a insubsistência dos critérios empíricos de equiparação. Segundo, salienta a necessidade de fixar uma relação mais estreita entre tipicidade, como descrição objetiva da conduta, e a antijuridicidade, como seu elemento normativo de vinculação à ordem jurídica. Não obstante constituir um dado significativo para delimitar a incidência da norma penal, a referência à antijuridicidade, como fator de correspondência da omissão à ação, não se manteve por muito tempo na doutrina jurídica. Em sua substituição, inscreveram-se duas outras posturas, respectivamente, da própria causalidade e da criação e extensão da posição de garantidor. No tocante à causalidade, a equiparação se dá de dois modos: com a introdução do conceito de condição negativa e com o revigoramento da *ingerência*. No tocante à posição de garantidor, por força da individualização do sujeito.

III. A CONDIÇÃO NEGATIVA

A inserção de uma condição negativa no âmbito da discussão dos delitos omissivos, como meio de sua equiparação à ação, não é obra exclusiva da ciência penal contemporânea. Nasce, justamente, da assertiva de GLASER, aliás, até em contradição com seu pensamento, de que a causalidade na omissão não pode ser avaliada em função de um dado singular, mas de uma visão da conduta humana em sua totalidade. Com isso, criava GLASER as condições a fazer da causalidade na omissão uma construção lógica, isto é, a tornar equiparável à causalidade real o fato de o sujeito haver suspendido sua atividade e, assim, possibilitado a ocorrência do resultado.[5] O ponto de partida empírico para tal construção lógica não é dado por um fato omissivo, mas por fatos comissivos, como no caso de alguém que impede, com sua atividade,

---

4. TRAEGER, Ludwig. *Das Problem der Unterlassungsdelikte im Straf- und Zivilrecht,* 1913, p. 66.

5. GLASER, Julius. *Abhandlungen aus dem österreichischen Strafrecht,* 2.º tomo, 1858, p. 299.

que outrem proceda ao socorro da vítima, a qual, em virtude disso, vem a morrer. Este caso sempre suscitou inúmeras especulações, que vão desde a perspectiva político-criminal de sua punibilidade até a demonstração da estrutura causal a justificar sua construção jurídica. A afirmação de que haveria causalidade, porque sem essa atuação não se produziria o resultado, sempre esbarrou na dificuldade de se explicar como é possível tratar como causal uma condição que não tenha interferido diretamente na produção do evento. A teoria de Glaser, da ação precedente, não se mostrava inteiramente adequada a justificar a causalidade, pois, para que a ação precedente fosse causal, seria preciso que ela mesma tivesse produzido, não apenas uma condição negativa, mas sim uma condição positiva de sua verificação. Em face dessa dificuldade, procurou Glaser inserir, no conceito de causalidade, um dado normativo, qual seja, de que, nesse caso, subsiste para o autor um dever jurídico de impedir o evento, que nasce exatamente do fato de haver, com sua ação, assumido por sua própria conta o desenrolar do acontecimento.[6] Vista essa conduta como o não atendimento de um dever de impedir o evento, tem-se que se trata, logicamente, de uma condição negativa de sua não ocorrência, o que implicaria causá-lo. Examinando-se a proposta de Glaser, pode-se concluir que ela só se tornou possível, em termos de proposição causal, porque ele mesmo já abrira esse caminho por meio de seu próprio conceito de causalidade aplicável aos delitos comissivos. Se a causalidade, para Glaser, só pode ser aferida em termos contrafáticos, como a condição sem a qual o resultado não teria ocorrido, o que implica seu reconhecimento como puro juízo lógico de conclusão, sem a preocupação, pelo menos aparente, de sua demonstração empírica, isso abre as portas para que aí se possa também incluir a omissão, como condição negativa do evento.

Em adendo a essa tese, explica Frank que por condição negativa se deve entender aquela que impede que a cadeia causal normal se desenvolva, de modo a evitar a ocorrência de um resultado. Assim, em casos como o de alguém impedir o médico de socorrer o ferido ou de cortar o acesso a meios de subsistência à vítima, a causalidade não está na produção direta do resultado. Trata-se, então, unicamente de uma causalidade hipotética: uma vez eliminada a condição negativa – a interferência – o resultado não teria ocorrido. Em tais comportamentos, portanto, só se poderá falar de causalidade, caso se puder admitir com segurança que sem eles (condição negativa) o impedimento do resultado teria tido sucesso.[7] A causalidade não será formulada em face de uma atuação positiva, a chamada ação esperada, mas de sua negação. Pela proposta da ação positiva, haveria causalidade se com a prática da ação esperada o resultado desaparecesse; aqui, afirmar-se-ia a causalidade, caso o resultado desaparecesse com a eliminação da omissão, como condição negativa.

---

6. Glaser, Julius. *Abhandlungen aus dem österreichischen Strafrecht,* 2.º tomo, 1858, p. 318.

7. Frank, Reinhard. *Das Strafgesetzbuch für das Deutsche Reich,* 1897, p. 58.

Está claro também que o tratamento da omissão como condição negativa não soluciona o processo de equiparação com a ação, porque, no fundo, pretende esclarecer acerca de fatos que, inicialmente, se desenvolveram comissivamente.

Uma variante da teoria da condição negativa é, ainda, defendida por Hellmuth MAYER, para quem, sob a influência da teoria da interferência, a omissão será equivalente à ação, quando o *não fazer* implicar a mesma medida de energia volitiva, de inimizade ao direito, quanto o *fazer*.[8] Mescla Hellmuth MAYER, todavia, sua concepção subjetiva com um dado objetivo, isto é, a postura de considerar a ação como manifestação de uma vontade defeituosa, fruto de sua visão autoritária, e a exigência de que esta exteriorização seja tomada em termos objetivos como produção causal dessa mesma vontade. Como, entretanto, o emprego de energia é empiricamente, indemonstrável, a conclusão a que se chega é a mesma da teoria da condição negativa: a causalidade é, neste caso, meramente hipotética.

Modernamente, tem-se admitido a teoria da condição negativa em situações nas quais a omissão do sujeito constitua uma hipotética contribuição para a ação de terceiro. Assim, quando A se omite de intervir que B cause uma lesão em C. A omissão representaria uma condição que, se existente, evitaria o resultado. Essa versão modernizada da teoria da condição negativa vem sendo sustentada por HART e HONORÉ, justamente, na hipótese de atuação de terceiro, mas negada quando se trate de acontecimentos naturais. Assim, não se poderia cogitar da condição negativa, mas sim de uma condição positiva, no fato de o dono da empresa se omitir de reparar um aparelho, de cujo defeito resulta lesão em um operário. Neste caso, assinalam HART e HONORÉ, não se pode dizer que a omissão do empresário constitua uma condição negativa do impedimento do evento.[9]

A teoria da condição negativa, no fundo, não é uma teoria da causalidade, mas uma teoria da imputação. Com ela se pretende imputar a alguém um fato que não se liga diretamente ao resultado, mas que teve influência no sistema de valores da ordem jurídica, com vistas a assegurar a qualquer um a possibilidade e o direito de impedir que resultados danosos a bens jurídicos alheios se produzam. Alguns desses fatos, na realidade, poderiam ser vistos como fatos puramente comissivos, pois houve uma atuação do sujeito sobre uma conexão causal que se desenvolvia em sentido diverso, por exemplo, na hipótese da atuação do sujeito sobre outro, a fim de que este não preste socorro à vítima. Bastava, tão só, verificar o fato em seu contexto global, como aliás fez GLASER, e não apenas pelo lado da interferência sobre a ação de terceiro. A questão principal, entretanto, é saber como é possível, por desdobramento

---

8. MAYER, Hellmuth. *Strafrecht*, AT, 1967, p. 113.

9. HART, H. L.; HONORÉ, Antony. *Causation in the law*, Oxford, 1985, p. 448 e ss.

do mesmo raciocínio, chegar-se à conclusão de que também na omissão assim se passa.

Está claro que isto só é possível na omissão por meio de uma ficção. Nessa hipótese, considera-se ficticiamente que o próprio sujeito, ao não atuar, por exemplo, ao deixar de alimentar seu próprio filho, impôs uma condição negativa ao impedimento do resultado.[10] Como a causalidade, nesta hipótese, é construída por meio de um raciocínio desvinculado de uma realidade fenomênica (a condição negativa é apenas uma suposição lógica invertida), ainda que traçado sobre fatos autênticos (houve um resultado, não importa como), não se pode dizer que a omissão constitua uma forma de ação, mas que apenas por este meio a ela se equipara.

Mais problemática se mostra, ainda, a questão nos exemplos propostos por Hart e Honoré, que dizem respeito à omissão em relação à intervenção sobre a ação de outrem. Os exemplos não retratam uma ação positiva inicial que contribui para a omissão de outrem (A impede que B salve C), mas, sim, uma omissão inicial que contribui, negativamente, para a atuação de outrem (A não impede que B lese C). Mediante este raciocínio, o que pretendem Hart e Honoré é caracterizar, no fundo, uma atuação positiva, na forma de uma condição negativa, que implique equiparar a omissão à ação, quer dizer, pelo fato do não agir, o sujeito se fez incorporar à ação de outrem e, assim, produziu, também, positivamente o resultado. Ocorre que, como assinala Birnbacher, este raciocínio peca, pelo menos, em dois pontos. Em primeiro lugar, porque, levando-se ao extremo seus fundamentos, se deveria, então, admitir que a omissão inicial também pudesse constituir uma condição negativa da omissão de outrem (por exemplo, o médico A se omite de verificar que a enfermeira B deixou de ministrar medicamentos ao paciente C, o qual, em virtude disso, vem a morrer). Ao admitir-se tal construção, chegar-se-ia a um impasse: como a omissão do médico poderia ser tratada, afinal, como ação, quando a conduta da enfermeira também não o seria? Na verdade, a conduta do médico só terá, então, relevância em face do dever que lhe incumbia de fiscalizar o trabalho da enfermeira. Mas, neste caso, a infração do dever nada tem a ver com a contribuição causal de outrem: continua sendo uma omissão, não uma ação. O que se imputa ao médico é o fato de não intervir para evitar a morte do paciente, o que é coisa diversa de contribuir para o seu não impedimento. Em segundo lugar, cria-se, em torno do fato, um obstáculo à não realização do resultado, que, na realidade, não existe, é meramente imaginário. Extrai-se desse imaginário uma atuação positiva, que teria a qualidade de produzi-lo, porque, quando não fez, simplesmente nada fez.[11]

---

10. Guthmann, Julius. *Die negativen Bedingungen in ihren Beziehungen zu den unechten Unterlassungsdelikten,* 1899, 1977, p. 26.

11. Birnbacher, Dieter. *Tun und Unterlassen,* Stuttgart, 1995, p. 69.

IV. A CONSTRUÇÃO DA INGERÊNCIA

Com o reconhecimento de uma causalidade na omissão, o que se pretendia, inicialmente, era elevá-la à condição de uma forma de ação. Mais tarde, porém, essa ideia de uma forma de ação é abandonada em proveito de uma forma de equiparação. Esta alteração de qualidade era consequência lógica do sistema e perfeitamente previsível. Se a omissão, por si mesma, não poderia ser tomada em seu substrato causal, mas só em função da ação precedente, não se trataria de uma forma secundária de ação, mas de algo que estivesse equiparado à ação. Em sequência, passou-se a admitir que essa forma de equiparação não estaria assentada em elementos empíricos, o que descaracterizaria sua substância material, daí a necessidade de se criar outro fator que pudesse justificar a punibilidade da conduta omissiva.

Os argumentos já trazidos à baila com a teoria da condição negativa não se estancam, no entanto, na conclusão de que a omissão é, para fins de imputação, equiparável à ação. Uma vez iniciado o desenvolvimento, com a obra de Beling, de uma tipicidade autônoma, que congregaria todos os elementos definidores da ação proibida, segue-se no sentido de assegurar, agora no âmbito dessa tipicidade, que este processo de imputação se torne juridicamente comprometido. A tese da ingerência parte, indiscutivelmente, de uma necessidade de definição da responsabilidade da conduta omissiva. Assim como a ação só poderá ser típica quando produza, causalmente, um resultado, tal como conferido na sua definição legal, a omissão só poderia ser juridicamente relevante se fizesse o mesmo, quer dizer, se a ação precedente, causadora do perigo, também, comportasse uma análise causal. Isto porque tão só dessa forma poderia ser admitida como típica e estar adequada ao princípio da legalidade e seus corolários.

Diferentemente de outras teorias, os partidários da ação precedente jamais buscaram encontrar uma característica causal na própria omissão, mas em um dado positivo que pudesse ser empiricamente demonstrado. Com isso, queriam não apenas identificar a omissão como tal, mas caracterizá-la como ação típica. Como diz Welp, o mérito da teoria da ingerência está, assim, ao recorrer à causalidade da ação precedente, em submeter os delitos omissivos à mesma disciplina dos delitos comissivos, em torno, principalmente, dos princípios da legalidade e da ofensividade.[12] Claro está, todavia, que essa pretensão não é ingênua e nem implica uma redução de responsabilidade. Os princípios da legalidade e da ofensividade não servem apenas de meios limitadores da intervenção estatal punitiva, mas também de sua legitimação. Assegurada a legalidade do ato incriminador da omissão, estará também legitimada sua punibilidade. Este é o efeito transverso dos princípios da lega-

---

12. Welp, Jürgen. *Vorangegangenes Tun als Grundlage einer Handlungsäquivalenz der Unterlassung*, 1968, p. 41.

lidade e da ofensividade. Como a dogmática penal não perdeu o ranço de uma abordagem positivista, geralmente não percebe essa contradição intrínseca de seus princípios.

Em sua evolução, a teoria da ingerência acolhe também, ao lado da teoria da ação precedente, alguns parâmetros da teoria da interferência, principalmente, quando pretende argumentar que, para a equiparação da omissão à ação, não basta a realização da ação antecedente, ainda que perigosa. Mas isso só se dá porque o sujeito não impediu que essa ação perigosa se exaurisse no resultado. Vale dizer, então, que somente uma *ação antecedente contrária ao dever* poderá tornar a omissão equiparável à ação.[13]

A inserção de uma qualidade especial conferida à ação antecedente, de haver sido praticada de modo *irregular*, conduz a considerar que, neste caso, não se dá uma simples relação de incremento do resultado, mas sim, também, de violação, por parte do sujeito, do dever de impedi-lo. Se o agente não cumpre esse dever, interfere negativamente (deixando de atuar) no processo causal, fazendo-se, assim, responsável pelos seus efeitos. Por outro lado, ao descumprir um dever e, por isso, ser levado à responsabilidade pelo resultado, torna evidente a necessidade de se proceder à diferenciação entre delitos *omissivos próprios* e *impróprios*. Enquanto aqueles decorrem de um dever legal, extensível a todos, estes derivam de um dever especial de impedir o resultado e só imposto a quem houver praticado a ação precedente ou estiver situado, por mandamento de outra norma (lei ou contrato), na situação de cumpri-lo. A teoria da ingerência, portanto, contribui, também sob plano dogmático, para identificar as formas pelas quais o legislador constrói o conteúdo das normas mandamentais, ou diretamente por meio de uma definição do que consiste a omissão, ou por meio de um fator que possa justificar uma correspondência da omissão à ação.

Sistematicamente, a introdução da ingerência como modo de correspondência da omissão à ação, desde que fora abandonada, na sua edificação, a pureza da teoria da ação precedente e demonstrada a incongruência da inserção da teoria da condição negativa, veio a incrementar, na teoria do delito, por seu turno, uma série de problemas. Nas primeiras formulações da teoria causal-naturalista, ou modelo clássico, do delito, Beling não aceitava, em virtude de sua formulação descritiva, tratar no tipo qualquer questão que suscitasse o menor juízo de valor. Por isso, também não admitia que, aí, se pudesse levar a efeito uma forma de correspondência causal que estivesse atrelada a uma espécie de dever. A questão, portanto, da diferenciação entre delitos omissivos *próprios* e *impróprios* deixava de constituir matéria exclusiva da tipicidade e passava a ser tratada, então, prevalentemente como objeto do juízo de antiju-

---

13. Krug, August Otto. *Commentar zu dem Strafgesetzbuch für das Königreich Sachsen vom 11. August 1855 und den damit stehenden Gesetzen,* 1865, p. 38.

ridicidade.[14] Como já visto nos capítulos anteriores, desde FEUERBACH sempre aflorou a relação entre omissão e antijuridicidade. Com BELING, no entanto, em face da criação do conceito de tipo, essa relação adquire outros contornos. Coerente com esse sistema, procurava BELING proceder a essa diferença, portanto, em dois níveis: a) acentuando para os delitos omissivos próprios uma base tipicamente causal, a ser aferida na tipicidade e b) construindo, para os delitos omissivos impróprios, uma base axiológica, a ser avaliada na antijuridicidade. Isto acarretava outras consequências, como alterar o significado da relação entre tipicidade e antijuridicidade. Por regra geral, os juízos de valor não integrariam a tipicidade, mas, como a ação típica implica uma contrariedade da norma, isto conduzia a considerar, com relação aos delitos omissivos próprios, que o fato de uma ação ser típica induziria a tomá-la também como antijurídica. Ao contrário, nos delitos omissivos impróprios, a ação típica só seria, então, antijurídica, se preenchidos alguns pressupostos relativos ao dever de agir.[15]

Esse é o mesmo caminho a ser seguido por Max Ernst MAYER, mas com uma diferença: com a consecução da ação típica – no caso, por exemplo, dos delitos omissivos próprios, com a simples omissão e, no caso dos delitos omissivos impróprios, com a prática de uma ação precedente contrária ao dever – já estaria indiciada a antijuridicidade. Uma omissão só seria, no entanto, definitivamente antijurídica quando confirmado o indício de que fora lesado um dever de impedir o resultado.[16]

---

14. BELING, Ernst. *Die Lehre vom Verbrechen,* 1906, p. 226: «Denn selbstverständlich kann die Unterlassung, sie sei reine Untätigkeit, sie sei Andershandeln, zum Verbrechen nur dann gestempelt werden, wenn sie nicht bloß tatbestandsmäßig, sondern auch rechtswidrig war.» (É, pois, evidente que a omissão, quer como pura inatividade, quer como atuar de outro modo, só pode ser qualificada como delito quando não seja simplesmente típica, mas também antijurídica.)

15. BELING, Ernst. *Die Lehre vom Verbrechen,* 1906, p. 165: «Die Tatbestandsverwiklichung durch Unterlassung ist bei positiv formulierten Tatbeständen dagegen nicht grundsätzlich rechtswidrig, sondern nur bei Vorliegen besonderer pflichtbegründender Umstände» (A realização do tipo por omissão, no caso de tipos formulados positivamente, não será essencialmente antijurídica a não ser com a subsistência de circunstâncias especiais fundamentadoras de dever); p. 165, nota 1: «Bei den negativen formulierten, d. h. eben die Unterlassung selber vertypenden Tatbeständen begangen greift die allgemeine Regel ohne weiteres durch. So ist z. B. die Unterlassung der Sorge dafür, dass die Feuerstätten im eigenen Laufe in baulichem und brandsicherem Zustande unterhalten werden, grundsätzlich rechtswidrig – soweit nicht Unrechtsausschließungsgründe Platz greifen.» (Nos tipos formulados negativamente, isto é, justo naqueles cometidos sob a forma da omissão tipificada, incide simplesmente a regra geral. Assim, por exemplo, a omissão de cuidar para que os locais sujeitos a incêndio se conservem, em seu curso, em condições seguras e protegidas, é, fundamentalmente, antijurídica, caso não incidam causas de exclusão do injusto.)

16. MAYER, Max Ernst. *Der allgemeine Teil des deutschen Strafrechts,* 1915, p. 190.

V. A POSIÇÃO DE GARANTIDOR

1. A argumentação inicial

A distinção sistemática feita por BELING quanto aos delitos omissivos próprios e impróprios, de modo que os primeiros devessem decorrer de uma análise formal da tipicidade e os segundos, da antijuridicidade, poderia conduzir à necessidade de se demonstrar que no tipo já estaria configurada uma relação causal entre o ato omissivo e o respectivo resultado. Se o tipo só comportava elementos descritivos e objetivos, deveria ocupar-se necessariamente da causalidade. O problema estaria em como se demonstrar uma causalidade quando o próprio tipo não prevê determinados resultados, como ocorre com a maioria dos delitos omissivos próprios. BELING pretendeu superar esse problema, propondo uma distinção entre a configuração da ação, como movimento corpóreo, em uma fase antecedente ao tipo, e o tratamento da causalidade dentro do tipo. Ainda que a ação fosse constituída de um movimento corpóreo e, como tal, viesse a integrar o tipo, a questão da causalidade, tomada separadamente da ação, poderia comportar outro enfoque, diverso daquele que lhe era conferido pela doutrina. Com isso, asseguraria a adequação do conceito de ação, como movimento corpóreo, a todas as formas de delito, desde que, evidentemente, se partisse do pressuposto de que a omissão também fosse uma forma de movimento. Assim, poder-se-ia admitir delito com ou sem resultado material. Para os delitos de resultado material, a causalidade seria relevante; para os demais, bastava a caracterização da ação como movimento corpóreo.[17] Esse modo de ver as coisas dentro da teoria do delito reconstrói, sob aspecto normativo, uma teoria da causalidade que estava sendo superada pela doutrina, mas que tem um significado importante para a questão da correspondência da omissão à ação. Embora a influência de BELING sobre a construção dos delitos omissivos tivesse ficado obscurecida em face de sua desesperada tentativa de adaptá-los ao seu conceito de ação,

---

[17] BELING, Ernst. *Die Lehre vom Verbrechen,* 1906, p. 208: «An die Stelle der bisherigen Überschätzung dieser Momente hat eine Behandlung zu treten, die die Erfolgs- und Kausalitätslehre aus der Stelle, die sie bisher einnahm (als Teil oder Beigabe der Lehre von der Handlung) heraushebt und ihr den bescheidenen Platz in der Lehre vom Tatbestande, und auch dort nur als bloß für einen Teil der Tatbestände in Betracht kommend, anweist. Diese Feststellungen sind von größter Bedeutung. Sie bieten zunächst den Schlüssel dafür, wie es kommt, dass gewisse Delikte bei Vorliegen der bloßen Körperbewegung schon vollendet, andere dagegen nur versucht sind (wichtig wegen der Rücktrittsfrage, StGB § 46).» (Em lugar da vigente sobrestima desses momentos, deve incidir um tratamento que exclua a teoria da causalidade e do resultado da posição até agora conferida como parte ou suplemento da teoria da ação, para situá-la no modesto lugar da teoria do tipo, e também lá, simplesmente, vista como uma parte do tipo em comento. Estas considerações são de grande relevância. Elas oferecem, por ora, a chave para afirmar como certos delitos já estariam consumados com o simples movimento corpóreo, e outros, em contrapartida, apenas seriam tentados – importante por causa da questão da desistência, CP § 46.)

como movimento corpóreo, a sistemática por ele adotada vai dar lugar a que se construam, também no âmbito da antijuridicidade, outros fundamentos de correspondência entre omissão e ação, agora não apenas sobre base causal, mas principalmente sobre base normativa.

Ao lado, pois, da demonstração de que, na omissão, existe uma causalidade, não importa se real ou hipotética, subsiste, então, uma outra forma de correspondência, que virá a ser a especial posição ocupada pelo sujeito na ordem jurídica, como obrigado a dar proteção ao bem jurídico. Em face disso, a ingerência deixa de constituir, exclusivamente, uma base de demonstração da causalidade para inserir-se como fonte geradora da posição de garantidor, ao lado de outras fontes formalmente instituídas.

Por outro lado, com o reconhecimento, feito por Max Ernst MAYER, de que no tipo também estão presentes elementos normativos e não só descritivos, de forma que a realização da conduta nele prevista já constitua um indício de antijuridicidade, se chega à conclusão de que, nos delitos omissivos, a questão principal já não será mais a questão da causalidade, mas sim da violação do dever de agir. Como os delitos omissivos próprios não pressupõem um círculo restrito de autor e podem comportar uma análise puramente normativa, isto é, decorrem da comprovação da violação do dever de agir inserido no respectivo tipo legal, a correspondência entre omissão e ação só passa a ter significância nos delitos omissivos impróprios.

Foi em função desse desenvolvimento da teoria do delito, a partir de uma base axiológica ou normativa, que NAGLER pôde construir, pela primeira vez, a teoria da posição de garantidor. Está claro que as diversas posições individuais de garantidor já eram conhecidas da doutrina jurídica. A pretensão de NAGLER não foi, simplesmente, no sentido de proceder a uma rigorosa delimitação da antijuridicidade, mas de proporcionar aos delitos omissivos impróprios uma base típica, por uma fórmula de correspondência da omissão à ação, sem a utilização dos recursos de uma causalidade natural.[18] Apesar de se opor às fórmulas da causalidade natural, NAGLER continua adotando, todavia, uma base causal para a omissão sob a perspectiva da teoria da condição, que se transforma, então, em uma teoria puramente lógica: a omissão será causal quando, eliminada mentalmente, excluído estaria o resultado.

Procedendo-se a uma análise mais acurada da teoria de NAGLER, pode-se ver como esta teoria se desenvolve sob duas colunas mestras: a teoria da ação precedente e a teoria da violação especial de dever. A diferença está em que a ação precedente deixa de ser tomada como elemento de um processo causal, para se transformar em fonte de um dever de impedir o resultado. Por outro lado, a teoria da violação especial de dever deixa de ser uma simples

---

18. NAGLER, Johannes. «Die Problematik der Begehung durch Unterlassung», in *Gerichtssaal* 211, 1938, p. 1 e ss.

explicação para a tese da condição negativa e se desenvolve para constituir parâmetro de delimitação do círculo de autores. Esta transformação é bastante nítida. Só estará submetido a um dever especial de agir quem se encontre em uma posição de garantidor, e só estará na posição de garantidor quem tenha realizado uma ação precedente criadora do perigo do resultado, ou tenha, por lei, contrato ou qualquer outra imposição, o dever de impedi-lo. Desde que presentes estas circunstâncias, poder-se-á preencher o tipo de delito respectivo e fazer a omissão corresponder à ação.

A preocupação de NAGLER só poderia ter sido despertada em função dos delitos omissivos impróprios, porque estes se encontravam previamente tipificados como delitos comissivos, mas não como delitos comissivos. Vê-se, assim, que a questão levada a efeito por NAGLER não pode ficar resumida a uma discussão dogmática. No fundo, constitui uma questão de punibilidade e, pois, de política criminal. Sem saber o que fazer com os delitos omissivos impróprios, que não estavam tipificados, os doutrinadores, para preencherem a sua tipicidade, ou tratavam a omissão como forma de ação, ou procediam a sua equiparação à ação. Aos que optaram pela primeira variante, argumentavam com dados empíricos, sem os quais se tornaria impossível reconhecer-lhes legitimidade como fatos puníveis. Os que trabalharam com o prognóstico da equiparação, contentavam-se com argumentos lógicos ou normativos. O pensamento de NAGLER, porém, vai mais longe. Em vez de compor os deveres jurídicos da posição de garantidor com base na descrição do tipo e da norma daí derivada, amplia sua fonte geradora para compreendê-los dentro de uma função protetiva da ordem jurídica. De acordo com isso, para a identificação desses deveres, o importante não será a interpretação que se dê à respectiva norma legal ou ao contrato, mas a sua ordenação fática no processo social, pelo qual se assegure uma abstrata confiança da comunidade jurídica em sua atuação. Com isso, atribui a esse novo fator um papel relevante para afirmar que a omissão corresponde à ação e, assim, estaria justificada sua punibilidade.

Antes de NAGLER, como já se disse, a doutrina havia delineado os deveres da posição de garantidor, a partir da imposição de uma lei ou de um contrato. FEUERBACH, em sentido de verdadeiro precursor dessa teoria, havia enfatizado que a omissão «surge de uma obrigação originária do cidadão», o que implica que o «delito omissivo pressupõe sempre um especial fundamento jurídico», a «lei ou o contrato», os quais dão base à obrigatoriedade do agir.[19] Ao subordinar os deveres de agir à existência de uma lei ou de um contrato, FEUERBACH sedimenta o significado formal de seus fundamentos. Muito semelhante à posição de NAGLER, no entanto, já se situava SPANGENBERG. Para este,

---

19. FEUERBACH, Ansel Ritter von. *Lehrbuch des gemeinen in Deutschland gültigen peinlichen Rechts*, 1828, p. 21.

a interpretação que se deveria dar à situação geradora dos deveres de garantidor e, assim, da configuração dos delitos omissivos não estaria calcada no texto legal, mas em especiais relações jurídicas a que determinados sujeitos estavam submetidos. Assim, por exemplo, ao contrário de Feuerbach, para Spangenberg o dever dos pais de alimentarem seus filhos não decorreria da lei, mas se configuraria de uma relação jurídica privada, que, no fundo, poderia ser compreendida como uma extensão das prescrições do contrato.[20] Como ainda era incipiente o desenvolvimento da teoria do delito, principalmente, da tipicidade, os autores da época se contentavam em encontrar os deveres de garantidor dentro do conceito de antijuridicidade, o qual, como se viu, retrataria tanto os atos comissivos contrários ao direito quanto a omissão de deveres especiais. O prestígio da antijuridicidade, como segmento decisivo do delito, com base na lei formal, foi ficando de lado, quando, primeiramente, se começou a pensar em uma antijuridicidade material e, depois, se produziu a ampliação do conceito de tipicidade.

A guinada de posição de descartar, na construção dos delitos omissivos, a causalidade objetiva, tal como fez Von Liszt, e de se preocupar com as características do sujeito, no sentido de envolvê-lo em situações nas quais lhe são impostos deveres de garantidor do bem jurídico, está bastante ligada à elaboração de um conceito material de ilicitude.[21] A orientação não se faz, exclusivamente, pelo que a lei formal estabeleça, mas pelo que, efetivamente, ocorre em face da ordem jurídica em sua totalidade. À medida que se reconheça que o delito não é mais uma violação da lei, mas que é, basicamente, um instrumento de produção de dano social, retratado na lesão de bem jurídico, apesar de lhe dar uma base material, se possibilita sua centralização na pessoa do sujeito. É significativo dessa mudança de perspectivas o enunciado de Kissin. Para este, o «dano ocorrido está, por conseguinte, na dependência do autor e da função que exerça no organismo social em geral, do qual deriva o dever de evitá-lo». Assim, «independentemente de que alguém tenha fundado uma condição causal para o resultado, sua posição jurídico-social pode implicar a verdadeira causa da formação ou da eficácia do perigo».[22] Isso significa que a condição de garantidor se insere, desde então, como um dado normativo a justificar a demonstração da causalidade na omissão e a permitir, dogmaticamente, que seja ela correspondente à ação para os efeitos de possibilitar a sua punibilidade nos casos de ausência de tipicidade. Convém acentuar, ainda, que a ideia de Kissin já incorporava, em seus rudimentos, as modernas invectivas

---

20. Clemens, Otto. *Die Unterlassungsdelikte im deutschen Strafrecht von Feuerbach bis zum Reichsstrafgsetzbuch*, 1912, p. 12 e ss.

21. Liszt, Franz von. *Lehrbuch des deutschen Strafrechts*, 1914, p. 135 e ss.

22. Kissin, Siegfried. *Die Rechtspflicht zum Handeln bei den Unterlassungsdelikten*, 1933, p. 107.

funcionais, que assentam a responsabilidade pela omissão em deveres sociais ou em deveres de organização, aos quais estaria submetido o sujeito.

2. A evolução da posição de garantidor

Como consequência do processo de correspondência a partir da criação da posição de garantidor, a doutrina passa a tomar a omissão, agora, como uma relação proposicional fática, cuja existência deixa de ser subordinada aos limites precisos da tipicidade para constituir, unicamente, elemento de juízos de valor, que se estendem desde a forma de uma configuração empírica – no caso da ação precedente criadora do perigo – até deveres típicos de organização, passando por proposições puramente semânticas.

O primeiro passo para a constituição de uma correspondência que pudesse flexibilizar a tipicidade foi dado pela superação, tanto na doutrina quanto na jurisprudência alemã, da teoria dos deveres jurídicos formais. Por esta teoria, que se edifica a partir do iluminismo, a posição de garantidor só poderia ser assumida em face de uma determinação legal, de um contrato ou em virtude de uma ação antecedente criadora do perigo. Esta teoria, assim juridicamente delimitada, sustentava-se, inicialmente, como se viu, no âmbito da antijuridicidade formal. Depois, passou a ser fundamentada em face da lesão de bem jurídico, em consequência da alteração de rumos da teoria do delito, por força da criação do conceito de antijuridicidade material.

É importante notar que a criação do conceito de antijuridicidade material, sempre levado a efeito ao lado da antijuridicidade formal, que lhe assinalava os limites jurídicos necessários ao atendimento do princípio da legalidade, pôde, por um lado, também proporcionar, nos delitos comissivos, uma melhor identificação do objeto violado e também delimitar o alcance da norma incriminadora. Mas este caráter delimitativo não se estende aos delitos omissivos. Se o conceito de antijuridicidade material se constitui no fundamento de correspondência da omissão à ação, por meio da produção de uma ação antecedente criadora do perigo, na verdade, em vez de critério limitador passa a ser um critério de extensão da norma incriminadora. Nesse sentido, é ainda interessante observar como esse conceito interferiu nas formulações da doutrina contemporânea.

O ponto básico da correspondência da omissão à ação reside, praticamente, na constatação, segundo os vários critérios de observação e inferência admissíveis, de que, no caso concreto, o sujeito não impediu o resultado juridicamente proibido, embora tivesse capacidade para fazê-lo e estivesse a isso também juridicamente obrigado. Há neste processo alguns fatores intervenientes: a) a existência de um resultado juridicamente proibido; b) a não ação de alguém; c) a capacidade de atuar por parte desse alguém; d) a submissão desse alguém a um dever de impedir o resultado. O processo de correspondência decorre, portanto, de uma indução por analogia com a própria ação: extrai-se da ação o que ela poderia apresentar, caso tivesse sido realizada, e com isso se afirma que a ela corresponde a não ação. A questão da posição de garantidor se insere como elemento desse processo de indução.

Uma vez que o processo de indução deixa de ser juridicamente delimitado e passa a se constituir em função de seus efeitos, principalmente, em função da geração de punibilidade, é fácil de explicar por que os fundamentos originários da teoria dos deveres jurídicos formais se deixaram substituir por outros critérios.

Não se pode precisar, com rigor, em termos cronológicos, o ponto de separação entre um estágio e outro, a partir de quando a teoria dos deveres jurídicos formais se vê substituída por critérios materiais. Isto se processa gradativamente, mas de qualquer modo com mais clareza a partir de 1959, com a obra de Armin KAUFMANN, na qual desenvolve os fundamentos da chamada *teoria das funções.*[23] Por essa teoria, diferenciava Armin KAUFMANN, quanto à posição de garantidor, os campos de relações nos quais era gerado o dever de impedir o resultado juridicamente proibido. Assim, ao contrário do que propunha a teoria anterior, que indicava com rigor as fontes das quais este dever provinha (lei, contrato e ingerência), entendia Armin KAUFMANN que este dever estaria assentado em especiais relações de proteção, assumidas pelas respectivas pessoas, frente a perigos que se desencadeavam contra os afetados. Estas relações seriam reunidas em dois grupos de funções. O primeiro incluiria todas aquelas relações pelas quais o garantidor se comprometesse a defender os afetados frente a todos os perigos que se desenvolvem dentro do seu âmbito de proteção. O segundo incluiria aquelas relações que derivam de fontes de perigo, para as quais o garantidor fosse responsável. No primeiro grupo de casos, incluem-se as relações de proteção entre pais e filhos, entre cônjuges e entre pessoas encarregadas de supervisão da atividade de outras. No segundo grupo, inserem-se os deveres derivados da responsabilidade por fontes de geração de perigos, assim como os vinculados à propriedade, aos filhos menores, aos animais domésticos e, ainda, por ações realizadas pelo próprio sujeito (ingerência).

Como desdobramento dessa visão de Armin KAUFMANN de subordinar a posição de garantidor ao desempenho de funções de proteção, a doutrina contemporânea vem descartando, de modo definitivo, a velha fórmula garantista da teoria dos deveres jurídicos formais. Como método de superação daquela teoria, busca-se estabelecer uma diferenciação entre grupos de deveres aos quais estaria subordinado o garantidor. Atendendo a uma formulação de KINDHÄUSER, esses grupos poderiam ser classificados em dois sentidos: um, em relação a um princípio geral e abrangente, que compreenderia, conforme

---

23. KAUFMANN, Armin. *Die Dogmatik der Unterlassungsdelikte,* 1959, p. 282 e ss.

o enfoque, deveres baseados em critérios ético-sociais ou de direito costumeiro (Schaffstein), deveres decorrentes de uma relação de confiança (E. A. Wolff), deveres estabelecidos em face de expectativas (*Otto*), deveres vinculados à função de proteção (Rudolphi), deveres inferidos do domínio sobre os fundamentos do resultado (Schünemann) e deveres em face do incremento do perigo (Arzt) ou não apenas pelo incremento do perigo, mas também pela eliminação da prontidão de defender-se (Seelmann); outro, em relação a princípio de imputação (Jakobs).[24]

Não obstante a variedade de formulações, pode-se dizer que as teses iniciais de Armin Kaufmann ainda estão presentes na maioria delas. Assim, *Otto* também segue uma linha de fundar a posição de garantidor em dois grupos: o primeiro, sobre a função de proteção para determinado bem jurídico e, o segundo, pela responsabilidade em face de fontes produtoras do perigo.[25] Igualmente, Jakobs encampa essa metodologia, ao situar o garantidor em dois grupos, entre os *deveres por força de estados institucionais* e os *deveres por força de estados de organização*. Nos primeiros, estariam incluídas as relações entre pais e filhos, as relações de confiança, as relações de poder estatal e especiais deveres de funcionários públicos. Aos segundos pertenceriam os deveres de segurança no tráfego, a ingerência e a assunção de outros deveres.[26] Posição divergente, no entanto, ocupa Schünemann, para quem o critério básico de sua determinação estaria situado no *poder sobre o fundamento do resultado*. Com isso, entende que o garantidor é obrigado a impedir o resultado porque se acha investido do poder de controle sobre o acontecimento em face de duas situações: da vulnerabilidade do bem jurídico e do domínio sobre uma fonte produtora do perigo.[27] Uma vez que se verifique situação dessa ordem, a omissão corresponderia à ação. Não muito diferente disso se situa Seelmann, com sua teoria da eliminação da prontidão de defesa por parte da vítima, que, no fundo, tem em vista a vulnerabilidade do bem jurídico posto em perigo.[28]

Posição particular quanto à equiparação da omissão à ação, por meio da posição de garantidor, é defendida por Gimbernat Ordeig. Seu critério tem por base o fato de como se processa, com a não intervenção do garantidor, a desestabilização do bem jurídico. Haverá, pois, uma omissão equivalente à ação, quando o garantidor, por não haver cumprido seu dever de agir, tenha desestabilizado o setor do perigo da produção do resultado ou, caso essa instabilidade já tivesse ocorrido, não a tenha desfeito, à medida que a realização do

---

24. Kindhäuser, Urs. *Strafrecht*, AT, 245.
25. Otto, Harro. *Grundkurs Strafrecht*, AS, 2004, p. 160.
26. Jakobs, Günther. *Strafrecht*, AT, 1993, p. 28 e ss.
27. Schünemann, Bernd. «Die Strafbarkeit der juristischer Personen aus der deutschen und europäischen Sicht», in *Madrid-Symposium für Klaus Tiedemann*, 1995, p. 72.
28. Seelmann, Kurt. *Nomos-Kommentar*, 1995, p. 46 e ss.

resultado esteja condicionada ao foco produtor do perigo.[29] Segue, em parte, este pensamento também ROXIN, para o qual a equiparação da omissão à ação só pode ser afirmada quando um agir, desde o início, esteja implantado no desdobramento de uma norma social. Isto se daria, por exemplo, nas hipóteses da alimentação de recém-nascidos por parte da mãe, do tratamento e provisionamento de doentes pelos médicos, e outros casos semelhantes. Em tais situações, em virtude das específicas relações de proteção levadas a efeito pelos participantes da vida social, operar-se-ia uma posição de garantidor, que, uma vez efetivada, conduziria a considerar o não agir como um agir.[30]

Ao contrário do que propõe, no entanto, a doutrina, a alteração de rumos na sedimentação dos deveres de garantidor não implica uma reorganização dogmática, de modo a clarificar o conteúdo desses deveres. Com exceção de algumas ponderações, como a de SCHÜNEMANN quanto ao domínio ou poder relativamente aos fundamentos da produção do resultado, que podem servir de fontes delimitadoras, o que se obtém com isso é, em linhas gerais, a ampliação da punibilidade. Mediante um raciocínio amparado por interesses sociais se logra equiparar a omissão à ação, ou lhe provocar uma correspondência a uma conduta positiva e justificar o déficit de legitimidade dos delitos omissivos impróprios. Quer dizer, então, que apesar das tentativas de construção dogmática no sentido de aprofundar o conteúdo dos deveres de garantidor, a questão principal de se proporcionar uma base sólida aos delitos omissivos impróprios, a fim de ajustá-los ao princípio da legalidade, continua sem solução adequada. Percebendo essas dificuldades e as incongruências do sistema, em um direito penal de garantia, pretendeu-se, no Brasil, apresentar uma fórmula salvadora, mediante a exigência de que todos os delitos omissivos, ainda que a omissão, como tal, não estivesse descrita formalmente nos respectivos tipos – e nem poderia ser de outro modo, pois então todos os delitos omissivos seriam próprios –, devessem constar como delitos autônomos, associados aos tipos de delitos comissivos correspondentes, na parte especial dos códigos penais.[31] De qualquer modo, mesmo que se reconheçam os bons objetivos dessa proposta, ela ainda deixa em aberto a tarefa de preenchimento dos respectivos tipos, que só poderiam ser compreendidos a partir de uma fórmula de equiparação, que se deveria proceder, agora não mais em termos formais, sobre o conteúdo da matéria normativa, na qual novamente se deveriam destacar tanto a posição de garantidor quanto a relação causal.

---

29. ORDEIG, Enrique Gimbernat. «Das unechte Unterlassungsdelikt», *ZStW* 111, 1999, p. 307.

30. ROXIN, Claus. *Strafrecht*, AT, tomo II, 2003, p. 721.

31. MUNHOZ NETTO, Alcides. «Crimes omissivos», *Revista da UFPR*, vol. especial, n. 20, 1982, p. 91; idem, «Os crimes omissivos no Brasil», Comunicação ao XIII Congresso Internacional de Direito Penal, Cairo (1984), Curitiba, 1983; igualmente, COSTA JÚNIOR, Paulo José da. *Comentários ao Código Penal*, vol. I, 1992, p. 134.

CAPÍTULO 6
A QUESTÃO DOS CRITÉRIOS DE EQUIPARAÇÃO

Depois de uma longa evolução da teoria do delito aplicável à omissão, o que se vê é um emaranhado de teoremas e proposições, que mesclam dados objetivos com subjetivos, condições empíricas com proposições lógicas, elementos materiais com construções simbólicas e acabam por desembocar em questões linguísticas.

A discussão em torno dos critérios de equiparação da omissão à ação, tendo em vista não se tratar só de um problema teórico, não pode estar divorciada das finalidades que os animaram. O que ressalta com evidência é que a equiparação da omissão à ação tem uma finalidade muito nítida: construir uma tipicidade flexível, que possibilite a punição de condutas social ou politicamente indesejáveis, sem violar o princípio da legalidade.[1]

Em face disso, a crítica desses critérios deve ser feita em quatro fases. Na primeira, buscar-se-á verificar se é possível a equiparação entre ação e omissão. Na segunda, serão analisados e submetidos à prova os elementos de equiparação, como modelos funcionais do delito, em face de sua suficiência ou insuficiência. Na terceira, será avaliada a necessidade de uma equiparação. Na quarta, serão discutidos os parâmetros que assegurem uma perfeita delimitação do que seja determinado e do que se deva, efetivamente, cumprir.

I. OS PRESSUPOSTOS DE UMA EQUIPARAÇÃO

Todos os autores que trabalham a problemática da omissão se orientam, como ficou indicado nos itens antecedentes, em dois sentidos: proceder à

1. Welp, Jürgen. *Vorangegangenes Tun als Grundlage einer Handlungsäquivalenz de Unterlassung,* 1968, p. 144.

identificação da omissão como forma de ação ou demonstrar a possibilidade de sua equiparação à ação. O primeiro sentido só poderia resultar de uma proposição de ação que pudesse abarcar dentre suas formas de manifestação tanto o movimento corporal quanto a inação, o que se fez mediante o recurso de desenvolver um conceito sobre a base de uma projeção da vontade, como propuseram os hegelianos, ou de encontrar esse denominador comum no setor da causalidade. O segundo sentido partiu da crítica que se procedeu tanto à formulação hegeliana quanto à questão da causalidade. Dessa crítica se concluiu que a omissão não poderia ser tratada exclusivamente sob o aspecto de sua subjetividade e nem poderia ser extraída de uma relação causal, em face da própria característica da inação, restando, pois, o recurso de equipará-la à ação.

Se, por um lado, a proposta hegeliana comportava algumas ponderações adversas, porque não estaria apta a retratar, com fidelidade, as características empíricas da omissão, o que dava lugar a incluí-la no processo de imputação e não propriamente no conceito de ação, a necessidade de uma demonstração causal também não se ajustava, integralmente, como manifestação de movimento corporal, a um acontecimento que não se pronunciava, diretamente, como produtor material de efeitos. Diante dessas imperfeições dos argumentos hegelianos e causais, pôde-se notar que, desde o princípio, a doutrina trabalhou com a hipótese de equiparar a omissão à ação, ainda que o discurso jurídico exprimisse o contrário. Isto se deu tanto na formulação hegeliana quanto na proposta causal. Na formulação hegeliana, enquanto processo de imputação: se a omissão constitui uma condição negativa que se inclui na relação entre vontade e resultado, como refere Berner, equipara-se, portanto, sob este plano, à ação.[2] Do contrário, não seria imaginável a imputação como dado objetivo, mas apenas como forma subjetivo-volitiva de acumulação de responsabilidade, isto é, a responsabilidade pelo fato não decorreria deste fato, mas de sua representação como objeto de uma vontade de realizá-lo. Por sua vez, nas propostas causais, diante da constatação direta de que, na omissão, inexiste movimento corpóreo empiricamente demonstrado, passa-se a trabalhar com alguns critérios que, no fundo, são típicos critérios de equiparação, mas não de constituição de uma causalidade comum. Assim se dá, por exemplo, com as teorias do agir de outro modo, da ação antecedente e da interferência, pelas quais se percebe que a omissão não está incluída na ação, apenas resulta da prática de uma ação diversa daquela que deveria ter sido realizada. Isto não muda, nem mesmo com a formulação de uma causalidade normativa, que elege como objeto de análise um dado fictício e pretende transformá-lo em real.

---

2. Berner, Albert Friedrich. *Lehrbuch des deutschen Strafrechts,* 1874, p. 11.

Uma vez que a questão não diz respeito à formulação da causalidade como tal, mas a como se poderá estender o seu conceito à omissão, portanto, ao processo de imputação sobre a base de sua equiparação à ação, o que importa é analisar a possibilidade ou a impossibilidade desse processo.

Em seu desenvolvimento, deve este processo enfrentar duas exigências. A primeira delas diz respeito ao princípio da legalidade e aos postulados daí derivados, como a necessidade de uma perfeita delimitação das zonas do lícito e do ilícito, principalmente em face do princípio da determinabilidade do proibido e do mandado. A segunda se refere à legitimidade de uma formulação incriminadora, sem ter como base um objeto empiricamente comprovado ou comprovável. Como não se pode afirmar a legitimidade de uma incriminação sem referência à definição legal de seu objeto, estas duas exigências estão mutuamente relacionadas, de modo que o processo de superação de uma deve dizer respeito, também, à superação da outra.

O princípio da legalidade constitui um pressuposto para a incriminação de qualquer conduta. Sem seu perfeito atendimento, torna-se impossível falar-se de sua relevância ou irrelevância. Como constitui um pressuposto da ordem jurídica, o princípio da legalidade se insere no âmbito das condições normativas de possibilidade. Parece, à primeira vista, que discutir a possibilidade ou a impossibilidade da equiparação da omissão à ação deve conduzir, sempre, a uma análise empírica e não a uma abordagem normativa. Como, entretanto, a investigação empírica está, no direito, limitada a determinados parâmetros de validade e de admissibilidade, ao contrário do que se dá no âmbito das ciências naturais, não há incompatibilidade com o método de discussão, aqui adotado, buscar enfrentar a questão, desde logo, sob a perspectiva limitadora. Sob plano normativo, a equiparação da omissão à ação só pode ser admitida se, efetivamente, por ela se puder determinar, com precisão, o que se deva, na verdade, incriminar. Neste ponto, é relevante proceder-se a uma análise diferenciada do procedimento adotado quanto aos delitos omissivos próprios, de um lado, e impróprios, de outro. A análise separada para ambas as espécies de delito corresponde à determinação do princípio de legalidade, que não pode prescindir de uma especialização, quando os enunciados normativos encarem de modo diverso seus objetos.

Nos delitos omissivos próprios, nos quais a infração à lei se dá, exclusivamente, com o não atendimento da determinação diretamente configurada no tipo, a exigência de validade da incriminação em face do princípio da legalidade não diz respeito à sua equiparação à ação. Neles o importante será determinar os limites e as possibilidades de atendimento do dever legal, em face das possibilidades concretas de realização da ação, por parte do sujeito devedor da obrigação. Isso significa que, nos delitos omissivos próprios, a legitimidade da incriminação está subordinada a dois parâmetros. Em primeiro lugar, à qualidade do discurso jurídico exposto no tipo. Em segundo lugar, à própria criação do dever de agir.

Em face da qualidade do discurso jurídico, é preciso que a incriminação esteja disposta por meio de proposições claras acerca da situação geradora do dever legal, de modo a possibilitar ao sujeito, efetivamente, motivar-se de conformidade com a norma, tendo em vista seu grau de inclusão social, a extensão do dever que se lhe impõe e a concretude dos elementos que se agreguem à figura típica. Assim, constitui pressuposto de legitimidade e de validade de uma incriminação, mediante a imposição direta de deveres legais, uma forte definição do que deva constituir a conduta omissiva, praticamente, mediante os seguintes segmentos: a clara identificação do que se pretenda que o sujeito realize; a inserção desse sujeito no setor e nos limites de proteção do bem jurídico, segundo as características da sociedade em que vive; a real capacidade de efetuar a ação mandada, conforme os exatos contornos do dever imposto, e a relação entre conduta devida e realidade fenomênica. Conforme esses pressupostos, vê-se, pois, que, nos delitos omissivos próprios, o questionamento quase que se esgota na análise da forma como a concretização do projeto de política criminal se pronuncia no tipo, de modo a tornar-se adequada aos sujeitos a que se destina. Frente a formas incompreensíveis ou aplicáveis a sujeitos socialmente desvinculados da proteção de bem jurídico, por força das próprias condições de exclusão a que são submetidos, ou desassociadas de qualquer fundamento fenomênico, apreensível objetivamente, estará seriamente comprometida a legitimidade da incriminação, porque violado o princípio constitucional da legalidade. Como se trata de matéria de elaboração legislativa, é bem verdade que pode ser discutida e analisada dentro do próprio tipo de delito, mediante uma incursão à interpretação crítica de seus elementos. De qualquer modo, como dizem respeito ao modo de definir a omissão como conduta relevante, os fundamentos delimitadores acrescidos ao tipo passam também por uma análise prévia de legitimidade, que não pode prescindir do panorama geral de discussão em torno dos problemas que envolvem a suposta unidade entre ação e omissão.

No que toca à criação do dever de agir, a análise de sua legitimidade deve centralizar-se sobre a relação entre a norma determinativa e a lesão do bem jurídico, em um primeiro momento (que se pode chamar de momento negativo), e entre a norma determinativa e a proteção da pessoa humana (como momento positivo), de modo a se proceder a uma limitação a partir dos pressupostos da necessidade da incriminação. Que o legislador não pode impor, indistintamente, qualquer dever e, ao final, punir seu não atendimento através da pena criminal parece óbvio dentro de um Estado democrático, no qual sejam assegurados os direitos fundamentais. Pense-se, por exemplo, no dever ao serviço militar em face de pessoas filiadas a organizações pacifistas. Se o Estado democrático assegura, em primeiro plano, a proteção da dignidade da pessoa humana, deve respeitar, também, suas convicções, como expressão de sua personalidade, à medida que essas convicções constituam elementos de sua própria projeção como pessoa. O Estado pode querer impor deveres de colaboração para com tarefas que lhe são necessárias ou inerentes, mas não os pode fazer mediante a violação de condições que sejam, também, inerentes e necessárias à consideração de seus súditos como pessoas, sem proporcionar-lhes alternativas a essa colaboração, que possam se ajustar às suas convicções. Há, por certo, além disso, formas de participação, ainda que alternativas, que violam direitos fundamentais, ou que interferem diretamente na dignidade da pessoa humana. Diante disso, a imposição de deveres de colaboração é ilegítima. Embora essa imposição, uma vez posta em evidência na lei, como elemento do tipo dos delitos omissivos próprios, possa ser questionada dentro da própria forma como é manifestada, em atenção à chamada situação típica de omissão, isto é, mediante o confronto dos elementos que caracterizam essa situação típica com o juízo de sua correção em face da ordem jurídica, que se daria, pois, por uma antecipação do juízo de antijuridicidade, em outros momentos será indispensável demonstrar-se a ilegitimidade de tal imposição de deveres, bem como discutir sua contradição para com o sistema jurídico em geral, em face da racionalidade de seus pressupostos. Mas para tanto não se necessita perquirir acerca da equiparação da omissão à ação.

Relativamente aos *delitos omissivos impróprios,* a matéria principal deixa de ser essencialmente típica e começa a influir diretamente nos fundamentos da própria incriminação. Vale dizer: em todos os delitos omissivos impróprios, a discussão acerca de sua legitimidade antecede a de suas condições de tipicidade. Como esses delitos não vêm expressamente previstos na lei, e sua punibilidade é alcançada mediante uma projeção dos delitos comissivos, será importante verificar os fundamentos de admissibilidade dessa forma de manifestação da política criminal. Em princípio, uma política criminal só pode ser exercida quando tome em consideração, como objeto de incriminação, aquilo que se situe dentro de certos parâmetros de identidade; o objeto de incriminação deve ser apreciado em si mesmo, segundo suas próprias características e elementos e não como forma inversa ou simbólica de outros. Então, para se incriminar uma conduta, deve-se ter em vista, antes de qualquer outra indagação, que essa conduta possa ser identificada em virtude das propriedades que apresente. Deve-se cumprir, aqui, a ponderação de Leibniz de que uma formulação só será adequada quando possibilite analisar o objeto em todos seus desdobramentos e características.[3]

Isso não implica que se deva sempre exigir que essa conduta seja diretamente apreensível, como ocorre, por exemplo, no delito de homicídio, em que há uma possibilidade de se verificar, com precisão, como a ação desencadeou

3. Leibniz, Gottfried Wilhelm. *Fünf Schriften zur Logik und Metaphysik,* 1966, p. 9 e ss.

o resultado morte de outrem. Está claro que há incriminações contidas no Código Penal, sem que se possa demonstrar, diretamente, sua força destrutiva do bem jurídico, como se dá, por exemplo, nos delitos contra a honra, nos quais as condutas de caluniar, difamar e injuriar não são capazes de indicar que, com sua realização, lesem, diretamente, o bem jurídico. A lesão, neste caso, está condicionada a fatores de convivência social, só apreensíveis mediante uma análise do sistema de valores ao qual está submetida a norma, o que faz depender a incriminação, nesse caso, de um juízo de avaliação, que aparentemente transcenderia ao empírico. Em qualquer caso, porém, o que se pode constatar é que, ainda nos delitos contra a honra, se projeta, no mundo exterior, uma atividade empiricamente apreensível, como as expressões orais ou escritas que representem uma ofensa à honra, segundo os padrões da respectiva formação social que lhe serve de sistema. Ninguém duvida que se pode comprovar que alguém haja proferido certas palavras, que, segundo aqueles padrões, constitui uma depreciação à reputação ou ao valor social de outrem, minando o processo de comunicação entre a vítima e os demais. O problema está em se aceitar essa projeção empírica da atividade como objeto de incriminação, conforme o discurso que a encerra seja legítimo, em termos de origem e de manifestação, quer dizer, se exerça por meio de uma lei, corretamente votada e que defina, claramente, o que deva constituir a ofensa. Ainda assim perdura a expectativa de que a definição clara do objeto empiricamente apreensível seja capaz de servir de objeto de uma avaliação normativa que a possa delimitar em seus contornos mais precisos.

Essa mesma expectativa se delineia nos *delitos omissivos próprios,* porquanto nem sempre será possível proceder-se a uma delimitação normativa dos elementos contextuais nos quais se verificou a inatividade. Sempre remanesce um déficit de delimitação, em face mesmo das características da inatividade, que, por não possuir um conteúdo material apreensível, fluidifica qualquer juízo normativo que a possa compreender. Essas indeterminações põem em confronto a definição legal da omissão e o princípio da legalidade. Há ainda outras questões, que serão discutidas mais adiante, que dizem respeito à própria legitimidade desta forma de incriminação.

Já, porém, nos delitos omissivos impróprios, a matéria suscita outro enfoque. Não se pode dizer que determinada omissão, isto é, um não fazer constitua um objeto que tenha características próprias, capazes de proporcionar-lhe a imediata apreensão. É claro que um não fazer pode ser constatado e, assim, empiricamente demonstrado como não fazer. Mas isto não identifica esse não fazer como uma omissão. A omissão como tal só passa a ter existência à medida que corresponda a um dever de fazer alguma coisa. A simples omissão é um nada, empírica e juridicamente. Assim, se a omissão só tem existência a partir de uma norma que imponha um dever, trata-se de um objeto de existência condicionada e não de um objeto de existência autônoma.

A questão está, então, em determinar se é legítima uma incriminação sobre a base de um objeto de existência condicionada. Como tal, assume importância fundamental a decisão acerca dos critérios válidos para se afirmar que determinada omissão possa ser equiparada à ação e passe, assim, a ser objeto de uma norma proibitiva e não, essencialmente, de uma norma determinativa. Quando a mãe nada faz e, por isso, deixa que seu filho pereça, a indignação social por tal inatividade pode despertar um sentimento de vingança e de sua reprovação moral. Mas isso não é suficiente para fundamentar a afirmação de que, nesse caso, sua omissão está equiparada à ação e, pois, configura uma violação da norma proibitiva que confere existência ao homicídio. Há, de fato, uma omissão socialmente relevante, mas que a ordem jurídica não quer tratar como omissão, mas, sim, como ação. A repressão à omissão está, aqui, na dependência de outro objeto, que é a ação, a qual, por isso mesmo, deverá ser também previamente definida no caso concreto.

Ademais, a fim de que se atenda ao princípio da legalidade, é preciso que o objeto de incriminação seja identificável, porque só assim será possível defini-lo previamente. O fato de a existência de um objeto ser inferida de outro não impede, desde logo, sua identificação, apenas a condiciona às características essenciais que fundamentam essa inferência. Se, entretanto, o que é importante não é mais o objeto em si mesmo, até porque de sua constituição nada se pode constatar, mas o modo como podem ser obtidas suas características identificadoras, chega-se à conclusão de que a condição imposta à sua existência, a partir dessas características, deve ser também legalmente definida. Se não o for, estará violado o princípio da legalidade. Assim, não se pode afirmar, genericamente, que ao legislador será sempre legítimo definir essa forma de incriminação. A legitimidade está sempre na dependência de como se desenvolve o processo de inferência da omissão e como é ele legalmente definido. Disso se pode concluir que o princípio da legalidade deve passar, no caso, por uma avaliação mais apurada em face do reconhecimento daqueles elementos que possam ser apreensíveis nesse processo de inferência, mas submetidos a critérios de suficiência e adequação, de modo a proporcionar uma perfeita identificação do objeto de incriminação.

Como o atendimento do princípio da legalidade não depende apenas da forma de sua manifestação, como norma legal, mas também dos critérios que possam conduzir a uma inferência objetivamente apreensível, toda a questão da legitimidade da incriminação da omissão se deve desenvolver sob a validade e a suficiência de tais critérios. Portanto, à questão sobre a possibilidade de equiparação da omissão à ação não se pode oferecer uma resposta com base em dados puramente empíricos, como se pretendeu com a edificação da causalidade, mas a partir do procedimento pelo qual se pretende proceder a essa equiparação.

Nas ciências sociais, em geral, sempre se buscou um método pelo qual se pudesse obter com fidelidade as características da conduta para torná-la um objeto cientificamente apreensível. HABERMAS indica, com exaustão, como as ciências sociais desenvolveram esse método, desde as assertivas de KEMPSKI, o qual, seguindo a velha tradição kantiana de contrapor ao mundo dos fenômenos as máximas da ação livre, queria fazer ver que, em oposição às ciências naturais, as ciências sociais estariam ancoradas em projeções de prognósticos, em preceitos normativos de conduta e não, propriamente, em formas empíricas de apreensão,[4] até as modernas teorias do agir comunicativo.[5]

Por outro lado, está claro que se a assertiva de KEMPSKI é passível de crítica, porque trabalha tão só com dados racionais, sem subordiná-los a uma correspondência empírica, pela qual se deveria ajustar em face dos papéis desempenhados concretamente pelos sujeitos destinatários dessas regras,[6] não é de todo desarrazoado subordinar, em um primeiro momento, a consideração da ação e, logicamente, da omissão à análise de alguns pressupostos normativos de sua possibilidade e, somente depois, trabalhar sobre suas características empíricas. HABERMAS não se afasta dessa consideração. Com efeito, ao tomar a conduta humana sob a perspectiva de um agir comunicativo e defini-la como «uma interação mediatizada simbolicamente», e, assim, dirigida «segundo normas mandamentais, que definem as expectativas recíprocas de conduta e que devem ser reconhecidas e compreendidas, pelo menos, por dois sujeitos atuantes»,[7] induz a um processo de inversão. Se a ação não é atividade isolada de uma pessoa individual, mas um meio de comunicação apto a despertar em, pelo menos, dois sujeitos atuantes pontos de referência para projetarem estrategicamente suas atuações em face de enunciados normativos, que assegurem determinadas expectativas de conduta, será perfeitamente admissível que se estabeleçam nos pressupostos dessa norma as características pelas quais se façam projetar, empiricamente, as respectivas atividades ou inatividades, ou seja, os elementos pelos quais se possa equiparar a omissão à ação.

II. A DISFUNCIONALIDADE DOS MODELOS DE EQUIPARAÇÃO

Nos capítulos antecedentes, foram expostos, de maneira geral, os critérios básicos utilizados pela doutrina para proceder à equiparação da omissão à ação. Todos esses critérios podem ser reunidos, assim, em três grupos: o

---

4. KEMPSKI, Jürgen von. *Der Aufbau der Erfahrung und das Handeln, in Brechungen: kritische Versuche zur Philosophie der Gegenwart,* 1964, p. 299 e ss.

5. HABERMAS, Jürgen. *Zur Logik der Sozialwissenschaften*, Frankfurt am Main: Suhrkamp, 1985, p. 146 e ss.

6. Assim, a crítica de Hans ALBERT (*Theorie und Realität*, Tübingen: Mohr, 1972, p. 22 e ss.), também acolhida por Jürgen HABERMAS (*Zur Logik der Sozialwissenschaft,* 1985, p. 150).

7. HABERMAS, Jürgen. *Vorstudien und Ergänzungen zur Theorie des kommunikativen Handelns,* 1995, p. 21.

primeiro, tendo por base a formulação de uma condição causal negativa; o segundo, a partir da criação da ingerência; o terceiro, da posição de garantidor. Falou-se, atrás, da inserção da omissão no âmbito da antijuridicidade, mas isso não constitui um critério próprio de equiparação com a ação. Claro, essa manifestação do comissivo e do omissivo na antijuridicidade constitui um critério de união, mas sua perspectiva é mais no sentido de tratá-los juridicamente dentro do sistema de delito. Pode-se observar, também, que, ao se desenvolverem os critérios da ingerência e da posição de garantidor, a questão estava centrada no conceito material de ilicitude, ou seja, os critérios de equiparação deveriam corresponder a uma unidade jurídica.

Uma vez postos em evidência os pressupostos de possibilidade da equiparação da omissão à ação, deve-se proceder, agora, à análise da funcionalidade dos critérios de equiparação. Nesta análise, será relevante verificar como e em que medida a inserção de determinado critério é capaz de levar a efeito, concretamente, essa equiparação. Normalmente, o que se observa é que nenhum dos modelos de equiparação é suficiente para preencher os objetivos a que se destina, daí que a análise de sua funcionalidade deva ser conduzida negativamente. Não se trata de justificar a adoção de qualquer dos critérios, mas de aprofundar suas contradições para verificar se efetivamente ainda podem subsistir como modelos de equiparação da omissão à ação dentro de uma perspectiva garantista. Ao falar-se de disfuncionalidade dos modelos de equiparação, o que se pretende é demonstrar que a questão da equiparação da omissão à ação não pode ficar resumida a um par de argumentos, mas deve envolver toda a construção da teoria do delito.

1. A insuficiência da teoria da condição negativa

Quando se tratou, atrás, da condição negativa, já se afirmou que esta não é uma questão de causalidade, mas de imputação: a equiparação da omissão à ação se desenvolve sobre a base da necessidade de se imputar a alguém o resultado ocorrido. Como se trata de questão de imputação, o critério de equiparação depende, assim, de um raciocínio normativo, qual seja, de admitir que uma determinada condição, de fato inexistente, pudesse impedir a ocorrência do evento. Se o importante é trabalhar com critérios seguros e, seguindo a velha tradição de buscar uma demonstração inequívoca de que tal fato efetivamente se deu da maneira como se afirma, está claro que a teoria da condição negativa só pode constituir um indício de que a omissão deva ser equiparada à ação, mas de nenhuma forma um critério válido e definitivo dessa equiparação. O grande defeito da teoria da condição negativa está em não perceber que jamais uma relação de causalidade pode ser afirmada com base em que uma outra teria impedido o resultado. Só se pode extrair uma causalidade de fatos concretos, cujo desenvolvimento tenha como consequência, regularmente, a produção de um evento, mas não a ausência desse evento.[8] Mesmo HART e HONORÉ, que acolhem a teoria da condição negativa em fatos nos quais à omissão se agrega uma ação de outrem (A não impede que B mate C), sentiram suas dificuldades e a repudiaram nos casos em que a sequência se dá por fatos naturais e não por ação humana (A não impede que um objeto caia sobre C e lhe cause lesões).[9] Quando uma condição intervém em um processo causal, só comporta duas análises: ou constituirá um fator que contribui para a produção de um evento e, então, será, também, sua causa, ou não constitui e, assim, será irrelevante. De qualquer modo, a relação se dará sempre entre essa condição e o evento realizado, mas não entre essa condição e a ausência do evento. Segundo a experiência, quando a condição intervém em um processo causal, significa que com ele contribuirá. Neste caso, porém, haverá ação e não omissão. Se, por exemplo, alguém impede que outrem preste socorro à vítima não será responsável por omissão, mas por ação, como, aliás, já demonstrava VON LISZT.[10] Não terá sentido trabalhar-se neste caso com a omissão, quando a interferência sobre a ação de outrem constituir, efetivamente, uma condição positiva para o desenrolar do processo causal. Nesse processo causal, acumulam-se tanto as condições naturais que irão produzir o resultado quanto as condições humanas, entre as quais a ação salvadora, que tendem a impedi-lo. A interferência sobre a ação salvadora não é, no fundo, uma condição negativa do evento, como seria a própria ação salvadora, mas uma condição positiva a ser agregada às condições naturais à sua produção.

Por outro lado, são insuficientes as ponderações de HART e HONORÉ de que a teoria da condição negativa pode servir de instrumento a determinar a equiparação da omissão à ação, quando se trate de sequências causais com a participação de outrem. O fato de alguém não haver interferido na ação lesiva praticada por outrem contra a vítima não transforma sua omissão, desde logo, em ação e nem a ela se pode equiparar. Poder-se-ia pensar, talvez, numa forma de equiparação, se entre as duas intervenções se estabelecesse uma relação mais estreita, de tal ordem que a ação lesiva só se pudesse efetivar se a ação interferente não se houvesse, imediatamente, realizado. Mas, nesse caso, enfrentar-se-ia também uma dificuldade: como determinar que a omissão será tão relevante a ponto de se integrar, como ação devida pelo omitente, à ação realizada por outro. Como, nesse caso, não se está raciocinando sobre duas sequências causais materiais, mas apenas sobre uma relação causal (B matou C) e sobre uma inatividade (A nada fez para impedi-lo), portanto, sobre um

---

8. Esse debate está sempre presente quando se discute a questão da causalidade alternativa ou a evitabilidade do resultado. Ver, por exemplo, para a crítica dessas questões: PUPPE, Ingeborg. «Die Lehre der objektiven Zurechnung», *JURA*, 1997, p. 408 e ss.; KINDHÄUSER, Urs. *Kausalanalyse und Handlungszuschreibung,* GA, 1982, p. 477 e ss.; JORDAN, Adolf-Ditriech. *Rechtsmäßiges Alternativverhalten und Fahrlässigkeit,* GA, 1997, p. 349 e ss.

9. HART, H. L. A.; HONORÉ, Antony. *Causation in the law,* 1985, p. 449.

10. LISZT, Franz von. *Lehrbuch des deutschen Strafrechts,* 1814, p. 138.

acontecimento materialmente desdobrável no mundo exterior e sobre uma postura de alguém, não será possível trabalhar-se por meio de um processo de inferência empírica. Para tornar pelo menos compreensível tal processo de inferência, dever-se-ia, então, propor sua inversão: construir um juízo hipotético de probabilidade sobre o acontecimento realizado e concluir que, se a ação, que o omitente não praticou, fosse efetivamente tomada, o resultado não teria ocorrido. Mas este juízo, agora, não se pronuncia mais sobre a base de uma condição negativa, mas sobre um objeto hipotético. O problema, ademais, continua sem solução, porque a equiparação da omissão à ação passa a decorrer de uma avaliação e não de um processo empírico de inferência.

2. A insuficiência do conceito de ingerência

Igualmente, a ingerência não é suficiente a possibilitar que a omissão se equipare à ação. Desde sua criação com Stübel até sua atual configuração, a ingerência tem servido de palco a inúmeras contradições. Basicamente, poderiam ser resumidos seus fundamentos em três grandes grupos: da causalidade, da responsabilidade pela criação de nova fonte de perigo e, mais recentemente, como modalidade de comissão.

Pelo critério da causalidade, com apoio na teoria da ação precedente, entender-se-ia que aquele que cria o perigo da produção do resultado e não o evita também o causou. Esse raciocínio, porém, é incongruente com os próprios princípios da causalidade. Quando se pensa na causalidade, em termos de regularidade, tal como propunha Hume e, depois, Stuart Mill, com a cláusula *ceteris paribus*, exige-se que a condição que produz o resultado tenha as mesmas características, desde quando se tenha iniciado até seu exaurimento no evento. Isto significa que a causalidade só pode ser afirmada se as condições forem as mesmas, ou, pelo menos, semelhantes, quando do início da ação e quando da ocorrência do resultado. Ora, na ingerência, o que se quer não é afirmar a causalidade da ação precedente criadora do perigo em relação ao resultado, mas a causalidade da não intervenção do agente sobre essa ação precedente de modo a impedi-lo. Há, assim, nesta sequência, duas séries de condições distintas: a primeira da ação precedente, a segunda da não intervenção do agente sobre esta ação precedente. A primeira série, porém, não é da mesma natureza da segunda, o que significa que esta última não pode ser inferida daquela. Há, aqui, um choque de condições, uma condição anterior positiva, outra condição posterior negativa, o que torna insubsistente a cadeia causal.

O segundo fundamento, da criação de nova fonte de perigo, vem sendo utilizado pela jurisprudência dominante.[11] Mas, também, aqui, o argumento é

---

11. Indicações em Roxin, Claus. *Strafrecht*, AT, II, 2003, p. 759 e ss.

artificial. Assim, da mesma forma como ocorre com a teoria da causalidade, pretende-se, então, distinguir duas séries de condições de perigo, uma decorrente de uma ação efetivamente realizada, outra da não realização de uma ação para impedir que daquela ação perigosa o resultado ocorra. Em face de que o sujeito não tenha efetuado uma ação para impedir o resultado, induz-se a conclusão de que se fez responsável por ele. Na verdade, não há nova fonte criadora do perigo. Há apenas uma fonte do perigo, que é aquela realizada pelo agente quando da prática da ação antecedente.

O terceiro fundamento, manuseado por BRAMMSEN, de que o não impedimento do resultado implicaria a prática de um delito comissivo doloso se afasta do âmbito da ingerência e passa a trabalhar sob o ângulo de um dolo superveniente.[12] Isto significa, então, que a ingerência deixa de ser um elemento de caracterização da posição de garantidor, uma condição objetiva, para ser um argumento a justificar a criação de um elemento subjetivo, o dolo de fazer. A questão não é mais a da equiparação da omissão à ação, mas a da caracterização de um fazer que se desenvolve sobre um não fazer. Por todos os lados, este argumento é evidentemente falaz, porque mescla, em uma mesma sequência de proposições, elementos que não se relacionam. Em primeiro lugar, confunde ação com omissão; em segundo lugar, quer extrair de um não fazer objetivo um elemento subjetivo de fazer; em terceiro lugar, ao afirmar que o sujeito deve responder por delito doloso comissivo, inaugura uma conclusão cujos elementos não estão contidos nas premissas.

De todos os argumentos usados para fundamentar a ingerência, pode-se facilmente observar que o que há na ingerência é, basicamente, uma questão de imputação. O que se pretende é discutir se o sujeito deve responder pelo desenvolvimento causal de sua ação como delito culposo – alguém, por exemplo, inadvertidamente, põe fogo em um celeiro – ou como delito doloso. Se alguém, por descuido, põe fogo em um celeiro, está claro que deve responder, conforme o caso, por delito culposo em relação às consequências daí advindas, por exemplo, pela morte de outrem que lá se encontrava. Mas a doutrina penal, articulando sobre a base de uma ética da valoração, não acha suficiente à reprovação do agente que o fato se limite apenas ao delito culposo. Com isso, engendra outro parâmetro de imputação: vê, na sequência, a criação, também, de um dever de impedir o resultado. Assim, quem pôs fogo culposamente no celeiro deveria responder por crime doloso em relação à morte de quem lá se encontrasse, caso não tivesse impedido o resultado. Com esse raciocínio, pretende a doutrina equiparar a omissão de não impedir o resultado à ação de causá-lo. No fundo, não há equiparação. O que há é nova imputação. Para essa nova imputação, poderia ser utilizada a norma que se inclui no tipo de omissão de socorro, mas isto esbarraria na formulação do

12. BRAMMSEN, Joerg. *Die Entstehungsvoraussetzungen der Garantenprinzip,* 1986, p. 418.

princípio da subsidiariedade, pelo qual os delitos de perigo (como o de omissão de socorro) estariam absorvidos pelos delitos de dano correspondentes (como o de homicídio culposo), quando implicassem a violação do mesmo bem jurídico. Diante dessa dificuldade, por um lado, da inexistência de um tipo específico, de outro lado, da pretensão de se punir também a desconsideração para com o bem jurídico alheio, como delito autônomo doloso, a doutrina ficou sem perspectivas, a não ser afirmando, primeiramente, que dessa ação perigosa antecedente estaria criado um dever especial de impedir o resultado e que a omissão desse dever, como se veria ligada a essa ação antecedente, estaria, simbolicamente, equiparada a uma verdadeira ação de produzir o resultado. Claro, uma vez que se admita, nessa nova imputação, a omissão de socorro, haveria um problema a ser resolvido, que é o de equacionar o tratamento jurídico que deveria ser dado ao resultado: é, afinal, um resultado de um delito culposo ou é um resultado qualificador da omissão de socorro?

Quando se analisa a ingerência, como critério de equiparação da omissão à ação, a questão não está em se afirmar ou negar a pretensão de política criminal que está por detrás de sua análise. Até se poderia fazê-lo, diante de um direito penal mínimo. Mas o que importa é que da ingerência não se pode, logicamente, concluir que a omissão constitua uma ação. O raciocínio ao inverso já fora usado antes por GLASER e MERKEL, com enormes dificuldades. Este último, no entanto, sentindo as deficiências de tal conclusão, ponderava também, para tanto, com os critérios da culpabilidade, justamente aqueles que indicavam as perspectivas de política criminal. Para MERKEL, foi até mais fácil alcançar aquela conclusão, uma vez que, em sua análise, partia de um significado hegeliano de conduta, pelo qual se poderia obter a unidade entre ação e omissão apenas com referência à forma de exteriorização da vontade. Desde que superada essa postura hegeliana, a questão de ingerência alcançou, porém, outro patamar. Não se tratava mais de se buscar uma unidade entre ação e omissão, mas de justificar uma equiparação de uma omissão não tipificada a uma comissão tipificada. Como no plano da causalidade isto é inviável, o que resta é tão só uma equiparação normativa. Por esta se passa a afirmar – e esta é a conclusão, inclusive, como se viu, da jurisprudência dominante – que ao sujeito seria imputável a produção do resultado, porque, ao realizar a ação precedente, inaugurou uma nova fonte de perigo, pela qual se fez responsável.

Portanto, a ingerência não constitui um critério de equiparação da omissão à ação, mas apenas um critério de imputação extralegal de uma conduta. Isso se torna ainda mais evidente com as tentativas de salvar-lhe os fundamentos, desde a formulação moderada de ROXIN até a pretensão de BRAMMSEN de convolar tudo em um delito comissivo doloso. ROXIN dá, aliás, exatamente, a tônica de que a ingerência não é mais um elemento de equiparação da omissão à ação. Para ele, o fundamento da imputação residiria no fato de que, se o sujeito já deve responder pelas consequências decorrentes de sua ação perigosa antecedente, também deverá responder pelas consequências – agora dolosamente – decorrentes do aumento do risco que se processa com o desenvolvimento daquela ação.[13] Vê-se, pois, que, no fundo, o que se pretende é justificar uma maior punição do sujeito por resultados que lhe sejam atribuídos em face de desdobramentos causais hipotéticos.

Igualmente, são insubsistentes como argumentos isolados de equiparação da omissão à ação os tecidos por WELP, no sentido de que, para tanto, será indispensável que a ação precedente tenha sido praticada de modo contrário ao direito, antijuridicamente, porque, então, se configuraria uma verdadeira situação de dependência entre a vítima e a não intervenção do agente no processo causal que se havia desenrolado com sua atuação.[14] Ainda que seja louvável a iniciativa de se proceder a uma delimitação da ação precedente, os argumentos não conduzem à equiparação da omissão à ação, porque simplesmente se trata de modificar-lhe a qualidade: em vez de ser apenas uma simples atividade perigosa, passa a ser uma atividade perigosa antijurídica. Com isso, o que se vislumbra é, novamente, a elaboração de fatores que possam sustentar um juízo de imputação, mas não de equiparação concreta da omissão à ação. Ao se modificar a qualidade da ação precedente, justifica-se que ao agente, agora em face disso, esteja obrigado a agir para impedir o resultado, uma vez que tenha atuado ilicitamente. Mas a atuação ilícita não pode implicar, por si só, uma alteração, também, nos dados fáticos, mas só na sua valoração jurídica. O recurso usado por WELP de se valer, também aqui, dos preceitos da teoria da causalidade adequada, de modo a se poder fundamentar uma equiparação da omissão à ação na medida em que o resultado provavelmente não teria ocorrido, caso a ação salvadora do agente fosse praticada,[15] igualmente não convence. O que ocorre, então, não é fundar uma nova argumentação, mas regressar ao mesmo e falível aspecto da causalidade, desde há muito posto de lado pela doutrina dominante.

O mesmo se pode dizer, ainda que apresente aspectos positivos e bastante demonstráveis, dos argumentos trazidos à discussão por SCHÜNEMANN. Embora negue valor à ingerência como forma isolada de equiparação da omissão à ação, sua argumentação em torno da capacidade de domínio do agente sobre a produção do evento conduz ao mesmo desfecho da teoria da causalidade. Na verdade, a referência a uma situação de domínio sobre os fundamentos do perigo, trazidos por SCHÜNEMANN em apoio à sua repulsa à ingerência, se,

---

13. ROXIN, Claus. *Strafrecht*, AT, II, 2003, p. 763: «Não há sentido de se responsabilizar, penalmente, alguém apenas pela inicialização de um processo causal que conduza à realização do tipo e não pelo desenvolvimento evitável dessa causalidade.»

14. WELP, Jürgen. *Vorangegangenes Tun als Grundlage einer Handlungsäquivalenz der Unterlassung*, 1968, p. 182.

15. Idem, ibidem, 1968, p. 201 e ss.

por um lado, é correta na medida em que manifesta a impropriedade de uma extensão de responsabilidade por dois fatos absolutamente incongruentes entre si (o fato decorrente do perigo da produção do evento e o fato da omissão de não impedir o resultado), por outro, não deixa de ser ainda uma questão de causalidade, ou melhor, de imputação. Quando Schünemann, inclusive, admite a responsabilidade do dono de um cachorro, pelo crime de lesão corporal culposa, por não impedir que este mordesse outra pessoa, justamente porque, sendo proprietário de uma fonte produtora do perigo, detinha em suas mãos o domínio da realização do evento, está procedendo a uma equiparação da omissão à ação com base no desdobramento da ação precedente, no caso, de passear com o animal sem as devidas medidas de segurança.[16] Por outro lado, não resta claro o que possa constituir empiricamente o domínio sobre os fundamentos do resultado. Schünemann parte da consideração de que, se, nos delitos comissivos, a autoria direta seria determinada pelo domínio sobre o fato, conforme a teoria proposta por Roxin, nos delitos omissivos impróprios, a equiparação da omissão à ação não «consistiria na infração a um dever especial extrapenal, senão na categoria da assunção de custódia e, desse modo, em uma relação de domínio sobre o resultado».[17] Distinguindo da questão relacionada à posição de garantidor, na qual esse domínio «não se manifesta, como no fazer ativo, mediante o domínio sobre a situação de desamparo do bem jurídico»,[18] na ingerência, o domínio deve incidir sobre o resultado, «não em função da causalidade da conduta, mas em função de uma fonte produtora do perigo».[19] Uma vez, assim, que o sujeito tivesse domínio sobre uma fonte de perigo, sua omissão estaria equiparada à ação. A questão está em proceder-se, primeiramente, a uma equiparação entre o domínio sobre a causalidade, como processo material, que é próprio dos delitos comissivos, e o domínio sobre uma fonte produtora de perigo, sem que se trate de um desenvolvimento material que possa legitimá-lo. Depois, proceder-se a uma equiparação entre a produção do evento, como consequência do processo causal sobre o qual o agente exerceria o respectivo domínio, e a ocorrência do resultado em virtude da atuação de outra fonte de perigo, não exercitada diretamente pelo sujeito, mas apenas situada sob sua responsabilidade. Como a definição do domínio sobre o resultado não decorre de sua produção pelo sujeito, mas em virtude de sua responsabilidade sobre a fonte produtora, vê-se que o critério de equiparação, então proposto, não pode se afastar do processo de imputação. Se o processo de equiparação se funda em um critério de imputação, torna-se incerta a busca, a partir da consideração da ingerência, de um fundamento autô-

---

16. Schünemann, Bernd. *Zur Kritik der Ingerenz-Garantenstellung*, GA, 1974, p. 235.

17. Schünemann, Bernd. «Del descubrimiento de Welzel del domínio social del hecho al desarrollo del domínio sobre el fundamento del resultado como principio general de autoria», *Problemas capitales del moderno derecho penal*, México, 2005, p. 241.

18. Idem, ibidem, 2005, p. 241.

19. Idem, ibidem, 2005, p. 242.

nomo que possa justificar essa equiparação em termos empíricos e objetivos. Ainda que SCHÜNEMANN ponha em dúvida todos os argumentos tradicionais da ingerência, tratando de desmitificar a matéria da suposta causalidade, passa a fundar a ingerência em uma situação de fato que só interessa em termos de responsabilidade normativa, porque a equiparação da omissão à ação só poderia se dar, nesse caso, *ex post*, depois que o resultado tivesse ocorrido. Então, a equiparação da omissão à ação será apenas uma forma conveniente de impor a sanção penal por um resultado concreto e não a consequência da aplicação de um critério universal, anterior ao próprio evento. A equiparação, então, não difere das questões relativas à punibilidade do sujeito e vem a ser, portanto, unicamente uma postura de política criminal, ou seja, uma vez ocorrido um resultado relevante, tratar-se-á de atribuí-lo a alguém, mediante argumentos criminalizantes, que estariam justificados se pudessem servir de elementos para equiparar a omissão à ação e, assim, legitimar a punição. Isso demonstra a insustentabilidade científica do critério da ingerência para esse fim.

3. A insuficiência do conceito de garantidor

Da mesma forma, é também insubsistente como critério de equiparação a referência à posição de garantidor. Tanto faz que esta posição de garantidor esteja instituída segundo a teoria dos deveres formais ou segundo elementos materiais.

Se a teoria dos deveres formais tem a vantagem de proceder a uma delimitação legal daquilo que se deva exigir do sujeito, a fim de se ajustar ao princípio da legalidade, conduz, por outro lado, a uma forma de equiparação puramente normativa da omissão à ação, que não corresponde nem a um desdobramento causal nem a qualquer dado empiricamente demonstrável. É verdade que a invocação à causalidade não é suficiente, como já se viu, para equiparar-se a omissão à ação, mas, de qualquer modo, contém dados objetivos que podem ser postos à prova ou servir como modelo de imputação com base na formulação lógica da teoria da condição. O que se torna incompreensível é admitir uma equiparação da omissão à ação exclusivamente em face da posição do agente para com a ordem jurídica.

Também não socorre a incongruência de tal equiparação a referência a um elemento material de fundamentação da posição de garantidor. Desde que Armin KAUFMANN, partindo da ideia de repartição de funções, pretendeu caracterizar a posição de garantidor com base nas relações fáticas do agente para com a defesa e proteção de pessoas pelas quais se responsabilizava, ou com base na sua responsabilidade por fontes criadoras de perigo, o que se viu foi uma fórmula de se personalizar a omissão, fazendo-a depender não mais de dados objetivos, mas de relações interpessoais. Não há dúvida que subsiste na posição de garantidor uma relação interpessoal, mas daí se dizer que por isso a omissão se equipara à ação é outro problema. Como será possível equiparar-se a omissão, como não fazer algo, à ação positiva de fazer algo, unicamente porque o agente mantém com a pessoa afetada uma relação de proteção? Essa é, talvez, a grande questão de todos os delitos omissivos impróprios. É importante verificar como será possível se desenvolver tal argumentação e como se apresentam suas contradições.

Consoante a ideia de Armin Kaufmann, compreende-se que a identificação de uma omissão equivalente a uma ação deve percorrer dois caminhos diferenciados. O primeiro caminho diz respeito à subsistência de duas disposições jurídicas: a existência de um tipo comissivo, em que se prevê a punição pela lesão ou perigo de lesão a um bem jurídico, e a existência de uma norma determinativa, que tenha por conteúdo o impedimento dessa lesão ou desse perigo de lesão ao bem jurídico. O segundo caminho diz respeito às relações de proteção de determinada pessoa para com determinado bem jurídico. Sem a conjugação dessas duas situações, não se poderia obter uma equiparação da omissão à ação e, portanto, não se poderia falar de delito omissivo impróprio. Essas situações, por seu turno, só podem ser apreciadas na parte especial, sob a consideração de que a norma determinativa fora lesada e sob os pressupostos do merecimento de pena de um delito comissivo.[20] Por outro lado, como a lesão a uma norma determinativa depende das funções de proteção exercidas pelo sujeito, a equiparação se complementa com a indicação acerca dos fundamentos da posição de garantidor.

Armin Kaufmann quer encontrar, como denominador comum aos deveres de garantidor, uma posição de proteção para com certo bem jurídico, que decorre do exercício de determinadas funções amparadas no ideário welzeliano das relações de confiança.[21] Estas funções, ademais, manifestar-se-iam em dois grupos definidos: primeiramente, a função de proteção direta a um bem jurídico, em virtude da imposição de uma disposição jurídica ou em face da assunção de deveres contratuais; depois, a função de proteção diante de fontes produtoras de perigo.[22] Como estas funções só poderão ser tratadas em face de um perigo direto ao bem jurídico, a violação de um simples dever de atuar não é apta a caracterizar uma omissão equiparável à ação. Esta equiparação só se dará, quando, além disso, a lesão do bem jurídico estiver vinculada diretamente ao exercício da função de proteção, o que conferirá ao sujeito sua posição de garantidor.[23] Ainda que queira com estes fundamentos apresentar algo novo, Armin Kaufmann reproduz, nesse aspecto, o mesmo esquema já proposto pela teoria dos deveres jurídicos formais, com a única diferença de exigir uma demonstração, na parte especial, de que o dever de impedir o resul-

---

20. Kaufmann, Armin. *Die Dogmatik der Unterlassungsdelikte,* 1959, p. 287.
21. Idem, ibidem, 1959, p. 288.
22. Idem, ibidem, 1959, p. 283.
23. Idem, ibidem, 1959, p. 284.

tado estava diretamente vinculado à função de proteção exercida pelo sujeito. Mas ocorre que sempre que há uma posição de garantidor, em face de uma imposição legal, subsiste, também, uma função de proteção de bem jurídico. O problema está em determinar, com precisão, como essa posição de garantidor se desenvolve de modo a fundamentar uma equiparação da omissão à ação. Para tanto, não basta estar o sujeito diretamente vinculado à proteção do bem jurídico, por motivo de um perigo concreto de sua lesão.

Por seu turno, é também insustentável a posição de Otto, que pretende obter a equiparação entre omissão e ação no plano da tipicidade. Dizer-se que, ao definir o delito de homicídio como «matar alguém», o legislador implicitamente admitiu-lhe tanto a forma comissiva quanto omissiva é contornar o problema pelo seu lado mais vulnerável, ou seja, por uma construção interpretativa.[24] Ainda que Otto agregue, mais tarde, a essa construção elementos delimitadores, de só admitir como omissivos impróprios os delitos subordinados a uma especificação da autoria, em termos da posição de garantidor, não soluciona a contradição inicial. Afinal, como será possível equiparar-se a omissão à ação, mediante uma interpretação da lei que está em incompatibilidade com seu enunciado? Está mais do que claro que, ao definir o delito de homicídio como «matar alguém», o legislador teve em vista uma ação positiva. A inserção da omissão como forma de cometimento do delito se deve a outros critérios, que podem ser o da causalidade, da ação precedente ou da posição de garantidor, mas não por força de uma criação denotativa. Poder-se-ia pensar até mesmo numa criação conotativa, derivada da conjugação de dispositivos da parte geral e da parte especial, pelos quais se concluiria que o legislador também quis punir a omissão, em certos casos, ainda que não expressamente tipificada. Mas daí teriam que ser enfrentados todos os demais percalços pelos quais deva passar uma tal interpretação, a começar pelas questões da sua legitimidade ou da propriedade de seus elementos, coisa que até hoje a doutrina não pôde superar.

Por outro lado, especificamente ao fundamento dos deveres de garantidor e, consequentemente, da criação da posição de garantidor, Otto entende, como já se disse em capítulo precedente, que nesta posição se acha quem seja responsável pelas funções de proteção de um determinado bem jurídico ou por uma fonte produtora de perigo. Embora indique que a posição de garantidor deva ser tratada nesses dois segmentos, considera que sua distinção é apenas de direção, mas não de estrutura. Assim, a posição de garantidor estaria situada em face de um dever de impedir o resultado, que se conjuga como uma consequência do espaço livre de atuação que se concede ao sujeito. Segundo ele, isto será compreensível à medida que se toma o direito sob a função de alcançar uma segurança existencial mediante a segurança jurídica e, pois,

---

24. Otto, Harro. *Grundkurs Strafrecht*, AS, 2004, p. 160.

garantir as expectativas de cada um a desenvolver sua personalidade dentro de uma ordem estabelecida. Assim, uma vez que se conferisse ao sujeito a possibilidade de dar seguimento à evolução de sua personalidade, dentro de um espaço em que lhe fossem asseguradas as expectativas, nasceria daí o ônus de se responsabilizar por perigos que reduzam o espaço de liberdade de outrem.[25] Embora tente introduzir, ainda nesta argumentação, um dado valorativo ao lado de uma concepção sistêmica,[26] não consegue explicar por que a atribuição de um dever de impedir o resultado deva, necessariamente, ser extraída do espaço de liberdade concedido ao sujeito. Neste aspecto, parece que confunde algumas premissas. Primeiro, vale-se da ideia de que a todo sujeito é concedido, harmonicamente, um espaço livre de atuação, o que não corresponde à realidade, pois, no processo de exclusão social, não se pode falar, senão simbolicamente, que a todos é assegurado esse espaço. Depois, entende que, então, o sujeito seria responsável por perigos que pudessem alcançar outrem, porque, neste caso, estaria reduzido em relação a este último o espaço de atuação que lhe fora originariamente conferido. Ainda que possa essa fórmula ter alguma ligação com a fórmula kantiana de delimitação do direito subjetivo, assim como está enunciada amplia, ilimitadamente, o âmbito da posição de garantidor. Finalmente, é incapaz de fazer a ligação do dever de impedir o resultado com a sua assertiva de que há no tipo, em face desse dever de garantidor, também uma omissão legalmente prevista. Pareceria, à primeira vista, que essa não é sua preocupação, mas isto resulta da incongruência de seu sistema. Como pelos fundamentos das funções da posição de garantidor não consegue explicar justamente como pode chegar à conclusão de que o tipo também prevê uma omissão, ao lado da ação, é claro que só pode se socorrer, para tanto, de uma interpretação denotativa *ultra legem* do tipo: a omissão se equipara à ação, simplesmente, porque isto é consequência do próprio enunciado legal. Então, os deveres de garantidor só valem como identificação da autoria. Mas como identificação de autoria lhes faltaria uma indicação legal mais precisa ou um fundamento que pudesse comportar uma contraprova, como ocorre, por exemplo, com o domínio da causalidade.

Por seu turno, embora a equiparação proposta por Schünemann, como se disse, seja, no fundo, uma questão de imputação, tendo em vista o critério da dominabilidade do processo causal, serve também como ponto de apoio a uma teoria material da posição de garantidor. Ao sustentar como base do princípio da dominabilidade do processo causal a posição de fragilidade do bem jurídico, cuja proteção estaria, então, nas mãos do sujeito, diante da concreta e imediata disponibilidade de atuar sobre a produção do evento, ou pela confiança da vítima em que seria protegida, naquelas condições, põe-se Schünemann na mesma linha já antes salientada por Welp, de que a posição

25. Otto, Harro. *Grundkurs Strafrecht*, AS, 2000, p. 161.
26. Idem, ibidem, 2000, p. 165.

de garantidor estaria fundamentada na relação de dependência da vítima para com o autor. Ainda que sob outros paradigmas, a base de sustentação continua a mesma. A grande questão formulada por WELP não dizia respeito, propriamente, à subsistência dessa dependência, que em muitos casos poderia ocorrer e em outros não, mas sim ao fato de como se inferir que, em virtude dessa dependência, a omissão estaria equiparada à ação.[27]

É verdade que WELP trabalhava sob a hipótese de uma ação precedente, a cujos desdobramentos se opõe, com sucesso, SCHÜNEMANN. Mas, mesmo assim, as preocupações eram as mesmas. O que concluía WELP, no entanto, era que a relação de dependência da vítima ao autor, para servir de equiparação da omissão à ação, precisaria estar vinculada às mesmas bases dos delitos comissivos. Em vez de ter em vista a não realização da ação perigosa que desencadeava o processo causal, deveria se orientar pela não ocorrência do respectivo resultado, a cuja concretização estaria associada uma ação salvadora.[28] Também SCHÜNEMANN quer fundar a posição de garantidor sobre a produção do resultado e não sobre a criação de um perigo anterior, quer dizer, a relação de dependência da vítima ao autor se concretiza à medida que esse resultado esteja sob seu domínio. O problema está em se determinar, com precisão, quando se deve afirmar que o resultado está no domínio da causalidade do agente.[29] Reproduz-se a mesma dificuldade já assinalada quando da discussão da ingerência.

Há que se ponderar, em primeiro lugar, que, como não se tem certeza se efetivamente o resultado se realizará ou não, a solução será trabalhar-se, aqui, com o critério da probabilidade nos limites da certeza. Mas este critério é um critério próprio da causalidade, o que significa que a posição de garantidor, então, já não constituirá, por si mesma, um meio de equiparação da omissão à ação. Em segundo lugar, a subdivisão dos casos em que o poder de controle se manifesta em domínio de proteção (nas relações entre pais e filhos, por exemplo) e domínio de vigilância (em relação a fontes produtoras de perigo) não é suficiente para indicar os pressupostos pelos quais alguém se torna garantidor do bem jurídico de outrem.[30] A referência ao poder de controle da

---

27. WELP, Jürgen. *Vorangegangenes Tun als Grundlage einer Handlungsäquivalenz der Unterlassung,* 1968, p. 178 e ss.

28. Idem, ibidem, 1968, p. 182.

29. Assim, a preocupação de Claus ROXIN (*Strafrecht,* AT, II, 2003, p. 718), para quem o critério do poder de controle da causalidade constitui apenas uma diretiva a ser usada na concretização de inúmeras situações da vida real, mas necessita de uma limitação normativa.

30. Nesse sentido, a crítica de Claus ROXIN (*Strafrecht*, AT, II, 2003, p. 718); também BAUMANN-WEBER-MITSCH (*Strafrecht*, AT, 2003, p. 295): «Onde nem lei nem contrato subsistem, não se deve reconhecer uma posição de garantidor. Se o participante de uma relação ou membro de uma sociedade não pode exigir, por força de lei ou com base em pretensões jurídicas contratuais, de outro participante ou membro uma prestação, a recusa dessa prestação não pode despertar as mais graves consequências da responsabilidade penal de garantidor.»

causalidade é tão só um critério limitador da posição de garantidor, mas não o fundamento de sua criação. Alguém que se encontre diante de um estranho, em grave e iminente perigo, poderá, muitas vezes, salvar-lhe a vida, caso esta esteja diretamente na dependência de seu agir, mas, a não ser que tenha com ela uma relação jurídica especial, não é garantidor de sua vida, ainda que exerça um poder de controle sobre a produção do resultado. Nesse caso, portanto, só se poderá tratar de um delito de omissão de socorro.

Imagine-se um exemplo complexo: alguém é passageiro de uma lancha; em certo momento, o piloto resolve fazer uma manobra arriscada e cai em alto mar; o passageiro assume o controle da lancha e não lhe presta socorro. Nesse caso, o resultado estava, evidentemente, sob seu poder de controle, mas não é ele garantidor da vida do piloto. Responderá apenas por omissão de socorro. Vê-se, assim, que a criação de um dever de garantidor não depende, exclusivamente, da posição fática de controle dos fundamentos da causalidade. Está claro que, ao se referir ao poder de controle, pretendeu SCHÜNEMANN tipificar aquelas situações nas quais esse poder estava, desde o início, nas mãos do sujeito, em virtude de sua posição para com a vítima (o pai para com o filho menor) ou com uma fonte de perigo (o dono de um cachorro agressivo e as demais pessoas), ou seja, de acordo com as funções que lhe são atribuídas.[31] Contudo, como o processo causal é dinâmico, poderá haver uma substituição dessas posições. O piloto do barco, no exemplo acima, era garantidor dos passageiros, porque estava no comando da embarcação e devia impedir os perigos de sua condução, porque detinha o controle da posição de proteção. Uma vez que o barco passe ao comando do passageiro, a situação fática não muda: este detém também o controle do salvamento, mas não o executa. Apesar desse controle, porém, ainda não será garantidor. A posição de garantidor resulta, assim, de uma compreensão normativa e não de uma situação fática que una a vítima ao sujeito. Portanto, não basta que o sujeito assuma certas funções, é preciso que também o faça no sentido da disposição normativa. Está claro que, ao assumir o comando do barco, o passageiro daí em diante aceitou também gerir os deveres de assistência aos demais passageiros, mas não em relação a fatos passados.

As mesmas ponderações podem ser endereçadas ao posicionamento de ROXIN. A simples referência a uma norma social não basta para caracterizar a posição de garantidor, nem para equiparar a omissão à ação. Se, nos casos da alimentação do lactente, a omissão da mãe, por causa da absoluta dependência daquele para com esta, conduz inevitavelmente à sua morte ou, pelo menos, a uma lesão corporal, o mesmo não se pode dizer da relação entre médico e paciente. Neste último caso, tudo depende de como se desenvolve o estado do paciente: se o médico esquece no abdômen do paciente uma pinça cirúrgica

---

31. SCHÜNEMANN, Bernd. *Del descumbrimiento de Welzel*, 2005, p. 244.

que lhe produzirá a morte por obstrução intestinal, ou uma lesão grave ou um processo infeccioso, estará na posição de garantidor, não só pela ingerência, mas propriamente pela assunção da responsabilidade na cirurgia, que inclui, também, a diligência necessária a evitar fatos semelhantes. O médico será, como garantidor, sujeito ativo de um delito omissivo impróprio de homicídio ou lesão corporal, caso não retire o objeto estranho do corpo do paciente, resultando disso sua morte ou lesão. Nessa hipótese, o desfecho em benefício do paciente está nas mãos do médico, que, ademais, está em posição de garantidor. E está na posição de garantidor porque assume a responsabilidade pelo processo da cirurgia. Mas há também casos, como o do exemplo do barco, em que a vida de alguém está na absoluta dependência da ação de outrem, sem que isto implique a equiparação da omissão de socorro à ação de matar e transforme, consequentemente, o sujeito em garantidor. Portanto, a dependência do resultado nem sempre produzirá uma posição de garantidor. Se a dependência empírica do resultado não estiver ainda complementada por uma norma legal, não haverá garantidor. Essa dependência do empírico ao normativo é uma garantia da pessoa com vistas a impedir que o julgador possa estender o contexto funcional da imputação, conforme seu próprio enfoque, o que violaria o princípio da legalidade, porque estaria criando determinações típicas sem a necessária produção parlamentar.

A posição de garantidor não é, assim, uma consequência direta de um processo de domínio, mas o processo final de um conjunto de elementos empíricos e normativos, que estarão subordinados a juízos de constatação e avaliação. Como o empírico, portanto, não pode subsistir sem o normativo, o uso da posição de garantidor, nesta hipótese, tampouco será adequado a proceder à equiparação da omissão à ação. Essa inadequação está amparada, pelo menos, nos seguintes pontos de distinção: a) a ação não depende de uma posição de garantidor, como a omissão imprópria, daí não se poder equipará-las por isso; b) a ação possui um sujeito que, efetivamente, domina a causalidade, mas esse domínio não pode ser igualado ao domínio sobre a custódia, porque o domínio sobre a custódia só terá relevância, como tal, se apreciado *ex post*, quando o resultado efetivamente vier a ocorrer; c) a omissão está fundamentalmente vinculada a um dever de impedir o resultado e, pois, a uma norma determinativa extrapenal, enquanto a ação, a uma norma proibitiva penal. Os parâmetros de delimitação da proibição e da determinação têm fundamentos distintos: o primeiro admite que todos podem atuar sem a dependência de autorização, o segundo subordina o sujeito à orientação da ordem jurídica, que disciplina sua conduta em face de interesses protetivos diversos; disso resulta que os procedimentos de imputação, em ambos os casos, sigam critérios diferenciados, fato impeditivo de um processo de equiparação, salvo se se entender que essa equiparação seja imposta normativamente, mas, daí a norma estará se contrapondo aos seus próprios fundamentos, porque se desvia de seus pressupostos e se dispõe a tratar o proibido como se fora um comando ou uma determinação. A impossibilidade de se extrair uma unidade como inferência da posição de garantidor comprova a inconsistência desse critério como elemento de equiparação.

III. A NECESSIDADE DE EQUIPARAÇÃO DA OMISSÃO À AÇÃO

Se os critérios de equiparação da omissão à ação, pelas contradições e incongruências que apresentam, mostram-se insuficientes para proporcionar à elaboração da teoria do injusto dos delitos omissivos impróprios um fundamento seguro, emerge, consequentemente, a discussão se é, afinal, necessária essa equiparação.

Diante das dificuldades acerca da resposta que se deve dar a esta questão, convém esclarecer que a discussão em torno da necessidade de uma equiparação entre omissão e ação não pode ser tratada apenas em termos funcionais, com o propósito, assim, de fornecer um dado justificativo de punibilidade dos delitos omissivos impróprios. Foi, inclusive, com esse propósito que se desenvolveram os critérios equiparativos e foi, por isso mesmo, que esses critérios não puderam superar suas contradições internas. Afinal, como se pode justificar a punibilidade de uma conduta por meio de um processo aproximativo, quando essa conduta não estiver legalmente prevista na lei? Esta continua sendo a questão decisiva quando se trabalha com essa equiparação e, tendo em vista as dificuldades de se encontrar uma solução precisa e segura para os desdobramentos que fomenta, parece que os fundamentos de justificativa dos critérios propostos se têm sustentado, até agora, sobre uma falsa base, de identificar suas proposições com as razões para justificar essa punibilidade.

Nos capítulos antecedentes, já se salientou que toda a investigação quanto ao problema da equiparação da omissão à ação, por constituir um ponto central da teoria do delito, não poderia ser simplificada, de modo a se resumir em fundamentos de punibilidade. Antes de se chegar a este ponto, será preciso resolver o problema referente à legitimidade dessa equiparação, com vistas a corresponder às precisas delimitações do princípio de legalidade. Se a equiparação da omissão à ação, uma vez ultimada, pode fornecer um argumento para a sua punibilidade, isto não dispensa que, antes de qualquer conclusão, se tenha de verificar se, efetivamente, o direito a admite. Assim, quando se discute a necessidade dessa equiparação, não se está induzindo à consideração de que se trata de matéria atinente a juízos aléticos, do possível ou impossível, da necessidade ou liberdade. Mais do que isso, ao se cuidar de objeto relacionado às condições de legitimidade e validade de uma imposição jurídica, a questão da necessidade de equiparação da omissão à ação assume uma outra forma: não se cuida mais de uma necessidade fática, mas de necessidade relacionada a uma proposição normativa.

Geralmente, a doutrina não atenta para essas particularidades, porque não está interessada em distinguir a matéria fática da matéria jurídica, quando dispõe de formulações lógicas capazes de justificar uma atuação jurídica. A distinção que se faz entre norma jurídica e norma social, por exemplo, sobre cuja base se orienta o positivismo jurídico para somente se ocupar da primeira, só se mostra relevante para esse setor da doutrina quando se trate de justificar a validade de uma norma proibitiva ou mandamental, ou de uma norma permissiva de conduta, isto como instrumento de fortalecer o direito estatal diante de outras formas de organização social.[32] Quando a matéria posta em julgamento não é questionada em termos sociais, até por falta de conhecimento acerca das suas extensões, ou em virtude de sua aceitação geral, como ocorre, assim, com a omissão imprópria, a tendência da doutrina jurídica é a de se fixar nos argumentos lógicos, com os quais poderá satisfazer seus propósitos mediante uma operação contrafática.

Mesmo considerando uma argumentação contrafática, as ponderações puramente lógicas não podem deixar de atender a determinados pressupostos de legitimidade e validade das proposições jurídicas, dos quais dependem suas próprias conclusões. Embora, por seu turno, as proposições jurídicas constituam um constructo, devem estar também amparadas por uma realidade empírica. Pode-se dizer que a necessidade da equiparação da omissão à ação deve passar, em primeiro lugar, por uma ponderação em torno da natureza do próprio ato omissivo; depois, pela vinculação entre suas características desenvolvidas dentro da consideração dessa natureza; finalmente, pela relação entre matéria fática e matéria jurídica. Uma vez considerados estes pontos, será possível concluir se, efetivamente, é necessária essa equiparação. Não há por que repetir, aqui, os argumentos traçados linhas atrás, quanto às diversas manifestações acerca da natureza da omissão. Há um dado significativo, que deve ser levado em conta, quando se discute essa natureza: a omissão possui uma existência real, como manifestação do comportamento humano, mas só se torna relevante à medida que se veja confrontada com uma norma impositiva de um dever. Por outro lado, esse comportamento humano não pode ser reduzido a uma simples conduta individual, de modo que de sua conceituação se extraíssem os elementos significativos a empreender uma equiparação da omissão à ação. Ao contrário, tendo em vista as próprias características de como se projeta esse comportamento no meio social, somente por uma consideração de seu relacionamento com outrem é que se pode obter sua compreensão como comportamento juridicamente relevante. Daí que sua natureza só pode ser explicada a partir de múltiplos fundamentos. A omissão tem, pois, uma natureza complexa, que se estende desde sua compreensão como uma forma de comportamento individual, como conduta social e como descumprimento

---

32. GÜNTHER, Klaus. «Pluralismo jurídico y código universal de la legalidad: la globalización como problema de teoría del derecho», *Anuario de Derechos Humanos*, vol. 4, 2003, p. 245.

de um dever jurídico. Essa forma complexa de manifestação é que induz à discussão se é necessária sua equiparação à ação. A busca de uma natureza da omissão, portanto, deve estar também agregada às suas características e às relações empíricas e normativas que lhe correspondem. Não é adequado, assim, justamente nos termos propugnados por LEIBNIZ, proceder-se à sua análise exclusivamente como conduta individual, quando o importante será verificar como essa conduta individual interfere na vida de relação de outrem e como, a partir de uma disciplina normativa dessa interferência, se torna penalmente relevante.

Se a omissão for tomada tão só como forma de comportamento individual, como vem retratada pelo finalismo, por exemplo, não haveria razão para se discutir acerca da necessidade de ser equiparada à ação. Cada uma dessas formas de conduta, a ação ou a omissão, sujeitar-se-ia à análise própria, conforme suas características de atividade dirigida a um fim real, ou a um fim potencial. Por outro lado, como a omissão constituiria uma forma real de comportamento, não seria possível compreender a assertiva de ser caracterizada com um elemento potencial, pelo qual se pretenderia obter sua identificação. Essa contradição do finalismo é incontornável, daí sua inadequação para servir de modelo explicativo de sua natureza. Além disso, como a natureza da omissão não se resume ao fato de estar atrelada a uma finalidade potencial, mas, independentemente da finalidade, pelo fato de corresponder a uma forma de conduta que interfere no círculo performativo de outrem, quer dizer, que faz implicar uma determinada expectativa de ação, está claro que sua equiparação à ação se torna necessária, agora, não mais por efeito de um domínio de causalidade, como se pretendia no finalismo e nas teorias da ingerência ou do desdobramento da posição de garantidor, mas por força de que se torne, também, empiricamente apreensível e possibilite ao afetado a demonstração de que da inatividade não se poderia esperar tal ou qual resultado. Isso significa que a equiparação da omissão à ação deve deixar de ser um artifício para justificar a punibilidade dos delitos omissivos impróprios e, sim, constituir um elemento a retratar, com fidelidade, de que modo e em que medida poderia a inatividade de alguém se relacionar, performativamente, com outrem.

Em termos concretos, caso se tome a atividade ou a inatividade como uma forma de conduta individual, apenas voltada para o sujeito, como se procede no finalismo, o fato de alguém se omitir de uma atividade, para a qual era concretamente capaz, já basta para caracterizá-la como omissão. Para tanto, é suficiente que se acrescente a essa inatividade uma finalidade potencial, independentemente da responsabilidade que se lhe possa atribuir pelo que daí em diante ocorrer. Como a finalidade não seria real, mas hipotética, dever-se-ia reconhecer a existência dessa inatividade como omissão, uma vez constatada a inação. Da verificação empírica de uma inação, atribuída a um sujeito capaz de ação, concluía-se que se tratava de uma omissão, suscetível de produzir efeitos no direito penal, como conduta finalisticamente orientada a um resultado. Claro que por trás dessa inação sempre estava presente um dever de atuar, mas isso jamais foi importante como critério de equiparação, que esteve sempre centrada na capacidade individual. A questão de sua relevância ou irrelevância constituiria matéria a ser tratada no âmbito do tipo de injusto, quando então se revelaria sua vinculação com uma norma mandamental. Ocorre que o direito penal não poder ser orientado, exclusivamente, de conformidade com elementos e capacidades de um sujeito individual, mas sim dentro de uma estrutura na qual esse sujeito se veja confrontado com outrem, isto é, uma conduta só poderá ser atribuída a alguém à medida que ela se projete no mundo exterior com a pretensão de provocar uma performance de outrem, de aceitá-la como correta ou como inevitável. Sem a participação desse outrem, a conduta se torna socialmente sem sentido.[33] Essa afirmação tem também relevância fora do âmbito dos delitos omissivos, em todos os casos em que se discuta a prova da lesão de bem jurídico, nos delitos de perigo abstrato, em geral, como no delito de posse de drogas para uso próprio. Como a inação não possui elementos materiais que possam identificar, com certeza, essa pretensão de validade, há necessidade de se buscar um critério pelo qual se torne adequada a sua demonstração, ou seja, de que com essa inação se estaria provocando uma condição pela qual se poderia esperar determinado efeito. Somente neste sentido é que será adequado tratar da equiparação da omissão à ação e se afirmar ser ela necessária. Vê-se, pois, que a necessidade da equiparação da omissão à ação não deve envolver apenas uma questão de punibilidade. Mais do que isso, a questão relativa à necessidade dessa equiparação só deve ser resolvida em função de corresponder à natureza da conduta omissiva e para delimitar-lhe o alcance. Isto é particularmente relevante nos delitos omissivos impróprios, nos quais se constata, desde logo, uma carência daqueles elementos que devem servir de parâmetros para possibilitar uma imediata apreensão de como se processa a violação de uma norma mandamental dentro do contexto de uma norma proibitiva. Ao se tratar, portanto, da necessidade da equiparação, não se está, com isso, buscando uma justificativa para a punição da omissão, mas, sim, uma limitação de seu alcance, o que só será possível fazê-lo ao agregar-lhes elementos materiais, pelos quais seja adequado identificar de que forma e sob que condições essa omissão pode ser

---

33. Essa é uma assertiva que já se desenvolvia nos fundamentos da teoria do interacionismo simbólico. Ver, nesse sentido, por exemplo, o antigo enunciado de *Mead*, de 1909: «O caráter importante da organização social de conduta ou comportamento por meio de instintos não se dá pelo fato de que alguém faça o que outros façam, mas de que a conduta de alguém constitui um estímulo a outros para determinado ato, e que este ato estimule o primeiro a uma reação, e, assim, em uma cadeia de interação. A semelhança das ações é de mínima importância se comparada com o fato de que alguma forma de ação contém implícita a compreensão de certa resposta para outra forma» («Social psychology as counterpart to physiological psychology», *The Psychological Bulletin*, 6, 1909, p. 400, in ETZRODT, Christian. *Sozialwissenschaftliche Handlungstheorien*, 2003, p. 234).

tomada como uma conduta. Uma vez que a omissão não fique isolada, como forma de comportamento individual, vinculado tão só a um dever de agir, mas também submetido a outros parâmetros, empírica e normativamente apreensíveis, como aqueles de seus efeitos performativos, se estará descartando do direito penal a postura de subordiná-lo, exclusivamente, a uma norma geral de obediência. Assim, a necessidade da equiparação da omissão à ação é também uma questão de legitimidade e validade. Ademais, não se trata de fundamentar sua punibilidade e, pois, não há razão para trabalhar-se, nesse campo, com os critérios funcionais de domínio sobre a custódia ou de desamparo ao bem jurídico. Esses critérios são próprios de uma ideologia que pressupõe que todo o direito penal esteja orientado para fins de proteção dos bens jurídicos. Se o que se visa não é a proteção de bem jurídico, mas, sim, a delimitação dos processos normativos de imputação, a necessidade de equiparação estará amparada, então, na assertiva de que a ordem jurídica não pode se desvincular de sua condição instrumental de defesa dos direitos fundamentais da própria pessoa.

IV. OS PARÂMETROS DE EQUIPARAÇÃO

1. O âmbito de aplicação

Uma vez afirmada a necessidade de equiparação da omissão à ação, para que dela se possa aferir um efeito performativo, impõe-se a discussão sobre os parâmetros que devem ser observados nesse processo de equiparação. Esses parâmetros atendem, ainda, a uma outra exigência: a de estabelecer os fundamentos para fornecer à omissão seus requisitos mínimos de racionalidade. Tendo em vista os mesmos elementos que são levados a efeito no tratamento da necessidade da equiparação da omissão à ação, pode-se partir de que os parâmetros devem ser relacionados, inicialmente, à característica da conduta omissiva e, depois, à sua vinculação a uma norma mandamental, como instrumentos de delimitação de sua punibilidade. Isto tem uma particular importância nos delitos omissivos impróprios, que parecem violar, à primeira vista, o princípio da legalidade e carecem, pois, de legitimidade, se não se puder demonstrar que, naquele caso, a omissão deve estar, concretamente, equiparada à ação.

Deve-se repetir que os delitos omissivos próprios não necessitam de uma equiparação da omissão à ação, porquanto estão previstos expressamente em disposições penais e atendem, em tese, ao princípio da legalidade. A estes devem ser aplicadas outras condições, já indicadas mais atrás no que tange à questão de sua legitimidade. Desde logo, é preciso ressaltar, porém, que a imposição de uma conduta como tal, que daria fundamento a caracterizar a inatividade de alguém como punível, não pode ser deduzida, simplesmente, de uma operação lógica, como desdobramento do conteúdo de uma norma. Para a imposição de uma conduta, será preciso que sejam tomadas em conta, ainda, as características do próprio ato determinativo, como um ato que envolve o sujeito e outrem, portanto, como ato de comunicação e não como uma operação mecânica ultimada pelo parlamento. Ao legislador não é permitido construir um dever de agir e impor a alguém uma sanção pelo seu descumprimento, sem atender a determinados parâmetros que lhe devem ser traçados na execução de sua tarefa, que forneçam, pois, um mínimo de racionalidade nessa forma de incriminação. Nesse sentido, ainda que digam respeito às particularidades da ética, podem ser acolhidas, aqui, as ponderações de APEL de que, se a conduta encerra em si mesma uma pretensão como manifestação interativa, no sentido de que produza ou possa produzir uma reação ou um consenso, se deve ressaltar que o «sentido do dever de uma norma ética (diga-se, então, também, de uma norma jurídica) não se constitui, assim, na dimensão de uma operação técnica em sentido amplo, mas, sim, na dimensão de interação dialógica, portanto, da comunicação».[34] Essas assertivas, como dizem respeito ao conteúdo e às condições de validade de uma norma determinativa, estendem-se tanto aos delitos omissivos impróprios quanto aos próprios, porque, em ambos os casos, se estará tratando de uma manifestação que se produz em uma coletividade e não, somente, de uma forma individual de comportamento. Nesse sentido, os delitos omissivos próprios estão, também, sujeitos a determinadas condições de legitimidade e validade, operadas tanto pelas características do comportamento omissivo, tomado como comportamento estratégico, quanto pela forma como a norma mandamental o encara.

2. Dados empíricos e prescrição normativa

Na discussão em torno dos parâmetros que devem ser elencados para a equiparação da omissão à ação e, pois, da racionalidade dessa equiparação, convém, inicialmente, verificar se é possível extrair-se de uma condição empírica, ou de uma descrição, uma conclusão normativa e dessa conclusão normativa regressar-se à condição empírica, afirmando sua identidade. Essa inferência, de se fazer produzir uma prescrição a partir de um dado empírico, faz parte da metodologia, normalmente, adotada pela doutrina, que busca equacionar os fundamentos da equiparação da omissão à ação, primeiramente, no âmbito da ingerência, depois no da condição negativa e, finalmente, na posição de garantidor. Em todas essas condições, pressupõe-se um dado empírico, por exemplo, a prática de uma ação precedente produtora do risco do resultado, ou a não intervenção para impedi-lo, ou ainda a especial vinculação do sujeito para com a vítima ou o bem jurídico. Uma vez constatada uma dessas condições, chegava-se à conclusão de que o sujeito estava obrigado a

---

34. APEL, Karl-Otto. «Sprechakttheorie und transzendentale Sprachpragmatik zur Frage ethischer Normen», *Sprachpragmatik und Philosophie,* 1976, p. 105.

impedir o resultado e, assim, que sua omissão seria relevante para equiparar-se à ação.

Na análise da questão enunciada no item anterior, atendendo a uma metodologia melhor aparelhada, convém proceder à subdivisão daqueles itens propostos em dois segmentos. Pelo primeiro, deve-se elucidar como se chega à conclusão de que uma condição empírica deverá constituir o principal fundamento de uma prescrição normativa. Pelo segundo, deve-se esclarecer como se produz a formulação normativa a partir de uma condição empírica e como será possível que a formulação normativa passe a assinalar uma característica essencial a essa condição, que não fora constatada empiricamente.

A questão da inferência de uma prescrição normativa a partir de uma condição empírica, como relembra Apel, tem constituído um tema comum à filosofia e à ética, desde a negativa de Hume até os argumentos da teoria do ato comunicativo, passando por Moore e Searle.[35] Portanto, essa inferência não é uma proposta apenas argumentativa, usada como pano de fundo da ilustração jurídica; ao contrário, funda-se em discussões relevantes havidas em torno da legitimidade da produção legislativa. Em oposição a Hume, entendia Searle ser, absolutamente, possível extrair-se de uma constatação empírica, de uma descrição, uma prescrição normativa. Como os argumentos trazidos à baila por Searle se ajustam àqueles empregados pela doutrina para fundar o dever de impedir o resultado e, por fim, proporcionar a equiparação da omissão à ação, convém reproduzi-los, seguindo-lhes a sequência. Searle toma como exemplo a seguinte proposição: «X é uma conclusão dedutiva, na qual de suas premissas resulta a conclusão». Dessa proposição, entende que se pode inferir que «X é uma conclusão válida». Isso significa que da descrição de X (como uma conclusão dedutiva que resulta de suas próprias premissas) se pode inferir a qualidade de X (como uma conclusão correta): o juízo de valor final, que caracteriza X, decorre da descrição da configuração de X. Embora esse raciocínio seja um pouco confuso, segundo a crítica que dele faz Apel, assemelha-se muitíssimo aos argumentos utilizados pela doutrina jurídica. Com efeito, afirma a doutrina penal que da descrição de uma ação precedente produtora do perigo (a ingerência), ou da relação do sujeito para com a vítima, ou do domínio da fonte de perigo (na posição de garantidor) se infere a conclusão normativa de que o sujeito está obrigado a impedir o resultado. Também, tal como Searle, a doutrina jurídica quer caracterizar tanto a ingerência quanto a posição de garantidor como situações objetivas, descritivas, e delas extrair uma prescrição normativa, a de que o sujeito está obrigado a impedir o resultado, uma vez constatada a presença daquela condição. Assim, solidificada a base lógica desse processo indutivo, dar-se-á por correta a conclusão. Ocorre

35. Apel, Karl-Otto. «Sprechakttheorie und transzendentale Sprachpragmatik zur Frage ethischer Normen», *Sprachpragmatik und Philosophie*, 1976, p. 53.

que esse raciocínio apresenta uma impropriedade interna, que lhe provoca a falência como argumento indutivo.

Em crítica aos argumentos de SEARLE, ressalta APEL que da sequência apresentada por ele podem se dar duas possibilidades: a primeira, de que, se a descrição do objeto («X é uma conclusão dedutiva») está acoplada a uma segunda definição, que já encerra em si mesma a possibilidade de sua avaliação («X é uma conclusão dedutiva, porque resulta de suas próprias premissas»), a ser procedida na conclusão final («X é uma conclusão válida»), então, o que se dá é uma cadeia indutivo-dedutiva e não indutiva, ou seja, a definição do objeto não se exaure na sua descrição, mas se vê acumulada por um juízo de valor. A inferência não se dá de um dado empírico (a descrição) para uma conclusão normativa, mas, sim, de um dado empírico e de uma definição normativa para uma conclusão normativa. A segunda, de que, se X, ao ser descrito, já encerra na própria descrição uma avaliação, então, o que se tem é uma cadeia dedutiva, na qual a premissa descritiva («X é uma conclusão dedutiva, que resulta de suas próprias premissas») não é empírica, mas normativa, vindo a inferir-se, assim, uma conclusão normativa de uma premissa normativa.[36]

As ponderações de APEL se ajustam, perfeitamente bem, à crítica aos argumentos jurídicos. Uma vez que se afirme que o sujeito realizou uma ação precedente (descrição), que é caracterizada como arriscada para a produção do resultado (avaliação), e se chega à conclusão de que o sujeito deveria impedir o resultado (prescrição normativa), na realidade, não se está construindo um processo de indução, mas um processo indutivo-dedutivo, pelo qual de uma descrição acoplada a uma avaliação se infere uma prescrição. Por outro lado, quando se diz que o sujeito está obrigado por lei ou pelo contrato a proteger a vítima, não se está, simplesmente, descrevendo uma posição de garantidor, mas se está caracterizando um dever especial de proteção cometido a este sujeito. Então, o dever de impedir o resultado não é inferido de uma descrição (a posição de garantidor), mas de uma prescrição anterior (o dever de proteção imposto ao sujeito). O quadro não muda quando se trate de dar à posição de garantidor um fundamento material. Ao se dizer que o sujeito domina os fundamentos da produção do resultado, segundo a concepção de SCHÜNEMANN, e, por isso, é garantidor do bem jurídico, se está, da mesma forma, mesclando um dado empírico (o domínio sobre a fonte de perigo) com um dado normativo (a sua condição de garantidor), sem o qual aquele primeiro não teria significado. Daí, ao afirmar-se que, nessas condições, o sujeito garantidor deve impedir o resultado (prescrição normativa), constrói-se uma cadeia argumentativa indutivo-dedutiva, na qual a prescrição normativa (o dever de impedir o resultado)

---

36. APEL, Karl-Otto. «Sprechakttheorie und transzendentale Sprachpragmatik zur Frage ethischer Normen», *Sprachpragmatik und Philosophie,* 1976, p. 53.

já está contida na configuração da posição de garantidor. Pelos argumentos traçados por APEL, em crítica às assertivas de SEARLE, e procedendo-se sua reconstrução dentro da área da teoria do delito, torna-se impossível afirmar que de uma descrição empírica possa resultar uma conclusão normativa. Tanto na proposição de SEARLE quanto na teoria jurídica, não há essa forma de indução. Os dados empíricos se veem tratados, também, como dados normativos. Uma vez que se chegue a este estágio, será necessário, então, seguir adiante para verificar duas situações: a) se, em face desses argumentos, ainda será possível a formação de um processo indutivo, mediante a inserção de um dado empírico inicial e daí se inferir uma prescrição normativa; b) se dessa conclusão normativa se pode alcançar uma conclusão empírica. Isto é importante para a teoria jurídica, à medida que se pretenda eliminar do direito penal qualquer resquício de responsabilidade presumida. Se o que se busca é um dado preciso que delimite as características da omissão, de modo a diminuir a irracionalidade do sistema penal e a inserir como conduta punível, será sempre necessária uma argumentação que, previamente, estabeleça as premissas de admissibilidade dessa delimitação.

3. A chamada conduta básica

A primeira indagação, acerca da possibilidade de um processo indutivo no âmbito da omissão, já se encontra praticamente respondida com a descrição das dificuldades que a doutrina tem enfrentado até agora, quando trabalha com um dado empírico inicial. Mas, para compreender melhor as limitações desse processo indutivo, convém proceder a uma análise mais particularizada dos elementos empíricos que são utilizados nesse processo indutivo. Observando-se as diversas teorias acerca da conduta, tanto a teoria causal, quanto a teoria finalista ou as modernas construções funcionais, o que se constata é que todas elas têm, em comum, uma preocupação de ordem metodológica: a de identificar um elemento que possa ser utilizado como característica essencial de uma conduta. Isso conduz, como diz HABERMAS, a traçar os parâmetros para afirmar o que se poderia chamar de *conduta básica*, que tem assumido, inclusive na filosofia analítica, um especial relevo.[37] Enquanto na filosofia analítica a conduta básica tem como objetivo possibilitar o enunciado de um elemento primitivo, que possa servir de apoio metodológico à elaboração de uma teoria própria da ação humana, no direito penal a busca dessa conduta básica tem como objetivo possibilitar o seu emprego em todas as formas de aparecimento do delito: aos delitos comissivos e omissivos, aos dolosos e culposos. Embora os objetivos sejam diversos, orientam-se sobre as mesmas bases metodoló-

---

37. HABERMAS, Jürgen. *Vorstudien und Ergänzungen zur Theorie des kommunikativen Handels*, 1995, p. 283.

gicas. Pode-se ver, inclusive, como se assemelham essas bases à medida que são discutidos seus elementos.

Na filosofia analítica, DANTO tem procurado sustentar o enunciado de uma ação básica a partir da identificação da ação com o próprio movimento corporal.[38] Com isso, não necessitaria de qualquer outro elemento subsequente para caracterizar um fato como ação; o movimento corpóreo se encarregaria de incorporar em si mesmo o próprio resultado. Assim, no fato de alguém pressionar seus dedos sobre um interruptor para acender a luz, o movimento estaria representado não apenas pela pressão dos dedos, mas pela alteração produzida no interruptor. Por outro lado, entendia DANTO que a ação básica, como simples movimento corporal, prescindiria, em princípio, de qualquer referência à vontade. Uma vez constatada uma atividade volitiva, esta deveria ser compreendida como uma consequência causal da ação básica.[39] Assim, no fato de alguém mover seu braço e abrir a janela, poderiam ser compreendidas duas ações: uma ação básica, inicial, consubstanciada no movimento do braço e outra ação voluntária de fazer com que a janela se abra. Como, entretanto, dadas as características da própria ação básica proposta por DANTO, dever-se-ia também nela incluir o resultado, como elemento do movimento corpóreo, ficaria difícil se entender que a abertura da janela constituísse uma outra conduta, agora intencional.[40]

Todo esse panorama apresentado pela filosofia analítica foi já objeto de especulação do direito penal pelos partidários da teoria causal-naturalista. BELING, por exemplo, já afirmava que tanto a ação quanto a omissão deveriam ser reduzidas a um denominador comum, a uma conduta básica, que seria o movimento corpóreo.[41] Tendo em conta, por outro lado, a necessidade de uma limitação ainda maior, para efeitos exclusivos do direito penal, desse conceito básico, acentuava BELING que uma conduta só poderia ser considerada como tal se estivesse vinculada à vontade.[42] Como, no entanto, preocupava-se, precisamente, em enunciar uma ação básica, fazia ver que essa vontade não poderia ser avaliada na ação, em termos de conteúdo. Para satisfazer a esse conceito básico, bastaria que se constatasse que o movimento corpóreo estivesse vinculado à vontade, como seu pressuposto causal, isto é, como elemento condutor desse movimento, sem mais indagações.[43] Da mesma forma, VON LISZT considerava ser impossível a existência de crime sem resultado, consti-

---

38. DANTO, Arthur Coleman. *Analytical Philosophy of Actions,* 1973, p. 28 e ss.; HABERMAS, Jürgen. *Vorstudien und Ergänzungen zur Theorie des kommunikativen Handels,* 1995, p. 283.
39. HABERMAS, Jürgen. *Vorstudien und Ergänzungen zur Theorie des kommunikativen Handels,* 1995, p. 284.
40. Idem, ibidem, 1995, p. 286.
41. BELING, Ernst. *Die Lehre vom Verbrechen,* 1906, p. 14.
42. Idem, ibidem, 1906, p. 9.
43. Idem, ibidem, 1906, p. 11.

tuindo, pois, o resultado um elemento integrante da ação, entendida esta como um movimento corpóreo que produz uma modificação no mundo exterior.[44] Transplantando para as concepções de BELING e VON LISZT o exemplo referido às indagações de DANTO, ter-se-ia praticamente o mesmo desfecho: o fato de alguém abrir a janela, girando com o braço a maçaneta, constituiria uma ação básica, que estaria representada pelo movimento corpóreo (girar a maçaneta) e a respectiva alteração no mundo exterior (a janela aberta). A questão da intencionalidade seria resolvida sob a constatação de que esse movimento corpóreo não fora obtido mediante coação ou não estivera, de qualquer modo, excluída a possibilidade de um ato consciente. Isto significa, no fundo, que o movimento corpóreo, por si mesmo, explicaria a ação básica, a qual poderia ser seguida de vários outros desdobramentos, sem que fosse alterado seu substrato. Em qualquer dessas variantes, portanto, o descortino das características da omissão não poderia ser efetuado a não ser mediante a demonstração de que também nela deveria subsistir um movimento corpóreo, ou uma causalidade, esgotando-se nisso, praticamente, toda a indagação acerca de sua racionalidade.

Tampouco se afastou dessa consideração da ação básica o finalismo. Em lugar de eleger como elemento básico da conduta o movimento corpóreo, fê-lo com relação à finalidade. Mas, de qualquer modo, o que sempre buscou foi a fixação de um elemento comum a todas as formas de manifestação do delito. Como, no fundo, a própria concepção ontológica de conduta não pôde prescindir de relacionar a finalidade ao movimento corpóreo, o que, aqui, se produziu foi a inversão da proposição de DANTO. Em vez de um movimento corpóreo servir de palanque inicial de uma ação intencional subsequente, procedeu-se a uma antecipação da intenção, que de consequência passou a ser tomada como elemento essencial e caracterizador da conduta primitiva. O mesmo se observa ainda no âmbito das teorias normativas ou funcionais, que continuam na busca de uma ação básica, quer seja pela referência à relevância social da conduta, na teoria social, quer seja na referência à evitabilidade do resultado ou à redução da conduta à expressão da personalidade.

O problema da busca da conduta básica, da qual se poderia extrair a racionalidade da omissão, está em que os elementos sobre os quais se enunciam essa conduta básica ou não são passíveis de demonstração e, pois, perdem a sua qualidade de elementos empíricos e demonstráveis, ou não podem constituir em todos os momentos genuínos elementos, senão formas de conduta, ou ainda porque não são dotados de autonomia suficiente a constituírem elementos básicos e independentes. Relativamente à omissão, que é o objeto de indagação aqui proposto, o elemento chamado *movimento corpóreo* só poderá ser admitido mediante uma ficção. Por outro lado, é igualmente impossível de ser demonstrada, na omissão, a finalidade da conduta. Mesmos

---

44. LISZT, Franz von. *Lehrbuch des deutschen Strafrechts,* 1914, p. 129.

os finalistas jamais puderam superar essa dificuldade, instituindo, para fazê-lo, o conceito de finalidade potencial, que, ademais de ser contraditório com o próprio fundamento ontológico da conduta, não pode servir de controlador do movimento corpóreo como se pretende. Como se pode dizer que a vontade controla o movimento corpóreo, ou controla, no caso da omissão, a ausência de movimento corpóreo, se está alimentada por um objetivo (finalidade) que, na verdade, não existe, que é meramente suposto?

Idênticas dificuldades sofrem as demais teorias. Embora a referência à *relevância social* da conduta possa constituir uma característica tanto da ação quanto da omissão, a instituição dessa característica não vale por si mesma, porquanto requer outras referências que a tornem compreensível. Disso, então, não se pode concluir que esse conceito de conduta seja apto a servir de conceito básico como se postula. Já quanto à evitabilidade da conduta, ainda que esse critério possa ser utilizado como auxiliar para excluir de imputação muitos casos não solucionados pelas teorias da causalidade, tem-se afirmado que essa característica não pode ser usada dentro de um processo de identificação de um segmento empírico, porque jamais se utilizou desse elemento da evitabilidade como critério de determinação de resultado.[45] Finalmente, a redução da conduta a uma expressão da personalidade, como o próprio conceito de personalidade só pode ser aferido com referência a outros, não é suficiente para servir de elemento básico e, portanto, caracterizar a partir dele uma conduta como primitiva. Em outro sentido, dependendo do enfoque sob o qual se passe a observar a conduta, o movimento corpóreo e a expressão da personalidade já podem, por si mesmos, constituir uma ação completa, o que torna inútil o enunciado de uma conduta básica. Em muitas atividades, nas quais não se exige uma reflexão, como em determinadas operações, por exemplo, na execução de movimentos mecânicos, na execução de algumas peças musicais que estão gravadas automaticamente na memória, ou ainda no desempenho da conduta de dirigir, ou de simplesmente pronunciar o próprio nome, os movimentos expressam a conduta em sua integralidade. Da mesma forma, nesses casos, tudo se expressa como exteriorização da personalidade. Embora, portanto, o processo indutivo seja viável, com ele não se pode fornecer um fundamento autônomo a partir do qual se venha a criar uma formulação normativa.

4. As incertezas do princípio da legalidade

As formulações empíricas que foram efetuadas sobre a causalidade, a ingerência e a posição de garantidor, bem como as tentativas da posição interativa, criticadas por Apel, bem demonstram a dificuldade de se estabe-

---

45. Puppe, Ingeborg. «Die Beziehung zwischen Sorgfaltswidrigkeit und Erfolg bei den Fahrlässigkeitsdelikten», *ZStW*, 1987, p. 596.

lecer um dado empírico como pressuposto da incriminação. Por outro lado, já ressaltou, com propriedade, NAUCKE acerca das incertezas da teoria jurídica, que trabalha, para tanto, exclusivamente com os princípios da legalidade e os critérios normativos dos fins da pena.[46] Na verdade, a simples arguição de que a incriminação de determinada conduta deva se encontrar previamente definida em lei não constitui, por si só, um limite definido do poder de intervenção do Estado, pois, assim mesmo, poderá este incriminar qualquer forma de atividade, quer positiva quer negativa, sem se importar com os elementos empíricos que lhe servem de substrato.

NAUCKE quer encontrar um limite a esta política criminal, não em componentes empíricos, mas nos postulados kantianos acerca do princípio da pena retributiva, pelo qual apenas aquelas condutas dignas de serem objeto de retribuição poderão ser incorporadas às leis penais. Para tanto, parte, em primeiro lugar, de que toda norma penal incriminadora deva ter como pressuposto um elemento extrajurídico, correspondente àqueles componentes de um conceito material de delito, como decorrência da pena retributiva.[47] Ademais, diante da necessidade de precisar os contornos da conduta digna de retribuição, passa a compreender essa conduta em função dos postulados do Estado de direito. Uma conduta será digna de retribuição, conforme o imperativo categórico da moralidade, se for possível ao homem e lhe for imposta como dever. A fim de evitar extensões desmedidas desse dever, capitula-o dentro Estado. Ao mesmo tempo em que o dever constitui uma condição do direito, e este, por sua vez, uma condição do dever, este será criado, também, em cumprimento ao imperativo categórico, como pressuposto para que todos possam agir juridicamente. O Estado consistiria, assim, em apenas uma união de pessoas em torno de disposições legais. Estas disposições legais, por seu turno, segundo o modelo kantiano, seriam repartidas no direito privado e no direito público. Ao direito público, como disposições jurídicas cometidas ao Estado pela razão, pertenceria o direito penal, que, por sua vez, se ocuparia das condutas dignas de retribuição.[48] Para ser digna de retribuição, porém, a conduta deverá ser, sob plano subjetivo, uma conduta dolosa e ter sido praticada com plena consciência de sua antijuridicidade[49] e, sob plano objetivo, implicar uma lesão a todos e não apenas a única pessoa.[50] Dessa forma, as disposições normativas não poderiam resultar de elementos empíricos, senão do imperativo categórico, tomado como princípio extrajurídico. Com isso, entende NAUCKE poder recuperar a pureza das teses iluministas e conter a subordinação do processo de criação das normas incriminadoras a um sedimento empírico com base no

46. NAUCKE, Wolfgang. *Über die Zerbrechlichkeit des rechtsstaatlichen Strafrechts,* 2000, p. 79 e ss.
47. Idem, ibidem, 2000, p. 87.
48. Idem, ibidem, 2000, p. 88.
49. Idem, ibidem, 2000, p. 92.
50. Idem, ibidem, 2000, p. 95.

fim da pena, que se tem estendido na doutrina jurídica desde FEUERBACH até os dias atuais.[51]

As propostas de NAUCKE vêm demonstrar a necessidade de se superar, primeiramente, a adoção de fundamentos puramente empíricos como dado de partida para as disposições jurídicas, mas, também, em um segundo momento, a retratar a insuficiência de uma proposta puramente normativa, como pretendeu fazer o positivismo jurídico, e buscar um outro ponto parâmetro inicial, mais adequado e mais delimitativo.

5. As perspectivas normativas de base kantiana

Em face disso, será importante discorrer sobre a segunda das questões propostas, qual seja, se, com a superação dos fundamentos empíricos, ainda seria adequado elaborar uma formulação normativa, que por si mesma fosse capaz de compreender, de modo exaustivo, a matéria relativa à omissão e, pois, caracterizá-la como uma conduta racional. Para a questão das características da omissão, em função de uma perspectiva limitadora e racional, não se deve esquecer que a falência dos fundamentos empíricos se verificou porque eram insuficientes para retratá-las com absoluta exaustão, de modo a permitir que sobre a omissão se emitisse uma formulação normativa adequada. Ao se percorrer, agora, o caminho inverso, será necessário partir do pressuposto de que um critério normativo de caracterização da omissão só terá validade se puder indicar como devam ser levadas a efeito as normas penais para que possam excluir, de antemão, as condutas irrelevantes. Esse é um pressuposto importante no processo de caracterização dos fundamentos da omissão, como conduta punível, como conduta digna de incriminação. Embora sejam desconsiderados os fundamentos empíricos, como elementos sobre os quais, por um processo indutivo, se deveriam criar os preceitos normativos, isto não os afasta por completo da indagação jurídica. Mesmo atendendo-se aos postulados kantianos, deve haver, para a incriminação da omissão, um mínimo de substrato empírico. Isto, inclusive, ninguém pode pôr em dúvida.

Ainda que se admita que as características da omissão punível possam ser extraídas das duas formulações do imperativo categórico, isto é, do princípio da universalidade, como forma de uma lei geral ou de uma lei natural,[52] ou

---

51. NAUCKE, Wolfgang. *Über die Zerbrechlichkeit des rechtsstaatlichen Strafrechts,* 2000, p. 189.

52. KANT, Immanuel. *Grundlegung der Metaphysik der Sitten,* 1999, p. 45: «Handle nur nach derjenigen Maxime, durch die du zugleich wollen kannst, dass sie ein allgemeines Gesetz werde», ou «Handle so, als ob die Maxime deiner Handlung durch deinen Willen zum allgemeinen Naturgesetz werden sollte.» (Atue somente sob aquela máxima que possa, igualmente, querer que se torne uma lei geral, ou Atue como se a máxima de sua ação, por sua vontade, deva ser elevada uma lei geral.)

da dignidade da pessoa humana sobre a base do fim em si mesmo,[53] isto só deve valer em sentido formal e não material. O próprio KANT já assinalava, inclusive, que o imperativo categórico não se referia à matéria da ação, ou àquilo que dela poderia resultar, mas à forma e ao princípio, dos quais ela mesma decorreria.[54] Está claro que os princípios da universalidade ou do fim em si mesmo podem indicar algum substrato para se traçar uma delimitação da omissão, como conduta punível, principalmente na omissão própria, mas são insuficientes para orientar essa delimitação nos casos concretos, nos quais se afigura relevante a relação meio-fim, por exemplo, na omissão imprópria, na qual a incriminação tem por base a responsabilidade por um resultado que não fora, empiricamente, causado pelo sujeito, mas que lhe é atribuído normativamente. À medida que se afirma que a conduta digna de retribuição, na formulação kantiana, é aquela que seja possível ao ser humano tomá-la como objeto de dever, não se está mais trabalhando com um imperativo categórico formal, mas com um imperativo condicionado a um mínimo componente empírico, qual seja, ao elemento da possibilidade. Aliás, nem poderia ser de outro modo. Como se poderia impor um dever impossível de cumprimento? KANT não se afastou dessa contingência, ao compreender duas espécies de imperativos: o imperativo categórico, concebido como absoluto e incondicional, derivado exclusivamente da força da razão, avaliado em sentido formal, e o imperativo hipotético, ao qual se vincula a necessidade prática de uma ação possível para alcançar determinado fim.[55] Como, na concepção kantiana, o justo não poderia derivar do imperativo hipotético, mas do categórico, porque não seria possível criar-se o justo em função dos resultados, mas apenas em função do cumprimento de deveres, opera-se um impasse: como estabelecer um dever sem a possibilidade concreta de seu cumprimento? Isso significa, então, que o impe-

---

53. KANT, Immanuel. *Grundlegung der Metaphysik der Sitten,* 1999, p. 54: «Handle so, dass du die Menschheit, sowohl in deiner Person als in der Person eines jeden anderen, jederzeit zugleich als Zweck, niemals bloß als Mittel brauchst.» (Atue de modo que a humanidade, tanto em sua pessoa como na pessoa de qualquer outro, seja tomada, em todos os momentos, como fim e jamais como simples meio.)

54. Idem, ibidem, 1999, p. 39: «Dieser Imperativ ist kategorisch. Er betrifft nicht die Materie der Handlung und das, was aus ihr erfolgen soll, sondern die Form und das Prinzip, woraus sie selbst folgt, und das Wesentlich-Gute derselben besteht in der Gesinnung, der Erfolg mag sein, welcher er wolle.» (Este imperativo é categórico. Não se refere à matéria da ação e àquilo que deva daí derivar, senão à forma e ao princípio dos quais ela mesma decorra, e o essencialmente bom disso consiste no modo de pensar de que o resultado possa ser aquilo que ele queira.)

55. Idem, ibidem, 1999, p. 36: «Alle Imperative nun gebieten entweder hypothetisch oder kategorisch. Jene stellen die praktische Notwendigkeit einer möglichen Handlung als Mittel zu etwas anderem, was man will (oder doch möglich ist, dass man es wolle), zu gelangen vor. Der kategorische Imperativ würde der sein, welcher eine Handlung als für sich selbst, ohne Beziehung auf einen anderen Zweck, als objektiv-notwendig vorstellte.» (Todos os imperativos são, pois, dispostos ou como hipotéticos ou como categóricos. Aqueles estabelecem a necessidade prática de uma ação possível como meio para alguma coisa que se queira obter – ou que seja possível que assim se queira. O imperativo categórico seria aquele que apresentasse uma ação como objetivamente necessária por ela mesma, sem relacionar-se a outra finalidade.)

rativo, como princípio metafísico, não está alheio a certa contingência material, precisamente àquelas condições que integram a capacidade humana, de forma a tornar a pessoa alguém capaz de ser sujeito de uma norma de dever.

O problema não está na necessidade de se vincular a omissão às delimitações impostas por um imperativo metafísico, mas em determinar de que modo esse imperativo pode indicar que certa ação é ou não necessária e, assim, tornar relevante a omissão dessa ação. Por outro lado, se a incriminação da omissão segue uma finalidade, que é obrigar o sujeito a realizar determinada ação necessária, sob a ameaça de pena, a vinculação de seus elementos ou de sua própria necessidade não se dá em termos categóricos, mas hipotéticos, o que a torna submetida a um certo grau de contingência.[56] KANT procurou, é verdade, solucionar o impasse, formulando, para este caso, outro conceito de possibilidade, não apenas como uma categoria *a priori* do entendimento, que seria própria da crítica da razão pura, mas como uma questão da razão prática, quer dizer, «possível em sentido prático é o que seja possível à vontade».[57] A prevalecer esta conceituação, tudo ficaria resumido, assim, a uma construção interna do próprio sujeito, só válida quando posta em função daquelas máximas do imperativo categórico, isto é, que tenha por base a vontade projetada como norma universal ou considerada como fim em si mesma. Como o dever, do qual se deveriam extrair as características da conduta, não é senão uma construção volitiva, que se circunscreve ao próprio sujeito, daí só se pode extrair um argumento formal, dificilmente concretizável, salvo quando posto em confronto com a realidade. Mas, neste caso, o conceito de possibilidade, para não se tornar vazio, na própria expressão de KANT, deverá estar agregado a um dado existente.[58] Deixa de ser um objeto da razão prática, portanto, de

---

56. KANT, Immanuel. *Grundlegung zur Metaphysik der Sitten,* 1999, p. 37: «Der hypothetische Imperativ sagt also nur, dass die Handlung zu irgend einer möglichen oder wirklichen Absicht gut sei. Im ersteren Falle ist ein *problematisch*, im zweiten *assertorisch*-praktisches Prinzip. Der kategorische Imperativ, der die Handlung ohne Beziehung auf irgend eine Absicht, d. i. auch ohne irgend einen anderen Zweck für sich objektiv notwendig erklärt, gilt als ein *apodiktisch*-praktisches Prinzip.» (O imperativo hipotético diz apenas que a ação é boa para qualquer fim possível ou real. No primeiro caso, trata-se de um princípio problemático, no segundo, de um princípio prático assertórico. O imperativo categórico, que declara a ação como objetivamente necessária por ela mesma, sem relacionar-se a qualquer finalidade, vale como princípio prático apodítico.)

57. KANT, Immanuel. «Kritik der Urteilskraft», 1995, tomo 4, Einleitung: «Alles, was durch einen Willen möglich (oder nothwendig) vorgestellt wird, heißt praktisch-möglich (oder nothwendig) (...).» (Tudo o que é representado pela vontade como possível (ou necessário), é praticamente possível (ou necessário).)

58. Immanuel KANT (*Handschriftliche Nachlass*, 4396, apud EISLER, Rudolf. *Kant Lexikon,* 2002, p. 370): «Möglich ist, dessen Begriff nicht leer, auch nicht durch sich selbst aufgehoben ist. Dass er nicht leer sein soll, bedeutet daher, dass ihm etwas außer den Gedanken, also eine Wirklichkeit respondiere.» (Possível é aquilo cujo conceito não seja vazio e também não esteja extinto por si mesmo. Que não seja vazio significa que corresponda a alguma coisa fora do pensamento, portanto, a uma realidade.)

uma construção volitiva e passa a ser, novamente, usado como categoria do entendimento. A questão, pois, da busca em torno dos elementos materiais da omissão ainda não está superada com essa assertiva extrajurídica. Está claro que, em certos casos, ainda em uma sociedade complexa como a em que se vive, com uma variedade imensa de formas de conduta e de interesses, a referência a um argumento formal, baseado na projeção universal da vontade ou de sua consideração de fim em si mesma, pode servir de critério auxiliar para excluir do juízo de relevância aquilo que seja absolutamente despropositado em função da pessoa humana. Essa é, inclusive, a proposta de NAUCKE.

CAPÍTULO 7
OS MODELOS TEÓRICOS DE CONDUTA

I. PANORAMA GERAL

Importantes são os dados que possam corresponder a um processo de interação ou de convivência. Como pressuposto de qualquer procedimento normativo, que venha a impor deveres a alguém, convém decidir, previamente, acerca da identificação da natureza da conduta que se quer estabelecer como relevante em face desse processo. De vez que as condutas são, enfim, contingentes e só revelam importância quando se manifestam dentro de uma relação, tanto no sentido material quanto valorativo, por exemplo, como meio para alcançar determinado fim, ou como fator de integração do sujeito ao meio, ou motivo ou argumento para imputar a alguém a responsabilidade por algum evento, a identificação de sua natureza não pode ser obtida tão só por um enunciado formal, ou por sua subordinação a um princípio geral, sem levar em conta suas características materiais. Essas características materiais, por sua vez, refletem, conforme a modalidade de relação a que a conduta esteja submetida, os condicionamentos objetivos que lhe são impostos para sua manifestação.

Ao analisar as características essenciais de uma conduta, no entanto, a doutrina jurídica, praticamente, resumiu-se a tratá-las em função dos resultados que dela poderiam derivar, daí a importância da questão da causalidade ou, visto de outra forma, da finalidade. Mesmo para aqueles que prescindem de um elemento material para caracterizar a conduta, tal como o faz Herzberg, que a concebe em função do descumprimento de deveres, a essência dessa conduta continua a ser inferida de sua vinculação a um determinado objetivo, da relação entre meio e fim. Conduta juridicamente relevante, portanto, seria aquela que causasse o resultado ou que não o tivesse impedido ou evitado, ainda que para tanto o sujeito estivesse obrigado e fosse capaz. Nessas concepções, o que importa não é propriamente a modalidade de condicionamento a que esteja submetida a conduta, mas a sua relevância, empírica ou normativa, para justificar o processo de imputação e sua punibilidade. Tanto que, no caso da omissão, em se tratando de evitação do resultado, não se prescinde de uma consideração do sujeito capaz de atuar, como condição da imputação. Com essa forma de conceber a conduta, a doutrina não pôde superar ainda a questão principal de decidir até que ponto será possível fazer derivar da relação meio e fim uma regra jurídica que discipline com rigor a omissão. Isto é perfeitamente compreensível, porque a doutrina jamais se preocupou em fazer uma precisa distinção entre algumas espécies elementares de conduta.

Parece que, ao contrário do que propugnam as teorias causal, final, social ou funcional da ação, não será adequado tratar de uma conduta, exclusivamente, em função da relação meio e fim, quer isto seja enfocado sob o aspecto de sua relação empírica, quer por seu esquema ontológico, quer pela simples referência a um critério de probabilidade, ou sua subordinação a uma norma de dever. Ainda que o normativismo jurídico tenha procurado superar, no âmbito do direito, as formulações empíricas, ficou, de qualquer modo, atrelado a uma mesma metodologia, qual seja, de tratar a conduta em face de sua função instrumental, isto é, da relação meio e fim. Nenhuma das teorias da ação escapa desse esquema metodológico. Ao se proceder desta forma, afora a tarefa de comprovação da causalidade, que é sempre exigível na prática judicial, nada se afirma sobre os limites que devem ser impostos ao legislador para caracterizar uma conduta como ação ou omissão criminosa. Ao prevalecerem aqueles argumentos, a tarefa legislativa continua a ser uma pura indagação política.

Uma conduta, entretanto, não pode ser apreciada isoladamente, mas em conjunto com o sistema de paradigmas que condicionam seu aparecimento. Esse conjunto de paradigmas é que assinala as formas pelas quais se possa extrair a racionalidade da conduta. Isso está muito claro, também, sob o aspecto empírico, em torno do qual se desenvolveram todas as teorias da causalidade, da condição negativa e da ingerência. O mesmo se passa sob o aspecto funcional, no qual se pretende inserir a posição de garantidor. Em todos esses aspectos, as características da omissão foram tratadas em função de alguns parâmetros, que a poderiam tomar como uma forma de ação, como forma autônoma de conduta, ou como forma equivalente da ação, quer dizer, atendendo aos paradigmas que seriam adequados a retratá-la segundo aqueles modelos, de modo a compreendê-la segundo sua racionalidade.

Tendo em vista essa subordinação da conduta a paradigmas que condicionam seu aparecimento e sua racionalidade, torna-se importante, para se obter uma identificação inteligível dos elementos da omissão, disciplinar as características dessa subordinação. Nesse sentido, podem ser utilizados, pelo menos em um momento inicial, os parâmetros desenvolvidos por Habermas para distinguir as diversas formas ou modalidades de manifestação dessas condutas, de conformidade com o sistema a que estão submetidas. Seguindo esse modelo, podem ser distinguidas três distintas espécies de atividades, conforme se leve em consideração a relação meio e fim, a eficácia da atuação em face de outros sujeitos ou a submissão a um processo normativo de comunicação. Ao primeiro modelo, da relação meio e fim, corresponderia a *ação instrumental*; ao segundo (da eficiência), a *ação estratégica,* ao terceiro (do processo normativo), o *agir conforme a regras.*[1] Claro que há outros enfoques, que privilegiam uma diferenciação conforme as características da primeira ou da terceira pessoa, da pessoalidade ou impessoalidade, dos elementos internos ou externos, da liberdade ou do determinismo, dos elementos objetivos ou subjetivos, da capacidadc reativa ou deliberativa. Todos esses enfoques, mesmo que antagônicos, ainda que possam elucidar alguma particularidade da conduta, não decifram seu conteúdo essencial. Isto porque será sempre possível combinar qualquer desses enfoques ou critérios, ou até mesmo confundi-los, como se dá entre aqueles que assinalam as características internas ou externas, subjetivas ou objetivas, ou entre os que se prendem à capacidade reativa ou deliberativa, de um lado, e a invocação da liberdade ou do determinismo, de outro; ou ainda dos que retratam a conduta em face da primeira ou da terceira pessoa frente aos que dão ênfase aos elementos da pessoalidade ou impessoalidade. De qualquer modo, todos eles ou se identificam em função da relação meio e fim, ou conforme os elementos estratégicos ou comunicativos. Daí parecerem mais corretos os parâmetros propostos por HABERMAS.

II. A DIFERENCIAÇÃO METODOLÓGICA

Na consideração desses modelos, é preciso estabelecer, inicialmente, uma diferenciação importante entre as concepções filosóficas e sociológicas da conduta. Normalmente, as teorias jurídicas trabalham sob a perspectiva de uma abordagem filosófica do conceito de ação, tendo em vista o propósito de associar seu resultado a um sujeito responsável. Assim procedendo, não podem, porém, afastar-se da indagação acerca da natureza da conduta, o que deverá dar lugar à sua personificação. Embora pareça que essa personificação implique uma humanização do direito penal, na verdade, constitui apenas um modo de ver a conduta sob uma determinada relação específica, que tanto pode estar fora quanto dentro do sujeito, respectivamente, na relação de causalidade, na relevância social, na evitabilidade do resultado, no primeiro caso, ou como expressão de sua personalidade, no segundo.

Por seu turno, sob a perspectiva de uma teoria social, a conduta deixa de ser personificada e passa a ser integrada dentro de uma estrutura, conforme os modelos de construção social. Atendendo a uma classificação proposta por

---

1. HABERMAS, Jürgen. *Vorstudien und Ergänzungen,* 1995, p. 176 e ss.

HABERMAS e conforme as teorias que, concorrentemente, procuram identificar os elementos caracterizadores da ordem social, podem ser situados os elementos da conceituação de uma conduta dentro das seguintes perspectivas: a) de uma troca social ou de um sistema funcional; b) de uma atuação segundo papéis sociais ou de uma fenomenologia da autoencenação; c) de um interacionismo simbólico ou de uma etnometodologia; e) de um agir comunicativo.[2]

Como observa HABERMAS, todas as teorias sociais sobre a elaboração dos elementos da conduta, ainda que apresentem divergências significativas, detêm alguns denominadores comuns. Em primeiro lugar, compreendem a conduta como a realização de *um plano de ação*, a partir da identificação de uma situação. Antes de o autor agir, domina a situação fática sobre a qual deverá se manifestar. Essa situação fática é compreendida sob o aspecto de um corte da realidade, quer dizer, como um aspecto parcial do ambiente, representado como relevante pelo autor para possibilitar seu empreendimento. Em segundo lugar, atribuem ao autor um conhecimento subordinado a *estruturas proposicionais*. Com isso, o autor deve repetir, internamente, as proposições de um observador e endereçá-las a si mesmo. Em terceiro lugar, exigem para o participante da interação, pelo menos, um *conhecimento consentâneo*, de modo que a identificação da situação fática seja por ele suficientemente alcançada, o que permitirá a troca de informações dentro de um processo de comunicação. Apesar desse ponto em comum, as teorias divergem, porém, quanto a se esse conhecimento consentâneo deva ser tomado como um conhecimento comum ou apenas como uma confluência externa.[3] Apesar de situarem os elementos da ação separadamente daqueles dados relativos à sua personificação, da mesma forma como se dá com as teorias filosóficas, as teorias sociais também podem, por sua vez, se estruturarem em torno tanto de ações instrumentais, quanto estratégicas ou vinculadas a regras. Para sua vinculação a um desses modelos, será preciso, todavia, que os enfoques sociais selecionem, de um modo mais radical, a situação ou o corte de realidade que querem retratar.

III. A AÇÃO INSTRUMENTAL

A *ação instrumental* sempre constituiu o modelo preferencial da indagação jurídica, tanto em face de suas características causais, quanto ontológicas. Não há necessidade de regressar à análise de todos os fundamentos causais, ontológicos ou funcionais da conduta. O que importa é sinalizar que o conceito de conduta sempre foi, no plano jurídico, um modelo de ação instrumental. Essa ação instrumental tem como característica a relação entre meio e fim, que, para os partidários da teoria causal, corresponderia à relação entre o

---

2. HABERMAS, Jürgen. *Vorstudien und Ergänzungen,* 1995, p. 572.
3. Idem, ibidem, 1995, p. 573.

movimento corpóreo e a modificação que este produz no mundo exterior,[4] ou, para os finalistas, a relação entre meios causais e finalidade.

Como já disse, também as teorias sociais podem enquadrar uma conduta sob sua perspectiva instrumental, mas, quando se deparam com ela, veem-na ainda dentro de um processo de interação, fazem com que o sujeito interativo tome uma posição orientada no sentido da consecução de um resultado ou de um entendimento. Por outro lado, do mesmo modo como se observa com as teorias filosóficas ou jurídicas, as teorias sociais se subdividem: ou buscam amparo na atuação empírica do sujeito sobre o outro, ou querem caracterizar a conduta por meio da construção de um entendimento racionalmente motivado entre sujeito e outrem.[5]

No âmbito do direito penal, é bem nítida a opção da doutrina pela primeira variante, de buscar amparo na atuação empírica do sujeito sobre outrem ou sobre um objeto, quer esteja orientado a um fim ou não. Ademais, ainda aqueles que pretendem superar a relação causal em si mesma ou a referência à finalidade, para substituí-la pelos critérios da relevância social ou da evitabilidade, não se afastaram de conceber a conduta em termos instrumentais.

É verdade que Jakobs, diferentemente dos demais autores, assume a ideia de que toda conduta só pode ser concebida como parte de um processo de imputação, ou seja, em função de um sistema no qual a norma representa um motivo dominante para o agir. A conduta, portanto, já não poderia ser vista sob o aspecto da direção dos impulsos (finalidade) ou da produção de uma alteração externa (resultado do movimento corpóreo), mas sob o aspecto de seu significado para possibilitar uma avaliação do sujeito diante da estabilidade da norma.[6] Apesar dessa assertiva, a conduta só terá sentido se tiver como fundamento a evitabilidade de um resultado, o que significa que sua característica essencial não é extraída, no fundo, do sistema, mas de um dado normativo assentado sobre a relação meio e fim. Isto se torna mais claro, quando se observa a proposição de Jakobs quanto à configuração da omissão, a qual admite possa ser inferida de uma adaptação da própria ação.[7] Mas, em vez de situar a omissão como parte do sistema e procurar-lhe, então, as características fora da questão meio e fim, assinala-a simplesmente

4. Por exemplo, Franz von Liszt (*Lehrbuch des deutschen Strafrechts*, 1914, p. 131): «Tun ist die willkürliche Verursachung (richtiger Veranlassung) eines Erfolgs. (...) Der Erfolg muss durch die Körperbewegung verursacht (veranlasst) sein.» (Fazer é a real causação – melhor, a provocação – de um resultado. (...) O resultado deve ser produzido – provocado – pelo movimento corporal.)

5. Habermas, Jürgen. *Vorstudien und Ergänzungen*, 1995, p. 576.

6. Jakobs, Günther. *Strafrecht*, AT, 1993, p. 136 e ss.

7. Idem, ibidem, 1993, p. 776: «Alle Handlungen lassen sich in Unterlassungen umformulieren (nicht aber in der Umkehrung alle Unterlassungen in Handlungen)», indem nicht bei der motivierten Körperbewegung angesetzt wird, sondern bei dem Unterlassen, das Motiv niederzukämpfen.» (Todas as ações podem ser formuladas como omissões – não, ao contrário,

pelo seu lado diferencial com a ação, como «o não impedimento evitável do resultado».[8] Em razão de admitir, como antes acentuado, que toda ação possa convolar-se em omissão, contenta-se, então, para assinalar seus elementos, apenas com os dados da evitabilidade do resultado, sem se preocupar se essa simples colocação está de conformidade com a racionalidade do sistema. Isso significa, portanto, que, não obstante sua filiação funcional, seu conceito de omissão, ou de conduta em geral, continua sendo formulado sob enfoque instrumental, isto é, subordinado a uma perspectiva pela qual a conduta deva desempenhar uma tarefa técnica com vistas a um determinado resultado, e cuja racionalidade se esgota na sua organização, conforme esse resultado seja ou não evitável. Esse desfecho instrumental corresponde, de qualquer modo, a determinada variante da teoria das funções, a qual se, por um lado, tem como referência as expectativas normativas dirigidas ao sujeito, como portador de um papel, por outro, não descarta esse papel em face de sua vinculação a um processo que o desencadeia e que, pois, o situa em relação a determinados resultados. Assim, poder-se-ia obter um desfecho semelhante, uma vez que se compreenda a concepção de Mead, pela qual o papel viria a ser definido como uma reação estrutural a um estímulo externo, em conjugação com a concepção contratualista de Claessens, que afirma não poder prescindir a legitimação do papel de um certo grau de utilidade.[9] O papel é visto, então, como o exercício de uma conduta instrumental, cuja organização se esgotaria no critério da evitabilidade do resultado.

IV. A AÇÃO ESTRATÉGICA

Por seu turno, a *ação estratégica* corresponderia à atividade de um sujeito, que, para alcançar determinado fim, põe sua decisão sob a consideração da decisão de outro sujeito. Nesse caso, portanto, um sujeito atua *estrategicamente* quando situe o resultado de seu agir como veículo para proceder a uma influência indireta sobre a decisão de outro. Como diz Habermas, a influência sobre a decisão de outro é, aqui, *indireta*, porque, na verdade, o sujeito está mais interessado em seu próprio resultado e não em uma compreensão do outro,[10] mas, apesar disso, tem em vista a possibilidade de vir a influir sobre a atuação desse outro. A ação estratégica, portanto, pressupõe uma certa interação, ainda que esta interação possa ser meramente simbólica. Correspondentemente a esta ação estratégica subsistem, também, regras estratégicas, que têm como objetivo disciplinar as relações entre valores, fins e meios, de conformidade com as preferências do sujeito ou as máximas de sua

---

todas as omissões em ações – que não se executam em movimentos corpóreos motivados, mas se esgotam – no caso do omitir – no próprio motivo.)

8. Jakobs, Günther. *Strafrecht*, AT, 1993, p. 142 e ss.

9. Etzrodt, Christian. *Sozialwissenschaftliche Handlungstheorien*, 2003, p. 297.

10. Habermas, Jürgen. *Vorstudien und Ergänzungen*, 1995, p. 279.

decisão.[11] Como a ação estratégica está sempre relacionada a um fim, torna-se indispensável agregar-se ao elemento normativo que a disciplina um dado empírico, que seria a consciência acerca dos fundamentos da decisão e das possibilidades da parte adversa, ou seja, a *eficiência* dos meios empregados para o alcance dos objetivos previamente selecionados. Neste caso, pois, o decisivo para caracterizar a racionalidade da conduta não será a evitabilidade do resultado, mas sim a veracidade das proposições, isto é, da sequência de elementos a serem utilizados para a decisão adequada.[12] Embora a ação estratégica implique uma consideração de valor, a ser levada a efeito, geralmente, em função de elementos simbólicos pelos quais se deva orientar a conduta, isto não interfere na sua configuração, que continua a ser obtida por meio da relação entre sujeito e fim, o que representa, de certo modo, uma exagerada avaliação dos meios e não propriamente de seu processo interativo.

A conduta estratégica é tomada em consideração, geralmente, na atividade econômica, ao ser orientada a determinado resultado, por exemplo, aos lucros. Tem em vista influenciar o comportamento de seus concorrentes ou protagonistas a aceitarem as novas regras de produção, ou criarem, a partir daí, novos objetivos de consumo, o que conduziria, por via reflexa, a fortalecer os elementos sobre os quais se baseou a atividade.

Max Weber, o principal articulador de um conceito de ação estratégica, explica, primeiramente, que toda ação (incluindo a omissão) só pode ser compreendida como atividade de uma pessoa ou de várias pessoas, orientada para a conduta passada, presente ou futura de outrem; este outrem poderá ser um indivíduo conhecido, ou vários indivíduos totalmente desconhecidos.[13] Em virtude dessa dependência da ação social para com os indivíduos, tanto como sujeitos quanto como objetos, exclui a característica de ação àquelas atividades que se concentram, exclusivamente, nas expectativas de comportamento de objetos materiais. Ademais, o comportamento interno só será uma ação social, quando se oriente em função de outrem. Daí dizer que a ação econômica, que era o palco dessas especulações, só o seria tal, quando tomasse em consideração a conduta de um terceiro. A ação social, retratada como ação estratégica, à medida que seja realizada com vistas ao comportamento de terceiro, não depende da circunstância de que corresponda ao atuar semelhante de muitos, nem que se deixe influenciar pela conduta consciente de outro. Quando, em meio a uma tempestade, todos resolvam usar seus guarda-chuvas, isso não assinala uma ação social, apenas um comportamento mecânico diante de alterações climáticas. Da mesma forma, a atuação sob a influência de uma multidão ou por indução dos meios de comunicação de massas pode conduzir a manifestações de alegria, ira, simpatia, desespero e

---

11. Habermas, Jürgen. *Vorstudien und* Ergänzungen, 1995, p. 279.
12. Idem, ibidem, 1995, p. 281.
13. Weber, Max. *Wirtschaft und Gesellschaft*, 1980, capítulo 1, II.

paixão, sem que, contudo, constitua uma ação social, pela ausência de uma relação significativa, pela qual todos se deveriam orientar, caso essa conduta lhes impusesse um sentido. Embora seja difícil, muitas vezes, estabelecer as fronteiras entre uma ação social e uma conduta finalisticamente orientada, relevante para essa diferenciação é verificar em que medida a conduta de alguém é determinada pelo outro, não na forma causal ou instrumental, mas segundo alguns critérios que a podem transformar em uma conduta significativa. Tratando de elucidar como isso pode se dar na prática, acrescenta WEBER que toda ação social apresenta, pelo menos, quatro formas de determinação: «(1) a forma *final-racional*, por meio de expectativas da atuação de elementos do mundo exterior ou de outras pessoas e sob o uso dessas expectativas como "condições" ou como "meio" para um próprio fim, projetado e ponderado como resultado; (2) a forma *axiológica racional*, por meio de crenças conscientes dos *próprios valores* – éticos, estéticos, religiosos ou, sempre, ademais, significativos – incondicionados com relação a comportamentos próprios, autênticos em si mesmos e independentes do resultado; (3) a forma *afetiva*, em especial a forma *emocional*, por afetos atuais e situações afetivas; (4) a forma *tradicional*, pelo costume arraigado.»[14] A ação estratégica, porém, não se deixa dominar por essas formas condicionantes, porque o sujeito pode orientar seu atuar segundo os fins, os meios e os efeitos concomitantes, mas pode também proceder a uma ponderação racional acerca dos próprios fins, antepondo os meios aos fins, os fins aos efeitos concomitantes e vice-versa.[15] Com isso, uma ação pode ser final racional em relação, alternativamente, aos fins, aos meios e aos efeitos. O que vem a assinalar, no entanto, sua característica social é sua inserção como relacionamento social, tomado como um comportamento próprio, sintonizado reciprocamente com seu conteúdo de sentido e orientado aos outros. O relacionamento social, no caso, «consistiria, plena e quase exclusivamente, na *chance* de atuar de uma forma dotada de sentido, sem se importar em que essa chance se baseia».[16]

No âmbito do direito penal, uma concepção estratégica de conduta poderia ser creditada, em certa medida, aos partidários do conceito social de ação, cuja importância do resultado, que se quer imputar ao sujeito, não está

---

14. WEBER, Max. *Wirtschaft und Gesellschaft*, 1980, capítulo I, II, § 2: «Wie jedes Handeln kann auch das soziale Handeln bestimmt sein, – 1. *zweckrational*: durch Erwartungen des Verhaltens von Gegenständen der Außenwelt und von anderen Menschen und unter Benutzung dieser Erwartungen als "Bedingungen" oder als "Mittel" für rational, als Erfolg, erstrebte und abgewogene eigne *Zwecke*, – 2. *wertrational*: durch bewußten Glauben an den – ethischen, ästhetischen, religiösen oder wie immer sonst zu deutenden – unbedingten *Eigen*wert eines bestimmten Sichverhaltens rein als solchen und unabhängig vom Erfolg, – 3. *affektuell*, insbesondere *emotional*: durch aktuelle Affekte und Gefühlslagen, – 4. *traditional*: durch eingelebte Gewohnheit.»

15. WEBER, Max, 1980, loc. cit., § 2, n. 4.

16. Idem, 1980, loc. cit., § 3.

propriamente situada na sua única produção, mas na sua relevância social. No entanto, essa circunstância fica prejudicada em face das variáveis que são agregadas a este conceito, as quais podem se estender desde a exclusiva relevância da conduta,[17] até a relevância social do resultado,[18] ou seja, resumem-se a racionalizar a conduta em função de ser passível de um juízo de valor, ou de haver interferido no âmbito de atuação de outrem, ou, em outros termos, substituindo o conceito naturalístico de resultado por um juízo normativo, sem se importar que do cometimento da conduta se possa obter um outro efeito sobre o comportamento alheio. O que a aproxima de uma ação estratégica é o fato de acentuar um dado amplo acerca do resultado, não apenas como puro efeito material da ação, mas vinculado a uma relevância social. No entanto, a eficácia não diz respeito à obtenção de outro comportamento, mas apenas a contornar as dificuldades acerca da legitimidade da equiparação da omissão à ação, por meio de uma referência valorativa. Em face das dificuldades que são encontradas em situar um resultado na omissão, os atuais defensores da teoria social, praticamente, abandonaram essa referência ao resultado e passaram a inferir a conduta somente do dado de valor que ela mesma representa. À medida que acentuam esse dado de valor como uma decorrência de a conduta poder influir no círculo jurídico de outrem e, pois, se aproximem da noção da ação estratégica, na verdade, estão mais preocupados com a própria relevância do meio, o que os faz repositórios também de uma ordem instrumental. Como a ação instrumental, normalmente, pode conduzir-se em sentido estratégico, uma vez que, indiretamente, visualize uma forma de influir em comportamento alheio, pode-se chegar a compreender a verdadeira natureza da teoria social da ação para afirmar que, como teoria jurídica, continua inserida numa ordem instrumental. Ao contrário disso, uma ação estratégica no âmbito penal não se orienta, como já se disse, pelos fins ou pela relevância social da conduta, senão pelo sentido que lhe é emprestado pelo agente, como forma racional de relação para com os outros, independentemente dos resultados diretos que poderia produzir. Uma ação estratégica, assim, ao não necessitar de uma instrumentalidade dos meios causais, está mais aproximada de uma conduta normativa do que de uma atividade natural. O que imprime seu significado social e jurídico é o sentido da atividade em face dos outros, ponderando acerca de suas reações ou adesões a determinado programa. Na verdade, se se compreender que a ação no direito penal está atrelada, funcionalmente, a um tipo de delito, que lhe dá significado no âmbito jurídico, pode-se também admitir que constitua uma ação estratégica, na medida em que visa não apenas ao resultado ali consignado, senão à reação do titular do bem jurídico e sua respectiva lesão, conforme o programa de ilicitude proposto pelo agente.

---

17. Wessels-Beulke, *Strafrecht*, AT, 2010, p. 36.

18. Engisch, Karl. *Festschrift für Kohlrausch*, 1944, p. 141; Maihofer, Werner. *Festschrift für Eberhard Schmidt*, 1961, p. 156.

V. A AÇÃO SUBORDINADA A REGRAS

A ação estratégica está, de certa forma, também associada a uma regra, que disciplina sua execução. Essa regra, no entanto, refere-se, praticamente, a uma programação de sentido e não, propriamente, a uma operação subordinada a determinados parâmetros, que, no caso penal, seriam aqueles determinados no tipo de delito. A verdadeira *ação subordinada a regras,* por seu turno, tem, como característica básica, o fato de substituir a relação entre meio e resultado por uma orientação de compreensão.[19] Em sequência, o que se obtém é a configuração de uma outra estrutura de conduta, a partir de uma concepção diferenciada de sociedade. Assim, a questão da conceituação da ação ou da omissão não passa a ser formulada sobre os desdobramentos empíricos que a conduta poderá fomentar, como a relação de causalidade, a orientação pelo fim, a evitabilidade do resultado ou sua relevância, correspondentemente aos modos ou graus de intervenção do sujeito no mundo objetivo. Em lugar disso, a conceituação da conduta deve ter como pressuposto a decisão em torno de compreender a sociedade como estrutura. Então, será importante decidir como se deverá enfrentar, em primeiro lugar, a possibilidade de uma ordem social e como, em segundo lugar, dever-se-ão tratar as condutas que a ela se subordinam.[20] Isso significa que, para se compreender uma conduta a partir de sua subordinação a regras, será preciso que, previamente, sejam estabelecidos os parâmetros, segundo os quais a ordem social se torne possível e, diante dessa possibilidade, se assinalem os elementos pelos quais aquela subordinação possa adquirir validade.

Há variados enfoques teóricos sobre como se conceituar uma ordem social. Conforme o respectivo enfoque, haverá uma representação correspondente dos elementos a serem utilizados para a elaboração do conceito de conduta. Para não fugir dos argumentos em torno de um conceito de conduta capaz de ser submetido aos pressupostos de validade e legitimidade, que constituem o objetivo da construção dos tipos penais e que, portanto, se inserem nas perspectivas deste trabalho, será interessante mostrar como as teorias substituem as ações estratégicas pelas condutas subordinadas a regras.

Pode-se trabalhar, rápida e temporariamente, com algumas considerações no âmbito do econômico. Isso não implica, está claro, querer extrair do panorama das teorias econômicas os elementos para a elaboração de uma teoria da omissão, no plano jurídico. Quem, assim, o fizer não terá sucesso. Vale a referência ao econômico como uma indicação inicial de como se dá a passagem das teorias estratégicas para as teorias comunicativas. O primeiro passo para essa transformação será dado pela superação de uma concepção de uma ordem econômica instrumental.

---

19. Habermas, Jürgen. *Vorstudien und Ergänzungen,* 1995, p. 281.
20. Idem, ibidem, 1995, p. 571.

No âmbito econômico, por exemplo, as relações interpessoais concebidas instrumentalmente dão como resultado uma subordinação das condutas às perspectivas de ganho do mercado. Nesse contexto, o sujeito interativo serve apenas de meio para o alcance do resultado econômico proveitoso; o que valem, então, são os interesses da concorrência ou do poder econômico. Por outro lado, como esse tipo de compreensão gera uma ordem instável, e uma ordem social não pode ficar na dependência exclusiva de interesses em jogo, põe-se em evidência que a consecução dos interesses econômicos não se deve efetivar de modo direto, mas sim por meio de estratégias do mercado. A concepção de uma ordem puramente instrumental se transforma, assim, em uma concepção estratégica. Com isso, ao lado de ampliar as chances das perspectivas do modelo econômico, abre-se ao sujeito, ainda que limitadamente, a possibilidade de optar, em cada caso, por aceitar ou não as propostas do mercado, embora sem se afastar do âmbito de sua futura intervenção. O que assinala, pois, essa nova ordem não é mais a relação entre meio e fim, na qual o sujeito seria apenas tomado como um mero instrumento na obtenção do ganho, mas a sua subordinação a uma estratégia de comunicação, que faça com que ele continue a se inserir no mercado, ainda que o rejeite, como seu cliente potencial.

Por outro lado, não se pode falar de um modelo econômico estratégico e sua passagem para um modelo comunicativo, sem inseri-lo no contexto de uma formação social, mediante uma verificação de como os respectivos sistemas se formaram e continuam a se desenvolver. Uma ação estratégica, ou uma ação subordinada a regras, ou ainda uma ação comunicativa são manifestações que não podem subsistir fora de uma formação social, que lhe empresta o sentido, as regras e os modos de comunicação.

Dizia Habermas, em sua fase mais crítica, que os sistemas sociais possuem três propriedades: a) suas mudanças se verificam na relação entre produção e socialização, mediante normas de justificação e expressões que simbolizem a verdade; b) a meta cultural está em função das forças produtivas e do grau de sua autonomia dentro do sistema, mas delimitada por uma lógica do desenvolvimento e perspectivas sem influência de qualquer programa de integração; c) o nível de desenvolvimento de uma sociedade é determinado pela capacidade de aprendizado institucional discursivo.[21] Isso significa, assim, que os sistemas sociais adaptam a natureza externa à sociedade com auxílio das forças de produção: organizam e treinam a força de trabalho; desenvolvem tecnologias e estratégias. O trabalho, como fonte produtora da riqueza social, e as ações instrumentais, estruturadas na relação meio e fim a ele vinculadas (as técnicas de produção), incorporam elementos empíricos, que engendram uma pretensão de verdade, ou seja, discursos que pretendem

---

21. Habermas, Jürgen. *Legitimationsproblem im Spätkapitalismus*, 1973, p. 15.

fundamentar empiricamente as relações de produção. Ademais, os sistemas sociais adaptam a natureza interna, o substrato dos membros da sociedade, com o auxílio de estruturas normativas, nas quais as necessidades são produto de uma interpretação; os sistemas sociais promovem a integração dos seus membros por meio de normas que necessitam de uma justificação. Se, por um lado, os sistemas podem se manter, diante da natureza externa, com ações instrumentais (técnicas), por outro, o comportamento de seus membros, inseridos no processo produtivo, é reorganizado sob imperativos de pretensões de validade, isto é, a reorganização do trabalho nas relações de produção não é, simplesmente, obra técnica, mas produto de imposições normativas, carentes de justificação.

Atendendo a essas características, pode-se dizer que uma formação social está sempre determinada por princípios de organização, que, seguindo normas justificadas, delimitam as possibilidades de alteração das relações de produção. Esses princípios de organização se referem, em primeiro lugar, às modalidades de aprendizado empírico, do qual dependem as forças produtivas; em segundo lugar, referem-se às formas de interpretação que asseguram a geração das necessidades; em terceiro lugar, buscam impor os limites institucionais às suas possíveis mudanças. Portanto, as alterações sociais não são independentes do contexto gerado por forças produtivas e relações de produção. Se a formação social está sempre ancorada em um princípio organizativo dessas relações, as variações sistêmicas procedidas no âmbito das normas jurídicas só terão significado à medida que se destinem a fixar os limites de suas alterações. Isto quer dizer que as normas jurídicas de uma formação social capitalista não podem estar destinadas, por sua própria natureza, a amparar o desenvolvimento de forças produtivas, senão quando também se mantenham intactas as mesmas relações de produção, e nem, por óbvio, estão orientadas à proteção da pessoa humana. Dizer-se o contrário e exaltar-se o direito como instrumento de mudança social é, evidentemente, de absoluta ingenuidade, ou maldade.

Posta a questão nesses termos, é natural que a relação instrumental seja superada por um modelo estratégico mais complexo e facilite a passagem para uma ordem comunicativa, que encerra formas de interpretação da realidade e impõe limites institucionais às mudanças estruturais. É significativa, nesse sentido, a estrutura concebida por MERTON para a sociedade americana nas primeiras décadas do século XX, na qual se assinalava como relevante a subordinação do sujeito a duas ordens de fatores: aos meios institucionais, que lhe estariam disponíveis e condicionariam sua atividade, e às metas culturais que os motivavam a atuar.[22] Embora a concepção de MERTON não se vincule inteiramente ao econômico, mas, fundamentalmente, ao social, ela interpreta

---

22. MERTON, Robert. *Social theory and social structure,* 1968, p. 186 e ss.

como a estrutura social se edifica em torno de perspectivas ou metas, a partir de uma determinada ideologia fomentada pelo processo capitalista, que com elas se fortifica, e como, nessa estrutura, se condiciona o alcance dessas metas ao emprego de meios instrumentais disponíveis. Poderia parecer, à primeira vista, que essa concepção retrataria uma ordem meramente instrumental. Contudo, aqui já se delineia uma ordem comunicativa, ainda que simplificada. A transmutação de valores sociais em metas culturais, no âmbito dessa estrutura, simbolizadas pelo *prestígio social* e pela *fortuna pessoal*, conduz o sujeito a um processo de interação para com as regras instituídas, quer aceitando-as, quer rejeitando-as. Ainda que as rejeite, o sujeito continua a ser tomado como um futuro interagente. Com isso, o conceito de sociedade deixa de ser extraído, exclusivamente, de uma ordem instrumental e passa a ser complementado por conceitos normativos, institucionalizados. O que vale, então, será a condução indireta do sujeito por meio de mensagens, que o querem orientado para aquelas metas. Caso não se faça possível ao sujeito alcançá-las, por causa da deficiência dos meios ou de sua insuficiência, isto não significa que o processo de interação o descarte imediatamente. Ficará para ele sempre aberta a opção de voltar a persegui-las, porque subsistente a mensagem em torno de sua consecução. O sujeito se vê situado já em uma ordem comunicativa, embora sem perseguir um consenso ou levar em conta o dissenso, mas apenas as metas institucionalizadas. Portanto, segundo essa perspectiva, o processo de comunicação se faz entre o sujeito e essas metas e não entre o sujeito e os outros.

VI. A AÇÃO COMUNICATIVA

A consecução de um agir comunicativo conduz a uma alteração substancial do conceito social de conduta. Agora, o conceito de conduta regulada normativamente deixa de ter em vista o que fora realizado por um autor individual, ainda que com reflexos em outrem, para focar sua relação para com outros sujeitos, que se orientam dentro de um grupo social pelos seus mesmos valores. Isto cria condições para a verificação da relação entre sujeito e estrutura normativa, o que se torna essencial na tarefa de construção jurídica.

1. A teoria dos papéis

Em função da forma como se vá conceber o processo de construção social, pode ser que a vinculação do conceito de conduta a uma ordem comunicativa ainda não se expresse em toda sua plenitude. Nos estágios preliminares de formulação de um tal conceito de ação, é possível ainda distinguir uma concepção baseada no papel que cada autor desempenha na ordem social. De acordo com a teoria dos papéis, a conduta está subordinada a regras, mas cada autor está vinculado a uma tarefa específica no processo de interação, que condiciona sua atuação. Esta subordinação do autor a seu papel social, por sua vez, lhe retira não apenas a espontaneidade, mas também lhe reduz a liberdade de construir seu próprio destino. O reconhecimento de uma subordinação a papéis pressupõe, por outro lado, um sujeito situado dentro de uma posição, da qual se pode esperar uma determinada conduta, de modo que o sujeito exerça seus direitos e cumpra seus deveres. Por seu turno, cada papel só tem significado em função de outro papel. Assim, o papel de pai só terá sentido em função da existência do papel de filho. Na verdade, esta chamada *complementaridade de papéis* representa a velha dicotomia positivista, de que a cada direito corresponde um dever e vice-versa.[23]

Geralmente, a teoria dos papéis trabalha sob duas perspectivas: ou em função de normas, que, com suas respectivas sanções, se destinam a fortalecer o papel em caso de desvio; ou em função da habitualidade, de estabilizar o papel diante do sentido de participar em um processo de interação. Conforme essas duas perspectivas, formam-se, assim, dois conceitos de conduta: um vinculado a normas coercitivas e a sanções; outro, à combinação de normas e sentido. Sob estas duas perspectivas, a conduta pode ser vista em face de sua orientação a regras, mas continua conceituada, de qualquer modo, a partir de uma decisão individual de cumprir ou não o papel.[24] A omissão, portanto, dentro de um rígido esquema de papéis sociais, só seria relevante no âmbito do exercício concreto de uma atividade exigida para o respectivo papel que o sujeito deveria cumprir, por força das normas e das sanções, como também pelo sentido que sua inatividade deveria representar, como desvio, diante da estabilidade das funções sociais nas quais se encontra inserido. Não foge dessas perspectivas a concepção estrutural-funcionalista, que formula também os papéis dentro do sistema social e não de conformidade com os indivíduos, mas ainda se fixa nas sanções como forma de controle de seu não cumprimento e, assim, como meio de promover a internalização das normas que os regulem.[25]

2. A concepção fenomenológica

Essa característica da teoria dos papéis, de subordinar seu cumprimento a uma decisão individual, se vê alterada, porém, sob a perspectiva fenomenológica, em se tratando de cumprimento de tarefas dentro de uma ordem institucional. A concepção fenomenológica não se filia inteiramente ao desempenho de papéis e, quando o faz, procura também trabalhar com os antipapéis. Relevante para caracterizar uma conduta social não será, exclusivamente, o cumprimento de obrigações e o exercício de direitos, mas o

---

23. Dreitzel, Hans Peter. *Die gesellschaftlichen Leiden und das Leiden an der Gesellschaft. Vorstudien zu einer Pathologie des Rollenverhalten,* 1968, p. 193.
24. Etzrodt, Christian. *Sozialwissenschaftliche Handlungstheorien,* 2003, p. 292.
25. Parsons, Talcott. *The social system,* 1951, p. 40.

processo de interação. Isto significa, então, que a *complementaridade dos papéis* deixa de constituir um elemento de sua referência, ou constituição. O papel não se reduz, portanto, ao cumprimento de obrigações e ao exercício de direitos, dentro de uma relação recíproca. Para ser pai não importa que outrem exerça o papel de filho, que os direitos e as obrigações se correspondam, de tal forma que se ao pai se reserva o direito de educar, ao filho o dever de obedecer, ou se ao filho se reserva o direito de ser protegido, ao pai o dever de protegê-lo. Em lugar disso, a função de pai ou de filho está vinculada a um processo de interação, pelo qual será pai aquele que, mediante o exercício de suas atividades, proporciona ao filho as condições para a sua integração dentro de uma ordem institucional, no caso, a família.[26] Assim, também, se passa com instituições maiores, como a justiça, por exemplo, em que o exercício dos respectivos papéis de juiz, promotor e advogado tem como perspectiva o processo de interação e não se limita, reciprocamente, ao cumprimento de obrigações ou ao exercício de direitos. Sem o processo de interação não se poderia, muitas vezes, obter o julgamento adequado, principalmente em casos não expressamente disciplinados pela norma.

3. O interacionismo simbólico

Da conjugação das posições assumidas pelas teorias fenomenológicas e estrutural-funcionalistas, será possível evoluir para uma compreensão maior da conduta comunicativa por meio da contribuição do *interacionismo simbólico*, que substitui a referência a papéis por uma análise da conduta em torno de sua manifestação em grupos sociais. A análise da estrutura da conduta sobre as relações desenvolvidas pelo indivíduo dentro de um grupo é o ponto de partida, por exemplo, da concepção de MEAD.[27] Deste modo, a conduta não será mais vista sob o aspecto da relação meio e fim, não será mais uma conduta instrumental no sentido causal, nem, por seu turno, deverá adquirir relevância como ato estratégico em função de determinado efeito potencial, nem será extraída do exercício de direitos e o cumprimento de obrigações. À medida que a conduta passa a ser concebida dentro de um grupo, no qual os indivíduos, portanto, relacionam-se cooperativamente, seus elementos começam a se concretizar como instrumentos de comunicação e não como condições causais ou como o desempenho de papéis. Esta alteração de perspectivas dentro da consideração da conduta, que prescinde, então, das habi-

---

26. ETZRODT, Christian. *Sozialwissenschaftliche Handlungstheorien,* 2003, p. 292.

27. MEAD, George Herbert. *Geist, Identität und Gesellschaft,* 1973, p. 171: «O ambiente social tem sentido no âmbito da atividade social; ele constitui uma organização de relações objetivas, que resultam da vinculação com um grupo de organismos, os quais se situam em uma atividade dentro de processos experimentais e condutivistas. Em certa medida, os elementos do mundo exterior só se unem em função de organismos individuais influenciados reciprocamente em torno de grupos sociais...»; ETZRODT, *Sozialwissenschaftliche Handlungstheorien,* 2003, p. 209.

lidades manuais dos respectivos autores e depende, sim, de sua capacidade de entendimento coletivo, vem a contribuir de modo significativo para a substituição de uma concepção instrumental por uma concepção subordinada a regras. O autor, para MEAD, é tomado, assim, como uma entidade que atua racionalmente, mas, ao contrário do que ocorre no âmbito econômico, que tem como objeto de seu atuar a obtenção de uma vantagem, aqui o objeto da ação é representado como uma estrutura de sentido dentro de um processo de interação. Alinhavando a conduta desta forma, observa MEAD que sua concepção se aproxima, também, dos postulados behavioristas, porque tem em vista uma atividade dentro de um processo social dinâmico e constitutivo, mas dele se diferencia, porque trabalha ainda sobre as experiências internas do indivíduo dentro de um processo global.[28] Como diz ETZRODT, para MEAD não interessa a investigação de alternativas vantajosas, senão uma investigação racional em torno de reações adequadas à ação de outrem, que possa ser interpretada, novamente, pelo primeiro autor, sob uma perspectiva significativa.[29]

A superação, por outro lado, da subordinação da conduta ao desempenho dos papéis se dá pela substituição do elemento *posição* dentro de uma conjuntura. Normalmente, a teoria dos papéis sempre trabalhou com o sentido de uma *posição*: o papel constitui um dado – instituído pelo complexo de direitos e obrigações – que deve ser observado pelo sujeito para suas decisões de desempenhá-lo ou não. Quando o desempenhe, por se haver para isso decidido, estará acabado o processo de comunicação e, assim, assegurada a estabilidade das expectativas de conduta. Os autores do *interacionismo simbólico,* entretanto, concebem o papel sob outro modo, em vez de subordiná-lo, assim, à *posição* que cabe, socialmente, a cada indivíduo, o condicionam ao contexto no qual a conduta é praticada. Com isso, abre-se a possibilidade de situar o indivíduo como um próprio edificador de papéis e não, simplesmente, como seu executor. Assim, o papel de um advogado no âmbito do procedimento penal não deve estar apenas caracterizado pelo cumprimento do dever de defender o seu cliente e o direito de fazê-lo, mas também pela construção de seu desempenho, conforme as necessidades variáveis no processo de comunicação, com vistas a absolvê-lo. Justamente por isso, será sempre possível arguir-se, conforme o caso, a insuficiência da defesa em face da acusação, ainda que o seu exercício tenha sido formalmente cumprido.

Embora as observações de MEAD tenham sofrido uma rigorosa crítica, porque carentes de uma comprovação empírica quanto às suas hipóteses,[30] valem à medida que buscam equacionar a conduta humana dentro de seu aspecto de relações e sua orientação em torno de objetos simbólicos, sem

---

28. MEAD, George Herbert. *Geist, Identität und Gesellschaft,* 1973, p. 46.

29. ETZRODT, Christian. *Sozialwissenschaftliche Handlungstheorien,* 2003, p. 225.

30. MELTZER-PETRAS-REYNOLDS. *Symbolic interactionism. Genesis, varieties and criticism,* 1975, p. 84.

subordiná-la a um esquema causal. A questão básica de toda essa construção está situada, todavia, na definição dos agentes que intervêm no processo de interação. Geralmente, para a concepção fenomenológica, o processo de comunicação se edificaria a partir da relação entre o *autor* e *outrem*. Nesse caso, *outrem* seria representado, porém, por uma pessoa imaginária, que serviria de ponto de referência para a atuação do *autor*. Sem outra pessoa, ainda que imaginária, seria inconcebível uma conduta social.[31] Por seu turno, o *interacionismo* concebe o *outro* como uma *parte do próprio autor*, que se orienta por símbolos idênticos. Ao decidir-se pela realização de uma conduta, o autor projeta no outro, conforme os símbolos aos quais está submetido, aquilo que possa antecipar como reação desse outro. Quando imagina essa reação, constrói em si mesmo uma autoconsciência acerca dessa reação e passa a esperar que esse outro se comporte da mesma forma que ele. A formação de uma autoconsciência a partir da projeção da atuação do outro induz a subordinar a conduta do autor a uma regra, que tanto o afeta quanto o outro. Com isso, a conduta deixa de constituir, simplesmente, um instrumento de consecução de resultados e passa a ser concebida dentro de uma orientação conforme as regras que resultariam dessa interação, por meio de símbolos e significados. A internalização da reação do outro proporciona, também, a formulação de um juízo universal. O autor se conduz de uma maneira, em função de que a reação do outro, que condiciona sua atividade, também o impulsiona a seguir as mesmas regras. A universalidade da regra resulta do caráter de interação conferido à conduta. «Sob ponto de vista behaviorista – diz MEAD – o resultado do fato de que o respectivo indivíduo assume a postura do outro e, finalmente, a cristaliza dentro de sua própria postura ou dentro de sua posição, que pode ser caracterizada como a generalização do outro, é exatamente a universalidade e a essência impessoal do pensamento e da razão.»[32]

A internalização da postura do outro pelo próprio autor, como processo de sua universalização no sentido de regra de conduta, pressupõe, por outro lado, que ambos – autor e outrem – estejam submetidos aos mesmos ambientes. Quando a postura do outro não puder ser equacionada a partir do próprio autor, como postura universal, surgem os problemas de interação. Conferindo-se a análise que de MEAD faz Klaus GÜNTHER, pode-se concluir que a ponderação em torno da relação entre símbolos e conduta só tem sentido quando implicar atuações diferenciadas. Se um mesmo símbolo for aplicado a várias situações diferentes com o mesmo significado, isso indica que, no processo de comunicação, sua aceitação é universal.[33] O problema reside, porém, em uma circunstância insuperável: todo o processo de universalização não pode ficar

31. ETZRODT, Christian. *Sozialwissenschaftliche Handlungstheorien,* 2003, p. 306.
32. MEAD, George Herbert. *Geist, Identität und Gesellschaft,* 1973, p. 130.
33. GÜNTHER, Klaus. *Der Sinn für Angemessenheit,* 1988, p. 120.

estagnado como um dado objetivo, que se resolveria pela relação entre sujeito e outrem a partir de símbolos de mesmo significado. Como a relação entre símbolo e conduta não pode se dissociar dos elementos contraditórios que animam uma formação social, o processo comunicativo está inserido em um ambiente em si mesmo contraditório e não universal. Se essa relação – como quer o interacionismo – pressupõe ambientes iguais para o autor e o outro, para daí solidificar as normas de interação, não terá como ser equacionada racionalmente, quando a própria formação social está condicionada por elementos antagônicos, que jamais se podem compor a partir de uma camuflagem universalizante. Estando, assim, os respectivos ambientes em constante contradição, fruto da contraposição de forças que se executam nas relações de produção, os símbolos, como agentes integrativos, realizam a falácia da unidade, o que os torna inaptos como elementos que possam elucidar acerca dos fundamentos para a equiparação entre ação e omissão.

4. O agir comunicativo e a conduta performática

Quando se buscam elementos para justificar a equiparação da omissão à ação, a fim de se esquivar de uma subserviência puramente empírica, diversamente de como se fez com a especulação em torno da causalidade, será importante considerar se o substrato empírico que a caracteriza pode ser equacionado de modo que a realização da ação mandada, mas não executada, pode se constituir numa exigência universal. Tendo em vista que a universalização de uma regra prática, da exigência de que, em certas ocasiões, determinada ação seja executada, está sempre ligada ao ambiente objetivo, no qual ela se exprime, será preciso, primeiramente, definir o que constitua esse ambiente e, depois, como ele irá influir na programação do autor.

É, assim, inconcebível a imposição de um dever de agir, sem que se fixem os elementos do ambiente no qual se deverá executar a ação mandada. Esta exigência é fundamental para se poder superar duas séries de questões relativas à omissão: a causalidade da ação mandada para com o resultado, que até hoje não pôde ser solucionada suficientemente pela doutrina, e a legitimação do dever de agir. Mesmo para aqueles que acolhem a causalidade na omissão e buscam defini-la segundo um juízo contrafático, é indispensável que a ação mandada tenha a orientá-la um objeto de referência que seja objetivamente demonstrável. É evidente que jamais se poderá afirmar que a execução da ação mandada evitaria com certeza o resultado. Este é um problema insolúvel da causalidade, mas mesmo uma causalidade lógica seria inconcebível, sem que esse juízo tenha a ampará-lo uma base objetiva sobre a qual se deva mover aquela atividade. Ainda que passe na imaginação do legislador a execução de uma ação sem correspondência com a realidade, por pura obra abstrata, uma vez que se exija que se formule sobre essa ação um juízo lógico de causalidade, se devem fornecer ao silogismo prático, mediante o qual se emite esse juízo, pelo menos, os elementos materiais de suas premissas. Nesse sentido, são inseparáveis da concepção dos delitos omissivos os elementos que caracterizem o ambiente: é inconcebível um dever sem a referência aos dados de seu cumprimento.

Seguindo uma ponderação de Habermas, pode-se repartir a tarefa da *constituição do ambiente* e de sua *influência* na atuação do autor em três planos: a) o das *relações vitais*, ou *relações com o mundo*, na sua terminologia originária, nas quais o autor se situa; b) o da reformulação da conceituação de *situação*, para possibilitar a separação entre *ação contextual* e *ação constitutiva* do ambiente, a partir das perspectivas do autor; c) a suspensão das perspectivas do autor, para verificar de que modo a *ação comunicativa* contribui para a *manutenção* ou a *geração* do *ambiente*.[34]

A) As relações vitais

O primeiro passo, portanto, de caracterização dos elementos objetivos que devem cercar a imposição do dever de agir deve ser o da indicação das chamadas *relações vitais* do autor. Poder-se-ia, primeiramente, entender por *relações vitais* aquilo que Habermas interpreta como *relações semânticas com o mundo*: o conjunto de dados objetivos nos quais o fato se situa ou, ainda, sob *aspecto proposicional*, o conjunto de dados objetivos sobre os quais uma relação de fato se materializa na forma de elementos de um silogismo, como relação entre meio e fim.[35] Essas duas concepções de relações vitais são significativas para as ações instrumentais, nas quais se deva exigir do autor a capacidade de vincular sua intenção a determinado objeto. Em se tratando, porém, de relações normativas, como ocorre com os delitos omissivos, esta concepção de *relações vitais* se torna insuficiente para servir de base de referência ao cumprimento de um dever de agir. Para tanto, há necessidade de outro conceito de *relações vitais*. Atendendo a esse sentido, pode-se entender por relações vitais aquilo que, objetivamente, se caracteriza como *mundo social*, como o ambiente no qual o autor se move em torno de relações de comunicação.

Uma vez que se tenha admitido que a omissão deva ser entendida sob o prisma de uma conduta subordinada a regras e não simplesmente como uma conduta instrumental, o ambiente deve ser também levado a efeito sob esta perspectiva: como um conjunto de dados objetivos que possam fornecer um sentido a cada ação mandada. Quando se trate, por exemplo, de ações instrumentais, o sentido da ação estará encarnado na relação para um fim determinado. Nesse caso, os dados objetivos servem ou de elementos para sustentar uma forma de causalidade, ou de elementos que auxiliam na identificação

---

34. Habermas, Jürgen. *Vorstudien und Ergänzungen*, 1995, p. 584.
35. Idem, ibidem, 1995, p. 585.

de um fim. O problema das ações instrumentais sempre foi este: ou justificar uma relação de causalidade entre a ação e o resultado (nos adeptos da teoria causal), ou trabalhar com uma finalidade e não com a causalidade (para os adeptos do finalismo), mas em ambos os casos com consequências insuperáveis quando se tratasse de omissão. Precisamente para não cair nos mesmos problemas das teorias das ações instrumentais, o *ambiente* deve ser entendido a partir das relações que o autor deve engendrar com outros e não pelos dados objetivos que apresente. Os dados objetivos servem, assim, de sustentáculo material dessas relações. São os dados objetivos também imprescindíveis, mas por outros motivos.

Deve-se ter em vista que essas relações comunicativas não se efetivam, simplesmente, em função de contactos pessoais, ou da atuação individualizada do sujeito sobre os dados objetivos. Um contacto pessoal constitui uma forma de comunicação, mas pode derivar de uma ação puramente instrumental. Assim, posso telefonar para um amigo, convidando-o para almoçar. Na realidade, esse telefonema expressou uma comunicação entre mim e ele, mas essa comunicação estava desde logo comprometida por uma finalidade, que era compartilhar com o amigo um almoço. Portanto, essa comunicação pessoal nada mais era do que um elemento da relação entre meio e fim. Ao contrário do que se dá com os contactos pessoais, para que se possa efetivar uma relação comunicativa, deve-se pressupor que o sujeito esteja vinculado a um ambiente no qual imperem algumas regras, quer institucionais, quer sociais. Se, no exemplo do amigo, eu tomo conhecimento de que este está precisando de cuidados imediatos, minha atuação não estará mais subordinada, de modo exclusivo, a uma relação entre meio e fim, mas também a certos deveres de solidariedade, que me impulsionam a ajudá-lo. Ao fazê-lo, cumpro uma função social. Essa caracterização do ambiente sob a forma de regras proporciona ao sujeito a possibilidade de também dirigir-se socialmente frente a sujeitos anônimos e, assim, comportar-se de conformidade com aquilo que seja necessário à convivência.

Desde que se conceba o *ambiente* em torno dessa relação comunicativa que o autor deve integrar em seu comportamento, os dados objetivos têm a função específica de possibilitar ao sujeito três coisas: a) posicionar-se diante dos fatos, por exemplo, saber que subsiste um perigo de dano a alguém e que sua atuação pode intervir na sequência desse processo de produção do dano; b) distinguir entre os fatos e os direitos ou deveres, quantificar e qualificar sua posição diante dos fatos, como garantidor ou não do bem jurídico; c) assumir o cumprimento do dever como uma obrigação universal, a partir de sua relação com outrem. Portanto, os dados objetivos são importantes porque sem eles não haveria possibilidade de o sujeito situar-se no mundo e, por via de consequência, tomar como corretos os deveres que lhe são impostos.

B) A situação

Ademais das *relações vitais*, torna-se ainda necessário, como forma de caracterização do ambiente, proceder-se à referência do conceito de *situação*. Abordando este tema, assinala HABERMAS que a ação comunicativa só pode alcançar algum significado como *domínio de uma situação*. O *domínio da situação* implica que o autor deva interpretar seu plano de ação no sentido de uma interação, isto é, a *situação* deve servir de elemento para o alcance de um consenso em torno do que o autor pretenda realizar. Desta forma, ao realizar sua conduta, o autor deve ter em vista evitar dois riscos: o risco do dissenso ou de ser mal interpretado, e o risco do fracasso quanto ao seu plano de ação.[36] Conforme estas particularidades, deve-se entender por *situação* uma parcela do mundo social, que serve de tema para o agir. Como ao autor seria absolutamente impossível compreender todas as relações objetivas existentes no ambiente, sua conduta só pode se manifestar em torno de particularidades desse ambiente, que possam ser por ele compreendidas, de modo a tornar exequível seu plano de ação. Dentro dessa *situação*, manifestam-se, assim, não apenas os dados positivos do ambiente, que favorecem sua atuação, como ainda os dados negativos, aqueles que a dificultam ou a impedem. Considerando que o mundo social não é apenas um mundo causal, mas, fundamentalmente, um mundo subordinado a regras, incluem-se no conceito de *situação* tanto os fatos, quanto as normas e as experiências pessoais. Com a compreensão da situação sob esse duplo aspecto, de fatos e de regras, pode-se, a partir daí, diferenciar entre o mundo, como dado fático objetivo, de um lado, e o mundo como relações vitais, de outro. Somente mediante a compreensão do mundo como relações vitais será possível, assim, proceder-se à tematização dos objetos e à limitação dos espaços de liberdade nos quais o sujeito pode se manifestar.[37] Um *tema* está, normalmente, vinculado aos interesses e objetivos do sujeito, mas não no sentido de uma finalidade, mas no de fornecer-lhe, mediante o esclarecimento de seu plano de ação, o que deva ser considerado como relevante dentro da *situação*. Com isso, abre-se ao sujeito a possibilidade de avaliar as alternativas de conduta em face das limitações e das condições que lhe são impostas pela realidade fática e normativa.

C) A tematização e o contexto

A compreensão da *situação* como parcela do *mundo das relações vitais* não é suficiente, porém, para proporcionar uma tematização de seus objetos dentro de um discurso, isto é, a justificativa da atuação do sujeito como integrante de uma ação comunicativa. A tematização dos elementos que caracterizam a conduta dentro de um discurso justificativo dessa atuação é necessária

---

36. HABERMAS, Jürgen. *Vorstudien und Ergänzungen*, 1995, p. 589.
37. Idem, ibidem, 1995, p. 590.

para se saber se esta conduta é ou não correta. A ação mandada, portanto, só poderá ser considerada como exigível ao sujeito quando se constituir de elementos que expressem sua correção, isto é, quando o sujeito também a puder exigir de seus interlocutores, no sentido de que essa ação expressa uma pretensão de validade. Para que isto ocorra, será necessário que essa ação atenda a determinadas condições objetivas, que justifiquem sua exigibilidade. Essas condições constituem sua *tematização*. Para esta *tematização*, porém, é indispensável que o sujeito esteja situado referencialmente a um outro dado, àquilo que se denomina de *contexto*. O *contexto* desempenha o papel de proporcionar ao sujeito, mediante a pré-compreensão dos dados objetivos da *situação*, incluindo-se, nessa pré-compreensão, os fatos e as regras que os disciplinam, uma especificação maior do ambiente, de modo que a sua apreensão como realidade fática e normativa não possa ser posta em dúvida, quando o autor decidir realizar a sua conduta, ou simplesmente dela se omitir. O *contexto* serve, ademais, como fonte de interpretação ao autor para sua conduta, para poder projetá-la como processo integrativo de comunicação e assegurar que sua execução possa ser tomada como válida.

Quando se trabalha com normas de conduta, a questão que se coloca em primeiro plano é a de determinar até que ponto essas normas poderão ser atendidas no caso concreto. Esta é, pois, uma questão importante de política criminal. Em se tratando dos delitos omissivos, nos quais a conduta incriminada nada produz no mundo exterior, essa questão se transmuda no sentido de determinar até que ponto será possível exigir-se de uma pessoa a prática de uma ação, a fim de cumprir um dever que lhe é imposto legalmente. Ao lado das condições que devem ser assinaladas à conduta para caracterizá-la como válida e, assim, exigível, é importante também verificar, como consequência de uma abordagem crítica da política criminal, até que ponto um conceito comunicativo de ação pode servir como base da formulação de uma norma penal. Aqui já não está mais em jogo a questão dos elementos que são necessários para se afirmar a correção de determinada conduta, mas o que se pode esperar, social e juridicamente, de uma conduta que preencha aquelas condições, que corresponda às exigências de tematização impostas para a sua correção.

Habermas confere à ação, nessas condições, um papel significativo na reprodução das relações vitais, que se daria do seguinte modo: a) com o uso e a renovação das tradições culturais exercitados por meio do entendimento funcional da *situação*; b) pela fixação do sujeito ao seu grupo social e o fortalecimento de sua integração mediante a coordenação de seus atos de solidariedade; c) pela internalização de valores sociais e a obtenção de uma capacidade geral de atuar, constituintes de sua identidade. A reprodução dessas relações vitais, portanto, estender-se-ia na forma de reprodução cultural, de integração social e de socialização, conforme os componentes estruturais da vida cultural, da sociedade e da pessoa.[38] Independentemente dessas considerações de Habermas, que dizem respeito ao processo de integração e socialização da pessoa dentro de um mundo comunicativo, é importante, também, assinalar de que modo uma conduta realizada sob estes predicados pode ainda ter efeito produtivo dentro das relações normativas de um Estado de direito.

D) As delimitações no Estado de direito

Normalmente, em um Estado de direito, além dos requisitos decorrentes da adoção do princípio da legalidade, tem-se estabelecido como condição fundamental para que uma determinada conduta seja imposta a alguém a exigência de que essa conduta possa ser elevada à categoria de uma conduta universal. Preocupado com este fundamento e se alinhando em torno de um pensamento racional, procurou Kant estabelecer essa universalidade como manifestação do imperativo categórico.[39] Interpretando esse pensamento no âmbito do direito penal, Naucke, por sua vez, quer fazer derivar essa universalidade não apenas do imperativo categórico, que lhe conferiria, portanto, racionalidade, mas também dos fatores pelos quais se deveria extrair o princípio do merecimento da pena retributiva.[40] Apesar de parecer, à primeira vista, que o pensamento de Naucke estaria a implicar uma concepção autoritária, a inserção, feita por ele, de que apenas as condutas merecedoras da pena retributiva poderiam ser objeto de incriminação, conduz a uma tentativa racional de limitação do poder incriminador. O problema que se coloca nesse pensamento é mais prático do que teórico: de que modo será possível estabelecer os fatores que caracterizariam as condutas como merecedoras da pena retributiva? Apesar das dificuldades que se formam em torno dessa resposta, a assertiva de Naucke se mostra significativa quando aduz que isso tem como pressuposto indeclinável a subordinação do ato incriminador a um procedimento também adequado ao merecimento da retribuição.[41] A imposição de tal procedimento irá implicar, primeiramente, que o ato incriminador tenha que passar por certas condições de legitimidade; depois, que essas condições, como se antepõem à própria legalidade, não podem decorrer, simplesmente, do direito positivo, mas de preceitos racionais, que estejam acima ou fora do contexto legal. Poder-se-ia entender esse procedimento, como o faz Naucke, sob o prisma do imperativo categórico, mas como tal imperativo é enunciado não em função da interação, mas como projeção da própria vontade individual, que se torna racional como cumprimento de um dever, torna-se difícil afastá-lo de sua subordinação ao Estado. Naucke mesmo admite que, para Kant, o Estado encarnaria a condição do direito e o direito, a condição para uma

38. Habermas, Jürgen. *Vorstudien und Ergänzungen,* 1995, p. 594.
39. Kant, Immanuel. *Grundlegung der Metaphysik der Sitten,* 1999, p. 37.
40. Naucke, Wolfgang. *Über die Zerbrechlichkeit,* 2000, p. 79 e ss.
41. Idem, ibidem, 2000, p. 87.

conduta correta, quer dizer, o raciocínio se encerraria dentro de um contexto tautológico.[42]

A fim de poder superar tanto um subjetivismo inconsequente quanto um racionalismo tautológico, parece que o caminho para se obter uma delimitação dos poderes do Estado incriminador só pode ser obtido a partir de uma consideração metajurídica e, ao mesmo tempo, interativa. A interação tem o significado de integrar o sujeito a sua própria realidade e, com isso, desvinculá-lo da realização de deveres que não possam se adequar a essa integração. Isto significa que o legislador não pode impor deveres de agir como bem entenda, mas somente quando essa imposição venha subordinada a preceitos de garantia, que se concretizem em fatores de tematização do contexto social no qual essa conduta deva ser praticada. Os fatores de tematização tanto podem decorrer de uma tradição cultural, quanto do próprio processo de comunicação. A tradição cultural, por sua vez, não implica uma repartição das tarefas de cada um, conforme a sua origem etnológica ou religiosa, mas a sedimentação de conhecimentos quanto à realidade vital, que proporcionam ao sujeito promover uma interpretação adequada do seu contexto. Quer dizer, então, que a subordinação do sujeito à imposição de determinada ação, em cumprimento a deveres legais, tem como pressuposto que essa imposição, independentemente da capacidade individual ou dos fins que a atividade concreta persiga, possa fortalecer seus vínculos de solidariedade e de sociabilidade. Caso isso não ocorra, ou pela desnecessidade de tal conduta, ou por sua impossibilidade, ou pela ausência de requisitos mínimos que possam fornecer ao sujeito os objetos de referência para orientar sua conduta, ou por sua indiferença diante do contexto, ou inocuidade, caso seja executada para evitar a lesão de bem jurídico, carece de legitimidade identificá-la como conduta punível. A conduta deve estar subordinada, em qualquer caso, aos fatores temáticos de validade. Não basta, assim, que o direito imponha uma conduta para caracterizar sua omissão como punível, porque violadora de um dever de agir. Antes disso, a conduta omissiva deve passar por todos os fatores deslegitimantes decorrentes de sua análise nas relações vitais e seus elementos. Só depois disso é que se poderá falar de uma equiparação da omissão à ação.

Uma vez que se tenham delineado os contornos da conduta comunicativa e, consequentemente, dos fatores que justifiquem a equiparação da omissão à ação, será preciso, agora, indicar, na prática, como se pode identificar uma

---

42. NAUCKE, Wolfgang. *Über die Zerbrechlichkeit,* 2000, p. 88: «Für Kant ist der Staat die Bedingung des Rechts und das Recht Bedingung für sittliches Handelns. Sind wir unbedingt verpflicht zu handeln, so sind wir auch unbedingt verpflicht, die Voraussetzung dafür, den Staat zu schaffen, und im Staat rechtlich zu handeln.» (Para KANT, o Estado é a condição do direito, e o direito, condição do atuar ético. Quando estamos obrigados a agir de modo incondicional, estamos também incondicionalmente obrigados aos pressupostos de criação do Estado e de atuar corretamente dentro dele.)

omissão como ação e, assim, afirmar a legitimidade dessa equiparação. Nesse aspecto, será preciso distinguir dois procedimentos: a) um, relacionado aos fundamentos objetivos da conduta; b) outro, relacionado aos fundamentos legais, que condicionam sua caracterização como conduta punível. O primeiro procedimento diz respeito aos fundamentos do discurso jurídico, pelo qual se condicionam a legitimidade e a validade da incriminação, incluindo-se aí as condições de uma ação performática e seus correlatos. O segundo, aos fundamentos que decorrem da interpretação dos princípios e das normas do código penal e dos tipos de delito contidos nas leis penais, como forma de delimitação da imputação. Deve-se ter em vista que todos os procedimentos, tanto aqueles que se dão no âmbito da legitimidade quando aqueles que se situam no âmbito da imputação, são manifestados por meio de discursos jurídicos, como atos de comunicação, pelos quais se tornam compreensíveis a imposição dos deveres e a atribuição de responsabilidade pelo seu não cumprimento.

CAPÍTULO 8
OS FUNDAMENTOS OBJETIVOS DA OMISSÃO

I. A QUESTÃO DA ACEITAÇÃO

A legitimidade e, consequentemente, a validade da norma impositiva de deveres está diretamente ligada, em primeiro plano, ao significado social de sua aceitação. Ao discorrer sobre essa questão do significado social da aceitação de deveres de agir, pondera Birnbacher que a validade de uma norma para a proteção de interesses individuais depende de diversos fatores, entre os quais a qualidade dos respectivos interesses em jogo, a frequência das situações nas quais esses interesses são postos em perigo e a dimensão com que a aceitação desta norma impede a possível lesão desses interesses.[1] Embora Birnbacher procure, com estas ponderações, enfrentar a questão dos fundamentos protetivos de uma norma, a partir de sua aceitação social, o que pode ser posto em dúvida em face de um direito penal de garantia, sua contribuição é importante quando destaca que nenhuma norma impositiva de deveres pode ser legitimada sem estar vinculada à descrição de um contexto.

Portanto, o primeiro passo para se dispor acerca dos elementos objetivos da omissão será determinar as condições contextuais de legitimidade de uma norma mandamental. É grande a discussão em torno do tema da aceitação de uma norma, como condição de sua validade. Para a concepção kelseniana, uma vez sedimentada a ordem jurídica sob o pressuposto de uma norma fundamental, mediante a construção de um sistema fundado na hierarquia das prescrições, torna-se irrelevante sua aceitação social. Para reconhecer validade a uma prescrição, basta que a norma mandamental possa ser construída em harmonia com a norma fundamental, quer por seu conteúdo (sistema está-

---

1. Birnbacher, Dieter. *Tun und Unterlassung,* 2003, p. 254.

tico), quer por ato de autoridade (sistema dinâmico).[2] Não obstante, deve-se exigir que a norma fundamental, ainda que hipotética ou tomada em sentido lógico-jurídico, possa ser deduzida a partir de um sistema jurídico, de uma ordem estatal dotada de soberania.[3] Ainda que essa forma de construção apresente a vantagem de impedir que se introduzam, no âmbito da norma mandamental, preceitos estranhos à matéria jurídica, por exemplo, interesses de ordem política, moral ou religiosa, abre, no entanto, o caminho perigoso de aceitar como conteúdo de tal norma e, pois, de consecução de deveres todo e qualquer fato.[4] Nesse caso, a aceitação, como condição de validade de uma norma mandamental, passa a se confundir com sua própria positividade. Se a norma mandamental está apenas subordinada a um preceito lógico-jurídico (norma fundamental), que lhe antecede hierarquicamente e do qual valida seu conteúdo, sua aceitação só depende do fato de que sua produção se faça por meio de um ato estatal. Nesse caso, a vinculação da norma mandamental à norma fundamental deixa de ter relevância, porque, no fundo, o que deve valer é o que o legislador constituído estabelecer.

II. AS TEORIAS LEGITIMADORAS: O FUNCIONALISMO

Já para a teoria funcionalista, principalmente com Luhmann, a questão da legitimidade está vinculada, inicialmente, à solução do problema da institucionalização de expectativas de condutas: da expectativa do autor e da expectativa de *outrem*. Ao contrário do que se dá com as teorias de base naturalista, a teoria funcional parte do pressuposto de que há uma diferença substancial entre o mundo sensorial e o mundo social. O mundo social se caracteriza por se estruturar em torno de uma infinita gama de possibilidades de agir e de conviver, que só parcialmente estarão disponíveis a uma percepção consciente por parte do sujeito, a uma informação aperfeiçoada de seus elementos ou a uma forma definida de conduta. Mesmo quando uma tal possibilidade de agir esteja presente no pensamento, remonta sempre a outras possibilidades, por sua vez complexas e contingentes. Uma situação *complexa* se dá quando se remete a tantas outras, que não poderá ser relacionada em um pensamento atualizado; será *contingente*, quando se remete a tantas outras além daquelas que se poderão esperar.

Dentro dessa configuração do mundo social, que se manifesta, assim, em situações complexas e contingentes, são atuantes duas sortes de fatores: a) a

2. Kelsen, Hans. *Reine Rechtslehre*, 2000, p. 196 e ss.
3. Idem, ibidem, 2000, p. 202.
4. Idem, ibidem, 2000, p. 201: «Daher kann jeder beliebige Inhalt Recht sein. Es gibt kein menschliches Verhalten, das als solches, kraft seines Gehalts, ausgeschlossen wäre, Inhalt einer Rechtsnorm zu sein.» (Portanto, qualquer conteúdo pode ser direito. Não há conduta humana, como tal, por força de seu conteúdo, que seja excluída de ser conteúdo de uma norma jurídica.)

necessidade de uma tomada de decisão quanto à forma de conduta a assumir; b) a subsistência do perigo de frustração em face de não se realizar a conduta esperada e a necessidade de conviver com o risco diante de outras expectativas de conduta. A questão está, então, em enfrentar essa dupla situação de complexidade e contingência, que se desenvolve dentro de estruturas definidas de convivência, submetendo-a a um procedimento de controle. Aqueles elementos referidos ao agir e ao conviver, que possibilitem, portanto, um procedimento correto de decisão, são incorporados ao sistema e estabilizam as respectivas frustrações. Quando incorporados ao sistema, asseguram uma convivência adequada, independentemente de pressões momentâneas, procedimentos instintivos, irritações ou felicidade, possibilitando, com isso, a ampliação das decisões para horizontes alternativos de possibilidades. Para a condução das condutas, que são selecionadas conforme essas alternativas, podem ser idealizadas e estabilizadas expectativas em relação ao ambiente, o que faz com que essa força seletiva seja tanto necessária quanto vantajosa, de modo a motivar a determinação de tal estrutura quanto às diversas formas de frustrações de expectativas.[5] A estrutura de convivência, portanto, está configurada no sentido de proceder a uma estabilização dessas expectativas, tanto no que diz respeito ao homem, quanto a outros elementos que lhe correspondem, como ao idioma, aos símbolos, aos conceitos e às normas. Por outro lado, frente a situações contingentes mais simples, como aquelas que aparecem normalmente no dia a dia, são constituídas mais facilmente estruturas estáveis de expectativas, como: depois da noite virá o dia, a casa em que se mora estará amanhã no mesmo lugar, nossos filhos deverão crescer e se tornarão adultos, etc. Diante de situações de dupla contingência, que se dão quando encaro também as expectativas de outros homens e não só as minhas, as estruturas já não serão mais tão simples: em vez de expectativas quanto a fatos, trata-se de expectativas de expectativas, isto é, da relação entre o que eu espero e o que o outro espera. Assim, integra-se nesta estrutura não apenas o que eu espero em termos de conduta do outro, mas também o que este outro espera, o que implica que o comportamento do outro não será mais visto como um simples fato, mas como um acontecimento complexo, no qual atua também a força seletiva de sua decisão. Quando decido, pois, tomar uma atitude em relação a várias possibilidades, minha força seletiva diante dessas possibilidades não depende apenas de mim, mas principalmente da estrutura das expectativas do outro. Para «a orientação dentro de um contexto de interação social, não é apenas necessário que cada um *conviva*, mas também que cada um *possa esperar* o que o outro dele *espera*».[6] Em face dessa dupla contingência, o conviver e o agir adquirem dupla relevância: de um lado, sob o enfoque do que um espera diretamente, como execução ou não execução,

---

5. LUHMANN, Niklas. *Rechtssoziologie,* 1983, p. 31.
6. Idem, ibidem, 1983, p. 33.

de uma atividade por parte de outrem; de outro lado, sob o enfoque do que a própria conduta representa para a expectativa de outrem.[7] Precisamente nesses dois polos se move, para os funcionalistas, a questão da legitimidade de uma norma mandamental, que teria, portanto, a função de estabilizar as expectativas dentro de uma estrutura.

Como o funcionalismo não trabalha com categorias naturais, afigura-se importante, para compreender o seu conceito de legitimidade, proceder-se à diferenciação de duas espécies de expectativas: as expectativas *cognitivas* e as expectativas *normativas*. Expectativas cognitivas se caracterizam pela sua relação com determinadas circunstâncias fáticas, que, se não preenchidas conforme o esperado, implicam uma forma de frustração, que deve ser aprendida em cada caso pelo sujeito. Assim, se espero que meu time preferido de futebol se torne campeão e isto não ocorre, a frustração dessa expectativa está centralizada na minha falha de apreciação dos fatos que se seguiram, o que faz com que eu passe a encarar essa realidade como uma forma de aprendizado, quer dizer, passo a aprender com a frustração, o que me conduz a duvidar de tais prognósticos no futuro ou a encará-los com mais reserva. Já a expectativa normativa, se não realizada, não implica um aprendizado. A frustração não pode ser atribuída à minha falha de percepção, mas às deficiências daquele que se insere como destinatário da expectativa. Se espero que uma pessoa preste socorro à outra, que está em grave perigo, mas ela assim não procede, a frustração para mim é irrelevante como motivo de aprendizado: a expectativa era válida desde o início e continuará sendo válida, ainda quando frustrada.[8] A adoção desse duplo enfoque das expectativas serviria não apenas para induzir uma adaptação à realidade, como forma de aprendizado, como também para possibilitar uma diminuição do risco das respectivas frustrações. Uma expectativa cognitiva pode transformar-se em normativa, à medida que a segurança e a integração social dessa expectativa se tornem relevantes.[9]

Com a institucionalização normativa das expectativas, o que se quer obter é a superação da complexidade e da contingência do mundo social por meio de uma fórmula que assegure a normalização de condutas, conforme o padrão dominante. A questão está, porém, em se decidir até que ponto este padrão dominante pode ser legítimo para impor o cumprimento de deveres e como se deve fazer a respectiva delimitação dessa imposição. Diante desse problema, que é um problema fundamental do direito penal, o funcionalismo pretende formular uma solução, que não se afasta muito de suas premissas iniciais, de regular a relação entre as expectativas cognitivas de um sujeito com as expectativas normativas de outro sujeito. Como as expectativas cognitivas são cada vez maiores, a legitimidade quanto à imposição de um dever ou à tomada

7. LUHMANN, Niklas. *Rechtssoziologie,* 1983, p. 34.
8. Idem, ibidem, 1983, p. 40 e ss.
9. Idem, ibidem, 1983, p. 44.

de uma decisão depende de como será possível transformar essas expectativas cognitivas em elementos de expectativas normativas. Isso se dará quando se reconheça que, com essa decisão, se possa supor que terceiros esperem, normativamente, que os afetados por ela se subordinem, cognitivamente, àquilo que a decisão comunicou como expectativa normativa.[10]

A fim de que não se execute uma forma de legitimação por força de uma eficácia simbolicamente generalizada, que pode gerar um estado de terror, se a expectativa de alguém em relação à expectativa de terceiro passe a se basear na suposição de que o que todos esperam é que a decisão submeta o afetado fisicamente, ou seja, de que contra ela não se admita qualquer forma de rebelião,[11] o funcionalismo procura trabalhar, em sua substituição, com outro elemento, que será a participação dos interessados em um determinado procedimento. Daí se dizer que a legitimidade de uma imposição normativa de deveres ou de uma decisão está condicionada à forma como se processa a tematização de seus elementos. Diversamente do que ocorre com a proposição de Habermas, que busca, por meio da tematização dos elementos empíricos da situação do mundo real, dar validade à decisão que imponha a prática da ação devida como integrante de uma ação comunicativa, o funcionalismo assinala que tal procedimento tem como finalidade reduzir as complexidades do mundo social, por meio da eliminação daquelas possibilidades que não se devam integrar na decisão. Isto significa que a contribuição comunicativa da decisão reside no fato de que ela subordina o interessado à sua função social, ao seu papel dentro do procedimento como agente ou omitente.

Por outro lado, como as atribuições sociais da conduta são neutralizadas pelas funções procedimentais, essa se torna, com isso, desvinculada de suas conexões naturais e pode, então, servir de tema e de elemento de um processo. Transplantando essa forma de tematização para o âmbito da ação devida, ter-se-ia que seria legítima a imposição de deveres de agir, quando, no curso do procedimento, o sujeito pudesse assumir sua posição em função da expectativa de todos, e não pelo fato de ser verdadeira ou moralmente correta, mas que possa optar pela ação com a pretensão de que ela represente uma decisão que se dirija à expectativa de terceiro. Ao se exigir que a opção pela ação devida não fique na dependência exclusiva da resolução psíquica do sujeito, mas subordinada à expectativa de terceiro, o procedimento perseguiria o fim de especificar o tema do conflito antes que ele seja resolvido pela força, de tal

---

10. Luhmann, Niklas. *Rechtssoziologie,* 1983, p. 261: «Legitim sind Entscheidungen, bei denen man unterstellen kann, dass beliebige Dritte normativ erwarten, dass die Betroffenen sich kognitiv auf das unterstellen, was die Entscheidenden als normative Erwartungen mitteilen.» (Legítimas são as decisões pelas quais se pode supor que outros esperem, normativamente, que os afetados se submetam cognitivamente àquilo que as resoluções comunicam como expectativas normativas.)

11. Idem, ibidem, 1983, p. 262.

modo que a resistência individual possa ser isolada e despolitizada.[12] Embora se reconheça ao sujeito a liberdade quanto à ação que irá realizar, não pode se afastar das regras que disciplinam o procedimento.

Uma vez que o procedimento se desenvolve em um campo muito vasto e tem que se defrontar, portanto, com generalizações e especificações, com regulação e liberdade, com complexidade e sua redução, com neutralização de funções e autolimitação, o afetado pela decisão não pode socorrer-se do consenso para pautar sua atividade. Ao contrário, deverá situar-se no que se lhe possa esperar que terceiros esperam normativamente de todos os afetados: que se encontrem prontos para aprender aquilo que a decisão normativamente lhes impõe.

Nesse ponto, a questão da legitimidade da norma mandamental ou da decisão que a reconhece tem como pressuposto que a sua força comunicativa resida em que as expectativas cognitivas sejam adequadamente institucionalizadas como expectativas normativas, isto é, quando o afetado pela norma ou pela decisão possa aprender, cognitivamente, aquilo que lhe seja imposto normativamente.[13]

III. AS FALÁCIAS DA LEGITIMAÇÃO

Tendo como base da legitimação a relação entre as expectativas cognitivas e normativas, por meio do processo, no qual se acolhe o dissenso como algo integrante de sua execução, o funcionalismo pode superar, com alguma vantagem, as construções puramente empíricas ou puramente normativas da construção jurídica. Apesar disso, não pode escapar da falácia das expectativas. Em primeiro lugar, não pode dar uma indicação precisa de como se deverá fundamentar esse procedimento, ou seja, de que elementos deve estar construída a norma mandamental ou a decisão impositiva de deveres, de modo que se possa fazer com que o afetado se situe em uma atitude, ao mesmo tempo, de aprendizado e de cumprimento de deveres. Em segundo lugar, todo aprendizado pressupõe uma orientação política, que nem sempre coincide com a convicção daquele que está subordinado ao dever de atuar. Por sua vez, o dever de atuar tem que ser submetido também aos controles de legitimidade, conforme sua contraposição ao consenso e ao dissenso, e, também, à idoneidade em face da lesão de bem jurídico. Isto se torna essencial para a fundamentação dos elementos objetivos da omissão. Portanto, já no próprio

---

12. LUHMANN, Niklas. *Rechtssoziologie*, 1983, p. 264.

13. Idem, ibidem, 1983, p. 264: «Auf diese Weise wird es *jedem einzelnen nahegelegt, unwiderlegbar zu erwarten, dass Dritte normativ erwarten, dass alle Betroffenen sich kognitiv, also lernbereit, auf das einstellen, was bindende Entscheidungen normieren.*» (Desse modo, sugere-se a cada indivíduo esperar, de modo irrefutável, que terceiros esperem normativamente que todos os afetados estejam, pois, em condições de aprendizado, que se adaptem ao que as resoluções vinculantes regulam.)

âmbito idealista, que trabalha apenas com juízos aléticos ou com juízos de ponderação, a sedimentação da legitimidade não se completa unicamente com a relação entre expectativas cognitivas e normativas. Ademais, será absolutamente impossível legitimar a imposição de um dever sem levar em conta as bases materiais da sociedade, sobre as quais esse dever tem execução. A sociedade não pode ser, simplesmente, resumida a um processo de comunicação idealista, em que os atores sociais articulam suas condutas conforme as expectativas de terceiros. As expectativas não podem subsistir, nem cognitiva nem normativamente, como elementos essenciais na instituição de deveres. Podem ser admitidas, está claro, como um meio de deslegitimar a norma, quando esta não possa ser compreendida por seus destinatários. Isso, porém, é muito pouco para abarcar todo o fenômeno do dissenso, que se desenvolve a partir das contradições inerentes à produção e suas relações, bem como àquelas que, idealisticamente, lhes correspondem.

Como todo o procedimento de legitimação e deslegitimação está comprometido normativamente, poder-se-á proceder a uma partição de sua estrutura em duas fases: a) como fase de construção da norma; b) como fase de aplicação da norma.

IV. A CONSTRUÇÃO DA NORMA MANDAMENTAL

Na fase da construção da norma mandamental, costumam ser adotadas, como pressupostos procedimentais, as proposições de Klaus Günther quanto à norma perfeita,[14] ao exigir-se que a norma criminalizadora da omissão, tanto própria quanto imprópria, corresponda aos preceitos de um discurso ideal, que se subordine aos princípios da igualdade de oportunidades, da ausência de privilégios, da liberdade de expressão, da veracidade, da ausência de coação e do consenso. Com a observância desses princípios, poder-se-iam discutir, em cada caso, previamente, as condições nas quais a norma incriminadora fora elaborada e submetê-la, em face disso, à prova de validade. Correspondem esses princípios aos parâmetros da chamada *publicidade* do discurso. A norma exprime uma proibição ou um comando, enuncia uma proposição relativa a uma conduta. Como a norma constitui um enunciado, não passa de um discurso, que se submete, como qualquer outro, a determinadas condições de validade. Com o enunciado da proibição ou do comando o que se pretende não é apenas que se cumpra o comando ou se respeite a proibição, mas, essencialmente, que se aceite esse enunciado como válido. Para que um discurso seja válido, será preciso que esteja apto a ser objeto de uma discussão pública, que tanto se pode dar no Parlamento, como normalmente ocorre no âmbito da produção legislativa, quanto nos encontros particulares abertos ao público, como se dá nos seminários, colóquios, congressos e eventos universi-

---

14. Günther, Klaus. *Der Sinn für Angemessenheit,* 1998, p. 257.

tários ou de entidades profissionais. Neste último caso, a consideração quanto à validade da produção normativa, ainda que se execute no Parlamento por meio de um ato formal, que é a lei em sentido estrito, passa por um processo ampliado de discussão, pelo qual se põem à prova sua oportunidade, conveniência, proporcionalidade e adequação ao objeto a regular. Essa ampliação do processo para além das paredes do Parlamento teria como efeito a obtenção do consenso, que resultaria da submissão das propostas emitidas por todos os participantes da discussão àquelas manejadas pelo *melhor argumento*. Quando o *melhor argumento* se impõe, isto significaria que, pelo processo da discussão ampliada, os demais participantes do discurso a ele se submetem, porque nada teriam mais a objetá-lo racionalmente.

Ainda que se adote preferencialmente essa fórmula, parece que a simples imposição do melhor argumento, como critério da obtenção do consenso, não se mostra infalível e continua correspondendo a uma autêntica suposição, ou seja, o resultado de um prognóstico, que substitui os dados empíricos por um enunciado lógico. Por outro lado, é duvidoso o critério pelo qual se pode afirmar que um determinado argumento será tido como *melhor* que outro. Pode ocorrer, inclusive, que, em determinados casos, o melhor argumento será apenas aquele que seja o mais saliente na discussão, sem que apresente conteúdo menos vulnerável ou melhores efeitos. Da mesma forma, a submissão ao melhor argumento não significa, na prática, que houve consenso, mas apenas que o antagonista não tenha querido mais discutir aquele tema, o que se pode dar por outras razões, até mesmo por motivos emocionais, como é comum entre pessoas que trabalham sob o parâmetro de uma relação humana e não simplesmente lógica ou política. Assim, a imposição do *melhor argumento* não implica, de modo algum, a eliminação do dissenso, que está presente em todos os atos públicos de discussão.

Parece, também, que o simples enunciado dos princípios elencados por Klaus Günther se mostra ainda insuficiente para preencher as perspectivas de validação da produção normativa. Esses são princípios gerais da ordem jurídica democrática, adotados hoje em dia por quase todos os países e, por si sós, não podem indicar se, efetivamente, uma norma incriminadora, no caso concreto, é capaz de trazer em sua construção elementos configuradores de sua legitimidade. Daí a necessidade de se particularizarem os elementos desses princípios, de modo a identificar um procedimento válido, sem desprezar os demais argumentos em sentido contrário.

Nesse processo de particularização, devem ser levadas em conta, portanto, duas séries de fatores: a) uma série relativa aos dados racionais, que tornem logicamente correto o procedimento; b) uma série de dados empíricos, que possam submeter o procedimento à sua contraprova. Os dados racionais indicariam como se tornaria possível uma produção normativa capaz de abranger, indistintamente, todos os interessados, sem que sobre ela possa pesar apenas o argumento do mais forte. Os dados empíricos serviriam para verificar até que ponto se poderia afirmar que o resultado alcançado pelos dados racionais corresponderia ao corte do mundo real efetuado para identificar, com clareza, a situação concreta na qual a norma deverá atuar. A conjugação desses dados é condição essencial de uma construção que leve em conta o sujeito concreto, que está submetido a uma norma mandamental, mas ao qual se lhe devem também fornecer todos os argumentos para que a ela possa opor sua resistência legítima em uma ordem democrática. A simples invocação de um discurso ideal ou da norma perfeita, segundo os dados desse discurso, não é suficiente para cobrir o déficit de legitimidade que está presente na norma mandamental.

1. Os dados racionais e o processo de comunicação

O procedimento válido da criação da norma penal, em função dos dados racionais, tem como pressuposto, inicialmente, que ela encerre um ato de comunicação que envolve toda a sociedade. Como ato de comunicação, portanto, a norma penal deve indicar, com clareza, não apenas o que ela proíbe ou determina, mas também os seus efeitos. Isto é consequência do princípio da legalidade. Mas a simples observância desse princípio também não satisfaz as exigências de que a norma tenha sido produzida de modo racional. Para que a norma incriminadora seja produzida de modo racional, além de indicar o fato incriminado e seus efeitos, deve demonstrar que seu conteúdo, tomado objetivamente, corresponde a um enunciado que possa ter validade para todos, em todas as hipóteses, como consequência de um procedimento isento de emoções, de ideologia, de filiação religiosa, de concepção filosófica ou política. Essas condições negativas do procedimento se orientam pela perspectiva de fazer com que a imposição de deveres, no caso dos delitos omissivos, se comunique aos destinatários de um modo tal que todos se possam tomar como participantes de sua elaboração. Aqui não se trata de obter um consenso por meio da imposição do melhor argumento esgrimido na esfera pública, mas de produzir a norma penal de forma que ela, racionalmente, já como discurso, possa ser conhecida por todos e, de certa forma, acatada como se fora obra de cada um. A exigência de uma norma confeccionada dessa maneira e com esse formato não implica revitalizar o velho princípio da universalidade de origem kantiana, que dependeria da vontade do próprio sujeito. A vontade só interessa como instrumento de oposição a essa norma, como expressão, portanto, do dissenso, ao qual o discurso deve atenção.

O primeiro passo dessa forma de racionalização, até em função da preponderância das forças sociais ativas nos parlamentos, deverá ser o de sua *despolitização*: a norma penal não pode ser criada para complementar determinado programa partidário, de modo que seu enunciado apenas se limite a repetir *slogans*. Como ato de comunicação, a norma penal deve estar capacitada a se dirigir a todos os integrantes da sociedade, indistintamente, ainda que pertençam, sigam ou contrariem os programas partidários. Em se tratando de norma impositiva de deveres, como é o caso das normas que compõem os delitos omissivos, a despolitização significa que o cumprimento do dever deve ser tratado como imposição de uma exigência social, que corresponda a todos os seus destinatários. O cumprimento do dever não pode implicar e nem gerar uma atitude de simpatia ou de antipatia, nem para com o programa do partido que o propôs nem para com seus opositores. Se a norma mandamental induz a que o cumprimento do dever favoreça o programa partidário, ou lhe proporciona vantagens eleitorais, em face do grau de intimidade com as ideias de seus membros ou com as palavras de ordem de suas campanhas políticas, significa que essa norma está politizada e, assim, carece de legitimidade. Igualmente será uma norma politizada e ilegítima aquela que, independentemente da filiação partidária, se identifique com uma política geral de repressão ou corresponda a uma campanha discriminatória contra segmentos sociais marginalizados, contra minorias ou grupos divergentes, ou que incorpore preceitos que violem direitos fundamentais. Será, por exemplo, uma norma politizada e, assim, ilegítima a que imponha a todos o dever de denúncia, ou a que institua um dever de proteção à propriedade, sem levar em conta sua função social, ou a que convoque os sujeitos a colaborar, ativamente, na repressão ou em programas do próprio Estado, sem lhes dar a chance de escolher projetos alternativos.

Como a norma mandamental deve se dirigir, indistintamente, a todos, será preciso que, no procedimento de sua elaboração, se confira a todos o poder de participar em sua elaboração, de discutir seu enunciado, de se conformar com ele ou dele divergir. Está claro que isto não implica que todos devam participar, ativa e concretamente, de sua votação. Isto, ademais, só limitadamente será possível na complexa sociedade em que se vive, nos casos, inclusive, tipificados nas respectivas cartas constitucionais, por exemplo, por meio de referendos ou plebiscitos. Nos Estados que seguem o regime representativo, normalmente a formação de um Parlamento livremente escolhido tem como finalidade expressar essa participação. No entanto, uma vez que a configuração de uma norma penal deve ter como característica a sua despolitização, a simples constituição do Parlamento, por si, não é capaz de assegurar que o conteúdo da norma corresponda aos interesses de todos aqueles que, teoricamente, poderiam ter participado de sua discussão. A marca decisiva da possibilidade dessa discussão decorre da exigência de que, em seu conteúdo, a norma trate seus destinatários da mesma forma que trataria seus próprios elaboradores, segundo sua inserção de classe ou como força social ativa. Essa é uma fórmula racional que tem por finalidade, precisamente, tornar executável aquelas condições negativas de sua validade, relativas à emoção, à filiação religiosa, ideológica, filosófica ou política dos parlamentares.

Por outro lado, como já se viu, até em face de uma realidade que não pode ser ignorada, o discurso ideal não pode se basear apenas no consenso. A despolitização da norma, sua imparcialidade e sua suposta universalidade não pressupõem que todos devam se submeter ao seu enunciado, mas apenas que o possam, racionalmente, acolher como obra de cada um, na medida em que esse enunciado não foi gerado sob a influência das condições negativas do discurso ideal. Em relação à imposição de deveres, é muito provável até que se dê o contrário, isto é, que, concretamente, os afetados não estejam de acordo com essa imposição de deveres. Diante dessa probabilidade, a validade da imposição de deveres, então, deve abrir a possibilidade para que essa divergência seja também levada em consideração, tratando o dissenso da mesma forma que trataria o consenso. Com isso, poder-se-á obter um certo grau de imparcialidade em seu enunciado, porquanto, com o equilíbrio entre consenso e dissenso, se eliminariam os privilégios em sua elaboração e se poderia assegurar que os princípios essenciais de preservação da pessoa humana fossem observados e erros coletivos fossem corrigidos. Imagine-se uma norma que imponha o dever de os pais prestarem socorro aos filhos menores, ainda que à custa de suas próprias vidas. Ainda que altruísta, essa norma seria inválida, desde logo, em sua elaboração, embora correspondesse ao consenso geral, porque violaria direitos fundamentais da pessoa humana, relativos à sua própria preservação. Haveria uma norma politizada, porque encerraria um programa de proteção aos menores, sem levar em conta a própria subsistência dos maiores. Nesse caso, o consenso não pode validar a norma, porque o próprio consenso carece de validação, quer dizer, a sua obtenção é de tal forma suspeita, em face da preservação da vida humana, que o dissenso deverá ser tomado como a regra a ser seguida. Portanto, a elevação do dissenso, também, como elemento de discussão racional conduz a criar condições para que a norma penal possa ser, ainda, confrontada com outros preceitos da ordem jurídica, que estariam acima, inclusive, dos elementos lógicos, que normalmente constituiriam os pressupostos de sua validade.

Há, por outro lado, um ponto significativo do enunciado de Klaus GÜNTHER, que deve merecer uma atenção especial. Trata-se da questão da *veracidade* do discurso e da *verdade* de suas proposições em face dos dados concretos sobre os quais deverá incidir. Ao traçar as características do *discurso teórico*, assinala HABERMAS que a legitimidade não está associada aos elementos de sua correção, mas aos de seu entendimento, aos atributos de verdade e veracidade. A matéria da correção estaria afeta ao *discurso prático*.[15] Isso implica, assim, que o enunciado da norma mandamental, por exemplo, deva ser apreciado, inicialmente, em função de que seja apreensível por todos, de que exprima uma verdade e de que seja capaz de proporcionar a sua distinção diante de outros enunciados não verdadeiros, quer dizer, que contenha o atributo de

---

15. HABERMAS, Jürgen. *Vorstudien und Ergänzungen,* 1995, p. 598.

veracidade. Não interessaria, pois, ao discurso ideal e nem, por isso mesmo, à questão da legitimidade inicial da norma penal a referência à sua correção ou adequação, que seriam condições de validade do discurso prático, ou de aplicação. Mas a validade da norma, já em face de seu confronto com os dados empíricos, dever estar, também, subordinada a juízos de correção e adequação, os quais não podem ficar apenas limitados ao contexto normativo. O próprio Habermas admite, como um terceiro estágio, um confronto dos discursos teóricos (de entendimento) e práticos (de correção) com os dados empíricos.[16] Diversamente de Habermas, considera Klaus Günther que o atributo de sua compreensão não constitui condição do discurso teórico, mas um pressuposto de toda e qualquer forma de manifestação de pensamento, que constituiria, assim, uma base empírica sobre a qual se poderiam edificar os critérios de verdade e veracidade.[17] O problema principal que apresenta uma tal proposta reside, em primeiro lugar, na identificação do que se possa compreender por *verdade* e por *veracidade*. Se a questão da verdade é matéria apenas de entendimento ou compreensão, o tema estará afeto à racionalidade do enunciado normativo. Se, ao contrário, a verdade envolve também dados empíricos ou, pelo menos, uma relação de dados, capaz de ser empiricamente apreciável, então, o tema se desloca do discurso racional para seu confronto prático com a realidade.

2. Os dados empíricos e os enunciados verdadeiros

Uma vez descortinados os elementos racionais que devem estar reunidos em torno da elaboração da norma e de seu enunciado, será preciso fazer seu confronto com os dados empíricos da realidade social, na qual aquele discurso será aplicado. Nesse aspecto, pode-se ver que a realidade social nem sempre corresponde ao discurso racional. Na maioria das vezes, em face das contradições antagônicas que se manifestam nas relações de produção, a norma mandamental está dirigida no sentido de sedimentar aquelas relações, até mesmo com o sacrifício de seus sujeitos. O confronto empírico, nesse caso, deve descaracterizar a norma, quando os dados do conflito social indiquem que sua execução irá fortalecer as discriminações e as possibilidades de sua superação.

Sempre que se cogita da limitação do normativo por meio do empírico, são trazidos à colação dois elementos essenciais a esse procedimento: o conteúdo da avaliação empírica e o significado do conceito de verdade.

Quando se fala de dados empíricos ou de pesquisa empírica, tem-se a primeira impressão de que se trata de uma investigação de campo, baseada essencialmente naqueles indicadores tradicionais do empirismo inglês: a

---

16. Habermas, Jürgen. *Vorstudien und Ergänzungen,* 1995, p. 601.

17. Günther, Klaus. *Der Sinn für Angemessenheit,* 1988, p. 39 e ss.

observação, a experiência, a demonstração e a regularidade.[18] Destaca, no entanto, DIEKMANN que os métodos empíricos não podem ficar atrelados aos objetos exclusivos das ciências naturais, como a física, a química, a biologia e outras. Ao contrário, conforme variem os objetos, devem se alterados os métodos de investigação.[19]

Assim, em função do objeto jurídico considerado, como é o caso da norma que impõe deveres de atuar, os métodos empíricos de verificação deverão incorporar dados que lhes sejam compatíveis. Até porque ninguém se atreveria a dizer que a norma, antes de sua entrada em vigência, deveria estar submetida ao método experimental, o que implicaria não apenas uma desordem jurídica como também poderia dar lugar a regimes autoritários que se perpetuassem por meio de leis provisórias. Apesar de o direito exigir uma norma definitiva, por razões de segurança, igualmente não veda sua crítica e as manifestações contra sua aprovação, principalmente mediante uma outra exigência: que a norma possa suportar um processo de sua refutação tanto por juízos racionais quanto empíricos. O próprio DIEKMANN, um empirista, o admite, mas adverte que os estudos empíricos não podem ficar adstritos apenas a critérios de custo/benefício. Analisando especificamente a questão da prevenção especial, pondera que «os cálculos dos custos diretos e indiretos da diminuição da criminalidade em relação aos gastos com as medidas ressocializadoras podem indicar um importe maior de pagamento», por um lado, mas «contribuem para a humanização da execução penal», por outro lado.[20] Portanto, os dados empíricos não podem servir de parâmetros de legitimação, mas apenas de deslegitimação, porque a liberdade humana não pode ficar na dependência de juízos estatísticos.

Uma vez admitida a verificação ou contraprova empírica de uma norma mandamental, cabe, agora, definir os parâmetros dessa análise. Atendendo ao objeto específico do direito, os dados empíricos devem dizer respeito aos elementos ou pressupostos essenciais, que devem estar presentes nessa espécie de norma, relativamente à lesão de bem jurídico e aos procedimentos de imputação.

Nesse ponto, pode-se estabelecer, como dado empírico negativo, o seguinte: a) a desnecessidade da imposição de dever para a consecução de certo empreendimento, que poderá ser obtido de outro modo; b) a inexistência de lesão ou perigo de lesão ao bem jurídico em face da inatividade; c) a incerteza quanto à idoneidade do comando para evitar a lesão ou o perigo; d) a efetiva evidência de que a atividade mandada é inidônea; e) a desproporciona-

---

18. BACON, Francis. *Novum Organum*, livro 1; HUME, David. *Tratado da natureza humana*, 2001, livro 1.

19. DIEKMANN, Andreas. *Empirische Sozialforschung*, 2009, p. 18.

20. Idem, ibidem, 2009, p. 25.

lidade entre o que se determina e o que se obterá com essa determinação; f) a ausência de probabilidade quanto ao evento; g) a probabilidade do sacrifício do omitente em face do descumprimento da norma; h) a inexistência de uma relação entre a fonte produtora do perigo e a devida atuação do sujeito. Esses dados empíricos, associados a outros que se podem verificar no caso concreto, têm como escopo submeter o discurso racional de validade a mais uma comporta de ilegitimidade, mediante sua aproximação à realidade social.

A utilização de dados empíricos no discurso jurídico suscita, além disso, uma outra questão, que já foi mencionada mais atrás e que diz respeito à determinação entre o que é verdadeiro ou falso no âmbito da elaboração normativa. Isso implica a decisão acerca do conceito de *verdade* ou de *veracidade* do enunciado da norma mandamental.[21]

Se a norma mandamental, submetida a um procedimento racional de elaboração e, depois, a uma reavaliação empírica negativa, é a que vai ser aplicada à realidade fática, emerge, em primeiro plano, a discussão se é possível, ainda, trabalhar-se com critérios de verdade que excluam ou afirmem seus enunciados. A questão da verdade, então, desenvolve-se sob três perspectivas: da substancialidade, da justificação e dos atos de fala.[22] Sob a primeira, busca-se identificar o que significa a verdade; sob a segunda, relevante será determinar as características das proposições verdadeiras e das falsas para justificar a decisão em torno daquelas; sob a terceira, importante será descrever os objetivos das declarações para o efeito de afirmar suas propriedades.

Como, de qualquer modo, a relação entre omissão e dever de agir está sempre presente na identificação dos elementos ou propriedades do ato omissivo, parece que a questão da verdade, no âmbito jurídico, está muito mais ligada a um processo de justificação do que propriamente à identificação filosófica do que constitua a verdade. Está claro que, se a norma que define a omissão também constitui um ato comunicativo, pelo qual se exige algo de alguém, será igualmente relevante verificar como se processam os enunciados de modo a compreender as propriedades desse ato e suas possibilidades. De acordo com esse panorama, a análise e a discussão da verdade não seguem o propósito de exaurir todas as teorias e concepções que se destinem a dar

21. Os conceitos de verdade serão tratados mais adiante. Quanto ao de veracidade, adota-se, aqui, o critério proposto por Habermas de situá-lo em função do processo de comunicação. A veracidade indica, portanto, a relação do sujeito para com outrem, sob o prisma de que manifeste suas intenções de modo mais claro e explícito. Para que isso ocorra, será preciso que a norma trace elementos capazes de orientar sua conduta. Sem esses elementos, torna-se impossível a manifestação de intenções. Normalmente, o conceito de veracidade está associado a um viés subjetivo, mas no processo de comunicação não se trata, propriamente, de uma identificação consigo mesmo, senão do modo como o sujeito se relaciona intersubjetivamente sob a definição da norma. Como a norma é que dita os objetos referenciais da conduta, deve ela conter elementos de verdade e de veracidade.

22. Kirkham, Richard L. *Teorias da verdade*, trad. Alessandro Zir, 2003, p. 39.

substância aos enunciados. As perspectivas dessa questão estarão delimitadas àquilo que mais interessa às propriedades da omissão e, principalmente, à relação entre o normativo e o empírico, ou, como querem alguns, entre o lógico e o epistemológico,[23] ou entre verdade e justificação.[24]

Cabe, inicialmente, salientar a diferenciação entre natureza da verdade e critérios da verdade. A natureza da verdade é inerente à própria coisa que se quer conhecer e identificar; os critérios da verdade dizem respeito aos instrumentos pelos quais se pode determinar ou justificar a decisão acerca de uma proposição, se ela é falsa ou verdadeira. Nesse ponto, pode-se seguir uma classificação desses critérios em dois grandes grupos de teorias, conforme sugerido por GRUNDMANN: teorias realistas e teorias epistêmicas.[25] As teorias realistas buscam encontrar a verdade, praticamente, na relação entre sujeito e objeto; as teorias epistêmicas trabalham a verdade como justificação. Entre as teorias realistas da verdade, assume principal papel a teoria da correspondência. Entre as teorias epistêmicas da verdade se destacam a teoria da coerência e a teoria do consenso. A classificação entre teorias realistas e epistêmicas não implica a consideração de que as primeiras tratariam a verdade em face de seu conteúdo naturalístico ou empírico, e as segundas, conforme seu enunciado normativo. Tanto nas teorias realistas quando nas teorias epistêmicas, há conteúdos empíricos e também enunciados normativos. Na teoria da correspondência, que será tratada em seguida, pode-se ver como esses elementos se mesclam, consoante os enunciados e as proposições de suas variantes. Poder-se-ia propor, talvez, uma outra classificação, entre teorias empíricas e lógicas, ou entre teorias naturalísticas e normativas, mas isso só complicaria a questão. Jamais haveria um acordo quanto ao conteúdo de cada uma delas.

A) A teoria da correspondência

Tradicionalmente, desde ARISTÓTELES, a filosofia tem trabalhado o conceito de verdade sob a fórmula da *adequatio intellectus ad rem*, pela qual todo pensamento seria verdadeiro se correspondesse ao objeto real a que se referisse. Essa foi a fórmula usual do positivismo, e ainda o é, como se poderá ver das modernas elucubrações de AUSTIN, DAVIDSON e SEARLE. Sem retroceder ao início e aos percalços do caminho percorrido pelas correntes que sustentaram a teoria da correspondência, algumas delas já superadas pela complexidade dos enunciados normativos, pode-se fixar, inicialmente, a atenção em AUSTIN, que procura estabelecer uma nova dimensão de seu enunciado a partir do chamado *portador de verdade*. AUSTIN entende que uma afirmação verdadeira não necessariamente se deve referir de modo direto a um

---

23. RUSSELL, Bertrand. *Investigación*, 2003, p. 11.
24. HABERMAS, Jürgen. *Wahrheit und Rechtfertigung*, 1999, p. 230.
25. GRUNDMANN, Thomas. *Analytische Einführung in die Erkenntnistheorie*, 2008, p. 42.

evento. Como diz KIRKHAM, a correspondência «entre o portador de verdade e o mundo é *absolutamente convencional*».[26] Em função disso, a verdade não resulta de uma relação direta entre o pensamento e a realidade fática, mas de um conjunto de dados relativos às sentenças, declarações, estados de coisas e formas de estados de coisas.[27] As relações que se efetuam entre as afirmações verdadeiras e os fatos ou estados de coisas se orientam por dois significados convencionais: descritivos e demonstrativos. Os significados descritivos se referem a formas ou tipos de estados de coisas; os significados demonstrativos dizem respeito a estados de coisas já particularizados. Esses significados estão presentes em toda a afirmação de verdade. Uma afirmação será verdadeira quando o estado de coisas demonstrado, ou seja, particularizado, corresponda à sentença convencional descritiva; será falsa essa sentença quando descreva mal o estado de coisa demonstrado.[28] A característica essencial da teoria da correspondência de AUSTIN reside no fato de retratar a relação entre pensamento e realidade fática por meio de sentenças ou declarações, assemelhando-se, portanto, pelo menos em seus fundamentos, à tese de DAVIDSON, que pretende propor uma relação estreita entre *significado* e *verdade*. Isso interessa, particularmente, à relação entre a norma mandamental e seu objeto. Toda norma mandamental tem um enunciado e um objeto, cujos termos gravitam em torno de um significado e de um sentido.

DAVIDSON, embora não seja declaradamente um partidário da teoria da correspondência, assinala, como pressuposto, que o reconhecimento de um significado – o significado de uma omissão – está sempre associado a determinadas frases, que, por seu turno, dependem de sua estrutura dentro de um específico idioma.[29] Com a exigência de associar os enunciados em função de objetos empíricos, entende, ademais, DAVIDSON que as teorias semânticas da verdade, que muitas vezes sustentam as conclusões jurídicas, são incapazes de retratar, com fidelidade, a extensão e os fundamentos dos enunciados, porque se exaurem em uma operação tautológica: as definições funcionam através de dados relativos às condições necessárias e suficientes para a verdade de cada frase, enquanto que os dados das condições de verdade constituem uma espécie do significado daquelas frases. Portanto, a verdade do significado se resume no próprio significado. Para superar essa tautologia, propõe a adoção de uma teoria empírica do significado, pela qual se pode pôr à prova esse significado, em face do confronto de suas consequências com a realidade.[30] Partindo de uma frase paradigmática – a assertiva «a neve é branca» só será verdadeira se corresponder ao dado objetivo de que ela é, efetivamente, branca

26. KIRKHAM, Richard L. *Teorias da verdade*, 2003, p. 180.
27. Idem, ibidem, 2003, p. 181.
28. Idem, ibidem, 2003, p. 181.
29. DAVIDSON, Donald. *Wahrheit und Interpretation,* 1999, p. 49.
30. Idem, ibidem, 1999, p. 50.

–, quer aplicar esse princípio a todos os enunciados, até mesmo àqueles em que um dos elementos seja de natureza ética ou normativa.[31] Aplicando-se seu conceito de verdade à omissão, ter-se-ia que seu significado, inserido em uma norma mandamental, dependeria das palavras que a associassem a um determinado predicado. O significado da omissão, em si mesmo, não teria sentido, senão quando associado a um determinado objeto que a identificasse como tal. Neste ponto, parece que DAVIDSON se aproxima da teoria da congruência de Bertrand RUSSELL, pela qual a verdade de uma proposição – aqui, da norma mandamental – só pode ter significado se vinculada ao sujeito, aos objetos e às suas respectivas relações.[32] Isso é próprio do pensamento de DAVIDSON e das constantes mudanças no decorrer de sua produção científica. Mais recentemente, DAVIDSON se declara partidário de uma teoria mista da verdade, encarada como um meio para descrever, explicar e prever a conduta humana.[33]

RUSSELL vai mais longe, ao asseverar a distinção entre proposições básicas em uma teoria epistemológica e em uma teoria lógica. No enunciado epistemológico, definido como aquele subordinado a uma experiência perceptiva, uma afirmação será verdadeira somente quando haja prova em favor do que se afirma.[34] Caso não haja essa prova, a proposição não será nem verdadeira nem falsa. No enunciado lógico, definido como aquele que prescinde de uma experiência, a proposição pode ser verdadeira ou falsa. Apesar de exaltar a experiência como condição de verificação da verdade de uma proposição epistemológica, RUSSELL admite que podem existir proposições verdadeiras sem que possam ser verificadas, daí optar por uma teoria lógica ou deflacionária da verdade.[35] Com isso, relativiza sua teoria da correspondência, que vem a ser apenas o resultado de um enunciado desvinculado dos objetos empíricos que quer exprimir ou que se incluam entre suas premissas. O próprio enunciado, conforme o sentido empregado pelas formas adjetivas dos elementos, exprime sua verdade, sem necessidade de uma demonstração.

Por sua vez, SEARLE também se filia à corrente da correspondência. Para ele, o significado de uma proposição – como ocorre com a norma – está intimamente ligado à intencionalidade que a antecede. Isso implica que a norma só poderá ter significado se corresponder a um determinado objeto. O significado

---

31. DAVIDSON, Donald. *Wahrheit und Interpretation*, 1999, p. 61.

32. RUSSELL, Bertrand. *Investigación sobre el significado y la verdad,* trad. José Rovira Armengol, 2003, p. 200.

33. DAVIDSON, Donald. *Ensaios sobre a verdade*, 2002, p. 144: «A correspondência, embora vazia como definição, apreende o pensamento de que a verdade depende de como o mundo é, e isto deve ser suficiente para desacreditar a maior parte das teorias epistêmicas e pragmáticas. Estas duas últimas, por outro lado, têm o mérito de relacionar o conceito de verdade a conceitos humanos, como a linguagem, a crença, o pensamento e a ação intencional, e são essas conexões que tornam a verdade a chave para compreender como a mente apreende o mundo.»

34. RUSSELL, Bertrand. *Investigación*, 2003, p. 342.

35. Idem, ibidem, 2003, p. 359.

da norma, ademais, está na dependência de que o significado de seu objeto seja verdadeiro, que corresponda ao mundo material que pretende regular.[36] O problema principal da teoria da correspondência não reside na imediata possibilidade de confronto entre o que se enuncia e o que lhe corresponde no plano material, mas na impossibilidade de se afirmar como verdadeiro o enunciado de uma norma mandamental, quando os elementos de sua confrontação se situam como condição de validade dessa norma. SEARLE pretende contornar a objeção, explicando que «a realidade normativa ou institucional é tão objetiva quanto a realidade física em face de seu «reconhecimento e aceitação continuados durante longos períodos».[37] Entende, então, que o enunciado normativo poderia ser perfeitamente confrontado com essa realidade dita institucionalizada. Ocorre que o confronto entre o enunciado e a realidade empírica, ainda quando esse enunciado se relacione à intencionalidade, que nada mais é do que a relação entre o mandamento e o objeto mandado,[38] implica um procedimento mecânico, sem qualquer juízo de valor que se possa formular sobre as condições materiais do processo de criação da própria norma. A mera repetição continuada e consentida (aparentemente) da norma não a transforma em norma legítima. Nesse ponto, a teoria da correspondência pouco ajuda. Está claro, porém, que a teoria da correspondência poderá servir de elemento delimitativo da norma, quando seu enunciado não tiver qualquer vínculo com a realidade que quer expressar. Nesse aspecto, a teoria da correspondência desempenha um significativo papel para deslegitimar a norma.

B) A teoria da coerência

A teoria da coerência visa a superar as dificuldades da teoria da correspondência mediante um aporte a juízos concordantes sobre a mesma proposição, que a tornem conceitualmente possível. Pode-se dizer que os fundamentos dessa teoria já são encontrados em LEIBNIZ, que justamente buscava a diferenciação entre falso e verdadeiro na possibilidade de seu enunciado.[39] A teoria da coerência pode ser desdobrada em, pelo menos, duas variantes: a variante idealista e a variante do positivismo lógico.

A variante idealista da teoria da coerência, defendida por BLANSHARD, postula que a verdade deve residir na relação entre juízos subsequentes sobre o objeto. Uma vez que esses juízos guardem coerência acerca das afirmações que se seguem sobre determinada proposição, pode-se dizer que essa proposição é verdadeira. Assim, à medida que a teoria jurídica, em repetidas vezes, acene com os mesmos elementos da omissão, pode-se afirmar que suas conclusões

36. SEARLE, John. *Mente, linguagem e sociedade*, 2000, p. 21, 129.
37. Idem, ibidem, 2000, p. 122.
38. Idem. *Mentes, cerebros y ciencia*, 1994, p. 69.
39. LEIBNIZ, Gottfried Wilhelm. *Fünf Schriften zur Logik und Metaphysik,* 1966, p. 9 e ss.

são verdadeiras e que a omissão teria aqueles elementos. O problema está em que a verdade acerca da natureza da omissão ou, especialmente, sobre a legitimidade da norma mandamental não tem como critério de correção seu confronto com dados empíricos, mas, sim, unicamente as coincidências que operem nos vários juízos ou enunciados lógicos.[40] Com isso, a conclusão sobre a legitimidade normativa ou os componentes da omissão reside, exclusivamente, nos vários pronunciamentos que os afirmem, de modo que a verdade se confunde com o próprio critério de sua aferição.

Por sua parte, o empirismo lógico empreendeu uma longa discussão sobre como se poderia salvar a teoria da coerência, superando suas contradições. Nesse contexto, porém, não há coerência entre seus próprios defensores. Enquanto Carnap defendia a ideia de que a validade das investigações científicas estava contida na forma idiomática pela qual se apresentavam, portanto, de conformidade com proposições protocolares absolutas, o que poderia implicar um retorno à teoria da correspondência, apenas com a variação de seus termos, Neurath se esforçava no sentido de proceder-lhe a uma crítica negativa. Segundo Neurath, a verdade assentada em proposições protocolares absolutas seria uma ficção, porque não existiria qualquer elemento natural que pudesse implicar uma unidade científica construída sobre uma linguagem que os representasse. As proposições protocolares, expressas pela estrita linguagem científica, estariam submetidas a condicionamentos históricos, que conduziriam, constantemente, à sua alteração. Isso pode ser demonstrado pela constante substituição e aprimoramento das proposições, fato que desnatura seu caráter absoluto. A linguagem científica, portanto, não poderia ser um critério seguro de verdade. Mais coerente seria, então, fixar-se a proposição em um idioma trivial, que comportasse as possíveis variações no tempo. A compreensão da verdade, em virtude disso, não poderia ser obtida por meio de uma concentração sobre um fato empírico determinado, que engendrasse uma proposição que lhe correspondesse, senão quando inserida num sistema. «Uma proposição será correta se puder ser inserida» num sistema de outras proposições.[41] A inserção em um sistema fornece as bases para a construção de um enunciado coerente, no qual sejam tomadas em conta todas as proposições concorrentes, plausíveis e aceitáveis. A verdade resultaria, portanto, de uma visão de sistema, que nada teria a ver com os dados empíricos colhidos no decorrer dos respectivos enunciados. A verdade é apenas verdade de enunciados coerentes.

Tecendo suas críticas a essa concepção, pondera Bertrand Russell que a conjugação de várias proposições em torno de um objeto se traduz em uma *petição de princípio*, porque a «definição de verdade a partir da coerência

---

40. Gloy, Karen. *Wahrheitstheorien*, 2004, p. 174.

41. Neurath, Otto. «Soziologie im Physikalismus», *Erkenntnis*, tomo 3, 1932-33, p. 403.

pressupõe, como conhecido, o próprio significado de coerência, enquanto na realidade a coerência pressupõe a validade das leis da lógica e, portanto, de sua verdade».[42] De conformidade com essa teoria, haverá coerência entre duas proposições se ambas forem verdadeiras; se uma for falsa, haverá incoerência. Isso gera mesmo uma petição de princípio, quando a conclusão se baseia num pressuposto que é a própria conclusão: se a verdade só resulta quando todas as premissas sejam verdadeiras, então, o conceito de verdade passa a pressupor a própria verdade.

Apesar dessa crítica, procura Gloy salvar a teoria, mediante o argumento de que ela encerra uma contribuição importante para a questão da verdade, quando busca sua resolução dentro da ideia de sistema.[43] Para não cair na construção tautológica, empreende a tentativa de trabalhar o critério da coerência sob os predicados suplementares de *consistência* e *coesão*, conforme a sugestões de Rescher.[44]

Independentemente dessa nova construção, a teoria proposta por Neurath é relevante, porque com a ideia de sistema possibilita uma visão de conjunto da realidade expressa pela linguagem. A visão de sistema, que havia sido levada adiante por Marx, quando relacionou de maneira magnífica o desenvolvimento da sociedade capitalista às relações de produção e ao conceito de mercadoria,[45] possibilita descortinar os conceitos jurídicos sem os reduzir à pura elaboração legal ou a elementos empíricos. São palavras de Neurath: «Tem pouco sentido perguntar como uma economia capitalista se desenvolve sem que haja crise, quando se vê a crise como uma consequência necessária. Tem pouco sentido perguntar como se poderá encarar uma economia capitalista sem guerra, quando se admite que as guerras são expressão da expansão colonial dessa forma de economia».[46] Aplicando-se à construção da omissão, pode-se dizer que tem pouco sentido inquirir sobre seus componentes dentro da ordem jurídica, quando esses componentes são uma consequência necessária dessa ordem jurídica. Uma vez que se expressem mediante a contrariedade a um dever, não podem, só por isso, alcançar o predicado de verdadeiros, porque dependem também da legitimidade da norma mandamental: serão verdadeiros os seus elementos, quando verdadeira a norma mandamental. A noção de coerência, portanto, pode ajudar na desconstituição da omissão, como conduta imputável, quando um de seus elementos opere em contradição com um de seus pressupostos: se a norma mandamental é ilegítima, não há sentido em perquirir sobre os elementos da omissão.

---

42. Gloy, Karen. *Wahrheitstheorien*, 2004, p. 183.
43. Idem, ibidem, 2004, p. 184.
44. Rescher, Nicholas. *The Coherence Theory of Truth*, 1982, p. 168.
45. Marx, Karl. *Das Kapital,* 1957, capítulo 1.
46. Neurath, Otto. *Wissenschafliche Weltauffassung. Sozialismus und Logischer Empirismus*, 1979, p. 194.

C) A teoria do consenso

Com a pretensão de aprofundar-se na relação entre os componentes normativos e empíricos da conduta, a teoria do consenso sobre a verdade, além de prescindir de um critério de correspondência absoluta, busca superar sua dependência a simples expressões, sentimentos ou preferências, para orientá-la por um juízo ou decisão em torno do que se chama de *pretensão de validade*. Isso, no entanto, só adquire significado por meio de um ato de linguagem. A verdade não pode ser inferida de simples descrições, mas, sim, de proposições afirmativas, que possam ser *problematizadas*. A verdade seria o resultado de uma disputa, decidida pela exclusão dos contra-argumentos, que já não poderiam ser esgrimidos em face de suas contradições insuperáveis. Nesse ponto, uma proposição, para ser qualificada de verdadeira, precisa ser também fundamentada, porque, caso contrário, não pode ter o sentido de uma pretensão de validade.

Se se afirma que a omissão se compõe de uma violação a um dever de agir, é preciso que essa afirmação possa ser demonstrada, primeiramente, pelo argumento de que o dever de agir é um pressuposto indeclinável da imposição de uma conduta determinada; depois, pela agregação de outros elementos empíricos que possam sustentar a viabilidade de tal argumento, por exemplo, a capacidade do sujeito de submeter-se ao dever e, então, de realizar a ação mandada. Se o sujeito é incapaz de realizar a ação mandada, a proposição de que deve atuar carece de significado e, portanto, não pode ser imposta com pretensão de validade, de que ele a aceite. Sem essa exigência fundamentada, não se pode falar de verdade. Como diz Gloy, a pretensão de validade encerrada na decisão deve ser *desempenhada* por elementos que possam compreender desde a convicção intuitiva até sua inserção sistemática, consoante uma perspectiva racional e empírica. Os elementos empíricos, relativos a como uma ação é executada, devem ser afirmados de tal forma que possam estar aptos a congregar aquilo que o processo argumentativo de fundamentação da proposição tenha que explicitar.[47] Portanto, na regulamentação da omissão, especialmente quanto aos pressupostos da capacidade de atuar e da concreta comunicação acerca dos elementos do mundo da vida, devem estar também presentes elementos empíricos que integrem o processo argumentativo de sua fundamentação, os quais devem ser formulados de tal modo que sejam aptos a serem explicitados e resgatados. O problema está, porém, nos métodos para esse empreendimento: determinar o instrumento pelo qual se pode explicitar a relação entre os elementos empíricos e os enunciados normativos.

---

47. Gloy, Karen. *Wahrheitstheorien*, 2004, p. 194.

(aa) A escola de Erlangen

Nem todos os partidários da teoria do consenso adotam um método comum. A escola de Erlangen postula uma interpretação própria para os objetos empíricos. Esses não seriam constatados estaticamente, nem classificados segundo suas características gerais ou específicas (*genus proximum per differentiam specificam*) e nem conforme sua definição analítica, mas, sim, produzidos a partir de regras construtivistas relacionadas às suas propriedades.[48] Uma omissão só poderia ser definida por meio de uma expressão construída sobre a base de suas propriedades: uma inatividade em face de uma norma impositiva de um dever de atuar. Por outro lado, a verdade dessa definição não reside apenas nessas propriedades, mas está submetida a um constante processo de verificação interpessoal, procedida por julgadores especializados, segundo o respectivo campo de sua atuação. Haverá verdade quando haja um consenso nesse processo de verificação, pelo qual se incrementa a tradição científica. Como a verdade dessa definição não é pré-constituída, senão construída de conformidade com o respectivo interesse, pode-se dizer, então, que a definição de omissão está também na dependência de como ela se relaciona com os elementos de uma norma mandamental e com os interesses veiculados em sua elaboração. A solução proposta pela escola de Erlangen, com base na verificação de especialistas, que fundiriam uma definição historicamente consensual, não é adequada ao propósito da definição dos elementos empíricos e normativos da omissão, porque não a delimita em função da proteção da pessoa. Submeter o processo de aferição da verdade de uma definição a uma verificação de especialistas elitiza a decisão e legitima a norma sem problematizar seu enunciado. O consenso, construído dessa forma, não está apto a retratar com fidelidade os enunciados normativos nem os elementos empíricos que o poderiam contrastar.

(bb) A concepção de Lorenz

Outra variante da teoria do consenso é seguida por Lorenz, que distingue o processo de formação da verdade em dois planos: o plano primário e o plano secundário. No plano primário, a verdade resultaria do consenso sobre fatos, obtido por meio de uma compreensão de sentido; no plano secundário, a verdade seria identificada com a pretensão de validade das proposições, com o objetivo de alcançar sua explicação no mundo dos fatos por meio de um processo dialógico. O processo dialógico não ficaria adstrito a um aprendizado histórico estático, concentrado no passado, porque, enquanto as normas de convivência são reconhecidas por consenso sobre os fatos, estes também fundamentam a pretensão de um futuro consenso.[49] Por meio disso, seriam

48. Lorenzen, Peter. *Constructive Philosophy*, 1987, p. 105.
49. Lorenz, Kuno. *Der dialogische Wahrheitsbegriff*, 1972, p. 116.

abertas as oportunidades de uma constante renovação da pretensão de validade de uma proposição. As críticas dirigidas a essa concepção se dirigem contra sua circularidade, pela qual as situações de aprendizado seriam caracterizadas, por um lado, pela pretensão de validade em torno de conhecimentos consensuais sobre o fato e, por outro lado, pela aceitação dessa pretensão. Com isso, a aferição da verdade sobre o fato se fixaria na pretensão de que os conhecimentos sobre ele fossem aceitos como válidos e, ao mesmo tempo, assentaria a aceitação desses conhecimentos como condição de validade da pretensão.[50] Essas críticas poderiam ser também endossadas no âmbito da discussão da omissão e de seus elementos. A virtude dessa concepção reside, porém, na demonstração de que toda pretensão de verdade acerca de certa proposição não pode prescindir de um diálogo em torno dos fatos que a embasem. Ainda que não se adote a teoria da correspondência, o diálogo e o confronto com os fatos são essenciais a qualquer critério consensual de verdade.

(cc) A concepção de Habermas

As vicissitudes em torno das propostas idealistas ou empíricas da teoria do consenso conduziram Habermas à formulação de uma teoria própria sobre a verdade, capaz de compreendê-la no âmbito da relação entre argumentos teóricos e práticos e de propor, com isso, a superação da velha confusão entre verdade e conhecimento. Para tanto, entende Habermas que a verdade tem que se encarada como objetivo final de um discurso formador de um consenso universal. No item anterior, ficou consignado o teor desse discurso comunicativo, que visa também a discutir acerca da legitimidade ou ilegitimidade de um enunciado normativo. Assim, não há necessidade de, novamente, se ressaltarem aquelas considerações. O que se trata, agora, é verificar como se procede à relação prática de uma teoria da verdade, com base no consenso, para a identificação dos componentes objetivos da omissão. Inicialmente, será preciso estabelecer uma diferenciação quanto aos métodos de identificação desses componentes.

O método empírico centraliza suas informações sobre os dados objetivos da realidade; na omissão, pois, sobre a pura inatividade, sobre a atividade diversa daquela esperada ou sobre a intromissão ativa na inatividade. O método discursivo enfoca as proposições sobre as relações de fato, trazendo à discussão, em vez dos dados objetivos, os termos de sua validade. Pelo método empírico, os fatos engendram uma afirmação válida, mas que, por suas incertezas e contingências, geram, por sua vez, problemas de enunciados. A partir dessa relação entre o empírico e o discursivo, ou lógico-discursivo, é que nasce a necessidade de uma reformulação do conceito de verdade, que não será tema da teoria do conhecimento, mas, sim, do próprio processo de comu-

---

50. Gloy, Karen. *Wahrheitstheorien*, 2004, p. 203.

nicação. A teoria do conhecimento se dedica a demonstrar como os objetos podem ser apreendidos. Já a teoria do consenso pretende dizer quando uma proposição é verdadeira ou falsa.

Esse projeto se desenvolve em três dimensões: a primeira diz respeito aos objetos que podem ser caracterizados como verdadeiros ou falsos; a segunda busca diferenciar entre ação comunicativa e relações discursivas; a terceira se dirige a dirimir a questão entre proposições correlatas e proposições sobre elementos empíricos, relativamente à sua constituição, às suas relações e às suas funções.

Quanto à primeira dimensão, como a verdade resulta de uma discussão acerca de relações problematizadas, seus objetos só podem ser proposições desencadeadas sobre essas relações de fato. Mas as proposições não são um reflexo das relações de fato, são suas reproduções.[51] Proposições, por sua vez, não se confundem com frases ou expressões. A teoria do consenso, portanto, não trabalha em função de atos de fala, senão quando esses atos integrem o conteúdo de uma afirmação ou negação, que podem vir também expressas por proibições ou comandos.[52] Todo projeto de verdade encerra, assim, uma pretensão de validade: o enunciado verdadeiro terá um sentido universal e deve ser assimilado por todos.

Quanto à segunda dimensão, as ações comunicativas são atos de fala que encerram, em si mesmas, pretensões de validade implícitas. A conduta, assim, é executada, tendo em vista certos objetos, como pontos de sua referência, os quais servem para se alcançarem informações sobre a realidade. Já as relações discursivas buscam justificar as pretensões de validade de uma proposição, como verdadeira ou falsa.[53] Essa relações pressupõem, claro, um contexto existencial, o mundo da vida, que é essencial para a orientação das ações comunicativas, mas, ao enfrentarem a questão da verdade, a determinam apenas sobre as proposições e não sobre suas relações fáticas, ainda que essas proposições digam respeito a elementos empíricos problematizados.[54]

Quanto à terceira dimensão, a correlação entre proposições e elementos empíricos se resolve como discurso com pretensão de validade. Para os efeitos da teoria da verdade, um elemento empírico deve ser compreendido sob o enfoque de uma relação de fato e não, simplesmente, como objeto. Uma relação de fato será tudo o que uma proposição afirma. Sobre isso, diz HABERMAS que «as proposições reproduzem, descrevem, expressam etc., coisas e eventos, pessoas e seus pronunciamentos, portanto, objetos da experiência, mas são, em contrapartida, aquilo sobre o que se afirma e do que se extraem proposi-

---

51. HABERMAS, Júrgen. «Wahrheitstheorien», *Philosophische Texte*, vol. 2, 2009, p. 209.
52. Idem, ibidem, 2009, p. 210.
53. Idem, ibidem, 2009, p. 212.
54. Idem, ibidem, 2009, p. 211.

ções: aquilo que se afirma acerca dos elementos, quando a afirmação é correta, é uma relação de fato».[55] Não há que se confundir, assim, entre elementos empíricos e relações de fato. Os elementos empíricos são apreendidos pela experiência, as relações de fato são afirmadas. À medida que se afirmam as relações de fato, podem elas se basear na experiência e se vincularem aos seus elementos.[56] Essa vinculação entre as proposições sobre relações de fato e os elementos empíricos proporciona um constante questionamento dessas proposições, pois elas não podem exprimir relações que não tenham por base elementos da realidade. Nesse ponto, portanto, a teoria do consenso, como teoria epistemológica da verdade, cede passo à teoria da correspondência. A diferença entre ambas subsiste quanto ao objeto da decisão: enquanto a teoria da correspondência procede à verificação entre o enunciado e a realidade empírica, a teoria do consenso indaga sobre a própria proposição em face das relações de fato assentadas em elementos empíricos.

Uma vez que a verdade está afeta às proposições e não às próprias relações de fato às quais elas se referem, cabe verificar, em complemento, o desempenho discursivo dos atos de fala constantes dessas proposições. Para tanto, será importante fixar as distinções dos vários atos de fala que podem estar presentes em uma proposição. HABERMAS compreende, para esse efeito, três classes de atos de fala: os *atos constatativos*, os *atos representativos* e os *atos regulativos*. *Atos constatativos* são aqueles que implicam uma apreciação relativamente neutra da realidade: afirmações, descrições, explicações, exposições, reportagens, previsões, etc. *Atos representativos* contemplam manifestações subjetivas: intenções, opiniões, impressões e expressões de um locutor. *Atos regulativos* são os vinculados a um juízo de valor ou integrados por proibições, comandos, exortações, pedidos, exigências, notificações, sugestões, desculpas, conselhos etc. Conforme a classe dos atos, variam as pretensões de validade do discurso. Aos atos constatativos se referenciam as pretensões de *verdade*; aos atos representativos, as pretensões de *veracidade;* aos atos regulativos, as pretensões de *correção.*[57]

Há, assim, dois elementos essenciais na busca da verdade: a pretensão de validade e o desempenho discursivo. Para HABERMAS, as pretensões de validade são processos de justificação e, como tal, desfrutam das mesmas características das pretensões jurídicas, as quais têm sempre, como referência, um fundamento de fato e um sentido. O fundamento de fato confere às pretensões a autorização para sua execução. O sentido está ligado ao título da pretensão. Tal como ocorre nos interditos proibitórios, sua execução depende da matéria fática, por exemplo, de sua disposição fática ou posse por determinado período

---

55. HABERMAS, Jürgen. «Wahrheitstheorien», 2009, p. 214.
56. Idem, ibidem, 2009, p. 214.
57. Idem, ibidem, 2009, p. 230.

e de justo título. O fundamento de fato autoriza a ação; o sentido dá força ao assentamento ou à garantia da pretensão.

Aplicadas essas assertivas à omissão, tem-se, primeiramente, que identificar os elementos empíricos que servem de base às relações de fato; depois, as relações de fato e, finalmente, a própria proposição mandamental. O primeiro processo de identificação se ajusta aos atos constatativos. A omissão se contrapõe à ação, em sentido natural, embora a ela se equipare em face de uma exigência delimitativa. Assim, conforme as manifestações da omissão no mundo exterior, seu elemento empírico básico é a inatividade. A afirmação acerca desse elemento, como se trata de uma descrição, está submetida ao crivo do critério da verdade. Por sua vez, as relações de fato representam os elementos empíricos, tornando-os acessíveis a uma proposição. Aqui, têm lugar os atos representativos, porque a omissão não pode ser concebida sem a participação de um sujeito capaz de ação. A participação de um sujeito capaz pressupõe, por outro lado, a identificação do objeto de referência para sua inatividade. É correto afirmar-se que a omissão em si mesma não tem qualquer significado. Assim, para se determinar a capacidade de atuar do sujeito, devem integrar as relações de fato os objetos específicos da omissão: a omissão deve estar relacionada a determinada ação. A capacidade de ação e seus objetos edificam as relações de fato, representativas da omissão, sob o controle da veracidade. Por fim, como a omissão não pode estar dissociada de um dever de atuar, sua relação como comando está submetida ao critério da correção. Um dever de atuar, por sua vez, para o efeito de possibilitar ao sujeito uma certa orientação de conduta, deve estar sediado em situações específicas e incorporar um sentido funcional. O sentido funcional do dever de atuar, nas condições regradas, diz respeito à sua idoneidade quanto ao processo de imputação por força da lesão ou do perigo de lesão ao bem jurídico. Há, portanto, relativamente à omissão, não apenas uma questão de verdade, quando se perquire sobre sua realidade fenomênica ou empírica, mas também de veracidade, quanto ao processo de sua inserção no âmbito pessoal, e, ainda, de correção, no que se refere ao âmbito do dever de atuar, aí incluída a afetação de bem jurídico. Esses três planos assinalam a necessidade de uma reconstrução da norma mandamental, porque todo esse arcabouço não poderia ser construído sem o pressuposto de que a proposição acerca do ato omissivo se refira a uma norma legítima, conforme as exigências de um discurso comunicativo de validade. É que sem esse pressuposto e sem as anteriores vinculações do ato omissivo às pretensões de verdade, veracidade e correção, torna-se impossível a construção de um consenso de que determinado ato deva ser praticado nas condições legalmente estabelecidas.

As indagações relativas à verdade não esgotam, é certo, toda a complexidade da omissão, mas podem contribuir para demonstrar a necessidade de sua delimitação, como condição de uma ordem jurídica voltada para o sujeito. Isso poderá implicar uma redução da construção legislativa, que se deve restringir ao que seja absolutamente necessário para regular a conduta humana, conforme os pressupostos elencados e sem orientar-se por puros preceitos de política criminal. Toda a discussão operada sobre os elementos da omissão, portanto, não se destina apenas ao julgador, mas também ao criador da norma mandamental.

V. A APLICAÇÃO DA NORMA

Inserida a omissão no contexto do desempenho discursivo e de sua validade, resta examinar como seus elementos se executam no âmbito da aplicação da norma. Nesse aspecto, será preciso discutir acerca dos processos interpretativos da norma penal. Não será possível concretizar uma interpretação, partindo unicamente de seus elementos tradicionais: gramatical, lógico, sistemático, histórico e teleológico. Esses elementos, propostos no século XIX por Savigny e repetidos invariavelmente nos manuais jurídicos, em geral, estão para o direito penal moderno, assim como a física clássica está para a recente investigação do átomo. São elementos que podem ajudar como primeira etapa de apreensão do texto normativo, mas são insuficientes para discutir sobre suas relações mais profundas, em face das exigências de garantia do Estado de direito.

1. A formatação legal

Consoante os elementos da omissão, a norma mandamental deve conter, expressamente, a precisa identificação de seu objeto e das condições fáticas que justifiquem a conduta determinada, a delimitação do sujeito omitente, o significado da omissão para a lesão de bem jurídico e as indicações acerca do juízo de sua equiparação à ação. Além disso, deve expressar, com clareza, a forma de atuação mandada. Uma norma que não contenha essas indicações será ilegítima porque não se assenta em premissas empíricas e nas relações de fato suficientes para a construção de um dever de agir, nem possibilita a discussão sobre um processo de imputação referenciado à lesão de bem jurídico. À medida que o dolo está sempre associado à lesão de bem jurídico e não, unicamente, ao resultado material, e a culpa se constitui de uma violação ao risco autorizado e não apenas como um produto do juízo de previsibilidade, a edificação da norma mandamental está condicionada também aos critérios de idoneidade e propriedade da ação mandada. O tipo legal dos delitos omissivos, então, em lugar de ser apenas descritivo de uma inatividade, é também representativo de uma relação de fato e regulativo de conduta.

Há uma longa discussão se a omissão do que se contém em uma norma prescritiva implica, simplesmente, uma infração, sem se importar com o resultado efetivamente produzido, ou se a infração só ocorre quando a contrariedade da norma se veja revestida de outros atributos, ou pela agregação do resultado, ou pela sua subordinação a uma finalidade, ou pela condição de que a conduta implicou a violação de um risco não permitido. Se a infração resultar tão somente de uma contrariedade à norma, a omissão corresponde, simplesmente, a uma conclusão lógico-dedutiva.[58] Nesse caso, o tipo legal não terá um caráter orientador, porque todas as particularidades de fato, como a produção de um resultado de perigo ou de dano, seriam questões a serem complementadas *ex post.* Se, porém, a infração estiver subordinada a certas qualidades, que não se confundem com a mera contrariedade ao dever, a norma deverá funcionar como um regulador *ex ante* da conduta, que exigirá, além da infração à sua determinação, o preenchimento de alguns pressupostos que devem estar contidos no próprio tipo legal, como elementos escritos ou não escritos. É evidente que se a omissão está subordinada a critérios de idoneidade e propriedade da ação mandada e a outros elementos vinculados ao sujeito, ao significado que a inatividade representa para o bem jurídico e a procedimentos de equiparação com a ação nas hipóteses de delitos omissivos impróprios, a norma prescritiva não pode ficar resumida a meros enunciados, nem prescindir de uma referência sistemática às relações intersubjetivas. Ao contrário do que pensa VOGEL, que se contenta, para a composição do injusto e da respectiva responsabilidade, com a prescrição de condutas involuntárias e inconscientes, ou até mesmo aquelas resultantes de puros movimentos reflexos,[59] a norma que impõe deveres, ademais dos elementos antes assinalados, deve estar em constante submissão a processos de correção e deslegitimação. Essas características, tanto nos delitos omissivos próprios quanto impróprios, impõem uma análise diferenciada em seu processo de interpretação.

2. O processo interpretativo

Atendendo às características da formatação legal, o processo de sua interpretação vem impregnado por uma sequência relativa à verdade, à veracidade e à correção da norma mandamental. O principal defeito de uma interpretação baseada nos elementos propostos por SAVIGNY reside na sua limitação de extrair o conteúdo e a finalidade da norma exclusivamente do enunciado contido na disposição legal. É o próprio SAVIGNY que declara que «o conhecimento da lei (...) alcançará (...) o mais alto grau de certeza justamente porque seu fundamento se encontra expresso na própria lei».[60] Isso faz com que a interpretação fique adstrita a mero procedimento lógico, o qual decorre do significado das palavras e de sua localização sistemática. Do mesmo modo, o chamado elemento teleológico não passa de uma referência subentendida, em face da compreensão acerca da absoluta completude da regra jurídica.[61]

---

58. Assim, BINDING, Karl. *Handbuch des Strafrechts*, 1885, p. 167.
59. VOGEL, Joachim. *Norm und Pflicht bei den unecheten Unterlassungsdelikten,* 1993, p. 51.
60. SAVIGNY, Friedrich Carl von. *System des heutigen Römischen Rechts,* tomo 1, 1840, p. 218.
61. Assim, a crítica de Peter KOLLER, *Theorie des Rechts*, 1997, p. 212.

A superação dessa concepção, na análise da finalidade da norma, é, geralmente, executada pela doutrina de dois modos: ou com base nas expectativas do legislador (teoria subjetiva), ou atendendo à representação geral acerca de sua funcionalidade (teoria objetiva). Em ambas as propostas, como não será possível proceder a uma avaliação empírica da vontade do legislador nem da representação geral de sua funcionalidade, o intérprete trabalha com uma pré-compreensão dos participantes do processo de comunicação quanto ao seu enunciado, dentro de um contexto prático.[62] Essa pré-compreensão tem suscitado discussões, como se verá mais adiante. Aqui, é importante apenas salientar como o processo de interpretação se desenvolve a partir de uma autorreferência. A autorreferência constitui, na realidade, o grande problema da interpretação, e também de todas as ciências que se dedicam a estabelecer a verdade como produto de uma decisão. E a autorreferência engloba também a questão da pré-compreensão.

Assentado dessa forma o processo de interpretação, segue ele, basicamente, por quatro etapas:

- Uma apreensão do sentido das palavras contidas no texto legal;
- A apreciação do contexto prático, no qual se situa a interpretação;
- A perquirição histórica da finalidade do legislador;
- A finalidade objetiva da norma.

Em face das dificuldades de elucidar, isoladamente, o que cada uma dessas etapas se propõe, a doutrina tem procedido a uma interpenetração sistemática de todas elas, sob o pressuposto de que o objetivo de todo o processo será esclarecer acerca da finalidade da norma.[63] O preenchimento dessa finalidade serve ao propósito de estabelecer, entre as várias hipóteses possíveis, aquela que tem maior peso na decisão acerca de sua aplicação ao caso concreto.[64] Essa decisão, porém, depende de outras condições, que estão ausentes no texto legal: o interesse do legislador e os códigos próprios do julgador. O interesse do legislador nem sempre coincide com a apreciação da relação de fato efetuada pelo julgador, daí a inconsistência dos processos interpretativos à luz de uma metodologia que leve em conta uma pré-compreensão do fenômeno jurídico ou daquela que tenha em vista uma suposta finalidade objetiva da lei, independentemente da ideologia que está por detrás de sua elaboração e de sua aplicação. O fundamento da pré-compreensão pressupõe que todos, também o intérprete, por vários motivos, tenham consciência dos objetivos da lei, de seus elementos e suas circunstâncias, daí estarem aptos a seguir suas proibições ou mandamentos. Está claro que isso só é possível em uma sociedade monolítica,

---

62. Koller, Peter. *Theorie des Rechts,* 1997, p. 213.
63. Idem, ibidem, 1997, p. 216.
64. Röhl, Klaus F. *Allgemeine Rechtslehre*, 2001, p. 595.

utopicamente possível, mas realisticamente imprópria. Ademais, como bem ressalta Rühters, falar-se da «vontade da lei» é não apenas um erro, mas uma grande mitificação.[65] A lei, de fato, não possui vontade; entroniza diversos interesses, inclusive, em sua interpretação. Há, portanto, um desencontro intrínseco entre as etapas e os elementos de interpretação.

Diversos modelos foram propostos pela metodologia jurídica para tentar superar esse desencontro, todos assentados na crença da superioridade do direito e de sua estabilidade para solucionar conflitos humanos. Não há necessidade de esgotar todos os temas da metodologia jurídica, apenas aqueles que mais importem na interpretação da norma dos delitos omissivos. Parece, à primeira vista, que uma eliminação prematura de alguns métodos jurídicos de interpretação poderia conduzir à conclusão de que as normas mandamentais estariam submetidas a métodos próprios de interpretação. Isso, porém, não ocorre. Os métodos jurídicos de interpretação devem valer tanto para os delitos omissivos quanto para os comissivos. Importante será, todavia, ressaltar que as particularidades da norma mandamental podem ser incompatíveis com alguns dos métodos tradicionais da interpretação jurídica, menos por essas características e muito mais pela insuficiência desses métodos.

Convém descartar que a metodologia jurídica, em geral, tem por base a completude da regra de direito e a encara como solução absoluta e indefectível de um conflito. Os métodos que partem dessa perspectiva, por certo, fracassam, porque conferem à norma jurídica um poder que ela não dispõe. A norma jurídica é uma norma que encerra todas as contradições de uma formação social e, por isso mesmo, tem sempre um caráter contingente. Não é em vão que a metodologia pragmatista tenha avançado de maneira contundente sobre os métodos tradicionais do positivismo jurídico do século XIX, justamente porque assimila essa contingência da norma jurídica, outrora inadmissível.

Seguindo uma linha costumeira da metodologia jurídica, os métodos de interpretação se submetem a algumas perspectivas práticas que os delimitam. No direito penal, os métodos se limitam pela tipicidade, que dispõe acerca da conduta hipotética à qual deve subsumir o caso concreto. Sob essa consideração, os métodos se desdobram sob dois enfoques: um, teórico, que busca, através da teoria jurídica, identificar o conteúdo e a extensão da norma; outro, prático, que implica comparar o caso concreto com aquele previsto na norma, de modo a decidir sobre a possibilidade e os contornos de sua aplicabilidade. Ambos os enfoques se filiam à ideia de que a lei penal se resume a um procedimento de subsunção. Este procedimento viria amparado por aqueles elementos tradicionais da aplicação da norma, já citados e engendrados por Savigny: gramatical, lógico, sistemático, histórico e teleológico. Como esse modelo é inconsistente, em face da impossibilidade de a lei cobrir, com particularidades, todos os

65. Rüthers, Bernd. *Rechtstheorie*, 1999, p. 403.

elementos do fato,[66] lhe foram sendo agregados, ainda, outros pontos de vista, relacionados à diversidade semântica das disposições, como os conceitos de vacuidade, de normatividade, de prognose e de comparação, bem assim as questões relacionadas à construção jurídica, representadas pelas afirmações de conformidade (*secundum legem*), de desconformidade (*contra legem*) ou de superação legal (*praeter legem*), esta última inerente ao diagnóstico acerca das chamadas lacunas da lei.[67] Ademais, consoante as dificuldades geradas no caso concreto em face da clareza ou obscuridade do enunciado legal, a interpretação semântica leva em conta também a possibilidade de uma criação jurídica mediante uma autointegração, colhendo elementos dentro do próprio ordenamento, ou heterointegração, sob o recurso a fontes extrajurídicas ou a ordenamentos diversos.[68]

Independentemente das extensas discussões sobre a metodologia jurídica e os procedimentos ou modelos interpretativos, tem-se a considerar que a aplicação da lei, mediante qualquer sistema, ou da subsunção ou do descortino semântico dos enunciados normativos, estrutura-se sobre duas bases: sobre um processo de cognição e sobre um processo de decisão. A interpretação segue, então, o mesmo caminho das teorias da verdade.

A) O processo de cognição

O *processo de cognição* sempre integrou, aliás, a argumentação jurídica a partir do chamado *ciclo da recepção*, que se dá também nas disciplinas que trabalham com textos, como a teoria literária e a história. O *primeiro modelo de cognição* é aquele referido da *teoria semântica*, que quer proceder a uma análise da lei a partir de seu próprio enunciado, conferindo significados e sentido às suas expressões. O modelo semântico encontra uma dificuldade, porém, diante daqueles casos em que as disposições legais não são claras ou sugerem uma dupla e conflitante interpretação, como ocorre com a decisão acerca dos conceitos de unidade e pluralidade de ações. *Outro modelo* de interpretação é o resultante da *hermenêutica jurídica*, que passou a constituir, basicamente, o instrumento preferencial do conhecimento jurídico, mediante proposições que se fortaleceram nas obras de Betti e Coing, de um lado, e de Gadamer, de outro. A principal característica desse procedimento se baseia na ideia de pré-compreensão, instituída como um cânon de qualquer tarefa interpretativa, tal como se deu, antes disso, com os elementos propostos por Savigny. Ao interpretar a norma mandamental, por exemplo, a teoria hermenêutica terá em vista, em primeiro lugar, sua reconstrução histórica (hermenêutica de primeiro grau) para determinar seu contexto e sua primitiva

---

66. Röhl, Klaus. *Allgemeine Rechtslehre*, 2001, p. 592.
67. Koller, Peter. *Theorie des Rechts*, 1997, p. 223.
68. Bobbio, Norberto. *Teoría general del derecho,* 2005, p. 230.

expressão de sentido. Depois, procederá à sua análise (como parte) em face de sua inserção na ordem jurídica (como todo), executando, portanto, a pré-compreensão da inatividade em face de um dever de agir imposto ao sujeito (hermenêutica de segunda ordem). Na própria expressão de GADAMER, a interpretação não se deve cingir ao simples conhecimento do que se contenha no texto, mas, fundamentalmente, imprimir-lhe um sentido. Com isso, quer escapar de sua circularidade formal, subjetiva ou objetiva, para reconstruir a norma em face da tradição histórica e dos próprios movimentos do intérprete, segundo sua conjugação a essa tradição.[69] Essa comunhão, porém, não resulta de um pressuposto acabado, mas de um quadro construído a partir de seu conhecimento.[70]

Superado o modelo formal de SAVIGNY, faz-se necessária uma referência ao círculo hermenêutico, porque muitos autores contemporâneos vêm aludindo que a interpretação da norma, inclusive da norma penal, deve passar por esse procedimento. A questão está em verificar se, efetivamente, uma interpretação da norma penal se desenvolve em um círculo hermenêutico.

GADAMER pretende imprimir ao círculo hermenêutico a particularidade de superar o que ele denomina de «hermenêutica romântica», porque, em lugar de se aludir à individualidade e sua concepção, se trata de impor a verdade material, de modo que o texto não seja compreendido como simples expressão vital, mas, sim, em sua pretensão de validade.[71] Para tanto, estabelece que o sentido desse círculo, ao qual está submetida toda compreensão, leva à constituição de um pressuposto formal de qualquer entendimento, que é sua perfeição. Diz GADAMER: «Só pode ser compreensível o que exprima realmente uma unidade perfeita de sentido».[72] De conformidade com isso, não se trata apenas de uma

---

69. GADAMER, Hans George. *Wahrheit und Methode,* 1990, p. 298: «Der Zirkel ist also nicht formaler Natur. Er ist weder subjektiv noch objektiv, sondern beschreibt das Verstehen als das Ineinanderspiel der Bewegung der Überlieferung und der Bewegung des Interpreten. Die Antizipation von Sinn, die unser Verständnis eines Textes leitet, ist nicht eine Handlung der Subjektivität, sondern bestimmt sich aus der Gemeinsamkeit, die uns mit der Überlieferung verbindet.» (O círculo não é, assim, de natureza formal. Não é nem subjetivo nem objetivo, mas descreve o entendimento como um jogo interno do movimento da tradição e do movimento do intérprete. A antecipação de sentido, que dirige nossa compreensão do texto, não é uma ação da subjetividade, mas se determina pela comunhão que nos une à tradição.)

70. Idem, ibidem, 1990, p. 298: «Sie ist nicht einfach eine Voraussetzung, unter der wir schon immer stehen, sondern wir erstellen sie selbst, sofern wir verstehen, am Überlieferungsgeschehen teilhaben und es dadurch selber weiter bestimmen.» (Ela não é simplesmente um pressuposto sob o qual nós sempre nos situamos, mas nós a construímos, à medida que compreendemos, participamos do acontecimento transmitido pela tradição e com isso o destinamos).

71. Idem, ibidem, 1990, p. 302.

72. Idem, ibidem, 1990, p. 299: «Der Vorgriff der Vollkommenheit, der all unser verstehen leitet, erweist sich mithin selber als ein jeweils inhaltlich bestimmter. Es wird nicht nur eine imanente Sinneinheit vorausgesetzt, die dem Lesenden die Führung gibt, sondern das Verständnis des Lesers wird auch ständig von transcendenten Sinnerwartungen geleitet, die aus dem Verhältnis zur Wahrheit des Gemeinten entspringen.» (A antecipação da perfeição, que dirige toda nossa

pressuposta unidade imanente de sentido, que orientaria o texto, mas, sim, de uma relação entre o intérprete e as expectativas de sentido resultantes de sua vinculação para com a verdade do que fora pensado. A interpretação teria, como pressuposto, um conceito de verdade, que, para GADAMER, na sequência de HEIDEGGER, resultaria de um processo de esclarecimento. Uma proposição verdadeira seria, assim, aquela que, em virtude de sua existência na história e sua atualização, pudesse fornecer à norma um sentido próprio e uma motivação, suficientes para caracterizá-la como correta e, portanto, válida.[73] A verdade seria uma forma de desocultamento dos pressupostos de um enunciado. Será verdadeira uma proposição quando puder ser esclarecida, quando suas questões puderem ser expostas, reveladas, de modo que o enunciado nela contido constitua uma resposta a essas questões.[74] Claro, a resposta, para ser verdadeira, tem que se esclarecedora, mas isso conduz à necessidade de justificar a base do próprio esclarecimento. Como essa concepção de verdade se confunde com o próprio procedimento de sua busca, chega-se a uma circularidade: a interpretação confere um sentido à proposição, à medida que esse resulte de uma relação entre o intérprete e suas expectativas, e cuja motivação se situaria na verdade do que fora pensado; mas a proposição está subordinada a pressupostos de motivação, que, por sua vez, constituiriam sua verdade ao lhe fornecer um sentido esclarecedor que a tornasse válida. Nesse aspecto, o processo de conhecimento da norma se confunde com aquele de sua própria correção. Uma norma será conhecida, quando for entendida como correta. Se, ademais, o processo de conhecimento dessa norma, tomada como correta, se identifica com aquele de sua própria busca, a hermenêutica ontológica, nesse caso, passa a ser compreendida como um simples método e não mais como uma teoria capaz de superar o positivismo.[75]

O grande defeito dessa manifestação hermenêutica, a chamada hermenêutica ontológica, reside não apenas na sua circularidade ou na confusão

---

compreensão, se mostra, pois, mais determinada em seu conteúdo. Não se pressupõe apenas uma unidade imanente de sentido, que gerencia o texto, mas a compreensão do leitor, a qual é também dirigida continuamente pelas expectativas transcendentes de sentido, que nascem da relação de verdade com o que fora pensado.)

73. GADAMER, Hans George. *Wahrheit und Methode,* vol. 2, 1990, p. 52: «Es gibt keine Ausage, die man allein auf den Inhalt hin, den sie vorlegt, auffassen kann, wenn man sie in ihrer Wahrheit erfassen will. Jede Aussage ist motiviert. Jede Aussage hat Voraussetzungen, die sie nicht aussagt. Nur wer die Voraussetzungen mitdenkt, kann die Wahrheit einer Aussage wirklich ermessen.» (Nenhuma afirmação pode ser concebida apenas pelo conteúdo que encerra, quando se queira alcançar sua verdade. Toda afirmação é motivada. Toda afirmação tem pressupostos que ela não declara. Somente quem se concentra nesses pressupostos pode mensurar a verdade de uma afirmação.)

74. Idem, ibidem, vol. 2, 1990: «Der Primat der Frage gegenüber der Aussage bedeutet aber, dass die Aussage wesenhaft Antwort ist.» (O primado da questão em face da afirmação significa, porém, que a afirmação é, essencialmente, resposta.)

75. HABERMAS, Jürgen. *Erkenntnis und Interesse,* 1973, p. 359.

entre processo de conhecimento e processo de validade, mas, essencialmente, no seu fundamento idealista. A denominada motivação da norma, que engendra sua verdade, não tem qualquer respaldo social. A referência de que essa motivação se desenvolva historicamente, ou mesmo que se produza na história, é absolutamente vazia de significado, porque a história, como tal, não pode ser compreendida como um elemento desvinculado da base das relações sociais contraditórias ou antagônicas. Ademais, a história não é simplesmente história da humanidade ou do indivíduo, tomados abstratamente, é a história das relações sociais. O conhecimento, portanto, não pode prescindir do papel que o indivíduo desempenha no processo de produção. MARX, diversas vezes, já assinalou que o conhecimento dos objetos não determina a vida, mas a vida o determina, de modo que suas considerações não têm, como pressupostos, indivíduos isolados ou em alguma redoma fantástica, senão em seu processo real de desenvolvimento.[76] A teoria do conhecimento, portanto, pressupõe uma teoria da sociedade.

Como teoria da sociedade, a teoria do conhecimento tem que partir das condições reais dos sujeitos postos diante da proposição prescritiva. Toda norma encerra uma proposição prescritiva, e o conhecimento dessa prescrição não depende apenas de seu confronto com objetos empíricos, senão da posição que o sujeito se encontra em face de cumpri-la ou não. A interpretação da norma, nesse primeiro momento cognitivo, deve levar em conta, especificamente no tocante aos delitos omissivos, as considerações do sujeito de não cumprir o dever de agir. Aqui, o processo de subsunção se desenvolve ao inverso: em vez de verificar se os fatos se ajustam à definição legal, deve-se atentar se as disposições legais não podem ser excluídas porque incompatíveis com os fatos.

Como o sujeito é o principal protagonista do processo de conhecimento, será preciso demonstrar que, em sua relação, estavam preenchidas algumas condições: se o sujeito se encontrava apto a agir; se, em face de sua condição social, estava inserido em um processo de comunicação; se a ação determinada era passível de ser cumprida por qualquer pessoa que estivesse na condição do sujeito; se os termos definidores da conduta omissiva são de uso comum na comunidade em que o fato ocorreu; se a conduta omissiva estava relacionada a um determinado objeto que pudesse orientar o sujeito; se o sujeito se encontrava em uma posição especial em face da lesão do bem jurídico.

Essas são condições negativas do processo de conhecimento da norma. As condições positivas já se encontram presentes na própria definição típica e não precisam ser elucidadas, salvo como forma de esclarecimento do que, efetivamente, se trata. Mas a elucidação dos termos legais é secundária diante da complexidade dos fatos que condicionam sua aplicação. Claro que a própria lei, muitas vezes, se encarrega de definir certas expressões, como se dá com o

---

76. MARX, Karl. *Die deutsche Ideologie*, 1971, p. 349.

dolo, com a tentativa, com o erro, com a participação. Todas essas definições, no entanto, só servem como elementos restritivos do alcance da norma. O processo de conhecimento não pode manipular essas expressões para estender o âmbito de incidência da norma. É que o processo de conhecimento, inserido que está no âmbito da formação social, não é apenas um procedimento mecânico, tão próprio da teoria da correspondência em sua vertente puramente empírica, mas está delimitado de conformidade com os traços de relevância que se foram efetivando historicamente, como conquistas que se produzem nas relações de produção e na limitação do poder, transferidas, em parte, para uma forma jurídica regulativa. Há, aqui, uma submissão do conhecimento aos limites impostos pela legalidade penal.

B) O processo de decisão

Efetivada a fase cognitiva da interpretação, desenvolve-se aquela relacionada ao *processo de decisão.* Como a interpretação não é apenas uma simples compreensão da norma, mas envolve um juízo de valor sobre sua aceitação em face do caso concreto, o resultado final desse processo não pode ser produto de puro decisionismo. O problema, porém, da decisão final acerca do processo de interpretação está em que, na realidade, essa decisão não é neutra, está sempre disposta no sentido de uma justificação: ou da lei, ou da justiça ou até mesmo da moralidade. Essa justificação, que assinala, portanto, o elemento político da interpretação, confere ao julgador um poder incomensurável, porque o entroniza como elemento de integração da ordem jurídica e, pois, como seu mantenedor. A questão fundamental a ser desenvolvida por uma teoria crítica será, assim, a de desconstruir essa justificação e eliminar suas consequências, de modo que a interpretação possa refletir uma decisão em favor da pessoa humana.

Essa questão que envolve a decisão interpretativa está, por sua vez, associada a outra decisão, aquela que diz respeito às funções atribuídas ao tipo legal e ao direito penal. Será o tipo apenas um elemento classificatório? Ou será um elemento orientador de conduta? Ou será ainda um elemento que busca traçar os limites do proibido, do permitido e do determinado? Por seu turno, que papel se deve assinalar ao direito penal: de proteção de bem jurídico? de orientador de condutas? de formador de ideologia? de proteção da justiça e da equidade?

As funções do tipo têm sido bastante discutidas na teoria jurídica e não há necessidade de se tratar novamente do tema.[77] As funções do tipo, na realidade, não podem ser desentranhadas daquelas atribuídas ao próprio direito penal. Nesse aspecto, pode-se partir, primeiramente, de que o direito penal

---

77. Sobre o tema, TAVARES, Juarez. *Teoria do injusto penal,* 3.ª ed., 2003, p. 172.

não deve preencher as funções de orientador de conduta, nem de proteção de bem jurídico e muito menos de formador de ideologia. Igualmente, não pode o direito penal vincular-se aos ideais abstratos de justiça e equidade, que são próprios de uma teoria da moral e não do direito. Normalmente, os autores contemporâneos, que procuram se afastar dos cânones positivistas, costumam perder de vista as diferenças que devem subsistir entre direito e moral. Nossa própria Constituição da República incide nessa confusão, ao consignar a moralidade como um dos princípios da administração pública (art. 37). Essa confusão constitui, também, um dos pontos importantes a serem desmitificados por uma teoria crítica da interpretação.

Pode-se começar analisando precisamente esse ponto, principalmente em sua versão jurídica – o direito como integridade –, que sustenta a decisão interpretativa das correntes não positivistas. Dworkin, como o mais significativo e festejado representante dessa corrente, busca traçar, inicialmente, o que se deva entender por «direito como integridade». Não há uma definição precisa dessa consigna; sua configuração resulta, pois, de várias proposições e assertivas em torno de como se poderia tratar o direito como integridade em função do processo de sua aplicação. Dworkin parte da ideia de que o direito tratado como integridade considera que «as propostas de lei são verdadeiras se figuram ou surgem como consequência de princípios de justiça, equidade e devido processo que proporcionem a melhor interpretação construtiva da prática legal da comunidade».[78] A integridade como elemento informador do direito pressupõe, primeiramente, um verdadeiro conceito de comunidade; depois, aplica-se tanto à esfera legislativa quanto judicial. No âmbito legislativo, preenche, basicamente, a finalidade de coerência; no âmbito judicial, a finalidade de adjudicação. A integridade é um princípio prático destinado a conduzir os legisladores a tratar de todo o conjunto de leis como unidade coerente sob ponto de vista moral e, do mesmo modo, a impelir os juízes a interpretar as leis de tal forma que possam sedimentar essa mesma unidade coerente com o objetivo da obtenção de justiça e equidade na sua aplicação. Como todo direito pressupõe um modelo de comunidade, entende Dworkin que o direito orientado pela integridade só poderá ser compatível com um modelo de comunidade, a que ele, hipoteticamente, denomina de comunidade de princípio. Essa comunidade compreenderia algumas particularidades: seus membros são aqueles que aceitam serem governados por princípios comuns e sob regras estabelecidas por um compromisso político; aceitam, ademais, que seus direitos e deveres políticos não estão «esgotados por decisões tomadas por suas instituições políticas, mas, de uma forma geral, dependem do esquema de princípios que essas decisões pressupõem e fazem cumprir».[79] Uma vez

78. Dworkin, Ronald. *El imperio de la justicia,* trad. espanhola de Claudia Ferrari, 1992, p. 164.

79. Idem, ibidem, 1992, p. 154.

definido o modelo de comunidade e identificado o conceito de integridade, cabe verificar como Dworkin processa a decisão final da interpretação. Para tanto, vale-se de um artifício argumentativo prático: a figura do hipotético juiz Hércules. Tomando essa figura hipotética como personagem do processo de interpretação, traça as diversas questões e os percalços que poderão surgir no desenvolvimento da busca da decisão e, pois, de sua justificação. Tudo girando em torno do princípio da integridade. Não interessa discutir sobre esse processo interpretativo em toda sua extensão, nem sobre o conceito de direito que lhe serve de pressuposto, senão na exata medida que interesse à decisão acerca da norma dos delitos omissivos. Nesse ponto, o juiz Hércules teria à sua frente uma norma mandamental, que ordena, por exemplo, que alguém preste socorro a outrem que se encontre em grave e iminente perigo; ou determina que a mãe alimente seu filho recém-nascido; ou determina a observância de preceitos regulamentares no tocante à proteção do ambiente; ou mande que se retire de circulação medicamento que, supostamente, cause dano à saúde ou, finalmente, obrigue a denunciar a existência de um crime e quem seja seu autor. Com essas questões práticas, poder-se-ia obter, então, uma solução de princípio sobre os elementos que devam estar presentes nos delitos omissivos. Dworkin não propôs essas questões ao juiz Hércules; propôs outras. Mas isso não tem a menor importância, porque essas questões são elementares no âmbito dos delitos omissivos e poderiam ser formuladas por ele no campo da argumentação proposta. Com base no princípio da integridade, haveria alguma decisão sobre as perguntas apresentadas. O principal problema dessa interpretação não reside na figura retórica do juiz Hércules, que poderia ser até uma figura simpática e, literariamente, bastante aberta. O principal problema reside mesmo no princípio da integridade em face de violação de deveres de agir por parte de um sujeito capaz. Dworkin formula, para as chamadas obrigações associativas, uma série de condições para que se estabeleçam responsabilidades de seus membros pelo seu descumprimento: a) os membros devem considerar as obrigações como *especiais* e não *gerais;* b) têm que aceitar que essas responsabilidades são *pessoais*; d) devem considerar que essas responsabilidades provêm de uma responsabilidade mais geral de bem-estar de todos os membros do grupo; e) devem pressupor que as práticas sociais demonstram um interesse igual para todos os seus membros.[80] Ademais, no âmbito dos conflitos ocorridos em face dessas condições, estima Dworkin que a responsabilidade associativa está sujeita à interpretação judicial, a qual deverá decidir acerca de sua natureza e extensão.[81] Essa decisão, por sua vez, desenvolve-se em duas dimensões: de concordância e de justificação. Na primeira, será manifestada a convicção pela integridade, à medida que o julgador, em face dos princípios da ordem jurídica e da sequência histórica das decisões que

80. Dworkin, Ronald. *El imperio de la justicia,* 1992, p. 147.
81. Idem, ibidem, 1992, p. 149.

os sustentem, elimine aquelas interpretações que violem esses princípios; na segunda, decidirá entre as várias soluções possíveis, propondo-se uma interrogação acerca do que a estrutura das instituições e das decisões judiciais poderia indicar como o melhor enfoque para o caso a partir da perspectiva de moralidade política.[82] Nesse aspecto, volta-se ao velho problema da confusão entre solução jurídica e solução moral.

A posição de Dworkin se define como um recurso para se afastar do positivismo e, assim, evitar a circularidade. Apesar disso, o processo interpretativo proposto também não contribui adequadamente para determinar a legitimidade de uma norma mandamental, nem para estabelecer os limites concretos dos deveres de agir e dos elementos que possam compor o quadro dos delitos omissivos. É instigante buscar-se uma coerência na ordem jurídica no sentido de estruturá-la em face de um princípio de integridade. Mais instigante ainda é considerar que toda interpretação é essencialmente política,[83] já que a relação entre direito penal e política criminal jamais foi suficientemente contornada. No entanto, a subordinação da interpretação aos cânones da moralidade política, ainda que isso esteja impregnado em um modelo de Estado, faz por admitir que a norma mandamental, uma vez ajustada àquele princípio, estará legitimada a impor deveres e responsabilidades aos membros de uma comunidade, o que nem sempre será correto, pelo menos por duas razões: a) a concordância acerca das decisões anteriores coerentes sobre o caso não as chancela como consentidas por todos, são apenas decisões formalizadas de órgãos institucionais; b) a justificação da opção por uma solução em face do que melhor se ajuste, em termos substanciais, à moralidade política ou mesmo aos princípios constitucionais nada esclarece acerca dos limites para o cumprimento de um determinado dever. É possível que um dever se ajuste à moralidade política e aos princípios constitucionais, mas não possa ser cumprido porque implicará uma dessocialização do omitente, criando, a partir disso, um conflito impossível de ser dirimido sem uma regra clara que o dimensione em função do sujeito e não da comunidade de princípios. Claro está que se poderá sempre questionar a própria Constituição por meio da arguição de normas constitucionais inconstitucionais, mas isso é de remota aceitação pela doutrina jurídica e acabará se exaurindo em discussões estéreis.

Outro ponto de vista quanto à justificação da solução interpretativa adequada pode ser sugerido em face de uma formulação crítica da relação entre conhecimento e decisão. Essa formulação crítica pressupõe, no entanto, uma solução quanto às tarefas que podem ser conferidas ao direito penal. Geralmente, a doutrina tem acentuado que a criminalização de condutas, mediante sua definição em tipos de delito, tem como objetivo proteger bens

---

82. Dworkin, Ronald. *El imperio de la justicia,* 1992, p. 184.

83. Idem. *Uma questão de princípio,* trad. Luís Carlos Borges, 2005, p. 242.

jurídicos. A invocação da base protetiva da norma penal leva, por sua vez, à elaboração de outros objetivos atribuídos ao próprio direito, conferindo-lhe finalidades bastante diversas: como instrumento de consecução de moralidade política ou como orientador e determinador de condutas. Isso ocorre porque o objetivo de proteção, por si mesmo, não pode ser empiricamente demonstrado e nem guarda uma relação significativa com a consequência que se quer consignar à realização de uma conduta proibida ou a não realização de uma conduta mandada, ou seja, com a criminalização, mas tem que se valer de recursos que lhe são estranhos É compreensível, embora não justificável, que venha associado a formas ideológicas de manifestação de poder, simbolizadas por instrumentos vinculados à moralidade e ao próprio processo de imputação. Uma teoria crítica da interpretação deve ter por objetivo eliminar, na medida do possível, toda subordinação do direito a critérios morais e impedir que ele se legitime por meio da atribuição de responsabilidade. A subordinação do direito à moral torna permeável a segurança dos cidadãos, pois os deixa ao sabor de crenças, sentimentos, emoções e facciosismos. A suposta legitimação por meio da simples atribuição de responsabilidade, que fundamenta o processo de imputação, despoja a norma jurídica de seus substratos materiais e a transforma em simples instrumento de poder. Em um Estado verdadeiramente democrático, o direito deve ter, como essencial objetivo, a preservação da pessoa humana e sua liberdade. O direito não é orientador de condutas. A conduta é orientada pelo próprio sujeito em face dos demais e dos objetos do mundo da vida, alguns deles assimilados pelo direito. A partir daí, deve-se estabelecer que toda intervenção estatal no âmbito individual se subordina, invariavelmente, à demonstração da violação de direitos subjetivos, neles compreendidos não apenas os direitos fundamentais contidos nas cartas constitucionais, mas, principalmente, aqueles que decorrem da própria condição de pessoa. Traçados esses limites, ter-se-á, como consequência, a eliminação de um processo de imputação em termos positivos: o caráter protetivo do direito penal, executado mediante uma supressão de direitos subjetivos, perde eficácia em favor de uma demarcação das zonas de intervenção do poder estatal. Demarcadas essas zonas, a intervenção será ilegítima sempre que exercida sem o preenchimento do pressuposto de que tenha sido exaustivamente demonstrada a lesão de direitos subjetivos. Além disso, como o processo de criminalização se exerce pela comunicação, esta deve possibilitar que os sujeitos estejam aptos a compreender o significado das proibições e dos comandos jurídicos. Há, portanto, nesse processo interpretativo, algumas variantes que devem ser levadas em conta: a lesão de direitos subjetivos, a demarcação das zonas de intervenção (tipicidade e antijuridicidade), a realidade empírica e a validade do processo de comunicação. Caberá, assim, à dogmática penal desenvolver os argumentos necessários à preservação e à demonstração da ocorrência concreta desses pressupostos. A decisão final, portanto, quanto à aplicação da norma ao caso concreto, em se tratando de delitos omissivos, deve ser uma consequência tangível do que já fora consignado na fase de compreensão. Deve-se sempre ter em vista que em toda compreensão não se pode prescindir da relação pessoal, entre sujeito e outrem.[84] Uma vez que se tenha procedido a uma análise cognitiva – se o sujeito estava apto a agir; se, em face de sua condição social, estava inserido em um processo de comunicação; se a ação determinada era passível de ser cumprida por qualquer pessoa que estivesse na condição do sujeito; se os termos definidores da conduta omissiva são de uso comum na comunidade em que o fato ocorreu; se a conduta omissiva estava relacionada a um determinado objeto que pudesse orientar o sujeito; se o sujeito se encontrava em uma posição especial em face da lesão do bem jurídico; se o sujeito assimilava uma relação de proteção para com outrem – pode-se complementar o processo interpretativo mediante uma decisão acerca da efetiva lesão de bem jurídico, da extensão do dever imposto ao sujeito nas condições assinaladas na norma (dever geral de assistência e dever de impedir o resultado), da idoneidade da ação devida para evitar a lesão e das consequências que a aplicação da norma irá produzir no sujeito. Quanto a este último aspecto, as consequências devem dizer respeito ao próprio sujeito, como pessoa, não importando uma hipotética ou programática função protetiva de bens jurídicos, nem os fins de prevenção geral ou especial. Igualmente, no âmbito da decisão interpretativa, não cabe qualquer referência ao significado retributivo que se poderia imprimir ao descumprimento da norma. O processo de interpretação tem que ser finalizado no sentido inverso daquele que se poderia assinalar à natureza retributiva ou aos fins preventivos da norma: se essa aplicação da norma não irá produzir a dessocialização do sujeito. A decisão, portanto, não poderá incrementar maior dessocialização do que o sujeito já está suportando. Só dessa forma se poderá compor o processo interpretativo para nele também incluir as questões de culpabilidade, que ficam normalmente de fora da especulação jurídica e só passam a interessar quando da individualização da pena.

84. Angehern, Emil. *Sinn und Nicht-Sinn,* 2010, p. 4 e ss.

CAPÍTULO 9
OS FUNDAMENTOS NORMATIVOS DA OMISSÃO

I. O DELITO COMO FATO E COMO CONSTRUÇÃO NORMATIVA

Com a escola clássica italiana se pensou o delito apenas como infração. Nesse sentido, ficou muito conhecida a fórmula de Carrara: «delito é a infração da lei do Estado». Essa característica do fato punível em face de sua contrariedade a uma norma, ainda que impregnada, em seus fundamentos, de argumentos políticos que justificariam sua punibilidade, era uma consequência normal da concepção iluminista, então dominante no século XIX. Apesar de constituir apenas uma definição, entre muitas, o enunciado de Carrara, em linhas gerais, não estava muito afastado daquele outro proposto por Feuerbach, de que delito constituiria uma lesão de direito subjetivo. Mais técnico do que Carrara, sublinhava Feuerbach que o delito não poderia ser apenas medido por uma contrariedade à lei, mas em função das perspectivas de prevenção geral. À medida que a ordem jurídica seria compreensiva de direitos subjetivos, a concepção de delito como infração guardava as mesmas características em ambas as posições. Ao contrário dessa orientação normativista, até por força de sua filiação idealista, postulavam os penalistas hegelianos uma ruptura com esse arcabouço puramente jurídico, para desenvolver um conceito de delito subordinado a um conceito volitivo de conduta. A elaboração, por sua vez, de um conceito volitivo de conduta criava as bases para a edificação de uma teoria do delito orientada pela imputação. Acusa-se Feuerbach de haver sido o primeiro a desnaturar uma concepção normativa de delito em favor de sua consideração empírica. Mas parece que foram mesmo os hegelianos que, embora sendo idealistas, prepararam o campo para que sobre ele se pudessem plantar as sementes do positivismo. Se o delito não constitui uma simples infração, como pretendia Carrara, mas agora uma expressão imputável de uma conduta volitiva, está claro que seu substrato se situa, essencialmente, fora da ordem jurídica, na própria condição racional de suas normas. A introdução, na teoria do delito, de um elemento essencial extrajurídico abre a possibilidade de se buscar sua justificação, não apenas a partir de um componente racional, senão também empírico, ainda que essa não fosse a pretensão dos hegelianos.

Na própria evolução que se processa no empirismo e, por via de consequência, no positivismo no direito penal, pode-se ver como se mesclam, também, argumentos tipicamente empíricos, como a observação, a experiência, a demonstração e a regularidade, com outros de origem racional, como aqueles decorrentes de um processo de imputação pela atividade volitiva, procedidos por juízos lógicos ou contrafáticos. A partir da elaboração dos conceitos de antijuridicidade objetiva e de tipicidade, respectivamente, por Jhering e von Liszt, quanto ao primeiro, e Beling, no que toca ao segundo, a concepção de delito passou a se constituir de elementos normativos sobre uma base empírica. Se a norma que caracterizava o ato ilícito deveria, também, corresponder a uma definição precisa do processo causal, o delito seria o resultado de um juízo de valor pronunciado sobre o movimento corpóreo e a modificação por ele produzida no mundo exterior. Vê-se, assim, que, mesmo no âmbito do positivismo, o delito não deixou de ser uma infração à norma, empreendida por uma força, como queria Carrara, traduzida, mais claramente, no movimento corpóreo e no resultado material. A modificação estrutural do delito só passou a ser sentida sob a influência do neokantismo, principalmente pela contribuição de Radbruch, que prescindia para sua construção de um conceito pré-jurídico de conduta. Mais tarde, todavia, em qualquer dos sistemas jurídicos derivados da teoria finalista, da teoria social e das teorias funcionais, o delito sempre se pautou por elementos empíricos e normativos, por uma realidade natural ou social e jurídica. Sua construção legal se faz, assim, sobre um conceito de conduta, pelo qual se orienta o respectivo sistema jurídico. Anteriormente, já foram destacadas as características das condutas instrumentais, estratégicas, subordinadas a regras e comunicativas, as quais têm particularidades bem marcantes sobre a omissão e todos seus problemas de legitimidade. Agora, a tarefa se fixa nos elementos que devem nortear a estrutura legal da omissão, desdobrada em quatro aspectos: a) a natureza do ato normativo; b) as características do ato omissivo; c) a relação fática e a relação jurídica da omissão; d) o ato omissivo como ato perlocucionário.

II. A NATUREZA DO ATO OMISSIVO

O tratamento que os diversos sistemas do delito conferiram à omissão não pôde elucidar sobre sua natureza, nem delinear, definitivamente, seu conteúdo normativo. Isso se deve às deficiências dos respectivos conceitos de ação, que se desenvolveram sobre controvérsias insuperáveis de seus enunciados em face de sua regulação típica.

A relação entre omissão e seu enunciado puramente causal, normativo, final ou funcional está submetida a algumas indagações prévias que encerram o conteúdo de sua controvérsia. Afinal de contas, como pode ser caracterizada a omissão na lei penal? É resultado de pura criação normativa, ou existe uma omissão anterior ao direito, portanto, com dados pré-jurídicos? Tem base natural ou apenas legal? A resposta a estas questões é fundamental para edificar-se uma teoria dos delitos omissivos.

Claro que as questões propostas e as respostas que serão ofertadas não se resumem, tão só, ao aspecto central de decidir se a omissão subsiste fora do direito ou se tem sua criação unicamente em função da norma mandamental. As respostas se inserem em um contexto mais complexo. Em primeiro lugar, servem para atender ao preceito normativo constante do art. 13 do Código Penal, que necessita de uma interpretação esclarecedora acerca dos elementos que devem estar associados ao ato omissivo, até porque ali se faz menção expressa a uma causalidade na omissão. Em segundo lugar, servem para dar substância aos elementos delimitadores, porque a incriminação não pode ter por base, simplesmente, uma condição, ou o estado, ou a situação de uma pessoa ou de uma coisa, mas a realização de uma determinada conduta. Em terceiro lugar, se a incriminação tem por base uma conduta, não se poderá estruturar de modo alheio às características dessa conduta ou seus desdobramentos, que devem constituir os parâmetros pelos quais se traçam os limites do justo e do injusto. Em quarto lugar, conforme os critérios delimitativos estabelecidos, há de se fazer uma avaliação das respectivas condutas quanto aos pressupostos de sua incriminação, relacionados à gravidade de seus efeitos e à idoneidade da intervenção estatal para dirimir o conflito suscitado, concretamente, com a execução da conduta incriminada. Em quinto lugar, é necessário rediscutir a vinculação dessa conduta incriminada à capacidade de sua produção por parte do sujeito, o que só pode ser feito se essa conduta já estiver suficientemente identificada. Em sexto lugar, é indispensável dirimir a questão da equiparação entre ação e omissão e fixar os limites dessa equiparação, não apenas como pressuposto de legitimidade, mas como execução prática no âmbito, principalmente, dos delitos omissivos impróprios.

Essas exigências são inerentes a um direito penal de garantia e, por isso mesmo, devem passar por um crivo rigoroso da dogmática penal. As respostas às indagações acima enumeradas têm sido dadas, de uma forma ou de outra, pelas várias concepções do delito, conforme os parâmetros e os fundamentos que lhes são assinalados pelos seus respectivos autores, principalmente quanto à sua preocupação de superar o dogma causal e buscar, para a omissão, uma outra base de sustentação. Nesse sentido são as propostas das teorias finalista, negativista e personalista, bem como da concepção significativa de ação.

No capítulo correspondente à discussão sobre a natureza da omissão e também no capítulo precedente sobre as controvérsias de legitimidade das modalidades de conduta, já foram vistos os principais problemas que afligem os delitos omissivos, principalmente em face dos elementos básicos do conceito de ação. Sem pretender repetir o que se disse mais atrás, far-se-á uma apreciação mais concreta da natureza da omissão diante das tradicionais teorias de ação propostas pelo direito penal. Contudo, como a questão da causalidade na omissão já foi suficientemente discutida no capítulo respectivo e ainda será objeto de análise, sob plano dogmático, ficará de fora dessa indagação a teoria causal de ação.

1. A teoria finalista

A *teoria finalista da ação*, como já se disse, parte do conceito de que a ação, antes de ser valorada juridicamente, tem um fundamento ôntico, isto é, pertence à categoria do ser. Está claro que, com isso, não escapa de ser submetida a críticas severas, porque não é possível compor-se uma identidade entre *ser* e *natureza*, daí a confusão que se processou, posteriormente, entre seus partidários que não se entenderam sobre se a ação teria conteúdo natural ou axiológico, ou seja, se seus elementos eram aferidos de um confronto com dados empíricos ou se resultavam de uma proposição transcendental. A própria estruturação da ação em algumas etapas de realização, como assinala WELZEL, em torno da inicial antecipação do fim, da escolha e seleção dos meios causais e de sua execução, induz a essa confusão, porque não prescinde de uma base causal. De qualquer modo, para contornar esse dado, WELZEL quer asseverar a diferenciação entre causalidade e finalidade, o que dará lugar à conclusão de que o elemento essencial da ação – a finalidade – só pode ser compreendido em função de seu exercício como fator dirigente do acontecimento. A partir disso, poder-se-ia dizer que a ação e a omissão teriam um mesmo fundamento lógico-objetivo: a referência a um fim. Seria a omissão, portanto, modalidade de conduta final, como *inação*, que se contrapõe à ação, como modalidade de conduta final positiva.[1] Para WELZEL, «ação e omissão de uma ação são duas subclasses independentes dentro da conduta suscetível de ser regida pela vontade final».[2] Essa tese, como se pode ver, quer fundamentar o conceito de omissão fora do contexto da causalidade e parece ser, talvez, a única a compatibilizar-se ao esquema das categorias ônticas. Mas, ainda assim, não abrange todas as particularidades da omissão, porque, desde seu ponto de partida, apresenta contradições. Em primeiro lugar, porque não pode conceituar a omissão sem prescindir da referência a uma norma mandamental, o que contraria seu propósito lógico-objetivo inicial. Em segundo lugar, porque, para encontrar seu substrato ontológico, embora afirme que ação e omissão constituem categorias distintas, só pode entender a omissão como um conceito limitativo da própria ação.

---

1. WELZEL, Hans. *Derecho penal alemán,* 1970, p. 276.
2. Idem, ibidem, 1970, p. 276

A deficiência maior da *teoria finalista* parece residir, porém, na proposta de conceber a omissão dentro da categoria do ser, quando esta só pode ser, verdadeiramente, retratada se estiver vinculada a um dever de agir. Essa é uma contradição, que, como já se disse, fora sentida em Welzel[3] e se apresenta de tal forma entranhada em seu sistema que não pode ser superada nem mesmo com a tese de Armin Kaufmann,[4] seguida por Cerezo Mir,[5] de que ação e omissão, independentemente de suas qualidades diversas, guardam entre si uma característica comum que seria a *capacidade de ação.* Com isso, pretendem que o conceito finalista de conduta possa cumprir a função de elemento básico do delito, ainda que não unitário, ao reconhecerem que, na omissão, se trata da *não realização de uma atividade finalista que o sujeito podia realizar na situação concreta.* A omissão se confunde, então, com a capacidade do sujeito de realizar uma atividade positiva. Entretanto, não há que se confundir entre ação e capacidade de ação. Esta última é unicamente uma condição do sujeito e não um elemento integrativo do conceito de ação.

Deslocando-se o tema da omissão para o âmbito da capacidade de ação, deve-se considerar que, ao fazê-la depender dessa capacidade, a definição da omissão seria prévia ao conceito da própria ação, ou seja, a omissão só teria relevância quando se reconhecesse, tipicamente, a qualidade do sujeito para agir, qualidade essa que prescindiria de uma relação jurídica.

Ao estabelecer-se que a natureza da omissão dependeria da capacidade de agir, não se estaria tratando do exercício ou do não exercício de uma conduta final, senão da possibilidade desse exercício, aferida segundo a condição do sujeito antes mesmo da prática da ação. A condição do sujeito – se ele podia ou não omitir-se – se insere, ao mesmo tempo, como elemento prévio ao conceito de conduta e como critério definidor da conduta omissiva. Isso, no fundo, reeditaria, através da mescla incongruente entre sujeito e conduta, a antiga concepção hegeliana de que a imputabilidade, concebida como capacidade de vontade, constituiria um pressuposto do próprio delito. Por outro lado, ao fixar-se que a capacidade de agir só poderia ser pensada em termos típicos e não extrajurídicos, o conceito de omissão já não seria um dado do ser, mas o resultado de um juízo normativo. Se for tomada a omissão, todavia, como dado do ser, torna-se ainda mais complicada sua conceituação, só podendo ser explicada, como já ocorria com Welzel, com a adoção de uma atividade final, que efetivamente não se realizou, mas podia realizar-se, quer dizer, a finalidade deixa de ser real e passa a ser potencial.

O núcleo da discussão não se situa, evidentemente, na tentativa de demonstrar a propriedade de uma finalidade potencial na conduta. Situa-se na

---

3. Welzel, Hans. *Derecho penal alemán,* 1970, p. 276 e ss.
4. Kaufmann, Armin. *Die Dogmatik der Unterlassungsdelikte,* 1959, p. 85.
5. Mir, José Cerezo. «O finalismo, hoje», trad. Luiz Regis Prado, *Revista Brasileira de Ciências Criminais,* 12, p. 43, 1995.

constatação de que inexiste omissão sem violação do dever de agir. Quando se associa uma ação ou uma inatividade a um dever de agir, já se está descartando a hipótese de que esta atividade ou inatividade possa ser vista, exclusivamente, sob enfoque naturalístico. É que o dever de agir não é qualquer coisa pertencente à categoria ôntica, não possui substrato lógico-objetivo. É, isto sim, produto de um juízo de valor extraído da própria norma mandamental. Quando uma atividade é imposta a alguém, pode-se dizer que essa atividade é imposta em face de um dever a que está vinculada essa pessoa. Se a pessoa não estiver vinculada ao dever de agir, sua inatividade é um *nada,* absolutamente irrelevante.

Ademais, o fundamento ontológico da conduta humana, representado pela finalidade, não é inferido de uma lei preexistente, mediante processo cognitivo, mas de criação. Parece que nisso reside a grande contradição do finalismo. Se, por um lado, quer fundar o conceito de conduta sobre uma base ôntica, por outro lado, afasta-se dessa mesma base, ao enunciar um conceito de omissão consoante um juízo de possibilidade, que nem é uma possibilidade real, mas uma possibilidade virtual. A possibilidade real, como aquela a que se refere o juízo de previsibilidade na relação causal, baseia-se em dados objetivos. A possibilidade de uma finalidade, ao contrário, resulta de um juízo hipotético, subjetivo, que nada tem em comum com as características que Welzel assinalava à finalidade real na ação, como categoria lógico-objetiva. Está claro que os fundamentos ontológicos conferidos à omissão pelo finalismo enfrentam os mesmos percalços das teorias ontológicas em geral. Tratando da necessidade da ontologia, diz Adorno o seguinte: «A ontologia parece tanto mais numinosa quanto menos possa ser associada a conteúdos determinados que permitiriam enganchá-la a um entendimento indiscreto. Sua intangibilidade se converte em incompreensibilidade.»[6] À medida que a base ontológica da finalidade potencial se torne intangível, mais incompreensível se converte a essência do ato omissivo como aquele que se dirige a fim virtual e não real.

Seguindo a orientação originária de uma forma diferenciada da filosofia platônica, que pode ser chamada de *neoplatonismo*, o *neofinalismo* se afasta do dado ôntico e transfere a essência da ação ao campo das ideias, das quais deveria resultar todo o existente.[7] Da mesma forma que a essência de um objeto não estaria no próprio objeto, mas na ideia que se teria desse objeto, a finalidade não estaria, assim, vinculada diretamente à ação, mas resultaria

---

6. Adorno, Theodor. *Negative Dialektik*, 2003, p. 69. A palavra numinosa é, aqui, empregada por Adorno com o sentido proposto por Rudolph Otto: algum poder derivado da própria divindade.

7. Sobre a polêmica das concepções aristotélica e platônica do paradigma ontológico, Herbert Schnädelbach, *Philosophie*, I, 1991, p. 46 e ss.

de uma interpretação que identificasse a realidade com sua possibilidade.[8] Portanto, finalidade real e finalidade potencial passam a se confundir e a constituir elementos de uma mesma essência.

2. A teoria negativa de ação

Intensificando o conteúdo subjetivo e neoplatônico da teoria finalista, com base no desdobramento do princípio da finalidade potencial, KHARS e HERZBERG, primeiramente, depois, BEHRENDT e, de certa forma, JAKOBS criaram um conceito diverso de ação, com base no princípio da evitabilidade, denominado *conceito negativo de ação*. Ação seria, então, «a evitável não evitação de um resultado em posição de garantia»[9] ou «a realização do resultado evitável».[10] Com isso, quer-se significar que *comissão* e *omissão* se constituem da não evitação de alguma coisa, pois, também nos delitos comissivos, subsistiria a responsabilidade de evitar o resultado decorrente do movimento corporal do agente, atualizado como foco potencial de perigo.[11]

Esse conceito negativo de ação, ainda que tome como modelo um critério que poderia fundamentar um ato omissivo, que seria a evitabilidade do resultado, é incapaz de solucionar os problemas do enquadramento lógico e dogmático da omissão em um conceito superior de ação. Primeiramente, porque o próprio HERZBERG não vê necessidade de utilizar tal conceito na caracterização dos delitos omissivos em espécie. Em segundo lugar, porque, se, para os fatos comissivos, o que basta é a não realização do resultado, a qual é identificada com a sua evitação, para os fatos omissivos, nos quais o que ocorre é a não realização da ação, o critério estaria baseado na *não realização do resultado*, o que soa um absurdo.

Não socorre tal conceito, por sua vez, a posição crítica de JAKOBS, que, embora negue um conceito negativo, a ponto de taxá-lo de equivocado,[12] segue também nesse mesmo sentido. Partindo do mesmo critério da evitabilidade, como elemento identificador da ação, quer ver, neste juízo de evitabilidade, o denominador comum, como supraconceito, entre ação e omissão. Por isso, ao conceituar a ação como «causação evitável de um resultado», conclui ser a omissão a «não evitação evitável do resultado». O juízo de evitabilidade no tocante à omissão é pronunciado, assim, duplamente: primeiro, quanto aos

---

8. Essa é a proposição neoplatônica, bem representada pela obra de BOÉCIO, *A consolação da filosofia* (trad. de Willian Li, 1998, p. 136 e ss.), na qual se busca demonstrar, ao contrário de toda a evidência, de que a previsibilidade de um acontecimento implica, desde logo, a necessidade de sua verificação. Assim, a realidade se identifica com a própria possibilidade.

9. HERZBERG, Rolf-Dietrich. *Die Unterlassung im Strafrecht und das Garantenprinzip,* Berlin, 1972, p. 174.

10. JAKOBS, Günther. «Vermeidbares Verhalten und Strafrechtssystem», *Festschrift für Welzel,* 1974, p. 309.

11. HERZBERG, Rolf-Dietrich. *Die Unterlassung*, 1972, p. 173.

12. JAKOBS, Günther. *Strafrecht*, AT, 1993, p. 143.

aspectos positivos do resultado, para caracterizá-lo como evitável; depois, quanto aos aspectos negativos da conduta, no sentido de que ela teria evitado o resultado evitável, que, na verdade, não se evitou. Trabalhando com um juízo duplo, sua conclusão é de que, no fundo, haverá omissão quando se der a não evitação do resultado. Com tal postura, o conceito de ação fica submetido a um puro raciocínio lógico-dialético, divorciado dos dados empíricos e baseado sobre ponderações subjetivas de possibilidade, embora possa parecer, à primeira vista, que se trate de um raciocínio inteiramente subordinado a uma demonstração material. Tecendo considerações acerca do conceito de evitabilidade, o próprio Jakobs argui que essa «é determinada com o auxílio da hipótese de que, se o autor tivesse tido um motivo dominante para evitar determinada ação, a teria evitado»,[13] o que quer dizer que o conceito de evitabilidade não é um conceito objetivo. É um conceito inferido da motivação do agente, o que implica conceituar a ação de acordo com sua decisão e não por sua manifestação de vontade. Por isso mesmo, quando se trate de ação positiva, chega a uma posição complicada, ao negar, por exemplo, a qualidade de ação à realização inevitável da morte de outrem, porque não estaria juridicamente configurado o plano do autor e, por conseguinte, inexistiria uma lesão à norma.[14]

Mais criticável ainda se mostra a tese psicanalítica de Behrendt, para quem o conceito de ação não se ocupa do agir humano em geral, senão como expressão da chamada *destrutividade humana*.[15] Assim, a ação praticada em legítima defesa deixaria de constituir uma modalidade de causa de justificação, com a consequente exclusão da antijuridicidade, para se transformar em uma hipótese de ausência de ação, porque, sendo tal fato inevitável, conduziria à conclusão de que, igualmente, não caracterizaria uma expressão da destrutividade humana.[16] A omissão não seria entendida, portanto, como a não execução de uma ação possível ou de uma ação esperada ou mandada, mas, sim, como a omissão da direção contrária à tendência destrutiva da própria psique, tomada por base na sua esfera interior, existente antes mesmo da resolução volitiva.[17] A referência à categoria da destrutividade humana implica submeter o conceito funcional de orientação, de origem weberiana, a um substrato instintivo, condicionado organicamente. A omissão passa a ser a ausência de orientação para superar um conflito profundo de personalidade.

Ainda que se possa reconhecer à condição da *evitabilidade* um significativo papel na teoria do delito, em especial na teoria da imputação objetiva, sua inserção no conceito de ação só faz perturbar a sistematização desse conceito, trazendo como consequência uma transformação radical e confusa nos demais

---

13. Jakobs, Günther. *Strafrecht*, AT, 1993, p. 140.

14. Idem, ibidem, 1993, p. 144.

15. Behrendt, Hans-Joachim. *Die Unterlassung im Strafrecht. Entwurf eines negativen Handlungsbegriffs auf psychoanalytischer Grundlage*, 1979, p. 96.

16. Idem, ibidem, 1979, p. 106.

17. Idem, ibidem, 1979, p. 130.

elementos do delito. Por outro lado, como o critério da evitabilidade não é tomado, exclusivamente, no sentido objetivo, até porque seria difícil concebê-lo como elemento representado *a priori*, mas é assentado na esfera interior do homem, sua adoção, sob esses pressupostos, induz a retratar todo o sistema do delito dentro de uma lógica subjetiva, na qual importante não será, propriamente, a lesão objetiva dos bens jurídicos, senão a conformidade interna do sujeito aos comandos normativos. Esta postura é própria de JAKOBS, que vê a função do direito penal e da incriminação em geral referenciada a um instrumento de manutenção da ordem jurídica, como ordem normativa.[18]

3. A teoria personalista

Percebendo a impropriedade de uma concepção ontológico-real da omissão, bem como das tendências mais recentes no sentido de uma subjetivação do conceito de delito, ROXIN propõe um conceito personalista de ação, segundo o qual a ação deve ser entendida como *expressão da personalidade*, isto é, «ação é tudo aquilo que o homem congrega como centro de sua manifestação anímico-espiritual».[19] O próprio autor afirma que sua concepção não é nova, mas resultado de uma evolução procedida sobre os conceitos precursores de ação enunciados por RUDOLPHI e Arthur KAUFMANN, que, na década de sessenta do século XX, já haviam esboçado tal entendimento do agir como *objetivação da pessoa*.

Tomando a ação como manifestação da personalidade, pretende ROXIN superar os defeitos das concepções anteriores, que se reduziam a particularidades naturalístico-mecânicas (teoria causal), a formas especiais de aparecimento (finalidade), à sobreposição de valores sociais (teoria social) ou à esfera interior (teoria da evitabilidade).[20]

Embora se assente, como ponto de partida, em um dado natural (a personalidade humana), ROXIN não pode deixar de reconhecer que o conceito de ação, muitas vezes, dadas as características reais de sua manifestação, está vinculado também a juízos de valor, decorrentes da ordem social ou pronunciados pela ordem jurídica, através dos respectivos tipos de delito. Esse é, inclusive, o caso da omissão, que, tomada dentro do conceito de ação como *manifestação da personalidade,* está praticamente imbricada nos graus de valoração que fundamentam o injusto. A omissão só será considerada como manifestação da personalidade se tomada em referência à *ação esperada*, a qual, normalmente, vem fundamentada no plano social antes de sua configuração jurídica, diante de deveres sociais que são impostos ao sujeito.[21]

---

18. JAKOBS, Günther. *Strafrecht*, AT, 1993, p. 10.
19. ROXIN, Claus. *Strafrecht*, AT, I, 4.ª ed., 2006, p. 256 e ss.
20. Idem, ibidem, 2006, p. 257.
21. Idem, ibidem, 2006, p. 321 e ss.

A ação devida, assim, não é a ação que se poderia evitar, ou a ação simplesmente que não se realizou por interferência mecânica ou muscular, nem a não ação referente a uma ação final determinada, inserida no âmbito das categorias reais, mas, sim, a ação que a comunidade social ou a ordem jurídica aguardava como instrumento de proteção do bem jurídico. Em face dessa abordagem acerca da omissão, a recente concepção personalista de Roxin não pode ser caracterizada como uma pura teoria naturalista de ação, mas, simplesmente, como uma teoria de fundo naturalístico. A ação não se compõe, necessariamente, de elementos naturais, como categoria ôntica, mas toma a expressão da personalidade humana como condição natural e seu ponto de referência. Com isso, evita uma concepção puramente normativista, própria do positivismo. Independentemente de seu pretendido substrato subjetivo, no sentido de referenciar o conceito de ação a uma manifestação anímica do sujeito, cujos parâmetros poderiam conduzir a uma teoria sintomática, conforme o sentido conferido àquela manifestação anímica, o conceito de Roxin pode valer, em um primeiro momento, como ponto de partida de uma conceituação da omissão capaz de sedimentar os preceitos jurídicos sobre uma base de referência material. O problema está, contudo, na justificação de conceituar a omissão como simples manifestação da personalidade, quando sua existência só tem significação se confrontada com a infração a um dever. Insistir nessa base de conceituação pode gerar o perigo de buscar as origens dessa infração ao dever já na própria personalidade, o que conduziria a um puro direito penal sintomático, fora das zonas delimitadas da intervenção estatal. Para sair desse impasse, Roxin assinala que, no âmbito da omissão, o conceito personalista de ação só terá significado se relacionado a uma ação esperada, de modo que o conceito de manifestação da personalidade não pode abstrair, nesse caso, de uma valoração jurídica expressa no tipo legal.[22] De qualquer modo, um conceito de tal ordem, que não prescinde de um juízo de valor da tipicidade para caracterizar a omissão como conduta, já não é mais um conceito naturalístico ou pré-jurídico, mas, sim, um conceito misto. Por outro lado, à medida que se impregne a omissão de dados valorativos, pode-se ver que um conceito de ação personalista não terá o significado de um supraconceito, como ocorria com o finalismo ou mesmo com o causalismo. Essa solução pragmática, proposta por Roxin, vem ao encontro de uma análise da omissão a partir do conteúdo de uma norma mandamental.

4. A teoria significativa

Seguindo uma linha de raciocínio semelhante à teoria personalista, Muñoz Conde propõe, seguindo Vives Anton, uma *concepção significativa de ação*. Entende com isso que, muitas vezes, não será possível identificar

---

22. Roxin, Claus. *Strafrecht*, AT, 4.ª ed., 2006, p. 261.

uma ação, simplesmente, por seu fundamento ontológico, mas somente recorrendo a certas valorações que a dotam de sentido. Estas valorações, contudo, dependem do contexto no qual essa ação se realiza e são deduzidas das próprias normas jurídicas que procuram selecionar aquela parte da atividade que lhes interessa.[23] O sentido significativo da ação, portanto, será dado pela ordem jurídica e não pelo próprio sujeito, o que tem especial importância no caso da omissão, que só pode ser retratada com a ajuda de um critério normativo como omissão de uma ação devida, por mais que, ontologicamente, seja sempre a omissão de uma ação possível.

A possibilidade de uma ação constitui, para MUÑOZ CONDE, o fundamento ontológico da omissão, que é o mesmo da ação. Mas a diferença entre ação e omissão não se faz, unicamente, por este fundamento, mas depende da norma jurídica de referência que se utilize para valorar a conduta humana[24] e, consequentemente, do dever imposto ao sujeito, o qual está vinculado à estrutura do injusto de cada delito (tipicidade e antijuridicidade).[25] Com esta postura, situando a omissão dentro da estrutura do injusto, MUÑOZ CONDE se afasta tanto do modelo da teoria social de ação, que, antes da valoração jurídica, vê, na omissão, um elemento axiológico da ordem social, quanto também do conceito de ROXIN. De todos os conceitos de ação de fundo naturalístico, o de MUÑOZ CONDE parece ser aquele que mais se adapta às características da omissão, por não insistir, unicamente, no seu substrato ontológico, mas em fazê-la depender de um juízo de valor normativo, resultante da infração a um dever jurídico específico. Trata-se, como se verá, de um modelo de compreensão da conduta desenvolvido sobre a concepção aristotélica de ação, como um comportamento dotado de sentido.

III. A CARACTERIZAÇÃO DO ATO OMISSIVO

Independentemente de qualquer dos enfoques sobre a conduta, pode-se dizer que a relevância da omissão como violação do dever de agir é que assinala, assim, a sua própria existência. Não possui existência real, por si mesma, senão quando associada a outro elemento, representado por um dever. A omissão, portanto, está situada no âmbito de um mundo axiológico, de um mundo no qual são valoradas as diversas modalidades de comportamento e não apenas de um mundo puramente naturalístico, no qual o importante é, unicamente, assinalar suas características extrajurídicas. Por isso, a tarefa de caracterização da omissão, para não cair nos mesmos erros causais, tem que descartar a posição meramente naturalística ou ontológica.

---

23. MUÑOZ CONDE, Francisco. *Derecho penal,* PG, 1998, p. 242.
24. Idem, ibidem, 1998, p. 266.
25. Idem, ibidem, 1998, p. 268.

Poder-se-ia até mesmo considerar, como faz Muñoz Conde, que entre ação e omissão subsiste um elemento comum, representado onticamente pela possibilidade de realizar uma conduta. Isso, entretanto, não soluciona os problemas da diferenciação entre ação e omissão, nem fornece os elementos de sua caracterização. Ele mesmo o reconhece, ao propor um conceito significativo de conduta com vinculações à norma jurídica que a discipline.

Analisando a forma e as deficiências do tratamento da conduta omissiva dentro da *teoria do delito*, que conduzem a questões insolúveis, chega-se à conclusão de que as teorias naturalísticas ou ontológicas são incapazes de fornecer um fundamento seguro para caracterizar a omissão. A *teoria finalista*, por exemplo, é basicamente uma teoria da ação, que foi concebida de modo funcional no tocante aos *crimes comissivos*, mas que é antifuncional quanto à omissão. Embora, ao tratar da ação em geral, seguindo o modelo aristotélico de diferenciá-la da mera causalidade para assentá-la na orientação teleológica, possa sobrepor-se, funcionalmente, aos enunciados da *teoria causal*, incorre também nos mesmos erros da *teoria causal* no que se refere à omissão e não consegue superar suas contradições. Isto acontece porque a teoria finalista insiste no mesmo argumento de considerar a omissão como um dado do ser (categoria ôntica) e não como um dado de valor (categoria axiológica). A fixação da omissão como modalidade de ação final conduz, portanto, à consideração de que se trata de uma conduta natural e não de uma conduta de existência dependente da norma jurídica, como de fato ocorre.

Pode-se, em face de sua natureza, fixar a característica da omissão como uma modalidade de conduta subordinada a um dever legal ou jurídico de agir, por cuja violação se responsabiliza o sujeito conforme os pressupostos de legitimidade do processo de imputação. Como já se disse – e convém repetir – quando se tratou, mais atrás, das questões relacionadas à formação do dever de agir no âmbito da criação da norma mandamental, todo o processo de imputação centrado na sua violação está condicionado a determinados pressupostos, que passam pela crítica e demonstração de sua proporcionalidade e idoneidade em face da lesão de bem jurídico. É possível aduzir que mesmo a demonstração de proporcionalidade não é suficiente para legitimar a imputação. Isto porque nem sempre é fácil decifrar o que seja proporcional ou desproporcional; igualmente, pode ser que a imputação guarde proporcionalidade entre o dano causado e a incriminação, mas que a forma e o modo de sua manifestação concreta ponham em risco a própria pessoa, conduzindo-a a um processo de dessocialização. Em face disso, é indispensável que a criminalização só se faça sob o manto da norma jurídica, em que se assegurem à pessoa todos seus direitos fundamentais e, inclusive, sua própria posição, e não de conformidade com interesses ou atributos sociais relacionados à omissão. O ato omissivo, portanto, para efeitos de imputação, é um ato puramente jurídico, não um ato moral. Como ato jurídico está comprometido com todos os objetivos de garantia de um Estado democrático.

IV. RELAÇÃO FÁTICA E RELAÇÃO JURÍDICA

Ao estabelecer que a relevância da omissão está na dependência da validade do processo de imputação, surge a questão acerca dos elementos fáticos e jurídicos que lhe servem de objetos de orientação. A referência a um elemento empírico não desnatura a omissão como categoria jurídica e nem estimula sua redução a juízos naturalísticos. A omissão continua sendo modalidade de conduta valorada. Justamente em razão dessa valoração é que adquire também relevância social.[26]

Mais recentemente, a doutrina tem optado por um modelo que situe o conceito de conduta – assim, também, a omissão – dentro da ordem social e não exclusivamente na ordem natural. Segundo esse modelo, que parece ser o dominante, a omissão é tomada como comportamento humano socialmente relevante, no qual se deve considerar o seu momento axiológico e se descartar toda fundamentação naturalística. A omissão passa a se enquadrar dentro de um campo valorativo e não num campo ontológico. Se a omissão só pode estar referenciada a um plano axiológico, isto significa que ela mesma passa a ser objeto de um juízo, pelo qual tem assegurada sua existência. Como objeto de um juízo, submete-se à consideração de depender também de uma norma jurídica ou de possuir relevância fora do direito. Esta é uma questão prática que decorre do seu significado axiológico, como dado social ou normativo.

Afirmar-se, simplesmente, que a omissão está submetida a um procedimento axiológico não resolve, porém, a questão da origem e do fundamento de sua existência e relevância. Embora referenciada a um dever de agir, que tem origem legal ou jurídica, está claro que, em uma sociedade complexa e organizada, a omissão pode comportar uma existência pré-jurídica, dependendo das relações das quais resulte o juízo axiológico. Nesse terreno, convém precisar duas questões fundamentais. A primeira diz respeito à origem e ao fundamento dos juízos axiológicos. A segunda, às condições e aos elementos destes juízos. Normalmente, a existência e a relevância da omissão vêm imbricadas tanto na primeira quanto na segunda dessas questões. A decisão quanto a esses juízos irá, também, elucidar acerca da relação entre a omissão como elemento da realidade vital e como criação jurídica.

1. Os juízos axiológicos

A questão da origem e do fundamento dos juízos axiológicos diz respeito, principalmente, às propriedades que devem ser assinaladas a uma conduta para considerá-la como tal. Essas propriedades, portanto, não constituem elementos

---

26. Assim também, em linhas gerais, Claus Roxin (*Strafrecht*, AT, II, 2003, p. 629) participa de uma concepção axiológica, embora com fundamento ôntico; igualmente Alvarado, Yesid Reyes. *El concurso de delitos*, 1990, p. 22 e ss.

de correção ou de incorreção, mas elementos de identificação da conduta. Consoante esta perspectiva, podem ser distinguidos, tradicionalmente, dois modelos axiológicos que correspondem a duas ordens de consideração de valores, no sentido objetivo e no sentido subjetivo.

A) O modelo aristotélico

O grande passo para a formação de um juízo axiológico é dado com a superação do modelo causal de conduta. Como nem sempre de um determinado antecedente deriva um determinado consequente, segue-se que a identificação da conduta não deve ser feita empiricamente, mas de acordo com um juízo teleológico. Nesse sentido, afirmava Aristóteles que a origem da ação está na escolha do sujeito; a origem da escolha, por seu turno, está no desejo e no pensamento dirigido a um fim.[27] Não é possível uma escolha e, pois, uma ação, sem a unidade entre pensamento e desejo, entre convicção e finalidade. O homem não age porque pensa, mas sim porque pensa e deseja. Porque o homem conhece o fim de uma vida virtuosa e possui a inteligência, como propriedade de seu pensamento, pode-se vincular ao fim, ao qual se orienta a escolha, como condição de sua vida, e agir corretamente. Isso significa que a ação, tomada sempre como conduta moral, não deve sua existência à causalidade, mas sim ao fim perseguido pelo homem, que pode decidir acerca de sua correção ou incorreção. Com esse pensamento, Aristóteles cria um fundamento axiológico para a ação, que deixa de ser identificada como mero objeto descritivo, como se dá com a causalidade, e passa a construir sua existência a partir de um conteúdo próprio, por ele enunciado dentro da perspectiva de um fim virtuoso. No momento em que a ação é tomada como tal, segundo seu conteúdo final, sua existência fica na dependência desse mesmo fim, que condiciona sua escolha dentro de um processo prático de resolução. Na determinação dessa escolha, que se faz na forma do *silogismo prático*, cuja premissa principal e a conclusão constituem afirmações normativas, que não encerram em si mesmas qualquer conhecimento verdadeiro ou necessário (como se dá, em contrapartida, no *silogismo teórico*), exaure-se o juízo axiológico. Analise-se o caso do alimento, citado pelo próprio Aristóteles. Diante da premissa geral de que «a todos os homens são úteis alimentos secos» e da premissa particular de que «este alimento, por suas propriedades, é seco», segue a respectiva conclusão, representativa da ação, de que «todo homem deve comer esse alimento». O dever que assinala a conduta a ser realizada (comer o alimento) e que, assim, dá lugar à omissão, caso não seja cumprido, é inferido do enunciado geral, mas esse enunciado é, por si mesmo, produto de avaliação e não de uma determinada causa material. A ação, portanto, tem

---

27. Aristóteles. *Ética a Nicômacos*, trad. do grego por Mario da Gama Kury, 1999, n. 1139b, p. 114.

como fundamento o fim e não as leis naturais, que operam sobre uma base de necessidade. Ao concluir-se que todos devam comer o alimento seco não se está afirmando que isto seja uma necessidade natural, incontornável e insuperável, mas que essa é a conduta correta a ser adotada por todos. O juízo axiológico, porém, não é produto de pura elaboração subjetiva, como se poderia falsamente concluir, mas está calcado em um fim objetivamente vinculado a um bem, que, no caso, é a utilidade do alimento, ou ao bem de todos os homens, derivado da respectiva escolha em seu proveito e que dá existência ao dever e, consequentemente, à ação. Convém esclarecer que este modelo aristotélico, no qual a conduta tem sua origem na escolha do sujeito, não pressupõe apenas que essa escolha tenha por fundamento um hábito virtuoso, mas, sim, também um conhecimento prático, pelo qual se possa executar uma ação eticamente correta. Assim, a conduta deve sua existência tanto ao fim, quanto à capacidade do sujeito de agir corretamente.

Ainda que a teoria finalista de ação compartilhe do mesmo critério de diferenciar entre ação e causalidade, para assentar aquela na finalidade, não deve ser confundida com essa concepção aristotélica. Distintamente desta concepção e fora de seus pontos coincidentes, a teoria final de ação faz do fim um elemento natural (ôntico) da conduta, na forma de uma categoria lógico-objetiva, que prescinde de qualquer juízo normativo. Já em ARISTÓTELES, o fim, que fundamenta a escolha, é o marco de determinação da conduta e, pois, de um juízo axiológico. Este modelo aristotélico, ainda que referenciado à vontade, constitui o paradigma de um juízo axiológico objetivo, porque a resolução final da ação fica mais na dependência de um juízo de correção do que, propriamente, de seu conteúdo volitivo.

B) O modelo kantiano

Por sua vez, no modelo kantiano, a ação tem sua origem na liberdade tomada como sua causa *a priori* e deduzida da razão prática. A identidade entre liberdade e lei moral torna igualmente idêntica ação moral e ação livre, de modo que, se a liberdade constitui a origem da ação, a existência desta é determinada exclusivamente pela vontade, único elemento racional que poderá proceder à distinção entre ação eticamente correta ou incorreta. Ao contrário do modelo aristotélico ou teleológico, o modelo kantiano conduz a uma autonomia da própria conduta para com o fim perseguido pelo sujeito. O juízo axiológico se expressa, aqui, como juízo racional, daí dizer-se que se trata de um juízo subjetivo, independente de qualquer dado empírico.[28] O que fundamenta a conduta não é, assim, a escolha, mas a vontade; em vez de finalidade, o que importa é a intencionalidade. No imperativo categórico da razão

---

28. Para uma crítica aprofundada do pensamento kantiano, VOSSENKUHL, Wilhelm. «Praxis», *Philosophie*, vol. 1, 1991, p. 224.

prática, a máxima da conduta correta não depende do efeito que dela se espera, mas exclusivamente do valor moral da intenção, como lei universal. («Age de acordo com tal máxima, que possas querer elevá-la à categoria de uma lei universal.»)[29] O dever do qual deriva a omissão é, assim, um dever moral, originado da razão prática, como seu princípio de determinação. Seguindo o mesmo raciocínio, é compreensível por que o neokantismo agrega a omissão à ação esperada, não como efeito causal ou de expectativa, mas como forma *a priori* de violação do dever. A ação esperada, que fundamenta a omissão, deixa de ser interpretada, portanto, como uma conduta que se imponha pela norma jurídica, mas exclusivamente pelo dever moral, o que lhe empresta relevância fora do direito como objeto de um juízo de valor subjetivo.

A formação dos juízos axiológicos, a partir de uma proposição orientada ao fim, como faz Aristóteles ou com base na vontade relacionada à razão prática, conforme a visão de Kant, da qual derivam todas as formulações axiológicas posteriores, não resolve, por si só, a origem da omissão. Os juízos axiológicos, assim enunciados, acabam por fundamentar, distintamente, um processo de determinação de valores, de modo a estabelecer os parâmetros de uma conduta moralmente correta, mas sem esclarecer acerca dos seus elementos ou das suas condições de existência.

Tratando da modalidade dos juízos, Kant mesmo os distinguia em duas grandes categorias: *juízos determinativos* e *juízos atributivos*. Os primeiros tratam de esclarecer acerca dos elementos que assinalam a existência do objeto; os segundos, de suas características e propriedades. Seguindo esta classificação, pode-se dizer que o processo de esclarecimento da omissão deve ser visto, igualmente, sob duas perspectivas, as quais configuram a teoria da ação, tomada como uma teoria da práxis e tendo como ponto de partida o seguinte: (a) a necessidade de se perquirir acerca de um critério geral, pelo qual a conduta possa ser identificada e esclarecida como omissão, independentemente de sua correção ou incorreção; (b) a complementação deste critério geral por um critério especial, pelo qual se possa esclarecer acerca das propriedades dessa conduta em face da ordem social e da ordem jurídica, segundo uma comparação analógica ao método de esclarecimento científico em geral.

A determinação da origem da omissão está na dependência da solução dessas duas situações problemáticas, que são matéria de indagação e de metodologia científica, antes de constituírem objetos de incidência jurídica. Uma vez solucionadas estas duas situações problemáticas, poder-se-ão estabelecer os elementos configuradores da correção ou da incorreção dessa forma de conduta, segundo um juízo axiológico fundamentado.

---

29. Kant, Immanuel. «Grundlegung zur Metaphysik der Sitten», *Werke in sechs Bänden*, 1995, p. 215.

A resolução da primeira dessas situações, isto é, de elaboração ou de descobrimento de um critério geral de esclarecimento da omissão, já foi tentada por diversos segmentos ou teorias jurídicas, notadamente as teorias causal, finalista e, mais recentemente, as teorias negativista e personalista. Como era de se esperar, nenhuma delas pôde esclarecer suficientemente essa situação. O ponto comum de sustentação de todas essas teorias reside em tomar a omissão como objeto, independente do sujeito e fixar elementos que lhe são constitutivos por si mesmos (teoria causal e teoria finalista) ou atributos de sua correção ou incorreção (teoria negativa e teoria personalista). A formulação de um critério geral de identificação ou esclarecimento de um objeto depende da natureza e das características deste objeto.

Tratando-se de omissão, como modalidade de conduta humana, sua natureza não pode se afastar da condição do sujeito, ao qual se quer atribuir a responsabilidade pelo omitir-se. Assim, o processo de identificação do fundamento da omissão está na dependência do modo de expressão do sujeito, dentro do contexto de determinação de sua responsabilidade. Neste sentido, um critério geral de esclarecimento para a omissão não se assenta na simples tarefa de acumulação de suas propriedades naturais, nem em meros juízos enunciativos acerca de sua origem na finalidade ou na racionalidade. Mais especificamente, a omissão deve ser vista dentro de um critério de imputação de responsabilidade, que deve ser tomado, portanto, como o critério geral de esclarecimento sobre as condições que dão existência à omissão. Elegendo-se a imputação de responsabilidade como elemento inicial de sua configuração, elimina-se a possibilidade de a omissão ter conteúdo ontológico, ou naturalístico.

2. O conteúdo dos juízos axiológicos

Diversamente da posição aristotélica, que via o elemento essencial da conduta na finalidade virtuosa, objetivamente considerada, e a fazia depender da capacidade do sujeito de alcançá-la, aqui se estabelece que o primeiro elemento essencial da omissão está no modo de expressão do sujeito com vistas a ser objeto de um juízo de imputação de responsabilidade por não haver realizado a conduta determinada. Para poder identificar este primeiro elemento com precisão, pode-se partir da consideração de STRAWSON de que a expressão do sujeito só poderá ser objeto de imputação de responsabilidade se tiver, como pressuposto, a existência de um outro, ao qual se possa, também, atribuir essa responsabilidade, ou de quem se possa merecer a mesma imputação.[30] A existência do outro e sua relação com o sujeito, dentro de um processo de imputação, constitui, assim, o primeiro pressuposto de preenchimento de um juízo axiológico incidente sobre a omissão.

Esse primeiro elemento, entretanto, dada a variabilidade da expressão do sujeito, não pode, por si só, caracterizar a omissão. Para tanto, devem-lhe

30. STRAWSON, Peter F. *Einzelding und logisches Subjekt (Individuals)*, 1972, p. 127 e ss.

ser agregadas as características referentes às suas propriedades específicas. Desde que se tenha como pressuposto que a omissão só terá existência se puder ser objeto de um juízo de imputação a um sujeito, suas propriedades devem dizer respeito a como esse sujeito se expressa no mundo de suas relações. Essa incorporação do sujeito no mundo de relações, como condição primária do processo de imputação, não tem como tema central a formação da norma mandamental, mas, sim, os elementos empíricos e normativos que possibilitem sua orientação. Fundamental, portanto, para ditar as propriedades concretas da omissão é a preexistência de uma conduta, subordinada a regras e constituída, também, de elementos empíricos.

No capítulo anterior, quando se tratou da relação entre omissão e critérios de verdade, já foram traçadas as linhas mestras de sua elaboração legal, dentro dos respectivos tipos de delito. Aqui, a criação normativa será vista em face de juízos axiológicos, que são manejados, indistintamente, pela doutrina jurídica, mas que, para serem corretos, devem também estar sedimentados em alguns pressupostos. Com base nisso, podem ser incorporadas à omissão as seguintes propriedades: só pode subsistir a omissão em face de uma conduta subordinada a regras; as regras são aplicáveis ao sujeito; a regra que disciplina a conduta implica uma atuação positiva do sujeito no caso específico por ela referenciado, o que lhe imprime força significativa; o sujeito deve estar em condições de realizar essa conduta; a atuação positiva, que é imposta ao sujeito, deve conter elementos empíricos e normativos pelos quais possa orientar sua atividade.

Esses dados constituem os alicerces preliminares do enunciado jurídico-penal de omissão, que não é qualquer resultado arbitrário. Na sequência do silogismo prático mencionado por Aristóteles, por exemplo, a conclusão de que todos os homens deveriam comer alimento seco não pode gerar fundamento para a omissão, porque a imputação de responsabilidade por essa omissão não é manifestada como conduta subordinada a regras, nem é significativa em termos normativos, mas produto de pura conveniência.

Caso se reconheça, nas propriedades da omissão, um substrato empírico dentro de uma relação vital e não exclusivamente normativa, é viável assumir-se a postura de que a omissão pode ter uma pré-constituição fora do direito. Essa afirmação não induz à conclusão acerca de sua relevância. Independentemente das considerações de ordem metodológica, acima evidenciadas, é verdade que a omissão, como modalidade de comportamento valorado, está sempre referenciada a certo contexto social, que lhe assinala as propriedades essenciais à sua configuração. Sua relevância, porém, depende de seu reconhecimento normativo nas mais variadas disciplinas jurídicas, principalmente no direito penal.[31]

---

31. Admitindo um conteúdo social para a omissão, Costa Júnior, Heitor. «Teorias acerca da omissão», *Revista de Direito Penal*, 33, p. 71, 1982.

Há condutas na coletividade que constituem comportamentos, às vezes, considerados antiéticos, desleais, estranhos, irregulares, desviantes, mas que não configuram, em qualquer hipótese, comportamentos juridicamente relevantes. Quantas vezes, por exemplo, alguns colegas se cruzam e não recebem o devido cumprimento? A omissão de cumprimentar os atinge em sua relação de cordialidade entre colegas, mas isto constitui um *nada* em termos jurídicos, quer no âmbito do direito penal, quer no âmbito de outros ramos do direito, por não estar referenciada diretamente essa omissão a uma norma jurídica. É verdade que a omissão de certa cortesia, como hábito de pessoas civilizadas, produz um sentimento social desagradável e gera efeitos mais amplos do que se poderia supor na ordem social, porque a pessoa que não cumprimenta um colega, em determinado momento, poderá ficar incompatibilizada no seu grupo. Além disso, as demais pessoas que sentem a ausência de cordialidade poderão ficar incomodadas com a falta de atenção do colega e poderão excluí-lo de seu círculo de relações. Forma-se, com isso, um processo de sua exclusão do âmbito social em que atua.

Há, portanto, uma reação sensível das pessoas a esse tipo de comportamento omissivo, ainda que fora do direito. Mas sua relevância jurídica não deriva da reação social que poderá engendrar. Essa reação apenas indica que a omissão, antes de sofrer a incidência das respostas do direito, é apta a produzir efeitos sociais e se integrar ao mundo da vida. Entretanto, o fato de integrar-se ao mundo da vida não leva a que o legislador, por meio de uma norma mandamental, a incorpore ao direito. Para tanto, deverá proceder a outra avaliação em torno da necessidade da intervenção jurídica e de sua relação direta com a lesão de bem jurídico. Ao admitir-se, porém, que a omissão constitui uma realidade fenomênica no mundo da vida, condiciona-se sua inclusão jurídica, não apenas em função da chamada vontade do legislador, mas em face do que se possa, no âmbito social, vislumbrar também como relevante. A referência da omissão ao mundo da vida não induz, ademais, sua inclusão jurídica apenas por esse fato. A característica social da omissão deve ser tomada como elemento limitador da norma jurídica, subtraindo-lhe o poder de criar deveres sociais, em oposição ao proposto, nesse passo, pela orientação neokantista. Como no caso da descortesia, a não execução de uma ação esperada pode implicar efeitos na ordem social, independentemente de sua configuração jurídica. Mas a criação jurídica de deveres não pode ser apenas produto de um argumento racional, sem o respaldo de sua correspondência ao mundo vital.

Essa referência social da omissão representa um passo adiante na elaboração do conceito de conduta, que, tomado como conceito geral, deve ser suficientemente flexível e abrangente para englobar todas as modalidades concretas do comportamento. Cabe distinguir, porém, entre conteúdo e relevância da omissão. Tanto no plano social quanto no plano jurídico, será possível admitir-lhe um conteúdo e uma relevância. As normas sociais de convivência emprestam à omissão um conteúdo axiológico e, consequentemente, determinados efeitos, que geram sua relevância social. Para os efeitos jurídicos, essa relevância social vale apenas como simples referência e não como seu próprio conteúdo normativo. O conteúdo jurídico, em face dos princípios garantistas do direito penal, decorre da norma jurídica, a qual assinala sua própria relevância. Assim como a simples existência de um conteúdo social não implica que o direito empreste à omissão de determinada ação uma relevância jurídica, a sua referência social deve ser condicionante de seu conteúdo jurídico.

Pode acontecer, entretanto, que a omissão não apresente qualquer fundamento valorativo na ordem social, ainda que resulte juridicamente relevante. Isto reflete um estado de instabilidade normativa, que conduz à sua ilegitimidade. Pode-se até dizer que a norma vale, formalmente, durante certo tempo, mas, pela ausência de substrato material e de conteúdo, não terá como possuir eficácia. Mas então temos que vê-la de outra maneira, não só no seu aspecto de existência, mas também no sentido de sua relação para com o bem jurídico, porque pode acontecer que a própria norma, em face do sentido regulamentador que passa a desempenhar, venha a induzir a criação de deveres sociais de convivência, que lhe irão depois preencher seus fundamentos. Diante dessa capacidade inventiva do direito, chega Figueiredo Dias, pela crítica à teoria social da ação, a postular uma concepção inteiramente normativista de conduta, ao entender que a ação esperada só pode ser vista a partir de uma imposição jurídica de ação que nasce do tipo de ilícito.[32] De certa forma, esse entendimento normativista assinala as deficiências de um conceito puramente naturalístico de conduta, que é incompatível com a estrutura e as características da omissão. Mas, por outro lado, é sempre necessário encontrar delimitadores desse conteúdo normativo, não apenas sistematicamente, senão com base na realidade social, para não afastar o direito penal de seu verdadeiro substrato. Uma criação puramente jurídica de conduta, principalmente na América Latina e a exemplo do que sucedeu na história europeia dos anos trinta, poderá justificar a criação de delitos sem a correspondente lesão ou perigo de lesão a direitos subjetivos ou a bens jurídicos. Isso se repete, inclusive, na sociedade atual, em todos os países, com a tipificação de condutas sem se levar em conta o perigo ou o dano ao bem jurídico. Essas condutas caracterizadas como meras infrações a deveres fazem reeditar as bases de um Estado despótico e autoritário. Ainda que se possa dizer que será, no tipo de injusto, o local adequado a proceder-se à perfeita separação entre delitos omissivos e culposos, a adoção de um conceito puramente normativista de ação, apenas dependente da previsão típica, poderá bem servir ao seu escopo funcional, mas, ao afastar-se do valor concreto que deve consistir seu substrato, pode perder seu ponto de referência e de garantia. Será preciso lembrar

32. Dias, Jorge de Figueiredo. «Sobre o estado atual da doutrina do crime», *Revista Brasileira de Ciências Criminais*, n. especial de lançamento, 1992, p. 35.

que o direito penal deve estar sempre referenciado a um sujeito concreto e não a deveres genéricos.

Na atual formação social capitalista, que passou a ser chamada de sociedade de risco, tendo em vista a departamentalização de seus setores, a tipificação de condutas serve, na maioria das vezes, de resposta a situações políticas emergenciais, confundindo-se com as normas puramente administrativas, que só interessam aos ditames imediatos do Estado. É que a repartição social em setores específicos, como o meio ambiente e a economia, faz gerar regras próprias desses setores, de modo a obscurecer seu panorama global. Com isso, transforma, indefinidamente, os limites da organização social, que se desnaturam e, em lugar de servirem de orientação às condutas individuais, passam a incorporar todas as especulações políticas de restrição à liberdade, mediante a tipificação das violações de deveres e expectativas que ali se desenvolvem. Sem consideração ao seu real substrato social significativo, tendo como pressuposto a violação de um bem jurídico estratificado e suscetível, empiricamente, a um critério de refutação, sob a égide da proteção dos direitos fundamentais, cuja observância deve anteceder a qualquer elaboração normativa,[33] a tipificação pura e simples de condutas omissivas, decorrentes da violação daqueles deveres ou expectativas, conduzirá a um estado de insegurança individual. É nesse sentido, inclusive, que se manifesta a crítica de HASSEMER de que o atual modelo penal repressivo, sob a falácia de sua eficiência prática, vem se transmudando em um verdadeiro direito policial.[34] Diante dessa anomalia legislativa, mostra-se imprescindível sustentar a conduta típica, qualquer que seja, sobre uma base ou um substrato socioindividual, independente dessas organizações setoriais, não simplesmente por questões sistemáticas ou funcionais, mas como forma de sua delimitação. Se a omissão só adquire relevância jurídica através de sua tipificação legal, é indispensável também que essa tipificação não se estenda além do que seu substrato social recomenda. Isso, em última análise, quer significar que o legislador encontra seus limites de impor deveres jurídicos no juízo de valor da realidade social, como realidade empírica e racional.

V. A CONFIGURAÇÃO PERLOCUCIONÁRIA DA OMISSÃO

Como a omissão se exprime sempre como violação de um dever imposto pelo direito, portanto, por meio de uma norma explícita, é importante verificar como esse ato normativo encontra respaldo no âmbito social, como ato

---

33. BARATTA, Alessandro. «Funções instrumentais e simbólicas do direito penal. Lineamentos de uma teoria do bem jurídico», *Revista Brasileira de Ciências Criminais*, 5, p. 12 e ss., 1994; ALBRECHT, Peter-Alexis. «Erosionen des rechtsstaatlichen Strafrechts», in *Kritische Vierteljahresschrift für Gesetzgebung und Rechtswissenschaft*, 2, p. 163 e ss., 1993.

34. HASSEMER, Winfried. «Aktuelle Perspektiven der Kriminalpolitik», in *Strafverteidiger*, 6, p. 333 e ss., 1994.

de fala, como ato perlocucionário. A caracterização da omissão como ato perlocucionário é importante porque, através disso, se poderá compreender como a imposição de deveres é capaz de influenciar a conduta humana e discutir acerca de suas limitações concretas em face da própria estrutura dessa conduta. Poderá causar espanto a assertiva de a omissão constituir um ato de fala. Acostumada ao modelo causal de conduta, ou mesmo ao modelo finalista ou funcional, a doutrina não pode imaginar que uma conduta, concebida como algo objetivamente apreensível no mundo exterior, quer pela produção de efeitos materiais, que pela defraudação de expectativas, possa ser reduzida a um momento linguístico. Nesse aspecto, convém fazer-se uma observação, que é relevante especialmente para o mundo jurídico: se ação pode comportar uma interpretação conforme seu enunciado tipificado, o que dá lugar à sua compreensão como ação comunicativa, a omissão, independentemente dos substratos sociais que possa possuir, está condicionada diretamente em sua definição, elementos e circunstâncias a um enunciado normativo, o qual é manifestado como ato de fala. O ato de fala não se reduz, assim, à palavra oralmente pronunciada, mas vem expresso por sinais ou símbolos, como os que constituem a definição legal. Tecendo considerações acerca do significado dos símbolos ou sinais que expressam esses atos de fala, aduz ABEL que os sinais em sentido estrito compreendem todos aqueles produtos que possam ser apreendidos pelos sentidos, como as palavras e os desenhos; esses sinais simbolizam o próprio objeto a que se referem e até com ele se confundem, e se caracterizam por meio de elementos semânticos, como as condições de significado, referência e verdade.[35]

A questão diz respeito a verificar se a delimitação da omissão deve ser procedida por meio de um conceito de conduta, capaz de, segundo sua estrutura, impor restrições concretas ao poder de intervenção do Estado. Como se sabe, a política criminal exercida pelo poder dominante não se comove diante de meros conceitos. Para obter-se uma diminuição do que ZAFFARONI chama de irracionalidade do sistema, parece que, além de um conceito delimitativo de conduta, se deve exigir do poder sua submissão aos preceitos constitucionais de garantia, de modo a ampliar os fundamentos do Estado democrático. Sem o preenchimento desse pressuposto, o embate entre política criminal, de um lado, e conceitos jurídicos, de outro, será totalmente estéril, porque insuficiente para conter sua irracionalidade. Há, assim, que ressaltar que toda atividade jurídica é limitada pelos condicionamentos impostos na própria estrutura da formação social e só pode constituir um instrumento de contenção do poder irracional quando tenha em vista esse pressuposto. A irracionalidade do sistema não é algo que poderia ser catalogado como patológico diante de uma pré-falada racionalidade centrada na unidade e na integridade, é resultado das próprias

35. ABEL, Günter. *Zeichen der Wirklichkeit,* 2004, p. 20.

contradições inerentes à formação social capitalista.[36] A partir disso, pode-se continuar a discutir sobre a validade de um conceito de conduta que englobe a omissão e possa servir de modelo de limitação jurídica ao poder político.

Como a omissão juridicamente relevante é somente aquela inserida num tipo de delito, a solução inicial é a de que seu conceito deve ser amparado por uma estrutura normativa. Sem uma estrutura normativa será impossível compor-se um conceito abrangente de conduta. Daí poder-se compreender por que RADBRUCH estava tão preocupado em demonstrar a inutilidade de um conceito superior de conduta e haver reconhecido a impossibilidade de unidade entre ação e omissão. Independentemente disso, a própria estrutura normativa é capaz de produzir as condições para se construir um conceito de conduta com essas características. Mas, para o exercício pleno da democracia, faz-se necessário que as normas jurídicas sejam legítimas, o que equivale a dizer que todo processo de gestão democrática se insere num contexto comunicativo, como já exposto mais atrás (capítulo 8). Um contexto comunicativo, por sua vez, exprime-se pela linguagem e se traduz, por fim, em atos de fala. A norma mandamental, que sustenta tanto os crimes omissivos próprios quanto os crimes omissivos impróprios, é, primordialmente, um ato de fala com emissor anônimo. Uma vez que a norma mandamental é um ato de fala, será possível compor-se o conceito de omissão como conduta perlocucionária, segundo a qual o omitente toma da norma os elementos de comunicação nela contidos e os insere no contexto de sua conduta como objetos de sua orientação. Ainda que na omissão não exista uma manifestação exterior da vontade, pois a inatividade nada indica, senão a própria omissão, sua característica depende do ato de fala expresso na norma. A norma penal incriminadora, por seu turno, constitui um ato ilocucionário, pois não se limita a descrever um fenômeno, mas a compor uma proibição ou um comando e a exigir de seus destinatários uma conduta que lhe seja adequada. No caso específico da omissão, a norma serve de elemento essencial na sua configuração como conduta juridicamente relevante e ainda de objeto de referência para o omitente. Sem a referência normativa, a omissão não poderia ser integrada no âmbito jurídico.

Seguindo uma indicação de SEARLE, os atos ilocucionários podem ser de duas ordens: diretos e indiretos. Os atos diretos são aqueles que se expressam por meio de sentenças, ordens, comandos, ações; os atos indiretos, por meio de assertivas incompletas, pelas quais o emissor dá a entender que persegue outro fim além daquele consignado na emissão. Essa classificação não é perfeita, porque há muitas facetas do processo comunicativo que não podem

---

36. ADORNO, Theodor W. *Introdução à sociologia,* trad. Wolfgang Leo Maar, 2007, p. 129: «(...) a sociedade desenvolve tendências de uma progressiva irracionalidade simultaneamente ao avanço de sua racionalização, porque a totalidade da sociedade não se mantém viva solidariamente, mas através dos interesses antagônicos dos homens, através de suas contraposições e não porque existe um sujeito social conjunto uniforme.»

ser compreendidas nessa dicotomia, mas, apesar disso, pode servir de parâmetro para se descortinarem os elementos que devem compor um conceito da omissão como ato perlocucionário. Está claro que, quando se fala de omissão, a questão se complica porque não se pode, com ela, identificar exatamente o conteúdo e a extensão do ato de fala. Dadas suas características de não exprimir diretamente os contornos de seu conteúdo, a omissão poderia ser classificada como um ato de fala indireto.

Aqui, devem-se diferenciar duas hipóteses: na primeira, o omitente realiza ação diversa daquela devida; na segunda, não há a realização concomitante de outra ação, o omitente apenas nada faz. Na primeira hipótese, poder-se-ia predizer que o omitente estava perseguindo um fim diverso daquele ao qual estava obrigado. Essa predição resulta de uma simples verificação entre o que o omitente realiza e o que a norma determina. Há, portanto, a caracterização de um ato de fala indireto: o omitente se manifesta no sentido diverso da norma e demonstra que está orientado por outro objetivo. Na hipótese de simples omissão, sem a realização concomitante de conduta diversa da devida, não há como se obter um diagnóstico acerca do outro fim perseguido pelo omitente. Para essa forma de omissão, sua classificação como ato de fala é extraída exclusivamente de seu confronto com a norma mandamental e não por meio de uma observação empírica. Mas, de qualquer modo, se a norma determina uma conduta e o agente não a realiza, há de sua parte uma expressão comunicativa no sentido de desprezar os elementos de orientação normativa e, ainda que nada faça, orientar sua conduta segundo outras referências. A subordinação da omissão a uma norma mandamental, não apenas no que toca à subsistência de um dever de agir que lhe confere relevância, mas, fundamentalmente, pelos elementos que essa norma fornece ao sujeito para referência e orientação de sua conduta, transforma a omissão de um ato ilocucionário inicial em um ato perlocucionário. Isso ocorre porque, então, já não se trata de afirmar o dever de agir imposto pela norma. Mais do que isso, quando a norma se materializa na conduta concreta do sujeito, a omissão se individualiza e passa a depender dos elementos que lhe imprimem sentido: a capacidade do sujeito, o objeto da ação devida, as consequências da inatividade, o papel das pessoas afetadas, a violação do bem jurídico e as demais circunstâncias que ilustram o contexto.

A individualização da omissão traz como consequência a necessidade de uma perfeita identificação de todo o processo comunicativo desencadeado pela norma, sem o que não será possível executar um juízo de refutação da imputação. Em todo processo de comunicação, como se dá na vida diária, é indispensável que a conduta seja executada conforme determinados objetos de referência, situados objetivamente como pontos de sua orientação. Os objetos de referência da conduta, que podem ser normativos ou empíricos, fornecem-lhe os elementos de sua ligação com o mundo vital e com outras pessoas. Por meio deles, o sujeito se associa ao mundo. Quando o sujeito se dispõe a descumprir o comando legal, não o faz exclusivamente como movimento ou inatividade, mas, sim, como sujeito integrado no mundo da vida. Ao omitir-se de uma atividade devida, o sujeito orienta sua inatividade em sentido inverso aos objetos de referência estabelecidos pela norma, quer realizando conduta diversa, quer nada fazendo. Isso, porém, não basta para assinalar à omissão a qualidade de ato perlocucionário.

É preciso, além disso, que o sujeito, ao omitir-se, tenha consciência e vontade de descumprir o dever nos exatos limites da referência normativa. O descumprimento voluntário do dever não implica, por sua vez, a edição prematura de um delito doloso. Para que o ato perlocucionário se perfaça é essencial que o sujeito o preencha com vontade, pois, caso contrário, não estaria apto a inseri-lo no processo de comunicação da norma. A questão do dolo só vem a interessar no momento da configuração do tipo e não no âmbito da conduta. É perfeitamente compatível com a assertiva de uma omissão voluntária a constituição de um delito omissivo culposo. Atendendo às modernas concepções do crime culposo, este se realiza quando o sujeito desencadeia um processo lesivo mediante a violação dos limites do risco autorizado. A violação do risco autorizado pode ser pronunciada por ação ou por omissão. Por ação, o sujeito viola uma norma de cuidado à qual estava obrigado se quisesse praticar a atividade e, com isso, produz um resultado lesivo. Por omissão, o sujeito deixa de realizar uma atividade devida e, assim, viola os limites do risco autorizado, o qual lhe exigia que atuasse quando presentes as circunstâncias de identificação do processo lesivo que seria desenvolvido caso a ação devida não fosse executada. Mas, para isso, é preciso que o sujeito conheça os limites desse risco e os queira violar por meio de sua inatividade, embora não queira o resultado lesivo (culpa consciente), ou não realize, voluntariamente, a atividade mandada, porque desconheça, concretamente, que, com sua inatividade, esteja violando o risco autorizado (culpa inconsciente). Há, portanto, em ambos os casos, o descumprimento de duas normas mandamentais por meio de única omissão. A omissão, contudo, é voluntária em relação a ambas as normas. Isto porque soa um absurdo que alguém possa descumprir involuntariamente uma norma impositiva do dever de atuar e, ao mesmo tempo, descumprir, por omissão involuntária, uma norma que fixa os limites do risco autorizado, sendo responsabilizado por isso. A superposição de condutas involuntárias em um mesmo contexto conduziria à pura responsabilidade objetiva, que é incompatível com um direito penal democrático. É que a dupla involuntariedade impossibilita um juízo de previsibilidade ou evitabilidade do evento, já que exige um esforço demasiado do sujeito para sua concreção. Por outro lado, a voluntariedade é essencial, porque só com ela pode o agente inserir em seu projeto de conduta os objetos referenciais da norma e ter lugar o processo de sua imputação. Ainda que o sujeito, no momento do fato, não tenha pensado nos limites do risco autorizado (culpa inconsciente), sua inatividade está sempre vinculada à sua participação voluntária nas exigências do mundo da vida, que lhe sedimentam a condição de pessoa. Essa formulação tem como objetivo respaldar essa condição de pessoa e recuperar o papel do sujeito no âmbito da teoria do delito. A culpa se desenvolve, justamente, porque o sujeito não quer realizar a ação mandada, por não se orientar suficientemente pelos objetos de referência traçados na norma mandamental, embora pudesse fazê-lo.

Como conduta perlocucionária, além daqueles elementos que lhe imprimem sentido (a capacidade do sujeito, o objeto da ação devida, as consequências da inatividade, o papel das pessoas afetadas, a violação do bem jurídico e as demais circunstâncias que ilustram o contexto), a omissão pressupõe também uma inatividade voluntária, sobre a qual se situa o processo de imputação pelo resultado lesivo. Todos esses pressupostos constituem parâmetros para que o sujeito possa se orientar no mundo da vida e cumprir as imposições normativas.

Poder-se-ia objetar que a omissão, como nada produz em termos causais e só tem relevância quando se insira como elemento de um processo de imputação, não se coadunaria com as qualidades de uma conduta perlocucionária, senão com um comportamento simplesmente ilocucionário. Seguindo uma linha divisória entre atos de fala que se manifestam em condutas, como ilocucionários e perlocucionários, tem-se que todo ato pode, conforme o contexto, se transmudar de uma para outra categoria. A omissão, como enunciado normativo, tem, primeiramente, um sentido ilocucionário, porque se destina a informar aos sujeitos acerca do que é lhes devido, impondo-lhes um comando; já, em segundo plano, quando se concretiza em uma inatividade ou na realização de uma conduta diversa daquela que deveria ter sido realizada, percorre um sentido perlocucionário, porque, então, se orienta para a lesão ou perigo de lesão ao bem jurídico. Como toda conduta penalmente relevante deve estar orientada em função do bem jurídico, pode-se dizer que a omissão constitui um ato perlocucionário. Afastando-se um pouco dessa terminologia instituída por Austin, podemos também caracterizar a omissão como um *ato performático*. O ato performático traduz o exercício concreto de uma atividade de conformidade com as regras que a orientam.[37] No caso da omissão, tanto o enunciado do comando quanto a não realização da ação mandada estão vinculados entre si por dois modos de conexão: pelas regras estabelecidas na norma mandamental, que possibilitam a orientação da conduta conforme os elementos que a instruem, e pela não execução da ação mandada e sua adesão à lesão ou ao perigo de lesão ao bem jurídico.

---

37. Regenbogen, Armin; Meyer, Uwe. *Wörterbuch der philosophischen Begriffe*, 2005, p. 488.

SEGUNDA PARTE

OS COMPONENTES DOGMÁTICOS

INTRODUÇÃO
O PAPEL DA DOGMÁTICA

A dogmática penal é uma ciência que pretende estratificar, em conceitos sistemáticos e coerentes, os fundamentos da ordem jurídica dentro de uma determinada ordem social. A vinculação entre dogmática penal, ordem jurídica e ordem social não constitui, portanto, mera referência acadêmica, mas o campo sobre o qual se deve debruçar a teoria do direito penal, com vistas a equacionar suas características dentro de uma determinada sociedade. Isso quer dizer que não se pode conceber uma teoria do direito penal dissociada das particularidades concretas da ordem social e dos contextos nos quais se verificam os conflitos.

A vinculação entre direito penal e ordem social serve tanto ao propósito de elevá-lo sobre uma base material, quanto à rediscussão permanente de seus elementos, que só se legitimam se utilizados como delimitadores da intervenção estatal, antes de constituírem características de configuração dos respectivos delitos. Isso porque a solução penal dos conflitos sociais não é uma questão apenas de técnica legislativa ou de proposições empíricas de política criminal. É uma questão, antes de tudo, de garantia individual. À medida que o sujeito passa a se destacar na ordem social e, consequentemente, na ordem jurídica, como pessoa e não como mero subsistema, suas relações conflituosas não poderão ser tratadas como simples contusões da ordem, a indicarem imediatamente a condenação criminal, com ou sem aplicação de pena, mas de assegurar-lhe, em primeiro lugar, que essa solução se possa efetivar através de meios não criminais. A intervenção do direito penal deve ser vista como uma forma de patologia social, como consequência, assim, das contradições sociais incontornáveis e amparado sempre nos estritos limites de sua necessidade, embora jamais justificado. A tarefa proposta por uma dogmática crítica é a de demonstrar a inconsistência da solução criminal, buscando delimitar ao máximo o poder de intervenção do Estado. O problema está, porém, em como evitar que conceitos positivos sejam estratificados como elementos do fato e passem, por isso, a justificar a punibilidade de uma conduta, ainda que por razões de extrema necessidade. A dogmática crítica não pode se conformar com essa estratificação e com sua consequência, mas tem que questionar, a partir de sua natureza e de sua estrutura, os parâmetros de legitimidade sobre os quais se assenta a repressão.

Está claro que o debate em torno da oportunidade da intervenção estatal, através do direito penal, sobre relações conflituosas individuais, que sempre esteve presente na sociologia criminal ou em outras disciplinas que tenham o delito como seu objeto de investigação, não deve ser travado, portanto, em único plano, mas em etapas. Primeiramente, em torno dos pressupostos de legitimidade; depois, sob o confronto entre as perspectivas de uma política criminal intervencionista, de um lado, e de garantia individual, de outro.

Modernamente, a tendência da adoção de uma política intervencionista, que é levada a efeito sob o argumento de combate a uma criminalidade em constante elevação, parece dar a impressão de que ao Estado se reserva um papel predominante nesse confronto, de modo a submeter aos alegados preceitos de proteção do interesse público todo o antigo respeito iluminista pela liberdade individual. Mas esse confronto não é novo e nem é nova a opção por uma política intervencionista. Em todas as épocas, os governantes sempre se esforçaram para fortalecer o Estado de polícia e sua política de segurança em benefício de seus múltiplos propósitos e interesses e sempre se valeram, para tanto, do conhecido pretexto do aumento da criminalidade e da necessidade de sua contenção. Como antes, a criminalidade serve de pano de fundo para ocultar os fundamentos reais deste confronto. Isso também foi incrementado dentro do próprio iluminismo, que jamais pôde explicar o que havia por detrás da natureza retributiva da pena – no caso kantiano – ou dos preceitos de prevenção geral – na proposta de FEUERBACH. Independentemente das finalidades puramente políticas e econômicas que constituem o pano de fundo dessa atuação intervencionista, pode-se dizer que, na atualidade, o confronto entre intervenção penal e liberdade individual, que constitui o objeto final do estudo dogmático, está na dependência da forma de organização social, da definição e do papel do sujeito nessa organização e não propriamente em virtude do propalado aumento da criminalidade. Aliás, toda criminalidade não passa de uma expressão linguística, que, como se sabe, corresponde a procedimentos de criminalização, que variam conforme a época e o desenvolvimento dos interesses políticos em função dos conflitos sociais subsistentes.[1] Assim, já se pode explicar por que essa criminalidade alcança índices maiores ou menores, independentemente de seu desenvolvi-

---

1. ZAFFARONI; BATISTA *et alii*. *Tratado de direito penal brasileiro*, vol. 1, 2003, p. 43 e ss.

mento cronológico. Partindo-se, portanto, da relação entre organização social e indivíduo, pode-se admitir que a sociedade atual, pela multiplicidade de fatores envolvidos no seu processo de produção e reprodução, comporta uma organização social complexa e alienante.

No âmbito do direito penal, a sociedade pós-moderna, compreendida segundo os sentimentos induzidos ou simbólicos de insegurança, está a produzir uma nítida alteração de sua estrutura normativa, a qual decorre de dois fatos. Em primeiro lugar, decorre do sentimento de insegurança quanto à orientação formalizada; em segundo lugar, do sentimento de insegurança quanto ao processo de organização. Ambos os aspectos funcionam como argumentos justificantes do poder de intervenção estatal. Num primeiro plano, em reação à insegurança de orientação, passa-se a desfrutar dos crimes de perigo abstrato,[2] adotando-os como modelos de infração e destinando-os, principalmente, aos setores considerados perigosos, mas ainda penalmente incipientes, indefinidos ou polêmicos, como o meio ambiente, o tráfico de drogas, o terrorismo, a economia, o processamento automático de dados, a circulação de veículos e o controle do tráfego aéreo. No segundo plano, em face dos deveres de organização, ao lado das normas proibitivas, multiplicam-se normas mandamentais e, por via de consequência, delitos omissivos.[3]

Embora pertençam a categorias dogmáticas diversas, os delitos de perigo abstrato e os delitos omissivos guardam uma característica comum, que é o seu deslocamento da base causal para um fundamento funcional. A base da incriminação deixa de se assentar no resultado de dano ou de perigo concreto ao bem jurídico e passa a ser definida, exclusivamente, pelo sentido da orientação imprimida à própria conduta. Se essa orientação tem em vista apenas o sentido de insegurança, pode-se ter um delito de perigo abstrato; se o que interessa é o dever de organização, tem-se um delito omissivo. Essa colocação efetuada pela dogmática funcional conduz a justificar os delitos de perigo abstrato e, também, os delitos omissivos em face do sentido imprimido à forma de orientação de conduta. Está claro que tanto os delitos de perigo abstrato quanto os delitos omissivos estão intimamente vinculados a normas que prescindem, à primeira vista, de um elemento causal, mas isso não implica legitimá-los com base em deveres de organização e conforme o sentido imprimido à conduta.

No homicídio, em vez do resultado morte e do processo causal que o produziu (alguém desfere um tiro na cabeça de outrem e o mata), para os funcionalistas relevante seria apenas a decisão no sentido desse resultado (alguém orienta subjetivamente sua conduta para produzir a morte de outrem),

---

2. HERZOG, Felix. «Gesellschaftliche Unsicherheit und strafrechtliche Daseinsvorsorge». *Studien zur Vorverlegung des Strafrechtsschutzes in den Gerfährdungsbereich,* 1991, p. 54.

3. Sobre a relação entre a estrutura de normas negativas e normas positivas de conduta, sob a perspectiva neoliberal, TAVARES, Juarez. «A crescente legislação penal e os discursos de emergência», *Discursos Sediciosos*, n. 4, p. 48, 1997.

sob a presunção de que a orientação irregular de uma conduta implicasse, por si mesma, uma violação ao bem jurídico, sem a necessidade de se demonstrar a produção de um perigo concreto ou de efetiva lesão a esse bem jurídico. A morte, nesse caso, poderia ser vista como simples condição de punibilidade e não como elemento essencial do delito.

Igualmente, em consequência de relações particulares de organização, uma inatividade poderia ser equiparada à ação de matar ou, nos delitos econômicos, a desorganização da empresa, quanto a cumprimentos de obrigações fiscais, passaria a justificar a incriminação da pura omissão de recolher tributos. Em todos esses casos, o modelo de incriminação não está baseado na causalidade, mas na orientação funcional da conduta, frente a estados de insegurança (delitos de perigo) ou a deveres de organização (delitos omissivos). Esta alteração de rumos não afeta apenas a questão da punibilidade, que diz respeito basicamente à política criminal, mas repercute em todo o sistema do delito, inclusive na sua consideração dogmática.

Conforme a tradição liberal, além do dano social que a conduta produz, constitui pressuposto de qualquer incriminação a lesão ou o perigo de lesão de bem jurídico, este último estruturado como projeção social das condições da pessoa humana. Há uma longa discussão em torno da suficiência do conceito de bem jurídico para servir de pressuposto limitativo da norma incriminadora. Por sua origem, o bem jurídico foi inserido nas disposições penais como instrumento de ampliação do poder repressor, em substituição ao conceito de direito subjetivo. No decorrer da evolução do direito penal e apesar de todas as artimanhas autoritárias para desencadear a redução do conceito de bem jurídico a meras figurações formais dentro da norma de direito, a doutrina, ainda que timidamente, buscou-lhe um conteúdo objetivo e pessoal, capaz fazê-lo prevalecer, em todo o direito penal, como condição fundamental de um regime de garantia. Na ideologia da pós-modernidade, entretanto, o próprio bem jurídico deixa de ser o ponto de referência da incriminação e se vê substituído por um conjunto de relações puramente normativas ou sistêmicas.[4] Por força disso, mesmo os autores que desfraldam sua bandeira como instrumento de garantia, não puderam evitar de sucumbir a propósitos incriminadores, passando a encontrar subsídios para a identificação de bem jurídico em todos os delitos. Essa incerteza quanto aos elementos que devem integrar o conceito de bem jurídico provoca uma instabilidade no processo de imputação e, consequentemente, em toda a função orientadora da norma. O bem jurídico, com isso, se transmuda em um pressuposto meramente formal da incriminação, que pode ser manipulado pela linguagem sistêmica em qualquer sentido. A perda de substância do bem jurídico incrementa o regresso a

4. Sobre as variações do conceito de bem jurídico, TAVARES, Juarez. *Teoria do injusto penal*, 3.ª ed., 2003, segunda parte, capítulo 3.1.1.1.

uma fase anterior ao iluminismo, na qual o delito consistia na lesão a um dever geral de obediência ao Estado despótico. Igualmente, essa espiritualização do bem jurídico torna-o maleável às expectativas funcionais, fazendo-o perder a necessária diferenciação com a estabilidade da norma. Note-se, além disso, que, na concepção funcional, o dever sofreu uma metamorfose: não gera mais a simples obediência; a obediência é tomada como garantia de expectativas. Assinala-se ao dever uma função normativo-simbólica, de impor a todos uma certa conduta a fim de que os demais possam confiar em que tal determinação será sempre atendida, o que justificaria a pena como um recurso institucional a ser usado pelo Estado para obrigar a todos àquela obediência e, assim, assegurar a confiança na ordem jurídica. Isto não significa, porém, que o dever adquira um conteúdo e se torne algo concreto e perceptível. Para o funcionalismo não importa, aliás, a conduta concreta, o que tem significado é a mera exigência normativa, que vale por si mesma como referência para a credibilidade do sistema. Torna-se mais importante assegurar a qualidade do anúncio – e de seus efeitos na expectativa de atuação do sujeito – do que o próprio produto.[5] Para elucidar essa questão, apenas um exemplo: tradicionalmente, se alguém é vítima de furto de qualquer de seus bens, o raciocínio normal parte de que essa pessoa sofreu com o fato um decréscimo patrimonial, pois, se antes possuía o bem, que integrava sua poupança, depois não mais o tem. Daí se dizer que o furto violou seu patrimônio, visto como um bem jurídico concreto e apreensível por todos. Com a mudança da base de sustentação da incriminação, de lesão de bem jurídico para lesão de expectativas, ou mesmo com a espiritualização do conceito de bem jurídico, o raciocínio se orienta pelo fato de que, com o furto, se vê frustrada a confiança em que a ordem jurídica pudera assegurar a todos o respeito ao seu respectivo patrimônio, de modo que o que vale não é mais a integridade do patrimônio como tal – compreendido como um conjunto de bens sensíveis – mas a expectativa de que as demais pessoas o respeitem. Nesse sentido, a incriminação não visa a assegurar a manutenção do bem jurídico, substancializado, ou ter por base sua lesão, mas sim a garantir o prestígio da ordem jurídica, como sistema de controle de atividades. E o furto passa a ser considerado um delito de perigo abstrato.[6] Essa é a abordagem funcionalista mais radical.

A alteração dos fundamentos da norma incriminadora produz no direito penal, entre outras, pelo menos duas consequências inevitáveis: intensifica sua atuação repressiva, porque admite intervir em estágios antecipados àqueles da verificação dos danos ou de perigos concretos[7] e lhe preenche um conteúdo

---

5. Veja-se, por exemplo, a complexa norma do art. 68 do Código do Consumidor: «Fazer ou promover publicidade que sabe ou deveria saber ser capaz de induzir o consumidor a se comportar de forma prejudicial ou perigosa a sua saúde ou segurança».

6. KINDHÄUSER, Urs. *Strafgesetzbuch, Lehr- und Praxiskommentar*, 2005, p. 629.

7. É o que se pretende com o projeto do *corpus juris poenalis europae* e o que se vem observando nas alterações legislativas brasileiras, como, por exemplo, na infração prevista no

programático, quer dizer, transforma-o em instrumento de atuação política.[8] Dessa forma, a orientação que se lhe parece emprestar, de servir de proteção diante de estados de insegurança (delitos de perigo abstrato) e de realização de condutas sociais desejáveis e esperadas (delitos omissivos), ao contrário do que se costuma difundir, não visa suplementar meios alternativos à incriminação e nem beneficiar a coletividade, mas ampliar a repressão, rompendo as barreiras tradicionais dos círculos jurídicos de garantia.

Dogmaticamente, a proliferação de normas mandamentais busca justificar a criação e a agregação dos delitos omissivos às definições tradicionais de delito. Embora na realidade não se tenha que confundir entre ação e omissão, chega-se, porém, a uma unificação desses conceitos mediante construções doutrinárias ou fórmulas legais de equivalência. Insere-se na lei penal preceito normativo que afirma que a omissão se equipara à ação, quando presentes determinados elementos. A realidade, então, é construída normativamente e deixa de ser uma condição ou um dado objetivo que se queira regular.

Apesar de essas fórmulas equipararem ação e omissão, sob o plano normativo, ainda que fora da realidade (na realidade, ação e omissão não constituem a mesma coisa), nenhuma delas, entretanto, tem o poder de transformar a realidade, de modo que, a partir de então, ação e omissão constituíssem dados naturais e idênticos por seus próprios elementos ou por sua própria natureza. As contradições em torno dessa identificação e equiparação já foram discutidas na primeira parte. Convém ponderar que se a realidade não pode ser alterada normativamente, mas só dentro de certos limites, porque nenhuma norma pode dizer que uma pedra é um ser vivo e vice-versa, todas as fórmulas usadas pelo legislador para afirmar a equivalência entre ação e omissão só funcionam como meros signos. Portanto, o legislador através dessas fórmulas simula uma realidade que não existe e que só pode subsistir por imposição normativa, na maioria das vezes incompatível com o princípio da legalidade e com sérios riscos à liberdade individual. Sob essa simulação se passa a construir um sistema penal puramente simbólico, tomado como mero processo de manutenção da ordem, sem qualquer consideração para com os resultados de dano ou de perigo real aos bens jurídicos

Em face desse quadro de abstração normativa, à dogmática penal compete buscar os caminhos seguros a equacionar a questão dos delitos omissivos sob óptica diversa daquela de sua criação político-criminal neoliberal. Isso quer dizer, como já se assinalou, que a dogmática penal só pode se justificar se

---

art. 309 do Código de Trânsito.

8. Quanto a isso, ver a crítica de Politoff, Sergio. «Sistema jurídico-penal y legitimación en el estado democrático de derecho», *Gaceta Jurídica*, 172, p. 10 e ss., 1994; igualmente críticos, Herzog, Felix. *Gesellschaftliche Unsicherheit*, 1991, p. 63; e Moccia, Sergio. *La promessa no mantenuta. Ruolo e prospettive del principio di determinatezza/tassatività nel sistema penale italiano,* 2001, p. 17 e ss.

perseguir o sentido de delimitar e não de ampliar a intervenção estatal. Neste aspecto, para nutrir a dogmática de uma função crítica não importam suas flutuações e constantes modificações diante da respectiva alteração dos dispositivos legais que assinalam seu objeto. Nesse diapasão, cabe à dogmática penal desbravar dois caminhos: recuperar a noção de bem jurídico, como bem pessoal objetivo e material ou, se isso não for possível, até mesmo restaurar a antiga concepção de direito subjetivo. Com a materialização e pessoalidade do bem jurídico podem-se fortalecer as bases de um direito penal que se oriente pelas lesões efetivamente realizadas e não por simples expectativas; com a reintrodução do direito subjetivo seria possível delimitar o âmbito da incriminação, mediante a exigência de uma efetiva demonstração de sua violação. Como o direito subjetivo deve ter respaldo em uma norma e ser conferido a uma pessoa, como titular de seu exercício, nem todo e qualquer ato que ofenda interesses administrativos ou políticos do Estado ou mesmo outros interesses difusos espiritualizados pode constituir objeto de incriminação. Há, evidentemente, muito o que se discutir sobre o bem jurídico.[9] Aqui, fica consignado apenas que esse conceito só pode servir de limitação do poder de punir se, efetivamente, for construído sobre uma base material vinculada à pessoa humana. A substancialidade pessoal desse conceito implica subordiná-lo indissoluvelmente a componentes empíricos demonstráveis e não, simplesmente, a interesses individuais ou coletivos. A mera exigência de pessoalidade do bem jurídico não basta para transformá-lo em meio garantidor da pessoa, porque essa pessoalidade pode ser também carreada subjetivamente, de modo a transferir a esse conceito características generalizantes e, assim, empiricamente inapreensíveis. Ao lado da pessoalidade, será importante compor o conceito com elementos materiais, capazes de serem identificados por todos, independentemente de juízos de valor emitidos no processo em torno de sua interpretação. Quando o conceito de bem jurídico vier a depender, para sua compreensão ou mesmo para sua construção, de decisões interpretativas ou de justificações em torno da política criminal, estará desnaturada sua finalidade limitadora e solapada a base crítica de sua criação.

Deve-se reconhecer, ademais, como o fez em 1847 o procurador-geral da Prússia Von Kirschmann,[10] que os conceitos jurídicos apresentam um alto grau de instabilidade, que os torna quase ignorados na prática judiciária. Geralmente, destaca-se de Von Kirschmann apenas a frase, quase que automaticamente repetida por todos, de que bastam «três palavras retificadoras do legislador e bibliotecas inteiras se convertam em papel de embrulho».[11] No entanto, aquilo

9. Neumann, Ulfrid. «Sobre la crítica más reciente a la teoria personal del bien jurídico: alternativas: ninguna», *Cuadernos de Política Criminal*, 93, p. 5-16, 2007.

10. Kirchmann, Julius Hermann von. *Die Wertlosigkeit der Jurisprudenz als Wissenschaft*, 2000.

11. Idem, ibidem, 2000, p. 29. O significado próprio emprestado às chamadas palavras retificadoras, contida em uma parte significativa de sua conferência proferida em Berlim em 1847,

que sua exposição põe em destaque não é apenas o problema da imperfeição legal, mas também a relação entre o legislador arbitrário e a ciência jurídica, de modo a demonstrar que a feitura das leis tem sido procedida sem atentar para as circunstâncias reais do ambiente no qual serão aplicadas. Isso sugere, pois, uma revisão crítica do processo de sua produção, como pressuposto de uma ciência jurídica estável.[12] Essa questão envolve intrinsecamente o direito penal. Se a dogmática penal quiser superar sua própria instabilidade deverá, desde logo, enfrentá-la. Por outra parte, deve-se esclarecer que a dogmática penal não poderá se desincumbir dessa tarefa, sem antes fixar, como ponto de partida de sua análise, os preceitos de direitos fundamentais que se encontram positivados nas constituições democráticas e nos pactos internacionais e constituem patrimônio inderrogável da pessoa humana. Portanto, ainda quando o legislador altere o dispositivo legal de forma a implicar uma radical transformação dos objetos da ciência jurídica, a dogmática não pode perder seu rumo e deverá da mesma forma transformar sua metodologia para o efeito de assegurar a validade daqueles princípios fundamentais da pessoa humana. Por isso mesmo, não será possível acolher-se a tese de uma dogmática estática e universalista, no sentido de uma gramática a ser aplicável às suas construções práticas, senão de uma dogmática garantista, que utilize seus métodos de modo a identificar o verdadeiro sentido da norma legal, em consonância com aqueles princípios fundamentais, mesmo que a vontade do legislador ordinário se tenha manifestado de outra maneira.[13] Essa dependência da dogmática penal aos princípios fundamentais de garantia da pessoa humana é que assinala as características de uma teoria democrática do delito, que deve se sobrepor às regras da eficácia funcional ou organizativa.

---

não deve conduzir à conclusão de que se trata, aqui, de um enfoque puramente positivista do direito. Ao contrário, o que KIRCHMANN quer esclarecer é, em princípio, a instabilidade de um direito puramente centrado na lei, a qual, em virtude de suas lacunas e imperfeições, poderia conter tanto expressões corretas quanto falsas. A indefinição ou contradição legal quanto a assuntos triviais, por sua vez, decorrente de puro arbítrio normativo, sem qualquer identificação de seu conteúdo, dava lugar a um enorme trabalho sistemático da doutrina para esclarecer o sentido e o alcance da lei, de modo a torná-la suscetível de aplicação. Este trabalho poderia, porém, a qualquer momento, se tornar absolutamente inútil e obsoleto, uma vez que o próprio legislador tivesse tomado a iniciativa de, com algumas penadas, esclarecer o indefinido ou eliminar o que era contraditório. A pretensão de KIRCHMANN era de buscar um fundamento mais sólido para o direito, que poderia estar contido no direito natural, entendido como aquele que estaria subordinado a um procedimento democrático de sua produção por parte do povo. Com isso, ainda que sem tomar uma posição conclusiva, buscava refletir a ideia de uma substancialidade no todo e não em uma determinada situação.

12. Além disso, de seu texto podem ser extraídas várias outras questões, ainda não suficientemente elucidadas, como aquelas mencionadas por MEYER-TSCHEPPE: que valor terá a ciência jurídica, uma vez que carece de valor como ciência? que valor terá a ciência jurídica sem a jurisprudência? que é jurisprudência? que é ciência jurídica? subsiste em ambas alguma distinção? in KIRCHMANN, Julius Hermann von, ob. cit., 2000, p. 55.

13. Para uma crítica à dogmática estática: CARVALHO, Salo de. «Direito alternativo e dogmática penal: elementos para um diálogo», *Discursos Sediciosos*, ano 2, n. 4, p. 69 e ss., 1997.

Em face dos juízos preconcebidos, da virtualidade da política criminal e do ranço doutrinário, que impedem uma perfeita delimitação das zonas do penalmente proibido e do moralmente reprovável, não é fácil estruturar-se uma dogmática democrática, voltada para a proteção da pessoa humana frente ao poder de intervenção estatal, principalmente quando se trata de delitos omissivos. Numa abordagem puramente jurídica, no sentido da superação de seus elementos abstratos e muitas vezes extrajurídicos que compõem seu objeto e as dificuldades que deverá enfrentar, será preciso estabelecer os limites básicos de suas tarefas.

Na primeira parte deste trabalho, procurou-se discutir acerca dos fundamentos da omissão em torno de seus déficits de legitimidade, conforme os parâmetros antes assinalados, quanto à sua natureza, estrutura e punibilidade. Agora, tem-se como tarefa direta aplicar aquelas ponderações ao que o direito positivo brasileiro disciplina em matéria de omissão, principalmente conforme as indicações metodológicas definidas por HOLZKAMP, as quais devem servir de parâmetro para evitar, ao máximo, uma interpretação puramente exegética da norma penal.

CAPÍTULO 1
A DISTINÇÃO PRÁTICA ENTRE AÇÃO E OMISSÃO

I. AS PRIMEIRAS TENTATIVAS DE DISTINÇÃO

Independentemente da questão da equiparação entre ação e omissão para o efeito de discutir acerca dos elementos de sua legitimidade, o direito penal deve trabalhar, em casos concretos, com a distinção entre delitos culposos e omissivos, quando a conduta se expresse através de uma inatividade. Isso ocorre, geralmente, quando a lesão de bem jurídico se verifica pelo descumprimento de certos deveres, que tanto podem se referir à realização de uma ação devida quanto a de uma ação cuidadosa. Pela própria natureza dos fatos culposos, centrados fundamentalmente na negligência, que implica uma desatenção aos deveres de cuidado, ou, dito segundo uma nova formulação, quando a produção do risco ou seu aumento para a realização do resultado não estão diretamente vinculados a uma atividade dirigida direta ou eventualmente a ele, mas desenvolvida no âmbito de um risco não autorizado, se torna problemática a distinção empírica entre uma conduta positiva (ação) e negativa (omissão). Isso pode ocorrer também em fatos dolosos, quando incerta a natureza da norma que discipline a atividade, ou quando a interferência no processo causal se insira em um contexto em que se mesclam atividades e inatividades.

Essa distinção é relevante porque, conforme a opção doutrinária que se tome, podem variar alguns dos requisitos para o respectivo processo de imputação. Dada a dificuldade da distinção entre ação e omissão, que não pode ser tomada aleatoriamente ou por força de uma simples decisão subjetiva, a doutrina sugere três critérios para torná-la possível. Esses critérios, como se poderá ver, apresentam seus prognósticos positivos e negativos e contêm informações, às vezes, relevantes, outras vezes, contraditórias em seu confronto com a realidade normativa ou com seus elementos empíricos. Não há, assim, um critério certo ou infalível.[1] A adoção de um determinado critério só pode ser feita em face da particularidade do caso concreto, atendendo, nesse ponto, a uma proposição pragmatista, desde que, porém, subordinada aos preceitos de garantia da ordem jurídica e de proteção da pessoa submetida ao dever de agir. Para essa solução, está claro, podem ajudar os critérios propostos pela doutrina.

1. O critério da energia

O primeiro critério, e o mais antigo, é o chamado *critério da energia*, que, inclusive, é sustentado por vários autores de renome, dentre os quais Engisch.[2] De acordo com este critério, a diferença entre ação e omissão reside em que, na *comissão,* o agente desprende uma certa energia na realização de sua conduta. Ao revés, se o sujeito não tiver impulsionado qualquer energia, haverá *omissão.*

Assim, no caso do motorista que trafega com seu caminhão sem as luzes traseiras de advertência acesas, haverá *crime comissivo (culposo)* e não *omissivo*, porque ele mesmo estava dirigindo o veículo e, pois, desprendendo energia para realizar tal atividade, vindo com essa atividade a produzir um resultado antijurídico.

Esse critério, que, à primeira vista, parece atraente, encerra, na prática, muitas dificuldades, porque em muitos casos não há comprovação efetiva de manifestação de energia no momento em que o fato lesivo ocorre. Mesmo no exemplo do caminhão a energia era no sentido da direção do veículo, mas não no sentido de manter apagadas as luzes de advertência. Ademais, no momento do acidente, este caminhão poderia estar parado na pista, encontrando-se o motorista em plena inatividade, sem desprender qualquer energia, a qual, então, deveria estar referida ao momento em que a atividade se havia iniciado e não ao momento em que se produzira o resultado, o que faria reeditar, para esse setor, a velha teoria da *actio libera in causa.*

Outro problema desse critério reside na identificação de que consiste essa *energia.* O próprio Engisch não traçou uma fórmula que a pudesse claramente definir. Ora, entendera que a energia se expressaria por meio de um movimento corporal, portanto, como entidade naturalística,[3] ora como conceito jurídico.[4]

Essa variação de conceitos não é apanágio da ciência jurídica. O conceito de energia no âmbito das ciências naturais é, igualmente, indeterminado. Segundo informa Janisch, parece que essa expressão foi usada, primeira-

---

1. Assim, também, Sánchez, Jesús Maria Silva. *El delito de omisión,* 2010, p. 219.
2. Engisch, Karl. «Tun und Unterlassen», *Festschrift für W. Gallas,* 1973, p. 163; Otto, Harro. *Strafrecht,* AS, 2004, p. 156.
3. Engisch, Karl. *Vom Weltbild des Juristen,* 1950, p. 125.
4. Idem, ibidem, 1950, p. 42.

mente, por BERNOULLI no âmbito do estudo do equilíbrio de forças virtuais, em 1717. Antes disso, a energia era confundida com o próprio conceito de força. Já na moderna eletrodinâmica, a expressão adquire um significado independente dos corpos, vindo a constituir um elemento central na termodinâmica e na biologia molecular para explicar como os respectivos fenômenos se produzem. Embora na física moderna se entenda por energia a expressão de uma lei natural, inserida na célebre fórmula da teoria da relatividade ($E=mc^2$), seu significado empírico está ligado às definições dos corpos e da medida de sua massa.[5] O conceito de energia, portanto, ou está vinculado aos elementos corporais e suas relações, ou ao seu movimento, e, assim, pode ser entendido como um simples momento de uma proposição causal. Outra objeção que se lhe opõe é a tentativa de ENGISCH de vê-lo como elemento normativo, quando constitui simplesmente um enunciado empírico. Essa dupla face da energia, de elemento empírico e normativo, lhe retira o conteúdo material e também o seu grau de certeza e determinação. Claro que, muitas vezes, na prática, como primeira aproximação, o critério de energia pode ser usado para descartar da omissão aqueles casos de manifesto movimento corporal. Mas daí, então, novamente, se estará trabalhando com o fenômeno da causalidade e não apenas com o despertar de energia.

2. O critério da causalidade

Em oposição a esse critério, JESCHECK, RUDOLPHI e SAMSON, entre outros,[6] propõem que a análise se faça exclusivamente em termos de causalidade. É a posição assumida também por WELZEL.[7] Haverá, portanto, *comissão* todas as vezes em que o sujeito desenvolver um processo causal material, que produza dolosa ou culposamente o resultado proibido.

Assim, no caso do caminhão, que trafegava com as luzes apagadas, haveria *crime comissivo* porque estava sendo dirigido pelo motorista. No caso do fabricante de pincéis, que não desinfetou suficientemente os pelos de cabra, haveria *comissão*, porque fora ele quem entregara as peles aos seus funcionários e, consequentemente, houvera provocado a infestação do bacilo.

SIEBER, por sua vez, associa os dois critérios, da *energia* e da *causalidade*, para concluir que a solução correta só pode advir dessa combinação, porque nem sempre o desprendimento de energia coincide com a interferência no

5. JANISCH, Peter. «Energie». *Enzyklopädie. Philosophie und Wissenschaftstheorie,* vol. 1, 2004, p. 547.

6. JESCHECK, Hans-Heinrich; WEIGEND, Thomas. *Lehrbuch des Strafrechts*, 1996, p. 603; RUDOLPHI, Hans-Joachim. *StGB, Systematischer Kommentar*, vol. I, 1977, p. 74; SAMSON, Erich. «Begehung und Unterlassung», *Festschrift für H. Welzel*, 1974, p. 579; também, STOFFERS, Kristian. «Die vorrechtlich-ontolofische Unterscheidung der Verhaltensformen positives Tun und Unterlassen», *Goldhammers Archiv,* 1993, p. 262.

7. WELZEL, Hans. *Derecho penal alemán*, 1970, p. 280.

processo causal, podendo acontecer ou não.[8] Trata-se da conjugação de critério mecânico e de outro critério lógico, desde que evidentemente se tenha em vista que a causalidade não se limita a exprimir um dado puramente material. Atendendo à meta de maior delimitação do âmbito causal, propõe SILVA SÁNCHEZ que o processo de causação seja tratado dentro da tipicidade.[9] Com isso, o critério da causalidade deixa de ser naturalístico e passa a ser uma questão de valoração, porque importante não é a produção de qualquer evento, mas unicamente do resultado típico. SILVA SÁNCHEZ vai mais além, porque pretende corrigir a causalidade com os critérios de imputação objetiva, principalmente no âmbito dos acontecimentos concomitantes ou sucessivos, nos quais se mesclam comissões e omissões.[10] À medida que se acolhe, então, uma perspectiva de serem introduzidos critérios de imputação objetiva, já não mais se poderá falar de um autêntico critério de causalidade. O mesmo se diga em relação àqueles autores que orientam a causalidade para o evento de conformidade com o modo de afetação do bem jurídico: haveria comissão, quando suas condições de risco fossem aumentadas, e omissão, quando fossem indiferentes.[11]

ROXIN pretende resolver a diferenciação por dois modos. Em primeiro lugar, entende que nos casos mais evidentes a diferenciação se processa simplesmente com os conceitos de produção pelo fazer e não produção do evento pela inatividade ou passividade. Assim, se alguém empurra outrem para a água e não o salva, haverá apenas delito comissivo, correspondente à ação positiva de empurrar; se, entretanto, a pessoa cai por si mesma na água e pede socorro e o sujeito não lhe atende o pedido, ninguém duvida que se trata de uma omissão.[12] Em segundo lugar, nos casos mais complexos, postula por uma decisão referenciada à causalidade por comissão. Desse modo a diferenciação se processa segundo o modelo dos delitos comissivos: haverá um delito comissivo sempre que o desprendimento de energia for causal para o resultado ou quando deveria sê-lo de acordo com o dolo do agente.[13] Essa é a mesma tese de BRAMMSEN, citada diretamente por ROXIN, para afirmar um delito comissivo todas as vezes em que uma pessoa inicia, continua ou fortalece o desenrolar de um acontecimento, que seja realmente adequado para produzir uma lesão a um objeto típico, ou que o seja segundo a representação do autor.[14]

---

8. SIEBER, Ulrich. «Die Abgrenzung von Tun und Unterlassen», *Juristenzeitung*, 1983, p. 431 e ss.

9. SÁNCHEZ, Jesús Maria Silva. *El delito de omisión*, 2010, p. 237.

10. Idem, ibidem, 2010, p. 244.

11. SAMSON, Erich. «Begehung und Unterlassung», *Festschrift für H. Welzel*, 1974, p. 592. Em uma linha cognitiva de causalidade, KARGL, Walter. «Zur kognitiven Differenz zwischen Tun und Unterlassen», *Goldhammers Archiv*, 1999, p. 475.

12. ROXIN, Claus. *Strafrecht*, AT, II, 2003, p. 652.

13. Idem, ibidem, 2003, p. 654.

14. Idem, ibidem, 2003, p. 654; BRAMMSEN, Joerg. «Tun und Unterlassung? Die Bestimmung der strafrechtlichen Verhaltensformen», *Goltdammers Archiv für Strafrecht*, 4, 2002, p. 206.

O critério da causalidade, uma vez assumido conforme seu estado inicial de pureza, sofre as mesmas críticas ofertadas ao critério da energia, embora possa ser visto sob o plano lógico e não mecânico. As deficiências permanecem ainda com outras teorias tradicionais da causalidade, diversas da teoria da condição, por exemplo, a teoria da causalidade adequada ou da relevância jurídica. É que com essas duas outras teorias, que se assentam, respectivamente, nos pressupostos da previsibilidade (adequação) ou da ação esperada, se torna problemático firmar uma nítida diferenciação entre o fazer positivo e a omissão, no plano exclusivo da causalidade.

Pode-se pensar, porém, em uma reabilitação desse critério, conforme o caso concreto, acolhendo-se uma forma funcional de causalidade, na qual a delimitação típica do fazer e do omitir deve orientar-se não com vistas à produção exclusiva do resultado ou aos momentos de risco, maior ou menor, para sua consecução, senão em face do sentido empreendido pela conduta em confronto com o sentido imposto pela norma, com vistas a identificar com maior precisão o âmbito de lesão ao bem jurídico.[15] Embora sob outro aspecto, assim é também a posição de BRAMMSEN, para quem somente quando os bens jurídicos passem a ocupar um lugar de destaque, como objetos de lesão, é que será possível concretizar os critérios da energia e da causalidade.[16]

No caso do médico que esquece no abdome do paciente um instrumento cirúrgico e, depois, não o retira, a afirmação, respectiva, de ação e omissão, prescinde de uma análise de sua atividade corporal e de sua disposição interna de não atuar. Importante será verificar que o sentido imprimido à conduta definida no âmbito da cirurgia pressupõe que o médico a empreenda ativamente. Aliás, ninguém poderá imaginar que um médico possa operar o paciente sem nada fazer. Aqui, portanto, o esquecimento do objeto no abdome integra o sentido da própria atuação cirúrgica positiva. Trata-se de ação. Por outro lado, no pós-operatório, o sentido dos procedimentos já não encerra uma conduta positiva. O médico também poderá não ministrar medicamentos ao paciente, porque entenda que são desnecessários. Como, então, se mesclam ações e omissões com diversos significados de sentido, haverá omissão quando a norma compreenda esse sentido em função da inatividade nos momentos próprios vinculados ao pós-operatório. Constatando que um instrumento está no abdome do paciente, o médico deverá retirá-lo: o sentido da norma engendra, portanto, o incremento de uma atividade devida. A inatividade, aqui, constitui uma omissão. Está claro que a adoção de uma causalidade funcional já não se articula em torno de simples movimentos corporais ou das fórmulas da *condicio*, da causalidade adequada ou da relevância jurídica da

---

15. Para os fundamentos de uma causalidade funcional, TAVARES, Juarez. «Bemerkungen zu einer funktionalen Kausalität», *Festschrift für Hassemer*, 2010, p. 791.

16. BRAMMSEN, Joerg. *Tun und Unterlassung?* 2002, p. 209.

conduta. A causalidade funcional só tem significado quando associada a uma norma que delimite, com precisão, o âmbito de lesão ou de perigo de lesão ao bem jurídico. Só a partir dessa delimitação será possível extrair o sentido imposto à respectiva conduta.

3. Os critérios normativos e valorativos

Tendo em conta as dificuldades resultantes da adoção de critérios puramente materiais, a jurisprudência alemã e, atrás dela, a doutrina postulam por uma solução na órbita normativa ou valorativa. Nesse ponto, apresentam-se dois contextos que dão lugar a duas teorias distintas. Sob o contexto normativo, desenvolve-se a teoria do *ponto de gravidade da conduta penalmente relevante.*[17] Para esse critério, o que vale é o sentido empreendido pela reprovação jurídica do fato. Sob o enfoque valorativo, descortina-se a teoria do *sentido social da ação*,[18] que assinala a diferença entre ação e omissão conforme a orientação da conduta implique, respectivamente, a não produção ou a evitação do evento. Os critérios normativos e valorativos buscam dar uma resposta significativa a casos complexos, nos quais se mesclam, simultaneamente, ação e omissão. A par disso foram propostas também teorias pragmáticas, que postulam pelo emprego diversificado de todos os critérios, principalmente dos critérios normativos e valorativos. Os critérios pragmáticos encaram as normas penais, substancialmente, segundo seu sentido proibitivo, pelo que passam a invocar diante de casos controvertidos o princípio *in dubio pro comissione.*[19]

Os critérios da *energia* e da *causalidade* não podem explicar, suficientemente, vários casos controvertidos e propor-lhes uma solução adequada, principalmente quando não há uma indicação empírica de que a conduta produzira ou não uma lesão de bem jurídico. Todo o problema reside justamente nas características normativas da omissão, que condicionam seus substratos empíricos. Como não há, na omissão, a identificação perfeita da relação entre inatividade e resultado, as soluções puramente empíricas só podem ser aproximadas, jamais certas. Isso implica, em muitos casos, priorizar uma conclusão no sentido da comissão e não da omissão, como ocorre com as teorias pragmáticas, o que pode conduzir a juízos precipitados e lesivos aos direitos do sujeito. Tendo em vista essas dificuldades, a diferenciação prática entre ação e omissão continua ainda a merecer maiores considerações.

---

17. Mezger; Blei, *Strafrecht*, AT, 1970, p. 81; Wessels; Beulke, *Strafrecht*, AT, 2010, p. 273; Schönke; Schröder; Stree, *StGB Kommentar*, 2006, p. 219; *BGHSt* 6, p. 59; D'Avila, Fabio Roberto. *Ofensividade e crimes omissivos próprios,* 2005, p. 211 e ss.

18. Assim, Schmidt, Eberhard. *Der Arzt im Strafrecht,* 1939, p. 79 e ss.

19. Spendel, Günter. «Zur Unterscheidung von Tun und Unterlassen», *Festschrift für Eb. Schmidt,* 1961, p. 194.

A vantagem de um critério valorativo ou normativo reside no fato de subordinar a temática da diferenciação à natureza mais próxima da omissão, que seria dada ou pela norma ou pelo sentido imprimido à conduta no âmbito social. Isso pode ser proveitoso em alguns casos, quando não se tenha uma precisa identificação do processo causal, ou mesmo quando esse processo causal, aparentemente, conduza ao reconhecimento de um delito comissivo, embora a conduta se tenha inserido num contexto de determinação e não de proibição. Assim, no caso do médico que desliga os aparelhos cardiopulmonares automáticos para evitar um prolongamento insatisfatório e até mesmo ineficaz da vida humana vegetativa, a solução não poderá se ater a uma interpretação pragmática. Os desfechos serão diversos, conforme se adotem os critérios da causalidade ou da energia, por um lado, ou do centro de gravidade da conduta, por outro. Quando o médico mantém a vida do paciente com o emprego dos aparelhos automáticos de reanimação e os desliga causa sua morte e manifesta energia para fazê-lo. Por outro lado, se não tivesse desligado os aparelhos, a vida humana se manteria, o que caracterizaria a conduta do médico como condição *sine qua non* do resultado. Pelos dois critérios, a fim de manter sua coerência, o caso deveria ser tratado como comissão e não como omissão. Mesmo para a teoria da adequação, o fato de desligar os aparelhos pode ser tido como causal para a morte do paciente, o que também se dá com a teoria da relevância jurídica, independentemente do socorro à ação esperada. Portanto, os dois primeiros critérios (da energia e da causalidade), que veem no fato um ato comissivo em vez de omissivo, não compreendem a questão em seus pontos fundamentais, porque a vida humana já era em si mesma insustentável e sua lesão não poderia ter por base apenas a proibição da ocorrência da morte. Pelo contexto social, ao contrário, a atividade do médico que desliga os aparelhos está vinculada a um preceito mandamental (de manter ligados os aparelhos) e não a um preceito proibitivo (de não desligá-los), o que implica considerar esse comportamento como *omissão* e não como *comissão*.

A caracterização do comportamento como *comissão* ou *omissão*, no entanto, só pode ser inferida pelo sentido imprimido pela ordem social, jamais por critérios objetivos materiais. Justamente neste sentido de ordem social é que reside o fundamento do critério do *ponto de gravidade da conduta penalmente relevante*. No exemplo dado, só haveria *comissão* se o desligamento dos aparelhos fosse efetuado por terceiros, que não tivessem qualquer relação para com a manutenção da vida do paciente, porque, então, estariam violando uma norma proibitiva, mas não uma norma mandamental, que não lhes seria aplicável. Mas, se os aparelhos fossem desligados pelo próprio médico, tratar-se-ia de *omissão* e não de *comissão*, em face da especial vinculação do médico para com a manutenção da vida do paciente. O delito a ser analisado, portanto, seria um delito omissivo e não delito comissivo.

A dificuldade na execução concreta desse critério reside na sua indefinição, que pode dar lugar a mero decisionismo.[20] Isso porque a análise da conduta, à primeira vista, não é efetuada com base na norma mandamental, mas em função dos resultados concretos que possam estar ligados à conduta do sujeito. Nesse ponto, a identificação precisa da norma proibitiva e da norma mandamental constitui um pressuposto indeclinável de sua aplicação, mas nem sempre isso será possível no âmbito prático da aplicação da norma. Por seu turno, a ausência desse pressuposto, principalmente em relação à norma mandamental, que muitas vezes não tem existência autônoma, mas depende de sua relação com a norma proibitiva, deve levar esse critério a um patamar crítico. Nesse sentido, será preciso proceder-se a uma limitação desse critério, conforme o sentido empreendido pela conduta e os elementos impostos na norma. Parece que, para tanto, será importante levar em conta os parâmetros de uma causalidade funcional, os quais também estão subordinados às características normativas assinaladas à conduta.

O critério do *ponto de gravidade*, como critério normativo, ao prescindir, à primeira vista, de um dado empírico assentado na energia ou na causalidade, só pode valer se tiver, como pressuposto, um elemento material ou mesmo normativo que o delimite. Caso contrário, correr-se-á o risco de deixar a questão da diferenciação entre condutas comissivas e omissivas ao sabor de puro decisionismo judicial. Evidentemente, o critério do ponto de gravidade, sendo um critério normativo, só pode se executado mediante uma decisão, mas essa decisão deve levar em conta, necessariamente, elementos materiais que indiquem o conteúdo da norma e sua relação de pertinência com o fato concreto. Os elementos materiais que poderão servir de parâmetro à determinação desse ponto de gravidade deverão ser extraídos de duas ordens de pressupostos: a) da própria norma incriminadora, em face da lesão do bem jurídico; b) da realidade empírica, no tocante à idoneidade da atividade devida para evitar a lesão. À medida que se definam esses pressupostos, a análise deve recair também na *forma* e no *modo* da conduta que viola o bem jurídico.

Na *comissão*, a *forma* e o *modo* contrastam com a proibição inserida na norma. Há, portanto, uma afronta à modalidade de *conduta permitida*, através da execução de uma modalidade de *conduta proibida*. Isto deixa de ser relevante nos *delitos dolosos*, quando o contraste entre o *proibido* e o *permitido* é direto e pode ser constatado pela comparação entre a conduta concreta e a conduta típica abstrata. Mas, nos *delitos culposos*, nos quais a contradição entre a conduta do agente e a proibição se faz indiretamente, mediante a execução de uma conduta descuidada, o que se verifica é um contraste entre a conduta permitida e a modalidade de conduta concreta que o agente executou. Pode-se

---

20. Crítico, STOFFERS, Kristian F. «"Schwerpunkt der Vorwerfbarkeit" und die Abgrenzung von Tun und Unterlassen», in *Juristische Schulung*, 1, p. 23 e ss., 1993; idem, «Die Abgrenzung von Tun und Unterlassen in der neueren Rechtsprechung», in *Jura*, 11, p. 580 e ss., 1998.

dizer que o agente executou uma conduta proibida, justamente porque deixou de atender aos cuidados que a ordem jurídica lhe impunha para praticar uma conduta permitida. Esses cuidados constituem para ele pontos de referência essenciais à realização de sua conduta.

Na *omissão*, a decisão não resulta de um contraste entre o *proibido* e o *permitido*, em torno da *forma* e do *modo* de execução direta, mas da não execução daquilo que era determinado ao sujeito. A contradição se dá entre o comportamento do sujeito e o dever de atuar, de um lado, e a ausência de uma atividade devida, de outro, de tal sorte que o fato se insira em um contexto global de inatividade. Assim, desde que se identifique, no caso concreto, uma situação em que a lesão do bem jurídico não está situada na *forma* e no *modo* de execução da conduta, mas na relação de dever para com o sujeito, estar-se-á diante de um quadro de omissão. Esta relação para com o sujeito é que assinala o conteúdo axiológico da omissão e a diferencia da comissão.

Segue em sentido diverso a postulação de Ast, que estabelece graus de relevância da conduta em face de haver violado uma norma proibitiva ou uma norma mandamental, conforme se refira, respectivamente, à produção do resultado ou ao seu não impedimento. Nesse caso, decisivo para a diferenciação entre ação e omissão será a relação da conduta com o resultado e não a relação entre o comportamento do sujeito e o dever de atuar. Se a situação de conflito indicar que se trata de uma produção de resultado, configura-se o fato em face de uma norma proibitiva e haverá um delito comissivo. Se a situação de conflito tiver como referência o não impedimento do resultado, configura-se um delito omissivo.[21] Aqui, novamente, a diferenciação tem por base a natureza das normas reguladoras da conduta e seus efeitos sobre a produção ou o impedimento do resultado, conforme as assertivas da teoria do ponto de gravidade. O único que o autor faz para se afastar da teoria do ponto de gravidade é atestar a relevância do fato, como comissivo ou omissivo, em função da forma como o resultado é tratado pela norma, se como produção ou se como não impedimento.

Como o critério do *ponto de gravidade* se orienta pelo sentido do comportamento, pode-se explicar o porquê da caracterização do desligamento dos aparelhos como *omissão* e não como *comissão*. O sentido, aqui, não está orientado para a lesão do bem jurídico, mas para a violação do dever de agir. Tratado esse caso como *ação*, o médico deveria responder por homicídio, já que havia efetivamente produzido, de modo causal, a morte do paciente. Entretanto, acolhida a hipótese de *omissão*, pode-se verificar, depois, se efetivamente a ação que deixou de ser realizada teria um sentido para o médico em face de sua idoneidade para evitar a lesão de bem jurídico. Para Ast, a

---

21. Ast, Stephan. *Normentheorie und Strafrechtsdogmatik*, 2010, p. 113.

norma proibitiva, neste caso, é apenas acessória da norma mandamental, o que implica considerar uma conduta omissiva e não comissiva.[22]

II. CRÍTICA E OPÇÃO DOUTRINÁRIA

Os três critérios vêm sendo modernamente criticados. Não só os dois primeiros, mas também os últimos. E a maior crítica que se faz é que violam o *princípio da legalidade,* porque afirmam que, para a identificação da *omissão* em face da *comissão,* o que vale não é o que está escrito na lei, como dado objetivo, senão exatamente o contrário, ou seja, uma valoração de ordem social, que é efetuada pelo julgador, sem qualquer parâmetro ou limitações.[23] Ademais, como a omissão nada pode causar, a solução da energia ou da causalidade só poderá ser vista como um dado lógico, que simbolicamente faça resultar de seu simples enunciado a conclusão que se queira obter. Isso, evidentemente, configura um alto grau de insegurança nas relações jurídicas, especificamente na órbita do direito penal. Igualmente, inválido será apelar-se a um suposto conteúdo ontológico da conduta, como pré-conceito jurídico, como pretende TAG,[24] de modo a servir de base a um critério normativo e ajustá-lo a fatores naturalísticos, como a causalidade ou a energia. Se a própria natureza ontológica da conduta é contestável, por não possuir um conteúdo explícito acerca de como se constituem as categorias da ação e da omissão, impossível será sua acolhida como critério diferenciador.

Os três critérios, portanto, apresentam falhas e não são suficientemente aptos a dirimir a questão, sem sacrificar alguns dos postulados do direito penal. A solução não deve ser buscada através de critério único, senão de dois modos: ou na conjugação do critério do ponto de gravidade com o critério da causalidade, revitalizado pelo seu conceito funcional, ou mediante referência ao conteúdo axiológico emprestado ao fato. Neste último caso, porém, em face dos preceitos de garantia da ordem jurídica, em caso de dúvida, deve prevalecer a solução que faça maiores exigências para a afirmação do processo de imputação, que pode ser a ação ou a omissão. Assim, diante da impossibilidade de se concluir acerca da existência de uma ação ou de uma omissão, pela ausência da causalidade ou da energia desprendida, o critério axiológico só poderá ser invocado quando por seu intermédio se possa descaracterizar a imputação, em face do reconhecimento de um sentido positivo para a inativi-

---

22. AST, Stephan. *Normentheorie und Strafrechtsdogmatik*, 2010, p. 148.

23. VOLK, Klaus. «Zur abgrenzung von Tun und Unterlassen. Dogmatische Aspekte und kriminalpolitische Probleme», *Festschrift-Tröndle*, 1989, p. 237, salienta, cepticamente, frente aos vários critérios, que a diferenciação entre ação e omissão ou é evidente ou é obsoleta, não podendo ser afirmada com certeza ou indicada com correção.

24. TAG, Brigitte. «Handeln und Unterlassung – ethische und rechtliche Überlegungen mit Blick auf eine medizinische Forschungshelfer», in KICK, Hermes Andreas *et alii* (orgs.). *Handeln und Unterlassen*, 2003, p. 48.

dade, de modo a conformá-la no âmbito da zona do lícito e não do ilícito. Essa proposta, ao afirmar a presença da omissão e não da comissão para o efeito de excluir a imputação, corresponde à regra geral de só admitir a responsabilidade penal quando preenchidos de maneira clara e insofismável os pressupostos de punibilidade. O critério normativo ou valorativo funcionaria, assim, como um recurso auxiliar negativo. Está claro que essa solução só tem aplicação quando a conduta seja vista como objeto de confronto entre a incidência de uma proibição ou de uma determinação, como ocorre nos delitos omissivos impróprios. Em contrapartida, naqueles delitos em que o tipo penal prevê, na definição da conduta, seu cometimento por ação ou omissão, a análise da omissão deve ser feita separadamente: se a conduta atribuída ao sujeito não comportar a imputação por ação, mediante a afirmação da causalidade, restará a análise dos pressupostos da omissão.[25]

25. Frister, Helmut. *Strafrecht*, AT, 2006, p. 244.

CAPÍTULO 2
CRIMES OMISSIVOS E COMISSIVOS

I. A DIVISÃO DOS DELITOS

A lesão ou o perigo de lesão de bem jurídico, em face da multiplicidade de variantes sociais, muitas vezes não se vincula diretamente à proibição de modalidades de ações juridicamente indesejáveis, que, pela experiência, possam produzi-los, mas à imposição de deveres concretos que pretendem evitar esses resultados. Na omissão, esta vinculação do bem jurídico à sua forma de lesão ou de perigo de lesão pode ser exercida de dois modos: mediante a imposição de ações possíveis, que devem ser executadas por todos para impedir a concretização dessa lesão, ou por quem tenha, em face da assunção de posturas pessoais, o dever de impedir tal resultado. Com isso, surge a necessidade inicial de distinguir essas duas modalidades da atuação estatal, como *crimes omissivos próprios* e *impróprios*.

Aqui, deve-se observar o seguinte: quando se procede à diferenciação entre *crimes omissivos próprios* e *crimes comissivos por omissão*, não se deve fazê-la com base na modalidade de conduta, nem em função do resultado. Isso porque, se a decisão acerca da diferenciação entre ação e omissão, em muitos casos, ainda engatinha na dogmática penal, menor será seu desempenho quando se pretenda estabelecer que os crimes omissivos próprios e os comissivos por omissão tenham por objeto condutas identificadas, respectivamente, como omissão, em si mesma, e como omissão equiparável à comissão. Mediante esse critério, o desfecho seria simplesmente tautológico: crimes omissivos seriam os que resultariam de omissão; crimes comissivos por omissão, aqueles em que a omissão constitui uma modalidade de ação. Igualmente, é inservível a diferenciação baseada no resultado, porque é possível a existência de delitos omissivos próprios de resultado – a própria omissão de socorro se refere a resultados mais graves, como formas qualificadas – e, ademais, porque se assentam em uma relação de causalidade, que não tem existência real. A diferenciação com base no resultado teve seu significado, quando se estabelecia que os delitos omissivos impróprios implicavam a violação de um direito subjetivo, em oposição aos delitos omissivos próprios, que constituíam apenas uma desobediência.

Atendendo às características da ordem jurídica e seus enunciados, a diferença entre esses crimes deve residir na estrutura da norma que impõe ou que proíbe a atividade. Tem-se afirmado que as normas proibitivas e mandamentais, que constituem as chamadas normas incriminadoras, são normas opostas, isto é, ou proibitivas ou mandamentais. Mas a teoria mais recente considera que não existe norma puramente proibitiva, como não existe norma puramente mandamental.[1] É que, ao não considerar que a norma é proibitiva e mandamental ao mesmo tempo, torna-se funcionalmente impossível a precisa identificação da lesão do bem jurídico. Porque no momento em que se diz que a norma mandamental é aquela simplesmente que impõe uma atividade, reduz-se em dizer que aquele que se encontre em inatividade viola a norma mandamental, o que nem sempre pode ocorrer. Ademais, aquele que se encontre em inatividade, embora possa violar a norma mandamental, não é o único a fazê-lo. Também viola a norma mandamental aquele que realiza outra atividade que não aquela que a norma determina. Convém salientar, ademais, que não se trata de reedificar a velha teoria nomológica, derivada do positivismo. A diferenciação entre norma proibitiva e norma mandamental constitui a base para estabelecer os pontos de referência de uma conduta perlocucionária.

Pode-se, portanto, considerar que entre norma mandamental e norma proibitiva subsiste uma relação dialética, de modo que a norma mandamental, ao mesmo tempo que impõe uma atividade, proíbe outra. Assim, a norma proibitiva: ao mesmo tempo em que proíbe uma atividade, por exemplo, a atividade de matar, impõe, também, uma atividade, a atividade de respeito à vida humana. Isso está implícito na norma proibitiva. Sem levar em conta essa estrutura, não se poderia admitir no direito penal o delito culposo, cujo núcleo está situado na violação de um risco autorizado, que pressupõe também a realização de uma atividade não arriscada. Quem se anime a conduzir um veículo, deve fazê-lo dentro das regras de direção; não o fazendo, estará se omitindo em face do cuidado que deve tomar nesse ato de direção. Há, portanto, uma proibição associada a uma atividade condicionada a determinados atos positivos e também negativos. Se a norma penal deve estar associada a um sentido, pelo qual se afere a lesão de bem jurídico, seu enunciado nem sempre pode se bastar com a mera proibição, mas também com algum comando. Com isso não se está atribuindo ao direito penal a função protetiva do bem jurídico, que é

1. Bacigalupo, Enrique. *Delitos impropios de omisión,* 1970, p. 98; Muñoz Conde, Francisco; Arán, Mercedes Garcia. *Derecho penal,* PG, 1998, p. 267.

uma questão de política criminal, mas apenas identificando o sentido imposto pela norma, ao definir os atos como delituosos.

Isso não significa, ademais, que nos *crimes comissivos* subsista, ao lado da proibição, um dever geral de obediência. A atividade positiva associada à proibição será apenas aquela necessária a identificar as zonas do lícito e do ilícito, como condição para a orientação da conduta de seus destinatários. Nada tem isso a ver com a proteção do bem jurídico. Quando o sujeito se tenha decidido a empreender essa atividade, o importante será verificar se seus contornos essenciais estavam presentes na definição legal, como proibição ou como determinação. Quer dizer, o dever decorrente de uma norma mandamental, que se encontre inserida na norma proibitiva de um delito comissivo, deve ser visto como dever complementar, cujo cumprimento se torne necessário como ponto de referência da proibição. Se a proibição é de não matar, a imposição de respeito à vida alheia funciona também como condição de orientação de conduta, a fim de que o sujeito não ingresse na zona do ilícito. Aqui, a ênfase do enunciado normativo não está no fim de proteção do respectivo bem jurídico *vida*, mas na adequada comunicação ao sujeito de todos os limites normativos, de modo que possa evitar a prática do ato ilícito de intervir sobre a vida de outrem. Isso só pode ser compreendido e assimilado no conjunto dessa proibição em face da ação típica daí decorrente e não como dever isolado e independente. Embora se deva fazer sempre uma referência ao tipo penal, não se adota, para essa diferenciação, o critério formal proposto por Armin KAUFMANN,[2] de que os delitos omissivos próprios seriam aqueles que estariam previstos expressamente na lei, e os delitos omissivos impróprios resultariam da combinação de uma cláusula geral e de um tipo de delito comissivo. A partir da análise da norma, que fundamenta a ação perlocucionária, pode-se chegar à conclusão de que o critério da previsão legal não será o mais acertado. Não importa, como se verá mais adiante, a forma como a lei prevê os delitos, mas sim como essa forma influencia o sujeito a empreender um sentido à sua conduta, em face de pontos de referência normativos e empíricos.

Quando se diz, portanto, que a proibição isolada não teria sentido, isso significa que a lesão do bem jurídico deve ser considerada não apenas com base no resultado efetivamente realizado, senão também no conjunto do processo causal que nele culminou e no qual se referencia seu componente mandamental. Parece que, ao edificar-se a norma em face de um contexto comunicativo, estar-se-ia dando maior importância à orientação da conduta do que à lesão de bem jurídico. Ocorre que a lesão de bem jurídico só será relevante como ponto final de realização da tipicidade, quando situada também em contexto comunicativo. Claro que sem lesão ou perigo de lesão ao bem

---

2. KAUFMANN, Armin. *Die Dogmatik der Unterlassungsdelikte,* 1959, p. 277; D'ÁVILA, Fabio Roberto. *Ofensividade e crimes omissivos próprios,* Coimbra, 2005, p. 228.

jurídico não há injusto, mas isso sem prescindir de um processo global de comunicação e de orientação de conduta. Se a norma é inapta a traçar com nitidez os elementos de orientação de conduta, não há que se falar de injusto.

II. DELITOS CULPOSOS E OMISSIVOS

Essas considerações, ainda que extensíveis a todos os delitos, adquirem maior relevância no âmbito dos *delitos culposos*.

Há pessoas que dirigem em excesso de velocidade. Contudo, o excesso de velocidade, por si só, não caracteriza delito algum,[3] apenas demonstra que há violação de um dever de cuidado ou que o sujeito realiza uma atividade em desacordo com o risco autorizado. A norma jurídica que impõe uma atividade cuidadosa é a mesma que proíbe uma atividade descuidada. À pessoa que dirige um veículo, a norma informa que, se o fizer em excesso de velocidade, em determinado local, poderá violar o dever de cuidado ou o risco autorizado e, com isso, lhe poderá ser imputado um resultado proibido, caso dessa direção decorrer uma lesão ou um perigo de lesão ao bem jurídico. Mas, ao mesmo tempo em que expressa a proibição acerca do excesso de velocidade, informa também sobre os modos corretos de dirigir, isto é, conforme os padrões do risco autorizado. A imposição desse dever de condução dentro dos limites aceitáveis do risco não implica, porém, que a norma persiga uma finalidade protetiva do bem jurídico mediante a incriminação da conduta descuidada. Na regulamentação de ações em si mesmas perigosas, a ordem jurídica deve valer-se de um critério de modo a conter os excessos do risco autorizado dentro de etapas de delimitação do proibido. Nesse caso, a infração ao dever de cuidado, que caracteriza o excesso do risco, não tem existência autônoma em relação à norma de proibição. Ao contrário, uma vez que a delimitação das etapas proporcionais do risco excedido faz parte do processo de proibição, o dever de cuidado é, pois, uma forma de modulação dessa proibição. Nos delitos culposos, portanto, o que se proíbe não é a ação em si mesma, mas a produção de um evento final, como resultado de um excesso na condução de uma atividade previamente regulada. Neste sentido é que deve ser compreendida, modernamente, a composição da norma proibitiva, dando-se, assim, uma interpretação adequada à antiga teoria kelseniana da unidade de proibições e comandos num mesmo preceito normativo. Portanto, a norma jurídica

---

3. O Código de Trânsito Brasileiro prevê o excesso de velocidade como delito (art. 311), quando «incompatível com a segurança nas proximidades de escolas, hospitais, estações de embarque e desembarque de passageiros, logradouros estreitos e onde haja grande movimentação ou concentração de pessoas, gerando perigo de dano». Quer dizer, trata-se de um delito de perigo concreto à vida ou à integridade física das pessoas. Embora na redação do artigo se faça referência genericamente ao perigo de dano, não se pode estendê-lo também ao patrimônio, porque isto viola o sistema da ordem jurídica, que passaria a punir como doloso o ato preparatório de um dano culposo impunível, o que é irracional e absurdo.

dos delitos culposos se compõe, basicamente, de uma proibição, vinculada a um processo gradual de imposições, como sua forma de expressão, mas sem caracterizar-se como norma mista, proibitiva e determinativa, como antes já se imaginara. Com isso, será possível delimitar os lindes do justo e do injusto e identificar com precisão a lesão do bem jurídico.[4]

Esse conteúdo dialético das normas incriminadoras, porém, precisa de uma delimitação e não pode ser interpretado simplesmente em face de sua orientação protetiva. Num estado de garantia, o conteúdo mandamental deve estar expressamente enunciado e também condicionado ao pressuposto de que, com sua transgressão, se estará pondo em perigo concreto ou lesando um bem jurídico reconhecido.

III. DELITOS OMISSIVOS POR COMISSÃO

Diante da diversidade com que a conduta se manifesta no mundo exterior, a doutrina vem reconhecendo uma nova categoria de delitos, a que denomina de delitos omissivos por comissão. A consideração em torno da existência desses delitos decorre, propriamente, da forma e do modo como se manifesta a inatividade. Pode parecer, à primeira vista, que, se uma inatividade não pode produzir materialmente um resultado, igualmente não poderia ser produzida, senão como expressão de uma vontade individual do omitente. Essa aparente contradição se desvanece, porém, quando se procede a uma diferenciação quanto à relação entre inatividade e resultado, por um lado, e quanto à relação entre inatividade e interferência, de outro lado. Aqui não se está tratando de uma forma comissiva de se omitir, mas, sim, de uma interferência sobre a ação devida. Essa categoria de delitos tem sido contestada pela doutrina, que entende desnecessária sua classificação: ou haveria delito omissivo ou delito comissivo, sem possibilidade de uma terceira categoria.[5] Roxin, por seu turno, compreende quatro modalidades desses fatos: a participação ativa no delito omissivo, a *omissio libera in causa*, o impedimento de atos de salvamento de terceiros e a interrupção de tratamentos técnicos.[6]

1. A participação ativa em fatos comissivos

Relativamente à participação ativa em fatos omissivos, pode-se dizer que a doutrina não é pacífica. Aqueles que a admitem consideram, nesse caso, a causalidade como fator decisivo para a determinação da imputação. Se alguém instiga outrem a não prestar o socorro devido, responde, segundo

---

4. No sentido da unidade de proibições e comandos, Muñoz Conde, Francisco; Arán, Mercedes Garcia. *Derecho penal*, PG, 1998, p. 267.

5. Assim, Otto, Harro. *Strafrecht*, AT, 7.ª ed., 2004, p. 156 e ss.; Stoffers, Kristian F. «Die Rechtsfigur Unterlassen durch Tun», in *JA*, 5, p. 138 e ss., 1992.

6. Roxin, Claus. *Strafrecht*, AT, II, 2003, p. 600 e ss.

ROXIN, por instigação ativa no delito de omissão de socorro, valendo o mesmo para a cumplicidade. Armin KAUFMANN e WELZEL, por outro lado, postulam, nesse caso, por uma responsabilidade por ação, a partir do argumento de que o resultado produzido se incluiria no âmbito do exercício de uma atividade final.[7] Ambas as soluções, no entanto, não caracterizam uma modalidade especial de delito, como seriam os delitos omissivos por comissão. Se ao instigador se impõe o dever de socorrer, será ele autor e jamais partícipe; se, em contrapartida, não tem obrigação de atuar, será difícil compreender como lhe poderia ser imputado o resultado por omissão. A alternativa proposta pelo finalismo, ao afirmar a existência de um delito comissivo, é igualmente incapaz de superar o impasse da causalidade: o instigador, na verdade, não causou o resultado; sua ação se resumiu a convencer outrem a se omitir, mas dessa omissão nada pode resultar. A responsabilidade do omitente, ademais, não está assentada na causalidade, mas, sim, na decisão de que a ação que lhe era devida tinha chances de evitar o evento. Se a responsabilidade do instigador, por seu turno, depende daquela do omitente, e esta não pode ser aferida pela causalidade, em termos empíricos, mas tão somente por força de um raciocínio lógico, jamais se poderá dizer que o instigador teria cometido um delito comissivo. O que há, portanto, é um puro jogo argumentativo para instituir uma responsabilidade sem uma base material que a sustente. Talvez se pudesse pensar em uma responsabilidade por omissão do instigador, a partir de sua inserção no âmbito da ingerência. Mas, então, seria necessário demonstrar, segundo a formulação de SCHÜNEMANN, que ele teria domínio sobre os fundamentos do resultado,[8] ou seja, de que sua conduta produzira um risco material ao bem jurídico, cuja evitação se encontrava, exclusivamente, em suas mãos. Mais precisamente, no dizer de SCHÜNEMANN, o resultado no âmbito da ingerência «só pode ser imputado ao omitente, quando este domine, com atualidade e essencialmente, sua causalidade ou a debilidade da vítima».[9] Uma vez que isso se dê, já não se estará em face de uma participação por comissão, mas sim de um delito omissivo, o que tornaria inútil a teoria dos delitos omissivos por comissão.

2. A *omissio libera in causa*

A segunda modalidade dessa categoria – a chamada *omissio libera in causa* – se daria quando o garantidor eliminasse, por força de um ato comissivo, a possibilidade de sua posterior atuação.[10] Por exemplo, alguém destrói o barco salva-vidas antes que possa ser usado em benefício do afogado; o

---

7. KAUFMANN, Armin. *Unterlassungsdelikte*, 1959, p. 190; WELZEL, Hans. *Strafrecht*, AT, 1969, p. 206.
8. SCHÜNEMANN, Bernd. *Grund und Grenzen der unechten Unterlassungsdelikte,* 1971, p. 236
9. Idem, ibidem, 1971, p. 241.
10. ROXIN, Claus. *Strafrecht*, AT, II, 2003, p. 660.

controlador de voo se embriaga voluntariamente para não atuar no momento em que lhe era exigida uma conduta comissiva. O problema reside em se identificar como se processa a interferência das ações precedentes sobre a omissão posterior. Para que se afirme uma *omissio libera in causa* é preciso que o sujeito tenha o dever de impedir o resultado e que haja uma atualidade da ação precedente para com a omissão posterior.

No caso do barco, o proprietário que o destrói, mas que estava obrigado a conservá-lo para servir de resgate de afogados, só poderá ser responsabilizado pelo seu não uso posterior, se esse ato de destruição se ligar imediatamente à situação de risco em que se encontrava a vítima, ou seja, a destruição e a situação de risco devem estar vinculadas entre si num mesmo contexto de atualidade. Se isso não ocorrer, não se poderá falar de delito omissivo por comissão, mas apenas de delito omissivo culposo, ou mesmo de um delito de omissão de socorro, caso o omitente não se enquadre na posição de garantidor.[11]

Já na questão do controlador de voo, que atua dolosamente no sentido de não supervisionar o tráfego aéreo e de causar o acidente, parece tratar-se de um delito omissivo impróprio, porque, no fundo, a norma mandamental complementa a norma proibitiva, como ocorre no crime do art. 261 do Código Penal. Nessa hipótese, o fato de se colocar em estado de embriaguez para não atuar não interfere na caracterização do delito omissivo impróprio, só constitui uma questão a ser decidida no âmbito da culpabilidade. Há, aqui, uma ação precedente e uma omissão consequente, bem como uma posição de garantidor. Mesmo ROXIN, que acolhe essa classificação dos delitos omissivos por comissão, reconhece que, quanto a isso, haverá mesmo, no fundo, um delito omissivo.[12] São irrelevantes, neste caso, as considerações em torno da *omissio libera in causa.* Se o sujeito que realiza a ação antecedente não é garantidor, não pode responder por qualquer delito. Não há que se falar de omissão de socorro, porque este delito depende da real possibilidade de prestar o socorro ou de chamar a autoridade para fazê-lo no momento em que ocorre a situação de perigo para a vida, a saúde ou a integridade corporal da vítima. Só nesse momento é que se institui o dever de agir.

Diversa é a hipótese da chamada *omissio libera in omittendo*, que nada tem a ver com os delitos omissivos cometidos por ação.[13] Nessa hipótese, trata-se de uma omissão precedente e de uma omissão posterior, em momento

---

11. Também admitindo uma omissão, Eberhard STRUENSEE (*Grundlage Probleme des Strafrechts*, 2005, p. 82 e ss.), para quem a questão acerca do momento em que efetivamente o dever é imposto, de modo a vincular a ação precedente a uma ação futura ou a uma omissão, constitui tema de interpretação do respectivo tipo mandamental.

12. ROXIN, Claus. *Strafrecht*, AT, II, 2003, p. 661. Em sentido contrário, reconhecendo um delito comissivo, mas só punível se o sujeito for garantidor, JAKOBS, Günther. *Strafrecht*, AT, p. 219.

13. STRUENSEE, Eberhard *Grundlage Probleme des Strafrechts*, 2005, p. 84.

em que o sujeito já não está capacitado para realizar a ação devida. Há que se estabelecer também uma diferenciação entre *actio libera in causa* e *omissio libera in causa*. Na *actio libera in causa*, o sujeito se coloca em situação de inimputabilidade, a qual impede seu discernimento acerca do caráter criminoso do fato ou de determinar-se de acordo com ele, no momento da ação, o que constitui questão da culpabilidade. Na *omissio libera in causa*, falta-lhe, no momento do fato, a capacidade de ação, o que caracteriza uma questão de tipicidade.[14] O Código Penal brasileiro (art. 26), à primeira vista, quer trabalhar ambos os casos no âmbito da imputabilidade, mas isso só tem significado quando o omitente é garantidor, o que faz mudar a perspectiva da omissão, que está vinculada também a uma norma proibitiva. Caso contrário, a regra é inútil.

São muito discutíveis os fundamentos para a punibilidade de ambas as hipóteses. Normalmente, a doutrina tem seguido, neste setor, três orientações distintas: do modelo de autoria mediata, do modelo do tipo e do modelo de exceção. Em qualquer delas, porém, as soluções são contraditórias em relação aos delitos omissivos. Na adoção do modelo da autoria mediata, que tem sido seguido no Brasil em relação aos crimes comissivos,[15] em que o autor se põe ele mesmo, em momento anterior, na condição de um instrumento inconsciente posterior (alguém se droga para cometer, posteriormente, um delito, quando já não estava consciente), observa-se uma incompatibilidade de seus fundamentos para com a omissão. Em primeiro lugar, um delito omissivo não pode ser cometido em autoria mediata; se isso ocorrer, ou o agente será punido como autor de um delito omissivo ou como autor de um delito comissivo, mas, em qualquer caso, não como coautor de omissão. Em segundo lugar, como nos delitos omissivos o sujeito deve estar vinculado à ação devida, de forma que possa efetivamente realizá-la, falta-lhe na *omissio libera in omittendo* um domínio possível sobre a causalidade, o que torna o instrumento inidôneo. No que toca ao modelo do tipo, não será possível dizer que o fato de o agente se omitir e, assim, se deixar colocar em situação de incapacidade já constitua momento típico de um delito omissivo, quando este pressupõe uma omissão atual. A vigorar esse modelo, a punibilidade decorreria de se caracterizar uma omissão atual como desdobramento de uma omissão anterior, o que fere a natureza das coisas. Do mesmo modo, o modelo de exceção que quer carac-

---

14. Entendo que ambas as situações são idênticas, Baier, Helmut. «Unterlassungsstrafbarkeit trotz fehlender Handlungs- oder Schuldfähigkeit. Zugleich ein Beitrag zur Rechtsfigur der *omissio libera in causa*», *Goldhammers Archiv*, 1999, p. 278; Schönke; Schröder; Stree. *Strafgesetzbuch Kommentar*, 2006, p. 216.

15. Bruno, Aníbal. *Direito penal*, PG, tomo 2, p. 53; Marques, José Frederico. *Tratado de direito penal*, 2.ª ed., 1965, vol. 2, p. 189; Reale Júnior, Miguel. *Instituições de direito penal*, 2002, vol. 1, p. 211; Toledo, Francisco de Assis. *Princípios básicos de direito penal*, 4.ª ed., São Paulo: Saraiva, 1991, p. 323.

terizar o fato como típico por razões de política criminal esbarra no princípio da legalidade.[16]

3. O impedimento da ação de terceiro

Já no terceiro grupo se situam aquelas hipóteses em que o sujeito impede o salvamento a ser prestado por terceiro, ou recua e deixa de prosseguir no salvamento, depois de havê-lo iniciado. No primeiro caso, trata-se de um delito comissivo. A interferência direta sobre os atos de salvamento efetuados ou a serem efetuados por terceiro corresponde a um desprendimento de energia e, consequentemente, fundamenta uma causalidade.[17] No outro caso, porém, a solução é mais problemática. SAMSON defende a tese de que, aqui, se dará sempre um delito comissivo, pois, diferentemente do ocorre com a simples omissão de salvamento, a interrupção do ato de salvar agrava a condição da vítima, instituindo-se, então, não mais uma relação entre norma mandamental e conduta devida, mas entre norma proibitiva e conduta positiva.[18] ROXIN, em contraposição, entende que, embora na interrupção do ato de salvar se possa presenciar um desprendimento de energia, isso não será suficiente para afastar a incidência de uma norma mandamental e instituir uma norma proibitiva.[19] A melhor doutrina está ao lado de ROXIN, porquanto, como ele mesmo pondera, não será racional que alguém que tenha iniciado o salvamento e depois desistido de lhe dar sequência deva merecer tratamento mais rigoroso do que aquele que simplesmente nada fez, ainda que pudesse realizar a ação devida. A racionalidade de uma solução em favor do delito omissivo por comissão e não de um delito comissivo decorre, neste caso, da aplicação do critério de proporcionalidade.

4. O desligamento de aparelhos de reanimação

No último grupo, a referência diz respeito às hipóteses de desligamento de aparelhos automáticos de reanimação. Como já foi salientado no capítulo anterior, a doutrina majoritária tem considerado que o ato cometido pelo médico, ao desligar os aparelhos sob sua supervisão, ainda que implique um desprendimento de energia ou que possa ser tido como causal para o resultado morte do paciente, deve ser caracterizado dentro dos delitos omissivos, permanecendo, ademais, impunível.[20] A corrente minoritária, que postula em

---

16. Crítico quanto a esses modelos, BAIER, Helmut. «Unterlassungsstrafbarkeit trotz fehlender Handlungs- oder Schuldfähigkeit. Zugleich ein Beitrag zur Rechtsfigur der omissio libera in causa», *Goldhammers Archiv*, 1999, p. 280; também, SANTOS, Juarez Cirino dos. *Direito penal*, PG, 4.ª ed., 2010, p. 293.

17. WESSELS; BEULKE. *Strafrecht*, AT, 2010, p. 274.

18. SAMSON, Erich. «Begehung und Unterlassung», *Festschrift für Welzel*, 1974, p. 569 e ss.

19. ROXIN, Claus. *Strafrecht*, AT, II, 2003, p. 663.

20. Assim, ROXIN, Claus. *Strafrecht*, AT, II, 2003, p. 664; SCHÖNKE; SCHRÖDER; ESER. *Strafgesetzbuch, Kommentar*, 27.ª ed., 2006, p. 1.784; WESSELS; BEULKE. *Strafrecht*, AT, 2010, p. 274.

favor da existência de um delito comissivo,[21] não pode se sustentar e tampouco justificar suficientemente a não punibilidade do fato. A admissão de um delito omissivo por comissão, com a conclusão de sua não punibilidade, foi suficientemente demonstrada por Roxin. De fato, a prevalecer a tese minoritária que se assenta apenas na energia ou na causalidade, a solução poderia ficar na exclusiva dependência da evolução técnica dos aparelhos: bastaria que esses fossem construídos com um botão de desligamento automático para que o fato se caracterizasse, então, como omissivo e não comissivo.[22] Esse argumento parece irrespondível e indica a necessidade de se verificar, nesse caso, a prevalência da norma incidente sobre o fato, se proibitiva ou mandamental. Como o ponto de gravidade da conduta se confronta, então, com uma norma mandamental e não proibitiva, a solução em favor de um delito omissivo por comissão deve ser vista como acertada.

IV. CASOS PRÁTICOS

A matéria referente à classificação dos delitos em face de suas características comissivas e omissivas continua a induzir discussões. Ainda que a doutrina tenha se esforçado na busca de critérios delimitativos, as soluções parecem ficar na dependência da análise dos casos concretos, nos quais a omissão adquire significado no âmbito do mundo da vida. Alguns exemplos podem demonstrar a dificuldade de se estabelecer uma linha divisória absolutamente nítida entre *ação* e *omissão,* e cuja solução, de caracterizar o fato como *crime comissivo* ou *crime omissivo*, não se limita a mera exigência classificatória. Se se opta pela omissão e se tem um *crime omissivo*, deve-se definir, ademais, se o sujeito tinha ou não o dever de agir, exatamente nos termos em que a lei o determina.

Exemplo n. 1. Um sujeito, à noite e em meio à neblina, dirige seu caminhão sem as luzes traseiras de advertência acesas – as chamadas luzes de estacionamento – e acaba, por isso, ocasionando um acidente, porque o motorista de um automóvel, que trafega em excesso de velocidade, não o vê e vem com ele a chocar-se. Em consequência do acidente, o motorista do automóvel morre. A decisão se haverá *crime omissivo* ou *crime comissivo* pode variar conforme a identificação da modalidade da conduta, caso se trate de uma ação, ou de uma omissão. Poder-se-ia dizer, por um lado, que haveria, nesse caso, um *crime omissivo culposo*, porque o caminhão não tinha as luzes traseiras acesas, quando o motorista o dirigia. Omitiu-se esse motorista de verificar se as luzes traseiras estavam em condições de tráfego. Mas também se pode concluir que haverá um *crime comissivo culposo,* se se entender que

---

21. Assim, Baumann; Weber; Mitsch. *Strafrecht*, AT, 2003, p. 276; Jescheck; Weigend. *Lehrbuch des Strafrechts,* 1996, p. 604.

22. Roxin, Claus. *Strafrecht*, AT, II, 2003, p. 665.

o sujeito trafegou sem as luzes traseiras. A diferença é sutil, mas é importante. Na verdade, aplicando-se ao caso os critérios antes propostos, pode-se dizer que há delito comissivo culposo. Essa solução é tanto compatível com os critérios da energia e da causalidade, quanto com o critério normativo. Visto o fato em sua globalidade e não nos pormenores acidentais ao ato de direção, se poderá afirmar que o motorista, ao dirigir o caminhão sem as luzes traseiras, já desprendera energia para violar o risco autorizado. Igualmente, em face disso, ao proporcionar que o outro veículo se chocasse com o caminhão, dera causa à produção do evento. Da mesma forma, o preceito normativo incidente sobre o caso está assentado essencialmente na proibição de dirigir naquelas condições e não na omissão de uma atividade devida.

Exemplo n. 2. O médico está cuidando de certo paciente internado em estado grave num hospital. Apesar de todo cuidado e do tratamento intensivo que recebe, de repente apresenta uma parada cardíaca. O médico resolve socorrê-lo com massagens de reanimação, que são executadas sem qualquer proveito. Após algum tempo, é aconselhado por um colega a abandonar a empreitada sob o argumento de que o paciente *não teria mais chance*. O médico para de reanimá-lo. Claro está que há uma omissão e uma ação. O médico não desprendeu energia, nem causou a morte do paciente; do mesmo modo, a norma que disciplina a atividade médica e que lhe impõe, nesse caso, uma atividade é de natureza mandamental e não proibitiva. Por outro lado, o médico, ao interromper a atividade salvadora, não ingressou no âmbito do injusto. Isto porque a orientação da atividade imposta pela norma deve ter algum significado. Para que a orientação de conduta se torne apta a integrar-se a um contexto comunicativo, será necessário que continue a servir de modelo ou de referência para a conduta futura do médico. Se a conduta exigida é, a partir de determinado momento, inútil, cessa a orientação normativa e, consequentemente, se exaurem as bases de uma comunicação válida.

Caso o médico não pare de reanimar o paciente e faça com que essa modalidade de reanimação tenha sequência por meio de um aparelho automático, que se encarrega da estimulação do coração enfermo e permanece em funcionamento durante alguns dias, parece que a solução se torna mais complexa. Imagine-se que, após certo tempo, vem outro assistente e lhe diz que *não adianta insistir com o processo de salvamento, porque o aparelho não poderá reanimar o paciente* e que melhor *será desligá-lo*. Se ambos desligam o aparelho e, em seguida, o paciente morre, a indagação acerca da natureza do comportamento não será tão evidente. A resposta se há *omissão* ou *ação* parece que não se resolve, inicialmente, pelos critérios da energia e da causalidade, os quais irão afirmar a existência de uma ação e, consequentemente, de um delito comissivo. A melhor solução será considerar, como visto no item anterior, um delito omissivo por comissão, mas eximindo o médico de responsabilidade em face de a ação devida não apresentar mais significado em face dos limites traçados para a identificação da zona do injusto.

Exemplo n. 3. Um sujeito se dispõe a salvar outra pessoa, que se está afogando na praia de Copacabana. Quando está prestes a salvá-la, é impedido de fazê-lo por seu vizinho, que quer a morte da vítima. A discussão deve conduzir ao reconhecimento de um delito comissivo atribuído ao vizinho porque a interferência sobre o ato de salvamento alheiro implica a produção causal do evento.

Exemplo n. 4. Ainda em relação ao mesmo quadro, o sujeito quer salvar uma pessoa que cai da barca Rio-Niterói e está se afogando. Para isso, lança-lhe um salva-vidas e, uma vez agarrado pelo acidentado, passa a recolhê-lo. No meio do ato de salvamento, contudo, reconhece no afogado seu inimigo e, refletindo acerca da fortuna do acidente, resolve abandoná-lo à própria sorte. Incontinenti solta a corda e deixa que a vítima se afogue. Diversamente do exemplo n. 3, aqui não há intervenção sobre o processo causal, há apenas o descumprimento de uma norma mandamental. Neste caso, então, será adequado caracterizar-se um delito omissivo por comissão.

Exemplo n. 5. Caso da jurisprudência alemã. Um fabricante importa da China pelos de cabra para a confecção de pincéis, mas não manda desinfetá-los previamente como deveria. Os pelos vêm impregnados de bacilo antrácico, o qual acaba matando quatro operárias que os manipulavam.[23] Independentemente da questão da imputação, que poderia ser excluída porque na época o uso da substância desinfetante seria inútil, o fato é tipicamente de delito comissivo culposo. Nem há que se falar de delito omissivo culposo: o fabricante realizou uma ação positiva (ao entregar os pincéis contaminados às empregadas) e, com isso, desencadeou um processo causal para a lesão do bem jurídico.

Exemplo n. 6. Caso da jurisprudência brasileira. O proprietário de uma casa deixa que crianças vizinhas brinquem no seu quintal, onde há uma caixa d'água destampada. Uma delas cai na cisterna e morre.[24] Este caso envolve, ademais, questão de imputação. Se as crianças invadem o local, sem que o proprietário lhes tenha permitido, a imputação estará excluída pelas regras

23. Aqui não se está discutindo a questão da responsabilidade do fabricante, que estaria excluída pelo princípio da ausência de realização de risco não permitido, já que os métodos de desinfecção existentes na Europa, na época do fato, seriam ineficazes frente ao bacilo antrácico. Sobre o fato: *RGSt* 63, p. 211; Roxin, Claus. *Strafrecht*, AT, 4.ª ed., 2006, p. 387; com outro fundamento, eliminando o desvalor do resultado, Küper, Wilfried. «Überlegungen zum sog. Pflichtzusammenhang beim Fahrlässigkeitsdelikt», *Festschrift für Karl Lackner*, 1987, p. 256.

24. Há inúmeros casos semelhantes, recolhidos na jurisprudência: *Jutacrim* 90/391; 54/231; *RT* 367/342.

gerais relativamente à ausência de incremento do risco, ou, no sentido da não previsibilidade do evento, tomado em sua expressão concreta. Se o proprietário lhes permite a entrada, o fato é de crime omissivo culposo de homicídio. Diferentemente do exemplo do caminhão que trafega com as luzes traseiras apagadas, o ato de manter uma caixa d'água descoberta não se insere unicamente no âmbito de uma norma proibitiva, quanto também de um mandamento. Até porque o proprietário poderia haver adquirido a casa já com essa caixa d'água descoberta e nada ter feito para eliminar essa fonte de perigo, que passou a ser de sua responsabilidade.

Note-se que em todos esses exemplos a afirmação acerca da modalidade de conduta não pode por si mesma elucidar acerca da natureza do delito, pondo em destaque a complexidade da diferenciação entre ação e omissão. Enfocados os fatos de uma ou de outra maneira, pode-se entender que são *crimes omissivos* ou *comissivos*. Mas as consequências da diferenciação são importantes, porque, se em todos esses casos se tratar de *crimes comissivos*, as exigências de punibilidade poderão ser menores, quando demonstrada normalmente, além dos demais elementos que compõem o tipo legal, que o resultado, no plano causal, possa ser imputado objetivamente ao sujeito. Ao dizer que haverá *crimes omissivos*, ter-se-á de demonstrar também a violação do *dever de agir*, com todos seus consentâneos, o que altera os fundamentos da punibilidade.

O *dever de agir* pode ser visto como um dever geral imposto pela ordem jurídica, diante de certo caso concreto que a própria ordem jurídica legalmente prevê (o chamado *dever geral de assistência*), ou como dever que decorre de vinculação especial entre sujeito e vítima, ou entre esse e a fonte produtora de perigo, de modo que se constitua em garantidor da proteção do bem jurídico com relação àquela pessoa determinada ou àquelas pessoas afetadas pela fonte de perigo (o chamado *dever de impedir o resultado*).

V. A CLASSIFICAÇÃO DOS DELITOS OMISSIVOS

1. As espécies de delitos

No âmbito puramente de sua configuração legal, deve-se estabelecer também a diferença entre *crimes omissivos próprios* e *crimes omissivos impróprios*.

Normalmente, essa diferenciação não oferece dificuldades, pois todos sabem identificar quando se trate de um ou de outro. Mas, às vezes, as complexidades afloram e os critérios de diferenciação falham. Em face da diversidade de critérios, alguns autores propõem a criação de três espécies legais de crimes omissivos e não de apenas duas. Assim, afora o caso dos crimes omissivos por comissão, que se desenvolvem sob o panorama da forma e do modo de sua realização, no âmbito legal aventa-se a existência de um terceiro grupo de casos, de modo que se possam reconhecer, primeiramente, os delitos de mera omissão (delitos omissivos próprios), os delitos de omissão e resultado e os delitos omissivos impróprios.[25] Ainda que se reconheça certa validade a esta classificação, é preferível a classificação bipartida, porque os delitos de omissão e resultado podem perfeitamente ser enfeixados como delitos omissivos próprios ou impróprios. O fundamento dessa classificação tripartida, que é de evitar a polarização de apenas uma das perspectivas (político-criminais, axiológicas, jurídico-positivas ou estruturais) de identificação do desvalor do ato ou do resultado, não deve ser levado em conta, porque apenas confunde e mascara o verdadeiro núcleo do problema.

Acolhendo uma classificação bipartida, vê-se que a diferenciação entre essas duas categorias de delitos omissivos torna-se até mesmo evidente em certos casos. Isso ocorre na análise da omissão de socorro em contraste com o homicídio, para afirmar este último quando a mãe deixa de amamentar o filho recém-nascido. O primeiro será próprio, o outro impróprio. Mas, quando o tipo legal comporta, no seu mesmo âmbito e sem indicação expressa, ações e omissões, como ocorre com o delito de *abandono de incapaz* (art. 133), de *facilitação de contrabando ou descaminho* (art. 318) ou de *fuga de pessoa presa* (art. 351),[26] sua correta diferenciação deve valer-se de outros critérios. Igualmente, controvertida será a decisão acerca dos delitos que contemplam omissões, mas vinculadas a deveres especiais de proteção, como o previsto no art. 1.º, § 2.º, da lei que define os crimes de tortura.[27]

2. Os critérios de diferenciação

O primeiro critério de diferenciação é o mais elementar deles. É o critério do sujeito.[28] Os crimes omissivos próprios não individualizam o sujeito. Todos podem ser sujeitos do delito, porque o dever de assistência, como se dá na omissão de socorro, é extensivo a toda a coletividade, uma vez presentes os seus pressupostos típicos. Essa é a posição, inclusive, adotada, *a contrario sensu*, pelo finalismo, ao atribuir aos delitos omissivos impróprios a quali-

---

25. Assim, Mourullo, Gonzalo Rodríguez. «La cláusula general sobre la comisión por omisión», *Política Criminal y Reforma Penal,* 1993, p. 907; Sánchez, Jesús María Silva. *El delito de omisión*, 2010, p. 423.

26. «Art. 133. Abandonar pessoa que está sob seu cuidado, guarda, vigilância ou autoridade, e, por qualquer motivo, incapaz de defender-se dos riscos resultantes do abandono. Pena: detenção de 6 (seis) meses a 3 (três) anos.»
«Art. 318. Facilitar, com infração de dever funcional, a prática de contrabando ou descaminho. Pena: reclusão de 3 (três) a 8 (oito) anos e multa.»
«Art. 351. Promover ou facilitar a fuga de pessoa legalmente presa ou submetida a medida de segurança detentiva. Pena: detenção de 6 (seis) meses a 2 (dois) anos.»

27. Lei 9.455/1997. Art. 1.º, § 2.º: «Aquele que se omite em face dessas condutas, quando tinha o dever de evitá-las ou apurá-las, incorre na pena de detenção de 1 (um) a 4 (quatro) anos.»

28. Bacigalupo, Enrique. *Delitos impropios de omisión,* 1970, p. 110.

dade de delitos especiais, justamente em face da delimitação de seu círculo de autores.[29]

O segundo critério é o da previsão legal, sustentado entre outros por Armin Kaufmann.[30] No crime omissivo próprio, a lei penal descreve a modalidade de omissão. Por exemplo, «deixar de prestar assistência, quando possível fazê-lo sem risco pessoal, à criança abandonada ou extraviada, ou à pessoa inválida ou ferida, ao desamparo ou em grave e iminente perigo; ou não pedir, nesses casos, o socorro da autoridade pública» (art. 135). No crime omissivo impróprio não existe a tipificação da omissão como tal.

Mas esses dois critérios, que normalmente se conjugam, não são suficientes, porque ainda não esclarecem acerca da questão dos crimes cujos tipos preveem a ação e a omissão como formas de seu cometimento. Nos crimes de abandono de incapaz (art. 133), facilitação de contrabando ou descaminho (art. 318) ou de fuga de preso (art. 351), cometidos por omissão, é impossível, em face da simples definição legal, decidir-se se a omissão é própria ou imprópria.

Também se postulou encetar a diferenciação com base no resultado. Os delitos omissivos próprios seriam crimes de mera atividade, o que ensejaria sua caracterização pela simples violação do dever de agir. Os delitos omissivos impróprios deveriam ser classificados como crimes de resultado, daí a imposição de um dever de impedi-lo.[31] Essa teoria tem seus antecedentes em Luden, segundo o qual os delitos omissivos próprios se exauriam na infração a um simples dever de agir, enquanto os delitos omissivos impróprios pressupunham uma lesão de direito subjetivo, de modo que da inatividade decorreria a produção de um resultado, tal como nos delitos comissivos.[32] A diferenciação assentada na simples inatividade ou no resultado, que ensejaria as respectivas modalidades de dever, se geral ou especial, tem apresentado alguns problemas, porque nem sempre as descrições legais contemplam nitidamente o evento a que se referem, como elemento da lesão de bem jurídico. Ademais, há hoje uma certa tendência doutrinária, reforçada pela ideia de Roxin, no sentido de também admitir resultado nos delitos de mera atividade. Nestes, o resultado existiria, mas só não poderia ser separado materialmente da ação, porque estaria intrinsecamente ligado a ela. Em complemento à sua tese, Roxin pensa que nos delitos de omissão de socorro (art. 135) e violação de domicílio, na modalidade de permanência em casa alheia contra a vontade expressa de seu titular (art. 150), tidos, classicamente, como delitos omissivos próprios, o

29. Welzel, Hans. *Derecho penal alemán,* 1970, p. 287.

30. Kaufmann, Armin. *Die Dogmatik der Unterlassungsdelikte,* 1959, p. 277.

31. Assim, Jescheck; Weigend. *Lehrbuch des Strafrechts,* 1996, p. 605; Rudolphi, *Systematischer Kommentar zum Strafgesetzbuch,* 1977, p. 75.

32. Luden, Henrich. *Abhandlungen aus dem gemeinen teutschen Strafrechte*, Göttingen, 1836, vol. II, p. 219.

respectivo resultado estaria na contínua falta de socorro ou abandono, e na permanente quebra da incolumidade domiciliar.[33] A questão, portanto, ficaria restrita à observação em torno de expressões materiais do fato e não em face da respectiva norma mandamental.

Tendo em vista a especial importância dos pressupostos da posição de garantidor para com os delitos omissivos impróprios, pode-se dizer, num primeiro plano, que este critério do sujeito, como instrumento de diferenciação, é mais relevante do que o critério legal, porque faz destacar no tipo um componente não escrito, que não se encontra presente, normalmente, nem nos delitos omissivos próprios, nem nos puros delitos de comissão. Mas, apesar disso, não é o critério decisivo.

Pela própria natureza dos crimes omissivos impróprios, que não se constituem de simples omissão de deveres de assistência, mas do não impedimento de determinado resultado proibido, tem-se que sua identificação, mais do que com vistas ao sujeito e sua especial relação de proteção para com o bem jurídico, depende de sua estrutura normativa. Esta não está alicerçada apenas na omissão de uma ação possível como tal, mas fundamentalmente na violação de uma norma proibitiva mediante o desatendimento de uma norma mandamental. Daí exigir-se em algumas legislações que os crimes omissivos impróprios preencham a *cláusula da equivalência,* ou da *absoluta identidade*, isto é, que o não impedimento do resultado, como omissão, corresponda ou se identifique à produção do resultado, como ação.

Somente através da análise, portanto, da estrutura normativa e da especial posição de garantidor, que integram conjuntamente o tipo dos delitos omissivos, é que se pode traçar uma diferença correta entre delitos omissivos próprios e impróprios.

Haverá crime omissivo próprio toda vez que, além da generalidade do sujeito, a não realização da ação possível implique por si mesma a violação de uma norma mandamental. Haverá, por outra parte, crime omissivo impróprio toda vez que a não realização da ação possível, por parte de um sujeito na posição de garantidor, implique o não impedimento do resultado, na mesma medida de sua produção por ação.[34]

Para tornar possível a diferenciação, parece que não se deverá partir de um critério geral, mas estabelecer, em primeiro plano, os critérios que identificam os crimes omissivos impróprios, que são os que apresentam maior complexidade na configuração do injusto. Uma vez realizada essa tarefa, poder-se-á, então, traçar os elementos definitivos dos delitos omissivos próprios. Os crimes omissivos impróprios têm duas características essenciais,

---

33. Roxin, Claus. *Strafrecht*, AI, II, 2003, p. 634.
34. Wessels; Beulke. *Strafrecht*, AT, 2010, p. 272.

não presentes nos delitos omissivos próprios: estão referenciados a uma norma proibitiva e mandamental, ao mesmo tempo, e se condicionam a qualidades específicas do sujeito, em face de sua posição de garantidor. Como estão referenciados a uma norma proibitiva, o dever imposto pela norma mandamental só pode ser objetivado no sentido de impedir o resultado lesivo ao bem jurídico. Não se trata, assim, de um dever geral de assistência; é indispensável que esse dever de atuar se vincule a um resultado proibido. Assim, o delito de facilitação de contrabando ou descaminho (art. 318, CP), que admite tanto forma comissiva quanto a omissiva, só pode ser caracterizado, quando seja cometido por omissão, como delito omissivo impróprio. Os funcionários estão submetidos a um dever especial, que só é imposto aos servidores alfandegários, de impedir a consumação do contrabando ou descaminho. Há, portanto, a violação de uma norma proibitiva por omissão. Da mesma forma ocorre com o delito previsto na Lei de Tortura (art. 1.º, § 2.º).[35] A norma mandamental, aqui, está referenciada à norma proibitiva da tortura; a omissão, portanto, não viola um dever geral de assistência, mas um dever específico de evitar o resultado (sofrimento físico ou mental). Em face dessa norma e desse dever específico, surgem as dúvidas acerca da qualidade dos sujeitos dessa omissão. Se a norma está exigindo uma atuação positiva para impedir a tortura e a está impondo a quem tenha o dever de evitá-la ou apurá-la, a conclusão é que só podem ser sujeitos ativos aqueles que estiveram em uma posição de garantidor. Mais uma razão para classificar esse delito como omissivo impróprio. Também, pelos mesmos argumentos, é delito omissivo impróprio o crime de abandono de incapaz (art. 133).

A questão da posição de garantidor do sujeito, por sua vez, a qual estaria associada apenas aos delitos omissivos impróprios, passa a ser questionada diante de alguns delitos, que apresentam certas especificações de autoria. Um desses delitos é o de prevaricação (art. 319), que comporta uma ação (praticar atos de ofício contra expressa disposição de lei), subordinada a uma norma proibitiva, e duas modalidades de omissão (retardar ou deixar de praticar ato de ofício), subordinadas a norma mandamental. Como o sujeito (funcionário público) está numa posição especial de cumprir o mandamento por força de sua qualificação, pode-se dizer que ele é garantidor da execução dos atos de ofício de conformidade com a lei, sendo-lhe proibido atuar de modo contrário. Assim, há uma norma proibitiva: de efetuar atos contra a lei; e uma norma mandamental: de executar os atos legais. Nos delitos omissivos impróprios, a norma mandamental só tem existência a partir da norma proibitiva. Na prevaricação, ao contrário, a norma que impõe a execução do ato é autônoma com relação à norma que manda executá-lo. Em um mesmo contexto subsistem, então, duas modalidades diversas de delitos: um delito comissivo e um delito

---

35. Lei 9.455/1997. Art. 1.º, § 2.º. «Aquele que se omite em face dessas condutas, quando tinha o dever de evitá-las ou apurá-las, incorre na pena de detenção de 1 (um) a 4 (quatro) anos.»

omissivo próprio, este último subordinado à posição de garantidor do sujeito. A existência dessa espécie de delito no código penal, na qual a omissão própria está subordinada à posição de garantidor do funcionário público, põe em evidência que a diferenciação entre crimes omissivos próprios e impróprios não pode ser levada a efeito unicamente pelo critério do sujeito, senão pela forma típica de configuração das normas proibitivas e mandamentais.

CAPÍTULO 3
OS CRIMES OMISSIVOS IMPRÓPRIOS

Modernamente, tem-se questionado a denominação de *crimes omissivos impróprios*, afirmando-se que ela não é adequada. Mais inadequada ainda será a denominação de *crimes comissivos por omissão*, pois não se trata de crime comissivo, senão de crime omissivo. Igualmente será incorreta a denominação de *omissão imprópria. Imprópria* por quê? De onde vêm o *próprio* e o *impróprio*?

JESCHECK sugere que se denominem os crimes omissivos impróprios de *crimes de omissão qualificada*, e os crimes omissivos próprios, de *crimes de omissão simples*, tendo em vista as particularidades dos sujeitos em ambas as figuras. Está claro que as denominações propostas por JESCHECK podem ser até mais corretas. Entretanto, como ele mesmo diz, a denominação tradicional está tão arraigada à prática doutrinária e jurisprudencial, que será melhor conservá-la, até mesmo em face da sua aceitação geral. A denominação proposta, de omissão qualificada, nada tem a ver com a gravidade do fato. A qualificação aqui não se refere à gravidade, mas às condições especiais do sujeito.

Diz-se, na verdade, que os crimes omissivos impróprios são crimes de omissão qualificada porque os sujeitos devem possuir uma qualidade específica, que não é inerente e nem existe nas pessoas em geral. Além de constituir uma inação, que é de sua natureza, e com isso violar um dever de agir, a omissão qualificada pressupõe que o sujeito tenha com a vítima uma vinculação de tal ordem, para a proteção de seus bens jurídicos, que o situe na qualidade de seu garantidor. Portanto, a posição de garantidor é característica específica dos crimes omissivos impróprios, daí dizer-se que a omissão, no caso, é qualificada. A omissão é qualificada, porque tem alguma coisa além da omissão requerida nos crimes omissivos próprios, como no delito de omissão de socorro, que pode ser praticado por qualquer pessoa, independentemente se o omitente conhece a vítima, ou se guarda com ela uma relação de proteção. Fala-se que essa relação especial do sujeito (qualificado) para com a vítima corresponde a um dever especial de proteção, diferentemente do dever geral de solidariedade dos delitos omissivos próprios.

Ainda que nos crimes omissivos próprios não haja referência direta aos deveres de garantidor, a adoção desse parâmetro para proceder à sua diferenciação para com os crimes omissivos impróprios ainda é problemática, porque há delitos omissivos próprios com qualificações especiais do sujeito, o que poderá complicar o emprego desse critério. O delito de prevaricação (art. 319), na modalidade de retardar ou deixar de praticar ato de ofício, é delito omissivo próprio, embora vinculado a uma qualificação especial do sujeito e a deveres funcionais que lhe são inerentes. Neste delito não se está cogitando de um dever geral de assistência ou solidariedade em face da administração pública, mas de um dever especial de atendimento às suas normas e ao seu funcionamento. Ademais, é composto de elementos subjetivos especiais (o fim de satisfazer interesse ou sentimento pessoal) que complementam o caráter típico do fato. Diante dessas dificuldades, melhor será conservar a denominação tradicional.

A solução mais coerente com a exigência do princípio da legalidade, embora não exaustiva e nem perfeita, seria a previsão, na Parte Especial do Código Penal, dos delitos que comportassem a punição pela omissão. Só desta forma poder-se-ia satisfazer ao sentido do empreendimento de afirmar que a omissão de determinada ação deverá gerar a responsabilidade criminal do sujeito.

Como um empreendimento dessa ordem, porém, só pode ser admitido *de lege ferenda*, pois implicaria a criação de nova tipificação de condutas, deve-se por ora partir de que a norma mandamental acoplada à norma proibitiva só pode ser atendida por aqueles sujeitos que tenham o dever de impedir o resultado, ou seja, que se situem na posição de garantidor, segundo os requisitos inseridos no art. 13, § 2.º, no sentido de que só terão validade, caso se encontrem amparados na lei, na assunção fática ou jurídica da responsabilidade de impedir o resultado ou na ingerência.

I. A POSIÇÃO DE GARANTIDOR

1. Breves antecedentes

No capítulo 5 da primeira parte já foram discutidas questões essenciais relacionadas aos deveres de garantidor, de modo a demonstrar sua insubsistência para marcar a unidade entre ação e omissão. Welp atribui a Westphal a primazia de havê-los concebido como deveres vinculados ao impedimento do resultado e, assim, à afirmação de uma comissão por omissão.[1] Cabe a

1. Welp, Jürgen. *Vorangegangenes Tun*, 1968, p. 26.

FEUERBACH, porém, sua sistematização a partir da identificação de suas fontes formadoras, com base na lei ou no contrato.[2] Desde então, a doutrina tem entendido que os delitos omissivos impróprios têm como fundamento de sua punibilidade um *dever especial* que pesa sobre o sujeito de evitar a ocorrência ou a produção de um resultado proibido pela lei penal.[3] Com base nesses deveres especiais, cria-se uma situação, na qual o sujeito está obrigado a prestar uma conduta positiva no sentido de evitar a lesão de bem jurídico. Está claro que FEUERBACH – como LUDEN – não se ocupava propriamente da lesão de bem jurídico, mas de direito subjetivo. Independentemente, porém, dessa sua filiação à teoria iluminista do direito subjetivo, pode-se considerar FEUERBACH como o grande precursor da sistematização desses deveres especiais. Poder-se-ia pensar que, mesmo antes dele, WINKLER já havia anunciado, em 1776, a lei e o contrato como fontes desses deveres. Parece, todavia, que WINKLER não associava os deveres especiais aos delitos omissivos impróprios. Os mesmos deveres se estendiam também aos delitos omissivos próprios.[4]

A subordinação dos delitos omissivos a um dever especial de evitar o resultado foi também acolhida pelos partidários do positivismo. Assim, Von LISZT considerava que «somente quando subsista um dever jurídico de impedir o resultado» se poderá dizer que isso equivale à sua causação. Em complemento, assinalava Von LISZT que esse dever de agir resultaria de uma «determinação da ordem jurídica», aí compreendidos a lei e o contrato, e de uma «ação precedente, que permitia que a inatividade se apresentasse como antijurídica».[5]

No âmbito do neokantismo, leciona MEZGER que o decisivo é demonstrar que o omitente é *criminalmente responsável* pela ocorrência do resultado, porque dele se esperava uma conduta no sentido de evitá-lo, por força de uma especial vinculação protetiva para com bens jurídicos da vítima.[6] Diante dessa especial relação de proteção, MEZGER concebia como fontes desse dever especial de impedir o resultado a lei ou outros atos legislativos, o contrato e a ação precedente causadora do perigo da ocorrência do resultado (ingerência).[7] A enumeração de MEZGER supera as fontes elencadas por Von LISZT, mas ainda continua a apresentar-se de modo inteiramente formal, embora seu autor procure demonstrar, mediante a invocação de casos concretos, que a ela correspondem situações materiais. Na verdade, a enumeração formal não

---

2. FEUERBACH, Anselm Ritter von. *Lehrbuch des gemeinen in Deutschland gültigen peinlichen Rechts*, 1803, p. 24 e ss.

3. Assim, Christian Reinhold KÖSTLIN (*System des deutschen Strafrechts*, 1855, p. 211): «(...) todos esses casos pressupõem um fundamento jurídico especial (lei ou contrato), pelo qual se estabelece a base de vinculação para o cometimento da conduta omissiva.»

4. WELP, Jürgen. *Vorangegangenes Tun*, 1968, p. 27.

5. LISZT, Franz Von. *Lehrbuch des Strafrechts*, 20.ª ed., 1914, p. 138.

6. MEZGER, Edmund. *Tratado de derecho penal*, vol. I, 1955, p. 305.

7. Idem, ibidem, 1955, p. 302 e ss.

apresentava relevância, como sinal restritivo da responsabilidade, porque, no fundo, importante seria a ação esperada, cujo conceito já estava presente em Von Liszt.[8] Diferentemente de Von Liszt, que se valia dessa ação esperada para fundamentar conceitualmente a causalidade na omissão, Mezger fazia dessa ação esperada um elemento para assinalar o fundamento e a constituição de um dever especial de proteção. A busca por uma fundamentação mais alentada para esses deveres especiais levou Nagler a formular sua teoria da *posição de garantidor*.[9] Com essa teoria, pretendia amparar a equiparação entre omissão e ação naqueles delitos em que a omissão só excepcionalmente poderia se apresentar. Em termos axiológicos, pensava Nagler que uma posição social especial de deveres do omitente possibilitaria que sua passividade correspondesse ao atuar positivo. Desse modo, nos delitos omissivos impróprios, além dos demais elementos que compõem a omissão, dever-se-ia inserir como complemento de sua tipicidade também a posição de garantidor. Sem se pronunciar, exaustivamente, sobre o tema, Merkel já assinalava sobre a relação entre a omissão e as atividades da vida diária, conforme o exercício de certas profissões, ofícios ou tarefas, que só poderiam ser socialmente aprovadas ou toleradas, caso seus exercentes cumprissem deveres de proteção.[10]

A posição de garantidor, na verdade, representa a expressão de um papel social e constitui uma antecipação jurídico-penal da teoria formulada, posteriormente, por Linton, que o compreendia como um conjunto de expectativas normativas relativas ao portador de uma posição.[11] A inserção da posição de garantidor abre as possibilidades para a superação do formalismo encetado por Mezger e passa a contribuir também para gerar uma ampliação dos deveres especiais de proteção, que, sem a prefixação legal de suas fontes, fica ao sabor da criação arbitrária da dogmática.

A técnica de situar formalmente as fontes da posição de garantidor foi acolhida, integralmente, no Brasil, já no Anteprojeto de Código Penal de 1962, de autoria de Nelson Hungria e está igualmente inserida no art. 13, § 2.º, do Código vigente. Contra ela se alega que não atende suficientemente ao princípio da legalidade e nem é capaz de retratar todas as hipóteses geradoras de uma posição de garantidor.[12]

---

8. Franz Von Liszt (*Lehrbuch des Strafrechts*, 1914, p. 317): «O conceito de omissão pressupõe que o resultado ocorrido pudera ser evitado por meio de uma ação possível ao autor e por nós esperada, mas por ele omitida; com isso, haverá um elemento análogo ao da causalidade do fazer, não a causalidade real, mas conceitual.»

9. Nagler, Johannes. «Die Problematik der Begehung durch Unterlassung», *Gerichtssaal*, 111, p. 59, 1938.

10. Merkel, Adolf. *Derecho Penal*, PG, trad. espanhola de Pedro Dorado Montero, 2006, p. 113.

11. Linton, Ralph. «Rollen und Status», 1945, in Endruweit-Trommsdorf. *Wörterbuch der Soziologie*, 2.ª ed., Stuttgart: UTB, 2002, p. 459 e ss.

12. Ramírez, Juan Bustos. *Manual de derecho penal*, 1989, p. 247; Muñoz Conde, Francisco. *Teoria geral do delito*, 1988, p. 35 e ss.

2. O conteúdo material da posição de garantidor

Como alternativa, procura-se estabelecer um conteúdo material dessa posição de garantidor, que a doutrina tem assentado em dois grandes grupos: a) a especial posição de defesa de certos bens jurídicos e b) a responsabilidade pelas fontes produtoras de perigo.[13] Esta formulação foi resultado da substituição gradativa da teoria das fontes formais de MEZGER, primeiramente, por meio de sua ampliação, para nela incluir o dever resultante das chamadas *comunidades de vida e perigo*[14] e, depois, com a diferenciação proposta por Armin KAUFMANN entre as *posições de garantidor de proteção* e de *vigilância.*[15] Entendia Armin KAUFMANN que a posição de proteção estaria referenciada a todos os perigos aos bens jurídicos que se situassem em sua zona de influência, por força de deveres especiais impostos aos sujeitos em virtude de suas relações funcionais mais próximas da vítima. A posição de vigilância diria respeito aos deveres de fiscalização ou supervisão de certos objetos geradores de perigo, bem como em relação a perigos que decorressem de ações precedentes realizadas pelo sujeito.

A especial posição de defesa de certos bens jurídicos pressupõe, ademais, que alguém se encontre incapacitado ou sem condições de proteger seus próprios bens jurídicos e que, assim, outra pessoa esteja disso encarregada. Nessa situação, a primeira pessoa espera e pode confiar que a outra a protegerá. Já a responsabilidade pelas fontes produtoras de perigo pressupõe um dever de vigilância referido a objetos ou pessoas, que se encontrem a ele subordinados, de modo que se possa esperar, em virtude disso, um estado de segurança.

Ao primeiro grupo (proteção de certos bens jurídicos) pertencem os seguintes subcasos: a) A vinculação especial entre o sujeito garantidor e a vítima em virtude de circunstâncias e condições sociais e familiares, de modo a obrigá-lo socialmente à proteção. Tal ocorre com relação aos pais, aos irmãos, ou dentro da comunidade familiar; b) As relações profissionais de trabalho, nas quais uma pessoa se obriga profissionalmente à proteção de outras. É o que se dá com o médico em relação a seus pacientes; os engenheiros para com os usuários das obras que realizam; o guia de uma expedição para com seus seguidores; o diretor de uma empresa de segurança para com as pessoas às quais deva dar proteção; o salva-vidas de uma piscina para com os banhistas etc.; c) A assunção, por parte de alguém, de uma função protetiva unilateral ou bilateral, que independentemente de um contrato formal, conduza a que se lhe confie a proteção do bem jurídico. Por exemplo, alguém que assuma a incumbência de ajudar um cego a atravessar a rua; a moça que, diante do

---

13. WESSELS-BEULKE. *Strafrecht*, AT, 2010, p. 279.
14. Assim, BAUMANN-WEBER-MITSCH. *Strafrecht*, AT, 2003, p. 294; LUNA, Everardo Cunha. *Estrutura jurídica do crime*, 1993, p. 223.
15. KAUFMANN, Armin. *Die Dogmatik der Unterlassungsdelikte*, 1959, p. 282.

pedido da mãe, aceita exercer vigilância sobre filhos alheios, que se encontrem brincando na praia; o sequestrador em face de sua vítima etc.

O segundo grupo (responsabilidade pelas fontes produtoras do perigo) pode ser decomposto em outros dois subcasos: a) A situação de proteção frente a objetos ou comportamentos do próprio sujeito ou que se situem na sua responsabilidade. Por exemplo, o dono do prédio pelo bom funcionamento de seus elevadores; o dono de animais pela sua contenção e custódia; o causador de uma situação de perigo (ingerência) etc.; b) A posição de proteção frente a ações de seus subordinados. Assim, por exemplo, o delegado para com os atos dos agentes; os pais pelos atos dos filhos menores; os diretores de hospitais psiquiátricos pelos atos dos enfermos etc.

Essas particularidades da proteção funcional comportam outras classificações. Assim, Jakobs também divide os deveres em dois grupos: deveres por força de competência institucional e deveres por força de competência organizativa. Nos primeiros se incluem os deveres que resultem da relação entre pais e filhos, entre cônjuges, das relações de confiança ou de poder e pelo exercício de funções públicas. Os segundos congregam os deveres relativos à segurança no trânsito, à ingerência e aqueles advindos de uma assunção fática.[16] A imposição desses deveres fundamenta o processo de responsabilidade em face de perigos que estejam associados a esses planos de competência. Esses e outros posicionamentos já foram referidos no capítulo 5, 5, B, para os efeitos de justificar a equiparação da omissão à ação, aos quais se remete o leitor.

3. As delimitações em face do princípio da legalidade

Apesar de a assertiva funcional estar amparada sobre uma base material, correspondente a aspectos sociais relevantes, como as relações familiares sociais ou profissionais, ou a responsabilidade por fontes de perigo, a posição de garantidor, assim concebida, não atende suficientemente ao princípio da legalidade, porque, diante da variedade de fatos que pode englobar, comporta extensões intermináveis que tornam incerta a segurança jurídica.

Em todos esses casos, as relações devem ser interpretadas restritivamente, como exigência não apenas do princípio da legalidade, mas como limitação ao poder estatal sob o pressuposto da proteção da dignidade da pessoa humana, da intervenção mínima, da necessidade e da racionalidade.

Relativamente às relações familiares, não existe uniformidade acerca de quais pessoas são aqui abrangidas: se apenas os ascendentes ou descendentes, ou também os colaterais, e neste último caso até que grau, ou acerca dos bens jurídicos que possam ser lesados (vida, integridade corporal, liberdade, honra, patrimônio), ou ainda se a posição os alcança unicamente na qualidade de

---

16. Jakobs, Günther. *Strafrecht*, AT, 1993, p. 782 e ss.

vítima ou também de autores de delito. Por exemplo, o pai está obrigado, tão só pela condição de ascendente, a impedir que o filho cometa um delito? Se este o cometer, a que título deve responder o ascendente? Como coautor, como partícipe, como instigador? Essas questões só podem ser elucidadas no caso concreto, diante do efetivo relacionamento entre ambos, mas, de qualquer forma, cabe ter em conta que todos os seus pressupostos devem ser interpretados restritivamente,[17] pois o núcleo da atividade exigida deve estar vinculado à lesão a bens jurídicos do garantido e não de terceiros.

No que toca às relações profissionais ou nas assunções de fato do dever de proteção, a questão está em se determinarem os limites da garantia, isto é, se também se exige uma ação arriscada da própria pessoa que se situe como garantidor, ou se as cláusulas contratuais podem abarcar inclusive a proteção patrimonial e não meramente pessoal, ou ainda se a proteção deve se estender até mesmo ao impedimento de ações contrárias de terceiros. Por exemplo, ao que ajuda um cego a atravessar a rua se lhe obriga igualmente a protegê-lo diante de um assaltante? Uma racionalização dos deveres de proteção está a exigir restrições à sua extensão para além dos limites impostos no contrato ou na forma de assunção. No exemplo do cego, o dever está limitado à proteção de sua vida ou saúde em face do perigo decorrente do trânsito, mas não de outro perigo diverso.

Em face da responsabilidade pelas fontes produtoras do perigo, não se pode daí deduzir que, pelo simples fato de alguém as possuir, tenha o dever de impedir os resultados delas decorrentes. Isso porque nem sempre a posse dessas fontes é suficiente para fundamentar um dever de garantidor. Importa também considerar o comportamento da vítima, as circunstâncias concretas da produção do evento a partir dessas fontes e a impossibilidade de sua contenção. Se alguém possui um cachorro feroz em sua casa, isso não o torna garantidor em face de todos os perigos que possam resultar dessa fera. Esse dever de garantidor cessa quando circunstâncias indiquem que o evento fora determinado exclusivamente pela provocação da vítima, ou por efeitos de interferências de terceiros. Por outro lado, muitas fontes produtoras de perigo são autorizadas, desde que mantidas dentro de certos padrões de segurança, como ocorre com as usinas nucleares, com o armazenamento de gases, com as instalações elétricas e com outras atividades socialmente adequadas.

Da mesma forma, os perigos resultantes de uma ação precedente só podem gerar um dever de garantidor quando a atividade que os produziu tenha sido realizada de modo contrário ao dever. Uma fórmula geral de responsabilidade pela ingerência é absolutamente incompatível com os princípios da imputação individualizadora, porque transforma a omissão em cláusula de reserva de punibilidade.

---

17. Ramírez, Juan Bustos. *Manual de derecho penal,* 1989, p. 248.

Em face das deficiências apresentadas pelo critério material, melhor será a sua combinação com o critério formal.[18] Assim, quanto às relações familiares, deve-se atentar para o fato de que o art. 13, § 2.º, do Código Penal somente as acolhe como fontes da posição de garantidor, quando decorram de uma lei, relativamente à obrigação de cuidado, proteção ou vigilância. Isso significa, em primeiro lugar, que não será possível extrair o dever de garantidor da simples relação de parentesco, senão da medida exata dos parâmetros fixados na lei. Quando se trata de equacionar legalmente essa responsabilidade, pode-se notar que nem mesmo as leis extrapenais, que disciplinam fatos específicos, o fazem de modo expresso. Nosso Código Civil, ao tratar do pátrio poder com relação à pessoa dos filhos, em seu arts. 1.566 e 1.568, não contempla expressamente essa forma de responsabilidade, apenas obriga os pais a arcarem com seu sustento, guarda e educação. Somente a Constituição (art. 229) é que determina que os pais têm não apenas o dever de criação e educação dos filhos menores, mas ainda o de assistência, o que inclui, evidentemente, o dever de protegê-los fisicamente. Quanto aos filhos maiores, nada há na legislação brasileira, a não ser a própria norma constitucional (art. 229), que os obrigue a ajudar e amparar os pais na velhice, carência ou enfermidade. Nada se fala legalmente acerca do dever de garantidor dos irmãos ou dos tios e sobrinhos. Isso conduz a tratá-los no âmbito das relações contratuais ou de assunção fática de proteção, mas, então, com a exigência de que, em face da natureza de seu relacionamento, se possa assegurar que um assumiu essa posição de garantidor para com o outro.

4. A lei como fonte do dever de garantidor

A previsão legal de uma posição de garantidor pode provir de uma norma extrapenal, como a Constituição, o Código Civil e as leis profissionais, ou até mesmo de uma norma penal.

No delito de maus-tratos, o dever de garantidor está imposto no próprio tipo legal, alcançando aqueles que tenham a vítima sob sua autoridade, guarda ou vigilância, para fim de educação, ensino, tratamento ou custódia. Nesta hipótese, o tio que tem sob sua guarda um sobrinho menor, ao qual fornece meios para educar-se ou instruir-se, será garantidor frente a perigos à sua vida, integridade corporal ou saúde, devendo impedir que o submetam a trabalho excessivo ou inadequado, ou a abusivos meios de correção ou disciplina.

A lei a que se refere o art. 13, § 2.º, *a*, do Código Penal é aquela derivada do processo legislativo previsto na Constituição Federal e nas Constituições Estaduais, aí se compreendendo as leis complementares, as leis ordinárias,

---

18. Assim, também, Prado, Luiz Regis. *Curso de direito penal brasileiro*, 10.ª ed., vol. 1, 2010, p. 300; Júnior, Miguel Reale. *Instituições de direito penal*, parte geral, vol. 1, 2002, p. 261.

as leis delegadas, os decretos legislativos e as medidas provisórias desde que convertidas em lei.

Não podem ser assemelhadas à lei o decreto, o regulamento, a resolução, as instruções normativas ou qualquer outro ato emanado dos órgãos do Estado que não preencha aquelas condições.[19] Essa interpretação restritiva decorre justamente dos termos do art. 5.º, II, da Constituição da República, pelo qual *ninguém será obrigado a fazer ou deixar de fazer alguma coisa senão em virtude de lei.* Esta última expressão deve ser compreendida igualmente de modo restritivo para incluir só aqueles atos que provenham do Poder Legislativo e elaborados de acordo com o processo estabelecido na própria Constituição.[20]

Observe-se que não é qualquer dever que será imposto por lei, senão unicamente a obrigação de *cuidado, proteção* ou *vigilância.* A obrigação de *cuidado* compreende tanto a atenção para com higiene, saúde ou alimentação, quanto com educação e instrução. O dever de *proteção* se refere ao socorro em caso de perigo à vida, à saúde, à integridade corporal, à liberdade e, em certos casos expressos, ao patrimônio, em virtude de acontecimentos, atos ou agressões de terceiros. O dever de *vigilância* diz respeito à diligência no sentido de impedir que as próprias pessoas que se situem como beneficiárias dessa obrigação venham a realizar atos que as possam colocar em perigo, ou ao seu patrimônio. Com razão, advertem *Stratenwerth* e *Kuhlen* que as obrigações de proteção ou vigilância decorrentes da lei, ainda que de forma direta, não fundam, por si sós, um dever de garantidor, o qual depende dos pressupostos conferidos à forma e ao modo da relação entre o omitente e o bem jurídico, bem com entre aquele e as fontes produtoras de perigo.[21] Com isso se procede a uma delimitação dos deveres legais, à medida que passem a depender de suas fontes materiais e não apenas dos meros enunciados normativos.

Casos especiais da concretização dos deveres de cuidado, proteção ou vigilância são constituídos entre (a) subordinados, (b) ascendentes e descendentes e (c) cônjuges.

---

19. Bierrenbach, Sheila. *Crimes omissivos impróprios*, 1996, p. 77; Bitencourt, Cezar. *Tratado de direito penal*, 15.ª ed., vol. 1, 2010, p. 282; Mantovani, Ferrando. *Diritto Penale*, 1989, p. 192; Crespi-Stella *et alii, Commentario Breve al Codice Penale,* 1986, p. 40; Queiroz, Paulo. *Direito penal*, PG, 7.ª ed., 2011, p. 188; Zaffaroni-Batista *et alii, Direito penal brasileiro*, II, 2010, p. 359; em sentido contrário, Luiz Luisi (*Os princípios constitucionais penais*, 2.ª ed., 2003, p. 140) entende que se deva aqui acolher a tese da reserva relativa e não absoluta para possibilitar maior extensão aos aspectos de justiça material.

20. Silva, José Afonso da. *Curso de direito constitucional positivo*, 1996, p. 230; Pontes de Miranda, *Comentários à Constituição de 1967*, 1974, p. 3.

21. Stratenwerth-Kuhlen, *Strafrecht*, AT, 6.ª ed., 2011, p. 279.

A) O dever de vigilância sobre subordinados

Uma parte da doutrina assinala que no dever de vigilância está incluída a obrigação de dominar os perigos provenientes dos atos do subordinado.[22] Isso está correto, mas é preciso delimitar o âmbito desse dever. Relevante será a relação concreta do sujeito com o bem jurídico, de modo que sua preservação dependa de sua intervenção.[23] Igualmente, o dever, em princípio, só pode ser imposto a quem esteja em condições imediatas da prestação devida. Sendo pessoal, o dever só pode ser transferido nos casos em que a própria lei o admita, ou quando haja substituição legal dos obrigados.[24] Não há que se confundir, todavia, entre a substituição legal e a instituição contratual do dever. Na substituição legal, o dever incumbe também ao substituto, independentemente da concordância ou não dos obrigados. Na instituição contratual, é indispensável que o obrigado assuma voluntariamente a responsabilidade pela substituição. No que toca à autoridade policial para com os atos de seus agentes, assim como do administrador público para com os funcionários subordinados, o princípio que deve reger é o de que, entre adultos, cada qual será responsável por seus atos, o que faz limitar esse dever ao âmbito de competência material e espacial.[25] Assim, o dever de garantidor do delegado só poderá decorrer de sua própria conduta anterior ou pela assunção de responsabilidade, como substituto legal; assim, se ordenara a prisão, deverá vigiar para que sua execução não ponha em perigo a pessoa do detido; da mesma forma, quando assume a custódia, está obrigado a supervisionar sua execução. A existência dessa ordem, ou da substituição legal, portanto, é indispensável, na hipótese, para que o dever de vigilância sobre seu executor se concretize, de modo que esse executor já não seja o único e exclusivo responsável pelo evento. Está claro, no caso do delegado, que se ele mantém o preso nas dependências de sua delegacia, é também por ele responsável. No caso do administrador incide o mesmo critério: se o chefe ordena que o subordinado realize uma tarefa, deve fiscalizar sua execução para que essa não venha a lesar bem jurídico da própria administração ou de terceiro. Na Alemanha, vem-se firmando, ademais, uma concepção de que os limites de competência do dever de garantidor quanto aos policiais não devem vigorar quando se trate de infrações que devam ser evitadas por interesse público, aqui estimado em face de delitos graves.[26] Parece, porém, que essa concepção merece alguns reparos. Como o policial é obrigado, por lei, a impedir o cometimento de fatos delituosos, pelo menos em face da norma do art. 301 do CPP, o interesse público não pode ficar na dependência da gravidade do delito. Por outro lado, esse dever de impedir os fatos delituosos tem

22. Bierrenbach, Sheila. *Crimes omissivos impróprios*, 1996, p. 78.
23. Zaffaroni-Batista *et alii*, *Direito penal brasileiro*, II, 2010, p. 360.
24. Assim, também, Zaffaroni-Batista *et alii*, *Direito penal brasileiro*, II, 2010, p. 360.
25. Wessels-Beulke, *Strafrecht*, AT, 2010, p. 282.
26. Idem, ibidem, 2010, p. 282.

seus limites na própria condição de seu exercício: caso o cumprimento desse dever implique um risco direto e não evitável de outro modo à própria vida do policial, só lhe pode ser imposto quando lhe seja possível cercar-se de todas as medidas adequadas a diminuir ou a eliminar esse risco.

B) A relação entre ascendentes e descendentes

A relação entre ascendentes e descendentes, pelo parentesco em linha reta, não constitui por si só uma posição de garantidor, porque as condições fáticas podem conduzir a um distanciamento tão grande entre eles que já não seria racional a exigência de um cuidado recíproco.[27] Em face do princípio de legalidade, o que efetivamente importa é a relação entre *pais e filhos menores.* Convém ressaltar que o dever de proteção, antes de estar disposto em lei, deriva da posição social dos próprios pais, que só eventualmente se compreende nos estranhos e é respeitada por todos, de modo que, num primeiro momento, deixam que o perigo seja enfrentado naturalmente por eles, sem uma direta interferência.[28] Faz parte da própria formação que os filhos passem a adquirir responsabilidade por seus atos e omissões.

Não será preciso que os filhos sejam ainda constitucionalmente dependentes, como ocorre com os recém-nascidos. Os filhos menores, embora fisicamente fortes, podem encontrar-se em situação de perigo, necessitando da proteção paterna.[29] Igualmente não se exige que os filhos menores estejam sob a guarda dos pais. O dever de proteção não deriva aqui da convivência familiar, mas da imposição legal com base na posição social dos pais.[30] Ademais, o dever de proteção ainda subsiste quando os pais estiverem momentaneamente ausentes da residência familiar ou quando os filhos estiverem fora de casa, porque a posição de garantidor não está subordinada à presença física dos pais.[31] Por outro lado, deve-se relativizar a questão do perigo conforme a própria formação dos filhos menores. Quer dizer, não devem ser consideradas no âmbito da proteção aquelas situações normais de perigo, que são impostas às crianças como consequência natural de sua própria vida. Se o filho menor está brincando num balanço, o que é comum na infância, o perigo de uma queda pode estar próximo, mas isto não significa que os pais tenham a obrigação de impedir a própria brincadeira, como imposição de seu dever

---

27. Zaffaroni-Batista *et alii*, *Direito penal brasileiro*, II, 2010, p. 360.

28. Kühl, Kristian. *Strafrecht*, AT, 5.ª ed., 2005, p. 539; Otto, Harro. *Strafrecht*, AS, 7.ª ed., 2004, p. 167.

29. Jakobs, Günther. *Strafrecht*, AT, 1993, p. 821; Kahlo, Michael. *Das Problem des Pflichtwidrigkeitszusammenhangs bei den unechten Unterlassungsdelikten*, 1990, p. 318; Kühl, Kristian. *Strafrecht*, AT, 2000, p. 662.

30. Não deve ser seguida a postura contrária de Hans-Heinrich Jescheck, (*Fälle und Lösung zum Lehrbuch des Strafrechts*, AT, 1978, p. 135), que é incompatível com a norma constitucional brasileira.

31. Roxin, Claus. *Strafrecht*, AT, II, 2003, p. 722.

de garantidor.[32] Às crianças deve-se conceder certo grau de liberdade em suas ações para que aprendam a conviver com os riscos normais da vida, sem ser tornarem objeto de um modelo ideal de ser humano.[33]

Por sua vez, relativamente aos atos lesivos praticados pelos filhos menores contra terceiros, o pai não estará obrigado a impedi-los só porque se situa na qualidade de ascendente, mas, sim, em face das condições concretas em que foram cometidos. O dever de vigilância está, pois, também vinculado ao comportamento do ascendente e à capacidade de autodeterminação do filho. O dever de garantidor, para tornar racional a responsabilidade, deve ser bem delimitado. Ademais, não existe uma norma legal que imponha expressamente aos pais tal dever, salvo o disposto no art. 932 do Código Civil,[34] que trata, porém, de responsabilidade objetiva exclusivamente para os efeitos de indenização civil e não como norma imperativa. Saliente-se, ainda, que o dever de garantidor dos pais pode ser parcialmente delegado a terceiros, como aos professores, às orientadoras de colégio ou de creches, aos dirigentes de internatos ou de colônia de férias. De qualquer modo, os pais devem ficar vigilantes quanto ao efetivo exercício dessa proteção. Caso os filhos passem a sofrer maus-tratos ou abusos, devem intervir para fazer cessar essa situação.[35]

Uma outra questão que vem sendo discutida neste setor é se o dever de proteção subsiste entre pais e filhos ilegítimos, entre pais e filhos adotivos ou entre avós e netos. As duas primeiras dúvidas estão hoje dissipadas pela Constituição, cujo art. 227, § 6.º, estabelece expressamente que os filhos havidos ou não do casamento, ou por adoção, terão os mesmos direitos e qualificações. Isso quer dizer que o dever de proteção entre pais e filhos menores, ou entre filhos maiores e pais idosos, abrange todas as formas de relações naturais ou civis, aí se incluindo os filhos concebidos dentro ou fora do casamento (adulterinos ou não) e os filhos ou pais adotivos. A regra constitucional, bastante liberal e protetiva, sedimenta uma antiga reivindicação da doutrina jurídica e elimina de uma vez por todas as posições em contrário. Relativamente à segunda dúvida, não há na legislação brasileira uma norma expressa que estipule os deveres de proteção entre avós e netos menores. Aqui deve prevalecer o critério da assunção. Subsistirá um dever de proteção se os avós assumirem essa posição de garantidor, ao se encarregarem de dar-lhes assistência e ajuda ou os tiverem

---

32. Freund, Georg. *Erfolgsdelikt und Unterlassen*, 1992, p. 396; Kühl, Kristian. *Strafrecht*, AT, 2005, p. 540; Roxin, Claus. *Strafrecht*, AT, II, 2003, p. 723.

33. Arzt, Günther. *Einführung in die Rechtswissenschaft*, 1987, p. 105; Kühl, Kristian. *Strafrecht*, AT, 3.ª ed., 2000, p. 663.

34. Código Civil. «Art. 932. São também responsáveis pela reparação civil: I – os pais pelos filhos menores que estiverem sob sua autoridade e sua guarda; II – o tutor e o curador, pelos pupilos e curatelados, que se acharem nas mesmas condições; III – o empregador ou comitente, por seus empregados, serviçais e prepostos, no exercício do trabalho que lhes competir, ou em razão dele (...).»

35. Roxin, Claus. *Strafrecht*, AT, II, 2003, p. 724.

sob sua guarda, ou, vice-versa, se os netos, já maiores e capazes de realizarem a ação ordenada, igualmente assim se posicionarem como garantidores.

O parentesco em linha colateral não gera um dever de garantidor por força de lei. Assim, os irmãos não são garantidores uns dos outros pelo parentesco, salvo se assumirem de fato a responsabilidade de proteção, cuidado ou vigilância. No exemplo dado por Zaffaroni e Batista do irmão maior que recebe da mãe a atribuição de proteção do irmão menor, aquele só é garantidor pelo contrato ou pela assunção voluntária dessa responsabilidade. Se dois irmãos resolvem nadar em uma piscina ou no mar e um deles se está afogando, ao outro só se impõe o dever geral de assistência: caso não o salve ou não peça ajuda, responderá apenas por omissão de socorro. Para que se fundamente, neste caso, a posição de garantidor, não basta a combinação de realizar atividades comuns: é necessário que cada um assuma voluntariamente a responsabilidade pela proteção do outro. Se, antes da empreitada, os irmãos combinarem que, em caso de necessidade, um salvará o outro, haverá a assunção de proteção e, consequentemente, uma posição de garantidor. Mas só por isso e não por imposição legal.

C) A relação entre cônjuges

Quanto à relação entre *cônjuges*, o Código Civil brasileiro em seu art. 1.566, III, dispõe que ambos se devem *mútua assistência*, o que significa que se lhes impõe uma posição de garantidor, de forma que um se veja obrigado a impedir resultados lesivos ou perigosos ao outro. Essa imposição de assistência mútua cessa com o divórcio, que põe fim à sociedade conjugal (art. 1.571, IV, CC).

Antes da Emenda Constitucional 66/2010, que instituiu o divórcio direto (art. 226, § 6.º, CF), havia, no direito brasileiro, uma forma de extensão temporal da posição de garantidor: na separação decorrente da ruptura da vida em comum ou quando um dos cônjuges estivesse acometido de grave doença mental, o dever de assistência era imposto ao cônjuge que tivesse tomado a iniciativa da separação (Lei 6.515/1977, art. 26). Esse dispositivo não foi recepcionado pela norma constitucional, de modo que, depois do divórcio, a assistência só pode ser fundada por assunção voluntária do outro cônjuge.

O fundamento da mútua assistência entre cônjuges reside em que os cônjuges voluntariamente se incorporam em uma comunidade conjugal, de modo que cada um confia que pode contar com a proteção do outro em caso de necessidade.[36] A *mútua assistência* implica, inicialmente, a proteção

---

36. Freund, Georg. *Erfolgsdelikt und Unterlassen*, 1992, p. 289; Kühl, Kristian. *Strafrecht*, AT, 3.ª ed., 2000, p. 664; entendendo que se trata de uma comunidade de vida, Roxin, Claus. *Strafrecht*, AT, II, 2003, p. 726.

frente a *perigos à vida* do outro cônjuge, bem como a lesões a seus bens jurídicos pessoais (integridade corporal, liberdade, honra, liberdade sexual etc.) e, excepcionalmente, patrimoniais, quando vinculados àqueles. Não se dever admitir, porém, uma exagerada extensão desses bens jurídicos, nem a fiscalização de atos do próprio cônjuge frente a terceiros ou a si mesmo. Assim, não haverá o dever de impedir o resultado lesivo que o cônjuge venha a produzir em terceiros, nem se impõe a obrigação de o marido impedir o suicídio de sua mulher e vice-versa.[37] Esses atos (lesivos a terceiros e o próprio suicídio) situam-se no âmbito da autorresponsabilidade de cada um, que exclui a formação da posição de garantidor.[38] Do mesmo modo, como o fundamento material para a imposição legal é a existência de uma comunidade conjugal, cessa também o dever de assistência quando os cônjuges estiverem separados de fato.[39] Aplicam-se esses mesmos princípios aos companheiros em união estável, em face do art. 226, § 3.º, da Constituição Federal, que lhes reconhece proteção como entidade familiar. O mesmo ocorre com as uniões homoafetivas, hoje reconhecidas como união estável.

5. O contrato e a assunção fática de responsabilidade

A posição de garantidor pode originar-se também da assunção, por parte do sujeito, da responsabilidade de impedir os resultados lesivos ou perigosos a determinada pessoa.

A) O contrato

A primeira forma de assunção dessa responsabilidade é o *contrato*, que tanto pode ser escrito quanto verbal. Diferentemente do que ocorre no Direito Civil, não se exige, aqui, a capacidade civil do sujeito. Tanto os adultos quanto os menores podem assumir a posição de garantidor. Uma babá ainda que absolutamente incapaz, nos termos da lei civil, pode ser garantidora do bem jurídico da criança que lhe é confiada.[40] A assunção da posição de garantidor,

---

37. SCHÖNKE-SCHRÖDER-ESER, *Strafgesetzbuch Kommentar*, 27.ª ed., 2006, p. 1788; em sentido diverso, Claus ROXIN (*Strafrecht*, AT, II, 2003, p. 727), para quem, se o suicídio decorre de uma enfermidade mental ou depressão profunda, já diagnosticada, o outro cônjuge tem o dever de impedi-lo.

38. KUDLICH, Hans, in SATZGER *et alii*, *StGB Kommentar*, 2009, p. 102; KÜHL, Kristian. *Strafrecht*, AT, 3.ª ed., 2000, p. 665; LACKNER, Karl. *StGB*, 22.ª ed., 1997, p. 92; OTTO, Harro. *Strafrecht*, 7.ª ed., 2004, p. 167; ROXIN, Claus. *Strafrecht*, AT, II, 2003, p. 727 e ss.; RUDOLPHI, Hans-Joachim. *Systematischer Kommentar*, vol. 1, 1977, p. 105.

39. FISCHER, Thomas. *Strafgesetzbuch und Nebengesetze*, 57.ª ed., 2010, p. 90; KUDLICH, Hans, in SATZGER *et alii*, *StGB Kommentar*, München: Heymanns, 2009, p. 102; ROXIN, Claus. *Strafrecht*, II, 2003, p. 728; RUDOLPHI, Hans-Joachim. *Systematischer Kommentar*, vol. 1, 1977, p. 105.

40. KÜHL, Kristian. *Strafrecht*, AT, 3.ª ed., 2000, p. 669; STRATENWERTH-KUHLEN, *Strafrecht*, AT, 6.ª ed., 2011, p. 281.

porém, não impede que, no momento próprio, se declare a inimputabilidade do sujeito.

Deve-se distinguir, todavia, entre a violação do dever de garantidor e a violação de cláusulas contratuais. Se um médico se obriga a realizar o tratamento em um paciente, mas resolve viajar e deixa seu encargo nas mãos de outro médico, que assume esse tratamento, não pode responder por lesões que resultem de erros no diagnóstico de seu colega. Nesse caso, o primeiro médico só pode responder por perdas e danos, por tratar-se de mero ilícito civil. Da mesma forma, o guia de uma excursão, que não comparece no dia combinado e, assim, não impede a morte de um excursionista, que resolvera realizar sozinho a subida da montanha, não pode ser responsabilizado por essa morte na condição de garantidor, mas unicamente por descumprimento contratual. Nesses dois casos, a posição de garantidor começa no momento em que o contratado inicia a execução do contrato, sendo excluída sua responsabilidade se a vítima por si mesma ingressou na zona do perigo, sem o conhecimento do garantidor.[41] ZAFFARONI e BATISTA ponderam que o «contrato só se converte em fonte do dever de agir quando a confiança depositada no sujeito exprime uma especial obrigação de cuidado, proteção e vigilância».[42] Embora a lei brasileira só se refira à responsabilidade de impedir o resultado, parece que essa ponderação é adequada para delimitar, com maior precisão, a extensão desse dever, a fim de impedir que a mera imposição de lealdade ou de adimplemento civil possa constituir uma posição de garantidor, sem uma referência ao conteúdo material da relação de proteção.

B) A promessa

Atenção especial acerca do contrato merece a chamada *promessa*. Em sentido próprio, entende KÜHL que, no caso do médico, em se tratando de promessa, desde sua manifestação verbal já estará constituída a posição de garantidor.[43] RUDOLPHI pensa da mesma forma no caso da babá que se compromete a iniciar seu serviço em determinada hora e não o faz.[44] Essa postura doutrinária se baseia no fato de que, com a promessa, a vítima ou outros garantidores (pais, por exemplo) confiaram a proteção de seus bens jurídicos aos promitentes, deixando de continuar a empregar os instrumentos protetivos de que dispunham. Confiando em que a babá, por exemplo, chegaria às 21h, os pais deixam seus filhos menores em casa, justamente minutos antes dessa hora, vindo um deles a queimar-se gravemente na cozinha, por falta de

---

41. KÜHL, Kristian. *Strafrecht*, AT, 3.ª ed., 2000, p. 670; RUDOLPHI, Hans-Joachim. *Systematischer Kommentar*, vol. 1, 1977, p. 108.
42. ZAFFARONI-BATISTA. *Direito penal brasileiro*, II, 2010, p. 362; também, assim, STRATENWERTH-KUHLEN. *Strafrecht*, AT, 6.ª ed., 2011, p. 280.
43. KÜHL, Kristian. *Strafrecht*, AT, 3.ª ed., 2000, p. 669.
44. RUDOLPHI, Hans-Joachim. *Systematischer Kommentar*, vol. 1, 1977, p. 108.

vigilância. Segundo essa doutrina, a babá responderia pelo delito de lesões corporais graves cometido por omissão. Essa postura deve ser rechaçada, porque, na prática, pode gerar a constituição de uma posição de garantidor unicamente com a manifestação de vontade e não com a assunção real do dever de impedir o resultado, o que não justificaria a confiança da vítima ou dos outros garantidores originários.[45]

C) A assunção de responsabilidade

Independentemente do contrato, escrito ou verbal, basta para fundar a posição de garantidor a *assunção fática* de proteção. A ela se aplicam da mesma forma as exigências relativas ao contrato: o sujeito deve ter efetivamente manifestado sua vontade no sentido da proteção, bem como iniciado o exercício dessa função. A vizinha de barraca de praia que assume cuidar de filho alheio, cuja mãe deseja dar um mergulho, se torna garantidora no momento em que começa a exercer, efetivamente, a sua proteção. Pressuposto da assunção fática de responsabilidade é a manifestação expressa de que o sujeito se encarrega das funções específicas de proteção. Se alguém se compromete a cumprir um dever genérico, por exemplo, de dar o alarma ou de chamar a polícia ou os bombeiros em caso de necessidade, não está na posição de garantidor e só poderá ser responsabilizado por omissão do socorro.

A assunção fática pode expressar-se de diversos modos: (a) em decorrência de uma vida comunitária, (b) da prática conjunta de certas atividades, (c) do exercício profissional, (d) de decisão unilateral, ou (e) ainda de uma função ou serviço público, sempre sob o fundamento de que, nessas situações, são criadas relações especiais de confiança no sentido de uma proteção mútua.

(aa) A vida em comunidades fechadas

A vida em comunidade fechada, como a convivência íntima de determinadas pessoas, quer no sentido de união, quer no sentido de divisão de moradia, tem gerado inúmeras indagações jurídicas em torno de se, com isso, estaria criada, para os respectivos participantes, uma posição de garantidor dos bens jurídicos dos demais.

Partindo de ponto de vista puramente axiológico ou social, a doutrina estrangeira tem estendido a essas comunidades os mesmos critérios utilizados

---

45. Assim, também, Zaffaroni-Batista *et alii, Direito penal brasileiro,* II, 2010, p. 361; Roxin, Claus. *Strafrecht*, AT, II, 2003, p. 733; igualmente fazendo exigências acerca de um ato expresso de confiança, Hans-Joachim Rudolphi (*Systematischer Kommentar*, vol. 1, 1977, p. 108): «A simples obrigação contratual não é suficiente para fundamentar sozinha um dever de garantidor».

para a comunidade familiar legalmente constituída, com base nas relações íntimas que gerariam uma confiança entre seus participantes no sentido de, em caso de necessidade, se deverem proteger mutuamente.[46] Embora o fundamento dessa posição de garantidor, quanto ao seu conteúdo, se situe nessa confiança recíproca, que é gerada pela vida em comum, na verdade, em face da exigência formal do Código Penal brasileiro, isso não é suficiente para gerar uma posição de garantidor. Como essa condição especial de proteção não está amparada por lei, sua relevância jurídico-penal só se dará se ficar demonstrado que os participantes assumiram, ainda que faticamente, a responsabilidade mútua pela proteção dos bens jurídicos. Mesmo os autores, como MAURACH-ZIPF, que admitem a existência de tais deveres mútuos de proteção, põem em dúvida a responsabilidade penal dos seus participantes, principalmente quando a própria lei se manifesta de modo contrário.[47]

(bb) O exercício comum de atividades

O exercício comum de certas atividades, como o alpinismo, as expedições exploratórias, os ralis não competitivos, inserem-se também na mesma categoria da assunção, sob o fundamento de que aqueles que se entregam a essas atividades esperam dos demais a ajuda necessária para reduzir o perigo que normalmente devam passar. Leve-se em conta que os participantes do evento sabem e conhecem a extensão do perigo a que estarão submetidos, porque conscientemente aceitam realizar a atividade arriscada, mas só o fazem porque igualmente sabem que outros estarão no mesmo empreendimento. Claro que o dever de garantidor não pode simplesmente decorrer da participação na atividade coletiva. A questão da origem e da extensão do dever de garantidor dos participantes não deve ser considerada sob o ângulo exclusivo da proteção direta frente a perigos inesperados, mas centrada no fato de que a atividade individual só é tomada pelo seu agente, porque este espera dos outros um mínimo de solidariedade e atenção como suporte para um controle mais efetivo do perigo existente. Assim, o explorador deve alertar os outros, se for de seu conhecimento especial, acerca da existência de areia movediça em determinado setor do percurso, porque isto implicaria a redução do perigo; se não o fizer, responde com sua omissão pelos resultados de lesão ou morte, conforme o caso.

Tal como se dá na hipótese da vida comunitária, o dever de garantidor só se aperfeiçoa se os participantes da atividade comum assumirem fática

46. KÜHL, Kristian. *Strafrecht*, AT, 3.ª ed., 2000, p. 666; MAURACH-GÖSSEL-ZIPF. *Derecho penal*, PG, vol. II, 1995, p. 258 e ss.; Hans-Joachim RUDOLPHI, *Systematischer Kommentar*, vol. 1, 1977, p. 106.

47. MAURACH-GÖSSEL-ZIPF. *Derecho penal*, PG, vol. II, 1995, p. 259.

ou expressamente a responsabilidade de proteção.[48] É preciso que cada um se insira previamente na postura de que se trata de uma prática, não apenas lúdica ou divertida, mas solidária. Para que se afirme esta assunção, em face do disposto no art. 13, § 2.º, *b*, do Código Penal, não é suficiente, portanto, a simples participação na atividade comum (na expedição, por exemplo). É indispensável que o participante demonstre, por meio de manifestação de vontade, que inequivocamente inclui, sob qualquer risco, a evitação dos resultados no âmbito de sua responsabilidade.

Não devem ser equiparadas a essas atividades comuns arriscadas aquelas que se destinam ao consumo coletivo de bebidas ou de drogas, nas quais o ato de cada um é, na verdade, um ato individual, sem dependência, salvo na fruição, dos atos dos demais. O companheiro de consumo dessas substâncias, independentemente da licitude de seu comportamento, não preenche a condição de garantidor para com os bens jurídicos de seus parceiros.[49] O que subsiste, então, é um dever geral de assistência, que, uma vez violado, poderá dar lugar à caracterização da omissão de socorro, mas não um dever especial que possa fundamentar o tipo de delito de lesão ou de homicídio.

(cc) A relação médico-paciente

Os médicos, uma vez que tenham assentido a tratarem do paciente, incluem-se na posição de garantidor. Não importa, para tanto, que o tenham feito pessoalmente ou por telefone. Aqui, diante da relevância do exercício profissional e dos fundamentos de confiança neles depositada pelo paciente, a assunção de responsabilidade já se inicia com a promessa de atendimento.[50] O dever de garantidor cessa apenas quando o tratamento estiver concluído ou quando o contrato se tenha desfeito por iniciativa do próprio paciente,[51] ou quando entre médico e paciente se tenha estabelecido uma insuperável ruptura de relacionamento.

Atendendo ao mesmo fundamento, que é a confiança mútua, pode-se incluir na posição de garantidor o médico plantonista, que assume, ainda que faticamente, a obrigação de atender aos pacientes necessitados. Desde que tenha entrado efetivamente em exercício do atendimento de plantão, assume

---

48. OTTO, Harro. *Strafrecht*, 7.ª ed., 2004, p. 170 e ss.; SEELMANN, Kurt. «Gerechtigkeit», *Rechtsphilosophische Hefte*, 1993, p. 124.

49. KÜHL, Kristian. *Strafrecht*, AT, 5.ª ed., 2005, p. 544; LACKNER, Karl. *StGB*, 22.ª ed., 1997, p. 89; OTTO, Harro. *Strafrecht*, AS, 7.ª ed., 2004, p. 170; WESSELS-BEULKE, *Strafrecht*, AT, 2010, p. 282.

50. SCHÖNKE-SCHRÖDER-STREE, *Strafgesetzbuch Kommentar*, 27.ª ed., 2006, p. 227; ROXIN, Claus. *Strafrecht*, AT, II, 2003, p. 734.

51. ROXIN, Claus. *Strafrecht*, AT, II, 2003, p. 734.

o dever de proteção dos bens jurídicos desses pacientes.[52] Essa posição de garantidor cederá, no entanto, se o paciente rejeitar o tratamento de plantão, ou se outro médico for chamado pelo próprio paciente ou seus representantes, ou vier a intervir no processo de tratamento. De acordo com essa posição, o plantonista que, podendo fazê-lo, deixar de atender, por exemplo, ao paciente necessitado e não lhe impedir a morte, responderá por homicídio e não apenas por omissão de socorro.

Segue as mesmas regras dos médicos plantonistas a situação daqueles que, por força do exercício profissional, se tenham comprometido a defender os bens jurídicos alheios. Por exemplo, o empregado de uma empresa, que fica encarregado temporariamente do controle do trânsito em determinada área para dar lugar à entrada ou saída de veículos de carga, tem o dever de impedir resultados danosos aos veículos afetados por sua atividade, no mínimo alertando os motoristas acerca do perigo.

(dd) A assunção de posições de proteção

Igualmente, é garantidor quem, por sua livre e exclusiva decisão, assume essa posição, ainda que sem a concordância da vítima.[53] Por exemplo, quem se compromete a ajudar um cego ou uma criança a atravessar a rua tem a obrigação de evitar os perigos resultantes de tal travessia, escolhendo o local mais adequado ou só o fazendo com segurança; ou aquele que decide auxiliar na remoção de um acidentado está obrigado também a aguardar que seja removido pela ambulância, salvo se outros já tiverem assumido essa tarefa. Em qualquer caso, essa assunção unilateral é limitada à proteção específica a que se destinou. Assim, no caso do cego, aquele que o ajuda a atravessar a rua não está obrigado a protegê-lo diante de atos de terceiros, mas apenas a cumprir com segurança a travessia; ou, no caso do acidentado, quem lhe presta socorro não está obrigado a empregar todos os recursos para evitar-lhe a morte, mas somente os necessários para que seja socorrido.

(ee) O exercício de funções ou serviços públicos

O exercício de determinadas funções ou serviços públicos, ainda que não regulamentados, ou mesmo regulamentados de forma genérica, pode configurar aos seus ocupantes uma posição de garantidor. Aqui, a assunção não se dá em virtude de lei ou contrato, mas da aceitação das incumbências do cargo ou da função pública.

---

52. Tröndle-Fischer. *Strafgesetzbuch und Nebengesetze,* 51.ª ed., 2003, p. 94; Kühl, Kristian. *Strafrecht,* AT, 5.ª ed., 2005, p. 547; Schönke-Schröder-Stree, *Strafgesetzbuch Kommentar,* 27.ª ed., 2006, p. 227.

53. Assim, também, Zaffaroni-Batista *et alii, Direito penal brasileiro,* II, 2010, p. 362.

Assim, os funcionários que desempenham funções nas repartições encarregadas da proteção ambiental são obrigados a controlar a observância, por parte das indústrias, dos métodos destinados a evitar ou a diminuir a contaminação do ar e das águas, bem como a verificar em cada caso concreto as condições de seu funcionamento.

Da mesma forma, os agentes ou as autoridades policiais são obrigados a proteger os bens jurídicos dos particulares, garantindo-lhes, pelo menos, o respeito à vida, à integridade física, à liberdade e ao patrimônio. Esse dever de proteção não deriva da lei geral, que regulamenta a atividade policial, como órgão destinado a garantir a segurança pública, mas da respectiva função, cujo exercício concreto implica a aceitação de seus encargos individuais. Dentre outras finalidades, o Estado Democrático moderno deve orientar-se à garantia dos direitos fundamentais da pessoa humana, como o direito à vida e à liberdade. Em consequência disso, compete aos policiais concretizarem essa tarefa do Estado, assegurando aos particulares a efetiva fruição daqueles direitos fundamentais.[54]

A obrigação da intervenção policial, como organismo garantidor, não se condiciona ao apelo ou à comunicação direta dos particulares. Basta que se caracterize uma situação de necessidade de proteção para que se torne obrigatória a intervenção. Evidentemente, esse dever não pode ser estendido infinitamente. Assim, para que tal dever se torne penalmente relevante será preciso que o policial se encontre em condições de atendê-lo, por estar no local do fato ou a ele possa ter acesso ou ainda por estar de serviço.[55] Policial fora de serviço só estará submetido aos deveres legalmente estabelecidos, ou em relação àqueles que tiver assumido pessoalmente, mas não em virtude de ser policial. Por outro lado, a intervenção pode ser medida em razão da intensidade da agressão ou do valor do bem jurídico, em confronto com outras necessidades relacionadas a fatos mais graves; nos delitos de menor potencial ofensivo, a medida da intervenção deve ficar a cargo do policial, que a avaliará de acordo com o fato e suas possibilidades de desdobramento para outros eventos.[56] O policial que, de serviço, presencia um suicídio, sem nada fazer para impedi-lo, responde pelo crime do art. 122 do Código Penal, cometido por omissão, na modalidade de auxiliar; ou responderá por homicídio, igualmente por omissão, se, podendo fazê-lo, não impede ou não toma qualquer providência para obstar que alguém, diante dele, mate dolosamente outra pessoa. Pressuposto dessa

---

54. Jakobs, Günther. *Strafrecht*, AT, 1993, p. 831; Kühl, Kristian. *Strafrecht*, AT, 5.ª ed., 2005, p. 551; Roxin, Claus. *Strafrecht*, AT, II, 2003, p. 739; Seelmann, Kurt. *Alternative Kommentar zum Strafgesetzbuch*, 1990, § 13, n. 127.

55. Wohlers, Wolfgang, in Kindhäuser-Neumann-Paeffgen (orgs.). *Strafgesetzbuch Nomos Kommentar*, 2005, p. 448.

56. Kühl, Kristian. *Strafrecht*, AT, 5.ª ed., 2005, p. 552; Roxin, Claus. *Strafrecht*, AT, II, 2003, p. 743.

posição de garantidor é sempre a possibilidade de o servidor realizar a tarefa protetiva sem risco pessoal direto à sua própria vida.

5. A ingerência

O Código Penal fundamenta também o dever de garantidor na conduta precedente criadora do risco da ocorrência do resultado (art. 13, § 2.º, *c*). Dogmaticamente, poder-se-á situar a ingerência no âmbito das fontes produtoras de perigo.[57] Aqui, deve-se fazer, porém, uma distinção entre fontes estáticas e fontes dinâmicas. A verdadeira ingerência pertence às fontes dinâmicas, porque tem por base um comportamento positivo anterior e não simplesmente um estado de coisas, pelo qual o sujeito se faz responsável. Nas fontes estáticas, como a posse de material explosivo ou de um cachorro feroz, o comportamento anterior que cria o risco da ocorrência do resultado é, essencialmente, omissivo. Quando se tratar de comportamento comissivo, poderá haver uma ingerência, por sua transformação dinâmica, ou uma omissão por comissão, como nas hipóteses da *omissio libera in causa*. Na responsabilidade pelo produto, em que o comerciante põe no mercado uma mercadoria, cuja perigosidade vem a ser posteriormente descoberta, pode-se situar uma hipótese de transformação dinâmica da fonte de perigo. Inicialmente, o fornecedor põe no mercado o produto sem conhecer sua perigosidade; depois, conhecendo-a, não o retira do mercado nem alerta os consumidores sobre esse fato. Opera-se, aqui, nitidamente, uma forma de ingerência.[58]

Nos capítulos 4 e 5 da primeira parte, ao se tratar da equiparação entre omissão e ação, já se discutiu acerca da origem, dos fundamentos e das dificuldades da ingerência. Na verdade, o conceito de ingerência é produto do positivismo do século XIX, que enfrentava o problema de equacionar racionalmente a causalidade na omissão e, com isso, possibilitar sua equiparação à ação. As tentativas de Glaser e Merkel, nesse sentido, assinalam a necessidade de se buscar na omissão um fundamento material que justificasse a imputação do resultado ao sujeito, sobre o qual recaía um dever de agir, principalmente depois da inclusão, pela obra de Stübel, da ação precedente como fonte desse dever.[59] Como esse tema já foi tratado naqueles capítulos, não há necessidade

---

57. Claus Roxin fala, aqui, da «criação de uma nova fonte de perigo» (*Strafrecht*, AT, II, 2003, p. 759).

58. Hassemer, Winfried. «Strafrechtliche Produkthaftung», *Juristische Schulung*, 3, p. 253, 1991; igualmente, Samson, Erich. «Probleme strafrechtlicher Produkthaftung», *Strafverteidiger*, 4, p. 184, 1991.

59. Stübel, Christoph Carl. *Über die Teilnahme mehrerer Personen an einem Verbrechen. Ein Beitrag zur Criminalgesetzgebung der in den Criminalgerichten geltenden Grundsätze*, 1928, p. 61: «Es gibt allerdings Fälle, in denen Jemand, vermöge eines besondern Verhältnisses, oder einer vorhergehenden Handlung desselben, zu einer Handlung rechtlich verpflichet ist.» (Há casos nos quais alguém, por força de uma relação especial ou de uma ação precedente dele mesmo, está obrigado juridicamente a uma ação.)

de renová-lo. Caberá, contudo, uma nova problematização sobre os requisitos que devem ser associados ao atuar precedente como parte do processo de imputação do resultado e, assim, da posição de garantidor.

Independentemente das assertivas críticas de SCHÜNEMANN quanto às impropriedades da ingerência, que mostram como a relação entre ação precedente e risco dá lugar a um domínio potencial e não real sobre o evento, de modo a conduzir à caracterização de um dolo sem vontade de domínio, então, como simples *dolus malus* sem fato, pode-se fixar que o ponto de partida da ingerência reside no poder de controle sobre os fundamentos do resultado.[60] A exigência de um poder de controle sobre o processo de produção e desenvolvimento do resultado é o mínimo que se pode traçar para evitar que a ingerência se transforme em instrumento odioso de responsabilidade por mera irregularidade, tão próprio do sistema do *versari in re illicita.* Com isso, quer-se significar que o sujeito domina as fontes estáticas e dinâmicas do evento e detém o poder de evitar que as forças causais se exauram no resultado lesivo ao bem jurídico. Ainda que tal enunciado tenha um sentido limitador, em comparação com a fórmula genérica do Código Penal, está a despertar outra forma de responsabilidade objetiva, porque pode caracterizar como ingerente qualquer um que detenha esse poder. Sem os corretivos necessários, pode-se fazer o ingerente responsável por um evento que só, indiretamente, lhe poderia ser atribuído ou fazer decorrer sua responsabilidade de um simples movimento corpóreo. Como meio de impedir que se amplie, desse modo, a responsabilidade penal, será indispensável agregar a essa relação de domínio entre o atuar precedente e seus desdobramentos subsequentes outros pressupostos restritivos da imputação do fato ao sujeito. Essa limitação da responsabilidade pela ingerência encontra na doutrina um campo fértil, que – pode-se dizer – começa com a obra de RUDOLPHI, ao instituir a exigência de que o atuar precedente seja antijurídico,[61] até o posicionamento de ROXIN, ao subordinar a ingerência aos critérios de imputação objetiva.[62] Seguindo essa orientação, pode-se afirmar, então, que esses pressupostos dizem respeito ao processo de imputação e podem se manifestar nos seguintes casos: (a) limitação objetiva da causalidade, (b) risco permitido, (c) âmbito de responsabilidade do sujeito e (d) licitude do fato.

A) A limitação objetiva da causalidade

Como na ingerência se atribui ao sujeito um comportamento anterior, que constitui a base de sua relação com o risco da ocorrência do resultado, a

---

60. Assim, SCHÜNEMANN, Bernd. «Zur Kritik der Ingerenz-Garantenstellung», *Goldhammers Archiv*, 1974, p. 235; ROXIN, Claus. *Strafrecht*, AT, II, 2003, p. 762.

61. RUDOLPHI, Hans-Joachim. *Die Gleichstellungsproblematik der unechten Unterlassungsdelikte und der Gedanke der Ingerenz,* Göttingen: Schwartz, 1966, p. 154; Idem. *Systematischer Kommentar,* vol. 1, 1977, p. 101 e ss.

62. ROXIN, Claus. *Strafrecht*, AT, II, 2003, p. 765.

primeira limitação deve estar vinculada ao domínio da causalidade. A conduta antecedente deve ter sido praticada diretamente pelo sujeito. Por exemplo: alguém põe fogo no celeiro de sua propriedade, sem verificar que ali dormia um empregado. Se, contudo, o fogo fora provocado por outrem, ao proprietário só cabe um dever geral de assistência, não lhe sendo atribuível um dever de garantidor, independentemente de ser o dono da casa. Essa relação direta não implica, porém, que o sujeito tenha tomado a iniciativa da ação precedente. Pode ocorrer que a ação antecedente tenha sido iniciada por outrem, mas o ingerente tenha assumido posteriormente o controle de sua causalidade. Alguns exemplos: alguém se dispõe a conduzir para casa um vizinho embriagado, cuja bebida fora fornecida por um taberneiro, e o coloca na direção do automóvel porque resolve cochilar no assento traseiro;[63] um carnavalesco mantém em sua residência, sem os devidos cuidados, uma caixa de fogos de artifício, a qual é deflagrada, porém, por um convidado, que a coloca em lugar inadequado, de onde os rojões passam a atingir outras pessoas, causando-lhes ferimentos. Nesses dois casos, a atuação anterior do taberneiro ou do carnavalesco foi substituída em seus desdobramentos causais pelos comportamentos do vizinho e do convidado. Embora estes últimos não tivessem iniciado a ação arriscada ou não dominassem, desde o começo, a fonte de perigo, estão causalmente ligados a ela. Assim, para que se formule adequadamente o enunciado causal, será preciso aplicar-se a correção do regresso infinito, tal como consignado no art. 13, § 1.º, do Código Penal: a causa superveniente relativamente independente exclui a imputação, quando por si só tenha produzido o resultado. Por essa fórmula, tanto o taberneiro quanto o carnavalesco não serão ingerentes do resultado.

B) A limitação do risco autorizado

A contribuição de Rudolphi, ao formatar uma limitação da ingerência mediante o aporte de que a ação precedente teria que ser contrária ao dever, ou seja, antijurídica, impôs uma condição relevante à responsabilidade por omissão e passou a influenciar a doutrina penal que lhe seguiu, inclusive no Brasil.[64] Em crítica a esse posicionamento, entende Roxin que, no tocante às fontes estáticas de perigo, pelas quais o sujeito se faz responsável, poderá ser criada uma posição de garantidor sem que o atuar precedente tenha sido reali-

---

63. Exemplo semelhante em Zaffaroni-Batista *et alii, Direito penal brasileiro*, vol. II, 2010, p. 366.

64. Juarez Tavares («A nova parte geral do Código Penal brasileiro», *Fórum Internacional de Direito Penal Comparado*, 1989, p. 99): «(...) o comportamento anterior causador do perigo, que fundamenta, consequentemente, o dever de agir, isto é, fundamenta a posição de garantidor, só pode fazê-lo quando constitui um comportamento antijurídico, isto é, lesivo ao direito»; também, Queiroz, Paulo. *Direito penal*, PG, 7.ª ed., 2011, p. 189. É interessante notar, ademais, que a formulação de Rudolphi parece ter seu antecedente teórico na antiga assertiva de Otto Krug (1865), que, em comentários ao código austríaco, postulava sua qualificação como conduta irregular.

zado de modo contrário ao dever. Mesmo assim, pondera que, se a conduta precedente fora contrária ao dever (por exemplo, descuidada), isso também não é suficiente para fundar um dever de proteção, mas fortalece o fundamento acerca do dever de vigilância.[65] Assim, o proprietário de um apartamento deve evitar que os vidros ornamentais de sua varanda caiam, por força dos ventos, sobre os transeuntes; se isso ocorrer, deverá providenciar o socorro da vítima, ainda que não pudesse contar com essa possibilidade ou nem tivesse nela pensado. Claro, se os vidros foram lançados sobre a rua por outrem, o proprietário do imóvel terá excluída sua responsabilidade pela correção do regresso infinito. No tocante, porém, às fontes dinâmicas do perigo, que estão vinculadas diretamente ao controle causal do sujeito, por haver esse realizado uma ação positiva provocadora do perigo, é fundamental que sua conduta seja antijurídica para evitar que sua responsabilidade derive apenas de seu movimento, ainda que completamente regular. A conduta precedente contrária ao dever é um pressuposto da ingerência para os efeitos de fundamentar o dever de proteção, quando se trate de ação positiva. Contudo, essa exigência não é ainda suficiente para fundá-los definitivamente. Para limitar sua extensão devem ser utilizados aqui os critérios propostos relativamente à criação e diminuição do risco, e ao comportamento da vítima, em face do princípio da autorresponsabilidade. Geralmente, a teoria da imputação objetiva trabalha sobre casos concretos, a partir dos quais elabora os critérios limitativos da causalidade. Parece ser possível, porém, estabelecer esses critérios por uma interpretação comunicativa dos preceitos, antes mesmo de sedimentá-los nos casos concertos. Caso contrário, não haveria necessidade de se discutir em torno do conceito de conduta e do conteúdo comunicativo das normas mandamentais que lhe estão vinculadas.

No âmbito de uma norma mandamental subsiste um processo de comunicação, pelo qual se impõe o dever de agir e ainda se preveem as demais circunstâncias relacionadas ao fato e ao agente. O ponto forte desse processo de comunicação reside na relação entre a inatividade do sujeito e a lesão de bem jurídico. Se a lesão de bem jurídico constitui um pressuposto indeclinável da configuração do injusto, a inatividade para relacionar-se com essa lesão deve estar vinculada não apenas ao dever de atuar, mas também a todos os demais atributos e situações que lhe confiram uma qualidade de ser objeto de um juízo de valor, pelo qual se possa decidir que o cumprimento do dever evitaria aquela lesão. Há, portanto, na norma mandamental um núcleo que relaciona a inatividade a uma atividade, de modo a compreender que essa atividade era necessária para evitar a lesão de bem jurídico. A avaliação acerca da necessidade da atividade é crucial para firmar o processo de comunicação, que tem por finalidade instituir objetos de referência para o sujeito. Uma atividade absolutamente inútil não pode servir de objeto de referência.

---

65. ROXIN, Claus. *Strafrecht*, II, 2003, p. 763.

Assim, para que a atividade devida sirva ao projeto de comunicação em face da ingerência é indispensável que: a) a conduta do sujeito não esteja acobertada pelo risco permitido; b) que a conduta do sujeito não se inclua no risco habitual da vida; c) que o risco desencadeado pela ação precedente possa se exaurir no resultado; d) que o risco proibido seja objeto da norma; e) que a inatividade posterior não tenha sido objeto de uma avaliação exclusiva ou complementar por outra norma. Fixados esses pontos, pode-se compreender a respectiva solução para os casos concretos aventados pela teoria.

(aa) O risco permitido

Em face do risco permitido, a conduta precedente poderá se apresentar de algumas formas: incluindo-se como atividade jurídica e socialmente autorizada; não aumentando esse risco; condicionando o risco pelo princípio da confiança; acolhendo o risco por atuar sob a autorização de uma causa de justificação.

Todas as atividades realizadas nos limites das normas de cuidado estão autorizadas pela ordem jurídica e não poderão contar como ingerência. Se alguém convida uma outra pessoa plenamente responsável para um passeio de trem, não é, por haver formulado esse convite (atividade causal), garantidora de seus bens jurídicos. Ocorrendo um acidente, sem que lhe preste socorro, responderá apenas por omissão de socorro (art. 135). Claro está que, se o convidado é incapaz (por exemplo, uma criança), quem o convida assume também a condição de seu protetor, mas isso nada tem a ver com a ingerência; sua condição de garantidor decorre de outra fonte: da assunção fática de responsabilidade.

Igualmente não se incluem na ingerência as ações que não impliquem um aumento do risco já existente. Se um barco está soçobrando, pondo em risco direto seus ocupantes, não se torna garantidor aquele que, sem muito refletir, lança o salva-vidas muito além do limite em que possa se alcançado. Aqui falta todo o processo de imputação e, conforme o caso, pode excluir até mesmo o delito de omissão de socorro em face da inutilidade da ação devida.

Também não se inserem no âmbito da ingerência as ações precedentes que são praticadas corretamente, mas sob a perspectiva de que possam gerar riscos futuros, quando se possa confiar que esses riscos não serão aumentados por obra de outrem. No exemplo citado por Roxin (conforme caso concreto decidido pelo Supremo Tribunal da Alemanha, envolvendo a problemática das ações neutras), se alguém empresta a outrem uma faca, para que este a utilize normalmente, não se torna garantidor dos bens jurídicos de terceiros que possam ser lesados por uma ação tresloucada deste último.[66] Está claro que, se era marcante o fato de que a faca seria empregada para agredir outrem,

66. Roxin, Claus. *Strafrecht*, II, 2003, p. 767.

haverá uma posição de garantidor, porque a ação precedente de emprestá-la a quem esteja pronto para lesar o bem jurídico já não mais se inclui no âmbito do risco autorizado.

(bb) Os riscos habituais

Os riscos habituais da vida, embora formalmente não autorizados pelo direito, não podem fundamentar a ingerência, quando a ação precedente não os exceda de modo substancial. Se alguém serve um copo de vinho a outrem, que está armado, e este, sob o efeito dessa pequena dose de álcool, atira contra terceiro, não se torna, só por isso, garantidor dos bens jurídicos da vítima. Sabe-se, pela experiência da vida diária, que um copo de vinho é perfeitamente tolerado pelas pessoas e só excepcionalmente poderá gerar uma patologia alcoólica. Da mesma forma, se isso fosse evidente, em face das condições do próprio agente, o excesso do risco habitual seria substancial, fundamentando um dever de garantidor.[67]

(cc) O exaurimento do risco no resultado

Se a ação precedente só pode ser avaliada em face do sentido empreendido posteriormente ao acontecimento, não haverá ingerência se essa ação não se exaurir no resultado. O exaurimento no resultado em relação à omissão deve ser visto de modo diverso daquele relativo ao procedimento comissivo. No procedimento comissivo, não haverá imputação quando a conduta causal não se tiver esgotado em uma lesão de bem jurídico, porque o agente não dominou a causalidade até seu momento final. Daí não se poder atribuir-lhe essa lesão de bem jurídico. Se o resultado ocorresse de qualquer modo, a prática de uma conduta cuidadosa ou antijurídica lhe é indiferente, porque a falta de domínio da causalidade a desqualifica inteiramente como elemento da imputação. No âmbito da omissão, porém, o resultado é atribuível em face de uma inatividade posterior à ação antijurídica. Aqui, o processo de imputação não está assentado no domínio da causalidade. Se o resultado ocorresse mesmo que essa ação precedente não fosse praticada, não haverá imputação do fato ao omitente, porque falta um elemento de ligação entre a ação precedente e a decisão acerca da necessidade da ação devida. A circunstância empírica de que o resultado ocorreria de qualquer modo impede uma avaliação acerca da necessidade da ação devida para impedir a lesão de bem jurídico. Uma vez assentada essa circunstância, não se pode mais afirmar a ingerência, mesmo que a ação precedente tenha sido antijurídica.[68]

---

67. Em relação ao crime culposo, TAVARES, Juarez. *Teoria do crime culposo,* 3.ª ed., 2009, p. 382.

68. Assim, ROXIN, Claus. *Strafrecht*, AT, II, 2003, p. 770.

(dd) O risco como objeto da norma

A exigência preliminar de que a ação precedente tenha sido praticada antijuridicamente, conforme a proposta de Rudolphi, tem também como extensão o fato de que esse risco desautorizado tenha, como fim, um específico modo de atuar, ou seja, de que o risco seja objeto da norma. Não é qualquer risco desautorizado que pode caracterizar a ação precedente como ingerência, mas somente aquele que implique uma ação devida posterior vinculada ao mesmo objeto de lesão.[69] Se o funcionário do banco deixa aberta a porta do cofre, e o gerente cai da escada, porque se apressara para trancá-la, não será garantidor do bem jurídico da vítima. O dever que lhe era imposto se dirigia a manter vigilância sobre a porta do cofre, mas não sobre o modo como o gerente desce as escadas. Roxin discute sob este panorama o mesmo exemplo do taberneiro que serve bebidas alcoólicas a um cliente, que depois comete um acidente de carro, no qual produz lesões em si mesmo e em outrem. Nesse caso parece que haverá duas possibilidades de tratamento. Servir bebidas alcoólicas a um cliente em estado normal constitui uma ação juridicamente autorizada. Portanto, os desdobramentos posteriores não podem ser imputados ao taberneiro. O caso é diferente do funcionário do banco que tem o dever de vigilância sobre o cofre, por força de um contrato. Por outro lado, se o cliente já está embriagado, servir-lhe bebidas alcoólicas configura contravenção penal (art. 63, II, LCP), o que caracteriza uma ação antijurídica. Essa ação antijurídica está referida, porém, à lesão de bem jurídico do cliente e não de terceiro. O objeto do risco está delimitado ao cliente, porque é ele que recebe os efeitos diretos da ação do taberneiro. O taberneiro, nessa hipótese, só é garantidor da integridade e da vida do cliente. Uma vez ocorrido o acidente, responde por lesões ou homicídio culposo por omissão. Para Roxin, o taberneiro deveria impedir que o cliente dirigisse automóvel.[70] Para Zaffaroni-Batista a posição de garantidor do taberneiro se restringe ao espaço do bar e de suas imediações, quando, então, pode agir e impedir o resultado.[71] Parece que ambas as posições não são conflitantes. O taberneiro tem o dever de impedir que o cliente dirija naquelas condições de embriaguez, porque este constitui um dever prévio necessário a impedir a lesão de bem jurídico. Ademais, se o cliente sai do estabelecimento e já se encontra fora do alcance do taberneiro, este já não poderá evitar o resultado, não sendo mais garantidor de sua integridade e de sua vida. Imagine-se que o taberneiro tenha conduzido o cliente até sua casa, mas este depois resolve dirigir. Já não se poderá mais falar que a ação precedente se direcione ao objeto da ação devida.

---

69. Assim, Roxin, Claus. *Strafrecht*, AT, II, 2003, p. 770; Baumann-Weber-Mitsch. *Strafrecht*, AT, 2003, p. 271; Schönke-Schröder-Stree. *Strafgesetzbuch Kommentar*, 2006, p. 230; Jescheck-Weigend. *Lehrbuch des Strafrechts*, AT, 1996, p. 622.

70. Roxin, Claus. *Strafrecht*, II, 2003, p. 771.

71. Zaffaroni-Batista *et alii, Direito penal brasileiro,* II, 2010, p. 366.

(ee) O risco previsto em norma complementar

Caso controvertido é a incidência de uma norma complementar que discipline a conduta devida. Essa hipótese é típica da legislação brasileira que prevê um aumento de pena para a omissão de socorro, quando se tratar de ações precedentes culposas de homicídio e lesão corporal.[72] A maioria da doutrina brasileira se inclina no sentido de compreender que a disciplina, como agravante, nesses casos, exclui a ingerência.[73] O sujeito responderia somente pelos delitos culposos de homicídio ou lesão corporal, agravados pelo fato de não prestar socorro à vítima, ficando de fora a omissão de socorro. O tema da relação entre a provocação do acidente e a posterior omissão de socorro já foi objeto de discussão ampla na doutrina estrangeira. A doutrina majoritária na Alemanha exclui a ingerência, nesse caso, quando a ação anterior não for antijurídica, opinando apenas pela subsistência de uma omissão de socorro.[74] No direito brasileiro, a matéria se complica com a edição do Código de Trânsito (arts. 302, III, e 303, parágrafo único), que reproduz a mesma regra dos delitos culposos de homicídio e lesão corporal, mas acrescenta outro dispositivo (art. 304), que prevê uma modalidade específica de omissão de socorro em face de acidente anterior. Apesar de a nova regra do Código de Trânsito disciplinar separadamente a matéria, a solução será a mesma: havendo ação culposa provocadora do acidente e omissão de socorro, esta estará absorvida pelos delitos culposos de homicídio ou lesão corporal. Se o acidente for provocado dentro dos limites do risco autorizado e o motorista não prestar socorro, incidirá tão só o delito especial de omissão de socorro previsto no art. 304.[75] É manifesta a inconstitucionalidade de parte do parágrafo único do art. 304 do Código de Trânsito, que exige o socorro ainda que a vítima

---

72. Arts. 121, § 4.º, e 129, § 7.º, CP. Arts. 302, III, e 303, parágrafo único, Código de Trânsito Brasileiro.

73. Zaffaroni-Batista *et alii*, *Direito penal brasileiro*, II, 2010, p. 366; Birrennach, Sheila. *Crimes omissivos impróprios*, 1996, p. 87; Bitencourt, Cezar. *Tratado de direito penal*, vol. 2, 2006, p. 101; Pierangeli, José Henrique. *Manual de direito penal brasileiro*, vol. 2, 2007, p. 44; Tavares, Juarez. *As controvérsias em torno dos crimes omissivos*, Rio de Janeiro, 1996, p. 71. João Mestieri (*Curso de direito criminal*, 1970) trata também a matéria de modo semelhante, mas com a observação de haver concurso material entre o delito culposo de homicídio e o decorrente da fuga do local do acidente, por haver o legislador disciplinado diversamente a matéria. Claro que com a fuga do local de acidente haveria também uma omissão de socorro; esta, porém, deverá ser absorvida pela agravante do homicídio. Heleno Fragoso (*Lições de direito penal*, PE, vol. 1, 1977, p. 73) considera que a omissão pode constituir delito autônomo, mas como constitui agravante do homicídio dá a entender que ficará absorvida por este; pondera ainda, como Mestieri, que, se ação anterior não for culposa, pode configura-se o crime de omissão de socorro, segundo a regra geral.

74. Jakobs, Günther. *Schuld und Prävention*, 1976, p. 813; Schönke-Schröder-Stree. *Strafgesetzbuch Kommentar*, 2006, p. 230; Roxin, Claus. *Strafrecht*, II, 2003, p. 768; Jescheck-Weigend. *Lehrbuch des Strafrechts*, AT, 1996, p. 625. Em sentido contrário, entendendo haver posição de garantidor: Kühl, Kristian. *Strafrecht*, AT, 5.ª ed., 2005, p. 555.

75. Assim, também, Pires-Sales. *Crimes de trânsito*. Belo Horizonte: Del Rey, 1998, p. 202.

esteja morta. Como a omissão está sempre condicionada à necessidade da ação devida, faltando essa necessidade, não pode haver omissão. Além de disciplinar um crime impossível por absoluta impropriedade do objeto (art. 17, CP),[76] a criação de um tipo penal dessa forma viola o princípio da culpabilidade, como pressuposto lógico de sua individualização (art. 5.º, XLVI, CF). Já no âmbito do direito civil, os negócios jurídicos impossíveis (como é o caso do socorro a pessoa morta) são considerados nulos (art. 166, II, CC). Essa norma mantém-se, no entanto, como norma complementar ao delito de omissão de socorro no trânsito, apenas em relação à lesão corporal. Deve-se esclarecer, ademais, que a prática de delito doloso anterior (por exemplo, um acidente de trânsito provocado dolosamente) absorve igualmente a omissão de socorro posterior, por aplicação do princípio do pós-fato impunível. O agente só responderá pelo respectivo crime de homicídio ou de lesão corporal.

C) A limitação pelo princípio da autorresponsabilidade

É condição para que o dever de garantidor seja estendido ao agente que a ação devida não se inclua no âmbito de responsabilidade da vítima. O princípio da autorresponsabilidade é próprio do Estado de Direito, não paternalista, que confere à pessoa o atributo de cidadania e dignidade (art. 1.º, II e IV, CF), e, por extensão dessa cidadania e de sua participação social, sua autodeterminação (art. 4.º, III, CF). Em relação a pessoas capazes de gerir sua própria vida, as ações precedentes só geram um dever de garantidor quando o domínio da causalidade por parte do sujeito for de tal ordem que só a ele reste impedir o resultado lesivo ao bem jurídico. Assim, quem pratica uma ação precedente contrária ao direito, por si só, não se torna garantidor, se a ação consequente se inserir na inteira responsabilidade do executor. Aquele que empresta a outrem um revólver, mesmo que o tomador não tenha porte de arma, não se torna garantidor, só por isso, de seus bens jurídicos, nem de terceiros. Torna-se garantidor, porém, se só ele pode impedir o desdobramento da conduta; se, por exemplo, fornecer uma arma que só ele possa travar ou desmuniciar. Aqui, também, pode-se incluir o fornecimento de drogas a uma pessoa adulta e responsável: o fornecedor não é garantidor de seus bens jurídicos nem de terceiros.[77] Se a vítima for menor ou tiver diminuída sua capacidade de entendimento ou autodeterminação, aquele que lhe fornece a droga ou arma é, porém, garantidor.[78] De qualquer modo, é garantidor em face de lesões que puderem advir do consumo da droga, mas não de outros acontecimentos que vierem a ser cometidos pelo consumidor por força de outras causas. Deve haver, portanto, uma relação causal entre o fornecimento da droga e os efeitos da ação do consumidor. Da mesma forma,

---

76. Assim, Pires-Sales, *Crimes de trânsito*, 1998, p. 207.

77. Baumann-Weber-Mitsch. *Strafrecht*, AT, 2003, p. 293; Tavares, Juarez. *Teoria do injusto penal*, 3.ª ed., 2003, p. 293.

78. Idem, ibidem, 2003, p. 293.

não é garantidor o advogado que arrola uma testemunha pela veracidade de suas declarações, porque a ordem jurídica não lhe impõe o dever de fiscalizar o depoimento, o qual fica a cargo da inteira responsabilidade do depoente.[79] O mesmo se pode dizer do próprio acusado, que não é garantidor do que as testemunhas disserem em seu favor, não apenas em face do princípio da autorresponsabilidade, mas também do princípio do *nemo tenetur*.[80]

D) A limitação da ilicitude

Como se exige que a ação precedente seja contrária ao direito, não geram um dever de garantidor as ações autorizadas por uma causa de justificação. Nesse caso, porém, deve-se fazer uma observação: quando a causa de justificação tem por base o princípio da preponderância do direito agredido ou resultante de uma norma expressa ou impositiva de dever, isso faz com que se sobreponha aos demais direitos, e as lesões daí decorrentes não criam um dever de garantidor ao seu exercente. O agente que atua em legítima defesa não é garantidor de bens jurídicos do agressor.[81] Quando as causas de justificação se fundam, porém, no princípio da ponderação de interesses, como no estado de necessidade, deve-se proceder a uma diferenciação: se o estado de necessidade for defensivo (quando o perigo tenha provindo da própria vítima ou por sua culpa), a situação está próxima daquela da legítima defesa, e o agressor não é garantidor dos bens daquele que sofre os efeitos da ação, devendo responder apenas por omissão de socorro, caso não lhe preste assistência, se possível fazê-lo; se o estado de necessidade for agressivo (quando o perigo decorra de fatos naturais ou quando a vítima não o tenha provocado de modo contrário ao dever), a justificação se orienta pelo interesse de maior valor, que tanto pode ser de quem atua quanto de quem sofre a ação necessária, e o agente tem o dever de garantir, depois, mediante uma atividade, que os bens jurídicos da vítima não se exponham a maior lesão do que aquela que decorra da própria ação necessária. Assim, o motorista que se desvia de um terrível acidente que não provocou e, para evitá-lo, sobe a calçada e vem a atropelar um pedestre, é garantidor de sua vida ou integridade corporal.[82] Por outro lado, mesmo em se

---

79. SEEBODE, Manfred. «Beihilfe zur Falschaussage durch Unterlassen», *NStZ*, 2, p. 85, 1993.

80. Assim, PRITTWITZ, Cornelius. «Zur Teilnahme des Angeklagten an Falschaussagen von Zeugen», *Strafverteidiger*, 5, p. 270, 1995.

81. WESSELS-BEULKE, *Strafrecht*, AT, 2010, p. 285; BAUMANN-WEBER-MITSCH. *Strafrecht*, AT, 2003, p. 292; KUDLICH, Hans, in SATZGER *et alii*. *Strafgesetzbuch Kommentar*, 2009, p. 104; ROXIN, Claus. *Strafrecht*, II, 2003, p. 773; WOHLERS, Wolfgang, in KINDHÄUSER-NEUMANN. *Paeffgen Stragetzbuch Nomos Kommentar*, 2005, p. 441. É garantidor, no entanto, em caso de legítima defesa putativa, porque terá praticado, então, ato ilícito, mas não culpável, o que não elimina a condição de risco desautorizado da ação precedente.

82. Nesse sentido, a doutrina majoritária na Alemanha: FRISTER, Helmut. *Strafrecht*, AT, 2006, p. 253; KÜHL, Kristian. *Strafrecht*, AT, 5.ª ed., 2005, p. 556; ROXIN, Claus. *Strafrecht*, AT, II, 2003, p. 775.

tratando de estado de necessidade defensivo, uma vez afastado o perigo para o agente, mas sua ação ainda continue a violar bem jurídico da vítima, cria-se para aquele uma posição de garantidor no sentido de atuar para impedir que esse bem continue sendo agredido.[83] Se o agente está no exercício regular de um direito ou no estrito cumprimento de um dever legal, não é garantidor dos bens jurídicos daquele que sofre os efeitos da ação específica, em face dos efeitos do princípio do direito preponderante. Isto não implica, por outro lado, a não observância de outros deveres: se o policial, ao violar o domicílio mediante mandado judicial, se depara com alguém que está precisando de socorro porque está sendo agredido, deve fazê-lo por força de sua condição de servidor público. Nessa condição, é garantidor dos bens jurídicos do agredido. Convém observar também que a condição de garantidor está suspensa relativamente ao objeto específico do exercício do direito, mas não se estende a outros bens que não se incluam nesse objeto. Se o policial, em cumprimento a mandado judicial, viola o domicílio e para tanto tem que derrubar a porta, não é garantidor desse bem do proprietário. Ademais, o proprietário que, desapossado anteriormente de seu carro, busca imediatamente onde está o ladrão e recupera o carro, não é garantidor de seus bens, quando se depara que este sofrera um enfarte em face do estresse causado pela situação. Se não lhe prestar assistência ou não chamar a autoridade ou os bombeiros para que o façam, responderá apenas por omissão de socorro.

II. A CLÁUSULA DE EQUIVALÊNCIA

Nos delitos omissivos impróprios, além da inação, da real possibilidade de atuar, da situação típica e do dever de impedir o resultado, com base na posição de garantidor, é fundamental analisar a relação entre a ação devida e a comissão. Tendo em vista a natureza da norma mandamental, que se insere como pressuposto do delito, em face da norma proibitiva, faz parte do tipo, como seu *elemento não escrito*, a afirmação de que a não execução da ação adequada para impedir o resultado (a ação devida), por seu *conteúdo social de sentido*, produz efeitos semelhantes aos da ação típica do delito comissivo correspondente. Aqui, vem novamente à tona todo o panorama relativo à equiparação entre omissão e ação. A relação entre omissão e ação sempre suscitou a questão dos fundamentos da punibilidade dos delitos omissivos, geralmente para ampliar a imputação e subordiná-los à mesma cominação dos delitos comissivos. Como informam Zaffaroni-Batista, a equiparação entre ação e omissão foi prevista, para esse fim, no art. 40 do código fascista italiano de 1930, mediante um aporte à causalidade que fundamentasse sua punibili-

83. Kühl, Kristian. *Strafrecht*, AT, 5.ª ed., 2005, p. 556; Rudolphi, Hans-Joachim. *Systematischer Kommentar*, vol. 1, 1977, p. 101. Se o agente para não ser agredido por alguém sob efeito do álcool o tranca em um aposento, tem o dever de libertá-lo, uma vez cessado o perigo de agressão ou os efeitos do álcool.

dade.[84] Não há dúvida de que as propostas de equiparação têm o propósito de legalizar a punibilidade da omissão não prevista em lei. Isso foi expressamente consignado no projeto alemão de 1962, que vinculava essa equiparação ao garantidor para fazê-lo responsável pelos valores protetivos da ordem jurídica.[85] Independentemente, porém, dos antecedentes punitivistas dessa equivalência, pode-se propor sua utilização em outro sentido: para limitar a imputação. Parece, inclusive, que os antecedentes doutrinários advindos de Gallas tendiam a uma certa limitação, quando este propunha que se fornecesse ao juiz a possibilidade de dizer que, nas circunstâncias, a conduta do sujeito não se equiparava a uma ação.[86]

Como antecedente legislativo de uma formulação restritiva, pode-se citar o Código Penal alemão (§ 13), cujo conteúdo tem suscitado acesos debates, em parte por sua indeterminação, em parte pela interpretação que tem recebido.[87]

A redação original do Código Penal alemão é a seguinte:

> «§ 13 A comissão por omissão.»
>
> «Quem se omite de impedir um resultado pertencente ao tipo legal de uma lei penal só é punível quando tem o dever jurídico de evitar tal resultado, e a omissão equivale à sua produção por ação.»

A um setor da doutrina, esta cláusula da equivalência teria a única finalidade de também incluir no âmbito dos delitos omissivos impróprios aqueles casos em que o resultado típico venha condicionado a uma determinada e específica forma de realização da ação, os chamados *delitos de atividade vinculada a um resultado,*[88] delitos esses que se contrapõem aos puros *delitos de resultado*, que, para a sua ocorrência, não pressupõem uma ação especial. Outros entendem que a cláusula da equivalência significa a forma de atender ao princípio da legalidade, fundamentando a punibilidade da omissão, sem qualquer consideração à modalidade de ação delituosa. Para esses, todos os delitos comissivos podem cometidos por omissão.[89]

---

84. Zaffaroni-Batista *et alii. Direito penal brasileiro,* II, 2010, p. 368. Postulando pela inconstitucionalidade de tal equiparação, Queiroz, Paulo. *Direito Penal,* PG, 7.ª ed., 2011, p. 190 e ss.

85. *Entwurf eines Stragesetzbuches* (E-1962), *Bundestagsdruckssache* IV/650.

86. Gallas, Wilhelm. *Niederschriften über die Sitzungen der Großen Strafrechtskomission.* Bonn: Bundesdruckrei, vol. XII, 1959, p. 79; Roxin, Claus. *Strafrecht*, AT, II, 2003, p. 785.

87. Crítico, Mourullo, Gonzalo Rodríguez. «La cláusula general sobre la comisión por omisión», *Política Criminal y Reforma Penal,* 1993, p. 909 e ss.; Roxin, Claus. *Strafrecht*, II, 2003, p. 784.

88. Kudlich, Hans, in Satzger *et alii. StGB Kommentar,* 2009, p. 107; Lackner, Karl. *StGB*, 1993, p. 94; Roxin, Claus. *Strafrecht*, II, 2003, p. 787; Wohlers, Wolfgang, in Kindhäuser-Neumann-Paeffgen. *Stragetzbuch Nomos Kommentar*, 2005, p. 427.

89. Maurach-Gössel-Zipf. *Derecho penal*, PG, tomo 2, 1995, p. 244.

A inserção de uma cláusula da equivalência entre ação e omissão para, mediante argumento analógico, ampliar indevidamente as possibilidades da punição por omissão é evidentemente inconstitucional, porque viola os fundamentos e os corolários do princípio da legalidade, que exigem a descrição precisa de uma conduta estrita. Não basta para fundamentar a punibilidade que se afirme uma semelhança entre ação e comissão. Será preciso que o legislador indique, com absoluta precisão, os elementos que compõem essa equiparação. Em face disso, a cláusula da equivalência só pode ser interpretada restritivamente, tal como fora proposta por Gallas. Desse modo, deve-se obrigar o juiz a verificar, em qualquer caso, não no sentido integrativo, mas no sentido limitativo, se pode negar a omissão por não corresponder à ação.

O problema está, porém, em determinar os fundamentos e os efeitos dessa cláusula da equivalência, tomada em sentido restritivo, diante do Código Penal brasileiro, que não a prevê e nem cogita expressamente de uma diminuição da punibilidade dos delitos omissivos. Inicialmente, pensou-se, para atender ao princípio da legalidade, que a relação entre delito comissivo e omissivo não poderia ser efetivada através do critério da *equivalência*, mas exclusivamente pelo critério da *identidade*. Isso implicaria, para configurar um delito omissivo impróprio, não previsto na lei, ser indispensável que o conteúdo do respectivo tipo legal, combinado com as situações legalmente expressas que fundamentam o dever de impedir o resultado pela constituição do sujeito garantidor, encerrasse o mesmo conteúdo de injusto do seu cometimento por ação. Embora a exigência da identidade entre ação e omissão objetivasse uma redução da responsabilidade por omissão, poderia levar a outros efeitos, como o de justificar a criação de delitos omissivos sem qualquer parâmetro ou, como faz *Silva Sánchez*, postular, a partir dessa identidade, também o mesmo grau de punibilidade para delitos omissivos impróprios e comissivos e só admitir, conforme o caso concreto, apenas uma facultativa redução de pena, quando fracassasse a operação de equivalência. Daí ser mais adequada a opção por uma cláusula restritiva da equivalência.[90] O objetivo real de uma cláusula dessa natureza é de excluir do âmbito dos delitos omissivos aqueles casos em que a omissão, como violação a uma norma mandamental, não pode estar integrada a um tipo baseado essencialmente em uma norma proibitiva. Diversas tentativas foram encetadas para fundamentar essa equivalência, mas nenhuma delas, ademais da assertiva de Gallas, foi no sentido de limitar a extensão da responsabilidade, senão para justificá-la.[91] Como os delitos omissivos impróprios não estão previstos no Código Penal e sua punibilidade resulta de uma interpretação baseada em elementos não escritos, quando muito inseridos na fórmula genérica da causalidade ou nas disposições da Parte Geral relativas

---

90. Sánchez, Jesús Maria Silva. *El delito de omisión*, 2.ª ed., 2010, p. 471 e ss.
91. Zaffaroni-Batista *et alii, Direito penal brasileiro,* II, 2010, p. 368.

ao dever de garantidor, a criação de uma cláusula de equivalência só pode conduzir a uma interpretação restritiva e não ampliativa.

Na consecução de um sentido restritivo da cláusula de equiparação, pode-se partir de que essa cláusula encerra uma dupla função: a) estabelecer a necessidade de se diferenciar o injusto dos crimes omissivos daquele dos delitos comissivos; b) exigir uma comprovação de que nos delitos omissivos impróprios a omissão corresponda à ação.

A opção por essa dupla função da cláusula da correspondência não implica adotá-la para o efeito de ampliar os deveres de garantidor, quando ainda subsista um perigo para o bem jurídico. Aqueles deveres não podem ser ampliados por critérios de equiparação. A cláusula é acolhida, exclusivamente, como mais um requisito para delimitar o âmbito de incidência da norma mandamental, quando esta esteja acoplada a uma norma proibitiva. Não tem sentido, nesse aspecto, a restrição feita por Roxin de que tal dupla função seria inútil, porque, afora os casos de delitos subordinados a especiais formas de execução (como o estelionato ou o constrangimento ilegal), a questão já estaria resolvida com a afirmação ou negação dos deveres de garantidor.[92] Justamente porque subsiste uma diversidade no conteúdo de injusto dos fatos omissivos e comissivos[93] é que se manifesta a necessidade de uma cláusula de equivalência para corrigir a extensão da responsabilidade. Não basta, assim, para a responsabilidade do omitente que ele se inclua na posição de garantidor; é necessário, ainda, que sua omissão se equipare à comissão.

Quando da discussão acerca da ingerência, ficou consignado que a ação precedente não seria apta, por si só, para produzir o resultado. Daí a formulação doutrinária em torno da busca de fundamentos materiais que pudessem melhor identificar a relação entre a ação precedente e a ação devida posterior. Como a questão reside no fundamento que faz da omissão uma condição semelhante à comissão, ou seja, que o processo de imputação da omissão não se resume a mera violação de um comando, mas tem por base também a violação de uma proibição, pode-se valer, aqui, também dos mesmos argumentos usados para restringir a ingerência e que se assemelham àqueles previstos para o estado de necessidade. Esses fundamentos podem ser dispostos no seguinte: a) a ação devida deve ser necessária e imprescindível para evitar a lesão do bem jurídico ameaçado; b) o resultado não pode ser evitado por ação ou iniciativa da própria vítima, sem risco pessoal; c) a atuação devida do agente deve ser tomada imediatamente, sob pena de ocorrer a lesão do bem jurídico; d) a vítima não deve ter desistido, voluntariamente, da defesa do seu bem; e) trate-se de bem jurídico pessoal.

---

92. Roxin, Claus. *Strafrecht*, AT, II, 2003, p. 787.

93. Baumann-Weber-Mitsch. *Strafrecht*, AT, 2003, p. 295.

A condição de que ação devida seja necessária para evitar a lesão do bem jurídico deve ser exigida em todos os delitos omissivos, mas ganha uma conotação especial nos delitos omissivos impróprios, porque deve estar associada à sua imprescindibilidade e imediatez. Como o conteúdo de injusto do fato omissivo é qualitativamente menos grave do que o da comissão, a equivalência da omissão à ação só poderá ocorrer quando subsistir uma situação de necessidade que deva ser enfrentada imediatamente e que não pode ser arrostada de outro modo no momento do fato. Diz-se que o conteúdo de injusto é menos grave qualitativamente e não apenas quantitativamente porque subsiste uma diferença comunicativa entre uma norma mandamental e uma norma proibitiva. A norma mandamental tem necessariamente que trabalhar com critérios de decisão e não apenas de constatação, o que transforma sua identificação em um processo de nítida valoração dos objetos de referência para a conduta performática. Na norma proibitiva há, desde logo, uma indicação direta da ação que se quer vedar, em função de sua intromissão na zona do ilícito, e os objetos de referência para sua execução ou não execução. Na norma mandamental, essa indicação só é feita em face de preceitos normativos e de juízos de decisão em torno da necessidade da ação devida, com vistas à lesão de bem jurídico. O omitente não sabe o que deve fazer em face de uma situação concreta, se não tiver conhecimento de um dever de agir. Há, portanto, no conteúdo de injusto dos fatos omissivos uma relação comunicativa complexa, inexistente nos fatos comissivos. Em face disso, é de se excluir também a equivalência quando o bem jurídico possa ser protegido pela vítima, sem risco pessoal, ou quando esta tenha voluntariamente se conformado com sua lesão, bem como é perfeitamente justificável inserir-se a condição de o bem jurídico ter natureza pessoal, que condiz com a situação de necessidade, porque somente nesse caso se poderá fazer uma avaliação empírica da imprescindibilidade da ação devida em face do perigo ou da lesão. Assim, afora os *casos de responsabilidade expressa*, ou de deveres legais, só terá sentido uma incriminação da omissão imprópria, quando se tratar de *delitos contra a vida, a integridade corporal* e *a liberdade* (incluída a liberdade sexual), cujos objetos jurídicos, por sua natureza e pelas consequências, necessitam de uma imediata e oportuna intervenção protetiva por parte do sujeito, que não pode ser postergada para não se tornar inócua.[94] Não se incluem, assim, bens jurídicos patrimoniais como objetos de lesão dos crimes omissivos impróprios, porque sua natureza fungível ou redutível a reparações civis não é suficiente para fundar essa imprescindibilidade sob o pressuposto da incidência autônoma da norma penal. Caso complexo é o da facilitação, por omissão, do

---

[94] No sentido de uma limitação dos delitos omissivos impróprios na Parte Especial, NETTO MUNHOZ, Alcides. «Os crimes omissivos no Brasil», *Revista de Direito Penal,* vol. 33, p. 25, 1982; igualmente, SCHÖNE, Wolfgang. *Unterlassene Erfolgsabwendungen und Strafgesetz,* 1974, p. 356, e ZAFFARONI, Eugenio Raúl. «Panorama atual da problemática da omissão», *Revista de Direito Penal,* vol. 33, p. 34 e ss., 1982.

tráfico de drogas, quando realizada por funcionário encarregado da repressão. Em relação ao contrabando ou descaminho, há norma expressa, incriminando a conduta como delito autônomo (art. 318, CP). No tráfico de drogas, não há essa precisão legal. Pela tese adotada, não haveria omissão imprópria daquele que, como funcionário alfandegário ou policial, não impedisse o tráfico de drogas. Nesse caso, pela regra geral, responderiam os funcionários ou por prevaricação (art. 319, CP), ou por corrupção passiva imprópria (art. 318, § 2.º, CP) ou até mesmo por participação ativa no crime de tráfico, mas não pela comissão do tráfico por omissão. O problema está, porém, na identificação da lesão de bem jurídico e da necessidade de atuação imediata do funcionário para evitá-la. À primeira vista, parece que, dadas as características do tráfico e de sua velocidade, até mesmo em face de se tratar de atividade proibida e fiscalizada, a atuação do funcionário deve ser realizada com certo grau de imediatez, o que faz equiparar sua omissão à ação e, consequentemente, o faz também responsável, por omissão, do delito de tráfico correspondente.[95] No entanto, em certas ocasiões, sob a égide da repressão à atividade das chamadas organizações criminosas, permite-se que a ação policial sobre os detentores ou portadores da droga possa ser retardada para fins de melhor investigação (Leis 9.034/1995, art. 2.º, II, e 11.343/2006, art. 53, II). Isso demonstra que o interesse do Estado de identificar a lesão de bem jurídico não depende da atuação imediata do policial, que pode, portanto, ser levada a cabo muito depois de o crime se haver consumado, em se tratando de modalidade de delito instantâneo ou ter iniciado seu processo de consumação, nos delitos permanentes. O retardamento da ação policial, ainda que se destine a responsabilizar maior número de pessoas pelo tráfico, é indicativa de que sua ação não é temporalmente imprescindível e que o dever de executá-la, portanto, pode ser postergado. Se o dever de atuar pode ser postergado, de conformidade com o interesse do Estado, a lesão de bem jurídico, nesta hipótese, não está vinculada à ação do agente, como ação necessária, e nem se pode dizer que, com sua inatividade, o resultado lesivo ocorreria com probabilidade nos limites da certeza. Pelo contrário, apesar da consumação, não há lesão de bem jurídico. Isso se dá, porém, de modo completamente diverso quando se trate de delitos contra a vida, a integridade corporal e a liberdade, cujos bens jurídicos serão lesados tão logo se execute a agressão.

Deve-se, além disso, fazer uma diferenciação entre a omissão do agente encarregado da repressão, mas sem estar na condição de controlador do perigo, e aquele que se encontre sob a disciplina dessa ação controlada. Nem todos os policiais estão nas mesmas condições. Há policiais comuns que se deparam com o comércio de drogas e não o reprimem; há policiais que estão, desde o início, inseridos na repressão ao tráfico e participam das operações

---

95. Admitindo que o funcionário responde por tráfico, por omissão, Queiroz, Paulo, in Bizzotto, Alexandre *et alii. Comentários críticos à lei de drogas*, 2010, p. 59.

controladas. Para os primeiros, na falta de regra expressa, parece que a melhor solução só poderá ser aquela primeiramente aventada: os agentes respondem pelos delitos funcionais, se não houverem participado do delito por ação. Mesmo considerando que os funcionários desempenhem funções de proteção, o que lhes insere na condição de garantidores, faltará, aqui, a equivalência da omissão à ação. Para os segundos, convém observar que, nessa atuação postergada, os agentes policiais detém o domínio sobre as fontes produtoras do perigo. Dessa forma, geram um perigo controlado para o bem jurídico, que se realizará em lesão, caso não efetivem, posteriormente, a apreensão da droga, fato que os situa, à primeira vista, na condição de ingerentes. Ocorre, porém, que sua atuação é, geralmente, autorizada por lei e em cumprimento de decisão judicial; portanto, sua atuação anterior, produtora do perigo, não é ilícita, o que desnatura os pressupostos da ingerência. Mas os agentes desenvolvem uma atividade legalmente subordinada, ou seja, toda a atividade policial, nesse caso, está disciplinada em lei específica, não é uma atividade policial comum. Dessa subordinação legal decorrem os deveres de apreender a droga e, assim, evitar a lesão de bem jurídico, uma vez consolidado o processo investigatório. Assim, o policial está situado numa posição de garantidor e detém em suas mãos todo o processo de lesão de bem jurídico. Caso não proceda à apreensão da droga no momento oportuno, descumprirá um dever de agir expresso e, dadas as condições de controlador do processo lesivo, sua omissão equivalerá, então, à ação. Isso o torna responsável pelo delito de tráfico por omissão. Somente nesta hipótese, em face das particularidades da atuação policial controlada, é que se pode admitir que a omissão se equipare à ação. Aos policiais comuns, no entanto, podem ser aplicados, analogicamente, os mesmos critérios de identificação do delito impossível: se a ação devida era imprescindível e tivesse que ser realizada imediatamente para evitar a lesão de bem jurídico, poder-se-á pensar em uma equivalência entre omissão e ação; se, porém, a ação lesiva ao bem jurídico pode ser controlada por outros policiais encarregados da repressão, o bem jurídico não está em absoluto estado de perigo e não haverá, assim, equivalência entre a omissão e ação. Por outro lado, se o policial se depara com alguém que está prestes a matar outrem e não intervém, podendo fazê-lo, ainda que com relativo risco pessoal, para impedir o resultado, sua omissão se equipara à ação.

A incriminação por omissão não pode servir de elemento sancionador de fatos que só interessam a outros ramos do direito, ou quando a solução de seus respectivos conflitos possa ser integralmente satisfeita com medidas não penais. O fato de o Código Penal não prever uma cláusula de equivalência é irrelevante. Concebida a lei penal como ato de comunicação, que institui os objetos de referência para as respectivas atividades proibidas ou devidas, essa deve acolher todos os elementos não escritos do mundo da vida e das formas de sua manifestação normativa, que possibilitem a real compreensão da realidade por parte de seus destinatários, bem como estabelecer restrições às incriminações que não lhe correspondam.

Independentemente da cláusula da equivalência e tendo em vista a diversidade de conteúdo de injusto entre os delitos omissivos e os comissivos, é de se adotar também a proposta de Nitze, que é céptico quanto aos efeitos da cláusula da equivalência, mas que postula por uma necessária separação entre omissão e ação no âmbito da punibilidade, no sentido de agregar àquela uma obrigatória diminuição de pena, quando se tratar de omissão dolosa, e uma facultativa diminuição para fatos omissivos culposos.[96] Essas formas de atenuação, obrigatória nos fatos dolosos e facultativa nos fatos culposos, correspondem ao princípio da culpabilidade e podem ser inseridas nos elementos do art. 66 do Código Penal.

---

96. Nitze, Paul. *Die Bedeutung der Entsprechendsklausel beim Begehen durch Unterlassen* (§ 13 StGB), 1989, p. 151: «Uma consequência justa na interpretação da omissão é, por conseguinte, uma obrigatória diminuição de pena para os delitos omissivos dolosos, e uma facultativa diminuição para os delitos omissivos cometidos culposamente»; no sentido de uma atenuação facultativa para os delitos dolosos, Sánchez, Jesús María Silva. *El delito de omisión. Concepto y Sistema,* 2.ª ed., 2010, p. 475; Mourullo, Gonzalo Rodríguez. «La cláusula general sobre la comisión por omisión», *Política Criminal y Reforma Penal,* 1993, p. 911 e ss.; também no sentido de caracterizar a omissão como fato menos grave, Hassemer, Winfried. «Beihilfe zur Untreue durch pflichtwidriges Unterlassen», *Juristische Schulung* 6, p. 502, 1990.

CAPÍTULO 4

O TIPO DOS DELITOS OMISSIVOS

I. A OMISSÃO TÍPICA

Embora ainda sem previsão na Parte Especial, salvo para os crimes omissivos próprios, será possível equacionar os elementos caracterizadores do tipo legal de um delito omissivo.

Inicialmente, pode-se dizer que, nos delitos omissivos próprios ou impróprios, há uma *inação* que corresponde a uma infração à norma de comando. Em consequência da *inação*, haverá ou não um resultado, dependendo da estrutura do tipo. Não se está, aqui, discutindo se o resultado está ou não presente em todos os delitos. Parece que a doutrina tem-se encaminhado nesse sentido,[1] o que poderá levar a uma nova consideração acerca dos crimes de perigo abstrato, com repercussões significativas no âmbito da responsabilidade. Pondera Roxin que acolher um injusto sem resultado implicaria sedimentar a responsabilidade penal exclusivamente no desvalor subjetivo da conduta e tomar a tentativa inidônea como modelo de delito.[2] Apesar dessas importantes ponderações, pode-se adotar a classificação entre delitos de resultado e de mera atividade, à medida que, com isso, se queira indicar uma forma de descrição da conduta proibida. O legislador no processo de comunicação pode contentar-se em descrever apenas a atividade; em outros tipos, pode entender necessário fazer referência expressa ao resultado; em outros, ainda, configurar o resultado como elemento não escrito, apesar de logicamente inerente ao próprio desenvolvimento da conduta. Essa diferenciação é importante para traçar os lindes entre tentativa e consumação, bem como para determinar a forma e o modo de demonstração da lesão de bem jurídico, ou ainda do perigo.

---

1. Assim, por exemplo, Roxin, Claus. *Strafrecht*, I, 4.ª ed., 2006, p. 321.
2. Roxin, Claus. *Strafrecht*, AT, I, 2006, p. 327.

Nos crimes de perigo concreto, o resultado tem que ser comprovado empiricamente; nos delitos de perigo abstrato, o resultado não está descrito no tipo, o que conduz ao exercício de uma interpretação restritiva no sentido de verificar, prioritariamente, a idoneidade da conduta. Pode-se, assim, reconhecer que no delito de mera atividade subsiste um resultado, mas, como o legislador não o descreveu, a avaliação do injusto deve estar pautada, fundamentalmente, no desenvolvimento da própria conduta. Importante será, em qualquer caso, a relação entre conduta e lesão de bem jurídico, à vista de uma análise da conduta como ato perlocucionário, sempre sujeito à verificação de adequação e ofensividade. Essa visão da conduta como ato perlocucionário torna irrelevantes as propostas da doutrina de distinguir entre resultado fático e resultado jurídico, para admitir este último em todos os delitos, mas aquele somente nos verdadeiros crimes de resultado. Essa é uma antiga concepção, da época em que o bem jurídico constituía apenas um requisito formal da norma. Não é a questão fática ou jurídica que deve ser tematizada, mas a conduta dentro da perspectiva de um processo de comunicação consignado pela norma. Toda conduta penalmente relevante é uma conduta perlocucionária ou performática (conforme a terminologia que se adote), daí conter uma vinculação necessária a determinados efeitos que serão produzidos em outrem. Esses efeitos não deixam de integrar o conteúdo perlocucionário se não estiverem descritos. A ausência de descrição não desnatura o ato perlocucionário, apenas modela sua interpretação. No crime de omissão de socorro, por exemplo, a consumação se dá desde que o sujeito não tenha prestado o socorro, ainda que outro o tenha feito e, assim, impedido a morte do acidentado. Nesse caso, o resultado que o tipo pressupunha não ocorreu, porque afinal a vítima fora salva, mas haverá consumação porque a conduta devida era idônea para impedi-lo. A interpretação do ato perlocucionário se satisfaz com a constatação de que a conduta devida não fora realizada e que com sua execução no tempo oportuno se teria evitado, antecipadamente, um resultado de perigo para bem jurídico. Nos delitos omissivos impróprios, como no caso da mãe que deixa de socorrer o filho menor, que se está afogando, a consumação só acontece com a ocorrência do resultado morte. Neste caso, como o legislador descreve expressamente o resultado, os traços de distinção entre tentativa e consumação são mais nítidos.

1. A possibilidade do agir

Integra o tipo dos delitos omissivos a *real possibilidade de atuar*. Não se pode obrigar ninguém a agir sem que tenha a possibilidade pessoal de fazê-lo. A norma não pode simplesmente obrigar a todos, incondicionalmente, traçando, por exemplo, a seguinte sentença: «Jogue-se na água para salvar quem se está afogando». Se a pessoa não sabe nadar, como irá se atirar na água para salvar quem se está afogando? Essa exigência incondicional é totalmente absurda e deve ser considerada como inexistente ou incompatível com os fundamentos da ordem jurídica. Convém ressaltar que a *real possibilidade de atuar* está condicionada à modalidade de conduta típica a que se refere, porque inexiste uma omissão em si, senão *omissão de ação determinada.*[3] Dependendo da configuração do tipo de injusto, essa *real possibilidade* pode expressar-se de várias formas, associando-se a certas características da norma mandamental. Assim, por exemplo, nas hipóteses de delitos vinculados exclusivamente a infrações de deveres, nos quais o legislador negligenciou acerca da identificação do *desvalor do resultado*, contentando-se com a descrição da mera *inatividade*, como ocorre em alguns tipos de sonegação fiscal,[4] a *real possibilidade* deve também englobar a *capacidade individual* de realizar aquela específica conduta determinada pela norma, ou seja, a *capacidade de pagar*, a *capacidade de fazer pessoalmente*, a *capacidade de prestar informações* etc. Nesses casos, a possibilidade física não é decisiva, porque o tipo está estruturado sobre outra forma de prestação.[5] Evidentemente, se o sujeito não possui dinheiro, não se omite de pagar o débito;[6] se não sabe realizar certa atividade, em face de seu desconhecimento ou deficiência de formação, não pode ser obrigado a assumi-la pessoalmente; se não detém a informação, porque esta se encontra inacessível, ou na posse de terceiro desconhecido ou de alguém que se recusa a fornecê-la, não se omite de prestá-la; se sua ordem de proteção não pode ser acatada por faltar-lhe meios jurídicos para tanto, não está capacitado para cumprir o dever.[7]

Note-se que a real impossibilidade de cumprimento de dever não é, porém, apenas questão penal. O próprio Código Civil, ao disciplinar acerca das modalidades dos atos jurídicos, considera inexistentes as condições impossíveis (art. 124). A pessoa, portanto, que não pode pessoalmente atuar não pode pessoalmente ser responsabilizada por sua omissão. Essa condição constitui elemento do tipo dos *crimes omissivos*, tanto próprios quanto impróprios. Mas

---

3. Kühl, Kristian. *Strafrecht*, AT, 5.ª ed., 2005, p. 531.

4. Lei 8.137/1990, art. 2.º.

5. Admitindo uma impossibilidade jurídica, Eser, Albin. *Juristischer Studienkurs*, II, 1980, exemplo 28; Gropp, Walter. *Strafrecht*, AT, 2.ª ed., 2001, p. 396: «A impossibilidade de evitar o resultado não é apenas fática, pode ser também jurídica. (...) A impossibilidade de evitar o resultado por meio de uma ação não precisa se basear na *vis absoluta*, pode ter variados fundamentos.»

6. Assim, de conformidade com a jurisprudência do Supremo Tribunal Federal alemão, Tag, Brigitte, in Kinderhäuser-Neumann-Paeffgen. *Strafgesetzbuch Nomos Kommentar*, 2005, p. 4902.

7. Aqui, é interessante a referência a um famoso caso julgado pela Corte de Apelação de Bremen, em 1957: um proprietário consente que, em sua casa, seja acomodado um cão da raça Airedale-terrier; após algumas investidas do cão contra terceiros, ordena que este seja retirado de casa; sua mulher, porém, que era dona do cachorro, se opõe a essa ordem e desautoriza seu marido a levar o cão para fora; este acaba atacando outra pessoa. O tribunal entendeu que o marido, como não poderia executar a ação, porque juridicamente não possuía domínio sobre o animal, estava desobrigado do dever de proteção.

deve-se atentar que, inversamente do que afirma a doutrina tradicional, a real possibilidade de atuar não se confunde com a capacidade física de agir. Esta última constitui evidentemente uma condição da própria ação ou da imputabilidade, conforme se trate, respectivamente, da capacidade no sentido de qualidade física de atuar (condição da ação), ou da capacidade como possibilidade de atitudes conscientes acerca da proibição da conduta e da autodeterminação de acordo com essa compreensão (imputabilidade). Por sua vez, a real possibilidade de agir integra o tipo de injusto dos delitos omissivos próprios e impróprios e não está alicerçada, portanto, sobre um substrato puramente físico, como se pretende, resultante de uma interpretação meramente causal do delito, mas resulta do sentido da própria omissão ou da situação típica. Já na sua época, ainda que sob outra perspectiva dogmática, observava FEUERBACH que a imputação de culpabilidade desapareceria no tocante à omissão quando fosse impossível ao sujeito realizar a ação mandada, tanto na hipótese de lhe faltar a necessária força física para a sua execução quanto no caso de subsistir qualquer outro impedimento externo para o qual não tenha ele contribuído culpavelmente.[8] O próprio Código Civil alterou a configuração das obrigações impossíveis, tratando de eliminar o condicionante físico contido no art. 116 do código antigo para estender a impossibilidade a qualquer forma de negócio jurídico (art. 124).

A doutrina costuma diferenciar entre a *real possibilidade física de praticar a ação devida* e a *exigibilidade de tal conduta*. A real possibilidade física diz respeito à capacidade de ação do sujeito. Já a exigibilidade se refere à colisão de interesses: uma ação seria inexigível se sua execução prejudicasse de tal forma o interesse do sujeito que a ordem jurídica não pudesse proceder a uma avaliação de sua necessidade.[9] A exigibilidade, desse modo, constituiria um atributo típico dos delitos omissivos. Uma vez que a ação devida não fosse exigível ao sujeito, não haveria tipicidade.[10] A proposta doutrinária dessa diferenciação constitui um recurso de superar, por outra via, os estreitos limites da concepção causal em torno da capacidade de ação. A ideia é atraente, mas pode levar a confusões conceituais, porque a exigibilidade também constitui elemento da culpabilidade e não apenas da tipicidade. Melhor será aperfeiçoar o conceito de possibilidade para, extirpando-lhe o substrato puramente causal, passar a compreendê-lo também no âmbito normativo. Poder-se-ia, inclusive, propor uma outra diferenciação na própria capacidade de ação, sem desnaturar seu conceito: entre a possibilidade física e a capacidade normativa de agir. Uma vez que o sujeito seja fisicamente incapaz de agir, a conclusão em torno da

---

8. FEUERBACH, Anselm Ritter vom. *Lehrbuch des gemeinen in Deutschland gültigen peinliches Rechts,* 1824, p. 145.

9. SCHÖNKE-SCHRÖDER-STREE. *Strafgestzbuch Kommentar,* 2006, p. 218.

10. MAYER, Hellmuth. *Strafrecht,* AT, 1967, p. 135; SCHÖNKE-SCHRÖDER-STREE. *Strafgesetzbuch Kommentar*, 2006, p. 217.

exclusão da tipicidade será procedida por meio de uma constatação empírica. Quando se tratar de capacidade normativa, o processo de avaliação seguirá os trâmites de uma interpretação sobre a relação entre o empírico e o normativo sob a perspectiva do tipo legal. Parece que esta é a solução adequada para traçar limites empíricos e normativos aos delitos omissivos já no âmbito de sua tipicidade. Isso tem sua racionalidade, porque uma conduta perlocucionária só pode ser exaustivamente avaliada quando confrontada nesses dois aspectos, empírico e normativo. Sem as qualificações normativas, o empírico perde relevância porque ficará atrelado a uma fase pré-típica; ademais, no tocante à omissão, que se vincula a uma conduta devida, portanto a um dever de agir, não pode o empírico ser tomado exclusivamente em face de possibilidade e impossibilidade física, senão também normativa. Só quando se confronta com o normativo é que a capacidade de agir pode justificar um juízo acerca da idoneidade e necessidade da ação devida.

Neste setor tem-se divulgado, erroneamente, a ideia de a que possibilidade de agir constitui apenas uma exigência típica dos delitos omissivos impróprios e não dos omissivos próprios, uma vez que nestes últimos a omissão já estaria configurada no tipo legal e este, por sua vez, trataria de estabelecer as condições do atuar. Na realidade, a exigência da possibilidade de agir não está subordinada à prévia tipificação das condutas omissivas, mas constitui uma condição imprescindível do procedimento de imputação, que é inerente a todos os tipos penais de resultado ou de mera atividade, sejam ou não cometidos por omissão, submetidos a um mandado geral de assistência (crimes omissivos próprios) ou a um especial dever especial de impedir o resultado. O condicionamento do processo de imputação faz parte do sistema de comportas, através do qual se pretende delimitar a intervenção estatal. Como, ademais, os delitos omissivos impróprios se encontram em uma situação delicada no direito penal, em face das divergências em torno de sua legalidade, é razoável que a doutrina deles se ocupe mais atentamente, pois neste caso carece de parâmetros para indicar as referências concretas da ação mandada, devendo proceder, portanto, com maiores exigências do que ocorreria nos delitos omissivos próprios. Isso não significa, porém, que nestes últimos a questão da possibilidade de atuar seja irrelevante. Mesmo nos delitos omissivos próprios, nem sempre a lei traça com precisão os limites e as formas dos deveres que devem ser cumpridos. Nesse caso, como não cabe ao julgador complementar as lacunas legais mediante um processo de integração da ordem jurídica, já que com isso violaria o princípio da legalidade, se lhe reserva o papel de procurar esclarecer as condições que devam ser inseridas no âmbito da imputação com vistas a tratá-las do mesmo modo como o faria com relação aos delitos omissivos impróprios. Só desse modo se lhe poderia reconhecer, inclusive, legitimidade na sua atividade cognitiva.

2. A situação típica

O tipo dos delitos omissivos não está constituído, como se pensava, apenas por aqueles dois elementos, da *inação* e da *real possibilidade de atuar*, mas contempla também a chamada *situação típica omissiva*, que são aquelas características que fundamentam a omissão constante do tipo, como expressão do conflito social que o direito quer regular através da determinação de condutas.

A *situação típica omissiva* engloba todos aqueles elementos ou pressupostos que se associam à *inação* e fundamentam o dever de agir e o conteúdo de injusto do fato, com vistas ao perigo ou à lesão ao bem jurídico.[11] Assim, no crime de omissão de socorro, constitui essa situação a descrição acerca da criança abandonada ou extraviada e da pessoa inválida ou ferida, que se encontrem ao desamparo ou em grave e iminente perigo. Portanto, o tipo do crime de omissão de socorro não é preenchido simplesmente porque o sujeito não atua, isto é, não presta socorro. Mais do que isso, há uma situação típica que fundamenta o dever de atuar. Se a vítima não se encontrar ao desamparo ou em grave e iminente perigo, não há omissão relevante. Poderá haver uma simples *inação*, mas não o tipo de delito omissivo. É que a *conduta ordenada*, objeto da norma mandamental, não se esgota no simples não agir, senão também é assinalada, como seu conteúdo de injusto, naquelas circunstâncias típicas que a fundamentam. Aqui se passa da mesma forma como nos delitos comissivos, cuja *ação proibida* não se esgota na mera causalidade, mas na realização de todos os demais elementos típicos que a caracterizam como tal. Ao legislador igualmente não importa a mera *inação*: só quando vinculada às circunstâncias tipicamente descritas.

No crime de omissão de notificação de doença (art. 269), que constitui um exemplo clássico de norma penal em branco, na qual o mandamento é complementado através de ato administrativo dos órgãos do Ministério da Saúde, a situação típica vem expressa na natureza da doença (de notificação compulsória) e na circunstância de haver sido identificada por médico no exercício profissional.

Portanto, não é a mera omissão ou inação que configura o tipo dos delitos omissivos, mas também uma situação típica que fundamenta seu injusto, porque essencial à sua configuração.

II. AS CAUSAS DE JUSTIFICAÇÃO

Uma vez que as situações relacionadas ao dever de agir, à posição de garantidor e à possibilidade de realizar a ação devida compreendem situações

---

11. Juarez Cirino dos Santos considera a situação típica como situação de perigo (*Direito penal*, PG, 4.ª ed., 2010, p. 198).

confrontadas com a ordem jurídica em sua totalidade e não apenas em face da norma penal respectiva, pode-se dizer que nos delitos omissivos é praticamente irrelevante a indagação acerca das causas de justificação. Isso porque, configurada uma situação de perigo ao bem jurídico, resultante de agressão (legítima defesa) ou de outras fontes (estado de necessidade), ou subsistente uma colisão de deveres, as soluções podem ser encontradas já dentro do próprio tipo, sem haver necessidade de uma nova valoração do fato.

A relevância de uma nova valoração do fato no setor da antijuridicidade terá sentido, em face de uma concepção dialética do injusto, quando seja necessário proceder-se a uma individualização das situações que possam justificar o fato.[12] Se, porém, essa mesma tarefa pode ser antecipada, em sua integralidade, no âmbito do tipo, no sentido de sua exclusão, só restará à antijuridicidade a verificação de situações particularíssimas, nas quais não haja possibilidade de definir os limites do dever de atuar. Roxin propõe trabalhar, neste setor, com um conceito do «tipo total», como o faz a teoria dos elementos negativos do tipo, mas, mesmo assim, não descarta a possibilidade de analisar, em casos concretos, a incidência de uma causa de justificação, especialmente da colisão de deveres e do estado de necessidade.[13]

1. A colisão de deveres

Haverá colisão particularíssima de deveres, quando o sujeito não pode cumprir um desses deveres sem o descumprimento do outro. Na ponderação entre esses deveres, basta que sejam de igual valor, mas sob a condição de que os deveres impostos não estejam simplesmente incluídos como elementos de um tipo de delito geral. O pai, que não pode, ao mesmo tempo, salvar os dois filhos e resolve salvar apenas um deles, está em uma situação de deveres conflitantes, que justificam sua conduta. Assim também o maquinista que deve, ao mesmo tempo, manter-se na condução do comboio em face de uma curva perigosa ou impedir a morte de seu filho menor, que está prestes a cair do vagão. Essa modalidade de conflito é matéria da antijuridicidade, porque envolve o fato em face da totalidade da ordem jurídica: será preciso analisar o caso com base em preceitos de outros ramos do direito ou de regras próprias que fundamentam a posição de garantidor. Para caracterizar uma colisão justificante de deveres é indispensável, no entanto, que esses deveres digam respeito à obrigatoriedade de uma atuação necessária. Não se está cogitando, nesta hipótese, de um dever de abstinência, cuja violação poderia dar lugar a um crime comissivo culposo, mas, sim, de um dever específico de agir.

---

12. Tavares, Juarez. *Teoria do injusto penal,* 3.ª ed., 2003, p. 158.

13. Roxin, Claus. *Strafrecht,* AT, II, 2003, p. 690. Assim, também, Wessels-Beulke, *Strafecht,* AT, 2010, p. 289.

Analisando-se, por outro prisma, a colisão de deveres em face da concepção mais ampla da impossibilidade de agir, é possível situá-la, desde logo, no âmbito da tipicidade, quando se tratar de um dever geral de assistência. No caso do sujeito que, diante de dois estranhos, presta socorro a um e não ao outro, porque não pode fazê-lo simultâneamente, a situação estará melhor amparada no âmbito da impossibilidade de agir e não propriamente na colisão justificante de deveres. É que, neste caso, não havendo a prevalência de um dever de maior hierarquia ou ainda a imposição de cumprimento de deveres extrapenais de mesma hierarquia, a matéria não envolve a totalidade de ordem jurídica, mas, sim, exclusivamente, o tipo do delito de omissão de socorro, que estará excluído pela impossibilidade de atuar do sujeito.

Outro é o tratamento da colisão entre deveres de categorias diversas. Se no exemplo acima, uma das vítimas é filho do sujeito, mas a outra não o é, há uma colisão de um dever de garantidor e um dever geral de assistência. A doutrina considera que, em se tratando de deveres desiguais, haverá exclusão da antijuridicidade quando o sujeito cumprir o dever de maior hierarquia em detrimento do outro; quando se der o cumprimento de dever de igual ou menor hierarquia, haverá uma causa de exculpação.[14] Para que isto se viabilize, é indispensável definir o que constitua um dever de maior hierarquia. Wessels-Beulke entendem que a relação de hierarquia será definida em face do valor do bem jurídico, da qualidade do dever (se resultante de uma posição de garantidor ou como dever geral de assistência), da proximidade do perigo e da maior ou menor probabilidade da ocorrência do resultado.[15] Com base nesses parâmetros pode-se considerar como de maior hierarquia, em primeiro lugar, o dever de proteção à vida humana em contraste com o dever de proteção do patrimônio; em segundo lugar, será de maior hierarquia o dever de garantidor diante do dever geral de assistência; em terceiro lugar, será prevalente o dever que tenha que ser cumprido imediatamente em relação àquele que tenha seu cumprimento remoto ou que possa ser cumprido tempos depois; finalmente, terá preferência o dever, cujo cumprimento possa implicar, com maior probabilidade nos limites da certeza, a não ocorrência do resultado. Uma vez avaliado o dever como de maior hierarquia, seu cumprimento exclui a antijuridicidade da conduta. Por outro lado, em se tratando do cumprimento de dever de menor hierarquia, embora não se configure uma causa de justificação, nada obsta que possa ser eliminada a tipicidade da conduta. Neste aspecto, pode-se fazer uma inversão na pauta da antijuridicidade. A solução da doutrina no sentido de reconhecer, em face disso, apenas uma causa de exculpação (quando se cumpra o dever de menor hierarquia) parece demasiadamente rigorosa, porque, de qualquer modo, o sujeito cumpriu um dever imposto pela ordem jurídica. Se o sujeito cumpriu apenas um dever, porque não poderia cumprir o outro,

---

14. Wessels-Beulke. *Strafrecht*, AT, 2010, p. 165, 289.

15. Idem, ibidem, 2010, p. 289.

não pode ser apenas desculpado, deve ter excluída a tipicidade de sua conduta. A ordem jurídica pode impor deveres e exigir seu cumprimento, mas não pode definir as preferências pessoais, quando esses deveres sejam rigorosamente cumpridos pelo sujeito.

2. O estado de necessidade

Relativamente ao estado de necessidade, este ocorre quando o omitente, caso cumpra o dever, tenha que colocar em perigo seu próprio bem jurídico ou de terceiro, que nada tem a ver com a relação de dever. Aqui não se trata de colisão de deveres, mas de atuação em seu próprio favor ou de outrem. Uma vez verificados os elementos do estado de necessidade, como o perigo atual a direito do agente ou de terceiro, não provocado por ele e inevitável de outro modo e a inexigibilidade do sacrifício do bem, com base no critério da proporcionalidade entre o que se salva e o que se sacrifica, restará excluída a antijuridicidade (estado de necessidade justificante) ou a culpabilidade (estado de necessidade exculpante). O bombeiro tem o dever de arrostar o perigo, mas dele não se exige que, para cumpri-lo, tenha que sacrificar a própria vida. Para a distinção entre justificação e exculpação não é relevante a hierarquia do dever, mas, sim, o valor do bem jurídico: em se tratando de sacrifício de bem jurídico de valor inferior ou igual ao do bem protegido, haverá exclusão da antijuridicidade; se o bem jurídico sacrificado for de maior valor, haverá exclusão da culpabilidade. O bombeiro que deixa de salvar uma vítima para salvar sua própria vida estará em estado de necessidade justificante; um estranho que deixa de salvar a vítima para evitar graves ferimentos em seu próprio corpo, estará em estado de necessidade exculpante.

CAPÍTULO 5
A CAUSALIDADE NA OMISSÃO

I. AS CONTROVÉRSIAS DA CAUSALIDADE

Não é de hoje que a causalidade tem suscitado os mais acalorados debates, tanto no âmbito das ciências naturais quanto no direito. Enquanto no direito, pela necessidade de justificação da responsabilidade, a causalidade é sempre acolhida no sentido lógico de certeza, na teoria científica moderna chegou-se à conclusão de que não há causalidade exata, precisa, inequívoca. A causalidade só pode ser aferida depois que o processo já se desenvolveu e se sabe o que o teria impulsionado, ou se tem uma ideia intuitiva de que existe um responsável por aquele resultado. Mas, *a priori*, não há como elaborar hipoteticamente o que poderá constituir a *causa* de um resultado.

Não obstante essa dificuldade, os autores em geral partem de um conceito de causa que não é nem certo nem necessário, mas meramente lógico ou hipotético, com base na teoria da condição ou da equivalência. Segundo esta teoria, que tem seus antecedentes na formulação do empirista inglês John Stuart Mill, de cunho determinista, e sua formulação definitiva nas obras de GLASER[1] e BURI,[2] a causalidade não pode ser inferida de uma relação totalizante, na qual fossem levadas em conta todas as suas condições em conjunto, de modo que se pudesse afirmar, com precisão e abrangência, o processo de produção de determinado evento. Ao invés, a tarefa se cumpre em estabelecer apenas se uma determinada condição pode estar relacionada logicamente a certo evento. Para tanto, não se faz qualquer distinção entre condições. Todas as condições são equivalentes. A afirmação de que alguma condição se vincula ao evento é inferida de um juízo lógico negativo (eliminação hipotética): a causa é a

1. GLASER, Julius. *Abhandlungen aus den österreichischen Strafrecht*, Leipzig, 1858, 1978.
2. BURI, Maximilian von. *Über Causalität und deren Verantwortung*, Leipzig, 1873, 1968.

condição que, uma vez eliminada hipoteticamente, faz desaparecer o resultado[3] ou, em outras palavras, a condição sem a qual o resultado não teria ocorrido. O conceito de causa, assim tomado no sentido lógico e sem qualquer consideração às suscetibilidades concretas de outras condições, é simplesmente um conceito contrafático e tem gerado, por isso, uma série de controvérsias na filosofia, no direito e na ciência em geral, implicando sua revisão por outras fórmulas e enunciados.

Parece, entretanto, dado o grau de incerteza de suas variadas fórmulas e suas dificuldades, que o conceito de causa passa por um processo de crise, principalmente quanto à sua determinação especulativa. No campo das ciências empíricas, essa incerteza quanto à identificação da causalidade assumiu maior significado, por exemplo, com as investigações procedidas no setor do átomo e sua evolução. O cientista alemão HEISENBERG,[4] na época professor da Universidade de Göttingen e Prêmio Nobel de Física, ao proceder à elaboração dos princípios informadores da teoria quântica, com base no critério de associar as propriedades físicas aos pares, enuncia, na década de trinta do século XX, o *princípio da indeterminação*, pelo qual a impossibilidade de serem obtidas medidas corretas de uma determinada magnitude, sem desconsideração de outra magnitude com ela relacionada (medição de pares), conduz à conclusão de que no mundo dos corpúsculos nucleares a causalidade não é certa, mas meramente provável. Assim, dizia HEISENBERG que a «interpretação teórica de uma experiência requer, portanto, três estágios distintos: (1) traduzir a situação experimental inicial em uma função de probabilidade; (2) seguir a evolução temporal dessa função; (3) escolher uma nova medida a ser feita no sistema físico considerado, cujo resultado poderá então ser calculado da função de probabilidade».[5]

No século XIX, a causalidade já tinha sido posta em questão com a conhecida teoria da distribuição de energia de BOLZMANN e MAXWELL, enunciada para explicar um dos *princípios da termodinâmica*. Segundo este princípio, um corpo quente em contacto com um corpo frio produz a passagem de seu calor para este corpo frio e não vice-versa. Quando dois corpos entram em contacto, um quente e o outro frio, o primeiro, que está quente, perde calor, transferindo ao segundo, que está frio, uma parte desse calor, no sentido de um equilíbrio térmico. Segundo BOLZMANN e MAXWELL, essa constatação empírica, entretanto, não é certa, não se podendo concluir, imediatamente, que o equilíbrio térmico se efetue de modo absoluto. Há de se contar também com

3. Nesse sentido negativo, se expressa LISZT, Franz von. *Tratado de direito penal,* trad. José Higino Duarte Pereira, vol. 1, 1899, p. 201: «Dá-se a conexão causal entre o movimento corpóreo e o resultado, quando não se pode supor suprimido o movimento corpóreo sem que devesse deixar de ocorrer o resultado ocorrido (isto é, do modo por que de fato ocorreu)».

4. HEISENBERG, Werner. *Die physikalischen Prinzipien der Quantumtheorie,* 1930, IV § 3º.

5. Idem. *Física e filosofia,* trad. brasileira de Jorge Leal Ferreira, 4.ª ed., 1999, p. 70.

uma perda ambiental de certa parcela desse calor. Os resultados serão, assim, prováveis, como ocorre em geral na investigação científica.

Essa formulação da termodinâmica e o princípio da indeterminação marcaram, no campo da causalidade, uma perspectiva completamente diferente do que a *ciência* tradicional havia indicado. Primeiramente, desvincularam-na dos princípios da mecânica, até então dominantes e que sempre exerceram enorme e significativa influência no âmbito do direito. Depois, alteraram o pressuposto empírico de sua configuração, contestando a ideia de que, dadas certas condições, se poderia obter, com certeza, determinado resultado. Finalmente, puseram em dúvida a validade de sua formulação lógica ou contrafática, segundo um princípio negativo de determinação.

II. A INDIVIDUALIZAÇÃO DA CAUSALIDADE

Na esteira dessas modernas concepções, pode-se dizer que a crise da causalidade gerou uma desconfiança sobre se existe de fato uma lei natural que a regule, segundo um critério geral de necessidade e pelo qual se deveria orientar sua formulação teórica. Como consequência, uma vez afastada de consideração a existência dessa lei geral, passou-se a questionar se a explicação que se devesse dar a uma determinada relação causal poderia ser equacionada através de uma só teoria, segundo a qual, sempre e da mesma forma, deverá verificar-se, ou ser inferida de um juízo lógico hipotético, alheio à investigação empírica de suas condições. O defeito das teorias generalizantes da causalidade, como a teoria da condição, já tinha sido corretamente identificado por Hume, o primeiro a propor que a relação causal constituía uma relação especial, submetida a procedimentos individualizados do caso concreto,[6] o que implicava considerar que a afirmação de que, por exemplo, a conduta de *A* causou a morte de *B* não poderia ser uma simples consequência lógica contrafática, inferida do critério da eliminação hipotética, mas sim a conclusão de uma investigação empírica de regularidade. Seguindo as trilhas desse procedimento, que se instaura na teoria científica depois de desestabilizadas as suas bases de certeza, ou de determinação lógica, emerge a tentativa de superar a velha teoria da condição, mediante outras fórmulas de individualização da causalidade. Primeiramente, no plano naturalístico, com a teoria da adequação proposta por Bar e Kries e, depois, no plano normativo, com a teoria da relevância jurídica, elaborada por Mezger.

De acordo com a proposição de Kries, a causalidade só poderia ser aferida com base na experiência, segundo um juízo de previsibilidade ou probabilidade. O critério de aferição dessa probabilidade, inicialmente individualizado, deveria ter por referência o autor, no momento da prática do fato. Este enten-

---

6. Stegmüller, Wolfgang. *Erklärung, Begründung und Kausalität*, tomo I, parte D, 1983, p. 515.

dimento individualizado, porém, se generaliza na conhecida fórmula da *prognose posterior objetiva,* proposta por Max Rümelin e segundo a qual causa seria a condição adequada a produzir o resultado, segundo um juízo de probabilidade, pronunciado por um observador imparcial, trasladado ao momento e às circunstâncias do fato.[7] Mais tarde, conforme o complemento trazido por Traeger, deveriam ser levadas em conta todas as condições existentes ao tempo da ação, conhecidas ou cognoscíveis por um homem prudente.[8] A referência à previsibilidade induz a imprimir à causalidade, além de seu natural substrato objetivo e perceptível, um componente subjetivo, no sentido de fazêla depender de um determinado observador. O dado objetivo, empiricamente constatável, não vale por si mesmo e não pode gerar, assim, uma fórmula de determinação lógica absolutamente segura, como se pretendia com o critério da eliminação hipotética, porque deve submeter-se a juízo de probabilidade, emitido contingentemente pelo julgador. Se é o próprio julgador, porém, que estima as características do autor e dos parâmetros da prudência, estes não são determinados, exclusivamente, de modo objetivo, segundo seus elementos de necessidade e liberdade. Se aquele intervém, diretamente, na identificação do modelo de homem prudente, que resulta de uma avaliação e não de dados simplesmente objetivos, este modelo passa, no fundo, a se identificar com o próprio julgador. Essa inserção da figura do homem prudente não difere, por sua vez, da assertiva de Hume de que, no fundo, a explicação causal de que determinado resultado decorreu de uma determinada conduta nada mais é do que a conclusão esperada pelo próprio observador.[9] Com isso, a teoria da adequação se transforma em uma teoria psicológica da causalidade.

Veja-se, ademais, que a ideia de transferir a terceiros a verificação da adequabilidade de uma condição, como método, mesclando nesta verificação componentes objetivos e subjetivos, está de acordo com o raciocínio de Heisenberg de que a função de probabilidade «contém asserções sobre possibilidades ou tendências mais propícias (*potentia,* na filosofia aristotélica) (...)» e «(...) tais assertivas são completamente objetivas, por não dependerem de observador algum; ademais, contém afirmações acerca de nosso conhecimento do sistema que, é claro, são subjetivas no sentido de poderem diferir de um experimentador a outro».[10]

Mezger, por sua vez, partindo de uma base neokantiana, segundo a qual a causalidade não constitui uma categoria do ser, mas uma condição normativa, entende que a causalidade tomada no sentido da teoria da condição não é suficiente para fundar o nexo de responsabilidade. Isso só se torna possível

---

7. Rümelin, Max. «Die Verwendung der Kausalbegriffe in Straf- und Civilrecht», *Archiv für die civilistische Praxis*, tomo 90, 1900, p. 171 e ss.

8. Traeger, Ludwig. *Der Kausalbegriffe im Straf- und Zivilrecht*, 1927, p. 159.

9. Stegmüller, Wolfgang, ob. cit., 1983, p. 516.

10. Heisenberg, Werner. *Física e filosofia*, 1999, p. 78.

se atendida a relevância jurídica da condição, que deverá ser reconhecida, então, no processo de interpretação teleológica da norma, como causalidade típica.[11]

Mas, como a causalidade é, segundo critérios empíricos, meramente provável ou, conforme a posição neokantiana, consignada sob condições normativas e não reais, está claro que toda teoria causal é falha, porque trabalha sob juízos e critérios hipotéticos de verificação e não de certeza. Se a incerteza torna-se a regra, fica mais difícil ajustar-se o conceito de omissão, como inatividade, ao conceito de causa, que fundamenta o conceito de ação.

III. AS CONTROVÉRSIAS DO NEOKANTISMO

Procurando superar os percalços da concepção causal originária, Mezger, com base nos postulados assentados pelo *neokantismo* da Escola de Baden, principalmente de Rickert, enfatizara que «o problema da causalidade nos delitos de comissão por omissão aparece situado exatamente da mesma maneira e exatamente da mesma forma do que no fazer ativo, só que não em referência à omissão como tal, senão à ação positiva esperada e ao seu resultado». A pergunta decisiva será, portanto, a seguinte: «o resultado juridicamente desaprovado teria sido evitado pela ação esperada»? Se a resposta for afirmativa, a omissão será considerada causa do resultado.[12]

Contudo, a referência à ação esperada, que só pode ser vista em face da exigência da ordem jurídica, está em contradição com a concepção causal primitiva, porque desloca a questão do plano natural da causalidade para o mundo dos valores e só pode viger sob o enfoque da teoria da relevância jurídica. Com isso, esta teoria deixa de ser uma verdadeira teoria da causalidade para transformar-se em teoria de imputação do resultado. Isso está perfeitamente claro, porque se a condição causal não é mais aferida segundo uma demonstração lógica ou contrafática, resultante do conhecido critério da eliminação hipotética, ou de um procedimento empírico com base na regularidade das circunstâncias, mas é a conclusão de um juízo de evitabilidade com base na ação esperada, todo o processo causal deve ser visto como processo de avaliação e não de cognição. Esta avaliação, por sua vez, não se confunde com o critério de previsibilidade, proposto na teoria da causalidade adequada de Kries, que mantinha, de certa forma, o conteúdo naturalístico da causalidade, ainda que subordinado a juízo de probabilidade. Por isso, é perfeitamente compreensível que na teoria da relevância jurídica a causalidade deixe de ser um dado empírico e passe a ser aferida como uma causalidade típica.[13]

---

11. Mezger, Edmund. *Tratado de derecho penal,* trad. Rodriguez Muñoz, vol. I, 1955, p. 243.
12. Idem, ibidem, 1955, p. 299.
13. Idem, ibidem, 1955, p. 243.

IV. O SIGNIFICADO DA CAUSALIDADE NA OMISSÃO

Convém ressaltar, todavia, que a confrontação entre uma concepção empírica de causalidade e a sua aferição a partir de uma base normativa no tocante à omissão resulta não, propriamente, da questão da causalidade em si mesma, mas do próprio significado da omissão. Quer dizer, a questão está mal enfocada, porque a causalidade na omissão, pelas características dessa modalidade de conduta, não pode ser inferida ou discutida tão só segundo seus próprios conceitos, no sentido de estabelecer a conclusão acerca de se é ou não compatível com a omissão. Isso só pode ser aferido a partir do que se possa entender por omissão. Ao contrário do que se costuma fazer, o conceito de omissão condiciona o conceito de causalidade, ou seja, bem antes de se tentar demonstrar a causalidade na omissão, será preciso decidir acerca do conceito de omissão.

Este raciocínio decorre, praticamente, da distinção entre duas questões elementares, que dizem respeito, respectivamente, às leis da causalidade e à explicação causal. Embora a explicação da relação, por exemplo, de que *A* produziu a morte de *B* corresponda, normalmente, à admissão prévia de uma lei da causalidade, à qual se subordina, nem sempre essas explicações se esgotam em único enunciado. Aqueles que defendem um fundamento natural da causalidade concluem que nesta indagação, ao subsistir uma lei da causalidade, a descrição da conduta de *A* tem como correspondente lógico a descrição da morte de *B*. Uma vez, assim, admitida sem contestação uma lei natural de causalidade, a produção do evento (no caso a morte de *B*) não precisa ser empiricamente demonstrada. Desde que se queira discutir, entretanto, a correção do processo explicativo, de atribuir a morte de *B* à conduta de *A*, é indiferente que se argumente com a prévia existência de uma lei natural de causalidade. Em qualquer caso, deverá ser questionado o conteúdo ou o fundamento da lei causal que deva reger essa explicação.[14] Ademais, conforme o fim a que se destine esta explicação, devem variar, da mesma forma, os diversos sentidos emprestados ao conceito de causa. Para elucidar este ponto, pode-se tomar de exemplo uma conhecida sequência desenvolvida por Carnap. Suponha-se que se pretenda dirimir a causa de um acidente de trânsito, no qual dois carros se chocaram de frente. Se a investigação estivesse a cargo de um engenheiro civil, poder-se-ia dizer que a causa do acidente tivesse sido a deficiente construção da estrada, cujas pistas se tornavam derrapantes à primeira chuva. Segundo seu raciocínio, se a estrada tivesse outra constituição, com piso mais aderente, certamente, uma vez reproduzidas as mesmas circunstâncias, o acidente não teria ocorrido. Ao construtor dos veículos ou a um engenheiro mecânico poderia parecer, também, que a causa do acidente tivesse sido um defeito de freios, e a um psicólogo poderia ser cogitado tratar-se de um evento motivado

14. Com maiores informações, ver Stegmüller, Wolfgang, ob. cit., 1983, p. 507 e ss.

por um processo de depressão de um dos motoristas. A explicação da causa está fundada, em todos estes raciocínios, no questionamento das condições objetivas dos elementos que compõem o processo causal, independentemente dos juízos de valor sobre sua regularidade ou irregularidade. Para um policial, em contrapartida, o acidente poderia ter sido causado pelo excesso de velocidade de um dos automóveis. Aqui, em vez de se cogitar de um defeito dos próprios elementos da relação, socorre-se de uma infração normativa: a causa de um fato real não é explicada pelo desdobramento desse mesmo fato, mas pela lesão a uma norma de cuidado, numa relação contrafática.[15]

Sob essa consideração, se a teoria causal-naturalista conceitua a conduta como uma condição causal não pode desligar a identificação da omissão do conceito de causalidade. Trata-se de uma conceituação tautológica de ação e causalidade, de modo que a conceituação da omissão só poderá ser feita, logicamente, como corolário de sua natureza causal, sem o que se tornaria impossível admitir-se sua qualidade como conduta punível. Por outro lado, se o conceito de omissão, como explicação lógica, condiciona o conceito de causalidade, mas insere neste conceito o mesmo elemento que o condiciona, resulta, ademais, empiricamente indemonstrável. Não foge desta conclusão, também, a vertente neokantiana, que condiciona o conceito de omissão, como não realização da ação esperada, ao de uma causalidade normativa que, invertendo a análise do processo causal, submete a questão da causalidade e de sua explicação a um puro juízo de valor de relevância, só suscetível de refutação na via do direito.

Essas controvertidas posições sobre a relação de causalidade na omissão demonstram que a omissão sempre representou um ponto nebuloso na *teoria do delito*, que não foi elucidado nem pela teoria causal e suas variantes e nem pelas teorias que se sucedem, por exemplo, a *teoria finalista* e outras, as quais continuaram a defrontar-se com dificuldades para equacioná-la. Welzel rechaçava, em princípio, uma causalidade na omissão, porque argumentava que, aqui, a responsabilidade não decorreria da produção do resultado, mas sim do fato de o sujeito não o haver evitado.[16] Outros autores finalistas, contudo, a compreendem como uma espécie de causalidade potencial, que seguiria os mesmos critérios da teoria do aumento do risco.[17] E, fora do finalismo, Engisch, Hilgendorf, Puppe e Roxin a admitem, sob o argumento de que, tal como nos

---

15. Stegmüller, Wolfgang, ob. cit., 1983, p. 510.

16. Welzel, Hans. *Derecho penal alemán,* 1970, p. 292. Negando uma causalidade real, Jescheck-Weigend, *Lehrbuch des Strafrechts,* 1996, p. 618. Admitindo uma causalidade, tal como nos delitos comissivos, Baumann-Weber-Mitsch, *Strafrecht*, AT, 2003, p. 270.

17. Stratenwerth-Kuhlen. *Strafrecht*, AT, 2011, p. 288; também, Leite, André Lamas. *As «posições de garantia» na omissão impura.* (Em especial a questão da determinabilidade penal), 2007, p. 98. No sentido de uma quase-causalidade, Kudlich, Hans, in Satzger *et alii*, *StGB Kommentar*, 2009, p. 99.

delitos comissivos, há na omissão uma conexão de regularidade para com o resultado, o que bastaria para, em face da teoria da condição, considerá-la causal.[18] Com uma posição particular e partindo analogicamente do impedimento ativo de uma ação de salvamento, entende KAHLO poder vislumbrar uma causalidade na omissão, não no sentido real ou naturalístico, mas como assunção de uma estrutura específica intersubjetiva da liberdade jurídica, em decorrência de uma teoria da ação sedimentada na autodeterminação pessoal.[19] Pode-se dizer, assim, que a questão da causalidade da omissão está, ainda, sem uma solução definitiva.

V. A OMISSÃO CAUSAL NO CÓDIGO PENAL

Há, porém, uma questão prática a ser dirimida: como interpretar a norma do art. 13 do Código Penal que faz expressa referência à omissão como causa?

Não interessa reproduzir toda a discussão em torno da justificativa dessa norma. O importante é assinalar que, empiricamente, está demonstrado que a omissão não pode constituir uma causa. Ademais, a solução apresentada por MEZGER apenas inverte os enunciados, mas continua admitindo uma causalidade, agora justificada normativamente, ou seja, interpreta a norma de modo a sedimentar o processo de imputação sob a perspectiva de uma punibilidade. Igualmente, não se pode, de modo simplista, iludir a natureza das coisas e admitir que uma inatividade seja causa de um resultado porque isso seja necessário para compatibilizar a omissão à regra jurídica ou, vice-versa, justificar a regra distorcendo a natureza das coisas.

O primeiro ponto a ser discutido diz respeito à questão da relação lógica entre o critério da eliminação hipotética e a omissão. Segundo esse critério, determinante para afirmar que a omissão constitua causa de um resultado será concluir que sem ela o resultado não teria ocorrido. Aqui reside o problema. Como se pode afirmar que sem uma inatividade o resultado não teria ocorrido? Ou seja, como se pode afirmar que um «nada» é de tal forma influente, que pode produzir um resultado empírico? A subsistir a regra da teoria da condição, a conclusão elementar é de que a causalidade na omissão nada mais é do que produto de um simples enunciado argumentativo, tecido para incluí-la no âmbito de punibilidade dos delitos comissivos.

Não socorre esse enunciado a inversão proposta por MEZGER de que, nesta regra, o elemento informador da condição não é a inatividade, mas, sim,

---

18. ENGISCH, Karl. «Das Problem der psychischen Kausalität beim Betrug», in *Festschrift-Von Weber*, 1963, p. 265; HILGENDORF, Eric. *Fragen der Kausalität bem Gremienentscheidungen am Beispiel des Lederspray-Urteils, Neue Zeitschrift für Strafrecht*, 1994, p. 564; PUPPE, Ingeborg. *StGB Nomos Kommentar*, 2005, p. 360; ROXIN, Claus. *Strafrecht*, AT, II, 2003, p. 641.

19. KAHLO, Michael. *Die Handlungsform der Unterlassung als Kriminaldelikt*, 2001, p. 242.

a atividade devida. Mesmo assim, dever-se-á, então, afirmar que da prática de uma ação devida se teria evitado o resultado. A conclusão é plasticamente bonita, mas não encontra amparo na realidade. Para discutir sua problemática pode-se trabalhar sobre um exemplo, como faz Roxin com toda sua teoria da imputação.

Em edifício em chamas, encontra-se um sujeito, com seus dois filhos menores, confinado em seu apartamento, em andar alto. No solo, estão seus vizinhos, que, com gestos e acenos, gritam-lhe: «jogue as crianças, que nós as apanharemos aqui embaixo, sem qualquer problema». O pai, acossado diante da situação de desespero e, ademais, nervoso pela demora da chegada do corpo de bombeiros, está nesse dilema: jogar as crianças ou esperar o salvamento. Sobre isso, reflete, entretanto, que se jogassem as crianças, apesar de toda a atenção dos vizinhos, estas poderiam morrer, por causa da altura; e, se não as jogassem, poderiam morrer sufocadas pela fumaça ou queimadas pelo fogo. Diante desse dilema, o sujeito resolve que o melhor seria manter as crianças no apartamento, à espera do salvamento do corpo de bombeiros. Mas pode resolver também jogar-se ele mesmo pela janela para ser aparado pelos vizinhos. Joga-se, quebra as pernas, mas não morre. Pode também ficar no apartamento, juntamente com as crianças e sobreviver porque tinha maior capacidade pulmonar. As crianças, ao contrário, porque permaneceram no apartamento, perecem sufocadas pela fumaça. Assim, independentemente da questão da colisão de deveres ou do estado de necessidade, que se situam no âmbito do injusto, o problema está em se saber se houve ou não uma relação de causalidade.

Veja-se como isso se passa. Eliminada a ação devida (jogar as crianças para serem apanhadas pelos vizinhos), o que ocorreria com o resultado? Se o sujeito tivesse efetivamente jogado as crianças, o resultado desapareceria? Não se sabe, é hipotético, poderia ou não desaparecer. A fórmula é incapaz de dirimir essa dúvida. Vê-se, pois, que a *teoria da condição*, adotada no Código Penal, quando aplicada à omissão, não funciona de maneira escorreita. Baseia-se em mera hipótese, não em certeza, assim como qualquer outra teoria da causalidade. Mas a regra do Código Penal existe, então, o que fazer?

Atendendo à ideia, já atrás enunciada, de que, na verdade, a questão da causalidade deve partir do conceito de omissão e não ao contrário, pode-se propor uma nova fórmula para a causalidade, que poderia ser chamada de *causalidade funcional*. Se a omissão depende necessariamente de uma norma mandamental, a causalidade na omissão deve estar também situada no âmbito dessa norma. Assim, a afirmação do art. 13 do Código Penal, de que a omissão será causa quando sem ela o resultado não teria ocorrido, só terá sentido se composta dentro de uma norma mandamental, em que se analisem, para esse juízo, os limites do que será mandado e o sentido da atividade devida para evitar a lesão de bem jurídico. Os limites e o sentido da ação devida são elementos de um processo de comunicação, porque somente dessa forma podem ser estendidos aos seus destinatários como objetos referenciais para sua conduta. Essa referência deve também estar vinculada ao mundo da vida, para se evitar que os enunciados de imputação decorram exclusivamente de juízos hipotéticos. Somente o confronto entre o que a norma mandamental define e impõe, de um lado, e a realidade empírica, de outro, pode elucidar se a ação devida era ou não causa do resultado. No exemplo do incêndio, a norma mandamental não traça com nitidez, em face da realidade empírica, qual ação deva ser realizada: jogar as crianças para o colo dos vizinhos ou conservá-las no apartamento. Nesse caso, não se pode afirmar a causalidade de qualquer dessas condutas. Por outro lado, se a mãe deixa de amamentar seu filho recém-nascido e este morre de inanição, independentemente da questão da posição de garantidor ou da cláusula de equivalência, há causalidade porque a norma mandamental, em face da realidade empírica consubstanciada na absoluta dependência da criança para com sua nutrição por parte da mãe, é clara no sentido de estabelecer os pontos referenciais da conduta da omitente. Aqui não há dúvida quanto à conduta a realizar e se pode dizer que a ação devida evitaria normalmente o resultado. Parece, assim, que em face dessa formulação, não haverá lugar para substituir a causalidade por um critério de imputação objetiva como pretendem STRATENWERTH-KUHLEN, com base na teoria do aumento do risco. Na omissão não se trata de aumentar ou não o risco. Isso é matéria que está afeta aos limites da posição de garantidor e só interessa aos delitos omissivos impróprios. Na questão da causalidade, que é prévia à análise da imputação, o que interessa é saber se o sujeito estava ou não em condições de realizar a ação devida, não no sentido de uma capacidade de atuar, mas sim de uma orientação de conduta com base na realidade empírica e em face da lesão de bem jurídico. Ademais, deve estar integrada a essa orientação a probabilidade nos limites da certeza de que sua conduta poderia impedir o evento. Como pondera SCHÜNEMANN, na omissão de socorrer, por exemplo, não se trata de minorar o risco das circunstâncias concomitantes do fato, mas de evitar a ocorrência do resultado.[20] Dessa forma, não interessa determinar se a ação devida diminuiria ou não as chances de produção do resultado, mas sim que, com ela, o resultado não ocorreria com probabilidade nos limites da certeza. Conjugam-se, assim, dois elementos na definição da causalidade: um elemento funcional-normativo e um elemento empírico. A determinação da causalidade não pode ficar adstrita a apenas um desses elementos, porque isso conduziria ou a uma forma antecipada de imputação, ou a uma quase-causalidade. Em resumo, a causalidade na omissão não pode ter a mesma base dos delitos comissivos. A fórmula da condição tem que ser interpretada em face dos limites impostos em cada tipo penal e da realidade empírica, de modo

---

20. SCHÜNEMANN, Bernd. «Anmerkung zum Urteil des BGH de 3.5.1984 (4 StR 266/84)», *Strafverteidiger*, 1985, p. 232.

que se promova uma inversão negativa do critério da eliminação hipotética. Em lugar de se afirmar que a omissão será causa de um resultado quando sua eliminação hipotética implique também a inocorrência do resultado, deverá se proceder a um juízo negativo: não haverá causalidade quando a exigência da ação devida não possa orientar a conduta do sujeito, com base no critério da probabilidade nos limites da certeza diante do resultado e da lesão do bem jurídico. A causalidade, portanto, deve estar vinculada, fundamentalmente, à norma mandamental. A relação entre a norma mandamental e as condições a que estava submetido o sujeito, nesse caso, tanto pode ser considerada *ex ante* quanto *ex post.* Se a situação é de tal ordem que a norma não possa dispor de uma determinação de sentido, a causalidade estará excluída por um juízo *ex ante.* Se, por outro lado, a realidade empírica indicar que a ação devida era irrelevante para o resultado, a causalidade será excluída por um juízo *ex post.* A questão básica da causalidade da omissão reside, pois, na identificação do que possa constituir uma *condicio sine qua non* do resultado, partindo de que essa condição deverá estar referida a um aspecto empírico, como também a um aspecto normativo, de determinação de sentido da própria atividade devida. Somente sob esses dois parâmetros será possível interpretar o disposto no art. 13 do Código Penal. Uma vez eliminada essa relação entre os aspectos empíricos e normativos, de um lado, e o resultado provável, nos limites da certeza, de outro, poder-se-á dizer que a omissão não fora uma condição causal do resultado.

ANEXO 1: A RESPONSABILIDADE PELO PRODUTO

Depois de uma série de casos controvertidos, retratados pela doutrina e no livro de HASSEMER sobre a responsabilidade pelo produto[21] e, mais ainda, em sua versão espanhola complementada por MUÑOZ CONDE,[22] ganhou corpo no direito brasileiro o tema relacionado a uma forma especial de omissão, decorrente de um dever de impedir o resultado por fato originado por um comportamento anterior do sujeito, mas executado no âmbito do risco autorizado. O caso paradigmático está relacionado à comercialização de um aerossol para roupas de couro (*Lederspray-Fall*), em 1981, que produzira sérios edemas e fibroses pulmonares em seus usuários e cujo desfecho judicial levado a efeito pelo Supremo Tribunal da Alemanha trouxe, novamente, à tona a discussão em torno da causalidade na omissão e dos fundamentos do dever de impedir o resultado. É importante ilustrar que a danosidade do produto só pôde ser descoberta depois do uso pelos consumidores; antes disso, o produto fora fabricado segundo as medidas adequadas de produção e, conforme os

---

21. HASSEMER, Winfried. *Produktverantwortung im modernen Strafrecht,* 1.ª ed., 1991; 2.ª ed., 1996.

22. HASSEMER, Winfried; MUÑOZ CONDE, Francisco. *La responsabilidad por el producto en derecho penal,* 1995, p. 156 e ss.

testes, considerado inofensivo à saúde humana. Uma vez constatado o dano causado pelo aerossol, o fabricante resolveu modificar-lhe a fórmula e colocá-lo novamente à venda. Em face do aparecimento de novas lesões, o fabricante o submeteu à apreciação pelo Conselho de Administração da empresa, o qual, por unanimidade, decidiu continuar sua comercialização em face da incerteza quanto à causa dos danos pessoais. O Supremo Tribunal alemão entendeu que os fabricantes eram responsáveis por lesão corporal por omissão, com base na ingerência, por não haverem retirado de circulação o produto perigoso. O caso sugeriu uma série de discussões sobre os fundamentos da omissão, principalmente no que toca à posição de garantidor. Isso também suscitou implicações legislativas, com a introdução no Brasil do delito do art. 64 do Código do Consumidor (Lei 8.078/1990), pelo qual se atribui ao fornecedor de produtos postos ao consumo uma responsabilidade por omissão própria, quando não o retirar do mercado imediatamente, depois de determinado pela autoridade competente. No mesmo ano, passou-se a considerar delituoso o fato de o fabricante ou o fornecedor vender, ter em depósito, expor à venda ou entregar mercadoria imprópria para o consumo (Lei 8.137/1990, art. 7.º, IX).

No âmbito dogmático, a discussão gira em torno de dois aspectos: a) da relação de causalidade; b) da responsabilidade pela ingerência.

Ao decidir sobre a responsabilidade dos produtores, o Supremo Tribunal alemão engendrou uma nova formulação da causalidade. Em lugar de se ater ao velho critério da eliminação hipotética, que decorre da teoria da condição, consignada no art. 13 do Código Penal brasileiro e que pressupõe, ainda que seja uma regra contrafática, um mínimo de fundamento empírico a respaldar-lhe o juízo, tratou de trabalhar com uma chamada «causalidade geral». De acordo com essa fórmula, o fato será causal quando as condições diversas daquelas relacionadas ao produto não puderem explicar o resultado. Portanto, a conclusão acerca da causalidade não é consequência de um juízo sobre as condições efetivamente postas em julgamento – o produto consumido no mercado -, mas, sim, sobre se outras condições ou fatores externos podem ser excluídos da cadeia causal. A aferição da causalidade é feita indiretamente. Essa decisão acerca de uma causalidade geral suscitou uma série de debates, principalmente, se será possível fundar a imputação penal não sobre a condição real, mas sobre a não incidência de condições externas ao fato. Analisando essa decisão, conclui Hassemer[23] que a fórmula de uma causalidade geral desconsidera, em primeiro lugar, as leis da experiência, as quais, de acordo com uma eloquente proposição de Engisch, são decisivas para respaldar empiricamente a teoria da condição. Em segundo lugar, essa causalidade geral implica uma imputação cega do resultado, porque construída

23. Hassemer, Winfried; Muñoz Conde, Francisco. *La responsabilidad por el producto en derecho penal*, 1995, p. 143 e ss.

sob o risco de um erro judicial, quando a exclusão das condições causais externas ao produto não puder ser feita de modo absolutamente confiável. Em terceiro lugar, o tema da causalidade conduz a um enaltecimento da incerteza, porque será consequência de uma livre apreciação da prova em detrimento do réu, cujo destino não estará subordinado aos fatos, mas exclusivamente a uma decisão do próprio juiz encarregado de emprestar credibilidade aos enunciados empíricos. Finalmente, essa forma de imputação não é própria do direito penal, mas, sim, aproximativa do direito civil ou do processo civil, cuja conclusão costuma se basear apenas em indícios e pode ser confirmada unicamente pela falta de contestação ou por presunções. Na linha desses argumentos, outros autores também sustentaram a insubsistência de uma causalidade geral. Assim, PUPPE assinala ser impróprio afirmar-se a relação de causalidade apenas com base em indícios duvidosos, que não conduzem à conclusão de que, efetivamente, o consumo do produto produzira os efeitos danosos, mas só observados depois de os lesados o haverem consumido.[24] A essa mesma conclusão chega BRAMMSEN, para quem a decisão opera sobre os efeitos processuais do fato posto em julgamento.[25] Não obstante esses argumentos, acolhidos pela quase totalidade da doutrina, AMELUNG e KUHLEN entendem acertada a formulação de uma causalidade geral, por corresponder a enunciados normativos de explicação.[26] Comentando os argumentos de crítica ou de aceitação dessa formulação da causalidade, HASSEMER põe em destaque as duas tendências atuais do direito penal quanto ao tema, uma no sentido de uma aceitação de resultados flexíveis em prol de sua modernização, outra no sentido de um resguardo de elementos tradicionais em relação à segurança jurídica e à determinação da imputação.[27] Independentemente da aceitação de uma modernização do direito penal, não há como compatibilizar a concepção de uma causalidade geral com a teoria da condição, que exige que o critério determinante da eliminação hipotética se faça sobre a condição que se quer examinar e não sobre condições ou fatores externos à sua relação. Assim, no caso do aerossol, a questão da causalidade deveria se centrar se, efetivamente, eliminado o consumo do produto, restaria excluído o resultado. Caso assim não ocorresse, não se poderia afirmar a causalidade, apesar de todos os danos sociais ou individuais ocorridos. O processo de imputação não pode ficar na dependência de decisões íntimas do julgador nem de considerações estranhas aos fatores que estão diretamente vinculados ao evento.

---

24. PUPPE, Ingeborg. «Zur Kausalitätsproblematik bei der strafrechtlichen Produkthaftung», *JR*, 1992, p. 31.

25. BRAMMMSEN, Joerg. «Kausalitäts- und Täterschaftsfragen bei Produktfehlern», *Jura*, 1991, p. 536.

26. KUHLEN, Lothar. «Strafhaftung bei unterlassenem Rückruf gesundheitsgefährdender Produkte (zugleich Urteilsanmerkung Lederspray-Entscheidung)», *NStZ*, 1990, p. 566.

27. HASSEMER, Winfried; MUÑOZ CONDE, Francisco. *La responsabilidad por el producto en derecho penal*, 1995, p. 140.

Relativamente à questão da ingerência, o fato merece atenção maior. Desde a exigência proposta por Rudolphi de que a conduta precedente terá de ser antijurídica ou contrária ao dever, ou ainda contrária ao risco autorizado, conforme a terminologia que se adote, não será possível caracterizar, com base nisso, a responsabilidade dos produtores, quando a fabricação tiver observado as regras adequadas à confecção do produto. Argumento em sentido contrário implicaria um retrocesso no campo da responsabilidade, porque estaria reeditando o velho esquema do *versari in re illicita*. Não é qualquer conduta precedente que pode constituir a ingerência, senão unicamente aquela conduta violadora do risco permitido. No caso do aerossol, a conduta precedente (a produção) fora realizada dentro dos limites do risco permitido. Portanto, não há que se falar aqui de ingerência.[28]

O fato, porém, se complica quando os produtores, receosos de que o aerossol estivesse causando os edemas ou fibroses pulmonares, resolvem retirar do mercado o produto que estava à venda e refazê-lo para, novamente, colocá-lo no mercado. Poder-se-ia argumentar que, pelo menos, culposamente, os fabricantes seriam responsabilizados pela omissão posterior diante dos indícios de lesividade do novo produto. Haveria, em face dessa decisão de colocar o produto refeito no mercado, pelo menos, uma atuação imprudente anterior, que fundamentaria uma ingerência. O problema está, porém, na aferição dessa imprudência, quando não há comprovação de que, efetivamente, o aerossol causara as lesões. Nesse caso, entram em cena duas situações: a causalidade objetiva do fato e o elemento subjetivo dos envolvidos. Se não ficasse comprovada a causalidade, não se poderia falar de imprudência, porque não se poderia exigir dos sujeitos um comportamento adequado ao direito. Não basta para fundamentar uma situação de culpa a expectativa quanto a danos futuros, quando os dados objetivos referentes à atuação real ou possível dos agentes indicar que essa conduta era, em qualquer caso, inofensiva. Está claro que se ficasse comprovada a relação entre o uso do produto e os efeitos lesivos e isso fosse do conhecimento dos fabricantes, estes poderiam ser responsabilizador por omissão culposa, ao não o retirarem do mercado. A relação entre imprudência e causalidade, por seu turno, não pode ser feita senão sob a égide da previsibilidade ou evitabilidade do evento. Se os fabricantes não soubessem que o produto era perigoso ou isso não lhes fosse possível em face das circunstâncias, estaria descartada também a responsabilidade culposa.

Então, surge outro problema: se os fabricantes soubessem dos efeitos danosos do produto, isso seria suficiente para fundar a ingerência? Para que isso efetivamente possa ser afirmado, é indispensável que se apresente, além

---

[28] Assim, entre outros, Hassemer, Winfried; Conde Muñoz, Francisco. *La responsabilidad por el producto en derecho penal*, 1995, p. 159 e ss.; Hilgendorf, Eric. «Fragen der Kausalität bei Gremienentscheidungen am Beispiel des Lederspray-Urteils», *NStZ*, 1994, p. 561; Roxin, Claus. *Strafrecht*, AT, II, 2003, p. 779.

do conhecimento acerca dos efeitos danosos, também o próprio risco objetivo que o uso do produto pode gerar. Diante desse quadro, a doutrina tem apelado para uma regra geral de assunção de risco por parte de fabricantes de qualquer produto posto à venda no mercado. Para evitar malefícios, tem-se proposto, ademais, uma diferenciação entre as diversas qualidades do risco. Se se tratar de produto que, por si mesmo, tenha uma potencialidade de dano maior, uma vez constatada uma irregularidade em sua fabricação, ainda que sem o conhecimento do fabricante, entende-se que este será responsável pelos danos causados nos consumidores, uma vez que não o tenha retirado do mercado. Essa é a posição defendida, entre outros, por Freund, Jakobs, e Stratenwerth-Kuhlen. O fundamento para reconhecer, neste caso, a ingerência reflete bem a influência que os preceitos do direito privado exercem no direito penal. Freund encabeça essa lista, salientando ser irrelevante, inicialmente, uma relação de causalidade natural entre a ação precedente e o resultado lesivo; ademais, assinala que a responsabilidade por fontes produtoras do perigo independe de a conduta anterior ser contrária ao risco permitido ou não, porque o que está em jogo é o âmbito de atuação por força de deveres de organização.[29] Ainda sob o mesmo prisma, aduz Jakobs que o importante será a qualificação do risco. Para condutas com alto grau de risco em relação àqueles que se sucedem na vida diária, se imporia ao sujeito um dever de vigilância quanto à segurança de seu uso. Isso se aplicaria, inclusive, à produção de automóveis e à sua utilização no trânsito. Assim, mesmo que o fabricante tivesse respeitado, na confecção do produto, as normas adequadas, se lhe estenderia o dever de resguardo da segurança, como também o dever de salvamento. Esse dever só seria afastado, se a própria vítima exercesse um direito especial de atuar em face do perigo, porque, então, a imputação do risco ao âmbito de organização do sujeito perderia seu fundamento.[30] Já Stratenwerth-Kuhlen querem assegurar, também em face de deveres de organização, uma responsabilidade da pessoa individual, quando tal não seja possível no âmbito da pessoa jurídica. A atribuição de um dever especial de proteção decorreria, assim, do fato de se consignar ao produtor o domínio por uma fonte de perigo.[31] Em oposição a essas teses, sustenta Roxin a impossibilidade de se fundar a ingerência em uma consideração *ex post* do risco: este deve ser avaliado *ex ante*, em face das características de sua produção, o que corresponde aos fundamentos da ordem jurídica. Ademais, mostra-se frágil a argumentação acerca de riscos de grau elevado ou acima da média da vida diária, já pela impossibilidade concreta de serem diferenciados nas diversas situações e pela incerteza que geram para a própria atuação dos sujeitos.[32]

---

29. Freund, Georg. *Strafrecht*, AT, 1998, p. 200 e ss.
30. Jakobs, Günther. *Strafrecht*, AT, 1993, p. 812.
31. Stratenwert-Kuhlen. *Strafrecht*, AT, 2010, p. 282 e ss.
32. Roxin, Claus. *Strafrecht*, AT, II, 2003, p. 780.

Está claro que a fundamentação da ingerência, neste caso, é inadequada. Uma pessoa não pode ser responsabilizada, sem mais, por uma ação precedente criadora do risco da ocorrência do resultado, quando tenha realizado essa conduta dentro dos limites impostos pela ordem jurídica e até mesmo segundo suas rígidas normas de controle. Caso contrário, estar-se-á violando o princípio da coerência do sistema jurídico, que, de um lado, autoriza a conduta e, de outro, a pune desde que se apresente uma situação de risco *ex post*.

Inviabilizada a formação da ingerência, será importante verificar se o fabricante, por outros fundamentos, ainda é responsável pelos efeitos de seu produto. Uma vez afirmada essa responsabilidade, será necessário estabelecer, porém, os seus limites. Na construção dos deveres de garantidor, além da ingerência, o Código Penal brasileiro indica, como suas fontes, a lei e a assunção da responsabilidade de impedir o resultado (art. 13, § 2.º, I e II). Ao tratar especificamente da lei, vincula-a aos deveres de cuidado, proteção e vigilância. Para fundar essa responsabilidade, será preciso que se trate de uma lei em sentido estrito, conforme o processo de sua elaboração constitucional. Não basta, portanto, que o dever venha previsto em uma resolução administrativa ou em normas de segurança expedidas por entidades ou órgãos da própria administração. A delimitação desse dever constitui uma garantia fundamental da liberdade do cidadão, instituída expressamente no art. 5.º, II, da Constituição Federal. Por outro lado, a assunção de responsabilidade pelos efeitos do produto deverá decorrer ou de um contrato, ou de uma manifestação do fabricante. Igualmente, não é suficiente para fundar essa responsabilidade uma assunção indireta ou deduzida da própria conduta. Essas são questões que devem ser colocadas em face do direito brasileiro.

Trabalhando a mesma hipótese no direito alemão, entende Roxin não haver lei que imponha ao fabricante o dever de proteção pelo uso de seus produtos, quando os tenha confeccionado corretamente.[33] Por outro lado, busca desenhar uma diferenciação no âmbito desses deveres, conforme se configurem como deveres de vigilância ou pela assunção de uma função de proteção. Em refutação à tese de Brammsen de que, nesse caso, haveria uma posição de garantidor do fabricante por dever de vigilância, em face de se tratar de mercadoria capaz de produzir danos à saúde, o que o obrigaria à sua retirada do mercado,[34] argumenta Roxin que, uma vez posto o produto no mercado e sob manipulação de fornecedores e comerciantes, já não se pode mais falar de um dever de vigilância, porque não lhe será possível exigir que mantenha constantemente os olhos sobre o produto, colhendo diariamente informações sobre seus efeitos e seu modo de consumo.[35] Reconhecendo, todavia, a

---

33. Roxin, Claus. *Strafrecht*, AT, II, 2003, p. 781.

34. Brammsen, Joerg. «Strafrechtliche Rückrufpflicht bei fehlerhaften Produkte?» *Goldtammers Archiv*, 1993, p. 97.

35. Roxin, Claus. *Strafrecht*, AT, II, 2003, p. 782.

situação de risco que pode se verificar depois de o produto entrar no mercado, quer ROXIN, na esteira de SCHÜNEMANN, fundar um dever de garantidor pela via da assunção de uma função protetiva por parte do fabricante. O fundamento para tal assertiva reside no fato de que o fabricante está obrigado não apenas a seguir as normas corretas de produção, dentro dos limites do risco autorizado, como também assumir a segurança pelo uso de seus produtos, uma vez constatada, posteriormente, sua potencialidade danosa. Neste caso, deve retirá-los do mercado, ainda quando reste dúvida sobre essa potencialidade danosa, por força de uma especial função de proteção que lhe é conferida por haver tido a posse de uma fonte produtora do perigo.[36] Para a constituição dessa função de proteção, não se vale ROXIN, todavia, dos argumentos de SCHÜNEMANN, que, por seu turno, só admite a posição de garantidor quando se tratar de produto posto no mercado e mais caro do que aqueles comercializados individualmente, o qual contenha, já no preço pago pelo consumidor, um aditivo pela assunção de proteção. Diversamente disso, considera ROXIN que todo e qualquer produto, ainda que fora do grande mercado consumidor ou de preço elevado, sujeita o fabricante a essa função de proteção por fato posterior perigoso decorrente de seu uso.[37]

Retornando ao direito brasileiro, pode-se ver, primeiramente, que o Código do Consumidor (Lei 8.078/1990) dispõe acerca da responsabilidade do fornecedor pelos danos causados por seus produtos. Inicialmente, constata-se que o art. 8.º estabelece, expressamente, que os produtos não acarretarão danos à saúde e à segurança dos consumidores. Há, portanto, uma regra geral, que faz sentir ao fornecedor que se deve dar uma atenção especial quanto à perigosidade dos produtos postos no mercado à disposição dos consumidores. Ademais, contempla-se no art. 10 outra regra, mais específica, no sentido de que o «fornecedor não poderá colocar no mercado de consumo produto ou serviço que sabe ou deveria saber apresentar alto grau de nocividade ou periculosidade à saúde ou segurança». Essa é uma norma imposta à confecção do produto, que tanto envolve uma atuação dolosa quanto culposa. O produto, portanto, não pode ser comercializado, se apresentar alto grau de nocividade ou periculosidade. Parece, à primeira vista, que essa norma encerraria uma diferenciação entre produtos de baixo e de alto risco, ao estilo da proposta de FREUND, o que daria lugar a uma posição de garantidor por uma ação precedente demasiadamente arriscada. Contudo, para o legislador brasileiro a situação é outra. Não se institui, aqui, uma posição de garantidor por produtos de alto risco, confeccionados de conformidade com o risco autorizado; ao contrário, simplesmente se proíbe a confecção de tais produtos. Portanto, o produto de *alto risco* tem proibida sua confecção. Quem o fabricar será garantidor pela ingerência, porque atuara precedentemente de modo contrário

36. ROXIN, Claus. *Strafrecht*, AT, II, 2003, p. 782.
37. Idem, ibidem, 2003, p. 783.

à lei. Se colocar no mercado o produto de alto risco, deverá retirá-lo imediatamente, sem qualquer condição. Havendo uma lesão decorrente do consumo desse produto, o fornecedor será responsável pelo delito omissivo impróprio correspondente. Poder-se-ia pensar, pelo fato de a fabricação do produto ser proibida, que o resultado lesivo seria provocado por ação, o que daria lugar a um delito comissivo e não omissivo impróprio. Ocorre, porém, que o dano é causado pelo uso do produto e não por sua fabricação. A fabricação ilegal constitui apenas uma fonte de lesão, que é manipulada pelo consumidor. A responsabilidade do fornecedor decorre, assim, de sua posição de garantidor em face das consequências que o seu produto pode gerar, quando consumido por terceiro.

Por outro lado, não se tratando de produtos de alto risco, uma vez constatada, posteriormente, sua perigosidade ou nocividade, impõem-se ao fornecedor dois deveres: a) «comunicar o fato imediatamente às autoridades competentes e aos consumidores, mediante anúncios publicitários» (arts. 10, § 1.º, e 64), que deverão ser veiculados na imprensa escrita, no rádio e na televisão (art. 10, § 2.º); b) retirar do mercado, imediatamente, o produto, quando determinado pela autoridade competente (art. 64, parágrafo único).

Vê-se que, de conformidade com a lei brasileira, a posição de garantidor pode decorrer de dois fatos: a) da produção de mercadoria de alto risco, cuja fabricação é proibida ou b) de não haver retirado do mercado o produto perigoso (mas não de alto risco), depois de constatada sua perigosidade e determinado pela autoridade competente. O dever do fabricante (fornecedor), quando constatar a perigosidade ou danosidade do seu produto, será, em primeiro lugar, como dever primário, o de comunicar o fato às autoridades e aos consumidores; em segundo lugar, como dever secundário, retirá-lo do mercado, imediatamente, quando determinado pela autoridade. Não o fazendo, o fornecedor será responsabilizado pelo delito omissivo próprio previsto no art. 64 e seu parágrafo único. Além disso, na condição de garantidor, será também responsável pelo delito omissivo impróprio correspondente às lesões causadas nos consumidores (art. 13, § 2.º, I, CP). Está claro que uma vez verificado o delito de lesão (morte ou lesão corporal), este absorverá o delito omissivo próprio previsto no art. 64 e seu parágrafo único do Código do Consumidor. A absorção se funda aqui no princípio da subsidiariedade, uma vez que a não retirada do mercado do produto nocivo ou perigoso constitui uma etapa do delito omissivo impróprio de lesão, etapa essa que se efetiva com a constituição da posição de garantidor.

Resta examinar a norma do art. 7.º, IX, da Lei 8.137/1990, que configura como delito o fato de se comercializar produto impróprio para consumo. Aparentemente, essa norma difere daquelas contidas nos arts. 8.º e 10 do Código do Consumidor, porque não se refere, especificamente, a produtos de alto grau de nocividade ou periculosidade, ou a produto cuja periculosidade venha a ser descoberta depois de sua colocação no mercado, mas a qualquer produto impróprio para consumo. O Código do Consumidor (Lei 8.078/1990), por seu turno, promove uma diferenciação entre produtos defeituosos e produtos impróprios para consumo. Produto defeituoso é aquele que não oferece a «segurança que dele legitimamente se espera» (art. 12, § 1.º). Produto impróprio para consumo será aquele que a) estiver com prazo de validade vencido; b) se apresentar como deteriorado, alterado, corrompido, fraudado, nocivo à vida ou à saúde, perigoso ou em desacordo com normas regulamentares de fabricação, distribuição ou apresentação; c) se revelar inadequado ao fim a que se destina (art. 18, § 6.º).

Embora não haja norma específica que o determine, os produtos defeituosos, que, por definição, são produtos sem reserva de segurança, devem ser retirados do mercado. Não o fazendo, o fornecedor se inclui na posição de garantidor em relação às suas consequências danosas. Essa conclusão está perfeitamente adequada à definição do produto defeituoso, porque, nesse caso, o fornecedor detém o domínio da fonte de perigo desde o momento em que lançou o produto no mercado. Pode ocorrer que o fornecedor só venha a saber que o produto apresenta defeito depois de comercializá-lo. Se isso ocorrer, incidirão, na espécie, as normas dos arts. 10, § 1.º, e 64, parágrafo único, ou seja, o fornecedor deve comunicar o fato aos consumidores e às autoridades e retirar imediatamente o produto do mercado, depois de determinado pela autoridade competente. Há, portanto, um tratamento diferenciado para produtos defeituosos, quando esta má qualidade seja do conhecimento do fornecedor, antes ou depois de o produto ser colocado no mercado.

Por outra parte, para os produtos impróprios para o consumo, é necessário fazer-se uma distinção quanto ao seu tratamento penal. O Código do Consumidor não obriga, expressamente, sua retirada do mercado. Então, devem vigorar as normas gerais que disciplinam a formação da fonte de perigo, ou seja, em se tratando de produtos nocivos ou perigosos, não importa sua origem, as regras são sempre orientadas conforme essa nocividade ou periculosidade seja conhecida antes ou depois da comercialização. Se for conhecida antes da colocação no mercado, vigora a regra geral de precaução: os produtos devem ser retirados imediatamente do mercado, porque não poderiam ter sido postos à venda (art. 7.º, IX, da Lei 8.137) e porque a fonte de perigo se situa no âmbito de domínio do fornecedor, tornando-o garantidor; se a nocividade ou periculosidade for conhecida depois, devem os fornecedores comunicar o fato aos consumidores e às autoridades e retirá-los imediatamente do mercado quando assim determinado pela autoridade competente. A posição de garantidor está sempre orientada em face do domínio da fonte de perigo. Dessa forma, não constitui fonte da posição de garantidor o fato de o fornecedor haver comercializado produto impróprio para o consumo, que não apresente nocividade, perigosidade ou insegurança.[38] Portanto, a norma do art. 7.º, IX, da Lei 8.137/1990, que caracteriza como delito a comercialização ou até mesmo a detenção em depósito ou a entrega de produto impróprio para consumo não enseja, por si só, uma posição de garantidor. A posição de garantidor está vinculada ao sentido imposto pelas normas dos arts. 8.º, 10 e 12 do Código do Consumidor, que constituem normas primárias da disciplina dos produtos destinados a consumo. Assim, produto impróprio para consumo para o efeito de fundar uma posição de garantidor deverá ser apenas aquele que ponha em risco a saúde ou a segurança do consumidor (art. 8.º), que apresente alto grau de nocividade ou periculosidade (art. 10) ou que apresente insegurança (art. 12, § 1.º). Em face das normas do direito brasileiro, é possível a constituição de uma responsabilidade pelo produto com base na ingerência, sem precisar do recurso a uma função especial de proteção, como propõe Roxin. Por outro lado, a restrição em torno do que possa ser considerado como produto impróprio para o consumo é imperativa como forma de ajustar o sentido semântico da expressão à própria característica da ingerência, que está associada ao controle da fonte de perigo e não a qualquer derivativo funcional do produto. Caso contrário, estar-se-ia criando uma posição de garantidor em virtude de pura infração civil. Uma incriminação genérica de infrações civis fere os pressupostos de um Estado democrático, que deve preservar a pessoa humana em face de limitações extensivas de sua liberdade, bem como torna inútil o caráter comunicativo da norma penal, que já não poderá servir de parâmetro de orientação de conduta para seus destinatários.

ANEXO 2: A PROBABILIDADE NOS LIMITES DA CERTEZA

O direito penal trabalha, nos delitos omissivos, com critérios aproximados de certeza. Como jamais será possível afirmar que uma inatividade é causa do resultado, nem que o resultado não teria ocorrido se a ação devida tivesse sido realizada, inseriu-se na doutrina o critério da probabilidade nos limites da certeza. Esse critério apresenta, porém, algumas questões prévias, que dizem respeito, basicamente, ao seguinte: a) o que se deve entender por resultado provável? b) como se podem medir os graus de probabilidade? c) com que graus de probabilidade será possível trabalhar no direito penal? d) como se determina a chamada probabilidade nos limites da certeza?

---

38. Até mesmo em relação à configuração do delito previsto no art. 7.º, IX, da Lei 8.137/1990, o STJ tem exigido, para a caracterização do produto impróprio para consumo, a demonstração inequívoca de sua potencialidade lesiva ou nocividade ao consumidor final (AgRg no REsp 1181141/RS, rel. Ministra Laurita Vaz, 5.ª Turma, julgado em 17.08.2010, *DJ* 13.09.2010; REsp 1184240/TO, rel. Min. Haroldo Rodrigues (Desembargador convocado do TJCE), 6.ª Turma, julgado em 12.04.2011, *DJ* 20.06.2011. Sem substância decisão do STF, que considera o delito configurado, quando meramente listadas as situações do art. 18, § 6.º, do Código do Consumidor (RHC 80090, rel. Min. Ilmar Galvão, 1.ª Turma, julgado em 09.05.2000, *DJ* 16.06.2000, p. 44, *Ementário* vol. 1995-02, p. 284).

Como informam Roughley e Lübbe, a questão da probabilidade, que tem origem no século XVII, relativamente à divisão das peças de jogos quanto às chances de vitória, diz respeito aos graus de possibilidade da ocorrência de um resultado ou aos graus de certeza ou de confiança de uma proposição.[39] Em seu enunciado inicial, segundo as propostas de Laplace e Bernoulli, a probabilidade estava vinculada à relação proporcional entre a parte e o todo, de modo a poder medir até que ponto uma condição (parte), dentro de um contexto (todo), poderia influir na configuração de uma conclusão.[40] Na sequência dessa relação, todos os fatores ou partes, tomados como determinantes para a conclusão, possuíam a mesma qualidade daqueles que implicavam sua impossibilidade. Essa simetria entre condições favoráveis e condições desfavoráveis possibilitava um cálculo objetivo de probabilidade, encetando, com isso, sua demonstração empírica e também matemática.[41] A evolução dos conceitos matemáticos e das investigações empíricas, de um lado, e de sua avaliação, de outro, conduziu, no entanto, a que doutrina procedesse, normalmente, à diferenciação entre duas espécies de probabilidade: uma probabilidade objetiva, como continuidade da tradição, e uma probabilidade subjetiva, que passou a despertar interesse com a adoção de elementos, que, embora não pertencentes aos fatores causais, funcionam como informações adicionais às suas propriedades. Se a definição do que seja proporcional depende, não apenas da relação entre a parte e o todo, mas de informações adicionais, cria-se a expectativa de se formular sobre esses novos elementos um juízo de valor. De maneira geral, a interferência desses novos elementos é levada em conta pela estatística e expressada em termos matemáticos ou simbólicos. Como ao direito penal não é relevante a configuração matemática de uma proposição, salvo em casos excepcionais, quando implique a dosimetria da pena, ou a contagem de certos prazos, ou, no processo penal, quando importe a elaboração de laudos periciais, não há motivo para se desenvolver, agora, essa formulação.

A classificação entre probabilidade objetiva e probabilidade subjetiva ainda perdura, mas se encontra, hoje, diluída em outras formas de análise. Tomando por base aqueles enfoques da probabilidade formulados por Roughley e Lübbe, um, em torno da produção do resultado e, outro, relacionado à credibilidade de uma proposição, pode-se observar que ambos se conjugam no contexto das explicações que devem ser dadas aos fenômenos. Superando, assim, a velha dicotomia, entre objetivo e subjetivo, Salmon destaca, nesse ponto, três concepções científicas explicativas: a *explicação epistêmica*, a *explicação modal* e a *explicação ôntica*. Ainda que pondere que essa classificação seja um pouco artificial, assevera que pode ser útil, quando

---

39. Roughley, Neil; Lübbe, Weyma. «Wahrscheinlickeit», *Enzykopädie Philosophie und Wissenschatstheorie*, 2004, p. 605; Percival, Philip. *Probability*, 2001, p. 358.

40. Pitman, Jim. *Probability*, 1993, p. 2, 11.

41. Laux, Helmut. *Entscheidungstheorie*, 2005, p. 123 e ss.

posta em confronto com as características de indeterminação da ciência contemporânea.[42] Especialmente para o direito, que quer saber, afinal, se o resultado era ou não provável, a proposta classificatória de SALMON é bastante convincente. Daí sua preferência neste trabalho. Articulando sobre essa classificação, pode-se compreender como a ciência contemporânea encara a relação entre fatos e sua explicação. Do mesmo modo, pode-se buscar, por meio dessas explicações, uma solução para a determinação dos graus de probabilidade.

A *concepção epistêmica* de uma explicação científica se baseia em um argumento dedutivo válido, conforme o modelo sugerido por HEMPEL, segundo o qual um resultado será provável, à medida que possa ser esperado a partir da ocorrência de fatos ou condições antecedentes. De acordo com essa forma de explicação, o resultado seria, assim, o estamento final, deduzido de um estamento inicial, conforme as premissas de uma lei geral. Uma vez, assim, assentadas essas premissas, poder-se-ia esperar que o resultado ocorresse. Segundo a interpretação de SALMON, poder-se-á dizer que, aqui, se estabelece uma relação de necessidade lógica entre as leis e as condições iniciais (*explanans*), de um lado, e o resultado (*explanandum*), de outro.[43] Como variação de uma abordagem epistêmica, pode-se também incluir a concepção de PUPPE, que trabalha com o critério de suficiência: causal será uma condição quando puder explicar suficientemente o resultado.[44] A afirmação dessa suficiência pode se dar de dois modos: ou segundo uma fórmula lógico-dedutiva, ou de acordo com graus de probabilidade. Em geral, a concepção epistêmica prescindiria de um elemento empírico demonstrável, bastando-lhe uma relação lógica entre antecedente, já comprovado, e o resultado, como esperado.

Se, porém, a relação entre as condições antecedentes (*explanans*) e o resultado (*explanandum*) constituir uma relação de necessidade nomológica e não apenas lógica, ter-se-á uma *concepção modal*. Dadas, assim, uma condição inicial e uma lei natural (não uma lei geral lógica), pode-se explicar quando ocorre o resultado. Segundo SALMON, apesar de essa concepção, defendida, entre outros, por WRIGHT[45] E MELLOR,[46] se fixar em uma relação supostamente natural entre antecedente e consequente e não em uma mera relação de necessidade lógica, a afirmação da ocorrência do resultado estará sempre na dependência do conhecimento acerca dos antecedentes,[47] o que poderá gerar, então, uma concepção não somente modal objetiva, mas subjetiva.

Por seu turno, a *concepção ôntica* se move em torno de modelos inteligíveis de explicação, como é o caso da concepção lógico-objetiva de conduta

42. SALMON, Wesley C. *Causality and Explanation*, 1998, p. 63.
43. Idem, ibidem, 1998, p. 53.
44. PUPPE, Ingeborg. *Die Erfolgszurechnung im Strafrecht,* 2000, p. 110.
45. WRIGHT, Georg Henrik von. *Erklären und Verstehen,* 2000, p. 61 e ss.
46. MELLOR, D. H. *Probability. A Philosophical Introduction,* 2005, p. 10.
47. SALMON, Wesley C. *Causality and Explanation*, 1998, p. 54.

estruturada como conduta final, aos quais se devem ajustar as chamadas leis naturais. Ao contrário da concepção final de conduta, porém, uma concepção ôntica de explicação não está estruturada necessariamente em modelos *a priori* de conhecimento, nem em sistemas racionais de entendimento.[48] Há concepções ônticas que, efetivamente, se estruturam sobre dados apriorísticos ou sobre argumentos racionais, mas também há concepções ônticas que apenas se ocupam de explicar os fenômenos segundo o modo como as leis naturais, que os disciplinam, se incorporam em determinados modelos de entendimento. Como os modelos de entendimento estão sedimentados objetivamente, pode-se dizer que a concepção ôntica procede à identificação da regularidade de uma proposição consoante as categorias que a podem abarcar.

Todas essas concepções explicativas comportam também enfoques deterministas e indeterministas. Da análise desses enfoques, pode-se seguir para a criação de graus de probabilidade, cujos valores devem também divergir, conforme a concepção que se adote.

No sistema epistêmico proposto por Hempel, uma concepção dedutiva pura só seria possível caso se admitisse que a relação entre antecedente e consequente fosse absolutamente determinada. Se se pode determinar, com exatidão, que, «se *A* realizasse a ação devida de salvamento, *B* não morreria», está claro que se poderá trabalhar não com o critério de probabilidade, mas sim com um esquema lógico-dedutivo de certeza. Se, por exemplo, alguém não jogar na loteria, não poderá ganhar o prêmio e, nesse caso, outrem irá obtê-lo. Como é pressuposto, para se ganhar na loteria, que também se faça a aposta inicial, o resultado negativo é incontestável, porque se estará trabalhando com uma relação lógica necessária, que prescinde de qualquer juízo de probabilidade. Essa relação, como é uma relação lógico-dedutiva, pode ser determinada com precisão matemática, sem o apelo a dados empíricos a serem investigados. Mas Hempel admite que o mundo real não corresponde ao mundo pensado, que nem sempre as coisas se passam em termos de uma relação lógica necessária. Então, o esquema lógico-dedutivo não pode descartar um critério de probabilidade. Basta, assim, para fundar um argumento lógico-dedutivo, que a relação entre antecedente (*explanans*) e consequente (*explanandum*) tenha por base uma indução de *alta probabilidade*. Nesse caso, a expectativa de que o resultado ocorreria ou não ocorreria não deriva de uma condição de certeza, mas de que se pode explicar, com alto grau de probabilidade, que ele ocorreria ou não ocorreria.[49] Para ilustrar como se institui, nesse esquema, um alto grau de probabilidade, convém buscar em Hempel as indicações acerca dos argumentos lógico-dedutivos ali utilizados. Em primeiro lugar, Hempel esclarece que, na explicação acerca da relação entre antecedente e consequente, não se

---

48. Salmon, Wesley C. *Causality and Explanation,* 1998, p. 54.
49. Idem, ibidem, 1998, p. 64.

inclui apenas uma condição empírica inicial e um resultado posterior, mas também uma lei natural que discipline essa relação. Assim, o termo *explanans* congrega todos os argumentos relativos às condições empíricas e às leis gerais. Por seu lado, o termo *explanandum* compreende todos os argumentos que descrevem o resultado, mas não o resultado mesmo. Portanto, para que uma explicação dessa ordem seja sólida, será preciso atender não apenas a condições lógicas, mas também a condições empíricas.[50] Em segundo lugar, considera que por *lei geral* se deva entender um enunciado «de forma condicional universal que pode ser confirmado ou retificado segundo descobertas empíricas adequadas», ou seja, o termo lei indicaria que o respectivo enunciado teria sido confirmado por elementos empíricos determinados.[51] Assim, na explicação lógico-dedutiva, ao contrário do que se poderia, à primeira vista, pensar, intervêm tanto fatores empíricos gerais (a lei geral), quanto relações causais específicas (a relação entre condição e resultado). Fazendo-se uma aplicação desse esquema ao enunciado da teoria da condição adotada no Código Penal, ter-se-á a existência de uma condição antecedente, de um resultado consequente e ainda de uma lei geral de causalidade, pela qual se explica essa relação. A doutrina tem negligenciado acerca da existência de uma lei geral, satisfazendo-se com mera relação contrafática centrada no critério do *sine qua non,* ou da eliminação hipotética. Mas, no esquema epistêmico, há uma absoluta necessidade de uma lei geral que integre o *explanans*, sem a qual não se poderá instituir um raciocínio dedutivo. A lei geral de causalidade poderia ser, então, aquela proposta por Hume acerca da regularidade. O próprio Hempel a adota, quando afirma que uma lei geral, tomada como uma hipótese universal, «pressupõe a afirmação de regularidade do seguinte modo: em todos os casos em que o fato de uma categoria específica *C* (condição) ocorre, em certo lugar e em certo tempo, outro fato de uma categoria específica *E* (efeito) ocorrerá no lugar e no tempo de ocorrência do primeiro».[52] Uma vez assentados, assim, os elementos dessa relação, poder-se-á compreender que a afirmação de que «sem a condição A o resultado B não teria ocorrido» está também associada a um juízo de probabilidade. Hempel, nesse ponto, é incisivo: «só se pode dizer que um conjunto de fatos tenha provocado o evento que se deve explicar, quando se possam indicar as leis gerais que vinculam as causas e o efeito da forma antes mencionada»,[53] ou seja, conforme um juízo de regularidade. Se é uma relação de regularidade que fundamenta a lei geral, tomada, inclusive, como uma hipótese geral, é indispensável estabelecer, também, elementos que possam sustentar a afirmação de que, dadas as condições determinadas, o resultado provavelmente ocorrerá ou não ocorrerá, conforme se queira tomar como fator condicionante, respectivamente, uma

---

50. Hempel, Carl G. *La explicación científica*, 1996, p. 249.
51. Idem, ibidem, 1996, p. 233.
52. Idem, ibidem, 1996, p. 233.
53. Idem, ibidem, 1996, p. 235.

ação ou uma omissão. Apesar de haver invocado uma lei geral de regularidade como um dos fundamentos essenciais da explicação, HEMPEL não fornece elementos acerca de como determinar os graus de probabilidade. Ora refere-se a critérios indutivo-estatísticos, ora os rejeita em função de sua ambiguidade, assinalando que será sempre possível concluir que um evento poderia ter ocorrido com alta probabilidade em face das condições dadas, como também que não poderia ter ocorrido. Nesse sentido, diz que: «Nunca estamos em condições de afirmar: tenha sucedido ou não este fato particular podemos dar uma explicação aceitável de seu resultado; e uma explicação, ademais, cujas premissas sejam enunciados cientificamente aceitos que confiram uma alta probabilidade lógica ao mesmo resultado».[54]

Apesar disso, o sistema de HEMPEL não vê outra alternativa, senão proceder a uma análise de todos os fatores, em sua visão global, como propõe CARNAP, que possam influir no processo de produção do evento, para daí extrair a conclusão de que sua ocorrência era altamente provável, mas isso sob o pressuposto de que esses fatores estejam relacionados a uma determinada situação cognoscitiva que fundamente os enunciados e dos quais se possa deduzir a lei geral.[55] Vê-se, então, que o critério da alta probabilidade não pode se afastar de um certo grau de confiança nos enunciados. Analisando o resultado esperado, que pode ser enunciado a partir tanto de uma concepção epistêmica quanto de qualquer outra, assinala STEGMÜLLER que, em qualquer caso, a relação entre as condições iniciais e o evento não pode prescindir de um juízo de probabilidade. Ademais, como o conhecimento acerca das relações entre antecedente e consequente não está situado apenas em um mundo real, mas também em um mundo possível – se o mundo pensado fosse real e o resultado certo, não haveria motivo para juízos de prognósticos –, a conclusão probabilística acerca da relação entre as condições iniciais e o resultado não é simplesmente objetiva, mas, sim, uma relação assentada em uma probabilidade acreditada, de ordem subjetiva.[56] Não descarta essa subjetividade nem mesmo a ideia de uma probabilidade estatística objetiva. Como todos os mundos possíveis (e, assim, as condições que neles se inserem) correspondem a probabilidades estatísticas, porque resultam de dados de frequência, pode-se também substituir – diz STEGMÜLLER – a probabilidade subjetiva quanto à validade de um determinado mundo pela probabilidade subjetiva de que os mundos possíveis são idênticos ao mundo real.[57] Assim, a probabilidade estatística pode ser convertida, igualmente, em uma forma de afirmação de confiança de que, dadas certas condições possíveis, o resultado ocorrerá.

---

54. HEMPEL, Carl G. *La explicación científica*, 1996, p. 395.
55. Idem, ibidem, 1996, p. 395.
56. STEGMÜLLER, Wolfgang. *Erklärung, Begründung, Kausalität*, 1983, p. 966.
57. Idem, ibidem, 1983, p. 966.

Por seu turno, na *concepção modal*, que pode ser interpretada como um enfoque específico da concepção epistêmica, já que se vale de argumentos finais dedutivos, a presença de uma indeterminação conduz à sua derrocada como forma de explicação. Isso significa que a concepção modal só pode trabalhar com processos deterministas. Uma vez que não se possa estabelecer um fator antecedente, que congregue elementos físicos, como é o caso da omissão, cairá por terra também a invocação de uma lei natural. Como diz SALMON, à medida que tenha de substituir a necessidade física de uma relação determinista por critérios probabilísticos, a concepção modal se transformará em uma concepção epistêmica ou ôntica.[58]

A *concepção ôntica* pretende explicar os fenômenos por meio do enquadramento a determinados conjuntos.[59] Assim, tanto pode estar referenciada a uma base determinista, caso se entenda que esses modelos são categorias preexistentes, ou a uma base estatística, se se compreender que a explicação se orienta por um modelo de frequência. O sistema de categorias, que já fora levado a efeito por KANT, encontrou também eco na teoria final de ação, mas, como se traduz em propriedades *a priori* dos objetos, se depara com a dificuldade insuperável de submeter-se a um processo de demonstração. Já no que toca à explicação estatística, é bastante comum seu emprego no mundo científico, mas só poderá ser considerada como um bom modelo para explicar o resultado, principalmente no direito penal, se o processo de sua produção puder ser observado com regularidade e se exprimir na forma de uma alta probabilidade. Vale dizer, a validade da explicação estatística está condicionada a que os dados que possa fornecer devam conduzir à conclusão de que o evento se realizará com alto grau de probabilidade, se subsistirem as condições iniciais de sua produção. Está claro que será possível uma explicação estatística sem referência a altos graus de probabilidade, mas, sem uma graduação que se limite com a certeza, não se poderá traçar um quadro aproximado do mundo real; a explicação dos fenômenos fica na dependência exclusiva do reconhecimento de cálculos matemáticos, o que se torna extremamente problemático na omissão, na qual, por não apresentar elementos materiais empiricamente apreensíveis, não será possível repetir-se o modelo de sua frequência e sua relação com o resultado. O problema está em determinar o que se deva compreender por *alta probabilidade* e como será possível proceder-se à sua graduação. Esse é o grande problema da afirmação da suposta causalidade da omissão.

Na busca de uma solução para esse problema, assevera STEGMÜLLER que só será possível afirmar que um resultado é altamente provável se, igualmente, se tiver em conta a improbabilidade de sua ocorrência. Repete-se, aqui, a

---

58. SALMON, Wesley C. *Causality and Explanation,* 1998, p. 64.

59. GOLDBERG, Samuel. *Probability. An Introduction,* 1987, p. 1.

mesma fórmula de BERNOULLI. Então, um resultado só pode ser admitido como altamente provável quando se possa contar com sua ocorrência de modo mais intenso do que com sua não ocorrência. É possível também admitir-se validade a uma probabilidade do resultado, à medida que não possa ser neutralizado por um relevante elemento probabilístico negativo. Nesse caso, em face da inexistência de outro elemento em sentido contrário, poder-se-ia contar com a produção do resultado.[60] Segundo essa formulação, a definição do que constitua uma alta probabilidade estará sempre na dependência da identificação do que se possa chamar de baixa probabilidade. Embora esse critério possa constituir o ponto de partida para uma explicação do processo de produção do evento, ainda não soluciona a questão proposta, que é a de indicar os índices, mais ou menos aproximados, do que se possa retratar como alta probabilidade ou como probabilidade nos limites da certeza. Nesse ponto, variam muito as considerações. Quando MENDEL formulou as conclusões de seus experimentos genéticos, considerava de alta probabilidade o fato de que ¾ das ervilhas apresentassem florais vermelhos, enquanto as demais, florais brancos.[61] Esse percentual, contudo, só será acessível quando se tratar de um processo causal material, daí a afirmação de SALMON de que uma relação estatística só terá sentido se conjugada com sua relevância causal ou, vice-versa, uma relação de causa e efeito deve sempre envolver uma probabilidade estatística relevante.[62] No âmbito, assim, das relações causais materiais, pode-se compreender como se processa uma avaliação quantitativa relevante, de modo a afirmar que uma conduta poderia produzir o evento, conforme um alto grau de probabilidade. A indefinição persiste, todavia, quando se tratar de processos causais que só se tornam relevantes quando apreciados normativamente.

Ao trabalhar com hipóteses controversas, a ciência procurou, em certa medida, proceder a uma avaliação das condições negativas e positivas interferentes sobre o resultado. Uma dessas propostas é representada pelo Teorema de BAYES, que quer inferir a medida das probabilidades a partir de fatores *a priori* e *a posteriori*. De acordo com esse teorema, os fatores de probabilidade só poderão ser levados em conta se estiverem também conjugados com outro fator que assinale, com base em comprovação empírica, que sua asserção a um dos fatores anteriores o torna mais provável do que o outro.[63] Apesar de a fórmula de BAYES ter sido acolhida com entusiasmo por uma parte da ciência, não poderá esclarecer, de modo mais preciso, como se medem os graus de probabilidade, porque faz depender todo seu enunciado da afirmação de um dado que só poderá ser colhido mediante uma observação empírica e que nem sempre será suficiente para explicar como o resultado seria mais ou menos

---

60. STEGMÜLLER, Wolfgang. *Erklärung, Begründung, Kausalität,* 1983, p. 983.
61. SALMON, Wesley C. *Causality and Explanation,* 1998, p. 67.
62. Idem. *Probabilistic Causality*, 2007, p. 152.
63. GODFREY-SMITH, Peter. *Theory and Reality*, 2003, p. 203.

provável. Daí a crítica que se lhe faz GODFREY-SMITH, de que sua fórmula não é propriamente um recurso explicativo da produção de eventos, mas, sim, um critério de avaliação de provas.[64] A inexistência de uma ação devida, que caracteriza a omissão, não constitui, por outro lado, um reforço dos fatores causais que conduza à afirmação de que, com ela, o resultado não teria ocorrido. Na falta desse elemento empírico-causal, a fórmula de BAYES se torna inservível.

Em substituição ao teorema bayesiano, entram em cena dois outros enunciados: um, relacionado a uma probabilidade psicológica e outro, a uma probabilidade procedimental.

A concepção psicológica de probabilidade, também chamada de probabilidade personalista, faz depender do comportamento do intérprete o enunciado acerca da probabilidade de um evento. Atendendo a que a avaliação do que seja mais ou menos provável depende do próprio observador, pensa-se ser possível instituir graus de probabilidade, conforme os índices de confiabilidade. A esse desfecho chegam alguns adeptos da teoria de BAYES, em sua vertente subjetiva, que entendem que a crença, a confiança ou a opinião acerca da relação entre antecedente e consequente não implica uma conclusão em torno de «sim» ou «não», mas uma avaliação gradual, de tal sorte que seja possível sua compreensão numérica.[65] A compreensão numérica em relação à probabilidade de um evento, que também se faz na teoria estatística, tem, aqui, outra conotação: a inserção de um dado empírico *a posteriori*, conjugado com um dado empírico *a priori*, confere ao observador os elementos adequados a elaborar uma tabela de possibilidades acerca do que se poderia esperar da relação entre antecedente e consequente.[66] Esse sistema poderá até funcionar quando se tratar de uma forma física de relação, mas é, como se pode ver, inadequado para a omissão. Afinal, como se pode medir numericamente a relação entre uma inatividade e um evento? Tudo ficará na dependência de uma avaliação arbitrária do observador. O mesmo se pode dizer do famoso Teorema de Finetti, que quer condicionar a graduação da probabilidade a determinados coeficientes, os quais só terão validade quando se tenha, efetivamente, uma demonstração dos índices numéricos da relação.[67] Como pondera LAUX, a probabilidade subjetiva não fornece um resultado que seja alheio à decisão extraída de uma intuição subjetiva, o que leva a tratar a questão da proporcionalidade segundo o que o observador ou o intérprete constatou

---

64. GODFREY-SMITH, Peter. *Theory and Reality*, 2003, p. 205.

65. ROUGHLEY, Neil; LÜBBE, Weyma. «Wahrscheinlickeit», *Enzykopädie Philosophie und Wissenschatstheorie*, 2004, p. 609.

66. PERCIVAL, Philip. *Probability*, 2001, p. 362.

67. ROUGHLEY, Neil; LÜBBE, Weyma. «Wahrscheinlickeit», *Enzykopädie Philosophie und Wissenschatstheorie*, 2004, p. 609.

ou percebeu.[68] Uma vez que a conclusão final não pode estar divorciada do que o intérprete constatou ou percebeu, sem subordinação a uma lei geral, a concepção psicológica ou personalista de probabilidade constitui apenas um método de avaliação de prova e não uma verdadeira explicação dos fatos, e deixa margem a uma discricionariedade, que afeta a clareza da relação entre antecedente e consequente. Por seu abstracionismo, por um lado, e sua fusão com os métodos de prova, de outro, tem sido rigorosamente criticada pela filosofia da ciência, sob a acusação de confusa e até mesmo de anticientífica.[69] No âmbito do direito penal, em face da ausência de um coeficiente numérico, que possa orientar o processo de identificação do que seja provável ou improvável, as conclusões normativas devem se basear em critérios objetivos que possam esclarecer, dentro de graus cada mais aproximados de certeza, a relação entre o atuar e o resultado. Condicionar a explicação científica e a definição dos graus de probabilidade à percepção do intérprete, ainda que exercida sobre fatos, mas sem sua submissão a uma lei geral ou a critérios objetivos, torna instável a decisão jurídica.

Justamente pela instabilidade dos critérios subjetivos, os quais podem gerar um puro decisionismo, e em contraposição à teoria psicológica, tem-se firmado na ciência contemporânea uma outra espécie de concepção explicativa, que se convencionou chamar de *explicação procedimental*.

Inicialmente, deve-se dizer que só se poderá superar o puro decisionismo de uma explicação ou probabilidade subjetiva, se se trabalhar com um método que admita a interferência de vários fatores positivos e negativos sobre a consecução do evento. Atendendo a esses fatores, poder-se-á graduar seu grau de influência. Neste ponto, parece, assim, correta a primitiva ideia de BERNOULLI, de traçar uma igualdade nos antecedentes, tal como sucede com a teoria da condição. Se as condições favoráveis e desfavoráveis forem iguais, ter-se-á uma simples probabilidade. Ocorre, no entanto, que, no mundo real, as condições raramente são compensáveis, na mesma e exata proporção. Isso pode se dar no jogo de dados, mas não nas relações humanas. Pelas próprias características de cada pessoa, a partir de sua individualidade, capacidade, inteligência e outros fatores, e, ademais, pelas variações do processo de comunicação, as ações ou omissões se exprimem, no mundo da vida, de modo bastante variado. O procedimento de produção dos eventos nem sempre é explícito e claro; muitas vezes é informal e até mesmo obscuro, tudo dependendo de como e onde se situem seus elementos.[70] A interferência de fatores positivos e negativos só adquire relevância dentro de um certo contexto, ou seja, conforme procedimentos específicos relacionados à conduta. A avaliação

68. LAUX, Helmut. *Entscheidungstheorie*, 2005, p. 127.

69. BURDZY, Krzysztof. *The Search for the Certainty: on the Clash of Science and Philosophy of Probability*, 2009, p. 131.

70. GODFREY-SMITH, Peter. *Theory and Reality*, 2003, p. 214.

de uma conduta deve ser feita, assim, com base nos elementos que constituem o processo concreto de produção do evento. Convém observar, além disso, que, na definição de um juízo de probabilidade, devem ser levadas em conta todas as condições que fundamentam o juízo de imputação, inclusive aqueles fatores que já teriam sido superados pela causalidade superveniente. A interrupção do nexo causal, assim, não impõe a irrelevância da causalidade anterior, quando se discuta o grau de probabilidade do evento. O objetivo da fórmula da causalidade superveniente prevista no Código Penal (art. 13, § 1.º) é delimitar o regresso infinito, mas não excluir da argumentação o que, de fato, ocorreu. Invocando uma velha hipótese: alguém, ferido por outrem, é transportado ao hospital e ali recebe tratamento médico; o tratamento é feito à base de antibióticos, os quais produzem na vítima um choque anafilático que a levam à morte; constata-se também que se o médico tivesse ministrado à vítima, no tempo oportuno, um antialérgico, ela sobreviveria. Aqui, há duas sequências: a primeira, relativa ao acidente e ao ferimento; a segunda, ao tratamento. Aparentemente, a vítima morreu do tratamento, não da ferida. Mas para avaliar a relação entre o tratamento e a morte, é indispensável também observar a gravidade da ferida e as condições do paciente. Não será possível dizer que a vítima não morreria se o antibiótico não fosse ministrado ou se o médico lhe aplicasse um antialérgico. Diante da gravidade da ferida, a primeira tarefa do médico seria evitar a infecção, daí a necessidade do antibiótico. Por outro lado, a aplicação concomitante do antialérgico poderia inibir os efeitos do antibiótico. Portanto, a conclusão de que a omissão do médico fora determinante para a morte da vítima deve ser sopesada não apenas por ela própria, mas também pelos antecedentes. Com base nesses fatores é que se deve verificar se a ação devida (aplicar o antialérgico) impediria o resultado com probabilidade nos limites da certeza. Neste caso, não se está tratando apenas da omissão do médico, mas também de todo o procedimento causal, desde o aparecimento da condição inicial até o resultado final. A relação entre antibiótico, de um lado, e antialérgico, de outro, irá proporcionar a criação de estágios de probabilidade, conforme a interação de todos os demais fatores. Para se determinarem os graus de probabilidade, é preciso ver até que ponto a interferência do antialérgico poderia afetar os efeitos do antibiótico. À medida que essa interferência constitua uma condição negativa do antibiótico, o resultado não estará situado com probabilidade nos limites da certeza. Na explicação procedimental, portanto, o que vale não é a relação direta entre um antecedente e um consequente, mas todo o processo de produção do evento.

Definidos os parâmetros de uma explicação procedimental, pode-se tentar elucidar os índices ou graus de probabilidade, principalmente, da probabilidade nos limites da certeza. Como regra geral, partindo da explicação procedimental, pode-se aduzir que haverá uma relação próxima da certeza quando, em contraposição à ação devida, não subsista qualquer fator que a iniba ou exclua.[71] Naquela hipótese do médico, caso a aplicação do antialérgico só interferisse eficazmente nos efeitos secundários do antibiótico e não no seu efeito anti-infeccioso, a ação devida de ministrá-lo ao paciente não teria contra si qualquer fator excludente. Daí se poder dizer que, procedimentalmente, a realização da ação devida do médico teria impedido o resultado com probabilidade nos limites da certeza. Essa conclusão é obtida graças ao processo de eliminação das condições interferentes, que vem sendo seguido pela filosofia da ciência contemporânea. A eliminação das condições interferentes pode sedimentar tanto uma forma dedutiva quanto não dedutiva. Como assinala Godfrey-Smith, os casos mais simples são, normalmente, solucionados por mera dedução, quando puderem ser eliminadas todas as condições menos uma. Mas para casos complexos, nos quais impere a impossibilidade de eliminação de algumas condições interferentes, a conclusão deve ser inferida de um procedimento não dedutivo. Para complementar esse procedimento, devem ser acrescentados, aos argumentos lógicos, também elementos empíricos, que possam esclarecer quanto à proporção de cada uma das condições remanescentes.[72]

Numericamente, a ciência estabelece uma escala de 0 (zero) a 1 (um) para medir os graus de probabilidade. Nos limites dessa escala são, assim, estabelecidas variações, desde a afirmação de impossibilidade até a de certeza.[73] Note-se, no entanto, que, como os índices de probabilidade são contingentes, as afirmações em torno da ocorrência ou não ocorrência do resultado nem sempre são definitivas. Mas, de maneira geral, como os índices são convencionais, podem ser confiáveis, como forma de avaliação numérica. De qualquer modo, devem ser confrontados com as condições empíricas intervenientes sobre o processo de produção do evento.

Argumentando em torno dos procedimentos estatísticos, que servem de modelo de raciocínio de proporcionalidade, estabelece Bosch uma escala de probabilidades para a ocorrência do evento, consoante aqueles índices convencionais: 0 (zero), como impossibilidade; ½, como probabilidade; 1, como certeza. Entre essas escalas definidas, institui outras sub-escalas, que preenchem todo o espectro da convenção.[74] Atendendo, ademais, à relação entre índices objetivos, que praticamente vem interessar ao direito penal, e à terminologia empregada em sua caracterização, assinala Bosch o seguinte: «Quando uma probabilidade seja quase igual a 1, o evento quase sempre (quase certamente) ocorrerá. Em relação a isso, emprega-se, então, a

---

71. Godfrey-Smith, Peter. *Theory and Reality,* 2003, p. 212.

72. Idem, ibidem, 2003, p. 213.

73. Burdzy, Krzysztof. *The Search for the Certainty: on the Clash of Science and Philosophy of Probability,* 2009, p. 35.

74. Bosch, Karl. *Statisk. Wahrheit und Lüge,* 2002, p. 69.

expressão *probabilidade nos limites da certeza*».[75] A probabilidade nos limites da certeza, portanto, é aquela que apresenta um índice entre 98% a 99% de chances de que o evento ocorrerá.[76] Essa é a medida da probabilidade que se deve trabalhar na omissão. Há que ponderar, no entanto, que o julgamento final de que a ação devida impediria o resultado com probabilidade nos limites da certeza está também submetido a um processo normativo de avaliação. Essa ponderação é relevante e imprescindível para evitar que a decisão estatística se transforme em fundamento único e bastante para a conclusão acerca da relação entre antecedente e consequente. A simples constatação estatística, traduzida em termos numéricos ou proporcionais, só vale como orientação inicial. Para que se alcance uma decisão correta será preciso confrontar os critérios de proporcionalidade com os elementos que compõem o procedimento de produção, assim, com as condições positivas e negativas concretas que intervêm, segundo uma lei geral, para que o evento ocorra. Se a exigência de uma avaliação normativa corresponde a uma finalidade de delimitação da imputação, consoante os atributos de um Estado de direito, que assegure ao cidadão a possibilidade de se opor ao processo de argumentação empírica, a inserção dos critérios de probabilidade no âmbito da decisão normativa, por sua vez, tem o escopo de impedir que a explicação causal se funde, exclusivamente, em uma formulação dedutiva, pela qual a conclusão seja consequência necessária de suas premissas.

Quando se confrontam as condições positivas e negativas de produção do evento, surgem três questões práticas, que a ciência procura resolver para delimitar o juízo de probabilidade. A primeira dessas questões diz respeito à impossibilidade de o julgador tomar conhecimento e apreciar todas as condições que intervêm no processo produtivo. A segunda, à fragmentariedade dessas condições e sua descontinuidade. A terceira, a de como proceder para chegar à conclusão final de que a ação devida teria impedido o resultado com probabilidade nos limites da certeza. Em face da variedade das condições e, assim, da impossibilidade de sua apreensão, sustenta-se que, na avaliação dos graus de probabilidade, será inevitável uma subjetividade ou, até mesmo, uma arbitrariedade. Claro, em toda avaliação subsiste certa dose de subjetividade; afinal, a avaliação não é feita mecanicamente. Mas a abundância das condições que interferem na produção do resultado e a impossibilidade real de seu conhecimento não impedem que o julgador delimite o âmbito de apreciação, consoante os dados objetivos que lhe estão ao alcance. Nesse caso, a avaliação será efetuada sobre esses dados. O que se deve alertar, porém, é que, se os dados forem insuficientes para esclarecer até que ponto o resultado dependeria de uma ação salvadora, não se poderá fundar sua imputação ao sujeito. Para

---

75. Bosch, Karl. *Statisk. Wahrheit und Lüge*, 2002, p. 71.

76. Dubben, Hans-Hermann; Beck-Bornholdt, Hans-Peter. *Mit an Wahrscheinlichkeit grenzender Sicherheit*, 2006, p. 67.

que a avaliação seja correta, será necessário que os dados disponíveis sejam de tal qualidade e quantidade, que possam sedimentar um juízo de probabilidade. NAGEL invoca, nesse ponto, uma analogia com a validade dos mapas geográficos, que não precisam conter todas as particularidades da região que querem retratar, o que seria, praticamente, impossível, mas podem ser úteis quando contenham as informações relevantes.[77] Mas, se as informações que devem ser coletadas, ainda que o mapa seja bem abrangente, não estão indicadas, a conclusão acerca de sua existência ou localização não pode ser enunciada. Pode acontecer, porém, que o mapa indique os acidentes, mas com deficiência ou com falta de clareza. Neste caso, pode o observador verificar se é possível tomar em conta acidentes ou pontos próximos e, por comparação, chegar a definir a localização provável daqueles que estavam mal delineados. O mesmo raciocínio deve valer para o discurso penal. Diante da inexistência de indicações precisas, o julgador deve ou eliminar o processo de imputação, caso não chegue a definir os contornos essenciais das condições, ou a buscar paralelos com outras condições existentes, de modo a concluir que a presença da ação devida evitaria o resultado. O desfecho final, contudo, não pode se basear numa simples probabilidade, nem em probabilidade média, mas em indicações de altíssima probabilidade, que se convencionou chamar de probabilidade nos limites da certeza. Em relação à segunda dificuldade, acerca da fragmentariedade e descontinuidade das condições, a avaliação deverá ter por base, primeiramente, os elementos ligados imediatamente ao evento, como as circunstâncias que possam explicá-lo sem a participação da causalidade anterior; depois, em face da insuficiência dessa primeira análise, desenvolver o raciocínio, englobando as circunstâncias anteriores. A descontinuidade e a fragmentariedade das condições não impedem, assim, um juízo de probabilidade, mas excluem, no entanto, a imputação, quando sejam insuficientes para determinar se o resultado era provável e se poderia ser evitado pela ação devida, com probabilidade nos limites da certeza. Quanto à terceira questão, trata-se de um procedimento concreto acerca da definição ou identificação do que constitua essencial e do que seja acidental no processo de produção do resultado e como avaliar as condições em termos de probabilidade para com o evento final. Nesse ponto, o julgador deve dividir sua tarefa em etapas. Em uma primeira etapa, faz uma verificação acerca da existência ou inexistência de condições negativas, que possam excluir a intervenção da ação devida. Em uma segunda etapa, separa, para a devida análise, os casos em que há dos que não há condições negativas. Caso constate a presença de condições negativas, procederá à sua avaliação para definir até que ponto sua interferência afeta um hipotético efeito da ação devida no resultado. Se a interferência das condições negativas afetar substancialmente a eficácia de uma ação devida, deve-se excluir a imputação. Se a interferência não afetar substancialmente

---

77. NAGEL, Ernest. *La estructura de la ciencia*, 1991, p. 519.

a ação devida, proceder-se-á à sua análise proporcional. Da análise proporcional é possível concluir que a ação devida poderia evitar o resultado dentro de padrões médios, que são dados, normalmente, pelo chamado senso comum; neste caso, estará excluída a imputação, porque se tratará de uma relação de simples probabilidade e, assim, insuficiente para fundamentá-la nos delitos omissivos. É também possível que se conclua que, na conjugação entre as condições negativas e a ação devida, esta poderia ter evitado o resultado com *alta probabilidade*, então, ter-se-á de proceder a uma avaliação mais acurada dessa relação. A alta probabilidade é relevante, mas não é suficiente, em si mesma, para fundar a imputação na omissão; só será suficiente se se situar nos limites da certeza. Para definir esse grau de probabilidade, o julgador não pode se valer do senso comum, nem de sua própria experiência, mas, sim, de dados objetivos confrontados com as exigências contidas no tipo legal. Quando se chega a esse ponto da avaliação, a análise da probabilidade só pode ser concluída em função da forma como o tipo legal define a conduta devida e como se poderia dizer que a omissão equivale ao seu cometimento por ação. Aí reside o conteúdo final do processo de avaliação. Ao ter que adequar a análise dos dados objetivos ao conteúdo do tipo legal, o julgador terá, então, de proceder, também, à sua interpretação em face da lesão do bem jurídico, demonstrando, normativamente, a relevância e idoneidade da ação devida. O mesmo processo deve ser observado, agora, com mais facilidade, caso não haja condições negativas que possam interferir na relação entre a ação devida e o resultado.

CAPÍTULO 6
A IMPUTAÇÃO SUBJETIVA NOS CRIMES OMISSIVOS

I. O DOLO E SEU OBJETO

Diferentemente dos crimes comissivos, nos quais o dolo deve orientar-se à realização da ação típica, nos crimes omissivos o dolo se expressa como a decisão acerca da inação, com a consciência de que o sujeito poderia agir para evitar o resultado e sua ação era, pois, necessária a impedi-lo, com probabilidade nos limites da certeza. É insuficiente, por conseguinte, para reconhecer o dolo, a mera consciência da situação fundamentadora do dever de agir ou o conhecimento do seu poder de fato para realizar a ação omitida, como queria Welzel.[1] Mais do que isso, será necessário demonstrar que o sujeito incluiu na sua decisão a não execução da ação possível e necessária.[2] Essa é uma exigência, inclusive, que deflui dos próprios termos do art. 18, I, do Código Penal, que não prescinde do *elemento volitivo* na configuração do dolo, o qual deve ser tomado em conta igualmente nos delitos omissivos.

Além disso, deve conhecer o omitente todas as circunstâncias que compõem a chamada *situação típica* e, nos crimes omissivos impróprios, ainda dados fáticos que fundamentam sua posição de garantidor. Isso quer dizer que, nos delitos omissivos impróprios, deve integrar a representação do omitente a ocorrência do resultado, a modalidade de conduta necessária a impedir o resultado, a possibilidade de sua atuação, a evitabilidade do resultado em virtude de sua atividade, a subsistência de uma relação, legal

1. Welzel, Hans. *Derecho Penal Alemán,* 1970, p. 282.

2. Assim também, Munhoz Netto, Alcides. «Os crimes omissivos no Brasil», *RDP*, 33, p. 27, 1982, e Fragoso, Heleno Cláudio. «Crimes omissivos no direito brasileiro», *RDP*, 33, p. 47, 1982; Santos, Juarez Cirino dos. *Direito penal,* PG, 4.ª ed., 2010, p. 206.

ou contratualmente prevista, ou faticamente assumida, de proteção do bem jurídico ou ainda a prática de uma conduta antecedente arriscada.[3]

Relativamente à ocorrência do resultado, o omitente deve saber, diante das circunstâncias objetivas que são apresentadas, que o resultado típico (morte, lesão, privação de liberdade etc.) irá acontecer. Ademais, para que lhe seja exigida a atuação, deve conhecer qual conduta deva realizar dentro das atividades possíveis (por exemplo, lançar o salva-vidas, atirar-se na água, pedir socorro à autoridade, usar o extintor de incêndio etc.) e representar que, com essa conduta específica e possível, será evitado ou impedido o resultado, *com probabilidade nos limites da certeza.* Portanto, o momento intelectivo do dolo é composto pela consciência quanto à possibilidade do agir, à necessidade da ação e à projeção de que, caso não atue, o resultado ocorrerá com probabilidade nos limites da certeza. Como não se adota, no tocante à causalidade da omissão, a teoria do risco, não basta para caracterizar o dolo que o sujeito agregue à sua representação o fato de que, sem sua atuação, estarão diminuídas as chances de que o resultado seja evitado ou impedido. Convém ressaltar que o dolo deve estar vinculado ao resultado de perigo ou de dano ao bem jurídico e não, simplesmente, a circunstâncias de perigo que fundamentam a situação típica. Essa consideração é importante para poder caracterizar a imputação subjetiva nos delitos omissivos próprios, que aparentemente prescindem de um resultado de dano, mas não de um resultado de perigo ao bem jurídico. Em se tratando de omissão, em que o processo causal não se desenvolve mecanicamente, toda a argumentação em torno do dolo e de seus elementos deve ter por base o juízo normativo incidente sobre a ação devida e seus elementos típicos. Por outra parte, como o dolo deve ter por objeto a relação entre a ação devida necessária e o resultado provável nos limites da certeza, torna-se inviável admitir-se, aqui, um dolo eventual.[4]

Nos delitos comissivos, é suficiente para caracterizar o dolo que o agente assuma o risco da produção do resultado, ou seja, que conheça as circunstâncias arriscadas e se conforme com elas com vistas ao resultado. Não se exige, assim, na comissão, que o agente tenha a consciência de que, com sua ação, o resultado se produzirá, daí poder deixar sua ocorrência ao acaso. Nos delitos omissivos, ao contrário, o sujeito deverá também incluir, em sua representação, a probabilidade do resultado nos limites da certeza e a necessidade de sua atuação, o que só pode ocorrer com dolo direto.

---

3. Wolfgang NAUCKE, além desses elementos, ainda inclui no momento intelectivo do dolo a exigibilidade da ação de salvamento, que para ele faz parte do tipo de injusto (*Strafrecht, Eine Einführung*, 1991, p. 308).

4. Admitindo dolo eventual, ROXIN, Claus. *Strafrecht*, AT, II, 2003, p. 685; SANTOS, Juarez Cirino dos. *Direito penal*, PG, 4.ª ed., 2010, p. 207; ZAFFARONI-BATISTA, *Direito penal brasileiro*, II, 2010, p. 374.

Há dolo direto, em geral, quando o sujeito incorpore a lesão de bem jurídico como seu objetivo final (dolo direto de primeiro grau) ou como consequência necessária de sua conduta (dolo direto de segundo grau). Para tanto, em um momento prévio, deve incluir em sua representação do fato todas as circunstâncias que conduzam à produção do resultado, como seu objetivo final ou como consequência necessária de seu agir. A característica básica do dolo direto reside justamente na relação de congruência entre objetos que compõem seu momento intelectivo e seu momento volitivo. No dolo eventual, há um déficit de congruência desses momentos, de tal sorte que a produção do resultado já não aparece nem como seu objetivo, nem como sua consequência necessária, mas, sim, como consequência ocasional relacionada a circunstâncias paralelas, concomitantes ou consequentes à conduta realizada. Em todo dolo direto, o agente identifica, com nitidez, seus objetos, tanto no plano da consciência quanto no âmbito volitivo. No dolo eventual, falta-lhe essa nitidez na relação entre os dois planos, ou seja, ele tem consciência do resultado, mas não o vincula diretamente à sua vontade. No plano intelectivo, no que toca aos delitos omissivos, o sujeito sabe que sua conduta é necessária e que, com ela, o resultado será evitado com probabilidade nos limites da certeza. Para compor o dolo, é preciso que a relação entre a necessidade da atuação e a verificação do resultado se veja alcançada também pela decisão do sujeito no sentido de não agir. Ocorre que, em qualquer caso, não haverá dolo se a decisão do sujeito não corresponder ao que fora por ele representado. A imputação subjetiva na omissão depende, pois, de uma decisão precisa do sujeito, no sentido de que sua vontade se congregue em torno de não realizar a conduta nessas condições, o que descarta a possibilidade de o sujeito deixar o resultado ao acaso.

O problema em relação ao dolo eventual, quando ao sujeito seja indiferente a ocorrência do resultado ou quando ele o deixe ao acaso, tem nos delitos omissivos uma outra particularidade. A questão é como compatibilizar essa indiferença com a exigência de que o sujeito, para atuar com dolo, tem que ter a vontade de não realizar a conduta devida, conhecendo sua relação de necessidade e probabilidade nos limites da certeza para com o resultado.

No dolo eventual dos delitos comissivos, o agente tem o resultado como provável, mas atua, porque sua ocorrência lhe é indiferente. Não precisa integrar o dolo eventual, neste caso, a consciência acerca da certeza de que o resultado ocorrerá, nem acerca da necessidade de que, de qualquer modo, deve deixar de atuar para que não ocorra. Basta que o autor tenha o resultado como provável e se conforme com sua ocorrência. Essa conformidade ou indiferença para com o resultado fundamenta o dolo eventual nos delitos comissivos porque o desenrolar causal do evento está sob o controle do sujeito. Se o sujeito controla o processo causal e deixa o resultado ao acaso, considera-se que, por isso, o integra ao seu momento volitivo. Claro, há uma ampla discussão para instituir uma distinção significativa entre dolo eventual e culpa consciente, mas, basicamente, a teoria da indiferença tenta explicar, com algum esclarecimento, o que ocorre na relação entre os planos intelectivo e volitivo do sujeito em face do resultado, a partir do domínio do processo causal de sua produção.

Nos delitos omissivos, não há controle sobre o evento, há apenas um juízo de que o resultado ocorrerá com probabilidade nos limites da certeza se o sujeito necessariamente não atuar. Para que atue com dolo, deve incorporar a circunstância da verificação do evento e ainda a necessidade de sua atuação. Deixar o resultado ao acaso, não basta. Bastaria se fosse adotada a teoria que o sedimenta apenas na representação acerca da diminuição das chances de sua produção, caso a conduta não fosse realizada. Mas esta teoria esbarra em uma dificuldade, que é a de ajustar seu enunciado ao comando do art. 13 do Código Penal, que não se concentra na diminuição das chances de produção do resultado, mas, sim, na sua produção concreta, como forma de orientação de conduta para o sujeito. Embora o art. 13 do Código Penal trace os elementos de uma orientação objetiva de conduta, para efeitos de sua imputação objetiva no âmbito do respectivo tipo de delito, sua fórmula da causalidade interfere também na orientação subjetiva e, pois, na imputação subjetiva. Se o sujeito não realiza a conduta, porque deixa o resultado ao acaso, a orientação subjetiva, centrada na vontade, não se efetiva em face da probabilidade nos limites da certeza de sua ocorrência, nem em face da necessidade de sua atuação. Se o sujeito orienta sua conduta por esses parâmetros e decide, assim, não agir, opera com dolo; se não o fizer, mesmo que tenha consciência acerca da probabilidade da ocorrência do evento, só poderá atuar com culpa. Para um suposto dolo eventual, seria indispensável que o sujeito incorporasse essas circunstâncias em sua vontade e decidisse não atuar, mas daí não deixaria o resultado ao acaso e agiria com dolo direto. Por exemplo, se o sujeito, diante de alguém gravemente ferido, decide não lhe prestar socorro e nem pedir à autoridade que o faça, porque verifica que está diante de um conhecido assaltante, e que, portanto, o resultado lhe é indiferente, não se conduz com dolo eventual, mas, sim, com dolo direto. Desde que decida não agir, incorpora em seu momento volitivo as consequências da inação. Se tiver dúvida acerca do salvamento, atuará com culpa e não mais com dolo. O mesmo vale para os delitos omissivos impróprios: se o sujeito, na condição de garantidor, não impede o resultado, porque pouco se importa com sua ocorrência, isso não é suficiente para caracterizar o dolo. É preciso que o sujeito tenha decidido não agir, conhecendo que sua atuação era devida e necessária e que, em face de sua inação, o resultado ocorreria com probabilidade nos limites da certeza. Se o sujeito tem que relacionar o resultado, quase como certo, não o deixa ao acaso, porque sabe que ele está muito próximo de se realizar. Deixar o resultado ao acaso significa pouco se importar se ocorrerá ou não; jamais, porém, que esse resultado ocorrerá. Mesmo nos delitos comissivos, se o sujeito tem certeza de que o resultado ocorrerá atuará com dolo direto. Quem atira contra alguém, sabendo que o matará, atua com dolo direto. Quando se fala em certeza ou em probabilidade nos limites da certeza, ademais, convém ponderar que ninguém tem absoluta certeza de nada. A certeza absoluta é um ente abstrato inalcançável; a certeza, como entidade causal, está sempre condicionada a um processo de regularidade, que a projeta, então, sob a perspectiva de uma probabilidade extrema. Assim, na própria expressão de uma probabilidade nos limites da certeza está contida uma parcela de dolo direto. Se o sujeito quer o resultado e atua para obtê-lo, sempre o representa, previamente, como certo, ou seja, como provável nos limites da certeza; se ele o representar como possível ou ocasional, não atua com dolo direto. É necessário, para agir com dolo direto, nos delitos omissivos, que o sujeito desenvolva coerentemente seu procedimento subjetivo nos planos intelectivo e volitivo. A congruência nos dois planos, como já se disse, é fundamental no dolo direto. No dolo direto de segundo grau, em que o resultado é representado como consequência necessária da conduta, essa representação é coerente com a vontade de realizá-lo, porque os dois planos estão sob mútua dependência, de tal sorte que o sujeito pode orientar sua conduta de conformidade com os elementos da representação. Por seu turno, o sujeito não incorpora em sua vontade o resultado, ainda que de modo indireto, se não tiver plena consciência acerca das condições da ação devida e de sua necessidade. Considerando, ademais, que a relação de probabilidade nos limites da certeza implica um índice de 98% a 99% de ocorrência do resultado, pode-se ver, então, que na omissão não tem lugar o dolo eventual, porque, consoante esse índice, não se poder dizer que o sujeito tenha deixado o resultado ao acaso. Então, se o sujeito deixa o resultado ao acaso, só haverá lugar à culpa consciente e não ao dolo. A culpa está assim configurada: o sujeito tem consciência de que o resultado é provável nos limites da certeza e de que sua atuação é necessária; mas não incorpora essas circunstâncias em sua vontade, porque não pode se orientar por ela ao deixar ao acaso o resultado. Deixando o resultado ao acaso, o sujeito viola uma norma de cuidado, porque deveria tê-la em conta como elemento de orientação de sua conduta.

No que toca à representação acerca dos pressupostos da posição de garantidor, há que se estabelecer o seguinte: a) não é necessário ao omitente conhecer a norma legal ou contratual que lhe imponha o especial dever de proteção, basta que conheça a relação fática que lhe dá substrato (relação de parentesco, relação profissional, relação especial de proteção etc.); b) caso se tenha comprometido faticamente a exercer a proteção, deve ter conhecimento de que a assumiu; c) se produziu com sua atuação anterior o risco da ocorrência do resultado, deve igualmente saber que sua atuação era contrária ao dever e, portanto, arriscada. Se não estiverem presentes esses dados na representação do agente, inexistirá delito omissivo doloso, restando lugar apenas à sua configuração culposa, se prevista em lei. Em relação à ingerência, como a conduta precedente deve ser, necessariamente, contrária ao risco autorizado, o sujeito deve conhecer essa circunstância, o que poderia ensejar a discussão se não se estaria, aqui, tratando de matéria da antijuridicidade e, consequentemente, do conhecimento do injusto e não do dolo. Tendo em vista, porém, que a ingerência deve integrar, quando presente, o tipo objetivo dos delitos omissivos impróprios, seus elementos devem ser abarcados pelo dolo, inclusive, a característica referente à contrariedade ao dever de cuidado da ação precedente. A qualidade de ser a ação precedente contrária ao risco autorizado (ou ao dever de cuidado), como ocorre nos delitos culposos, é matéria do tipo de injusto e não da antijuridicidade.

No tocante à afirmação da *equivalência valorativa entre a omissão e a ação,* a representação do agente guarda uma particularidade. Como a *equivalência* constitui propriamente um elemento não escrito do tipo de injusto dos delitos omissivos impróprios, com vistas a delimitar restritivamente o âmbito de sua punibilidade em face do princípio da legalidade, quando a conduta omissiva não estiver expressamente prevista, o dolo deve abarcar as condições fáticas que a fundamentem. Assim, deve o agente representar a relação direta de necessidade entre a ação devida e o resultado, tendo como parâmetro a sua ocorrência, com probabilidade nos limites da certeza, caso não atue.

II. O ERRO DE TIPO

Da mesma forma como ocorre com os delitos comissivos dolosos, o erro quanto a qualquer desses pressupostos de fato e inclusive sobre a posição de garantidor é *erro de tipo*, que exclui o dolo. O erro, aqui, deve, entretanto, referir-se aos elementos do tipo de delito omissivo, escritos e não escritos. No exemplo de Naucke, do policial que assiste, sem nada fazer, ao espancamento de alguém, porque acredita ser incapaz de conter a agressão, a qual poderia voltar-se contra si mesmo,[5] seu comportamento deverá ser analisado sob o aspecto das atividades realmente possíveis de impedir o resultado, que lhe eram impostas. Assemelha-se essa hipótese àquela do guarda-vidas, que se recusa a lançar-se ao mar para proceder a um salvamento, porque acredita que não poderá fazê-lo em face da ressaca ou da violência das ondas. Se, em ambos os casos, os sujeitos efetivamente acreditam que sua atuação é impossível, porque fisicamente não lhe será viável, por qualquer meio, impedir, respectivamente, o espancamento da vítima (na primeira hipótese) ou o afogamento (na segunda hipótese), sendo o erro inevitável, não lhes será imputada uma conduta omissiva dolosa. Se o erro é evitável, restará a punição por lesão corporal culposa ou homicídio culposo, por omissão. Claro, poder-se-ia pensar também que a representação do agente se referisse à relação direta entre a ação

---

5. Wolfgang Naucke exclui aqui não propriamente o dolo, mas o fundamento da equivalência, porque a omissão do policial não se podia equiparar à ação (*Strafrecht, Eine Einführung*, 1991, p. 306).

devida e sua omissão, diante da ocorrência do resultado, com probabilidade nos limites da certeza, o que indicaria a discussão em torno da equivalência da omissão à ação. Nesse caso, porém, os efeitos seriam os mesmos. O erro de tipo exclui o dolo tanto nos delitos omissivos impróprios quanto nos delitos omissivos próprios.

CAPÍTULO 7
A CULPABILIDADE NOS CRIMES OMISSIVOS

I. O ERRO DE MANDAMENTO

Por outra parte, o erro sobre o dever de garantidor, como tal, é *erro de mandamento*, que exclui a culpabilidade, se inevitável, subordinando-se aos ditames contidos no art. 21. O que pouco importa é a terminologia, se *erro de mandamento* (ou de mandato) ou *erro de proibição*, senão sua incidência sobre a antijuridicidade da conduta. Em alguns casos, não será fácil distinguir entre erro de tipo e erro de mandato, principalmente quando, como se verifica no chamado direito penal econômico, o sujeito não pode conhecer a ação que lhe é imposta e que, portanto, deve praticar, sem conhecer previamente o dever de realizá-la. Neste particular, a jurisprudência alemã, por exemplo, vem acentuando tratar-se de erro de tipo, excludente do dolo, o desconhecimento dos deveres de prestar declaração ou informação ao fisco, ou de registrar estoque, ou da obrigatoriedade de informar ao censo etc.[1] Esse tema não é novo no Brasil, onde a partir de 1990 começaram a brotar desordenadamente tipos penais omissivos em matéria tributária e previdenciária, nos quais a omissão está vinculada necessariamente ao conhecimento prévio do dever de agir, por ser este mesmo constitutivo da própria incriminação. Nesses casos, o desconhecimento do dever de prestar informações ao fisco, ou de recolher contribuições, por exemplo, não será erro de mandato, mas erro de tipo, que exclui o dolo. Justamente em face dessa dificuldade de identificar o dever de agir em alguns tipos penais, Juarez Cirino dos Santos pondera, com propriedade, que, aqui, o juízo de evitabilidade tem que ser menos rigoroso para determinar ou não a exclusão da culpabilidade pelo erro de mandato.[2]

---

1. Schönke-Schröder-Cramer, *Strafgesetzbuch Kommentar*, 24.ª ed., 1991, p. 246.
2. Santos, Juarez Cirino dos. *Direito penal*, PG, 4.ª ed., 2010, p. 209.

Outra questão relevante é aquela relativa ao critério de reconhecimento do dever de agir. A doutrina penal costuma invocar,[3] quando se trate da análise de elementos normativos do tipo, como é o caso em muitos delitos omissivos (por exemplo, aqueles relacionados à sonegação fiscal ou à infração à ordem econômica, de vender mercadoria imprópria para consumo), um conhecimento na esfera do leigo. Esse critério, todavia, constitui apenas um recurso retórico para fundamentar a punibilidade e não um meio adequado a aferir, verdadeiramente, se o agente conhecia ou podia reconhecer o dever de agir. Nas infrações complexas, em que se exige um conhecimento especializado do sujeito, é inválido arguir-se um conhecimento leigo. Veja-se que, nesse caso, como se dá quanto à definição de mercadoria imprópria para consumo, até mesmo os tribunais têm dificuldades em definir o que constitua o objeto da ação devida. Ora, oscilam entre subordinar esse conceito à exigência de uma perícia, ora ao pressuposto de nocividade, mesmo em face da definição contida no Código do Consumidor.[4] Daí se dizer que o conhecimento de um elemento normativo do tipo deve ser aferido de conformidade com o sujeito individual e sua relação para com o sistema de valores da ordem jurídica. Isso porque, tal como ocorre com os delitos culposos, o conhecimento dos elementos normativos do tipo nos delitos omissivos envolve preceitos da ordem jurídica e não apenas do tipo de delito posto em questão.[5] Poder-se-ia pensar, então, que isso seria matéria de culpabilidade e, portanto, da consciência do injusto e não da imputação subjetiva. Mas parece que o problema é mais complexo, porque, quando os elementos normativos do tipo se integram na avaliação do conteúdo de injusto, de tal modo que o sujeito não possa conhecer o dever de agir, sem também conhecer o significado do objeto da conduta que deve praticar, e vice-versa, opera-se uma verdadeira unificação entre tipicidade e antijuridicidade. Essa unidade da tipicidade e da antijuridicidade conduz ao reconhecimento de um erro *sui generis,* que poderia ser chamado de *erro de injusto,* o qual teria como efeito excluir a relação subjetiva entre o agente e a norma mandamental. Em termos dogmáticos, esse erro, que poderia ser tratado, em moldes analógicos, como erro sobre descriminantes fáticas, implicaria a exclusão do injusto e não da tipicidade ou da culpabilidade.[6]

II. A INEXIGIBILIDADE DE CONDUTA DIVERSA

Uma vez que nos delitos omissivos vigoram as mesmas regras e os mesmos fundamentos para o juízo de culpabilidade dos crimes comissivos, a

---

3. Roxin, Claus. *Strafrecht*, AT, 2006, p. 486 e ss.
4. Ver nota 38 do cap. 5, à p. 378.
5. Tavares, Juarez. *Teoria do crime culposo,* 3.ª ed., 2009, p. 445.
6. Com pensamento semelhante em relação ao erro de proibição, mas com a conclusão de que, com isso, fica excluída a culpabilidade e não o injusto, Heinrich, Bernd. *Der Irrtum über normative Tatbestandsmerkmale, Festschrift für Claus Roxin*, 2011, p. 450 e ss.

doutrina tem-se manifestado contraditoriamente no tocante à possibilidade de se adotar, quanto àqueles, uma causa supralegal de exculpação.

Após a perda da importância do fundamento da culpabilidade com base no *poder agir de outro modo*, a decisão acerca da inexigibilidade de conduta conforme a norma deve passar necessariamente por outra avaliação. Na verdade, o fundamento do juízo de culpabilidade deve residir na capacidade de motivação do agente conforme as exigências da ordem jurídica e não no seu, *a priori* indemonstrável, *poder agir de outro modo*. Para isso, torna-se indispensável que na emissão desse juízo se tenha em consideração o *papel social* do sujeito, seu comprometimento para com a defesa e proteção do bem jurídico e sua capacidade pessoal de internalizar os mandamentos normativos. Somente depois da análise e demonstração desses pressupostos, é que será possível o exame de uma causa geral de exculpação, com base na chamada inexigibilidade de conduta diversa.

Ao tornar concreta essa análise, pode-se dizer que a questão da inexigibilidade de conduta diversa nos delitos omissivos está essencialmente vinculada à natureza da norma mandamental que constitui seu substrato. Esta íntima relação entre dever e exigibilidade de conduta diversa é de tal modo significativa que autores de renome como NAUCKE a inserem no próprio tipo de injusto. Na realidade, o juízo de exigibilidade deve ser feito em duas etapas: no tipo de injusto, tem-se em vista a real possibilidade de realizar a ação mandada, e, na culpabilidade, a capacidade de motivação do sujeito. Nos delitos omissivos impróprios, em que esta matéria se mostra de importância, a questão da inexigibilidade está vinculada praticamente à determinação do dever de garantidor, que condiciona, como elemento do injusto, a própria culpabilidade. Mas convém salientar que aqui não são levados em conta os pressupostos materiais ou formais da posição de garantidor, que constituem elementos próprios da tipicidade, senão o domínio do sujeito acerca do acontecimento, com vistas à sua capacidade concreta de atender à imposição normativa de proteção do bem jurídico posto em perigo. O que fundamenta, portanto, a culpabilidade é o juízo sobre se o sujeito, nas circunstâncias em que se encontrava, dominava o processo de produção do resultado e poderia, então, motivar seu comportamento de acordo com o mandamento normativo. Ao mesmo tempo em que se justifica a inserção dos elementos de fundamentação da posição de garantidor com base no fato de que, naquelas hipóteses, a vítima como portadora do bem jurídico se encontrava incapacitada de exercer sua função protetiva, ao inverso, ao sujeito será atribuída, como culpabilidade, a omissão da ação legal ou juridicamente ordenada quando, apesar de exercer o domínio do fato, se insira no âmbito de proteção do bem jurídico e esteja capacitado de motivar-se e, pois, de atender a essa determinação.

Sob esses fundamentos, não há como se negar a possibilidade da adoção de uma cláusula geral de exculpação nos delitos omissivos. Basta que não se demonstre no caso concreto a necessária vinculação entre o domínio do fato e a capacidade pessoal de atender às imposições destinadas a exercê-lo em face do bem jurídico, para que se exclua a culpabilidade, por ser inexigível ao sujeito outro comportamento. Assim, não haverá culpabilidade naquelas hipóteses em que o sujeito, diante de uma situação de colisão de deveres ou de interesses, deixa de realizar a ação mandada para evitar a lesão a bem jurídico próprio ou de terceiro próximo,[7] como no exemplo dos pais que deixam de impedir a ação de tráfico de drogas de sua filha para não expô-la à prisão; ou no exemplo do sujeito que deixa de declarar a verdade, como testemunha, para não se submeter, ele mesmo, a um procedimento criminal pelo fato acerca do qual está prestando depoimento. É que nestes casos, diante da colisão de interesses ou deveres, o sujeito não se situa no âmbito de comunicação da norma mandamental e, portanto, não se pode motivar de acordo com a determinação da norma, não merecendo, por isso, o juízo de censura da culpabilidade.

---

7. Rudolphi, Hans-Joachim. *Strafgesetzbuch, Systematischer Kommentar*,1977, pré-anotação ao § 13; com reservas, Maurach-Gössel-Zipf, *Derecho Penal,* PG, vol. II, 1995, p. 272.

CAPÍTULO 8
CONCURSO DE PESSOAS E TENTATIVA

Dois outros aspectos dos crimes omissivos constituem questões polêmicas, ainda sem soluções definitivas. São os aspectos relativos ao concurso de pessoas e à tentativa. Nesse tema, a doutrina tem tomado caminhos absolutamente contraditórios, sendo melhor que se adotem regras especiais, direcionadas à respectiva modalidade de delito.

I. CONCURSO DE PESSOAS

A doutrina é bastante contraditória em relação ao concurso de pessoas nos delitos omissivos. Na Alemanha, Roxin, entre outros, não admite coautoria, mas entende possível a participação.[1] Wessels-Beulke fazem uma distinção entre participação ativa e passiva; a participação ativa em omissão alheia é caracterizada como coautoria, autoria mediata, instigação ou cumplicidade; a participação passiva só configura um concurso de pessoas quando o participante por omissão for garantidor; se não for garantidor, ficará excluído do processo de autoria e participação.[2] Stratenwerth-Kuhlen rejeitam a autoria mediata; quanto à coautoria, procedem a uma diferenciação: se os autores forem garantidores e se omitirem ao mesmo tempo diante da evitação do resultado, é possível a coautoria por omissão, mas ela é irrelevante porque cada um responde como autor; se, porém, o resultado só pode ser evitado pela ação devida conjunta, haverá coautoria; no que toca à participação, admitem-na, mas ponderam que tal só ocorre excepcionalmente, quando não estejam presentes condições próprias da autoria do delito omissivo.[3] Na doutrina brasileira, Luiz Regis Prado rejeita qualquer forma de concurso de agentes.[4] Heitor

---

1. Roxin, Claus. *Strafrecht*, AT, II, 2003, p. 667 e 681.
2. Wessels-Beulke. *Strafrecht*, AT, 40.ª ed., 2010, p. 288.
3. Stratenwerth-Kuhlen. *Strafrecht*, AT, 6.ª ed., 2011, p. 302 e ss.
4. Prado, Luiz Regis. *Curso de direito penal brasileiro*, 10.ª ed., vol. 1, 2011, p. 470.

Costa Júnior entende incabíveis a coautoria e a autoria mediata; em relação à participação, acolhe a possibilidade de cumplicidade tanto nos delitos omissivos próprios quanto impróprios; no que toca à instigação, faz distinções em função da forma de participação: uma instigação ativa conduzirá a um delito comissivo, ou fará do instigador um garantidor de um omissão imprópria.[5] Juarez Cirino dos Santos admite a coautoria nas hipóteses de dirigentes de empresas com atribuições estatutárias comuns. Também vê a possibilidade de uma participação no caso de um vigia que não impede o furto em estabelecimento, cuja segurança estava a seu encargo.[6] Cezar Bitencourt postula pela possibilidade tanto de coautoria quanto de participação, com a condição, para esta última, de que os omitentes não possam ser tidos como autores individuais.[7] Nilo Batista, que realizou profícuo estudo sobre o tema, assinala, em primeiro lugar, ser incabível trabalhar-se o concurso de pessoas nos delitos omissivos sob o critério do domínio do fato, porque a responsabilidade, aqui, só afeta aquele que está comprometido com um dever de atuar. Nesse sentido, rechaça, em segundo lugar, a coautoria e a participação, indicando que, nas hipóteses de instigação por ação, ou se trata de delito comissivo, ou de absoluta irrelevância, quando o sujeito não detenha as qualidades da autoria.[8]

Como os crimes omissivos são *delitos de dever*, para usar a terminologia proposta por Roxin,[9] há uma certa especialização dos sujeitos, quer porque se encontrem concretamente diante da situação de perigo e, assim, estejam obrigados a atuar em face de um dever geral de assistência, quer porque apresentem uma especial vinculação para com a proteção do bem jurídico.

Embora a norma mandamental possa se destinar a todos, como na omissão de socorro, o preenchimento do dever é pessoal, de modo que não é qualquer pessoa que pode ser colocada na posição do omitente. Somente podem ser sujeitos ativos dos delitos omissivos, primeiramente, aqueles que se encontrem aptos a agir e se situem diante da chamada situação típica; depois, aqueles que, estando em condições reais de impedir a concretização do perigo, tenham uma vinculação especial para com a vítima ou para com a fonte produtora do perigo, de forma que se vejam submetidos a um dever especial de impedir o resultado.

Consoante esse dado, pode-se afirmar que nos crimes omissivos não há concurso de pessoas, isto é, não há coautoria nem participação. Essa é a velha e sempre atual lição de Welzel.[10]

---

5. Costa Júnior, Heitor. *A teoria da omissão no pensamento jurídico-penal de Tobias Barreto*, 1979, p. 88, 136, 140.

6. Santos, Juarez Cirino dos. *Direito penal*, PG, 4.ª ed., 2010, p. 357.

7. Bitencourt, Cezar Roberto. *Tratado de direito penal*, 15.ª ed., vol. 1, 2010, p. 496.

8. Batista, Nilo. *Concurso de agentes*, 4.ª ed., 2008, p. 84 e ss.

9. Roxin, Claus. *Täterschaft und Tatherrschaft*, 6.ª ed., 1994, p. 459 e ss.

10. Welzel, Hans. *Derecho penal alemán*, 1970, p. 284.

Cada qual responde pela omissão individualmente, com base no dever que lhe é imposto, diante da situação típica de perigo ou diante de sua posição de garantidor. Trata-se, como expõe Armin KAUFMANN, de uma forma especial de autoria colateral. São estas suas palavras: «Se 50 nadadores assistem impassíveis ao afogamento de uma criança, todos ter-se-ão omitido de prestar-lhe salvamento, mas não comunitariamente. Cada um será autor do fato omissivo, ou melhor, autor colateral de omissão».[11]

EXEMPLO N. 1. Alguém está na companhia de outra pessoa e vê terceiro afogar-se. Quem se está afogando é filho de uma das pessoas que observam o afogamento. Os dois não só o observam, mas comentam entre si quem irá salvá-lo, ressaltando as incertezas desse empreendimento. Afinal, decidem em conjunto que não irão proceder ao salvamento. Embora um tenha aconselhado o outro acerca do que devesse fazer ou não fazer, inexiste no caso participação, porque um deles responderá por crime de omissão de socorro e o outro por homicídio por omissão. Cada um, portanto, responde individualmente pela omissão e seus efeitos, na medida de sua posição em face da proteção do bem jurídico. O pai viola o dever de impedir o resultado, porque era garantidor da vida do filho. O outro viola o dever geral de assistência, porque, como cidadão presente na situação de perigo, tinha que lhe prestar socorro.

Note-se, assim, que o comportamento de cada um, que pode coincidir com o comportamento do outro, não é decisivo para determinar a participação. O que importa é a posição de cada sujeito diante da proteção de bem jurídico. Como a realização do tipo dos delitos omissivos está associada a violações de deveres, desde que qualquer pessoa tenha violado o dever que lhe é imposto, já estará dando início à execução do fato, que, dependendo da configuração legal, pode exigir a verificação do resultado para a sua consumação. Este raciocínio não muda, quando o dever que é imposto aos vários agentes pertence à mesma fonte. Se os que se omitirem do salvamento forem, ambos, os pais de quem se está afogando, assim mesmo sua comum resolução não implica participação ou coautoria. Já que o comportamento de ambos não interfere na realização do tipo de delito que lhe seja atribuível, a participação, pelos seus fundamentos, não pode exclusivamente derivar da fonte do dever de agir. Vale dizer: mesmo que os deveres remontem à mesma origem, o omitente não deve ser visto na qualidade de portador de um dever solidário, mas, sim, como pessoa individual, sobre quem recai o mandato normativo de realizar determinada ação para afastar a ocorrência do resultado.

Centralizada a análise no critério do *domínio do fato*, que monopoliza os fundamentos da autoria, deve-se também concluir, como o faz BUSTOS

---

[11] KAUFMANN, Armin. *Die Dogmatik der Unterlassungsdelikte,* 1959, p. 189.

Ramírez,[12] que efetivamente será impossível qualquer forma de coautoria ou participação na omissão. É que qualquer forma de concurso de pessoas no fato punível, quer se trate de coautoria ou de participação em geral, pressupõe uma divisão na execução ou concretização do *domínio do fato* (coautoria), ou a contribuição material (cumplicidade) ou psíquica (instigação) ao autor para executar a ação proibida. Como na omissão inexiste o *domínio do fato*, pois não se pode imaginar uma execução material daquilo que se planejou realizar, a participação deixa de ser real para tornar-se potencial, isto é, um observador objetivamente neutro jamais poderá estabelecer *ex ante* quem seria autor ou partícipe, com base nos dados que lhes sejam disponíveis, porque todo o fato só poderá ser avaliado após se constatar a infração ao dever de atuar. Admitir-se a participação nesse caso implicaria retirá-la de sua base no fato típico, que é o sustentáculo da garantia individual, para submetê-la a um puro critério de política criminal voltado exclusivamente à questão de sua punibilidade.

Por outro lado, ao associar-se o critério do *domínio do fato* ao critério *final-subjetivo-objetivo*, mais nítida ainda se torna a impropriedade da tese contrária. Nos delitos comissivos, quem auxilia o autor ou quem o convence a atuar pode delimitar precisamente o âmbito de sua participação, porque a sua execução lhe permite decidir se igualmente quer dividir com aquele as tarefas reais da consecução do que é proibido, tomando o fato como próprio e assim tornando-se seu coautor, ou se simplesmente quer tomar o fato como alheio e nele participar como cúmplice ou instigador. Nos delitos omissivos, ao contrário, inexistindo o *domínio do fato* por parte do autor, ao qual se responsabiliza não pela sua proeminência na execução, senão porque a ordem jurídica lhe impõe um dever de atuar, quem queira dele participar ficará desde logo impossibilitado de decidir se quer dividir funcionalmente as tarefas com o autor ou se simplesmente quer atuar em fato alheio.

Resta examinar a posição de terceiro, que através de conduta comissiva, contribui para a omissão de quem tinha o dever de impedir o resultado. Da mesma forma que inexiste participação ou coautoria nos delitos omissivos, quando os sujeitos se omitirem em face da mesma situação de perigo, aqui também será impossível admitir-se a relevância dessa outra modalidade de participação. Deve-se seguir neste contexto a ponderação de Roxin, ao estipular como pressuposto de qualquer concurso de agentes que todos os participantes estejam subordinados aos mesmos critérios de imputação,[13] o que não se dá quando se trata de delitos comissivos e omissivos, em face da própria estrutura da norma. Cada qual – agente e omitente – serão igualmente autores do fato, o primeiro, de crime comissivo e o outro, de crime omissivo. Se, por qualquer motivo, for impossível a incriminação do instigador por delito comissivo, por

---

12. Ramirez, Juan Bustos. *Manual de derecho penal*, PG, 3.ª ed., 1989, p. 296.

13. Roxin, Claus. *Täterschaft und Tatherrschaft*, 1994, p. 470.

não preencher alguma condição do tipo legal, como se dá, por exemplo, com o particular que instiga um funcionário a não realizar um ato de ofício que lhe incumbia (prevaricação – art. 319), tal fato só pode ser solucionado por via legislativa através de uma previsão típica expressa acerca dessa forma de atividade. Esta solução, algumas vezes, pode parecer injusta, mas é a única admissível dentro de um direito penal de garantia. Diversa é a hipótese do exemplo n. 1, quando estranho convence o pai a não socorrer o filho que se está afogando. Neste caso, o pai responde, como garantidor, por homicídio por omissão, e o vizinho por omissão de socorro, como já dito. Solução contrária, proposta por Arzt no sentido de uma participação ativa no delito do pai,[14] é inaceitável em face da diversidade de deveres incidentes sobre os sujeitos.

Exemplo n. 2. (Rodríguez Mourullo; Heitor Costa Júnior). Vários irmãos se dirigem com um carro para a casa de seus pais. Durante o percurso causam um acidente, com ferimentos em uma pessoa, mas a abandonam no local e seguem viagem. O pai, que não havia visto a vítima e nem participado do acidente, ainda que soubesse do ocorrido por informação de sua mulher, exorta aos filhos a saírem com ele para uma taverna, sem dar a devida atenção à pessoa ferida. Rodríguez Mourullo e Heitor Costa Júnior concebem uma instigação ao delito de omissão de socorro por parte do pai.[15] Mas, atendendo à argumentação em torno dos efeitos do conceito de delitos de dever, como é o caso da omissão de socorro, só restam duas alternativas: ou o pai não poderia prestar socorro e nem poderia chamar a autoridade para que o fizesse e, assim, não cometeria qualquer crime, ou poderia fazê-lo e seria autor da omissão de socorro, tal como seus filhos.

Diferente é, entretanto, a hipótese de uma autoria mediata dolosa comissiva em relação a um omitente.[16] Por exemplo, quando alguém, mediante a ameaça de um revólver, impede que o controlador de voo do aeroporto transmita as orientações de pouso às aeronaves, vindo a causar um grave acidente. Nesse caso, o fato não deve ser tratado como delito omissivo, senão como delito comissivo, já que a consecução do objetivo proposto pelo autor mediato resultou de sua interferência direta na sequência dos acontecimentos, da qual o omitente era apenas um instrumental.

II. TENTATIVA

No tocante à tentativa, as coisas são um pouco mais complexas. Pode-se afirmar, se bem que teoricamente se pudesse pensar o contrário, que nos

---

14. Arzt, Gunther. «Zur Garatenstellung beim unechten Unterlassungsdelikte» (1. Teil), *JA*, 1980, p. 557.

15. Costa Júnior, Heitor. *A teoria da omissão no pensamento jurídico-penal de Tobias Barreto*, 1979, p. 87.

16. Ramírez, Juan Bustos. *Manual de derecho penal,* PG, 3.ª ed., 1989, p. 296.

crimes omissivos próprios não se admite tentativa, porque, uma vez que a omissão esteja tipificada na lei como tal, se o sujeito se omite, o crime já se consuma; se o sujeito não se omite, realiza o que lhe foi mandado. Nos *crimes omissivos impróprios,* entretanto, a doutrina tem admitido a tentativa, mas alterando as suas bases tradicionais.[17]

1. Atos preparatórios e executivos

No campo da diferenciação entre atos preparatórios e executivos do delito, a doutrina brasileira adota, em sua maioria, sendo isto tradicional em nosso país, a *teoria formal-objetiva,* segundo a qual haverá tentativa toda vez que, iniciada a realização estrita da ação típica, não é alcançada a consumação do delito por circunstâncias alheias à vontade do agente. Essa fórmula, que adveio do direito liberal burguês, é consequência de uma interpretação formal e restritiva dos dispositivos legais que regulamentam a tentativa, com base no início da execução. E é de se notar que a definição legal da tentativa inserida no art. 14, II, do Código Penal brasileiro é igualmente da tradição dos países da América Latina, como, dos códigos da Argentina (art. 42), Chile (art. 7.º) e Uruguai (art. 5.º).

A questão principal da tentativa reside justamente na determinação do que constitua esse *início de execução.* A *teoria formal-objetiva,* fiel ao enunciado da teoria causal-naturalista, só poderia considerar como *início da execução* aquilo que, objetivamente, desse impulso ao desenrolar da ação típica, tomada no contexto da causalidade. No crime de homicídio, por exemplo, a tentativa só teria lugar no instante em que o agente iniciasse a ação de matar, isto é, começasse a disparar contra a vítima, ou a esfaqueá-la, ou a ministrar-lhe veneno etc.

Essa teoria, entretanto, embora tenha seus méritos incontestáveis, principalmente no sentido de buscar uma precisa delimitação da zona que separa a conduta proibida da permitida, não é suficientemente apta a, diante de alguns casos controvertidos, estabelecer ao destinatário da norma a orientação básica de sua conduta em face do bem jurídico.

Como a *teoria formal-objetiva* parte do início da realização estrita da ação típica, está claro que enfrentará enormes dificuldades quando aplicada aos crimes omissivos, que não podem ser retratados materialmente.

Como complemento a esta teoria puramente formal, a doutrina tem desenvolvido outros critérios, como os da *teoria material-objetiva* ou da *teoria subjetivo-objetiva,* agregando-se-lhes ainda o critério do *perigo para*

---

17. Entre nós, Juarez Cirino dos Santos rejeita inteiramente a possibilidade de tentativa nos crimes omissivos e considera que sua punição seria inconstitucional por violação ao princípio da legalidade (*Direito penal,* PG, 4.ª ed., 2010, p. 210).

o bem jurídico. Mas todas essas orientações são igualmente defeituosas, não havendo até agora uma solução definitiva e escorreita na determinação precisa do que se deva entender por *início da execução*.

Exemplo: Dois ladrões pretendem arrombar uma casa, que é guardada por ferozes cães, além de possuir grades e alarmes em portas e janelas. Para realizarem o furto, necessitam, previamente, contornar esses obstáculos. Primeiramente, matam os cachorros; depois colocam ácido nas grades e fechaduras e, finalmente, provocam um curto-circuito para desativar o sistema de alarme. Pela *teoria formal-objetiva*, esses atos, que não podem ser identificados com a ação de subtrair, constituem meros atos preparatórios, impuníveis. Pela *teoria material-objetiva*, constituiriam já início da execução do delito de furto, porque estariam integrados em plano natural à própria ação típica de subtrair, como seus sucedâneos, e teriam colocado em perigo o bem jurídico. A mesma solução seria dada pela *teoria subjetivo-objetiva*, com base no *plano dos agentes*.

A questão da aplicação dessas teorias alternativas reside, porém, na insegurança jurídica que podem gerar, porque, desvinculadas da exata configuração da ação típica, começam a interpor na análise do tipo critérios nem sempre inequívocos, como o do *sucedâneo natural da ação típica*. A superação desses problemas de segurança só pode ser alcançada no caso concreto.

No exemplo citado, os atos praticados pelos ladrões estão descritos no Código Penal como modalidade qualificada de execução do delito de furto (art. 155, § 4.º, I), o que os caracteriza como atos de execução da própria ação típica, desde que, entretanto, a subtração deva ser praticada imediatamente após aqueles atos. Se, entre tais atos, embora referidos como formas qualificadas do agir, e a ação típica de subtrair, houver uma solução de continuidade, porque, por exemplo, os ladrões pretendiam entrar na casa somente no dia seguinte, o fato de matarem o cachorro, despejarem ácido nas grades ou provocarem um curto-circuito ainda não constitui início da execução do furto.

Independentemente da teoria que se adote, se um determinado ato vier referido na lei como elemento de qualificação, ou forma agravada, o que deve valer é a relação direta entre esse ato e a imediata realização da ação típica. Aqui, praticamente, o próprio legislador descreve o ato, que poderá ou não ser ato de execução, dependendo de sua relação para com a realização da ação típica. Se o ato, previsto como forma qualificada, for praticado dentro do plano de imediatamente após ser realizada a ação típica, tal ato já constitui início de execução do delito. Esta é a posição majoritária da doutrina,[18] quando se trata de crimes comissivos.

---

18. Jescheck-Weigend. *Lehbuch des Strafrechts*, 1996, p. 524; Roxin, Claus. «Tatentschluss und Anfang der Ausführung», *Juristische Schulung*, 1979, p. 1; Wessels-Beulke. *Strafrecht*, AT, 40.ª ed., 2010, p. 227.

2. Nos crimes omissivos impróprios

Nos crimes omissivos impróprios, pressuposto fundamental é de que a omissão de impedir o resultado tenha equivalência à sua produção por ação. Uma vez que se admita esse pressuposto – e nem poderia ser de outro modo, porque sem isso não se poderá configurar um delito omissivo impróprio –, o início da execução se dá sobre a mesma base dos delitos comissivos. Isso ocorre quando o sujeito se tenha omitido de uma ação devida de impedir o resultado, equivalente à ação típica de produzi-lo. Mas dessa omissão se deverá afirmar, com probabilidade nos limites da certeza, de que o resultado ocorrerá se o sujeito não realizar imediatamente a ação. A simples violação do dever de impedir o resultado não é suficiente para caracterizar a tentativa, porque, com isso, ainda não se poderá dizer que a omissão corresponde à ação e, assim, põe em perigo o bem jurídico. A equivalência da omissão à ação só passa a se verificar, em termos de afetação do bem jurídico, quando a situação concreta indique que ação devida deva ser realizada naquele momento, se se quiser evitar, com probabilidade nos limites da certeza, que o resultado se produza.

Atendendo a essas características, a doutrina tem-se orientado em três sentidos: a) de tomar como decisiva a não utilização da primeira possibilidade de salvamento;[19] b) ou da última chance de fazê-lo,[20] ou c) ainda do perigo concreto para o bem jurídico, produzido pelo atraso na prática da ação apta a impedir a lesão.[21]

A doutrina dominante parece seguir uma vertente objetiva da proposta adotada Wessels:[22] se o perigo para o bem jurídico só ocorrerá mais tarde, o início da execução não pode se dar com a não utilização da primeira chance de salvamento, mas, sim, com a não utilização da última, quando o perigo entrar em sua fase aguda. Somente nesse momento é que se configuraria uma situação equivalente a uma produção do evento por ação e se poria em perigo o bem jurídico. Assim, se o filho cai nos trilhos, mas o trem só passará por ali dentro de uma hora, a omissão do salvamento imediato não configuraria ainda um início de execução. Este só se verificará quando o trem já estiver se aproximando do local do acidente. De qualquer modo, é indispensável que se agregue a essa circunstância um juízo acerca da probabilidade do evento, nos limites da certeza de sua ocorrência, caso a ação não seja realizada pelo sujeito. Se, no exemplo dado, houver concretamente a possibilidade de que o

---

19. Herzberg, Rolf Dietrich. «Die Kausalität beim unechten Unterlassungsdelikt», *Monatsschrift für Deutsches Recht*, 1971, p. 881.

20. Kaufmann, Armin. *Die Dogmatik der Unterlassungsdelikte*, 1959, p. 210; Welzel, Hans. *Derecho penal alemán*, 1970, p. 305.

21. Jescheck-Weigend. *Lehrbuch des Strafrechts*, 1996, p. 638.

22. Wessels-Beulke. *Strafrecht*, AT, 2010, p. 292; com mesma conclusão, Costa Júnior, Heitor. *A teoria da omissão no pensamento jurídico-penal de Tobias Barreto*, 1979, p. 131.

maquinista acione eficientemente os freios, ou de que um controle eletrônico o faça automaticamente, quando alguém se encontre nos trilhos, não haverá tentativa.

Há, porém, em toda essa argumentação outro grave problema, que é o de compatibilizar o juízo empírico de probabilidade nos limites da certeza com o sentido imposto pela norma mandamental.

Como aos delitos omissivos não se pode, pura e simplesmente, transportar os dados da causalidade dos delitos comissivos, ainda que sob o enfoque da teoria da condição, senão pondo-os em contraste com a norma mandamental, tem-se que a questão da tentativa deve ser vista de forma negativa, tal como se propôs, mais atrás, com a introdução de uma *causalidade funcional* (capítulo 6, n. 5). Assim, importante não será a afirmação da tentativa, mas sua negação. Pode-se dizer, portanto, que não haverá tentativa se a ausência da ação devida não estiver associada ao sentido imprimido pelo dever imposto pela norma. E não haverá essa associação e, assim, tentativa, quando a produção do resultado com probabilidade nos limites da certeza não constitua um efetivo ponto de referência para a conduta do sujeito. Desse modo, conjugam-se, aqui, elementos objetivos e subjetivos que disciplinam a conduta a ser realizada. No exemplo citado quando da discussão em torno da causalidade na omissão, do pai que se encontrava em um edifício em chamas e não se havia decidido se jogava seus filhos pela janela para que fossem apanhados pelos vizinhos ou os conservava no prédio à espera dos bombeiros, não há tentativa porque a imposição do dever, em face da realidade, não pode servir de orientação segura de sua conduta. Do mesmo modo, no caso da criança que brinca nos trilhos, não haverá tentativa quando o trem estiver distante e, mesmo quando estiver próximo, se ao pai se configurar a certeza de que o controle automático de velocidade o fará parar no tempo oportuno. Por essa forma de argumentar, não se trabalha sob a perspectiva de um perigo produzido diretamente ao bem jurídico, mas, sim, pela expectativa de conduta de quem era obrigado a atuar, conforme a orientação que recebe da norma mandamental. Está claro que será importante invocar, então, o critério empírico da probabilidade nos limites da certeza, mas esse critério tem que ser delimitado pela modalidade de dever que é imposto ao sujeito.

3. Tentativa acabada e inacabada

Por outro lado, pelas características próprias da omissão, torna-se problemática a distinção entre *tentativa acabada* e *tentativa inacabada*. Admitindo-se sua existência, só nesta última é que será possível trabalhar com o critério da última chance, pois o desdobramento posterior do fato depende da omissão do próprio sujeito. Na *tentativa acabada*, na qual a sequência do fato está à própria sorte dos acontecimentos, a execução teria início a partir do momento em que o sujeito não se valesse da primeira chance, deixando que a causalidade seguisse normalmente seu curso.

Se mãe não alimenta seu filho recém-nascido, o início da execução ocorrerá quando a falta de alimentação já tenha provocado danos à sua saúde, de modo que deva imediatamente realimentá-lo, mas deixe passar essa chance. Antes disso, não haveria início da execução, porque o perigo da realização do resultado ainda não se havia manifestado. A relação próxima entre a mãe e criança indica que o desdobramento causal posterior ainda pode ser influenciado diretamente pela ação devida, o que caracteriza uma tentativa inacabada.

Ao invés, se a mãe abandona na rua o recém-nascido, deixando-o à sua própria sorte, com este ato de abandono e a perda de contacto com o processo causal já se inicia a execução, pois, a partir daí, passa a não ter qualquer domínio sobre o acontecimento, estando desde logo presente o perigo da ocorrência do resultado. Aqui, estão sendo analisados os aspectos da execução de homicídio doloso ou lesões corporais dolosas, praticados por omissão e não o crime de exposição ou abandono de recém-nascido (art. 134, CP), com resultado qualificado pela morte ou pelas lesões graves, que só se configura com o preenchimento, além do dolo de perigo, de um elemento subjetivo especial, que é a finalidade de *ocultar desonra própria*. Neste último caso, tendo em vista justamente essa finalidade especial, o legislador considerou o ato de abandono como delito autônomo de perigo, isto, entretanto, sem descartar a hipótese de que esse ato por si mesmo já constitua início de execução do homicídio ou das lesões corporais, dependendo do dolo do sujeito. De qualquer modo, o crime de exposição ou abandono de recém-nascido será absorvido pelo homicídio doloso ou pela lesão corporal grave dolosa.

4. Desistência e arrependimento

No tocante à *desistência* e ao *arrependimento*, as regras devem ser diversas daquelas atinentes aos delitos comissivos. Nestes, haverá desistência quando o agente ainda detenha em suas mãos a causalidade e, voluntariamente, não prossegue na execução, o que se dá na tentativa inacabada; na tentativa acabada, deve o agente intervir para que a casualidade desvie seu curso e a consumação não ocorra, caracterizando-se, então, um arrependimento eficaz. Nos delitos omissivos, a partir da concepção de que o início da execução se dá com a última chance desperdiçada de atuar, a doutrina tem admitido a desistência sob os mesmos argumentos dos delitos comissos,[23] mas parece

23. KÜPER, George. «Rücktritt vom Versuch eines Unterlassungsdelikts», *NStZ*, 1997, p. 485: «Excluída ficará a desistência, quando se tratar de uma tentativa falha, portanto, quando na visão do autor não lhe seja mais possível dirigir a produção do resultado (...) a desistência

que, nesses casos, só haverá lugar para o arrependimento ativo. Não basta que o autor desista, é preciso que atue para evitar a consumação.

Por outro lado, sob o argumento de uma causalidade funcional, se houver lugar para a desistência ainda não se pode dizer que houve início de execução. Uma vez que o sujeito realize a ação, antes disso, cumpriu simplesmente o dever. Ademais, o autor não pode desistir de sua omissão, que implica um não fazer. Ao contrário, o que se lhe exige é um fazer eficaz. Na hipótese da desistência, discutida por Küpper, se tratava de intervir para evitar a morte da vítima, que se encontrava presa em uma sauna a altas temperaturas e para a qual fora conduzida pelo autor. Então, o sujeito precisava agir para evitar o resultado, impedindo, assim, que a causalidade tomasse seu curso final, o que caracteriza nitidamente um arrependimento ativo. A impossibilidade de uma desistência nos crimes omissivos sugere também a inutilidade de uma diferenciação entre tentativa inacabada e acabada. Mas essa diferenciação será importante para fundamentar a teoria do último ato. Caso contrário, o início da execução já se daria na omissão do primeiro ato capaz de evitar o resultado.

ANEXO 3: O CONCURSO DE CRIMES OMISSIVOS

A questão fundamental relativa ao concurso de crimes omissivos diz respeito à determinação da chamada *unidade* ou *pluralidade* de omissões. Esse tema corresponde àquele dos delitos comissivos, relativo à determinação da unidade ou pluralidade de ações. Como a matéria está mais desenvolvida nos delitos comissivos, convém recordar as concepções doutrinárias que lhe são destinadas.

A doutrina tem trabalhado, normalmente, com dois conceitos para proceder à diferenciação entre unidade e pluralidade de ações: ação naturalística (ou ação em sentido natural), de um lado, e unidade naturalística de ação, de outro. A ação naturalística (ou em sentido natural) seria aquela na qual uma resolução para o agir se realizaria em uma *manifestação de vontade*. Este critério nasceu praticamente com o finalismo, mas se estendeu aos demais penalistas em geral.[24] Assim, o que caracterizaria a unidade de ação seria a unidade de manifestação de vontade. Caso se verificasse apenas uma manifestação de vontade, haveria unidade de ação, ainda que esta implicasse a produção de vários resultados típicos, mesmo que se tratasse de eventos lesivos a bens jurídicos altamente personalíssimos.[25] Mas, se ocorressem

---

só será possível quando (o autor) acredite que, com sua intervenção, possa evitar a morte (da vítima).»

24. Wessels-Beulke. *Strafrecht*, AT, 2010, p. 298 e ss.

25. Assim, Kühl, Kristian. *Strafrecht*, AT, 5.ª ed., 2005, p. 695; Wessels-Beulke. *Strafrecht*, AT, 2010, p. 302, todos com base na jurisprudência do Supremo Tribunal alemão (*BGHSt* 1, 20; 2, 246; 6, 81).

várias manifestações de vontade, haveria, então, várias ações. Exemplo: alguém desfere um tiro e lesa diversas pessoas (art. 129), ou coloca um explosivo e, com isso, produz dano patrimonial (art. 163), morte dolosa (art. 121), morte culposa (art. 121, § 3.º) e explosão (art. 251). Em todos estes casos, haveria unidade de ação. Em contrapartida, se alguém desfere vários tiros sobre diversas pessoas, haverá pluralidade de ações. Aplicado este critério ao concurso de agentes, se o coautor houvesse dado sua contribuição material para o fato por meio de uma só ação, ter-se-ia igualmente unidade de ação em relação aos demais, embora estes tivessem realizado vários tipos.[26] Por exemplo, em um furto a residências, alguém se encarrega de ficar de vigia, enquanto os demais realizam várias subtrações em diversos apartamentos. Para este vigilante houve unidade de ação, já que sua conduta correspondeu a única manifestação de vontade.

Já o critério da unidade naturalística de ação foi criado pela jurisprudência alemã para disciplinar como «unidade jurídica de ação» aqueles casos em que várias condutas essencialmente da mesma espécie correspondiam a uma só vontade e, atendendo ao contexto espaço-temporal, estivessem de tal forma unidas que, para um observador neutro, transparecessem como se constituíssem unidade de atuação.[27] Na verdade, o Supremo Tribunal alemão percorreu algum caminho para chegar a esta fórmula final. Inicialmente, trouxe em consideração que a unidade decorreria de um sentido natural, dado pela realização objetiva das condutas em função do fato em sua totalidade, que assim se apresentaria no contexto a um terceiro como se se tratasse de única ação.[28] Em decisões posteriores, o Tribunal acrescentou àquelas condições os elementos espaço-temporais que dariam, então, unidade à manifestação de vontade.[29] Estas decisões obtiveram adesões e críticas de eminentes penalistas, mas, de qualquer forma, ainda permanecem como uma solução prática na diferenciação entre unidade e pluralidade de ações.

Apesar de a solução prática da jurisprudência alemã orientar-se mais pelo contexto, o que pode conduzir a conclusões adequadas em muitos casos, parece que a questão da unidade ou pluralidade de ações não pode ficar circunscrita à manifestação de vontade, cujos contornos advêm de certo modo da teoria geral dos contratos no direito civil[30] e que, muitas vezes, em

---

26. Wessels-Beulke. *Strafrecht*, AT, 2010, p. 298, com base ainda na jurisprudência do Supremo Tribunal alemão (*BGHSt* 49, 177).

27. Assim, de conformidade com isso, Wessels-Beulke, *Strafrecht*, AT, 2010, p. 301; *BGHSt* 43, 381 e *BGHSt* 98, 70.

28. *BGHSt* 4, 219, 220.

29. *BGHSt* 10, 231.

30. Schmidt-Brüggemeier (*Zivilrechtlicher Grundkurs*, 1998, p. 79) informam, todavia, que mesmo no direito civil a manifestação de vontade deve possuir um destinatário. Sem este destinatário, será impossível concretar-se um negócio jurídico. Uma simples e pura manifestação de vontade, portanto, sedimentada apenas em escritos, símbolos ou acenos, conduziria a uma

face das dificuldades empíricas de sua identificação, fica na dependência do desdobramento causal, como, por exemplo, do número de tiros desfechados contra a vítima. Esta visão mista subjetivo-causal, que é adotada, via de regra, nas decisões dos tribunais, conduz a perplexidades principalmente quando se trata de diferenciar entre concurso formal próprio e impróprio, em que a doutrina se deixa iludir pela ideia de que a expressão «desígnios» é indicativa de dolo.[31] Essa ilusão decorre justamente de uma falsa compreensão: a de que o dolo constitui uma relação psicocausal para com o resultado, a qual era produto da concepção naturalista dominante no século XIX, quer dizer, à medida que a ação se concentrar na manifestação de vontade e a vontade passar a ser vista como fator causal de um resultado, haverá tantas ações quantos resultados correspondam àquela manifestação volitiva. Esse argumento, contudo, não é adequado, porque deixa de lado todo o complexo da atividade humana, que se caracteriza, como já anunciado anteriormente, como uma ação comunicativa, na qual se torna imprescindível a subsistência de um parâmetro (objeto) de referência que lhe assinale o sentido e ao qual esteja subordinada sua execução. Partindo dessa consideração, pode-se dizer que a unidade ou pluralidade de ações só poderá ser afirmada em face da direção da atividade frente a este parâmetro de referência, ou seja, de conformidade com seu sentido funcional. O parâmetro de referência é que assinala o sentido da atividade. Os parâmetros (também chamados de objetos) de referência, no entanto, não se confundem com os objetos materiais do delito, como a coisa subtraída, ou a pessoa ferida. Objetos de referência são todo o complexo de condições normativas e empíricas, dentro de uma prática social, que orientam a execução de uma atividade. Por isso, é irrelevante a existência de várias pessoas feridas ou de vários objetos subtraídos para determinar a pluralidade de ações. Haverá, então, uma ação quando a conduta se orientar no mesmo sentido conforme os objetos de referência que a determinam, ou seja, quando os objetos de referência orientem a execução da conduta de tal modo que o agente não precise renovar essa execução para poder impô-la como válida. A conclusão acerca da unidade ou da pluralidade não estará na dependência apenas do processo causal. O processo causal pode ser único e isso indicar que a conduta se orientou sempre num mesmo sentido, conduzindo à sua unidade. Pode o processo causal ser múltiplo e a conduta ser única, uma vez que todos

---

extrema subjetivação que não estaria acolhida no âmbito de autonomia do negócio jurídico, que pressupõe, via de regra, uma aceitação daquela manifestação de vontade por parte do destinatário.

31. Vidal, Hélvio Simões. *Convergência de normas e concurso de penas,* 2007, p. 137; Lopes, Jair Leonardo. *Curso de direito penal,* 2.ª ed., 1996, p. 224; Reale Júnior, Miguel. *Instituições de direito penal,* vol. II, 2003, p. 111. Limitando a expressão «desígnios autônomos» ao dolo direto, Fragoso, Heleno Cláudio. *Lições de direito penal*, PG, 1985, p. 367. Corretamente, entendendo que a expressão «desígnios autônomos» indica diversidade de fins e não de dolo, Santos, Juarez Cirino dos. *Direito penal*, parte geral, 4.ª ed., 2010, p. 403; Prado, Luiz Regis. *Curso de direito penal brasileiro*, 10.ª ed., vol. 1, 2010, p. 485.

os objetos tenham implicado sua realização, quer dizer, o processo causal se congrega em um mesmo sentido. Por outro lado, não pode a unidade de ação ficar na dependência do dolo. O dolo não desempenha aqui qualquer papel. O importante é a orientação da atividade dentro do processo de comunicação. A adscrição de um sentido à atividade pelos parâmetros, ou objetos de referência, faz com que essa atividade seja realizada em função desses parâmetros. Se a atividade está em função do parâmetro, sua realização deve levar em conta, também, a reação que irá ter que enfrentar, de modo que uma atividade só terá também sentido se for tomada pelo agente com pretensão de validade. A pretensão de validade tem como desiderato atender às determinações do próprio parâmetro de referência, ou até mesmo vencer-lhe a resistência para impor sobre ele a execução da atividade e, assim, lesar ou pôr em perigo um bem jurídico. Esse complexo de relações entre a atividade causal e a lesão ou o perigo de lesão ao bem jurídico é que deve ser tomado como base para a determinação da unidade ou pluralidade de ações.

Nos *delitos omissivos impróprios*, a doutrina, em geral, se tem orientado em função dos resultados ocorridos.[32] Isto tem sua relevância porque, nesses delitos, o resultado é atribuído ao sujeito por não haver este realizado a ação devida para impedi-lo, violando, portanto, por omissão uma norma proibitiva e não apenas uma norma mandamental. Como não há um processo causal que possa servir de orientação da conduta, o critério mais evidente será mesmo aquele que se baseia na unidade ou pluralidade de resultados. Haverá, então, unidade de omissão, quando se verificar apenas um resultado, independentemente do número de vezes em que as chances de salvamento forem desperdiçadas, ou seja, em que fora infringido o dever de impedi-lo. O fato, porém, de terem ocorrido vários resultados não induz à conclusão de que haverá pluralidade de omissões. Se o sujeito se omitiu e, por isso, lhe foram atribuídos vários resultados, ponderam Wessels-Beulke que, para determinar a unidade ou pluralidade de omissões, deverá se proceder a uma avaliação quanto à relação entre os resultados e a ação devida para evitá-los. Caso os resultados pudessem ter sido evitados apenas com uma ação, haverá unidade de omissão; se, porém, os resultados só pudessem ter sido impedidos com a execução de várias ações, haverá pluralidade de omissões.[33] Mesmo orientando-se pelo número de resultados, a doutrina continua a sediar sua argumentação em torno do número de ações devidas, o que vem mostrar que o conceito de ação em sentido natural, ainda que hipoteticamente configurada, continua a viger, como critério preponderante, para a determinação da pluralidade de omissões. Assim, se o médico se omite de evitar várias lesões ao paciente, resultantes do esquecimento de uma pinça em seu abdômen, as quais

32. Roxin, Claus. *Strafrecht*, AT, II, 2003, p. 815; Wessels-Beulke. *Strafrecht*, AT, 2010, p. 299.

33. Wessels-Beulke. *Strafrecht*, AT, 2010, p. 299.

poderiam ter sido evitadas com apenas um melhor controle da instrumentação no momento do ato cirúrgico, haverá apenas uma omissão; se, ao contrário, as lesões fossem de tal ordem, que tivessem de ser contidas por vários procedimentos, não executados por ele, por exemplo, uma lesão no peritônio e outra no coração, resultantes do esquecimento de uma pinça e do deficiente controle da anestesia, de modo que cada um implicasse a infração de um dever específico, haverá pluralidade de omissões.

Já no que toca aos *delitos omissivos próprios*, que não se estruturam em função do resultado, mas, basicamente, pelo dever de agir, a determinação da unidade ou da pluralidade de omissões irá depender do número de vezes em que se infringiu a norma mandamental: se houver vários deveres descumpridos, haverá pluralidade de omissões; se apenas um dever não foi atendido, haverá unidade de omissão. Essa será a regra geral. Em todos esses casos, contudo, é fundamental que se proceda a uma análise da ação omitida e de sua relação com a situação típica de perigo, da qual se extrai a infração à norma mandamental. Não importa, aqui, o número de resultados ou de vítimas, mas unicamente o modo e a forma com que a omissão se manifesta no tipo. Em todos os tipos omissivos próprios, a matéria mandamental não se esgota na simples inatividade, mas depende de todos aqueles elementos que imprimem sentido à ação mandada. Se, por exemplo, as vítimas, por se encontrarem em um mesmo contexto de perigo, pudessem ter sido socorridas mediante uma só ação, haverá unidade de omissão; se, pela forma com que o acidente se dera, cada vítima só pudesse ser socorrida mediante um atendimento especial e o sujeito se omitir em relação a todos esses procedimentos, haverá pluralidade de omissões.

A solução pelo número de resultados, associado ao critério da ação em sentido natural, pode ser atraente, porque estende, analogicamente, à omissão os mesmos fundamentos dos delitos comissivos no tocante ao concurso de crimes e procura uma solução prática para a determinação de sua unidade ou pluralidade. Parece, todavia, que será possível desenvolver uma definição melhor da unidade e pluralidade de omissões, partindo do conceito perlocucionário de omissão e não de uma ação em sentido natural. Nos delitos omissivos, será relevante para a questão do concurso de crimes, além da infração aos deveres de agir ou de impedir o resultado, o modo como a norma mandamental exerce sua função de orientação de conduta. Nos *delitos omissivos impróprios*, a norma mandamental está associada à norma proibitiva e só terá significado se a omissão guardar uma equivalência com a ação. Para que isso ocorra será preciso que o impedimento do resultado nos limites da certeza se situe em uma relação imediata com a ação devida, de tal sorte que sua não execução levará à concretização do resultado, sem que o afetado possa intervir para a sua não produção. O bem jurídico do afetado está, aqui, sob a disposição do omitente. O papel do sujeito, nesse contexto, é essencial para evitar a lesão de bem jurídico. A atuação do sujeito, então, está vinculada diretamente ao preceito proibitivo, que traça os parâmetros de referência para essa atuação. Se o pai, por exemplo, tem, diante de si, dois filhos para salvar de um incêndio e se omite de fazê-lo, a definição acerca da unidade ou pluralidade de omissões dependerá de como a norma mandamental orienta sua conduta. Essa orientação pode ou não estar associada ao desdobramento causal do fato. Caso os filhos possam se socorridos de uma só vez, a orientação mandamental se fixa na unidade de deveres e, portanto, na unidade de omissão. Se o pai não os socorrer, poderá cometer, portanto, um delito de homicídio em concurso formal. De outra forma, se os filhos se situassem distantes, um do outro, e o pai tivesse que empreender duas ações salvadoras diversas, a norma mandamental se sustentaria na diversidade de atuação e, pois, na diversidade de deveres; o pai cometeria dois delitos de homicídio por omissão, em concurso material. Normalmente, as soluções para esses casos são idênticas àquelas formuladas pela doutrina. Algumas vezes, porém, o critério da orientação da conduta pode implicar unidade de omissão, enquanto o critério dos resultados pode conduzir à pluralidade. Se a mãe tem dois filhos para amamentar e se omite de fazê-lo, levando-os à morte, a unidade ou pluralidade de omissões não dependerá propriamente do número de ações necessárias à sua nutrição ou dos resultados, mas da relação entre sua atuação necessária e o salvamento. Se a omissão se der no mesmo contexto, sem que a mãe necessite, diante de cada ação devida, atualizar sua relação para com a norma mandamental, ainda que a nutrição se tenha que fazer mediante várias ações, haverá unidade de omissão. Em sentido contrário, se a mãe tiver que proceder diversamente, porque o contexto já não congrega os mesmos objetos de orientação (um dos filhos, além de necessitar da nutrição, precisa ser medicado), isso implicará uma atualização de sua relação para com a norma mandamental em face de cada filho; haverá, então, uma pluralidade de omissões.

Descortinadas as questões relativas à unidade ou pluralidade de omissões, será possível estender aos delitos omissivos todos os preceitos acerca do concurso de crimes previstos no Código Penal. Comportam, portanto, os delitos omissivos concurso material, concurso formal e crime continuado. Igualmente lhes são aplicáveis os critérios que disciplinam a unidade de delito: especialidade, consunção e subsidiariedade. Também haverá unidade de delito e, portanto, apenas uma omissão punível naquelas hipóteses em que o tipo legal descreva várias modalidades de omissão, e o sujeito, no mesmo contexto, se tenha omitido várias vezes, simultânea ou sequencialmente. Por exemplo, se o funcionário retarda ato de ofício e, depois, se omite de praticá-lo, responderá apenas por um delito de prevaricação.

CAPÍTULO 9
OS DELITOS OMISSIVOS CULPOSOS

I. A NORMA NA OMISSÃO CULPOSA

A cada vez mais profusa utilização de normas mandamentais na legislação penal, que correspondem ao papel desempenhado pelo Estado fiscalizador, exige um exame mais rigoroso dos pressupostos dos delitos daí derivados. Este exame é uma medida adequada a impedir que o exercício do poder de punir se transforme em uma execução forçada de relações contratuais. Quando o Estado se desfaz de sua função social, o incremento de disposições contratuais no direito penal aumenta ainda mais a irracionalidade do sistema, porque passa a tratar a pessoa humana como situada no mesmo plano de poder, quer dizer, na relação entre Estado e pessoa, confere-se a esta a obrigação de se submeter às regras daquele, sob a presunção de que atua com a mais ampla liberdade de atender ao comando normativo, ainda que para isso não fosse capaz. Isso provoca uma profunda distorção no sistema, só passível de correção por meio de medidas que restrinjam o alcance das normas mandamentais. Essas medidas podem ser alinhadas em três séries: a) na identificação do conteúdo das respectivas normas, relativamente à omissão própria e à omissão imprópria culposas; b) na limitação do conteúdo de injusto do fato omissivo culposo; c) na aferição dos pressupostos da imputação pessoal de responsabilidade.

1. Os delitos omissivos próprios culposos

Os delitos omissivos próprios culposos, que decorrem de uma previsão legal expressa,[1] são constituídos, no respectivo tipo de injusto, de dois

---

1. Por exemplo, arts. 228, parágrafo único; 229, parágrafo único; 231; 234 e 235 da Lei 8.069/1990 (ECA); art. 63, § 2.º, da Lei 8.078/1990 (Código do Consumidor); art. 68, parágrafo único, da Lei 9.605/1998 (Lei Ambiental).

comandos: uma *determinação de cuidado* e uma *determinação de conduta*. A característica básica desses delitos, em contraste com os delitos culposos comissivos, reside na subordinação da norma de cuidado à norma mandamental. Ainda que a norma de cuidado se assente em normas regulamentares de profissão, arte ou ofício, ou em regras gerais de precaução, conforme a experiência geral da vida, que assinalam a delimitação do risco autorizado, está sempre em função da determinação de conduta, porquanto só com a perfeita identificação do que é imposto ao sujeito é que se pode legitimar o comando legal. Assim, por exemplo, no art. 63 do Código do Consumidor, a omissão culposa diz respeito à não inserção nas embalagens, invólucros, recipientes ou publicidade de produtos destinados ao consumo, de dizeres ou sinais ostensivos sobre a periculosidade desses produtos. A condição de que a não inserção (omissão) desses dizeres ou sinais dá lugar a um processo de imputação de responsabilidade do sujeito demonstra que a norma de cuidado só tem eficácia quando acoplada à norma mandamental contida no tipo.[2]

Essa característica da estrutura dos delitos omissivos próprios gera, por conseguinte, a necessidade de que todo o processo de imputação se veja subordinado não apenas à demonstração de que o sujeito tenha infringido uma norma mandamental, mas de que essa norma mandamental se vincule a um elemento de eficácia instituído pela norma de cuidado, que serve de base para especificar, em face da situação típica, de que forma ou modo se deve cumprir o mandamento legal. Esta relação entre norma mandamental e norma de cuidado faz dos delitos omissivos próprios culposos uma categoria complexa, que não se resume a uma simples conjugação de omissão e negligência.

Uma vez que a norma extrapenal de cuidado é editada justamente para disciplinar as atividades consideradas arriscadas, a *situação típica* deve, também, englobar todas as referências acerca do risco não permitido, com o que se possibilitará identificar como o não atendimento do cuidado pode implicar a omissão ao comando legal.

No exemplo do art. 63 do Código do Consumidor se pode ver que a omissão não tem como objeto de referência a simples falta de comunicação acerca da periculosidade de um produto, mas em relação a dizeres ou sinais ostensivos dessa periculosidade que devem constar nos respectivos invólucros, embalagens, recipientes ou publicidade. A norma de cuidado impõe ao fabricante ou produtor, primeiramente, que verifique a inocuidade ou a periculosidade de um produto, antes que o coloque para comercialização; depois, uma vez havendo constatado a sua periculosidade, que indique, nos seus invólucros, embalagens, recipientes e publicidade, a espécie de efeitos que poderá resultar do seu uso ou emprego. Ao buscar uma tipificação para

---

2. Assim, também, STRATENWERTH-KUHLEN, *Strafrecht*, 6.ª ed., 2011, p. 325.

essa omissão, o legislador cumpriu, nesse caso, de certo modo, as exigências decorrentes da estrutura normativa desse delito.

Ao contrário, no art. 68 da Lei Ambiental,[3] o legislador fez *tabula rasa* dessa estrutura, deixando de disciplinar, com precisão, a situação típica. Em primeiro lugar, não especifica o objeto da omissão, apenas reza que esta omissão diz respeito ao não cumprimento de «obrigação de relevante interesse ambiental», o que significa que, em vez de descrever o conteúdo do dever imposto ao sujeito, remete esse conteúdo a um outro dever. Em segundo lugar, ao prever a modalidade culposa (art. 68, parágrafo único), tornou-a estéril, porquanto deixou de consignar um objeto de referência, também, para a norma de cuidado, pois ali não se constata qualquer indicação de que forma e de que modo se poderia caracterizar a infração a essa norma, nem como seria, em contrapartida, a conduta realizada no âmbito do risco permitido. Quando a descrição típica não reflete, como neste último caso, as exigências da estrutura normativa da omissão própria culposa, deve ser declarada inválida por ofensa ao princípio constitucional da legalidade.

2. Os delitos omissivos impróprios culposos

Já nos delitos omissivos impróprios culposos, a norma que os disciplina não possui uma autonomia originária. Aqui, além da norma de cuidado e da norma determinativa, subsiste como preponderante a norma proibitiva da conduta. Como essa norma proibitiva constitui o cerne da incriminação, a omissão só é relevante quando possa ser equiparada à ação. Nesse contexto, não assume qualquer função a chamada *situação típica*, porque a ação esperada deve referir-se ao não impedimento do resultado típico que, normalmente, é produzido por ação e cuja ocorrência é prevista como elemento do respectivo tipo comissivo. Destarte, a omissão não está associada, nestes delitos, a elementos típicos especiais, que existem especificamente para servirem de seu objeto referencial. O objeto referencial é dado para a ação e não para a omissão. A omissão se introduz no contexto quando subsista sobre o agente, primeiramente, um dever de impedir o resultado por decorrência de sua posição de garantidor e, depois, um dever de atender ao cuidado relativo quanto à forma e ao modo de conduzir sua atividade em face do perigo da produção do resultado.

Apesar de a norma incriminadora ser, nesse caso, predominantemente proibitiva, a norma de cuidado só tem relevância quando associada a uma norma mandamental extratípica resultante da posição de garantidor. Tendo

---

3. Art. 68 da Lei 9.805/1998: «Deixar, aquele que tiver o dever legal ou contratual de fazê-lo, de cumprir obrigação de relevante interesse ambiental: Pena – detenção de 1 (um) a 3 (três) anos e multa. Parágrafo único. Se o crime é culposo, a pena é de 3 (três) meses a 1 (um) ano, sem prejuízo da multa.»

em vista esta particularidade, torna-se indispensável nesses delitos, para efeito de atender ao princípio da legalidade, que as condições pelas quais um sujeito se insere como garantidor de um determinado bem jurídico se vejam descritas expressamente na lei. Como, por seu turno, essas condições vêm descritas no art. 13, § 2.º, do Código Penal, é a partir delas, e não de outras circunstâncias, que se deve proceder à delimitação da omissão imprópria culposa. Não cabe, portanto, no direito brasileiro, a invocação de condições materiais de criação e fundamentação da posição de garantidor, tal como se faz na doutrina alemã.[4] Os elementos contidos no art. 13, § 2.º, do Código Penal condicionam e delimitam, obrigatoriamente, o conteúdo da norma mandamental e, consequentemente, sua relação com a norma de cuidado.

II. O TIPO OMISSIVO CULPOSO

Em todos os delitos omissivos culposos há elementos comuns. Como a forma de conduta está, aqui, condicionada à natureza da norma, de modo que o que se incrimina é a não realização da ação mandada, o primeiro elemento do injusto desses fatos é constituído da omissão de uma ação determinada, quer seja descrita como tal no respectivo tipo de delito (omissão própria), quer resulte da violação de um dever imposto a um sujeito garantidor (omissão imprópria). Em decorrência das particularidades da estrutura normativa, a omissão deve vir associada, nesses delitos, à violação de uma norma de cuidado, cujo conteúdo é preenchido por disposições regulamentares ou regras gerais da experiência destinadas a delimitar o alcance do risco permitido.

Atendendo, ademais, ao comando normativo, outro elemento essencial na configuração do tipo de injusto diz respeito à *capacidade de agir*. O sujeito deve estar em condições, conforme o exija a respectiva norma, de realizar a ação mandada. Uma vez que, nos delitos omissivos, o tipo de injusto está alicerçado na ação devida individual, e não em uma ação qualquer, a medida da capacidade é aferida segundo as condições, habilidades, deficiências ou especial informação do sujeito omitente e não de um suposto homem prudente.[5]

Integram ainda o tipo de injusto culposo omissivo todos os elementos de delimitação do processo de imputação, ou seja, os atinentes à causalidade e à imputação normativa. Convém registrar, no entanto, que o enunciado da causalidade não pode seguir, quanto a isso, a mesma estrutura dos delitos comissivos, porquanto, na omissão, não existe um objeto de referência nomológico, quer dizer, não existe uma causalidade que se oriente por leis naturais. A causalidade na omissão só pode ser retratada funcionalmente, de modo a

---

4. Por exemplo, JESCHECK-WEIGEND. *Lehrbuch des Strafrechts,* 5.ª ed., 1996, p. 620 e ss.; ROXIN, Claus. *Strafrecht*, AT, II, 2003, p. 714 e ss.; WESSELS-BEULKE, *Strafrecht*, AT, 40.ª ed., 2010, p. 279 e ss.

5. STRATENWERTH-KUHLEN. *Strafrecht*, AT, 6.ª ed., 2011, p. 325.

ajustar o critério da eliminação hipotética à sua estrutura. Aplicando-se este raciocínio ao art. 13 do Código Penal, teríamos, então, que a omissão será causa de um resultado, quando suprimida a ação devida for o resultado, também, suprimido. Mas como este juízo de eliminação não é certo, é apenas provável, ou até mesmo incerto, a afirmação da causalidade não pode se satisfazer com um mero raciocínio lógico e contrafático. Ao contrário, deve estar respaldada em elementos empíricos que demonstrem que o resultado não ocorreria, com um grau de probabilidade nos limites da certeza, se a ação devida fosse efetivamente realizada, tal como o contexto assim o determinava. Se não se puder demonstrar empiricamente essa relação, é de se negar a causalidade, não só por aplicação do princípio *in dubio pro reo,* mas porque a norma, em sua manifestação concreta, não estava em condições de servir de objeto de referência para a conduta do sujeito.

Por outro lado, tendo em vista às características da negligência, deve o sujeito poder prever a realização do tipo e reconhecer poder evitá-la. Integra o tipo dos delitos culposos, em geral, a previsibilidade e a evitabilidade do evento. Aqui, também, aplicam-se as mesmas exigências dos delitos culposos.

Especificamente quanto aos delitos omissivos impróprios culposos, ainda se agrega ao respectivo tipo de delito a subsistência de uma posição de garantidor do sujeito, consoante as disposições contidas no art. 13, § 2.º, do Código Penal, respectivamente: a) a quem tenha por lei obrigação de cuidado, proteção ou vigilância; b) a quem, de outra forma, assumiu a responsabilidade de impedir o resultado; c) a quem, com seu comportamento anterior ilícito, criou o risco da ocorrência do resultado (ingerência). Neste particular, valem as mesmas limitações impostas para os delitos omissivos dolosos.

Ainda que na aferição do conteúdo de injusto se devam tomar por base, exclusivamente, essas situações legalmente estabelecidas quanto à posição de garantidor, sua análise deve estar subordinada à estrutura dogmática da conduta e às limitações impostas à norma em função do substrato material que lhe deu origem. Partindo-se da lição de Schünemann, pode-se dizer que todas as condições que fundamentam a posição de garantidor, uma vez que têm a função de possibilitar o acoplamento da omissão a um tipo de delito comissivo, devem guardar analogia com os fundamentos da autoria por ação.

Assim, nas relações de proteção e vigilância impostas por lei, ou na assunção de responsabilidade, ou na ingerência, deve vigorar, por parte do omitente, um poder de controle sobre o resultado e sobre as fontes produtoras do perigo.[6] Esse poder de controle deve estar adaptado à estrutura da norma mandamental, quer dizer, sua caracterização como tal não corresponde inteiramente ao domínio do fato dos delitos dolosos. Nesse caso, o

---

6. Schünemann, Bernd. *Grund und Grenzen der unechten Unterlassungsdelikte. Zugleich ein Beitrag zur strafrechtlichen Methodenlehre*, 1971, p. 281 e ss.

poder de controle tem que ser visto dentro do dever de impedir o resultado, o que o torna dependente da extensão da respectiva norma que imponha esse dever. Desde que seja impossível demonstrar que ao omitente, em face do contexto, não era exigível inteiramente esse poder de controle, não se realizará o conteúdo de injusto dos delitos omissivos impróprios. Portanto, ainda que por lei se atribua ao pai o dever de proteção aos filhos menores, não poderá ser responsabilizado pela omissão culposa de salvar-lhe a vida quando a prática da respectiva ação implicar o seu próprio perecimento. Nesse caso, embora a lei não esclareça quanto a essa modalidade de extinção da posição de garantidor, a interpretação no sentido dessa exclusão segue, aqui, as regras da imputação normativa quanto à falta do poder de controle sobre o resultado. É que neste caso, não opera um poder de controle exigível ao omitente, porque a obrigação de proteção não pode implicar a eliminação do próprio obrigado, o que lhe retira a qualidade de garantidor. A análise dessas condições e do contexto é prévia, portanto, àquela relacionada à norma de cuidado. Não se pode exigir a atenção a um cuidado, quando o sujeito, caso o atenda, ponha em risco a própria existência.

Na questão da ingerência, vigoram as mesmas exigências dos delitos omissivos dolosos. Só se deverá caracterizar a posição de garantidor, quando a ação precedente perigosa tiver sido realizada fora do âmbito do risco permitido, o que significa que se a ação precedente criadora do perigo tiver sido realizada dentro do risco permitido, não é de se exigir do sujeito o poder de controle sobre o resultado dessa ação.

A inserção no tipo dos delitos culposos do dever de impedir o resultado, decorrente da posição de garantidor, induz à consideração acerca da postura do agente em face dessa posição, o que influi decisivamente no processo de imputação do resultado. Na *culpa consciente*, o sujeito confia ou espera, de modo contrário ao dever de cuidado, que não está inserido no poder de controle sobre o resultado, decorrente de sua relação para com vítima ou com a fonte produtora de perigo. Já na *culpa inconsciente*, o sujeito, também com violação do dever de cuidado, sequer há cogitado de que estaria inserido naquele poder de controle. Por exemplo, o pai acredita que os gritos de socorro vindos do mar não sejam de seu filho, mas de alguém fazendo uma brincadeira, e, assim, não lhe presta socorro (culpa consciente), ou, interessado na leitura de um jornal, nem se dá conta da situação de perigo em que aquele se encontrava (culpa inconsciente).

Há que se fazer, no entanto, duas limitações. Em primeiro lugar, a aferição da culpa deve ser efetuada conforme o contexto e não apenas com base na relação direta entre agente e perigo. Para que se possa imputar ao pai o resultado é preciso que, efetivamente, as condições do contexto lhe confiram a possibilidade de saber que seu filho se encontrava próximo da fonte de perigo. Se o pai sabe que seu filho se fora com a mãe até um quiosque e que, assim, não estaria próximo do mar, no momento em que escuta os gritos de socorro, não terá a possibilidade de alcançar a compreensão de que esteja situado na posição de garantidor em face do perigo.[7] Em segundo lugar, como na culpa inconsciente o sujeito não percebe que se encontra na posição de garantidor, ou seja, que se insere no poder de controle sobre o resultado, a imputação só será possível, quando o contexto indicar, com absoluta clareza, que a fonte de perigo está próxima e que, portanto, a circunstância do poder de controle sobre o resultado é previsível ao sujeito, sob qualquer condição. Caso a situação de fato não seja clara, deve-se excluir a imputação da culpa inconsciente.

Finalmente, integra o tipo de injusto dos delitos omissivos impróprios culposos um elemento não escrito: a *cláusula da equivalência.* Assim o conteúdo de injusto do fato só se aperfeiçoa quando a realização do resultado decorrente da omissão do sujeito equiparar-se à sua produção por ação culposa. Esta cláusula, embora não conste expressamente no Código Penal, como elemento essencial aos delitos omissivos impróprios, é corolário do princípio da legalidade. Isto porque sem essa cláusula, que constitui também uma extensão das condições delimitativas da posição de garantidor, não se torna possível legitimar uma incriminação por omissão culposa, por falta de uma referência típica.

Contudo, a cláusula da equivalência não deve ser analisada sob a perspectiva exclusiva de sua utilidade dogmática, mas como um instrumento de delimitação do poder punitivo. De conformidade com esta última perspectiva, a cláusula da equivalência deve ser entendida no sentido de só legitimar a omissão imprópria, quando a produção do resultado e a consequente lesão do bem jurídico, que é atribuída à não realização da ação devida, não puder ser evitada a não ser pelo imediato exercício do poder de controle e de execução dessa ação por parte do sujeito omitente. Isso significa que a cláusula da equivalência circunscreve os delitos omissivos impróprios culposos somente aos atentados a bens jurídicos fundamentais, como a vida, a integridade corporal e saúde, a liberdade individual e a liberdade sexual. Fora desses casos, como a não realização da ação mandada não está vinculada diretamente a uma lesão imediata do respectivo bem jurídico, falece legitimidade à omissão imprópria. Quando a mãe, culposamente, deixa de prover a subsistência do filho e este entre em coma por desnutrição, o impedimento do resultado morte ou lesão corporal está na dependência direta e imediata da ação devida, daí por que sua produção por omissão se equipara à sua produção por ação.[8]

---

7. Assim, Stratenwerth-Kuhlen. *Strafrecht*, AT, 6.ª ed., 2011, p. 325 e ss.

8. Assim, Tavares, Juarez. *As controvérsias em torno dos crimes omissivos,* 1996, p. 81. Acolhendo essa posição, também, Santos, Juarez Cirino dos. *A moderna teoria do fato punível*, 4.ª ed., 2005, p. 129.

Em se tratando de delitos qualificados pelo resultado, no qual o evento mais grave seja levado a efeito por omissão daquele que se situava na posição de garantidor, deve-se exigir ainda maior rigor na determinação do processo de imputação, de modo que, já na realização do tipo fundamental, deva o sujeito haver criado, com sua própria conduta, o risco da ocorrência do resultado mais grave. Por exemplo, a mãe X, porque estava dedicada a outros afazeres, embora tivesse reconhecido a gravidade do fato (culpa consciente), deixa de atender seu filho menor, que padecia de grave enfermidade. Mais tarde, quando a situação se torna ainda mais grave, leva-o ao hospital, mas já não mais pode salvá-lo, vindo a criança a morrer em consequência da enfermidade que a acometia. Neste caso, como a enfermidade da criança não fora provocada pela mãe, não se pode dizer que tenha ela criado, conscientemente, o risco de um resultado mais grave. Em razão do fato, deve responder a mãe por homicídio culposo por omissão e não por lesão corporal seguida de morte.[9]

III. A CULPABILIDADE NOS DELITOS OMISSIVOS CULPOSOS

Atendendo ao conteúdo das normas mandamentais, a culpabilidade nos delitos omissivos culposos deve corresponder, respectivamente, às características de que aqui não se trata apenas de se atribuir a alguém a responsabilidade pelo fato, com base na violação à norma de cuidado, mas de se aferir a capacidade de motivação em face de deveres impostos diretamente na lei ou resultantes da posição de garantidor. A inserção desses novos elementos na determinação da culpabilidade não implica, todavia, uma modificação essencial na sua estrutura. O que se deve fazer é ajustar os elementos tradicionais da culpabilidade a essa nova realidade normativa.

A imputabilidade, neste caso, deverá ser apreciada como a capacidade de entender e de se autodeterminar em função da violação da norma de cuidado e do dever imposto ao sujeito. Imputabilidade significará, então, a capacidade de entender o caráter ilícito do fato resultante da violação da norma de cuidado e do não atendimento do dever legal ou decorrente da posição de garantidor, bem como de autodeterminar-se de acordo com esse entendimento.

Integra, também, a culpabilidade a consciência potencial da antijuridicidade, representada pelo conhecimento acerca das exigências objetivas de cuidado, como verdadeiro *dever jurídico*, bem como o conhecimento acerca do *dever de agir* ou *de impedir o resultado*, respectivamente, imposto diretamente pela norma mandamental ou como consequência da posição de garantidor. Assim como se dá com os demais delitos culposos, essa consciência tanto pode ser atual, quanto potencial. Na culpa consciente, vigora

---

9. Com essa conclusão, INGELFINGER, Ralph. «Die Körperverletzung mit Todesfolge durch Untelassen und die Entsprechendsklausel des § 13 Abs. 1 Halbs. 2 StGB», *Goltdammers Archiv*, 12, p. 582, 1997.

normalmente o conhecimento atual desses deveres. Na culpa inconsciente, porém, basta que o agente tenha podido reconhecê-los como *deveres legais ou jurídicos.* Nos delitos omissivos impróprios, é de se exigir ainda que o agente tenha podido saber que o resultado era reprovado pela ordem jurídica e, assim, se lhe incumbia o dever de impedi-lo.[10] O desconhecimento desses deveres implica, pois, um erro de mandato, que se resolve pelas regras do erro de proibição. Convém observar, entretanto, que o desconhecimento acerca das condições fáticas que sustentam a posição de garantidor não constitui um erro de mandato, mas sim uma questão que deve ser apreciada no âmbito do tipo de injusto, na caracterização da culpa consciente ou inconsciente. Como nos delitos culposos não se reconhece um tipo subjetivo,[11] não há que se cogitar, então, de um erro de tipo, à semelhança dos delitos omissivos dolosos.

Uma vez que nos delitos omissivos culposos o reconhecimento do cuidado objetivo e a evitabilidade da realização do tipo, bem como a previsibilidade do resultado e a sua evitabilidade, estão indissoluvelmente vinculados à norma mandamental, seu exame já é efetuado no âmbito da própria tipicidade, seguindo, neste passo, a proposta de Stratenwerth.[12] Da mesma forma, não admitem os crimes omissivos culposos coautoria, autoria mediata ou participação.

---

10. Jescheck-Weigend. *Lehrbuch des Strafrechts,* 5.ª ed., 1996, p. 593.
11. Tavares, Juarez. *Teoria do crime culposo*, 3.ª ed., 2009, p. 296.
12. Stratenwerth-Kuhlen. *Strafrecht*, AT, 6.ª ed., 2011, p. 307 e 325.

BIBLIOGRAFIA

ABEL, Günter, 2004: *Zeichen der Wirklichkeit.* Frankfurt am Main: Suhrkamp.

ABRAHAM, Martin; BÜSCHGES, Günter, 1997: *Einführung in die Organisationssoziologie.* 2.ª ed. Stuttgart: Teubner.

ADORNO, Theodor W., 2007: *Introdução à sociologia*, trad. Wolfgang Leo Maar. São Paulo: Unesp.

— 2003: *Negative Dialektik.* Frankfurt am Main: Suhrkamp.

ALBERT, Hans, 1972: *Theorie und Realität.* Tübingen: Mohr.

ALBRECHT, Peter-Alexis, 1993: «Erosionen des rechtsstaatlichen Strafrechts». *Kritische Vierteljahresschrift für Gesetzgebung und Rechtswissenschaft*, n. 2.

— 2002: *Kriminologie*, 2.ª ed. München: Beck.

ALDOSSER, Carl, 1882: *Inwiefern können durch Unterlassungen strafbare Handlungen begangen werde? Preisschrift.* München: Huttler.

ANGEHERN, Emil, 2010: *Sinn und Nicht-Sinn.* Tübingen: Mohr.

APEL, Karl-Otto, 1976: «Sprechakttheorie und transzendentale Sprachpragmatik zur Frage ethischer Normen», in *Sprachpragmatik und Philosophie.* Frankfurt am Main: Suhrkamp.

AQUINO, Thomas de, 1954: *Opuscula Philosophica.* Torino: Spiazzi.

ARISTÓTELES, 1999: *Ética a Nicômacos*, trad. do grego por Mario da Gama Kury, 3.ª ed. Brasília: UnB.

— 1995: *Metaphysik*, trad. Hermann Bonitz, rev. por Horst Seidl, Philosophische Schriften, vol. 5. Hamburg: Felix Meiner.

— 1995: *Nikomachische Ethik*, trad. Eugen Rolfes, rev. por Günther Bien, Philosophische Schriften, vol. 3. Hamburg: Felix Meiner.

— 1995: *Physik*, trad. Hans Günter Zekl, Philosophische Schriften, vol. 6. Hamburg: Felix Meiner.

ARZT, Günther, 1987: *Einführung in die Rechtswissenschaft.* Köln: Luchterhand.

—, 1980: «Zur Garantenstellung beim unechten Unterlassungsdelikte» (1. Teil), in *JA*.

Ast, Stephan, 2010: *Normentheorie und Strafrechtsdogmatik*. Berlin: Duncker & Humblot.

Audi, Robert (org.), 1999: *The Cambridge Dictionary of Philosophy*. Cambridge: Cambridge University Press.

Bacigalupo, Enrique, 1970: *Delitos impropios de omisión*. Buenos Aires: Pannedille.

Bacon, Francis. *Novum Organum*, trad. A. A. Fischer. Rio de Janeiro: Brasília Editora.

Baier, Helmut, 1999: «Unterlassungsstrafbarkeit trotz fehlender Handlungs- oder Schuldfähigkeit. Zugleich ein Beitrag zur Rechtsfigur de omissio liber in causa», in *Goldhammers Archiv*.

Bar, Carl Ludwig von, 1871: *Die Lehre vom Causalzusammenhang im Rechte, besonders im Strafrechte*. Leipzig: Tauschnitz.

Baratta, Alessandro, 1994: «Funções instrumentais e simbólicas do direito penal. Lineamentos de uma teoria do bem jurídico», *Revista Brasileira de Ciências Criminais*, n. 5.

Batista, Nilo, 2008: *Concurso de agentes*. Rio de Janeiro: Lumen Juris.

Baumann, Jürgen; Weber, Ulric; Mitsch, Wolfgang, 2003: *Strafrecht*. AT, Bielefeld: Gieseking.

Bechara, Ana Elisa Liberatore Silva, 2010: *Da teoria do bem jurídico como critério de legitimidade do direito penal*. Tese de Livre-Docência, São Paulo.

Behrendt, Hans-Joachim, 1979: *Die Unterlassung im Strafrecht. Entwurf eines negativen Handlungsbegriffs auf psychoanalytischer Grundlage*. Baden-Baden: Nomos.

Beling, Ernst, 1964: *Die Lehre vom Verbrechen*, 1906 (reimpressão). Aalen: Scientia.

Berner, Albert Friedrich, 1843: *Grundlinien der Kriminalistischen Imputationslehre*. Berlin: Dümmler.

— 1874: *Lehrbuch des deutschen Strafrechts*. 7.ª ed. Leipzig: Bernhard Tauchnitz.

Bierrenbach, Sheila, 1996: *Crimes omissivos impróprios*. Belo Horizonte: Del Rey.

Binding, Karl, 1965: *Die Normen und ihre Übertretung*. Aalen: Scientia.

— 1885: *Handbuch des Strafrechts*. Leipzig: Duncker & Humblot.

Birnbacher, Dieter, 2003: *Analytische Einführung in die Ethik*. Berlin-New York: de Gruyter.

— 1995: *Tun und Unterlassen*. Stuttgart: Reclam.

Bitencourt, Cezar, 2010: *Tratado de direito penal*. vol. 1, 15.ª ed. São Paulo: Saraiva.

Bittar, Eduardo C. B., 2003: *Curso de filosofia aristotélica*. São Paulo: Manole.

Bizzotto, Alexandre; Rodrigues, Andreia de Brito; Queiroz, Paulo, 2010: *Comentários críticos à lei de drogas*. Rio de Janeiro: Lumen Juris.

Blackstone, William, 1984: *Commentaires on the laws of England*, fac-simile da primeira edição de 1769. Chicago-London: The University of Chicago Press, vol. IV.

Bobbio, Norberto, 2005: *Teoría general del derecho*, trad. castelhana de Jorge Guerrero Jr. Bogotá: Temis.

Boécio, 1998: *A consolação da filosofia*, trad. Willian Li. São Paulo: Martins Fontes.

Bortz, Jürgen; Döring, Nicola, 2001: *Forschungsmethoden und Evaluation für Human- und Sozialwissenschaftler*. 3.ª ed. Berlin: Springer.

Bosch, Karl, 2002: *Statisk. Wahrheit und Lüge*. München-Wien: Oldenburg.

Bosch, Nikolaus, 2002: *Organisationsverschulden in Unternehmen*. Baden-Baden: Nomos.

Brammsen, Joerg, 1986: *Die Entstehungsvoraussetzungen der Garantenprinzip*. Berlin: Duncker & Humblot.

— 1993: «Strafrechtliche Rückrufpflicht bei fehlerhaften Produkte?» *Goldtammers Archiv*, p. 97.

Brammsen, Joerg, 2002: «Tun und Unterlassung? Die Bestimmung der strafrechtlichen Verhaltensformen», *Goldthammers Archiv für Strafrecht*, 4.

—, 1991: «Kausalitäts- und Täterschaftsfragen bei Produktfehlern», *Jura*.

Brandes, Thomas, 1993: *Die Haftung für Organisationspflichtverletzung*. Frankfurt-Berlin-Bruxelles-New York-Oxford-Wien: P. Lange.

Bruno, Aníbal, 1959: *Direito penal*, parte geral. Rio de Janeiro: Forense.

Bubnoff, Eckhart Von, 1966: *Die Entwicklung des strafrechtlichen Handlungsbegriffes von Feuerbach bis Liszt unter besonderer Berücksichtigung der Hegelschule*. Heidelberg: Winter.

Burdzy, Krzysztof, 2009: *The Search for the Certainty. On the Clash of Science and Philosophy of Probability*. Singapure-New Jersey-London: World Scientific.

Buri, Maximilian von, 1885: *Die Kausalität und ihre strafrechtliche Beziehung*. Stuttgart: Enke.

— 1968: *Über Causalität und deren Verantwortung*. Leipzig, 1873, reimpressão, Frankfurt am Main: Keip.

Büschges, Günter, 2002: «Organisationssoziologie», in *Wörterbuch der Soziologie*, coord. Günter Endruweit e Gisela Trommsdorff, 2.ª ed. Stuttgart: Lucius & Lucius.

Bustos Ramirez, Juan B., 1989: *Manual de derecho penal*, Parte General. 3.ª ed. Barcelona: Ariel.

Carnap, Rudolf, 2004: *Scheinprobleme in der Philosophie und andere metaphysikkritische Schriften*. Hamburg: Felix Meiner.

Carrara, Francesco, 1956: *Programa do curso de direito criminal*, trad. brasileira de José Luiz Franceschini e Prestes Barra. São Paulo: Saraiva.

CARVALHO, Salo de, 1997: «Direito alternativo e dogmática penal: elementos para um diálogo», *Discursos Sediciosos*, n. 4, ano 2.

CASSIRER, Ernst, 2006: «An Essay on Man», *Gesammelte Werke*, vol. 23. Hamburg: Felix Meiner.

— 1995: *Symbol, Technik und Sprache*. Hamburg: Felix Meiner.

CEREZO MIR, José, 1995: «O finalismo, hoje», trad. Luiz Regis Prado, *Revista Brasileira de Ciências Criminais*, n. 12.

CLEMENS, Otto, 1977: *Die Unterlassungsdelikte im deutschen Strafrecht von Feuerbach bis zum Reichsstrafgesetzbuch*. Breslau: Schletter, 1912; reimpressão, Frankfurt am Main: Keip.

COSTA JÚNIOR, Heitor, 1979: *A teoria da omissão no pensamento jurídico-penal de Tobias Barreto*, Dissertação, Rio de Janeiro.

— 1982: «Teorias acerca da omissão», *Revista de Direito Penal*, vol. 33.

COSTA JÚNIOR, Paulo José da Costa, 1992: *Comentários ao Código Penal*. São Paulo: Saraiva.

CRESPI, Alberto; STELLA, Federico; ZUCCALÁ, Giuseppe, 1986: *Commentario Breve al Codice Penale*.

D'AVILA, Fabio Roberto, 2005: *Ofensividade e crimes omissivos próprios*. Coimbra: Coimbra Editora.

DALL'ORA, Alberto, 1950: *Condotta ommissiva e condotta permanente nella teoria generale del reato*. Milano: Giuffrè.

DANTO, Arthur Coleman, 1973: *Analytical Philosophy of Action*. Cambridge: Cambridge University Press.

DAVIDSON, Donald, 2002: *Ensaios sobre a verdade*. São Paulo: Unimarco.

— 1999: *Wahrheit und Interpretation*. Frankfurt am Main: Suhrkamp.

DIAS, Jorge de Figueiredo, 1992: «Sobre o estado atual da doutrina do crime», *Revista Brasileira de Ciências Criminais*, número especial de lançamento.

DIEKMANN, Andreas, 2009: *Empirische Sozialforschung*. Hamburg: Rowohlt.

DREITZEL, Hans Peter, 1968: *Die gesellschaftlichen Leiden und das Leiden an der Gesellschaft. Vorstudien zu einer Pathologie des Rollenverhalten*. Stuttgart: Enke.

DUBBEN, Hans-Hermann; BECK-BORNHOLDT, Hans-Peter, 2006: *Mit an Wahrscheinlichkeit grenzender Sicherheit*. Hamburg: Rowohlt.

DWORKIN, Ronald, 1992: *El imperio de la justicia*, trad. espanhola de Claudia Ferrari. Barcelona: Gedisa.

— 2005: *Uma questão de princípio*, trad. Luís Carlos Borges. São Paulo: Martins Fontes.

EBERT, Udo, 2001: *Strafrecht, Allgemeiner Teil*, 3.ª ed. Heidelberg: C. F. Müller.

EISLER, Rudolf, 2002: *Kant Lexikon*. Hildesheim-Zürich-New York: Georg Olms.

ENGISCH, Karl, 1963: «Das Problem der psychischen Kausalität beim Betrug», in *Festschrift-Von Weber*.

— 1944: «Der finale Handlungsbegriff», in *Festschrift für Kohlrausch*, Berlin.

— 1973: «Tun und Unterlassen», in *Festschrift für W. Gallas*, Berlin-New York.

— 1950: *Vom Weltbild des Juristen*. Heidelberg: C. Winter, 1950*; Entwurf eines Strafgesetzbuches* (E-1962), *Bundestagsdruckssache* IV/650.

ESER, Albin, 1980: *Juristischer Studienkurs,* Strafrecht II. München: Beck.

ETZRODT, Christian, 2003: *Sozialwissenschaftliche Handlungstheorien*. Konstanz: UTB.

FEUERBACH, Anselm Ritter von, 1840: *Lehrbuch des gemeinen in Deutschland gültigen peinlichen Rechts,* atualizado por C. J. A. Mittermaier. Gießen: Heyer.

— 1803: *Lehrbuch des gemeinen in Deutschland gültigen peinlichen Rechts*.

FEYERABEND, Paul, 1998: «How to Be a Good Empirist. A Plea for Tolerance in Matters Epistemogical», in Martin Curd & J. A. Cover (org.). *Philosophy of Science*. New York-London.

FINGER, August, 1904: *Lehrbuch des deutschen Strafrechts*. Berlin: Heymann.

FISCHER, Paul, 1903: «Das kausale Element im sogenannten Begehungsdelikt durch Unterlassung», *ZStW* 23.

FISCHER, Thomas, 2010: *Strafgesetzbuch und Nebengesetze*, 57.ª ed. München: Beck.

FRAGOSO, Heleno Cláudio, 1982: «Crimes omissivos no direito brasileiro», *RDP*, 33.

— 1977: *Lições de direito penal*, PE, vol. I. São Paulo: Bushatsky.

— 1985: *Lições de direito penal*, PG.

FRANK, Götz; STEIN, Ekkehart, 2002: *Staatsrecht*, 18.ª ed. Tübingen: Mohr Siebeck.

FRANK, Reinhard, 1897: *Das Strafgesetzbuch für das Deutsche Reich*. Tübingen: Mohr.

— 1907: *Über den Aufbau des Schuldbegriffs*. Gießen: Alfred Töpelmann.

FREUND, Georg, 1992: *Erfolgsdelikt und Unterlassen*.

— 1998: *Strafrecht, Allgemeiner Teil*. Berlin-Heidelberg-New York: Springer.

FRISTER, Helmut, 2006: *Strafrecht*, AT. München: Beck.

GADAMER, Hans George, 1990: *Wahrheit und Methode*. Tübingen: Mohr.

GALLAS, Wilhelm, 1968: *Beiträge zur Verbrechenslehre*. Berlin: de Gruyter.

— 1959: *Niederschriften über die Sitzungen der Großen Strafrechtskommission*. Bonn: Bundesdruckrei, vol. XII.

— 1989: *Studien zum Unterlassungsdelikt*. Heidelberg: Decker.

GEYER, August, 1884: *Grundriss zu Vorlesung über gemeines deutsches Strafrecht*. München: Ackermann.

GIEDRYS, Richard, 1999: «Wille», in Hans Jörg Sandkühler (org.). *Enzyklopädie Philosophie*. Hamburg: Meiner.

GIMBERNAT ORDEIG, Enrique, 1999: «Das unechte Unterlassungsdelikt», *ZStW* 111.

— 2003: «La distinción entre delitos propios y delitos impropios de omisión», *Revista Peruana de Ciencias Penales*, n. 13.

GLASER, Julius, 1978: *Abhandlungen aus den österreichischen Strafrecht.* Leipzig, 1858; reimpressão, Aalen: Scientia.

GLOY, Karen, 2004: *Wahrheitstheorien.* Tübingen-Basel: UTB.

GODFREY-SMITH, Peter, 2003: *Theory and Reality.*

GOENAGA, Javier Camilo Sessano, 2006: Responsabilidad por organización y responsabilidad institucional, *Revista Electrónica de Ciencia Penal y Criminología*, n. 8 (3).

GOFF, Jacques Le, 2002: *A civilização do ocidente medieval,* trad. José Rivair de Macedo. Bauru: Edusc.

GOLDBERG, Samuel. *Probability. An introduction.* New York: Dover, 1987.

GRECO, Luís, 2009: *Lebendiges und Totes in Feuerbachs Straftheorie.* Berlin: Duncker & Humblot.

GROPP, Walter, 2001: *Strafrecht*, AT, 2.ª ed. Berlin-Heidelberg-New York.

GROSS, Hyman, 1979: *A theory of criminal justice.* New York: Oxford University Press.

GRUNDMANN, Thomas, 2008: *Analytische Einführung in die Erkenntnistheorie.* Berlin-New York: De Gruyter.

GÜNTHER, Klaus, 1988: *Der Sinn für Angemessenheit.* Frankfurt am Main: Suhrkamp.

— 2003: «Pluralismo jurídico y código universal de la legalidad: la globalización como problema de teoría del derecho», *Anuario de Derechos Humanos*, Nueva Época, Madrid, vol. 4.

GUTHMANN, Julius, 1977: *Die negativen Bedingungen in ihren Beziehungen zu den unechten Unterlassungsdelikten.* Breslau, 1899; reimpr. Frankfurt am Main: Keip.

HABERMAS, Jürgen, 1973: *Erkenntnis und Interesse.* Frankfurt am Main: Suhrkamp.

— 1973: *Legitimationsproblem im Spätkapitalismus.* Frankfurt am Main: Suhrkamp.

— 1981: *Theorie des kommunikativen Handelns.* Frankfurt am Main: Suhrkamp.

— 1985: *Zur Logik der Sozialwissenschaften.* Frankfurt am Main: Suhrkamp.

— 1995: *Vorstudien und Ergänzungen zur Theorie des kommunikativen Handelns.* Frankfurt: Suhrkamp.

— 1999: *Wahrheit und Rechtfertigung.* Frankfurt am Main: Suhrkamp.

— 2009: «Wahrheitstheorien». *Philosophische Texte*, vol. 2. Frankfurt am Main: Suhrkamp.

HARE, Richard Mervyn, 1963: *Freedom and Reason.* New York: Clarendon.

HART, H. L. A.; HONORÉ, Antony, 1985: *Causation in the law.* New York: Clarendon.

HASSEMER, Winfried, 1991: Strafrechtliche Produkhaftung, *Juristische Schulung.*

— 1994: «Aktuelle Perspektiven der Kriminalpolitik», *Strafverteidiger*, n. 6.

— 1996: *Produktverantwortung im modernen Strafrecht*. 2.ª ed. Heidelberg: Decker & Müller (1.ª ed. 1991).

HASSEMER, Winfried; MUÑOZ CONDE, Francisco, 1995: *La responsabilidad por el producto en derecho penal*. Valencia: Tirant lo Blanch.

HASSOLD, Gerhard, 1982: «Die Lehre vom Organisationsverschulden», *JUS*.

HEGEL, Georg Wilhelm Friedrich, 1970: «Phänomenologie des Geistes», *Werke in 20 Bänden*, Frankfurt am Main, tomo 3.

— 1974: *Vorlesungen über Rechtsphilosophie,* vol. 4. Stuttgart-Bad Cannstatt: Frommann-Holzboog.

HEIDBRINK, Ludger, 2003: *Kritik der Verantwortung*. Göttingen: Velbrück.

HEIDEGGER, Martin, 1967: *Brief über den «Humanismus», Wegmarken*. Frankfurt am Main: Klostermann.

— 1976: *Einführung in die Metaphysik*. Tübingen: Max Niemeyer.

— 1979: *Sein und Zeit*. Tübingen: Max Niemeyer.

HEINRICH, Bernd, 2011: *Der Irrtum über Tatbestandsmerkmale, Festschrift für Claus Roxin*. Berlin-New York: De Gruyter.

HEISENBERG, Werner, 1930: *Die physikalischen Prinzipien der Quantentheorie*. Mannheim.

—, 1999: *Física e filosofia*, trad. brasileira de Jorge Leal Ferreira, 4.ª ed. Brasília.

HEMPEL, Carl G., 1996: «La explicación científica». *Estudios sobre la filosofia de la ciencia,* trad. espanhola de M. Frassineti de Galo, Néstor Minguez e Irma Ruiz Aused. Barcelona-Buenos Aires-Mexico: Paidós.

HERZBERG, Rolf-Dietric, 1971: «Die Kausalität beim unechten Unterlassungsdelikt», *Monatsschrift für Deutsches Recht*.

—, 1972: *Die Unterlassung im Strafrecht und das Garantenprinzip*. Berlin-New York: de Gruyter.

HERZOG, Felix, 1991: «Gesellschaftliche Unsicherheit und strafrechtliche Daseinsvorsorge». *Studien zur Vorverlegung des Strafrechtsschutzes in den Gefährdungsbereich*. Heidelberg: C. Winter.

HESSEN, Boris, 1931: *The social and economic roots of Newton's Principia, Science at the cross roads*. London.

HILGENDORF, Eric, 1994: *Fragen der Kausalität beim Gremienentscheidungen am Beispiel des Lederspray-Urteils, Neue Zeitschrift für Strafrecht*.

HOFFMANN, Hasso, 2003: *Einführung in die Rechts- und Staatsphilosophie*. Darmstadt: Wissenschaftliche Buchgesellschaft.

HOLZKAMP, Klaus, 1983: *Grundlegung der Psychologie*. Frankfurt-New York: Campus.

HONIG, Richard, 1979: *Die Entwicklungslinie des Unterlassungsdelikts vom römischen bis zum gemeinen Recht, Festgabe für Richard Schmidt*, I, Leipzig, 1932; reimpr. Aalen: Scientia.

HUME, David, 1998: *Investigação sobre o entendimento humano*, trad. José Oscar de Almeida Marques. São Paulo: Unesp.

— 2001: *Tratado da natureza humana*, trad. Déborah Danowski. São Paulo: Unesp.

HUNGRIA, Nelson, 1958: *Comentários ao Código Penal.* Rio de Janeiro: Forense.

HUSSERL, Edmund, 1985: *Die phänomenologische Methode, Ausgewählte Texte.* Stuttgart: Reclam.

INGELFINGER, Ralph, 1997: «Die Körperverletzung mit Todesfolge durch Untelassen und die Entsprechendsklausel des § 13 Abs.» 1 Halbs. 2 *StGB*, *Goltdammers Archiv*, 12.

IPSEN, Jörn, 2010: *Staatsrecht II, Grundrechte.* München: Vahlen.

JAKOBS, Günther, 1974: «Vermeidbares Verhalten und Strafrechtssystem», *Festschrift für Welzel.* Berlin: de Gruyter.

— 1976: *Schuld und Prävention.* Tübingen: Mohr.

— 1993: *Strafrecht*, Allgemeiner Teil, 2.ª ed. Berlin: de Gruyter.

— 1997: «El concepto jurídico-penal de acción», trad. Manuel Cancio Meliá, *Estudios de derecho penal.* Madrid: Civitas.

JANISCH, Peter, 2004: «Energie», *Enzyklopädie. Philosophie und Wissenschaftstheorie.* Stuttgart-Weimar: Metzler.

JANKA, Karl, 1894: *Das österreichische Strafrecht*, 3.ª ed. Praga-Viena: Tempsky.

JESCHECK, Hans-Heinrich, 1978: *Fälle und Lösung zum Lehrbuch des Strafrechts.* AT. Berlin: Duncker & Humblot.

JESCHECK, Hans-Heinrich; WEIGEND, Thomas, 1996: *Lehrbuch des Strafrechts.* 5.ª ed. Berlin: Duncker & Humblot.

JORDAN, Adolf-Dietrich, 1997: *Rechtsmäßiges Alternativverhalten und Fahrlässigkeit, GA.*

KAHLO, Michael, 2001: *Die Handlungsform der Unterlassung als Kriminaldelikt.* Frankfurt am Main: Klostermann.

— 1990: *Das Problem des Pflichtwidrigkeitszusammenhangs bei den unechten Unterlassungsdelikten.* Berlin: Duncker & Humblot.

KAHRS, Hans Jürgen, 1968. *Das Vermeidbarkeitsprinzip und die condicio-sine-qua non-Formel im Strafrecht.* Hamburg: Cram.

KANT, Immanuel, 1995: «Der einzig möglich Beweisgrund zu einer des Daseins Gottes», *Werke in zwölf Banden*, tomo 2. Köln: Könemann.

— 1995: «Grundlegung zur Metaphysik der Sitten», *Werke in sechs Bänden,* tomo 3. Köln: Könemann.

— 1995: «Kritik der Urteilskraft», *Werke in sechs Bänden*, tomo 4. Köln: Könnemann.

— 1999: *Grundlegung der Metaphysik der Sitten*. Hamburg: Felix Meiner.

— 1977: «Kritik der reinen Vernunft», *Werke in zwölf Bänden*, tomo 2. Frankfurt am Main: Suhrkamp.

— 1977: «Über den Gemeinspruch: Das mag in der Theorie richtig sein, taugt aber nicht für die Praxis, 1793», *Werke in zwölf Bänden*, tomo 11. Frankfurt am Main: Suhrkamp.

KARGL, Walter, 1999: «Zur kognitiven Differenz zwischen Tun und Unterlassung», *Goldhammers Archiv*.

KAUFMANN, Armin, 1959: *Die Dogmatik der Unterlassungsdelikte*. Göttingen: O. Schwartz.

KELSEN, Hans, 2000: *Reine Rechtslehre*, reimpr. Wien: Österreich.

— 1986: *Teoria geral das normas*, trad. de José Florentino Duarte. Porto Alegre: Fabris.

KEMPSKI, Jürgen von, 1964: «Der Aufbau der Erfahrung und das Handeln», *Brechungen: kritische Versuche zur Philosophie der Gegenwart*, Reinbek bei Hamburg: Rowohlt.

KINDHÄUSER, Urs, 1982: *Kausalanalyse und Handlungszuschreibung*, *GA*.

KIRCHMANN, Julius Hermann von, 2000: «Die Wertlosigkeit der Jurisprudenz als Wissenschaft», reedição. Heidelberg: Manutius.

KIRK, Geoffrey S.; RAVEN, John E.; SCHOFIELD, Malcolm, 2001: *Die vorsokratischen Philosophen*, trad. alemã de Karlheinz Hülser. Stuttgart-Weimar: Metzler.

KIRKHAM, Richard L., 2003: *Teorias da verdade*, trad. de Alessandro Zir. São Leopoldo: Unisinos.

KISSIN, Siegfried, 1977: *Die Rechtspflicht zum Handeln bei den Unterlassungsdelikten*, Breslau, 1933, reimpr. Frankfurt am Main: Keip.

KOHLER, Joseph, 1890: *Studien aus dem Strafrecht*, tomo 1. Mannheim: Bensheimer.

KOLLER, Peter, 1997: *Theorie des Rechts*. Eine Einführung. Wien-Köln-Weimar: Böhlau.

KÖSTLIN, Christian Reinhold, 1970: *Neue Revision der Grundbegriffe des Kriminalrechts*. Tübingen, 1845, reimpr. Aalen: Scientia.

— 1978: *System des deutschen Strafrechts*. Tübingen, 1855, reimpr. Aalen: Scientia.

KREBS, Peter; DYLLA-KREBS, Corina, 1990: «Deliktische Eigenhaftung von Organen für Organisationsverschulden», *DB*.

KRÜCKMANN, Paul, 1909: «Verschuldensaufrechnung, Gefährdungsaufrechnung und Deliktsfähigkeit», *Jheringsjahrbuch* n. 55.

KRUG, August Otto, 1855: *Abhandlungen aus dem Strafrechte*. Leipzig: Voigt & Günther.

— 1865: *Commentar zu dem Strafgesetzbuch für das Königreich Sachsen vom 11.* August 1855 und den damit stehenden Gesetzen. Leipzig: Voigt & Günther.

KUDLICH, Hans, 2009: in SATZGER et alii, *StGB Kommentar,* München: Heymanns.

KUHLEN, Lothar, 1990: «Strafhaftung bei unterlassenem Rückruf gesundheitsgefährdender Produkte (zugleich Urteilsanmerkung Lederspray-Entscheidung)», *NStZ*.

KÜHL, Kristian, 2005: *Strafrecht,* Allgemeiner Teil. 5.ª ed. München: Vahlen.

KÜPER, Georg, 1997: «Rücktritt vom Versuch eines Unterlassungsdelikts», *NStZ*, 485.

KÜPER, Wilfried, 1987: «Überlegungen zum sog. Pflichtzusammenhang beim Fahrlässigkeitsdelikt», *Festschrift für Karl Lackner*. Berlin-New York: De Gruyter.

KURZ, Wolfram, 2003: «Sinnerfahrung im Zwischenfeld von Aktivität und Passivität. Überlegungen zum Phänomen des "Zwischen"», in KICK, Hermes Andreas und al (orgs.), *Handeln und Unterlassen*. Berlin-Heidelberg-New York: Springer.

LACKNER, Karl, 1997: *StGB*. 22.ª ed. München: Beck.

LANDSBERG, Ernst, 1890: *Die sogennante Kommissivdelikte durch Unterlassung im deutschen Strafrecht*. Freiburg im Breisgau: Mohr.

LAUX, Helmut, 2005: *Entscheidungstheorie*. Berlin-Heidelberg-New York: Springer.

LEIBNIZ, Gottfried Wilhelm, 1966: *Fünf Schriften zur Logik und Metaphysik*. Stuttgart: Reclam.

LINTON, Ralph, 1973: «Rollen und Status», 1945, in HARTMANN, Heinz (org.). *Moderne amerikanische Soziologie*. Stuttgart: Enke.

LISZT, Franz von, 1914: *Lehrbuch des deutschen Strafrechts*. 20.ª ed. Berlin: Guttentag.

LISZT, Franz von, 1899: *Tratado de direito penal*, trad. de José Higino Duarte Pereira. Rio de Janeiro: Brigie.

LOCKE, John, 1795: *Versuch über die menschlichen Verstand, Erster Theil,* trad. alemã de Wilhelm Gottlieb Tennemann. Iena: Akademisches Leseinstitut.

LOPES, Jair Leonardo, 1996: *Curso de direito penal*. 2.ª ed. São Paulo: Ed. Revista dos Tribunais.

LORENZ, Kuno, 1972: «Der dialogische Wahrheitsbegriff», *Neue Hefte für Philosophie*, 2/3.

LORENZEN, Peter, 1987: *Constructive Philosophy*. Boston: Massachusetts Press.

LUDEN, Heinrich, 1840: *Abhandlungen aus dem gemeinen teutschen Strafrechte: Ueber den Tatbestand der Verbrechen*. Göttingen: Vandenhoeck & Ruprecht.

LUHMANN, Niklas, 2006: *Einführung in die Systemtheorie*. 3.ª ed. Heidelberg: Carl Auer.

— 1983: *Rechtssoziologie*. 3.ª ed. Opladen: Westdeutscher.

LUISI, Luiz, 2003: *Os princípios constitucionais penais*. 2.ª ed. Porto Alegre: Fabris.

LUNA, Everardo Cunha, 1993: *Estrutura jurídica do crime*. São Paulo: Saraiva.

MAIHOFER, Werner, 1953: *Der Handlungsbegriff im Verbrechenssystem*. Tübingen: Mohr.

— 1961: «Der soziale Handlungsbegriff», in *Festschrift für Eberhard Schmidt*. Göttingen: Vandenhoeck & Ruprecht.

MANTOVANI, Ferrando, 1989: *Diritto Penale.* Padova: Cedam.

MARQUES, José Frederico, 1965: *Tratado de direito penal,* vol. II, 2.ª ed. São Paulo: Saraiva.

MARX, Karl, 1957: *Das Kapital.* Stuttgart: Kröner.

— 1971: «Die deutsche Ideologie», in *Frühschriften.* Stuttgart: Kröner.

MATUSCHE-BECKMANN, Annemarie, 2001: *Das Organisationsverschulden.* Tübingen: Mohr.

MAURACH, Reinhart; GÖSSEL, Karl Heinz; ZIPF, Heinz, 1995: *Derecho penal, PG,* trad. argentina de Jorge Bofill Genzsch. Buenos Aires: Astrea.

MAYER, Hellmuth, 1967: *Strafrecht, Allgemeiner Teil.* Stuttgart-Köln: Kohlhammer.

MAYER, Max Ernst, 1915: *Der allgemeine Teil des deutschen Strafrechts.* Heidelberg: Winter.

MEAD, George Herbert, 1973: *Geist, Identität und Gesellschaft.* Frankfurt am Main: Suhrkamp.

— 1909: «Social psychology as counterpart to physiological psychology», *The Psychological Bulletin*, 6.

MELLOR, D. H., 2005: *Probability. A Philosophical Introduction.* Routledge: Oxon.

MELTZER, Bernard; PETRAS, John; REYNOLDS, Larry, 1975: *Symbolic interactionism. Genesis, varieties and criticism.* London-Boston: Routledge & Kegan Paul.

MERKEL, Adolf, 2006: *Derecho penal, PG,* tradução espanhola de Pedro Dorado Montero. Buenos Aires-Montevideo: BdeF.

— 1912: *Die Lehre von Verbrechen und Strafe.* Stuttgart: Enke.

— 1889: *Lehrbuch des deutschen Strafrechts.* Stuttgart: Enke.

MERTON, Robert, 1968: *Social theory and social structure.* New York: The Free.

MESTIERI, João, 1970: *Curso de direito criminal.* Rio de Janeiro: Forense.

MEYER, Uwe; REGENBOGEN, Armin, 2005: *Wörterbuch der philosophischen Begriffe.* Hamburg: Felix Meiner.

MEZGER, Edmund, 1955: *Tratado de derecho penal,* tradução de Rodriguez Muñoz, Madrid: Editorial Revista de Derecho Privado.

MEZGER, Edmund; BLEI, Hermann, 1970: *Strafrecht, AT,* München: Beck.

MITTELSTRASS, Jürgen et alii, 1995: *Enzyklopädie Philosophie und Wissenschaftstheorie.* Stuttgart-Weimar: Metzler.

MOCCIA, Sergio, 2001: *La promessa no mantenuta. Ruolo e prospettive del principio di determinatezza/tassatività nel sistema penale italiano.* Napoli: Edizioni Scientifiche Italiane.

MUNHOZ NETTO, Alcides, 1983: «Crimes omissivos», *Revista da UFPR*, volume especial, n. 20, Curitiba.

— 1983: «Os crimes omissivos no Brasil», Comunicação ao XIII Congresso Internacional de Direito Penal, Cairo (1984), Curitiba.

— 1982: «Os Crimes Omissivos no Brasil», *Revista de Direito Penal*, vol. 33.

Muñoz Conde, Francisco; Garcia Arán, Mercedes, 1998: *Derecho penal*, parte general, 3.ª ed. Valencia: Tirant lo Blanch.

— 1988: *Teoria geral do delito*, trad. brasileira de Juarez Tavares e Luiz Regis Prado. Porto Alegre: Fabris.

Nagel, Ernest, 1991: *La estructura de la ciencia. Problemas de la lógica de la investigación científica*, trad. espanhola de Néstor Miguez. Barcelona-Buenos Aires-México: Paidós.

Nagler, Johannes, 1938: «Die Problematik der Begehung durch Unterlassung». *Gerichtssaal*.

Naucke, Wolfgang, 2002: *Einführung, in Johann Anselm Feuerbach, Über Philosophie und Empirie in ihrem Verhältnisse zur positiven Rechtswissenschaft*. Frankfurt am Main: Nomos.

— 2000: *Strafrecht*. Eine Einführung. 9.ª ed. Neuwied-Kriftel.

— 2000a: *Über die Zerbrechlichkeit des rechtsstaatlichen Strafrechts*. Baden-Baden: Nomos.

— 2002: *Strafrecht*. Eine Einführung. 10.ª ed. Neuwied-Kriftel: Luchterhand.

Neumann, Ulfrid, 2007: «Sobre la crítica más reciente a la teoria personal del bien jurídico: alternativas: ninguna». *Cuadernos de Política Criminal*, n. 93.

Neurath, Otto, 1932-33: «Soziologie im Physikalismus». *Erkenntnis*, tomo 3.

— 1979: *Wissenschaftliche Weltauffassung. Sozialismus und Logischer Empirismus*. Frankfurt am Main: Suhrkamp.

Nitze, Paul, 1989: *Die Bedeutung der Entsprechendsklausel beim Begehen durch Unterlassen* (§ 13 StGB). Berlin: Duncker & Humblot.

Otto, Harro, 2000: *Grundkurs Strafrecht, Allgemeine Strafrechtslehre*. 6.ª ed. Berlin-New York: De Gruyter (7.ª ed. 2004).

Queiroz, Paulo, 2010: *Direito penal*. Parte geral. Rio de Janeiro: Lumen Juris.

Parmenides, 1981: *Über das Sein*. Stuttgart: Reclam.

Parsons, Talcott, 1951: *The social system*. Glencoe: Free Press.

Paschoal, Janaína Conceição, 2003: *Constituição, criminalização e direito penal mínimo*. São Paulo: Ed. Revista dos Tribunais.

Percival, Philip, 2001: «Probability», *A Companion to the Philosophy of Science*. Malden: Blackwell.

Pessoa, Vicente Alves de Paula, 1885: *Código Criminal do Império do Brasil*. Rio de Janeiro.

Peters, Uwe Henrik, 2000: *Lexikon Psychiatrie, Psychotherapie, Medizinische, Psychologie*. München-Jena: Urban & Fischer.

Pierangeli, José Henrique, 2007: *Manual de direito penal brasileiro*, vol. 2. São Paulo: Ed. Revista dos Tribunais.

PIRES, Ariosvaldo Campos; SALES, Sheila Jorge Selim, 1998: *Crimes de trânsito*. Belo Horizonte: Del Rey.

PITMAN, Jim, 1993: *Probability*. New York: Springer.

POLITOFF, Sergio, 1994: «Sistema jurídico-penal y legitimación en el estado democrático de derecho», *Gaceta Jurídica*, Santiago de Chile.

PONTES DE MIRANDA, Francisco C., 1974: *Comentários à Constituição de 1967*. São Paulo: Ed. Revista dos Tribunais.

PRADO, Luiz Regis, 2010: *Curso de direito penal brasileiro*, 10.ª ed. São Paulo: Ed. Revista dos Tribunais.

PRITTWITZ, Cornelius, 1995: «Zur Teilnahme des Angeklagten an Falschaussagen von Zeugen», *Straverteidiger*.

PUPPE, Ingeborg, 1998: *Alternativkommentar zum StGB*. Baden-Baden: Nomos.

— 1987: «Die Beziehung zwischen Sorgfaltswidrigkeit und Erfolg bei den ahrlässigkeitsdelikten», *ZStW*.

— 1997: «Die Lehre der objektiven Zurechnung», *JURA*.

— 2002: *Strafrecht Allgemeiner Teil im Spiegel der Rechtsprechung*. Baden-Baden: Nomos.

— 1992: «Zur Kausalitätsproblematik bei der strafrechtlichen Produkthaftung», *JR*, p. 31.

QUANTE, Michael, 1993: *Hegels Begriff der Handlung*. Stuttgart-Bad Cannstatt: Frommann-Holzboog.

RADBRUCH, Gustav, 1967: *Der Handlungsbegriff in seiner Bedeutung für das Strafrechtssystem*. Darmstadt: Wissenschaftliche Buchgesellschaft.

— 1957: *Der Mensch im Recht*. Göttingen: Vandenhoek & Ruprecht.

REALE JÚNIOR, Miguel, 2002: *Instituições de Direito Penal*, Parte Geral, vol. 1. Rio de Janeiro.

REGENBOGEN, Armin; MEYER, Uwe, 2005: *Wörterbuch der philosophischen Begriffe*. Hamburg: Felix Meiner.

RESCHER, Nicholas, 1982: *The Coherence Theory of Truth*. Indiana: University Press of America.

REUTER, Dieter, 2001: *Münchner Kommentar zum BGB*, 4.ª ed. München: Beck.

REYES ALVARADO, Yesid, 1990: *El concurso de delitos*. Bogotá: Temis.

RICKERT, Heinrich, 1999: «Vom System der Werte», *Philosophische Aufsätze*. Tübingen: Mohr.

RODRÍGUEZ MOURULLO, Gonzalo, 1993: «La cláusula general sobre la comisión por omisión», *Política Criminal y Reforma Penal*.

RÖHL, Klaus F., 2001: *Allgemeine Rechtslehre*. Köln: Carl Heymanns.

ROHLAND, Woldemar von, 1903: *Die Kausallehre des Strafrechts*. Leipzig: Duncker & Humblot.

ROXIN, Claus, 2008: *Fundamentos político-criminales del derecho penal.* Buenos Aires: Hammurabi.

ROUGHLEY, Neil; LÜBE, Weyma, 2004: «Wahrscheinlickeit», *Enzykopädie Philosophie und Wissenschatstheorie.*

ROXIN, Claus, 2006: *Strafrecht, Allgemeiner Teil*, tomo I, 4.ª ed. München: Beck.

— 2003: *Strafrecht, Allgemeiner Teil*, tomo II. München: Beck.

— 1994: *Strafrecht, Allgemeiner Teil*, tomo I. München: Beck.

— 1979: *Tatentschluss und Anfang der Ausführung, Juristische Schulung*, 6.ª ed.

— 1994: *Täterschaft und Tatherrschaft,* 6.ª ed. Berlin-New York: De Gruyter.

RUDOLPHI, Hans-Joachim, 1966: *Die Gleichstellungsproblematik der unechten Unterlassungsdelikte und der Gedanke der Ingerenz,* Göttingen: Schwartz.

— 1977: *Systematischer Kommentar zum Strafgesetzbuch*, tomo 1. Frankfurt am Main: Metzner.

RÜMELIN, Max, 1900: «Die Verwendung der Kausalbegriffe in Straf- und Civilrecht», *Archiv für die civilistische Praxis*, tomo 90.

RUSSELL, Bertrand, 2003: *Investigación sobre el significado y la verdad*, trad. de José Rovira Armengol. Buenos Aires: Losada.

RÜTHERS, Bernd, 1999: *Rechtstheorie.* München: Beck.

SAMSON, Erich, 1974: «Begehung und Unterlassung», *Festschrift für H. Welzel.*

SANTOS, Juarez Cirino dos, 2010: *Direito penal,* parte geral, 4.ª ed. São José, SC: Conceito.

SAUER, Wilhelm, 1921: *Grundlagen des Strafrechts.* Berlin: De Gruyter.

SAVIGNY, Friedrich Carl von, 1840: *System des heutigen Römischen Rechts.* Berlin: Veit.

SCHLICK, Moritz, 1918: *Allgemeine Erkenntnislehre.* Berlin: Julius Springer.

SCHMIDT, Eberhard, 1939: *Der Arzt im Strafrecht.* Leipzig: Weicher.

SCHMIDT; BRÜGGEMEIER, 1998: *Zivilrechtlicher Grundkurs.* Luchterhand: Neuwied.

SCHNÄDELBACH, Herbert, 1991: *Philosophie*, I, Reinbek bei Hamburg: Rowohlt.

SCHNELL, Rainer, 2002: «Kausalität», *Wörterbuch der Soziologie*, coords. Günter Endruweit e Gisela Trommsdorff. Stuttgart: UTB.

SCHÖNE, Wolfgang, 1974: *Unterlassene Erfolgsabwendungen und Strafgesetz.* Köln-Berlin-Bonn-München: Heymann.

SCHÖNKE, Adolf; SCHRÖDER, Horst; STREE, Valter, 2006: *Strafgesetzbuch*, 27.ª ed. München: Beck.

SCHÜNEMANN, Bernd, 1984: «Anmerkung zum Urteil des BGH von 3.5.1984» (4 StR 266/84), *Strafverteidiger.*

— 2005: «Del descubrimiento de Welzel del domínio social del hecho al desarrollo del domínio sobre el fundamento del resultado como principio general de autoria», *Problemas capitales del moderno derecho penal,* México.

— 1995: «Die Strafbarkeit der juristischer Personen aus der deutschen und europäischen Sicht», in Madrid-Symposium für Klaus Tiedemann.

— 1971: *Grund und Grenzen der unechten Unterlassungsdelikte.* Göttingen: Schwartz.

— 1974: «Zur Kritik der Ingerenz-Garantenstellung», *Goldthammers Archiv.*

SCHWARZ, Wilhelm, 1929: *Die Kausalität bei den sogenannten Begehungsdelikten durch Unterlassung.* Breslau: Schletter.

SEARLE, John, 2000: *Mente, linguagem e sociedade.* Rio de Janeiro: Rocco.

— 1994: *Mentes, cerebros y ciencia.* Madrid: Catedra.

SEEBODE, Manfred, 1993: «Beihilfe zur Falschaussage durch Unterlassen», *NStZ*, 2: 85.

SEELMANN, Kurt, 1993: «Gerechtigkeit», *Rechtsphilosophische Hefte.*

— 1995: *Alternative Kommentar zum StGB.* Baden-Baden: Nomos.

SIEBER, Ulrich, 1983: «Die Abgrenzung von Tun und Unterlassen», *Juristenzeitung.*

SILVA, José Afonso da, 1996: *Curso de direito constitucional positivo.* São Paulo: Ed. Revista dos Tribunais.

SILVA SÁNCHEZ, Jesús María, 2010: *El delito de omisión. Concepto y Sistema*, 2.ª ed. Buenos Aires: B de F.

SOMBART, Werner, 1921: *Der moderne Kapitalismus.* Leipzig: Duncker & Humblot.

SPANGENBERG, Ernst, 1820: «Über Unterlassungsverbrechen und deren Strafbarkeit», *Neues Archiv des Criminalrechts*, tomo IV.

SPENDEL, Günter, 1961: «Zur Unterscheidung von Tun und Unterlassen», *Festschrift für Eb. Schmidt.* Göttingen.

STEGMÜLLER, Wolfgang, 1983: *Erklärung, Begründung und Kausalität*, tomo I, Parte D. Berlin-Heidelberg-N.York: Springer.

STEIN, Ekkehart; FRANK, Götz, 2002: *Staatsrecht*, 18.ª ed. Tübingen: Mohr Siebeck.

STOFFERS, Kristian F., 1992: «Die Rechtsfigur "Unterlassen durch Tun"», *JA*, 5.

— 1993: «Die vorrechtlich-ontologische Unterscheidung der Verhaltensformen positives Tun und Unterlassen», *Goldthammers Archiv.*

STOLLEIS, Michael, 2003: *Geschichte des Sozialrechts in Deutschland.* Stuttgart: UTB.

STRATENWERTH, Günther; KUHLEN, Lothar, 2011: *Strafrecht*, AT, 6.ª ed. Köln, Heymanns.

STRAWSON, Peter F., 1972: *Einzelding und logisches Subjekt (Individuals),* trad. alemã de Freimut Scholz. Stuttgart.

STRENG, Franz, 2005: *Nomos Kommentar,* 2.ª ed. Baden-Baden: Nomos.

STRUENSEE, Eberhard, 2005: *Grundlage Probleme des Strafrechts.* Berlin: BWV.

STÜBEL, Christoph Carl, 1928: *Über die Teilnahme mehrerer Personen an einem Verbrechen. Ein Beitrag zur Criminalgesetzgebung der in den Criminalgerichten geltenden Grundsätze*, Dresden: P. G. H. Buchhandlung.

TAG, Brigitte, 2003: «Handeln und Unterlassung – ethische und rechtliche Überlegungen mit Blick auf eine medizinische Forschungshelfer», in KICK, Hermes Andreas et alii (orgs.), *Handeln und Unterlassen*. Berlin-Heidelberg-New York: Springer.

— 2005: in KINDERHÄUSER; NEUMANN; PAEFFGEN, *Strafgesetzbuch Nomos Kommentar*. Baden-Baden: Nomos.

TAVARES, Juarez, 1997: «A crescente legislação penal e os discursos de emergência», *Discursos Sediciosos*.

— 1989: «A nova parte geral do Código Penal brasileiro», in Fórum Internacional de Direito Penal Comparado, TJBA, Salvador.

— 1996: *As controvérsias em torno dos crimes omissivos*. Rio de Janeiro: Instituto Latino-Americano de Cooperação Penal.

— 2010: «Bemerkungen zu einer funktionalen Kausalität», *Festschrift für Hassemer*.

— 2011: «Culpabilidade e individualização da pena», *Cem anos de reprovação*. Rio de Janeiro: Revan.

— 2009: *Teoria do crime culposo*, 3.ª ed. Rio de Janeiro: Lumen Juris.

— 2003: *Teoria do injusto penal*, 3.ª ed. Belo Horizonte: Del Rey.

TEMME, Jodocus D. H., 1853: *Lehrbuch des Preußischen Strafrechts*. Berlin: Trautwein.

TRAEGER, Ludwig, 1913: *Das Problem der Unterlassungsdelikte im Straf- und Zivilrecht*. Marburg: Elwert.

— 1927: *Der Kausalbegriffe im Straf- und Zivilrecht*. Marburg: Elwert.

TRAPP, Rainer W., 1988: *Nicht-klassischer Utilitarismus. Eine Theorie der Gerechtigkeit*. Frankfurt am Main: Suhrkamp.

TRÖNDLE, Herbert; FISCHER,Thomas, 2003: *Strafgesetzbuch und Nebengesetze*. München: Beck.

TUGENDHAT, Ernst, 1979: *Selbstbewusstsein und Selbstbestimmung*. Frankfurt am Main: Suhrkamp.

— 1977: «Tarkis semantische Definition der Wahrheit und ihre Stellung innerhalb der Geschichte des Wahrheitsproblems im logischen Positivismus», in SKIRBEKK, Gunnar, coord. *Wahrheitstheorien*. Frankfurt am Main: Suhrkamp.

ULFIG, Alexander, 1997: *Lexikon der philosophischen Begriffe*, Köln: Komet.

VIDAL, Hélvio Simões, 2007: *Convergência de normas e concurso de penas*. Belo Horizonte: Mandamentos.

VOGEL, Joachim, 1993: *Norm und Pflicht bei den unechten Unterlassungsdelikten*. Berlin: Duncker & Humblot.

Volk, Klaus, 1989: «Zur Abgrenzung von Tun und Unterlassen. Dogmatische Aspekte und kriminalpolitische Probleme», *Festschrift für Tröndle*.

Vossenkuhl, Wilhelm, 1991: «Praxis», *Philosophie*. Hamburg: Rowohlt.

Wachenfeld, Friedrich, 1914: *Lehrbuch des deutschen Strafrechts*. München: Beck.

Weber, Max, 1980: *Wirtschaft und Gesellschaft*. Tübingen: Mohr.

Welp, Jürgen, 1968: *Vorangegangenes Tun als Grundlage einer Handlungsäquivalenz der Unterlassung*. Berlin: Duncker & Humblot.

Welzel, Hans, 1969: *Das Deutsche Strafrecht*, 11.ª ed. Berlin: De Gruyter.

— 1970: *Derecho penal alemán*, trad. de Bustos Ramirez e Yañez Pérez Santiago.

— 1957: *Naturrecht und materiale Gerechtigkeit*. Göttingen: Vandenhoeck & Ruprecht.

Wessels, Johannes; Beulke, Werner, 2010: *Strafrecht*, AT, Heidelberg: C. F. Müller.

Westphal, E. C., 1760: *De consortibus et auditoribus criminum*. Halle.

Willsch, Natalie, 2008: *Hellmuth Mayer (1895-1980). Vom Verteidiger im Hitler-Prozess 1924 zum liberal-konservativen Strafrechtswissenschaftler*. Baden-Baden: Nomos.

Winkler, Carl G., 1776: *De crimine omissionis*. Leipzig.

Wohlers, Wolfgang, 2005: in Kindhäuser; Neumann; Paeffgen (orgs.) *Strafgesetzbuch Nomos Kommentar*. Baden-Baden: Nomos.

Wright, Georg Henrik von, 2000: *Erklären und Verstehen*. Berlin: Philo.

Zaffaroni, Eugenio Raúl, 1982: «Panorama Atual da Problemática da Omissão», *Revista de Direito Penal*, vol. 33.

Zaffaroni, Eugenio Raúl; Batista, Nilo; Alagia, Alejandro; Slokar, Alejandro, 2003; 2010: *Direito penal brasileiro*. Rio de Janeiro: Revan, vol. I, 2003, vol. II.

Zillmer, Heiner, 1998: «Wille», in Grubitzsch, Siegfried; Weber, Klaus (org.), *Psychologische Grundbegriffe. Ein Handbuch*. Reimbeck bei Hamburg: Rowohlt.

Zimmerl, Leopold, 1928: *Zur Lehre vom Tatbestand*. Breslau: Schletter.

ÍNDICE REMISSIVO

A

B

C

D

H

I

J

K

L

M

N

T

U

V

W

Z